John E. Mack

Entführt von Außerirdischen

John E. Mack

Entführt

von Außerirdischen

aus dem Amerikanischen
von Will de Blôme

Titel der amerikanischen Originalausgabe
»ABDUCTION. Human Encounters with Aliens«
Charles Scribner's Sons
Macmillan Publishing Company, New York

Schutzumschlag: Zero Grafik und Design GmbH, München
Lektorat: Elisabeth Manzke
Satz/Layout: Thomas W. Schipper
Druck und Bindung: grafik + druck GmbH, München
Printed in Germany
ISBN 3-88498-078-5

Inhalt

Ein Dankeschön

Es gibt viele Menschen, denen ich für die Hilfe dankbar bin, die sie mir bei diesem Werk haben zukommen lassen. Dazu gehören diejenigen, die zur Vorbereitung des Manuskriptes beigetragen haben, und andere, die mir mit Informationen und Ideen geholfen haben. Einige haben mir auch direkte persönliche Unterstützung geboten. Ein paar haben auf mehr als eine dieser Arten dazu beigetragen. Einige haben mir die Freundlichkeit erwiesen, sich nicht kritisch hinter meinem Rücken zu äußern, als sie mit einem Thema konfrontiert wurden, das ihre Sicht der Wirklichkeit radikal in Frage gestellt hat. Natürlich kann ich diese Menschen nicht namentlich nennen, aber sie wissen wohl, wer gemeint ist.

Danken möchte ich Miriam Altshuler, Walt Andrus, Michael und Isabel Blumenthal, Thomas E. Bullard, John Carpenter, Blanche Chavonstie, David Cherniack, Jerome Clark, Barbara Corbisier, Joan Erikson, C. Richard Farley, Penelope Franklin, Mary Westbrook Geha, Bill Goldstein, David Gotlib, Stanislav Grof, Hugh Gusterson, Joanne Hager, Richard Haines, Judith Herman, Robert und Joan Holt, Budd Hopkins, Linda Moulton Howe, Barbara Marx Hubbard, David Jacobs, Douglas Jacobs, Eric Jacobson, C. B. Scott Jones, Honey Black Kay, Gurucharan Singh Khalsa, Thomas und Jehane Kuhn, Roberto Lewis-Fernandez, Robert Jay Lifton, Caroline McLeod, John Miller, Malkah Notman, Joseph Nyman, David und Andrea Pritchard, Joseph Regal, Kenneth Ring, Laurance Rockefeller, Mark Rodeghier, Rudolf Schild, Timothy Seldes, Vivienne Simon, Karen Speerstra, Joel Speerstra, Ervin Staub, Myron Stocking, Richard Tarnas, Keith Thompson, George Vaillant, Jacques Vallee, Roger Walsh, Kenneth Warren, Karen Wesolowski und Jennie Zeidman.

Besonders bedanken möchte ich mich bei Pam Kasey, deren Beteiligung während des gesamten Projektes dieses erst möglich gemacht hat, bei Dominique Callimanopulos für ihre Hilfe und Unterstützung in vielerlei Hinsicht, bei Pat Carr und Leslie Hansen für die unentbehrliche Sorgfalt bei der Herstellung dieses Buches und bei meiner Frau Sally für die Liebe und Unterstützung, die sie mir in der Zeit geschenkt hat, als dieses Werk geschaffen wurde.

Schließlich – und das ist vielleicht am allerwichtigsten – möchte ich denjenigen danken, die die Erfahrungen gemacht haben, und zwar sowohl denjenigen, über die ich hier geschrieben habe, als auch den vielen anderen, die mich über dieses Phänomen informiert haben. Sie haben bemerkenswerten Mut bewiesen, indem sie ihre Geschichten der Öffentlichkeit preisgegeben haben.

Vorwort

Ein Autor, der ein Wagnis unternimmt, das so neuartig ist wie dieses hier, muß sich fragen, ob nicht eine Verbindung zu seiner früheren Arbeit gefunden werden kann. Für mich besteht diese Verbindung in der Frage nach unserer Identität – wer sind wir im tiefsten und weitesten Sinn. Rückblickend hat dieses Thema mich von Anfang an begleitet; es hat meine klinische Erforschung von Träumen, Alpträumen und Selbstmord bei Jugendlichen, meine biographischen Studien, die Studien über Atomwaffen-Wettrennen und ethno-nationale Konflikte, und noch aktueller, das Studium der transpersonellen Psychologie gelenkt, mit denen ich mich beschäftigt habe. Das Phänomen der Entführungen – das habe ich erkannt – zwingt uns, wenn wir uns erlauben, es ernst zu nehmen, unsere Sicht der menschlichen Identität neu zu untersuchen – von einer kosmischen Perspektive aus zu betrachten, wer wir eigentlich sind.

Dieses Buch handelt nicht einfach von UFOs oder gar Entführungen durch Außerirdische. Es handelt davon, wie dieses Phänomen, sowohl traumatisch als auch transformierend, unser Verständnis von uns selbst und unser Verständnis von der Realtiät erweitern und unser verstummtes Potential als Erforscher eines Universums, das reich an Geheimnissen, Bedeutung und Intelligenz ist, wecken kann.

Wenn wir Phänomene erforschen, die sich am Rande der anerkannten Wirklichkeit bewegen, werden alte Begriffe ungenau, oder man muß ihnen neue Bedeutungen zuordnen. Begriffe wie »Enführung«, »Außerirdischer«, »Ereignis« und sogar »Wirklichkeit« selbst brauchen neue Definitionen, damit geringfügige Unterscheidungen nicht verlorengehen. In diesem Zusammenhang könnte das, was wir über das menschliche Bewußtsein von den Entführten, über die ich auf den folgenden Seiten berichte, lernen können, eingeschränkt werden, wenn wir die Erinnerung zu wörtlich als »richtig« oder »falsch« einordnen.

Einleitung: Entführungen durch UFOs

Im Herbst 1989, als eine Kollegin mich fragte, ob ich Budd Hopkins kennenlernen wolle, antwortete ich: »Wer ist das?« Sie erklärte mir, daß er ein Künstler in New York sei und sich mit Leuten beschäftige, die behaupteten, von Außerirdischen in deren Raumschiff gebracht worden zu sein. Ich sagte etwas in der Art, daß er wohl verrückt sein müsse – und die anderen auch. Nein, nein, versicherte sie, es handele sich um eine wirklich seriöse Angelegenheit. Bald darauf sollte ein Tag kommen, an dem ich eigentlich aus ganz anderen Gründen in New York weilte – es war der 10. Januar 1990, eines dieser Daten, die man sich merkt, weil sie einen alles verändernden Einschnitt im Leben darstellen, und er brachte mich mit Budd zusammen.

Nichts in meiner bis dahin fast vierzigjährigen Erfahrung auf dem Gebiet der Psychiatrie hatte mich auf das vorbereitet, was Hopkins mir zu sagen hatte. Ich war beeindruckt von seiner Wärme, seiner Aufrichtigkeit, seinem Verständnis und seiner Fürsorge für die Leute, mit denen er arbeitete. Aber noch bedeutsamer als das waren die Geschichten, die er mir erzählte. Sie handelten von Leuten, die sich aus allen Teilen der Vereinigten Staaten an ihn gewandt hatten, um ihm von ihren Erfahrungen zu berichten, nachdem sie eines seiner Bücher oder einen seiner Artikel gelesen oder ihn selbst im Fernsehen gesehen hatten. Diese Geschichten stimmten zum Teil bis ins kleinste Detail mit den Berichten anderer »Entführter« oder »Erfahrener« überein, wie sie auch genannt werden.

Die meisten der spezifischen Angaben, die die Entführten über die Arten des Transports zum Raumschiff hin und wieder zurück, das Raumschiffinnere und die Verfahrensweisen der Außerirdischen während der Entführungen machten, waren noch niemals niedergeschrieben oder in den Medien verbreitet worden. Darüber hinaus stammten die einzelnen Personen aus den verschiedensten Teilen des Landes und hatten noch niemals miteinander Kontakt gehabt. Sie wirkten in jeder Beziehung völlig normal und hatten nur zögernd Kontakt aufgenommen, weil sie gefürchtet hatten, daß man ihren Geschichten keinen Glauben schenken oder sich über sie lustig machen würde, wie sie es bereits in der Vergangenheit erlebt hatten. Sie hatten vielfach große Mühen auf sich genommen, um sich mit Hopkins zu treffen, und abgesehen von ganz wenigen Ausnahmen, hatten sie keinerlei finanziellen Gewinn aus der Preisgabe ihrer Geschichten zu erwarten. In einem Fall war eine Frau sogar ganz verblüfft gewesen, als Hopkins ihr eine Zeichnung von einem außerirdischen Wesen gezeigt hatte. Sie hatte gefragt, wie es ihm möglich sei, im Bild festzuhalten, was sie gesehen hatte, obwohl sie doch gerade erst zu erzählen angefangen habe. Als er ihr daraufhin erklärte, daß die Zeichnung von jemand anderem, der aus einem ganz anderen Teil des Landes kam, angefertigt worden war, war sie völlig aus der Fassung geraten. Sie hatte plötzlich gespürt, daß eine Erfahrung, die sie immer für einen Traum zu halten geneigt war, irgendwie doch auf einer realen Begebenheit beruhen mußte.

Meine Reaktion war in gewisser Weise die gleiche wie die dieser Frau gewesen. Was Hopkins aus den über zweihundert Fällen von Entführungen zusammengetragen hatte, mit denen er in einem Zeitraum von über vierzehn Jahren zu tun hatte, waren Berichte von Erfahrungen, die den Charakter realer Ereignisse hatten: sehr detaillierte Erzählungen, die offensichtlich keine symbolischen Züge trugen; intensive, emotional und physisch traumatische Kontakte, die zum Teil sogar kleine Wunden auf dem Körper des »Erfahrenen« zurückließen; und vor allem eine Übereinstimmung dieser Geschichten bis in die kleinsten Details. Wenn aber diese Erfahrungen in gewissem Sinne »real« waren, dann ergaben sich daraus alle möglichen neuen Fragen. Wie oft war so etwas bereits vorgekommen? Wenn es eine große Anzahl dieser Fälle gab, wer half den betroffenen Personen dann, mit ihren Erfahrungen klarzukommen, und welche Art von Unterstützung oder Behandlung war hier gefordert? Und – die wichtigste und grundlegendste Frage – was war die Ursache dieser Begegnungen? Nun, diese und viele weitere Fragen sollen in diesem Buch angesprochen werden.

Da Hopkins mein Interesse bemerkt hatte, fragte er mich, ob ich einige dieser »Erfahrenen« persönlich kennenlernen wolle. Ich willigte ein – voller Neugierde, aber nicht ganz frei von einer gewissen Angst. Einen Monat später arrangierte Hopkins bei sich zu Hause ein Treffen mit vier Entführten, einem Mann und drei Frauen. Alle erzählten mir ziemlich ähnliche Geschichten über ihre Begegnung mit außerirdischen Wesen und ihre Erfahrungen während der Entführung. Keiner von ihnen schien im psychiatrisch-medizinischen Sinne gestört zu sein, aber sie alle waren infolgedessen, was ihnen augenscheinlich widerfahren war, in gewissem Sinne verstört. Es gab nichts, was den Verdacht begründet hätte, daß es sich bei ihren Geschichten um Wahnvorstellungen, Fehlinterpretationen von Träumen oder um Phantasieprodukte handelte. Keiner von ihnen erweckte den Anschein, sich aus irgendeinem persönlichen Grund eine seltsame Geschichte ausgedacht zu haben. Nachdem Hopkins mein nunmehr deutliches Interesse spürte, fragte er mich, ob er einige ihm bekannte Fälle aus dem Raum Boston an mich weiterleiten sollte. Wiederum stimmte ich zu, und im Frühjahr 1990 habe ich damit begonnen, mich bei mir zu Hause und auch in der Klinik mit Entführten zu treffen.

In den mehr als dreieinhalb Jahren, die ich nun mit solchen Menschen gearbeitet habe, habe ich mehr als hundert Einzelpersonen getroffen, die aufgrund ihrer Entführungen oder anderer »anormaler« Erfahrungen zu mir gekommen sind. 76 von diesen Personen – 47 Frauen und 29 Männer im Alter von zwei bis 57 Jahren, darunter auch drei Kinder von acht Jahren und jünger – erfüllen meine sehr strengen Kriterien für eine wirkliche Entführung. Diese Kriterien bestanden zum einen aus einer bewußten oder durch Hypnose unterstützten Rückführung in die Situation, in der sie von außerirdischen Wesen in ein fremdes Fahrzeug gebracht worden waren, die zudem emotional so wiedergegeben werden mußte, wie es der beschriebenen Erfahrung entspricht, und zum anderen aus dem Ausschluß einer geistig bedingten Ursache, die für diese Geschichte verantwortlich zu machen wäre. Mit 49 dieser Personen habe ich eine, manchmal bis zu acht mehrstündige Hypnosesitzungen abgehalten und einen therapeutischen Zugang entwickelt, den ich noch beschreiben werde.

Obwohl ich mich den Pionieren auf diesem Gebiet – wie beispielsweise Budd Hopkins, der den Mut hatte, Berichten, die der

Realität unseres Weltbildes widersprechen, nachzugehen und sie wiederzugeben – verpflichtet fühle und einen tiefen Respekt vor ihnen empfinde, basiert dieses Buch weitgehend auf eigenen klinischen Erfahrungen. Denn es handelt sich dabei um ein so kontroverses Thema, daß im Prinzip noch kein anerkanntes wissenschaftliches Zeugnis existiert, das ich zur Untermauerung meiner Argumente oder Schlußfolgerungen hätte heranziehen können. Ich will deshalb nur das wiedergeben, was ich aus erster Hand aus meinen eigenen Fällen erfahren habe, und darauf basieren auch meine Interpretationen und Schlußfolgerungen.

Die Erfahrungen, die ich aus der Arbeit mit Entführten gewonnen habe, haben mich sehr beeindruckt. Die Intensität und Emotionalität, mit denen Entführte ihre Erfahrung durchleben, sind mit nichts anderem aus meiner klinischen Tätigkeit zu vergleichen. Das unmittelbare Miterleben sowie die Unterstützung und das Verständnis, die dafür erforderlich waren, haben meine Methoden der psychotherapeutischen Arbeit im allgemeinen beeinflußt. Darüber hinaus bin ich zu der Einsicht gelangt, daß dieses Entführungsphänomen bedeutende philosophische, geistige und soziale Auswirkungen hat.

Mehr als jede andere Forschung, die ich je unternommen habe, hat mich diese Arbeit veranlaßt, die herrschende Weltsicht oder den Realitätskonsens in Frage zu stellen, an die ich zeit meines Lebens geglaubt und die ich in meiner klinisch-wissenschaftlichen Arbeit stets angewendet hatte. Dieser Auffassung zufolge – mag man sie nun als westlich-kartesianisches oder auch materialistisch-dualistisch-wissenschaftliches Weltbild bezeichnen –, beruht unsere Realität auf einer materiell-stofflichen Welt beziehungsweise existiert in einem mit den Körpersinnen begreifbaren Raum. Demzufolge ist auch Intelligenz weitgehend eine Leistung des menschlichen Gehirns oder anderer hochentwickelter Spezies auf unserem Planeten. Wenn es aber andererseits Erfahrungen gibt, die belegen, daß Intelligenz auch draußen im Kosmos beheimatet ist, so ist diese Erkenntnis ein Beispiel für »Subjektivität« oder eine Projektion unserer mentalen Vorgänge.

Das Phänomen Entführung hat mich – unweigerlich, wie ich jetzt sagen möchte – zu der Erkenntnis gebracht, daß wir ein Teil unseres oder sogar mehrerer Universen sind, die die verschiedensten Intelligenzformen beherbergen, von denen wir uns getrennt haben, wobei wir auch das Wissen um diese anderen Formen verloren haben. Mir ist ebenfalls klargeworden, daß unsere eingeengte Weltsicht, unser restriktives Paradigma, hinter den meisten der destruktiven Verhaltensweisen steht, die die menschliche Zukunft bedrohen – als da wären: ein rücksichtsloses kollektives Gewinnstreben, das die gewaltige Kluft zwischen Armen und Reichen weiter aufrechterhält und zu Hunger und Elend beiträgt; eine ethnonationale Gewalt, die auf Massenmord hinausläuft und in einen nuklearen Holocaust münden könnte; und eine Zerstörung des ökologischen Gleichgewichts in einem solchen Ausmaß, daß das Weiterbestehen der Lebenssysteme auf der Erde bedroht ist.

Natürlich gab es darüber hinaus noch andere Phänomene, die mich dazu geführt haben, die vorherrschende materialistisch-dualistische Weltsicht in Frage zu stellen. Dazu gehören Erfahrungen an der Schwelle zum Tod, Meditationspraktiken, die Anwendung psychedelischer Substanzen, Astralreisen, ekstatisches Tanzen, religiöse Rituale und andere Praktiken, die unser Sein dem öffnen, was wir im Abendland als nicht-normalen Bewußtseinszustand bezeichnen. Aber keines dieser Phänomene, so glaube ich, spricht so machtvoll und ergreifend zu uns in der Sprache, die wir am besten verstehen, nämlich der Sprache der körperlichen Welt. Denn das Phänomen dieser Entführungen erreicht uns dort – um es einmal so auszudrücken –, wo wir leben. Es dringt brutal in die körperliche Welt ein, ob es nun von dieser Welt ist oder nicht. Sein potentielles Vermögen, unser Bewußtsein zu erreichen und zu verändern, ist daher ungeheuer groß. Alle diese Aspekte sollen ausführlicher in den klinischen Fallbeispielen erörtert werden, die den Hauptteil dieses Buches bilden, und vor allem im Schlußkapitel. Eine der wichtigsten Fragen in der Entführungsforschung war die, ob dieses Phänomen grundlegend neu ist – in Anbetracht der Beobachtung »fliegender Untertassen« oder anderer unbekannter Flugobjekte (UFOs) bereits in den vierziger Jahren unseres Jahrhunderts und in Anbetracht der in den sechziger Jahren gemachten Entdeckung, daß diese Flugobjekte bemannt waren – oder ob es sich lediglich um ein neuzeitliches Kapitel einer langen Geschichte handelt, die bis in die Antike zurückreicht und von der Beziehung der Menschheit zu »Verkehrsmitteln« und Wesen erzählt, die aus dem All kommen.

Wesen aus dem Himmel oder aus anderen Sphären im Wandel der Geschichte

Die Verbindung zwischen Menschen und Wesen aus anderen Welten zieht sich seit Jahrtausenden durch die Mythen und Geschichten der verschiedensten Kulturen. Im Gegensatz zur westlichen Metaphysik nach der Renaissance, die den Menschen über alle anderen Lebensformen hebt und ihn ins Zentrum der Schöpfung rückt, gibt es überall auf der Welt Leute, für die es nichts Ungewöhnliches ist, auf vielfältige Weise mit nichtmenschlichen, intelligenten Wesen und Geistern zu kommunizieren. Diese Kommunikationen und die aus ihnen hervorgegangenen Mythen sind untrennbar mit den Weltbildern vieler nichtwestlicher Kulturen verbunden und bilden ein geistiges Gerüst, das die Grundlage für eine Harmonie zwischen Kultur, Brauchtum und Lebensstil bietet.

Im Laufe der Geschichte haben viele Kulturkreise erkannt, daß das Bewußtsein etwas viel Stärkeres ist, als wir im Westen annehmen – nämlich ein Detektor oder Empfänger und Vermittler von Kommunikation mit anderen, nicht immer sichtbaren Kräften. Die gegenwärtige westliche Lehrmeinung, daß wir im Universum allein sind und nur mit unseresgleichen Kommunikation pflegen, ist im Prinzip nur die Meinung einer Minderheit, eine Anomalie.

Im Verlauf vieler Epochen haben Menschen berichtet, mit den unterschiedlichsten Göttern, Geistern, Engeln, Feen, Dämonen, Vampiren und Seeungeheuern Kontakt aufgenommen zu haben. Alle diese Wesen stehen in dem Ruf, den Menschen aus verschiedenen Gründen Wissen zu vermitteln, sie anzuleiten, zu quälen oder ihnen behilflich zu sein. Obwohl viele von ihnen durchaus auf der Erde beheimatet sind, sind die meisten doch aus anderen Gefilden oder Dimensionen gekommen. Insbesondere der Himmel ist schon immer ein weithin bekannter Aufenthaltsort für nichtmenschliche Wesen und steht in großem Maße als Synonym für die Herkunft außerirdischer Besucher – vor allem, seitdem die Grenzen der Erde in jüngster Zeit enger geworden zu sein scheinen. Ralph Noyes hat einmal geschrieben, daß »wir die Erde mit Geistern und Göttern zu bevölkern pflegten. Jetzt sind sie davongejagt worden, und der Himmel ist ihr Zufluchtsort« (Noyes 1990).

In Truk, einem Ort auf den Marshallinseln, glaubt man seit jeher an eine außerirdische Sphäre, die in gewisser Weise unserer modernen Auffassung vom Weltraum entspricht. Es handelt sich dabei um eine geheimnisvolle und einflußreiche Welt, aus der die Menschen unserer Realität ihre Herkunft ableiteten. Darüber hinaus gab es einen kontinuierlichen Dialog zwischen den Leuten unserer Realität und den Bewohnern dieser außerhalb befindlichen Geisteswelt (vgl. Goodenough 1986, S.558). Ganz ähnlich sollen auch amerikanische Ureinwohner vom Stamme der Hopi ihren Überlieferungen zufolge von sogenannten Kachinas unterrichtet worden sein, von geistgleichen Wesen anderer Planeten, die sie landwirtschaftliche Techniken lehrten und ihnen die philosophischen und moralischen Richtlinien vorgaben, welche die Hopi-Kultur geformt haben (vgl. Clark und Coleman 1975, S.215). Und in Irland glaubte man, daß Feen oder vornehme Leute nicht irdischer Herkunft seien, sondern von anderen Planeten stammten. Die Feen sollen oft in wolkenähnlichen, schwebenden Booten, die »Feenboote« oder »Geisterschiffe« genannt wurden, durch die Lüfte gereist sein (vgl. Rojcewicz 1991, S.481).

Der berühmte Mythologe Mircea Eliade hat die symbolische Bedeutung der Differenzierung zwischen Himmel und Erde ausführlich dokumentiert und beide zugleich als eine Trennung und Verbindung zwischen der menschlichen Welt und den geistigen Welten dargestellt. Ihm zufolge sprechen »archaische Mythen weltweit von einer extrem engen Verwandtschaft, die ursprünglich zwischen Himmel und Erde bestand. In jenen Zeiten kamen die Götter auf die Erde und mischten sich unter die Menschen, und Menschen konnten ihrerseits in den Himmel gelangen, indem sie auf einen Berg, einen Baum oder eine Leiter stiegen, oder sie konnten auch von Vögeln in die Luft getragen werden« (Eliade 1957, S. 59).

Laut Eliade findet man diese Himmelfahrtsmythen – diese Bilder, in denen Erde und Himmel gewissermaßen noch miteinander verbunden sind – bei vielen Volksstämmen in Australien, bei den Pygmäen oder in der Arktis, und sie sind durch die Religion und Kultur der seßhaften Völker überliefert und direkt an die großen städtischen Kulturen der morgenländischen Antike weitergegeben worden. Als dann aber der Himmel irgendwann abrupt von der Erde getrennt wurde – als sozusagen der Baum mit der Liane, die Himmel und Erde miteinander verband, gefällt wurde oder der Berg, der bis dahin stets bis zum Himmel gereicht hatte, eingeebnet wurde –, war damit zugleich auch der paradiesische Zustand vorbei, und der Mensch begann ein Leben unter den jetzigen Bedingungen (vgl. ebd.).

»In der Tat zeigen uns all diese Mythen einen ursprünglichen Menschen, der im Genuß einer Glückseligkeit, Ungezwungenheit und Freiheit war, die er bedauerlicherweise als Folge des Sündenfalls verloren hat – beziehungsweise infolge der Fortführung jenes mythischen Ereignisses, das den Bruch zwischen Himmel und Erde verursacht hat. (...) Unsterblichkeit, Ungezwungenheit, Freiheit, die Möglichkeit eines Zugangs zum Himmel und eines einfachen Zusammentreffens mit den Göttern, Freundschaft mit den Tieren und Kenntnis ihrer Sprache – all diese Freiheiten und Fähigkeiten sind als Ergebnis eines grundlegenden Ereignisses verlorengegangen: des Sündenfalls, der auf einer geistigen Weiterentwicklung seiner eigenen Lebensbedingungen wie auch auf einer kosmischen Abspaltung beruht« (ebd., S.61). Nur ganz bestimmte Mitglieder jeder Kultur, beispielsweise Schamanen, waren weiterhin imstande, die Grenze zwischen Himmel und Erde – zwischen menschlicher Realität und geistbelebter Welt – zu überschreiten.

Die Koryaken erinnern sich an die mythische Zeit ihres Großen Raben, in der die Menschen noch ohne Schwierigkeiten in den Himmel gelangen konnten. Heutzutage, so fügen sie hinzu, ist dies nur noch den Schamanen vorbehalten. Und die Bakairi in Brasilien glauben, daß für den Schamanen der Himmel nicht höher als ein Haus ist und er ihn deshalb im Handumdrehen erreichen kann (vgl. ebd., S.65).

Es gibt zahllose Mythen, Erzählungen und Legenden, in denen von menschlichen oder überirdischen Wesen erzählt wird, die in den Himmel davonfliegen und sich ungehindert zwischen Himmel und Erde hin und her bewegen. Angesichts dessen kann man wieder mit Eliade übereinstimmen, der sagt, daß »die Motive vom Fliegen und einer Himmelfahrt in jeder Epoche archaischer Kulturen belegt sind, und zwar gleichermaßen in den Ritualen und Mythologien der Schamanen und Ekstatiker wie auch in den Mythen und Volksbräuchen anderer Mitglieder der Gesellschaft, ohne daß letztere einen Anspruch darauf erheben würden, durch die Intensität ihrer religiösen Erfahrung besonders bevorzugt zu sein. Eine große Anzahl von Symbolen und Darstellungen im Zusammenhang mit Geisteskraft und vor allem mit der Macht der Intelligenz sind mit

Bildern von 'Flug' oder 'Flügeln' verbunden; sie alle sind Ausdruck eines Bruchs mit unserer Welt der alltäglichen Erfahrungen. (...) Sowohl Transzendenz als auch Freiheit können durch einen Flug erreicht werden« (ebd., S. 105).

Es hat beinahe den Anschein, als ob die heutzutage von UFOs Entführten eine umfassend dokumentierte Tradition von Himmelfahrt und außerirdischer Kommunikation fortsetzten. Aber diese Entführungen durch Außerirdische und deren Wirkung auf die Entführten haben ihre eigene Einzigartigkeit. Der Ethnologe Peter Rojcewicz hat die Erfahrungen solcher Menschen mit anderen geistigen Phänomenen und Entführungen verglichen und hält es für möglich, daß eine Intelligenz, ein Geist, eine Energie oder ein Bewußtsein existiert, das hinter den UFO-Erfahrungen und außergewöhnlichen Begegnungen aller Art steht und das ein Erscheinungsbild und Aussehen annimmt, mit dem es dem jeweiligen Zeitrahmen entspricht (vgl. Rojcewicz 1991).

Rojcewicz beruft sich dabei auf die lange Liste ungewöhnlicher atmosphärischer Phänomene, die gesehen worden sind – wie leuchtende Erscheinungen oder Wesen und Gegenstände aus Licht. Bereits im Altertum gab es Sichtungen von »Himmelswagen und Karren, die durch dic Lüfte flogen, oder von fliegenden Palästen, die Licht ausstrahlten und sich über den Himmel bewegten. Zudem gibt es viele verschiedene Beschreibungen von feurigen Schilden am Himmel, die wie Dreiecke ausgesehen haben sollen. Über Westeuropa hatte man auch feurige Kreuze gesehen.« Rojcewicz erwähnt ebenfalls das Vorhandensein von Wolken oder einem wolkenähnlichen Licht rund um die ungewöhnlichen Gegenstände – UFOs eingeschlossen – sowie das plötzliche Auftauchen lichtausstrahlender religiöser Bilder am Himmel, die häufig von Tausenden von Leuten bezeugt worden sind. In den Vereinigten Staaten haben Amerikaner sowohl erst kürzlich als auch schon im vergangenen Jahrhundert von Schiffen – Schonern und Booten – berichtet, die über den Himmel segelten (vgl. Rojcewicz 1992). Jerome Clark kam nach der sorgfältigen Erforschung der Luftschiff-Erscheinungen der späten neunziger Jahre des letzten Jahrhunderts zu dem Schluß, daß die häufig in den Vereinigten Staaten beobachteten Fahrzeuge am Himmel unseren zeitgenössischen UFOs entsprochen haben könnten, aber analog der Technologie und Mythologie ihrer Zeit interpretiert wurden (vgl. Clark 1991).

Mario Pazzaglini zufolge, einem Psychologen, der sich etliche Jahre mit Entführungserfahrungen beschäftigt hat, gibt es schon seit Tausenden von Jahren Berichte von UFO-ähnlichen Erscheinungen, beginnend mit einem Bericht Hesekiels im Alten Testament, in dem er eine Vision beschreibt, die Räder, Engel, Licht und Wolken umfaßt (vgl. Pazzaglini 1992).

Ungewöhnliche Himmelserscheinungen sind weiterhin von den Römern und Griechen im vierten vorchristlichen Jahrhundert sowie im Mittelalter dokumentiert worden. Manchmal manifestierten sie sich als Sterne, himmlisches Feuer, Kreuze, Lichter oder Strahlen, die in den meisten Fällen letztlich einfach verschwunden sind, bisweilen aber auch Spuren hinterlassen haben. Viele dieser Erscheinungen sind von Tausenden von Leuten gesehen und als religiöse Wunder interpretiert worden. Oft fügten sich diese Phänomene genau in die bereits vorhandenen spirituellen Glaubensschemata derer ein, die sie gesehen haben.

Auch das Phänomen, daß menschliche Wesen in andere Dimensionen gebracht werden, hat in den meisten Kulturen eine lange Geschichte. Die Tibetaner haben lange Zeit geglaubt, Menschen könnten zeitweise ihren »geistigen« oder »leichten« Körper abtrennen und in »außerkörperlichem« Zustand sozusagen für Stunden oder Tage auf Reisen gehen. »Sie sammeln an verschiedenen Orten Erfahrungen und kehren dann zurück.« Die Tibetaner unterscheiden zwischen verschiedenen Stufen von Leichtigkeit und Schwere oder auch der Dichte eines Wesen. »Der Geist oder das Bewußtsein, das aus einem schwereren Zustand hervorgeht, kann mit diesen leichten Dingen nicht in Kommunikation treten. Manchmal kann man beobachten, wie der schwerere Bewußtseinszustand unterdrückt wird und der leichtere aktiv wird. Das ist dann die Gelegenheit und Chance, ein anderes Wesen, das leichter als unser Geist oder Körper ist, zu sehen oder mit ihm zu kommunizieren« (Dalai Lama 1992).

Rojcewicz ordnet Entführungen durch UFOs dem weiten Spektrum zu, das sowohl paranormale Erfahrungen umfaßt als auch Erfahrungen an der Schwelle des Todes, starke psychische, spirituelle, mystische oder außerkörperliche Erfahrungen und Begegnungen mit einer ganzen Reihe von Wesen – wie Hexen, Feen oder Werwölfen –, die für den einzelnen oftmals eine grundlegende Wandlung seiner Werte und Interessen zur Folge haben. Die Frage, warum und weshalb diese Ereignisse eintreten, bleibt dabei natürlich unbeantwortet. Es herrscht sogar große Uneinigkeit darüber.

Der vieldiskutierte Streitpunkt, ob UFO-Entführungen wirklich »real« sind, umfaßt auch die Kernfrage nach dem Wesen des Bewußtseins. Es drängt sich die Frage auf, ob es eine Realität unabhängig vom Bewußtsein gibt, was sofort eine Unsicherheit bezüglich der Abgrenzung aufwirft. Ist Bewußtsein individuell oder kollektiv? Sofern es kollektiv ist, wie wird es dann beeinflußt? Und, falls unsere Definition von Bewußtsein alle dem Universum innewohnenden Kräfte einschließt – wie dies in einigen Kulturen der Fall ist –, welche Rolle spielen dann Ereignisse wie Entführungen durch UFOs oder verschiedene mystische Erfahrungen für unsere Psyche und den übrigen Kosmos? Angesichts dieser Fragen verlieren die gemeinhin strittigsten Punkte – ob zum Beispiel Entführungen durch Außerirdische wirklich stattfinden oder nicht – stark an Bedeutung.

Hinsichtlich ihrer mystischen Bedeutung ähneln UFO-Entführungen, obwohl sie in gewisser Beziehung einzigartig sind, anderen einschneidenden und dramatischen Erfahrungen, wie sie von Schamanen, Mystikern oder auch gewöhnlichen Menschen durchlebt worden sind, die Begegnungen mit dem Übernatürlichen hatten. Bei all diesen Erfahrungen macht das normale Bewußtsein des einzelnen eine radikale Veränderung durch. Er oder sie wird in eine ungewohnte Form des Seins eingeweiht, was letztendlich zu einer Reintegration des Selbst führt – zu einem völligen Eintauchen in Zustände und/oder Kenntnisse, die einem früher nicht zugänglich waren. Manchmal wird dieser Prozeß durch eine Krankheit oder traumatische Ereignisse irgendwelcher Art ausgelöst; manchmal wird der Betreffende aber auch einfach in eine Abfolge von Bewußtseinszuständen hineingezogen, aus denen er dann mit neuen Kräften und Empfindungsfähigkeiten hervorgeht. »Während seiner Initiation lernt ein Schamane, in andere Dimensionen der Realität einzudringen und darin zu verweilen; seine Versuche, welcher Art auch immer, verleihen ihm eine Empfindsamkeit, diese neuen Erfahrungen zu erfassen und zu verarbeiten. (...) Über die eigenartig geschärften Sinne des Schamanen manifestiert sich das Geheiligte selbst« (Eliade 1957, S.66). Ebenso wie viele Entführte verfeinert der Initiierte seine Empfindsamkeit im Dienste der Weisheit und zum Nutzen seines Volkes.

Eine Enthüllung und Offenbarung ist nicht nur denjenigen zugänglich, die sich um Erleuchtung bemühen, sondern kann sich jederzeit und überall manifestieren. Vor etlichen Jahren hat ein gewisser Dr. Buche etwas beschrieben, das eine Art archetypische Erfahrung zu sein scheint: »Er und zwei Freunde verbrachten den ganzen Abend damit, Wordsworth, Keats, Browning und vor allem Whitman zu lesen. Er befand sich in einem entspannten Zustand, als er plötzlich, ohne jede Vorwarnung, von einer feuerfarbigen Wolke eingehüllt wurde. (...) Das nächste, an was er sich erinnerte, war, daß das Licht in ihm selbst war. Unmittelbar darauf überkam ihn ein überschwengliches Gefühl, ein Gefühl unbändiger Freude, begleitet oder gefolgt von einer intellektuellen Erleuchtung, die zu beschreiben ihm unmöglich ist. Ein schlagartiges Aufflammen brahmanischen Glanzes strömte in sein Gehirn und hinterließ von da an einen ständigen Nachgeschmack des Himmels in ihm« (Eliade 1965, S.69).

Die Erfahrung einer Verinnerlichung dessen, was zuerst noch als externes Licht wahrgenommen wurde, mündet oft in mystische Erleuchtungen oder in transzendentale Reisen, die in einer geistigen Wiedergeburt enden. Eine Analogie zu Begegnungen mit UFOs kann vielleicht darin verzeichnet werden, daß der Entführte hier ebenfalls anfänglich »von einem Lichtstrahl getroffen wird«, aus dem sich dann ein helles Schiff herausschält, in das er hineingeführt wird. Vor allem Entführte in Brasilien scheinen im Zusammenhang mit Raumschiffen leuchtende, oftmals rote Wolken wahrgenommen zu haben (vgl. Story 1980).

Wie der Entführte, so unternimmt auch der Mystiker oder Schamane – gewöhnlich mit Begeisterung – eine Pilgerfahrt, um neue Dimensionen der Erfahrung oder Erkenntnis zu gewinnen. Das erfordert eine Wiedergeburt, die manchmal sehr qualvoll ist – sozusagen ein Zurückgehen auf der eigenen Spur zu übernatürlichen, ursprünglichen Gefilden, um das Bewußtsein des Betroffenen zu erneuern. Das daraus resultierende psychische Chaos ist ein Abbild des noch ungeordnet auf ihn eindringenden vorkosmischen Chaos, dem der Betreffende ausgesetzt wurde. Der Entführte ist meist ein moderner Dante, dessen Weltbild Löcher bekommen hat. Wenn er nach seinem Zusammensein mit den Außerirdischen in sein Bett oder seinen Wagen zurückkehrt, hat er Mühe, seine Weltsicht wieder ins Lot zu bringen. In den meisten Fällen unternimmt er seine

Reise allein, und in vielen Fällen ist seine Abwesenheit nicht einmal von denen bemerkt worden, an die er sich wenden könnte, um sein persönliches Weltbild wieder einzurenken.

Das weltweite Phänomen der UFO-Entführungen

Eine andere Frage betrifft die weltweite Verteilung solcher Entführungen oder Berichte darüber – was ja etwas ganz anderes sein kann. Am häufigsten wurde in westlichen Ländern oder Regionen, die von westlicher Kultur und deren Wertesystem geprägt worden sind, davon berichtet. Wenn man dieses Entführungsphänomen in einen Zusammenhang mit der weltweiten ökologischen Krise stellt, die eine Folge der westlichen materialistisch-dualistischen Weltsicht ist, könnte es sein, daß diese »Medizin« in erster Linie dort verabreicht wird, wo sie am nötigsten ist – in den Vereinigten Staaten und den anderen westlichen Industrienationen. Darüber hinaus ist zu berücksichtigen, daß ein körperlicher Zugang zu solchen Fahrzeugen oder sogar ein Kontakt mit Kreaturen, die allem Anschein nach aus dem Weltraum oder einer anderen Dimension kommen, in anderen Kulturkreisen bei weitem nicht soviel Beachtung findet wie in unseren. Bei uns hingegen wird ein solcher Verkehr zwischen der geistbelebten Welt oder dem »Jenseits« und unserem physischen Dasein als äußerst ungewöhnlich angesehen.

Die erste Publikation über einen Entführungsfall erschien in Brasilien und handelte von der angeblichen Entführung des Sohnes eines Bauern namens Antonio Villas-Boas im Jahre 1957. Es gibt insgesamt weit mehr Berichte über UFO-Sichtungen als über neuzeitliche Entführungen. Der umfassendste Leitfaden über Entführungen in Übersee ist 1987 von Thomas Bullard zusammengestellt worden, einem Völkerkundler an der Universität von Indiana. Bullard zählt darin Entführungsberichte aus siebzehn Ländern auf, darunter England, die Bundesrepublik Deutschland, Spanien, Brasilien, Australien, Argentinien, Uruguay, Kanada, Finnland, Chile, Südafrika, die ehemalige Sowjetunion, Frankreich, Bolivien und Polen.

Gemessen an der Häufigkeit von UFO-Entführungen, liegen die Vereinigten Staaten – gefolgt von England und Brasilien – mit Abstand an der Spitze, was darauf zurückzuführen ist, daß in diesen

Ländern praktizierende Hypnotiseure und Therapeuten zur Verfügung stehen, die mit den Entführten arbeiten. Zur Verdeutlichung sei hier angeführt, daß China zwar damit glänzt, die meisten Zeugen für eine einzelne UFO-Erscheinung aufweisen zu können – am 24. August 1981 haben eine Million Chinesen zur gleichen Zeit ein spiralförmiges UFO gesehen (vgl. Chiang 1993) –, jedoch existieren keinerlei Aufzeichnungen über eine anschließende Befragung von Einzelzeugen.

Die therapeutische Erforschung von Entführungserfahrungen macht nur langsame Fortschritte. So strahlte der zweitgrößte Fernsehsender Deutschlands im Mai 1993 eine fünfundvierzigminütige Dokumentation über das Phänomen der UFO-Entführungen aus, die mit dem höchsten deutschen Fernsehpreis ausgezeichnet wurde. Obwohl Entführten, die sich im Anschluß an die Sendung an den Sender wandten, die Gelegenheit gegeben wurde, kostenlos die Dienste zweier Therapeuten in Anspruch zu nehmen, meldeten sich lediglich zwanzig Leute. Das mag daran liegen, daß eine solche Entführung – wie auch in anderen Ländern – eine erschreckende Erfahrung darstellt, der sich viele nicht stellen wollen, solange aus dieser Begegnung herrührende Symptome dies nicht unumgänglich machen.

Überall in der Welt werden Berichte über UFO-Sichtungen sogar geheimgehalten. Das spanische Verteidigungsministerium gab 1992 seine UFO-Akten zur Einsicht frei. Sie enthielten überwiegend Berichte von Mitarbeitern der Luftwaffe, die UFOs gesehen hatten. Es bleibt allerdings noch viel zu tun, um auch andere Nationen zu einem ähnlichen Vorgehen mit ihren diesbezüglichen Akten zu bewegen.

In einigen anderen Ländern, in denen die Bevölkerung an alle möglichen Arten von übernatürlichen Wesen glaubt, werden Entführungserfahrungen mit derartig beeinflußten Erscheinungen vermischt oder verbunden. Cynthia Hind, eine Forscherin aus Südafrika, berichtet, daß »die Reaktion dieser Leute in etwa derjenigen entspricht, mit der Angehörige westlicher Nationen auf die Begegnung mit einem Geist reagieren; sie sind nicht unbedingt immer zu Tode erschrocken, aber doch beunruhigt über das, was sie sehen« (Hind 1993, S.17).

In Europa scheinen Entführte mit einer größeren Vielfalt von Wesen Kontakt zu haben als in Amerika. Die Palette reicht von kleinen bis hin zu großen, vermummten Wesen; sie umfaßt auch nackte Einzelwesen beiderlei Geschlechts und menschenähnliche Gestalten mit vielfältig gestalteten Köpfen, Füßen und Händen. Ein holländisches Paar beschrieb im September 1992 während eines persönlichen Gespräches seine UFO-Besucher als klein und regenbogenfarbig – grün, orange und rot.

Einige Auffälligkeiten von Entführungserfahrungen können jedoch als allgemeingültig angesehen werden. Fast immer und überall werden die Entführten durch ein starkes Licht unwiderstehlich angezogen, oftmals während sie mit dem Fahrzeug unterwegs sind. Unterschiedslos sind sie später nicht in der Lage, Rechenschaft über einen »verlorenen« Zeitraum zu geben, und sie tragen von dieser Erfahrung oft physische und psychische »Narben« davon. Dabei reicht die Palette von Alpträumen und Ängstlichkeit bis hin zu chronischer, nervöser Unruhe, Depressionen und sogar Psychosen, schließt aber auch physische Verletzungen wie Einstiche, Schnittwunden, Kratzer, Verbrennungen oder wunde Stellen mit ein.

Einige Begegnungen sind beängstigend, traumatisierend und geheimnisvoll. Andere scheinen aus einer heilenden oder belehrenden Absicht heraus zu erfolgen. Im Rahmen ihrer Arbeit mit Entführten berichtet die brasilianische Psychologin Gilda Moura, daß viele Entführte aus Brasilien nach einer solchen Begegnung über paranormale Fähigkeiten verfügten. Dazu zählen unter anderem verstärkte telepathische Fähigkeiten wie Hellsehen oder das Empfangen von Visionen und spirituellen Botschaften, die sehr oft die ökologische Weltlage, die Zukunft der Menschheit und soziale Gerechtigkeit zum Inhalt haben. Zugleich entscheiden sich viele Entführte nach einer solchen Erfahrung zu einem Berufswechsel. (vgl. Moura, im Druck).

Aufgrund der Publikationen über therapeutische und hypnotische Techniken, mit denen in den Vereinigten Staaten derzeit bahnbrechende Arbeit geleistet wird, werden uns in den kommenden Jahren wesentlich mehr Informationen über Entführungserfahrungen in Europa zur Verfügung stehen; und auch in der restlichen Welt besteht sicherlich kein Mangel an Kenntnissen über das UFO-Phänomen, wie aus der Vielzahl neugeschaffener öffentlicher Einrichtungen und Forschungsorganisationen ersichtlich ist, die sich mit diesem Thema beschäftigen.

Neuzeitliche Entführungen

Die neuzeitliche Geschichte der UFO-Entführungen beginnt mit dem Erlebnis, das Barney und Betty Hill im September 1961 hatten (vgl. Fuller 1966). Die Hills waren ein gesetztes und ehrwürdiges Ehepaar, das aus unterschiedlichen Ländern stammte. Sie lebten in New Hampshire und hatten seit mehr als zwei Jahren unter Störungen ihres Wohlbefindens gelitten, ehe sie schließlich – unter Vorbehalten – Benjamin Simon, einen Psychiater in Boston, konsultierten. Barney litt an Schlaflosigkeit, und Betty hatte Alpträume. Beide befanden sich in einem ständigen Angstzustand, der es ihnen unmöglich machte, ihr Leben weiterzuführen, solange sie sich nicht ihren beunruhigenden Erinnerungen an eine bestimmte Septembernacht stellten. Damals waren sie aus einem Urlaub in Montreal zurückgekehrt und hatten dabei einen »Filmriß« von etwa zwei Stunden Länge. Abgesehen von der Beunruhigung, die dieses Ereignis bei ihnen ausgelöst hatte, zeigten sich, Dr. Simon zufolge, keinerlei Symptome einer psychischen Erkrankung.

Die Hills berichteten, daß ihr Wagen in der Nacht des 19. September 1961 von kleinen, menschenähnlichen Wesen mit ungewöhnlichen Augen angehalten worden war. Schon vorher hätten sie einen sich unstet bewegenden Lichtschein und dann ein seltsames Gefährt bemerkt. Die Hills hatten so lange keinerlei Erinnerung an die ihnen fehlenden Stunden, bis sie sich bei Dr. Simon wiederholten Hypnosesitzungen unterzogen. Dabei wies Dr. Simon die Hills an, einander keine Details der Erinnerungen mitzuteilen, die bei ihnen auftauchen würden. Nachdem sie aus ihrem Wagen herausgeholt worden waren, so sagten die Hills, seien sie gegen ihren Willen zu einem Gefährt gebracht worden. Beide berichteten übereinstimmend, daß sie in dem Fahrzeug zu einem Tisch geführt und einem ausführlichen medizinischen Check, ähnlich einer ärztlichen Untersuchung, unterzogen worden seien, bei dem man ihnen auch Haut- und Haarproben entnommen habe. Und eine Sonde soll in Bettys Unterleib eingeführt und eine Art Schwangerschaftstest durchgeführt worden sein. Forscher haben kürzlich herausgefunden, daß Barney zudem eine Spermaprobe entnommen worden war. Diese Tatsache war von Dr. Simon und John Fuller, der später über diesen Fall geschrieben hat, zurückgehalten worden, weil es damals für Barney zu erniedrigend war, dies öffentlich einzugestehen (vgl. Jacobs 1992). Die außerirdischen Wesen hätten sich mit den Hills auf telepathischem Wege verständigt, ohne Worte, aber »wie auf Englisch«. Dann sei den Hills »befohlen« worden zu vergessen, was geschehen war.

Trotz Dr. Simons Annahme, die Hills hätten in einer Art »göttlicher Eingebung« denselben Traum oder dieselbe Phantasievorstellung erlebt, beharrten sie auf ihrer Überzeugung, daß sich diese Ereignisse wirklich zugetragen und sie beide während der Erforschung ihrer Symptome keinerlei Details untereinander ausgetauscht hätten. Insbesondere Barney, der 1969 gestorben ist, hatte Vorbehalte, an die Realität dieser Erfahrung zu glauben, weil er nicht als verrückt gelten wollte. »Ich wünschte, ich könnte glauben, daß es eine Halluzination war«, hatte er zu Dr. Simon auf dessen eindringliches Befragen hin gesagt. Aber letztendlich kam Barney dann zu dem Schluß, daß »wir etwas gesehen und an etwas teilgenommen haben, das sich von allem, was ich zuvor gesehen habe, unterscheidet«, und daß »diese Dinge wirklich passiert sind«. Betty, die auch heute noch in der Öffentlichkeit über ihre Erfahrung spricht, glaubt ebenfalls an die Realität dieser Ereignisse. 1975 ist der Fall Hill unter dem Titel »The UFO Incident« mit James Earl Jones als Barney verfilmt und in den Vereinigten Staaten im Fernsehen ausgestrahlt worden.

Die Entführungserfahrungen anderer Personen in den Jahren nach den Enthüllungen der Hills sind in zahlreichen Büchern und Artikeln dokumentiert worden (vgl. Lorenzen und Lorenzen 1976, 1977; Haisell 1978; Fowler 1979; Rogo 1980; Druffel und Rogo 1980; Bullard 1987, S.1-15; Clark 1990, S.2). Trotzdem hat erst der New Yorker Künstler und Bildhauer Budd Hopkins in über zwei Jahrzehnten andauernder, bahnbrechender Forschungsarbeit mit Hunderten von Entführten die wesentlichen Grundlagen des Entführungsphänomens aufgedeckt. In seinem ersten Buch, »Missing Time«, das 1981 erschien, hat er diese Zeitspannen, für die keine Rechenschaft abgelegt werden kann, und die damit verbundenen Symptome, die darauf hinweisen, daß die Entführungserfahrungen tatsächlich stattgefunden haben, ebenso dokumentiert wie die charakteristischen Einzelheiten solcher Erfahrungen. Hopkins hat ebenfalls herausgefunden, daß Entführungserfahrungen in einen Zusammenhang mit nicht erklärbaren kleinen Schnitten und körperlichen Verletzungen gebracht werden können. Seine Berichte legten sogar nahe, daß den Opfern kleine Implantate in die Nase, die Beine oder andere Körperteile eingepflanzt worden sein könnten.

In seinem zweiten Buch, »Intruders«, das 1987 erschien, umriß Budd Hopkins die Sexual- und Fortpflanzungsepisoden, die im Zusammenhang mit dem Entführungsphänomen stehen. David Jacobs, Geschichtswissenschaftler an der Temple-Universität, hat die dargestellten Grundmuster der Entführungserfahrung weiter aufgeschlüsselt (vgl. Jacobs 1992). Er unterscheidet zwischen primären Phänomenen, die aus manuellen Untersuchungen unter Zuhilfenahme von Instrumenten und urologisch-gynäkologischen Eingriffen bestehen; sekundären Ereignissen, zu denen technische Untersuchungen und das Erscheinen oder Überreichen eines Kindes gehören; und untergeordneten Geschehnissen, darunter verschiedene physische, mentale und sexuelle Tätigkeiten und Verfahrensweisen.

Aus meiner Sicht wird jedoch keines dieser Werke den tiefgreifenden Konsequenzen gerecht, die das Entführungsphänomen im Hinblick auf die damit verbundene Expansion des menschlichen Bewußtseins hat. Aus dieser Wahrnehmungserweiterung auf Realitäten außerhalb unserer bestehenden physischen Welt ergibt sich die Notwendigkeit, unseren Platz innerhalb der kosmischen Ordnung zu verändern, wenn die Lebenssysteme der Erde in der Lage sein sollen, den menschlichen Ansturm zu überstehen.

Untersuchungen, die in den Vereinigten Staaten über das UFO-Entführungsphänomen durchgeführt wurden – einschließlich einer Befragung von annähernd 6.000 Amerikanern, die in der Zeit zwischen Juli und September 1991 von der Roper Organisation durchgeführt wurde (vgl. Hopkins, Jacobs und Westrum 1991) –, haben ergeben, daß zwischen einigen hunderttausend und einigen Millionen Amerikaner eine solche Entführung oder darauf beruhende Erfahrungen durchgemacht haben könnten. Die Roper-Umfrage ist aus dem Grunde angegriffen worden, weil die Hinweise auf eine mögliche Entführung – wie das Sehen ungewöhnlicher Lichter, fehlende Zeitspannen oder das Gefühl zu fliegen – nicht unbedingt bedeuten müssen, daß auch tatsächlich eine Entführung stattgefunden hat. Die Einschätzung, ob tatsächlich ein Entführungsfall vorliegt, gestaltet sich jedoch deshalb so schwierig, weil wir nicht wissen, worum es sich dabei wirklich handelt – beispielsweise in welchem Ausmaß sie ein reales Ereignis in der physischen Welt ist oder lediglich eine ungewöhnliche subjektive Erfahrung mit physischer Manifestation darstellt. Ein noch größeres Problem liegt in der Tatsache begründet, daß unser Erinnerungsvermögen bei Entführungserfahrungen recht eigenartig reagiert. Wie in den Fällen von Ed oder Arthur (vgl. die entsprechenden Kapitel in diesem Buch) kann die Erinnerung an eine Entführung sogar völlig aus dem Bewußtsein verschwinden, bis eine Erfahrung oder Situation, die dann mit dem ursprünglichen Ereignis in Zusammenhang gebracht wird, sie Jahre später wieder wachrufen kann. Solange sich solche Personen nicht an ihre Entführungserfahrungen erinnern, wird man sie dem betreffenden Kreis natürlich nicht hinzurechnen, wohl aber, nachdem dies geschehen ist.

Wer sind die Enführten?

Alle Anstrengungen, die Entführten als Gruppe zu definieren, sind ohne Erfolg geblieben. Sie scheinen nach dem Zufallsprinzip aus allen Schichten der Gesellschaft zu stammen (vgl. Bullard 1987; Hopkins 1981, 1987; Jacobs 1992, S.327-328). Nach meiner eigenen Kartei sind Studenten ebenso darunter wie Hausfrauen, Sekretärinnen, Schriftsteller, Geschäftsleute, Computerfachleute aus der Industrie, Musiker, Psychologen, ein Portier eines Nachtclubs, ein Gefängniswärter, ein Akupunkteur, ein Sozialarbeiter und ein Angestellter eines Gaswerkes. Zuerst dachte ich, daß Angehörige der Arbeiterschaft überwiegen würden, aber dies scheint ein künstlich geschaffenes Faktum zu sein, das daraus resultiert, daß Personen aus einer wirtschaftlich und sozial niedrigeren Gesellschaftsschicht weniger Zurückhaltung zeigen, einem entsprechenden Aufruf zu folgen. Umgekehrt fürchten Entführte, die beruflich oder politisch eine bedeutendere Rolle spielen, die Peinlichkeit der Situation, Ablehnung oder gar den Verlust ihrer Position, die eine öffentliche Enthüllung ihrer Erfahrungen nach sich ziehen könnte. Einer der Männer, mit denen ich gearbeitet habe, nannte mir anfänglich eine Telefon- und Postfachnummer in einer Stadt, in der er gar nicht lebte. Und auch seinen wirklichen Namen hat er mir erst anvertraut, nachdem sich ein gewisses Vertrauensverhältnis zwischen uns entwickelt hatte. Ein anderer, ein sehr namhafter Diplomat, dessen Entführungsfall in Ufologen-

Kreisen wohlbekannt ist, hat all seine beruflichen Möglichkeiten und sein Können eingesetzt, um zu verhindern, daß er in der Öffentlichkeit identifiziert wird und die damit verbundenen Schwierigkeiten zu ertragen hat (vgl. Hopkins 1992).

Alle Anstrengungen, ein psychopathologisches Muster zu erkennen, das über die Störungen im Zusammenhang mit einem einzelnen oder wiederholten traumatischen Ereignis hinausgeht, blieben ohne Erfolg. Psychologische Tests bei Entführten haben keinerlei offensichtliche mentale oder emotionale Störungen ergeben, die für die berichteten Erfahrungen verantwortlich gemacht werden konnten (vgl. Bloecher, Clamar und Hopkins 1985; Parnell 1986; Parnell und Sprinkle 1990; Rodeghier, Goodpaster und Blatterbauer 1991; Slater 1985; Spanos u.a. 1993; Stone-Carmen, im Druck). Meine eigene Kartei zeigt ein breites Spektrum mentaler Gesundheit und emotionaler Angepaßtheit. Bei einigen Menschen, die eine solche Erfahrung gemacht haben, handelt es sich um Personen, die vor allem Unterstützung bei der Integration ihrer Entführungserfahrungen in ihr übriges Leben benötigen. Andere sind nahe daran, von der traumatischen Belastung und den philosophischen Zusammenhängen ihrer Erfahrungen erdrückt zu werden, und benötigen daher eine ausführliche Beratung und emotionale Unterstützung.

Die Anwendung der gesamten Palette von psychometrischen Tests ist zeitaufwendig und kostspielig. Ich habe vier meiner Fälle von anderen Psychologen testen lassen. Ein einundzwanzigjähriger Mann, von dem ich wußte, daß er stark gestört ist – er ist einer von zweien meiner insgesamt 76 Fälle, in denen eine stationäre psychiatrische Behandlung nötig war –, wies eine komplexe Symptomatik emotionaler Störungen und eines gestörten Denkverhaltens auf, wobei in Bezug auf Entführungserfahrungen weder deren Ursache noch die Auswirkung herausgefunden werden konnten. Die anderen drei Personen sind den üblichen Testreihen unterzogen worden, ohne daß sich irgendein offensichtlich psychopathologischer Befund ergeben hätte.

Der Versuch, Entführungen einem bestimmten Persönlichkeitstyp zuzuordnen, war ebensowenig erfolgreich (vgl. Basterfield und Bartholomew 1988; Basterfield, im Druck; Mack, im Druck; Rodeghier, Goodpaster und Blatterbauer 1991). Der Psychologe Kenneth Ring hat den Begriff der begegnungsveranlagten Persönlichkeit geprägt, womit gemeint ist, daß eine Person, die bereits ungewöhnliche Erfahrungen gemacht hat, solchen gegenüber in Zukunft weit offener ist (vgl. Ring 1992; Ring und Rosing 1990). Dabei gilt es jedoch zu bedenken, daß – wie auch bei allen anderen Hypothesen über die Persönlichkeit der Entführten – diese Begegnungen vielfach schon in frühester Kindheit begonnen haben können und bereits zweijährige Kinder von Entführungserfahrungen erzählt haben. In meinem eigenen Patientenstamm habe ich zwei Jungen im Alter unter drei Jahren. Es ist somit offensichtlich nicht ergründbar, welche Faktoren einer Entführung hinsichtlich ihres Einflusses auf die Persönlichkeitsbildung Ursache sind und welche Wirkung.

Desgleichen gibt es bei Entführungsfällen augenscheinlich kein Grundmuster einer Wechselwirkung mit familiären Strukturen. Zu Beginn dieser Forschungsarbeit war ich über die Tatsache betroffen, daß so viele Entführte aus nicht-intakten Familien kamen oder Mutter bzw. Vater des Entführten – zum Teil auch beide – Alkoholiker waren. Andere meiner Fälle kamen aus völlig intakten, harmonischen Familien. Darüber hinaus scheint eine Art von Beziehungsarmut zwischen einigen dieser »Erfahrenen« und ihren Eltern zu bestehen, und eine Reihe meiner Patienten beklagt eine gewisse Gefühlskälte und emotionale Mangelerscheinungen innerhalb ihrer Familie (wie beispielsweise Joe; siehe Kapitel 8 in diesem Buch). Einigen der Entführten wurde sogar von einem weiblichen außerirdischen Wesen mitgeteilt, daß es sich bei ihr um ihre eigentliche Mutter handele, und sie fühlen in ihrem Innersten – wenngleich nur vage –, daß dies der Wahrheit entspricht, was bedeutet, daß sie nicht »von dieser Erde« und ihre irdischen Eltern nicht ihre wahren Eltern sind. In einigen meiner Fälle scheint es dem Entführungserfahrenen im Leben besser ergangen zu sein als seinen Geschwistern, was von ihm meist auf die Wärme und Liebe zurückgeführt wird, die er Zeit seines Lebens von den Außerirdischen empfangen hat! Wie auch im nachfolgend noch aufgeführten Fall sexuellen Mißbrauchs hat es den Anschein, daß die außerirdischen Wesen an menschlicher Verletztheit interessiert sind und in gewisser Weise heilend und wiederherstellend wirken können. Hier ist noch eine sorgfältige Forschungsarbeit erforderlich, um diese Möglichkeit zu dokumentieren.

Ich habe den Eindruck, daß es sich bei den Entführten als Personengruppe um ungewöhnlich offene und intuitive Individuen handelt, die gegenüber gesellschaftlichen Autoritätsansprüchen weniger tolerant, dafür aber um so flexibler in der Akzeptanz menschlicher Eigenarten und anderer ungewöhnlicher Erfahrungen sind. Einige meiner Patienten berichten ebenfalls von unterschiedlichen psychischen Erfahrungen, wie sie auch von anderen Forschern festgehalten worden sind (vgl. Basterfield, im Druck). In diesem Zusammenhang müssen allerdings die Befürchtungen, die diese Personen hinsichtlich der Folgen der Offenbarung ihrer Entführungserfahrung gehegt haben, ebenso in Betracht gezogen werden, wie berücksichtigt werden muß, welche Gruppe aus der Gesamtheit der Entführten sich zuerst an mich gewandt hat und welche Ergebnisse sich in einigen Bereichen unserer gemeinsamen Arbeit ergeben haben. Und es müssen weitergehende Maßnahmen – wie beispielsweise Tests in Bezug auf Empfänglichkeit, Intuition oder psychische Fähigkeiten, anhand derer sich Entführte als Personengruppe von einer Vergleichsgruppe ohne eine solche Erfahrung unterscheiden ließen – entwickelt und innerhalb der Entführungsforschung eingesetzt werden.

In der Literatur über Entführungen wurde auch auf sexuellen Mißbrauch hingewiesen (vgl. Laibow 1989). Aber auch hier kann es aufgrund fehlerhafter Erinnerungen an traumatische Erfahrungen – oder im umgekehrten Fall, in dem traumatische Enführungserfahrungen in der Psyche Erinnerungen an Traumata anderer Art wie sexuellen Mißbrauch wachrufen – zu überzogenen Assoziationen kommen. Ich habe zum Beispiel mit einer Frau gearbeitet, die aufgrund eines vermuteten sexuellen Mißbrauchs und inzestbedingter Probleme einen namhaften Psychotherapeuten aufgesucht hatte. Einige Hypnosesitzungen hatten jedoch keine Ergebnisse in dieser Richtung gebracht. Dafür hatte sie sich während einer dieser Sitzungen an ein UFO erinnert, das nahe ihres elterlichen Zuhauses gelandet war, aus dem typische außerirdische Wesen aufgetaucht waren, die sie mit an Bord genommen hatten, als sie sechs Jahre alt war. Zum ersten Mal in einer Therapiestunde hatte sie dabei starke Gefühlsregungen, vor allem Furcht, gezeigt. Der Therapeut, der die Frau an mich weiterleitete, sagte mir dabei, daß sie »ahnungslos« sei – was hieß, daß sie sich bislang nicht mit Entführungsphänomenen beschäftigt hatte und keinerlei Verdacht hegte, etwas in dieser Art erlebt zu haben. In der Tat gibt es keinen einzigen Entführungsfall in meinem Erfahrungsbereich oder in dem anderer

Kollegen (vgl. Jacobs 1992, S.285), bei dem sich herausgestellt hätte, daß er lediglich einen sexuellen Mißbrauch oder eine andere traumatische Ursache überdeckt hätte. Dafür ist es im Gegenteil oft vorgekommen, daß im Zuge einer Untersuchung eines Falles von sexuellem Mißbrauch oder eines anderen traumatisierenden Mißbrauchs ein Entführungsfall aufgedeckt wurde.

Sexueller Mißbrauch scheint eine der Formen menschlicher Verletztheit darzustellen, die die Außerirdischen – zumindest vom Standpunkt des Betroffenen aus – überhaupt erst zu ihrem schützenden oder heilenden Eingreifen veranlaßt hat. So erinnerte sich zum Beispiel eine fünfunddreißigjährige Frau ganz bewußt daran, im Alter von vier Jahren von ihrem Vater sexuell mißbraucht worden zu sein und danach weinend im Keller gesessen zu haben. Sie erzählte mir, daß einige ihr vertraute außerirdische Wesen – sie erinnerte sich, ihnen bereits ab einem Alter von vierzehn Monaten begegnet zu sein – sie »wegen ihrer Schmerzen auf Verletzungen hin untersucht«, Unterwäsche für sie – allerdings nicht ihre eigene – gefunden und ihre »Sandalen geschlossen« hätten.

Es hat bereits Versuche gegeben, das Entführungsphänomen mit dem Mißbrauch satanischer Rituale (vgl. Dean, im Druck; Wright 1993) und den vielfältigen Persönlichkeitsstörungen in Verbindung zu bringen, die ähnlich wie beim sexuellen Mißbrauch auf psychologische Traumata zurückzuführen sind, bei denen ein Verdrängungsmechanismus entsteht (vgl. Frankel 1993; Ganaway 1989; Spiegel und Cardena 1991). In diesem Zusammenhang ist es jedoch wichtig, sich klarzumachen, daß die Verdrängung lediglich ein Hilfsmittel ist, mit dem die betroffene Person eine traumatische Erfahrung bewältigt. Dabei spaltet sie Teile davon ab, um dem Bewußtsein die beunruhigenden Emotionen vorzuenthalten, damit die übrige Psyche so gut wie möglich funktionieren kann.

Eine Berufung auf den Verdrängungsmechanismus allein gibt uns jedoch noch keine Informationen über die Quelle oder den Gehalt der ursprünglichen, beunruhigenden Erfahrung. Entführte benutzen die Verdrängung als eine Möglichkeit, mit ihren bedrohlichen Erfahrungen zu leben – was bedeutet, daß sie diesen Erfahrungen erst gar keinen Zugang in ihr Bewußtsein gestatten. Dabei kann es sich sogar um eine von Entführten überwiegend gehandhabte Praxis handeln (vgl. Jacobson, im Druck). Die Tatsache, daß sie einen Verteidigungsmechanismus einsetzen, gibt uns jedoch keinen Aufschluß über die Art der ursprünglichen traumatischen Erfahrung. Ich habe manchmal das Gefühl, daß wir, die wir uns beruflich mit geistiger Gesundheit beschäftigen – indem wir immer dann, wenn wir mit einem neuen, geheimnisvollen Phänomen konfrontiert werden, vertraute Diagnosen und mentale Mechanismen zu Rate ziehen –, Generälen ähneln, die dazu verurteilt sind, den letzten Krieg wieder und wieder durchzuspielen. Das trifft vor allem dann zu, wenn es sich um Erscheinungen handelt, die unsere gewohnten Denkschemata über den Haufen werfen.

Die ersten Fälle, die mir im Frühjahr 1990 zugeleitet wurden, bestätigten, was Budd Hopkins, David Jacobs, Leo Sprinkle, John Carpenter und andere Pioniere der Forschung auf dem Gebiet des Entführungsphänomens bereits zuvor herausgefunden hatten. Diese Patienten erzählten mir, daß sie gegen ihren Willen von außerirdischen Wesen entführt worden seien – oftmals durch die Wände ihrer Häuser hindurch – und man sie ausgiebigen unangenehmen Eingriffen unterworfen habe, die allem Anschein nach Fortpflanzungszwecken dienten. In einigen wenigen Fällen konnte ihre körperliche Abwesenheit zur Zeit der Entführung von unabhängigen Zeugen bestätigt werden. Alle diese Leute litten – abgesehen von den Auswirkungen ihrer traumatischen Erfahrungen – unter unklaren psychiatrischen Störungen und berichteten über das, was sie als wirklich erlebte Erfahrungen ansahen, nur unter starker seelischer Anteilnahme. Darüber hinaus standen ihre Erfahrungen bisweilen im Zusammenhang mit UFO-Sichtungen von Freunden, Mitgliedern der Familie und Gemeinde oder auch Reportern und Journalisten. Und es verblieben am Körper des Betreffenden oftmals physische Spuren, wie zum Beispiel Einschnitte oder kleine Geschwüre, die schnell wieder abheilten und augenscheinlich keine psychodynamischen Ursachen hatten, wie es zum Beispiel bei religiösen Stigmata der Fall ist.

Kurz und gut, ich hatte es hier mit einem Phänomen zu tun, das – wie mein Gefühl mir sagte – nicht psychiatrisch erklärt werden konnte und sich außerhalb des in der westlichen Wissenschaft üblichen Weltbildes befand. Mir blieb somit nur die Wahl zwischen zwei Möglichkeiten. Einerseits konnte ich mir die Psychologie wider jede Vernunft zurechtbiegen und dabei diejenigen Aspekte ignorieren, die psychologisch nicht erklärbar waren – wie unter anderem körperliche Befunde, die Tatsache daß es auch Kinder und

Kleinstkinder betraf, sowie den grundsätzlichen Zusammenhang mit UFO-Erscheinungen. Das hätte bedeutet, auf einer psychologischen Erklärung im Rahmen der vorherrschenden westlichen Wissenschaftsideologie zu beharren. Oder aber ich konnte andererseits die Möglichkeit in Betracht ziehen, daß unsere allgemeine Vorstellung von Wirklichkeit zu stark begrenzt ist und ein Phänomen wie dieses einfach nicht innerhalb unserer Realitätsvorstellungen erklärt werden kann. Mit anderen Worten: Möglicherweise war ein neues Wissenschaftsparadigma notwendig, um zu verstehen, was hier vor sich geht.

Die Arbeit mit Entführten

Mit diesem Dilemma wandte ich mich, um mir für meine Forschungsarbeit Rat zu holen, an Thomas Kuhn, den Autor des 1962 erschienenen Klassikers »The Structure of Scientific Revolutions«, der die Wandlung wissenschaftlicher Paradigmen analysiert. Ich kannte Tom Kuhn seit meiner Kindheit, denn damals in New York waren meine Eltern mit den seinen befreundet, und ich hatte oft an Eierpunsch-Partys in deren Haus teilgenommen. Ich habe erkannt, daß der Rat, den er und seine Frau Jehane, die auf dem Gebiet der Mythologie und Völkerkunde sehr bewandert ist, mir gaben, sehr nützlich war.

Am hilfreichsten erschien mir Kuhns Beobachtung, daß das westliche Wissenschaftsparadigma eine gewissermaßen theologische Starrheit angenommen habe und daß dieses Glaubenssystem durch bestimmte Strukturen, Kategorien und Polaritäten in der Sprache aufrechterhalten werde. Dazu gehören gegenläufige Begriffe wie »real« und »irreal«, »existent« und »nicht existent«, »objektiv« und »subjektiv«, »innere« (also psychische) und »äußere« Welt sowie »geschehen« und »nicht geschehen«. Er deutete an, daß der Erfolg meiner Forschungsarbeit davon abhängen werde, inwieweit ich in der Lage sein würde, all diese Sprachformen zu erkennen, sie zu beherrschen und sozusagen nur davon unberührte Informationen herauszupicken, unabhängig davon, ob sie meiner bisherigen Lebens- und Lernerfahrung zufolge nun einer speziellen Weltsicht entsprachen oder nicht. Später würde ich dann sehen können, was ich herausgefunden hatte und ob es möglich sein würde, eine grundlegende Theorie zu entwickeln. Und dieser Taktik habe ich im großen und ganzen zu folgen versucht.

Wenn mich jemand aufsucht, der möglicherweise entführt worden ist – sei es, daß eine der UFO-Organisationen oder einer meiner Kollegen ihn an mich verwiesen hat, oder sei es, daß er aus eigenem Antrieb gekommen ist, nachdem er in den Medien von meiner Arbeit erfahren hat –, so stelle ich zunächst einmal klar, daß ich sie oder ihn als Forschungskollegen betrachte. Obwohl die Entführten sich darüber im klaren sind, daß ich auch das Phänomen erforsche, versichere ich ihnen, daß ich mich in erster Linie ihrer Gesundheit und ihrem Wohlergehen verpflichtet fühle. Die von mir angewandten Untersuchungs- und Therapiemethoden sind in den letzten dreieinhalb Jahren entwickelt worden, und sie werden beständig weiterentwickelt (vgl. Mack 1992). Ich beraume ein einführendes Testgespräch an, das normalerweise eineinhalb Stunden dauert. Während dieser Sitzung erhalte ich einen Einblick in die Geschichte, die möglicherweise auf eine Entführung zurückzuführen ist, und versuche, möglichst viel über die Person und ihre Familie zu erfahren. Manchmal werden zusätzlich noch andere Familienmitglieder befragt, die eventuell ebenfalls eine solche Erfahrung gemacht haben.

Entführte können sich zum Teil sehr gut – ohne Hypnose und bei vollem Bewußtsein – in ihre Erfahrungen zurückversetzen. Ein junger Mann im Alter von neunzehn Jahren konnte sich bei unserem ersten Gespräch an viele Details seiner Entführung erinnern, die er bereits im Alter von vier Jahren erlebt hatte. Er berichtete voller Angst, daß er am hellichten Tag auf einer Lichtung hinter dem elterlichen Haus von grauen Außerirdischen »aufgelesen« und in ein Raumschiff gebracht worden war. Es war ihm möglich, das einer Untertasse gleichende UFO und die fremden Wesen bis ins Detail zu beschreiben. In dem Raumschiff war er bewegungsunfähig gewesen und gezwungen worden, sich in einem kleinen Raum niederzulegen, wo er in laserähnliches Licht getaucht worden war und wo man ihm mit einem zylindrischen Instrument eine Hautprobe entnommen hatte. Danach war er zurückgebracht worden. Er hatte – wie er erzählte – noch einen beträchtlichen Weg zum Wohnblock, in dem er lebte, zurücklaufen müssen.

Oft jedoch berichten Entführte, daß es längere Zeiten in ihrem Leben gibt, an die sie sich, wie sie deutlich fühlen, nicht bewußt zurückerinnern können und die sie nun Tag für Tag belasten. Obwohl sie im allgemeinen wissen, daß diese Erfahrungen unter Umständen traumatisch waren und ihre Bewußtmachung belastend werden kann, entscheidet sich die Mehrzahl der Entführten, mit denen ich zu tun hatte, dennoch dafür, ihren Erfahrungen auf den Grund zu gehen. Sie haben erkannt, daß es weitaus belastender ist, wenn einem bedeutende Ereignisse und Erfahrungen im Bewußtsein nicht zugänglich sind, als wenn man sich diesen Erlebnissen – von denen man fühlt, daß sie sich ereignet haben – stellt, gleichgültig, wie schwer auch immer dies sein mag.

Das Herbeiführen eines Trancezustandes, wobei dieser in meinen Fällen durch eine besondere Art der Hypnose erreicht wird, scheint sehr wirkungsvoll zu sein, um den Entführten verdrängte Erfahrungen wieder bewußtzumachen und sie so von ihrer traumatischen Belastung zu befreien. Ich verstehe noch immer nicht ganz, warum diese Methode derart effektiv ist. Abgesehen von wenigen Ausnahmen sind Entführte hochgradig für eine Hypnose geeignet, obwohl mir keine Studie bekannt ist, in der sie in dieser Hinsicht mit anderen Gruppen – insbesondere mit Leuten, die ebenfalls ein Trauma überstanden haben – verglichen werden. Oftmals bedarf es lediglich einer ganz einfachen Entspannungstechnik, um viele Erinnerungen wachzurufen. Es ist, als würden die verdrängenden Kräfte, die mit der Entführung aktiviert wurden, durch die Hypnose in einer Art Umkehreffekt wieder aufgehoben.

Diese verdrängenden Kräfte waren dem Empfinden der Entführten zufolge mehr als nur ein Selbstschutz. Sie empfinden es so, als ob etwa 90 Prozent der Energie, die ihre Erinnerung blockiert hat, die Folge eines von außen gesteuerten Ausschaltens ihres Gedächtnisses war, das von den Außerirdischen vorgenommen worden war. Nach Aussagen der Entführten suggerierten diese ihnen häufig, sich nicht an die Geschehnisse erinnern zu wollen oder zu sollen. Manchmal läßt sich dies als Eigenschutz erklären, und in der Tat können fortgesetzte bewußte Erinnerungen an quälende oder traumatische Erlebnisse – vor allem bei kleinen Kindern – zu Störungen im alltäglichen Leben führen (siehe zum Beispiel den Fall von Jerry im 6. Kapitel). Es ist ebenfalls möglich, daß Menschen mit einer solchen Erfahrung das Gefühl haben, den Ermahnungen der außerirdischen Wesen, mit denen sie sich oftmals sehr verbunden fühlen, zuwiderzuhandeln, sobald sie zusammen mit mir versuchen, sich die Erlebnisse ins Bewußtsein zurückzurufen. Dies macht eine wiederholte Bestätigung meinerseits erforderlich, daß meiner Erkenntnis nach noch niemand Schaden erlitten hat, der sich diese Erfahrungen im geeigneten Rahmen und nach entsprechender Vorbereitung ins Bewußtsein zurückgerufen hat.

Einer der interessantesten Aspekte des Entführungsphänomens ist das System, nach dem die Rückerinnerungen erfolgen. Ein detailliertes Wachrufen von Erfahrungen, derer man sich nie bewußt war, kann Jahre oder gar Jahrzehnte nach dem eigentlichen Ereignis durch irgend etwas ausgelöst werden, das man sieht oder hört und das lediglich winzige Ähnlichkeiten mit der wirklichen Entführung hat. Welche Kombination der Beziehungsfaktoren zwischen dem Entführten und den Außerirdischen den Zeitpunkt der Erinnerung bewirkt – der Entschluß, die eigene Geschichte zu erforschen, mit eingeschlossen –, muß einem späteren Verständnis vorbehalten bleiben.

Die Art von Hypnose oder des Trancezustands, in die ich die Patienten versetze, ist durch mein Training und meine Erfahrung in holotropischer Atemtechnik entstanden, die von Stanislav und Christina Grof entwickelt wurde (vgl. Grof 1985, 1988, 1992). Diese Technik basiert auf einem tiefen, schnellen Atmen, stimulierender Musik, bestimmten Bewegungen und symbolischem Zeichnen, wie es beispielweise zur Erforschung des Unbewußten oder zur therapeutischen Entwicklung eingesetzt wird. Aufgrund des zentralen Einsatzes einer solchen Atemtechnik hat die Grof-Methode viel mit alten Meditationspraktiken gemeinsam. Ich habe herausgefunden, daß konzentriertes Atmen – zusammen mit Hypnose – bei der Arbeit mit Entführten ein unschätzbar wertvolles Hilfsmittel darstellt. Das hängt mit der außergewöhnlichen Intensität der körperlichen Empfindungen, Bewegungen und vehementen Gefühlsausbrüchen zusammen, die auftreten, sobald die Erinnerung an eine Entführung einsetzt. Dabei zeigen sich insbesondere Schrecken, Zorn und Traurigkeit. Offensichtlich resultiert diese Intensität aus dem starken Eindruck der ursprünglichen Erfahrung.

Manchmal besteht die Gefahr, daß das Wachrufen der Entführungsereignisse und das Berichten darüber dem Selbstschutzmechanismus der Entführten entgegenwirkt und sie bedrückt und verstört. Wenn der Betreffende sich während des Einführungsprozesses und der Hypnosesitzung weitgehend auf seine Atmung konzentriert, kann er seinen Erfahrungen mit mehr Kraft gegenübertreten. Ich erkläre den Entführten bereits zu Beginn der Sitzung, ich sei mehr daran interessiert, daß sie ihre durch die Rückerinnerung wachgerufenen Erfahrungen in ihr normales Leben integrieren können, als daran, »eine Story zu bekommen«. Sie sind willens, sich zu erinnern, und die Story, so erkläre ich ihnen, wird sich zu gegebener Zeit von selbst ergeben.

Während besonders quälender Abschnitte im Verlauf einer Sitzung lege ich der oder dem Entführten leicht die Hand auf die Schulter, um sie oder ihn meiner Gegenwart zu versichern. Sobald man jedoch eine solche Rückversicherung gibt, muß man aufpassen, daß man nicht eine verwirrende Wiederholung der ursprünglichen Störung schafft, die aus jedem physischen Kontakt mit dem Entführten enstehen kann, der sich tief in einer traumatischen Erinnerungsphase befindet. Es ist möglich, daß der Entführte am Ende der Sitzung eine starke Verspannung oder Verkrampfung in einigen Muskelgruppen verspürt, vor allem in den Händen. Eine spannungsverstärkende Annäherung, wie sie von den Grofs entwickelt wurde, kann da beim Abbau der verbleibenden Verspannung oder Verkrampfung nützlich sein.

Um zu bestreiten, daß Entführungsphänomene real sind, führen Kritiker und Skeptiker an, daß eine Erinnerung unter Hypnose ungenau sei und der Patient seine Rückerinnerung möglicherweise nur entwickele, um damit den Erwartungen des Hypnotiseurs zu entsprechen. Ich glaube, daß Kritik dieser Art unhaltbar ist. Der Einwand, daß eine Rückführung unter Hypnose ungenau sei, beruht hauptsächlich darauf, daß in den USA eine Anwendung von Hypnose bei Zeugen vor Gericht in solchen Klagefällen nicht zulässig ist, in denen es nicht von vitalem Interesse für die befragte Person ist. Im Falle von Entführungen jedoch sind diese Erfahrungen für diejenigen, die sie gemacht haben und die hochgradig daran interessiert sind, sie sich ins Bewußtsein zurückzurufen, von immenser Bedeutung.

Wenn das Entführungsphänomen, wie ich vermute, zwar in unsere reale Raum-Zeit-Welt eintritt, aber nicht im wörtlichen Sinne von eben dieser Welt ist, dann ist der Begriff der Erinnerungsgenauigkeit hinsichtlich etwas, das »geschehen« oder »nicht geschehen« sein kann, kaum anwendbar – jedenfalls nicht im eigentlichen Sinne. Kuhns Ratschlag, bestimmte Kategorien nicht zu beachten, scheint mir in diesem Zusammenhang sehr passend zu sein. Unter Umständen wie diesen könnte unsere einzige Möglichkeit, die Realität eines derartigen Erlebnisses zu beurteilen, aus der Erzählung des Zeugen und unserer klinischen Einschätzung der Entstehungsgeschichte bestehen. In diesem Zusammenhang ist John Carpenters Entdeckung bemerkenswert, daß die Berichte von Personen, die gemeinsam entführt und dann getrennt voneinander hypnotisiert wurden, bezüglich dessen, was ihnen innerhalb des Raumschiffs widerfahren ist, bis in kleinste Details übereinstimmen (vgl. Carpenter 1993). Wenn ich die Kriterien einer »gefühlsmäßigen Betroffenheit« und einer »erzählerischen Übereinstimmung« auf das anwende, was ich über den allgemeinen Ablauf von Entführungen weiß, so drängt sich mir der Eindruck auf, daß die unter Hypnose entstandenen Berichte im allgemeinen genauer sind als diejenigen einer Rückführung bei vollem Bewußtsein. Wir werden zum Beispiel im Fall von Ed, der im dritten Kapitel beschrieben ist, sehen, wie dessen bewußte Erinnerung an eine Entführung, die er mit sechzehn Jahren erlebt hat, gespielte Tapferkeit und erfreuliche Ereignisse enthält, die aus seiner jugendlichen Selbstachtung resultieren. Wurde dieselbe Erinnerung jedoch detaillierter und unter Hypnose – wenngleich mit gewissen Schwierigkeiten – wachgerufen, war diese erniedrigend und somit untragbar für seine jugendliche Selbstachtung.

Wer unterstellt, daß der Entführte versucht, dem Hypnotiseur während der Sitzung einen Gefallen zu erweisen – nämlich deshalb, weil es die Absicht des Hypnotiseurs ist, eine Entführung zu entdecken –, zieht dabei nicht in Betracht, wie beunruhigend Entführungen für die Betroffenen sind und wie stark das Widerstreben ist, sich das Phänomen ins Bewußtsein zurückzurufen und zu akzeptieren, daß das, was man durchgemacht hat, tatsächlich geschehen ist. Wie in diesem Buch noch ersichtlich wird, mußte ich mich bei der Zusammenarbeit mit Entführten oftmals jedes noch so kleinsten gemeinschaftlichen Interesses bedienen, um es ihnen zu ermöglichen, sich in die Tiefe der vergessenen Erfahrung vorzutasten. Abgesehen davon sind sie jedoch merkwürdig unbeeinflußbar. Um der oben genannten Kritik zu begegnen, haben ich und andere Forschungskollegen wiederholt versucht, Entführte durch Suggestion spezifischer Details – beispielsweiser einer Körperbehaarung der Außerirdischen oder Ecken im Inneren der Raumschiffe – auszutricksen, jedoch nur mit dem Ergebnis eines jeweils direkten Widerspruchs. Im großen und ganzen wissen Entführte, was sie erlebt haben, und davon können sie trotz ihrer eigenen Skepsis gegenüber diesem Ereignis nicht abgebracht werden.

Diese Diskussion wirft ebenso wie auch meine Gespräche mit den Kuhns interessante erkenntnistheoretische Fragen auf, die uns durch das gesamte Buch hindurch begleiten werden. Vor allem sind es Fragen zum Bewußtsein als ein Instrument des Wissens. Wie bei jeder klinisch akkuraten Forschung ist auch bei dieser Arbeit die Psyche des Forschers – genauer gesagt, die Interaktion zwischen der Psyche des Patienten und der des Behandelnden – der Kern der Erkenntnisgewinnung. Zugleich muß betont werden, daß die Erfahrung selbst keineswegs durch ein Zusammenspiel zwischen Forscher und Entführtem entstanden ist. Da es weder physische noch sonstige »Beweise« für Entführungsphänome gibt – was bei diesem Thema, wie wir später noch sehen werden, stets eine sehr subtile Problematik ist –, stellen die Erfahrung selbst, das Berichten darüber und das Akzeptieren durch den Forscher die einzigen Wege dar, die uns als Zugang dazu bekannt sind.

Am Ende der Einführungssitzung fordere ich meine Patienten dann auf, sich entweder mit mir oder mit meiner Assistentin Pam Kasey, die praktisch bei allen Treffen dabei ist, in Verbindung zu setzen, wenn sie an weiteren Gesprächen interessiert sind. In der Regel tun sie dies auch, und wenn einmal nicht, dann nehmen wir von uns aus mit ihnen Verbindung auf. Wir möchten wissen, wie der Patient mit den starken Gefühlsregungen, die er während der Sitzung verspürt hat, zurechtgekommen ist und wie er das bewältigt hat, was ich den »ontologischen Schock« nenne. Schließlich sind Entführte bis zu dem übermächtigen Wiedererleben, das während der Hypnosesitzung einsetzt, immer noch zu glauben geneigt, daß diese Erfahrungen lediglich Träume oder mentale Störungen seien, die geheilt werden könnten. Diese abwehrende Haltung verschwindet niemals völlig, und es kann auch nach mehreren Hypnosesitzungen noch zu einem solchen Schock kommen, vor allem, wenn ein zweiter Entführter unabhängig vom ersten genau die gleichen Erfahrungen während einer gemeinsamen Entführung bezeugt.

Regelmäßige, unterstützende Gruppentreffen in freundlicher und privater Atmosphäre, bei denen es leicht möglich ist, miteinander ins Gespräch und in Kontakt zu kommen, sind ein wesentlicher Aspekt meiner Arbeit mit Entführten. Sie allesamt fühlen sich stark isoliert und unfähig zu einem Gedankenaustausch mit anderen, es sei denn, diese hätten die gleichen Erfahrungen gemacht wie sie selbst. Dies ist ein zentraler Aspekt in ihrem Leben, das sie ohne die Angst führen wollen, zurückgewiesen oder lächerlich gemacht zu werden. In der Selbsthilfegruppe stoßen sie auf eine Gemeinschaft von Individuen, die ähnliche Erfahrungen gemacht haben. Innerhalb dieser Gruppe können die Entführten sich darüber austauschen, was sie durchgemacht haben oder noch durchmachen, sie können sich darüber auf dem laufenden halten, was sich in dem Bereich der UFO-Entführungen ganz allgemein abspielt, und sie können die unterschiedlichen Bedeutungen und Auswirkungen dieser Erfahrungen auf ihr individuelles und auch gemeinschaftliches Leben ausloten.

Selbst wenn ein oder mehrere »Berufsforscher« an diesen regelmäßigen Zusammenkünften teilnehmen, so ist es doch wichtig, daß die Entführten untereinander – auch außerhalb dieser Treffen – ein direktes Netz der Selbsthilfe aufbauen. Manchmal bedeutet dies ein Treffen in kleinerer Gruppe; ein anderes Mal genügt ein telefonischer Kontakt. Wie ich bereits betont habe, sind die Entführten im Regelfall nicht psychisch gestört. Aber sie haben sehr starke traumatische oder verwirrende Erfahrungen durchlebt, fühlen sich abgeschottet von den gängigen Glaubensstrukturen der Gesellschaft und benötigen zumeist starke Unterstützung von Leuten, die über das Entführungsphänomen Bescheid wissen oder mit ihm sogar in engerem Maße vertraut sind.

Einem Entführten ist es oft von Nutzen, fortgesetzten Kontakt zu einem Psychotherapeuten zu halten, der mit diesem Phänomen vertraut ist. Als ich mit meiner Arbeit begann, gab es sehr wenige Berufskollegen, die sich mit diesem Bereich beschäftigten, und einige haben beträchtlichen Schaden angerichtet, indem sie versuchten, solche Patienten in vertraute Kategorien der Diagnostik – meist solche einer anderen Form eines traumatischen Mißbrauchs – einzuordnen. Aber das ändert sich, und in und um Boston und in einigen anderen Metropolen gibt es eine wachsende Anzahl von Klinik-Therapeuten, die offen für die Realität des Entführungsphänomens sind. Sie sind in der Lage, mit diesen Leuten zu arbeiten, wenngleich nur wenige von ihnen darauf vorbereitet sind, an dem übermächtigen Wiedererleben der Erfahrungen während der Hypnose teilzuhaben. Schulungen, die 1992 unter der Führung und mit Unterstützung von Robert Bigelow, einem Geschäftsmann aus Las Vegas, begonnen wurden und in den verschiedensten amerikanischen Städten von den Entführungsforschern John Carpenter, Budd Hopkins und David Jacobs abgehalten werden, machen viele Ärzte und berufsmäßige Therapeuten im Bereich der Psychiatrie allmählich mit diesem Phänomen vertraut.

UFO-Entführungen
Ein Überblick

Indizien für eine Entführung

Obwohl sich einige Entführte nur an eine einzige, dramatische Erfahrung erinnern können, stellt es sich in der Regel bei der sorgfältigen Durchleuchtung eines Falles heraus, daß solche Begegnungen bereits seit frühester Kindheit und vielleicht schon seit dem Säuglingsalter stattgefunden haben. Angaben über Entführungen im Kindesalter umfassen Erinnerungen an eine »Erscheinung«, an »kleine Männchen« oder andere kleine Wesen im Schlafzimmer, ein unerklärbares starkes Licht im Zimmer, das Gefühl eines Summens oder Vibrierens, ein Schweben im Raum oder aus dem Haus hinaus, das Erblicken von UFOs aus nächster Nähe, lebhafte Träume, in einen unbekannten Raum mitgenommen worden zu sein, in dem dann zudringliche Eingriffe vorgenommen wurden, sowie Zeitabschnitte von einer oder mehreren Stunden, in denen die Eltern ihr Kind nicht finden konnten (vgl. Hopkins 1981). Das Erwachen mit einem Gefühl von Angst oder Bewegungsunfähigkeit sowie der Eindruck, daß fremde Wesen oder seltsame Erscheinungen im Zimmer seien, sind ebenfalls Indizien dafür – sowohl bei Erwachsenen als auch bei Kindern.

Manchmal erinnert man sich an die außerirdischen Wesen als freundliche Spielgefährten oder auch als Heilende. So spürte beispielsweise der Entführte Carlos, daß er von ihnen buchstäblich von einer lebensbedrohlichen Lungenentzündung geheilt worden ist. Oft spielen die Außerirdischen in der frühen Kindheit eine Beschützerrolle, aber die Begegnungen mit ihnen werden ernsthafter und belastender, sobald der Betreffende in die Pubertät kommt. Und selbst kleine Kinder können (wie im Fall von Colin, Jerrys

Sohn, von dem im sechsten Kapitel die Rede sein wird) durch die Erfahrung, aus ihrer Familie heraus in den Himmel geholt und schmerzhaften Prozeduren unterworfen zu werden, stark erschreckt werden. Oft erzählen die Kinder ihren Eltern von diesen Begegnungen, von denen das Kind weiß, daß sie real waren, aber die Eltern sagen ihm, daß es lediglich geträumt habe. Auf diese Weise lernen sie es unter Umständen, derartige Erfahrungen zu »verstecken« und mit niemandem darüber zu sprechen, bevor sie sich als Erwachsene doch noch entschließen, ihnen auf den Grund zu gehen.

Entführungen treten bei ganzen Familien auf, manchmal während drei und mehr Generationen (vgl. Howe 1989). Auch hier machen die Launen der Erinnerung – diese eigenartige Mischung aus psychologischer Selbstverteidigung und augenscheinlicher Erinnerungssteuerung durch Kräfte, die die Außerirdischen kontrollieren – es schwierig, aussagefähige Statistiken über den Prozentsatz von verwandtschaftlichen Beziehungen innerhalb der Gruppe der Entführten zu erstellen. In den Fällen von Jerry und Arthur (siehe Kapitel 6 und 15) sind die Entführten zum Beispiel erst zu mir gekommen, als ein Gespräch mit einem betroffenen Geschwisterteil ihre eigene Erinnerung wachgerüttelt hatte.

Eltern, die UFO-Erscheinungen eventuell aus nächster Nähe beobachtet oder sogar direkte Entführungserfahrungen gemacht haben, bestreiten diese anfangs oft ebenso vehement wie die Erfahrungen ihrer Kinder, weil sie nicht an ihre eigenen Entführungtraumata erinnert werden wollen. Manchmal sehen Kinder auch ein Elternteil in dem Raumschiff, aber wenn sie ihn mit dieser Erfahrung konfrontieren, kann er sich nicht daran erinnern, entführt worden zu sein. Es kann allerdings auch der umgekehrte Fall eintreten: Ein Elternteil (wie in den Fällen von Joe und Jerry) oder ein älteres Geschwister kann sich daran erinnern, mit einem Kind oder einem jüngeren Geschwisterchen entführt worden zu sein, und es empfindet es als sehr belastend, daß es das Kind nicht hatte beschützen können. Oder das Kind hat das Gefühl, nicht von dem Elternteil oder älteren Geschwister beschützt worden zu sein – ob sich dieser nun an die Entführung erinnern kann oder nicht.

Obwohl Entführungen oder Erfahrungen, die sich darauf beziehen, im Leben eines Betroffenen immer wieder eintreten können, gibt es doch kein klares Grundmuster und keinen erkennbaren Zeitplan für diese Begegnungen. Einige Entführte glauben, daß sich diese vor allem in Streß- oder solchen Zeiten ereignen, in denen sie besonders verletztlich oder offen für äußere Einflüsse sind. Aber das läßt sich durch nichts erhärten. Die Tatsache, daß ein Wiederauftreten nicht vorhergesagt werden kann, ist – für Forscher und Betroffene gleichermaßen, wenn auch aus verschiedenen Gründen – einer der schwierigsten Aspekte dieses Phänomens.

Es gibt darüber hinaus noch weitere Symptome, die unbewußt mit bestimmten Elementen einer Entführungserfahrung verknüpft sein können. Sie können ein Indiz für eine mögliche Entführung sein, weisen aber nicht definitiv darauf hin. Sie umfassen ein allgemeines Gefühl der Verletzlichkeit, insbesondere nachts, Angst vor Krankenhäusern – was auf unangenehme Eingriffe innerhalb eines Raumschiffs zurückzuführen sein könnte –, dem Fliegen oder vor Aufzügen, Tieren, Insekten und gar vor sexuellen Kontakten. Selbst bei bestimmten Lauten, Gerüchen, Bildern oder Tätigkeiten, die ohne ersichtlichen Grund belastend sind, kann später unter Umständen der Beweis erbracht werden, daß sie in Verbindung mit einer Entführungserfahrung stehen. Schlaflosigkeit, Angst vor der Dunkelheit oder davor, nachts allein zu sein, das Verbarrikadieren der Fenster gegen Eindringlinge, nur bei Licht einschlafen zu können – auch als Erwachsener – sowie quälende Träume und Alpträume von einem Aufenthalt in einem fremden Flugobjekt oder in fremden Räumen sind unter Entführten üblich.

Seltsame Ausschläge, Schnitte oder andere Körpermerkmale können über Nacht auftreten, oder es kann zu ungeklärten Blutungen aus der Nase, den Ohren oder dem Darm kommen, die an und für sich keine große Aufmerksamkeit erregen würden, aber im Zusammenspiel mit anderen Phänomen, die sich auf die Entführung beziehen, um so bedeutsamer sind. Weitere Symptome, bei denen sich später herausstellen kann, daß sie sich auf spezielle Aspekte der Entführungserfahrung beziehen, können aus Beschwerden urologisch-gynäkologischer Art, aus Problemen in den Nasennebenhöhlen und bei der Schwangerschaft oder aus Störungen des Magen-Darm-Traktes bestehen.

Für einen Klinikarzt wie mich, der in westlicher Tradition erzogen und ausgebildet wurde, birgt die Erforschung von Entführungsfällen spezielle Herausforderungen in sich, denn die erhaltenen Informationen passen vielfach nicht mit unserer Vorstellung von Realität zusammen. Man neigt daher schnell dazu, einige der

Erfahrungen zu akzeptieren, vor allem jene, die innerhalb unseres Raum-Zeit-Paradigmas anscheinend einen Sinn ergeben, andere hingegen als zu »abwegig« – das heißt, zu weit von den uns bekannten physikalischen Tatsachen entfernt – zu verwerfen. Ich halte solche Unterscheidungen weder für klug noch für nützlich. Das gesamte Phänomen ist, vom westlichen Weltbild aus gesehen, viel zu bizarr. Daher erscheint es äußerst unlogisch, einigen Erfahrungen, die uns – zumindest oberflächlich betrachtet – vertraut erscheinen, Glauben zu schenken, andere hingegen aufgrund ihrer Fremdartigkeit zu verwerfen. Mein eigenes Kriterium, das darüber entscheidet, ob ich den Beobachtungen eines Entführten Glauben schenke oder nicht, besteht ganz einfach aus der Frage, ob der Betroffene das, wovon er berichtet, als real empfunden hat und ob er es mir aufrichtig und so erzählt, wie es wirklich gewesen ist.

Drei Kategorien von Information

In meiner Anwendung dieses gerade beschriebenen Prinzips hat es sich als nützlich erwiesen, die Informationen in drei Arten oder Kategorien zu unterteilen. Als erstes kommt die sogenannte Äpfel-und-Birnen-Kategorie. Sie umfaßt Ereignisse wie das visuelle oder radargestützte Ausmachen von UFOs oder Licht- und Geräuschphänomenen, die mit ihnen in Zusammenhang stehen, aber auch verbrannte Stellen auf dem Boden, die sie nach einer Landung manchmal hinterlassen, sowie Fehlgeburten, oberflächliche Verletzungen oder Implantate, die im Anschluß an diese Erfahrungen im Körper der Entführten zurückbleiben. Dies sind Phänomene, die innerhalb des physischen Universums auftreten, der westlichen Wissenschaft vertraut sind und mit deren empirischen Methoden untersucht werden können. Der Bereich der UFO-Forschung – das Sehen von UFOs – war ursprünglich auf direkt beobachtbare Phänomene beschränkt, bis das Entführungssyndrom entdeckt wurde.

Die zweite Kategorie von Informationen umfaßt Phänomene, die den Anschein erwecken, als könnten sie innerhalb unseres Weltbildes verstanden werden, sofern wir nur die wissenschaftlichen und technologischen Kenntnisse und Möglichkeiten dazu hätten. Es könnte sich dabei um »extraterrestrische« Phänomene handeln, die eine Technologie suggerieren, die der unseren Tausende von Jahren voraus ist. All diese Erscheinungen widersprechen den physikalischen Gesetzen der westlichen Wissenschaft – zumindest theoretisch – nicht. In diese Kategorie fallen Fragen nach der Fortbewegungsmöglichkeit, also den »Antriebssystemen« der Raumschiffe, mit denen sie auf so unglaubliche Geschwindigkeiten beschleunigen und plötzlich von einem Radarschirm verschwinden können. Dazu gehören auch Fragen nach den Hilfsmitteln, mit denen die außerirdischen Wesen Menschen durch Türen, Fenster und Mauern schweben lassen können und mit denen sie die Erinnerung und das Bewußtsein von Entführten und potentiellen Zeugen ausschalten oder andere Formen einer geistigen Kontrolle anwenden. Weiterhin gehört dazu die Erschaffung menschlich-außerirdischer Mischlingsföten, die die Entführten gesehen oder die man ihnen gebracht hat, sowie die Erzeugung oder Inszenierung von kraftvoll lebendigen Landschaftsbildern, die die Entführten als real empfinden (wie das Beispiel von Catherine im siebten Kapitel zeigt). Wenn wir auch die Mechanismen, durch die diese Effekte zustandekommen, nicht verstehen, verlangen sie doch per se nach keiner grundsätzlichen Veränderung unseres Weltbildes. Es ist durchaus vorstellbar, daß spektakuläre Fortschritte in der Physik, Biologie, Neurowissenschaft und Psychologie hier Licht ins Dunkel bringen könnten.

Die dritte und letzte Kategorie bilden Phänomene und Entführungserfahrungen, für die wir innerhalb eines kartesianischen, auf Newton oder selbst auf Einstein beruhenden Raum-Zeit-Bildes keine Erklärung finden. Dazu gehören die augenscheinliche Fähigkeit der Außerirdischen – und manchmal auch der Entführten selbst – zu Gedankenreisen (siehe das Beispiel von Paul im zehnten Kapitel) sowie die Empfindung der Entführten, daß ihre Erfahrungen nicht in unserem Raum-Zeit-Kontinuum stattgefunden hätten oder daß Raum und Zeit miteinander verschmolzen seien. Es scheint, als sei ihr Bewußtsein erweitert worden und als könnten sie viele weitere Realitäten jenseits der unseren – von jenseits des »Schleiers«, wie sie es sehr häufig ausdrücken – wahrnehmen. Mehr noch, sie hatten ein tiefempfundenes Gefühl eines Sich-Öffnens oder Zurückkehrens zur Quelle von Sein und Werden oder verspürten die Gegenwart eines kosmischen Bewußtseins, das von ihnen als unsagbar göttliches Licht oder »Heimat« – ebenfalls eine häufig benutzte Ausdrucksweise – empfunden wurde. In diese Kategorie gehören auch die Erfahrung einer gemischtrassigen, menschlich-außerirdischen Identität – also das Empfinden, selbst außerirdischen Ursprungs zu sein, wie es beispielsweise bei Joe, Paul und Peter in den Kapiteln 8, 10 und 13 beschrieben wird – und das übermächtige Wiedererleben von Erfahrungen vergangener Leben, einschließlich der großen Kreisläufe von Geburt und Tod.

Zusammenfassend kann man sagen, daß die Außerirdischen in verschiedenen Gestalten auftreten, denn oft erscheinen sie den Entführten zunächst als Tiere – Eulen, Adler, Waschbären oder Rehe –, wohingegen die Raumschiffe als Helikopter oder Höhleneingänge getarnt werden können, oder, wie im Falle eines meiner Patienten, als überdimensionales Känguruh das in einem Park aufgetaucht ist, als der Entführte sieben Jahre alt war. Für viele Entführte besteht eine enge spirituelle Verbindung zu Tieren (siehe die Beispiel von Dave und Carlos in den Kapiteln 12 und 14). Diese schamanische Dimension bedarf einer intensiveren Erforschung. All diese Phänomene können nicht im Rahmen der westlichen Wissenschaftsgesetze verstanden und erklärt werden, selbst wenn sie, wie ich bereits unterstrichen habe, völlig mit den Glaubensmustern übereinstimmen, die vor Tausenden von Jahren in anderen, nichtwestlichen Kulturen entwickelt worden sind.

Was erzählen uns die Entführten?

Die nachfolgende Übersicht über Entführungsphänomene wird in den Fallbeispielen detaillierter behandelt.

Wie beginnt eine Entführung?

Begegnungen mit Außerirdischen beginnen in den meisten Fällen zu Hause oder wenn der Betreffende am Steuer seines Wagens unterwegs ist, manchmal aber auch bei einem Spaziergang. Eine Frau ist an einem Wintertag aus ihrem Schneemobil entführt worden. Kinder haben erlebt, daß sie vom Schulhof weggeholt wurden. Die ersten Anzeichen einer bevorstehenden Entführung können aus einem unerklärlichen, intensiven blauen oder weißen Licht bestehen, welches das Schlafzimmer erhellt, aus einem seltsamen Summen und Brummen, einer unerklärlichen Beunruhigung, dem

Gefühl, daß etwas im Zimmer sei, oder auch aus der direkten Wahrnehmung eines oder mehrerer humanoider Wesen und – natürlich – auch dem Erblicken von UFOs in nächster Nähe.

Wenn eine Entführung während der Nacht oder in den frühen Morgenstunden beginnt, was sehr häufig der Fall ist, kann es sein, daß der Betroffene das, was geschieht, für einen Traum hält. Aber durch ein vorsichtiges Befragen stellt sich dann heraus, daß er gar nicht geschlafen oder alles erst im bewußten Stadium nach dem Aufwachen begonnen hat. Zu Beginn der Entführung kann der Entführte eine leichte Bewußtseinsverschiebung erfahren, aber dieser Zustand ist ebenso real oder sogar noch intensiver als der sogenannte »Normalzustand«. Manchmal verspürt der Betreffende einen Schock oder Niedergeschlagenheit, wenn er im Einführungsgespräch oder während einer Hypnosesitzung erkennt, daß das, was er bislang für einen Traum hielt, eine bizarre, bedrohliche und lebhafte Erfahrung war, die womöglich wiederholt eingetreten ist und für die er keine Erklärung hat.

Nach dem ersten Kontakt »schwebt« – wie es am häufigsten ausgedrückt wird – der Betroffene in den Wohnraum hinunter, durch die Wand oder die Fenster des Hauses hinaus oder auch durch das Dach des Wagens. Die Erkenntnis, daß er solide Gegenstände durchdrungen und dabei nur eine leichte Vibration empfunden hat, löst in der Regel Erstaunen und Verblüffung aus. In den meisten Fällen scheint das Licht als Energiequelle zu dienen oder als eine Art »Transportrampe«, auf der der Entführte von seinem ursprünglichen Aufenthaltsort zu einem wartenden Raumfahrzeug gebracht wird. Normalerweise wird er von einem, zwei oder auch mehr humanoiden Wesen begleitet, die ihn zu dem Raumschiff führen. Irgendwann zu Beginn dieses Prozesses bemerkt der Betroffene, daß er wie betäubt, erstarrt oder völlig bewegungsunfähig geworden ist, weil eines der Wesen ihn mit der Hand oder einem Instrument berührt. Die Entführten können dann jedoch immer noch den Kopf bewegen und in der Regel alle Vorgänge beobachten. Trotzdem schließen sie sehr häufig die Augen, um das, was sie als reale Ereignisse erfahren, zu verleugnen oder zu verdrängen. Der Schock der beschriebenen Hilflosigkeit verbindet sich mit dem Schrecken der insgesamt fremdartigen Erfahrung.

Wenn eine solche Entführung im Schlafzimmer beginnt, wird der Betroffene das Raumschiff nicht von Anfang an sehen, da es sich außerhalb des Hauses befindet und die Quelle des wahrgenommenen Lichts bildet. Die UFOs haben unterschiedliche Größen, von wenigen Metern bis zu mehreren hundert. Sie werden als silbrig oder metallfarben beschrieben, und ihre Form wird mit einer Zigarre, Untertasse oder Kuppel verglichen. Vom Boden des Gefährts geht ein starkes weißes, blaues, orangefarbenes oder rotes Licht aus, das augenscheinlich in Bezug zur Antriebsenergie steht. Dieses Licht dringt ebenfalls aus Öffnungen, die Bullaugen ähneln und die Außenseite ringförmig umgeben.

Nachdem die Entführten aus dem Haus herausgeholt worden sind, erblicken sie ein kleines Raumfahrzeug, das zum Teil auf hohen Beinen steht. Zunächst werden sie dort hinein und dann weiter zu einem größeren »Mutterschiff« gebracht. In anderen Fällen werden sie durch den Nachthimmel direkt zu dem großen Raumschiff gebracht und erleben das erregende Schauspiel, ihr Haus und den Erdboden unter sich versinken zu sehen. Zu diesem oder einem späteren Zeitpunkt bemühen sich viele Entführte darum, das Geschehen zu stoppen, aber damit bewirken sie nicht viel, außer daß sie die Gewißheit erlangen, dem Vorgang nicht lediglich als passiver Beobachter beizuwohnen. Innerhalb der Entführungsforschung besteht Uneinigkeit darüber, ob es möglich ist, Entführungen zu stoppen, oder ob es überhaupt ratsam ist, dies zu versuchen. Die Erlebnisse der Betroffenen während dieser Phase einer Entführung durch Außerirdische weisen geringfügige Abweichungen auf. Arthur zum Beispiel, von dem in Kapitel 15 die Rede sein wird, hat eine Art Strahlenbogen beschrieben, der sich von dem Wagen, den seine Mutter zum Zeitpunkt des Entführungsbeginns lenkte, bis zum Raumschiff spannte und auf dem er dann zum UFO hinaufgestiegen ist.

Unabhängige Zeugenberichte

Es kann vorkommen, daß es für eine Entführung voneinander unabhängige Zeugenberichte gibt, aber diese sind meinen Erfahrungen nach relativ selten und nur von begrenztem Umfang. Wie bei so vielen anderen Aspekten dieses Phänomens gibt es zwingende Indizien dafür, aber gleichzeitig bergen diese unerträgliche Wahrheiten und sind sehr schwer durch bestätigende Fakten zu untermauern, wie ein stichhaltiger Beweis sie erfordert. Ehepartner werden zum Beispiel für gewöhnlich »ausgeschaltet«, während der andere entführt wird, und »verschlafen« das gesamte Ereignis. Der Entführte ist manchmal frustriert, wenn selbst lautes Schreien seinen schlafenden Partner nicht aufweckt, der sich offenbar in einem tiefschlafähnlichen Trancezustand befindet und wie tot wirkt.

Hopkins hat einen Fall dokumentiert, der – wie alle neuen Erkenntnisse auf dem Gebiet der UFO-Entführungen – sehr umstritten ist. Hopkins bekam von einer Frau unaufgefordert einen Bericht, in dem stand, daß sie von der Brooklyn Bridge aus gesehen habe, wie seine Patientin Linda Cortile aus ihrem Apartment am East River im zwölften Stock von kleinen, außerirdischen Wesen in ein wartendes Raumschiff gebracht wurde, das dann im Fluß untertauchte (vgl. Hopkins, im Druck). Diese Beobachtungen entsprachen haargenau den Angaben, die Linda Cortile Hopkins über ihre im November 1989 stattgefundene Entführung gemacht hatte, nachdem er ihre Erinnerung daran wieder ins Bewußtsein zurückgeholt hatte. Dies ist meines Wissens der einzige Fall, in dem eine Person, die nicht selbst entführt worden ist, Zeugnis über eine stattgefundende Entführung abgelegt hat. Es gab bei diesem Fall noch weitere Zeugen, die jedoch augenscheinlich zusammen mit Linda entführt worden waren. Zeugen einer Entführung sind sehr oft selbst Entführte, die in dasselbe Ereignis verwickelt waren, wodurch sich die Frage nach der »Objektivität« dieser Beobachter erhebt. In manchen Fällen wurde der Entführte von Familienmitgliedern oder anderen Leuten für eine halbe Stunde oder länger – in einigen wenigen Fällen sogar für Tage, wie in dem bekannten Fall von Travis Walton (vgl. Walton 1978; Tormé 1993) – vermißt. Aber in diesen Fällen hat niemand gesehen, daß der Betreffende in ein Raumschiff gebracht wurde, und es gibt keinen stichhaltigen Beweis dafür, daß die Entführung der Grund der Abwesenheit war.

Eine meiner ersten Patientinnen war eine junge Frau von 24 Jahren, die als Teenager nach Mitternacht und zusammen mit ihrer Freundin aus dem Kellergeschoß in deren Haus entführt worden war. Die Väter der beiden Mädchen waren außer sich, als sie ihre Töchter des Nachts nicht finden konnten. Den Aussagen der beiden Mädchen zufolge – ich habe auch mit dem zweiten Mädchen gesprochen, das den Bericht meiner Patientin bestätigt hat –, durchsuchten die Väter das Kellergeschoß in den frühen Morgenstunden und entdeckten keine Spur von ihnen. Gegen sechs Uhr jedoch waren die Mädchen beide wieder im Keller. In einem anderen Fall hat die achtjährige Tochter von einer meiner Patientinnen – die wahrscheinlich selbst schon einmal entführt worden ist – beobachtet, daß ihre Mutter, als sie sie des Nachts suchte, nicht in ihrem Zimmer war. Die Mutter hat mir erzählt, daß sie zur selben Zeit, in der ihre Tochter sie vermißte, eine Entführungserfahrung hatte. Am Morgen danach hatte das Mädchen seiner Mutter erzählt: »Papi war da, und auf deiner Seite war die Bettdecke zurückgeschlagen, aber du warst nicht da.« Eine andere meiner Patientinnen wurde zusammen mit einer Frau entführt, mit der sie sich am College das Zimmer geteilt hatte. Sie hatte gesehen, wie ihre Zimmergenossin durch eine Tür hindurch mitgenommen und auf dem gleichen Wege wieder zurückgebracht worden war. Als die außerirdischen Wesen sie zurückgebracht hatten, hatte meine Patientin beobachtet, daß deren »Kopf und ihre Haare herabhingen, so daß ich schon dache, sie sei tot«. Anschließend jedoch wurde sie selbst entführt, so daß ihre Glaubwürdigkeit als »unabhängige« Zeugin in Frage gestellt werden muß.

Voneinander unabhängige Beobachtungen eines UFOs am Ort, der den Berichten eines Entführten zufolge den Ausgangspunkt seiner Entführung bilden, sind eine andere Art bekräftigender Beweis. Das ist vor allem dann der Fall, wenn der Betroffene selbst das Raumfahrzeug zum Zeitpunkt der Geschehnisse nicht gesehen hat. Wir werden im Fall von Catherine (Kapitel 7) sehen, daß sie sehr erschrocken war, als sie am nächsten Morgen aus der Presse erfuhr, daß ein UFO auf genau der gleichen Strecke nördlich von Boston beobachtet worden war, die zu befahren sie sich in der Nacht gezwungen gefühlt hatte. Ihre Fahrt hatte in einer Entführung gegipfelt, die in einer waldreichen Gegend stattgefunden hatte. Catherine hatte das UFO selbst jedoch nicht gesehen, außer zum Zeitpunkt der eigentlichen Entführung, als es in der Nähe ihres Wagens auf dem Boden stand. Peter (Kapitel 13) hat berichtet, daß er von einem Heim in Connecticut in ein UFO gebracht worden war, und drei seiner Freunde, die währenddessen draußen spazieren gingen, haben bestätigt, daß sie dicht über dem Haus ein UFO gesehen hätten. Die Beweiskraft dieses Falles wird leider dadurch geschmälert, daß die drei Zeugen es versäumten, sofort nach dem Verbleib ihres Freundes zu forschen.

Im Innern der Raumschiffe – Die fremden Wesen

Bisweilen erinnern sich die Entführten daran, durch die Unterseite oder durch ovale Einstiege an der Außenseite in das Raumschiff gebracht worden zu sein, obwohl sie sich an den eigentlichen Moment, in dem sie das Fahrzeug betreten haben, sehr oft nicht mehr erinnern können. Sobald sie drinnen sind, haben sie zuerst wohl den Eindruck, sich in einem kleinen, dunklen Raum, einer Art Vorraum, zu befinden. Doch schon bald werden sie in einen oder mehrere größere Räume gebracht, in denen verschiedene Eingriffe vorgenommen werden. Diese Räume sind hell erleuchtet und haben diffus schimmernde Wände mit indirekten Lichtquellen. Die Raumluft ist dumpf und modrig und vermittelt zum Teil sogar den Eindruck von Fäulnis. Die Wände und Decken sind gebogen und in der Regel weiß, der Boden dagegen wirkt dunkel oder auch schwarz. Entlang der Wände sind computerähnliche Konsolen und andere technische Einrichtungen und Gerätschaften angeordnet. Die Wände weisen Vorsprünge, verschiedenartige Abstellflächen und Nischen auf. Keiner der Ausrüstungsgegenstände und Gerätschaften gleicht denen, die uns vertraut sind (vgl. Miller, im Druck). Die Möblierung ist spärlich und beschränkt sich im allgemeinen auf Stühle, die den Körperformen nachgebildet sind, sowie auf Tische mit einem einzigen Standbein, das seine Position während der Eingriffe in die eine oder andere Richtung verändern kann. Die gesamte Umgebung wirkt kalt und steril und vermittelt die technisierte und von Apparaten bestimmte Atmosphäre eines Krankenhauses. Eine Ausnahme bilden hierbei lediglich solche Zeitspannen, in denen eine Art aufwendige Bühneninszenierung stattfindet. Es gibt darüber hinaus noch eine Menge weiterer Details, die sich auf das Innere der Raumschiffe und natürlich auf den Entführungsverlauf beziehen. Sie werden in den einzelnen Fallbeispielen ausführlich dargestellt.

Im Innern der Raumschiffe, so berichten die Entführten für gewöhnlich, befinden sich mehrere außerirdische Wesen, die eifrig damit beschäftigt sind, verschiedene Aufgaben zu erfüllen, die mit der Geräteüberwachung und dem ungestörten Fortgang der Entführungsabläufe zusammenzuhängen scheinen. Die Beschreibung dieser Wesen fällt in den mir bekannten Fällen sehr unterschiedlich aus. Es scheint sich dabei um große und kleine Wesen zu handeln, die Licht ausstrahlen oder auch lichtdurchlässig – oder zumindest nicht sehr kompakt – sein können. Reptilienähnliche Kreaturen, die anscheinend technische Funktionen erfüllten, wurden ebenfalls beschrieben (siehe den Bericht von Carlos in Kapitel 14). Manchmal wurden auch menschliche Hilfskräfte beobachtet, die Seite an Seite mit den menschenähnlichen außerirdischen Wesen arbeiteten. Die bei weitem am häufigsten beschriebene Erscheinungsform jedoch sind die kleinen »Grauen«, humanoide Wesen mit einer Körpergröße zwischen 90 und 120 Zentimetern. Diese Grauen treten hauptsächlich in zwei Arten auf: zum einen als kleinere, an Insekten erinnernde Arbeitskräfte, die sich wie Roboter im und um das Raumschiff herum bewegen und verschiedene spezifische Aufgaben erfüllen; zum anderen als ein etwas größerer Anführer oder »Doktor«, wie die entführungserfahrenen Personen ihn meistens nennen. Auch weibliche »Ammen« oder andere Wesen mit speziellen Aufgaben wurden beobachtet. Der Anführer wird normalerweise als männlich empfunden, obwohl auch schon weibliche Führungskräfte gesehen wurden. Die geschlechtsspezifische Unterscheidung orientiert sich nicht so sehr an anatomischen Fakten, sondern ist vielmehr von einem intuitiven Gefühl getragen, das die Entführten nur schwer in Worte fassen können.

Die kleinen Grauen haben große, birnenförmige Köpfe mit einem sehr ausgeprägten Hinterkopf, lange Arme mit zwei oder drei langen Fingern, einen schmalen Körper und dünne Storchenbeine. Ihre Füße werden oft nicht direkt wahrgenommen oder stecken meist in einer Art Stiefeln. Äußerlich sichtbare Genitalien sind – abgesehen von einigen seltenen Ausnahmen (siehe Kapitel 8) – nicht beobachtet worden. Die Wesen sind nicht behaart und haben keine Ohren. Ihre Nase besteht aus rudimentären Nasenlöchern, und der Mund ist ein schmaler Schlitz, der nur selten geöffnet wird oder Emotionen ausdrückt. Das bei weitem hervorstechendste Merkmal sind große schwarze Augen, die sich nach oben wölben. Zur Kopfmitte hin sind sie rund, zur Außenseite hin laufen sie spitz zu. Sie scheinen weder einen weißen Augapfel noch eine Pupille aufzuweisen, obwohl die Entführten gelegentlich glauben, eine Art »Auge im Auge« zu erkennen, wobei ihnen die dunkle Außenzone wie eine Art Schutzbrille erscheint. Diese Augen strahlen, wie aus den Fallbeispielen hervorgehen wird, eine zwingende Kraft aus, und die Entführten sind oftmals bemüht, einem direkten Blickkontakt auszuweichen, um dem daraus resultierenden, sie überflutenden Angstgefühl oder Willensverlust zu entgehen. Zusätzlich zu den Stiefeln tragen die Außerirdischen in der Regel einen körperengen Overall und spärlich verzierte Oberbekleidung, die man mit einer Tunika vergleichen könnte. Sehr oft wird auch von einer Art Kapuze oder Haube berichtet.

Der Anführer oder Doktor ist meist etwas größer, vielleicht um die 130 bis 150 Zentimeter, und weist etwa die gleichen körperlichen Merkmale wie die kleineren Grauen auf, mit dem Unterschied, daß er älter oder faltiger aussehen kann. Er ist eindeutig verantwortlich für alles, was in dem Raumschiff geschieht. Die Entführten haben ihm gegenüber in der Regel eine zwiespältige Einstellung. Sie stellen oftmals fest, daß sie einer Leitfigur für ihr gesamtes Leben begegnet sind, mit der sie sich sehr verbunden fühlen und mit der sie eine starke – zum Teil sogar gegenseitige, liebevolle – Beziehung verbindet. Gleichzeitig empfinden sie aber auch Ärger über die Kontrolle, die das Wesen über eine bestimmte Zeitspanne ihres Lebens hatte. Die Kommunikation zwischen Außerirdischen und Menschen vollzieht sich auf telepathischem Wege über einen direkten Gedankenaustausch, ohne daß dafür eine spezifische, beiden geläufige Sprache notwendig ist.

Eingriffe

Die Eingriffe, die in den Raumschiffen vorgenommen werden, sind in der Literatur über Entführungen sehr detailliert beschrieben worden (vgl. Bullard 1987; Hopkins 1981, 1987; Jacobs 1992). Sie sollen daher hier nur kurz zusammengefaßt werden. Auf viele von ihnen wird dann in den Fallbeispielen näher eingegangen. Sie können in zwei Kategorien unterteilt werden: in physische und belehrende Eingriffe.

In der Regel wird der Entführte entkleidet und muß sich nackt – oder nur mit einem einzelnen Kleidungsstück wie beispielsweise einem T-Shirt bekleidet – auf einen Tisch legen, der seinen Körperformen angepaßt ist und auf dem dann die Mehrzahl der Eingriffe erfolgt. Der Betroffene kann der einzige sein, der solchen Eingriffen während einer Einzelentführung unterzogen wird, es ist aber auch möglich, daß er einen, zwei oder etliche andere Menschen sieht, die ähnliches über sich ergehen lassen müssen. Die fremden

Wesen scheinen ihre Gefangenen endlos zu untersuchen, indem sie sie ständig intensiv mustern, wobei sie ihre Blicke oft direkt auf den Kopf des jeweiligen menschlichen Probanden richten. Die Betroffenen haben das Gefühl, als würde ihr gesamtes Gedankengut erforscht, ja, in gewissem Sinne sogar übernommen. Es werden ihnen Haut, Haare und andere Proben aus dem Körperinneren entnommen, und zwar unter Einsatz verschiedenster Instrumente, die die Entführten bisweilen detailliert beschreiben können.

Es werden Instrumente verwendet, um in praktisch jeden Körperteil des Menschen einzudringen – auch in die Nase, die Nebenhöhlen, Augen, Ohren und andere Teile des Kopfes, in Arme, Beine, Füße, Genitalien und den Unterleib oder Brustkorb, was allerdings seltener geschieht. Umfangreiche Prozeduren im Schädelinneren, die chirurgischen Eingriffen ähneln, sind beschrieben worden. Die Entführten haben dabei das Gefühl, daß dadurch ihr gesamtes Nervensystem verändert worden sein könnte. Die häufigsten und offensichtlich auch wichtigsten Eingriffe erfolgen im Rahmen von Fortpflanzungshandlungen. Instrumente, die in den Unterleib eindringen oder die Genitalien umschließen, werden eingesetzt, um Spermaproben von Männern zu gewinnen und damit weibliche Eizellen zu befruchten. Entführte Frauen erleben es, von einem außerirdischen Wesen geschwängert und später von einer außerirdisch-menschlichen oder ganz menschlichen Leibesfrucht entbunden zu werden. Sie sehen die kleinen Föten, die im Raumschiff in Behälter gelegt werden, und während aufeinanderfolgender Entführungen können sie sogar Brutkästen sehen, in denen die Mischlingsbabys aufgezogen werden (unter meinen Fällen konnten Catherine, Jerry und Peter dies bezeugen). Es kann aber auch vorkommen, daß die Betroffenen ältere Mischlingskinder, Heranwachsende und Erwachsene sehen, von denen ihnen die Außerirdischen erklären, daß es sich um ihre Nachkommen handelt, oder bei denen sie intuitiv selbst spüren, daß es ihre eigenen Kinder sind. Bisweilen versuchen die Außerirdischen, die menschlichen Mütter als Ammen für diese Kreaturen, die völlig teilnahmslos wirken, an Bord zu behalten, oder sie wollen menschliche Kinder dazu anregen, mit den Mischlingen zu spielen (wie es zum Beispiel Catherine widerfahren ist).

Unnötig zu erwähnen, daß dies alles äußerst beunruhigend und verstörend auf die Entführten wirkt, zumindest in der ersten Zeit nach der Entführung oder wenn sie sich erstmals wieder an ihre Erfahrungen erinnern. Ihr Schrecken mag durch die Versicherungen der Außerirdischen, daß ihnen kein ernsthafter Schaden erwachsen werde, etwas gemildert werden – und durch die verschiedenen angstreduzierenden oder Betäubungsmitteln ähnelnden Substanzen, die diese einsetzten. Dazu gehören auch Instrumente, die die »Energie« oder »Schwingungen« – beides von den Entführten häufig gebrauchte Ausdrücke – des Körpers beeinflussen. Diese Prozesse vermögen Furcht oder Schmerzen der Betroffenen weitgehend auszuschalten und sie sogar in einen recht entspannten Zustand zu versetzen. In anderen Fällen dagegen ist deren Einsatz nicht so erfolgreich, und Schrecken, Schmerz und Zorn brechen dann trotz der angewandten, gefühlsausschaltenden Mittel durch. Wie ich detailliert in einigen Fallbeispielen ausführen werde, können sich der traumatische, an eine Vergewaltigung erinnernde Eindruck der Entführungserinnerung und die Beziehung der Betroffenen zu den fremden Wesen in dem Maße verändern, wie sie im Verlauf unserer Arbeit eine andere Ebene des Verständnisses für diese Ereignisse erreichen.

Zusammenfassend kann man sagen, daß der rein physische oder biologische Aspekt des Entführungsphänomens mit einer Art genetischer oder quasi-genetischer Wissenschaft zum Zwecke der Zeugung einer Mischlingsnachkommenschaft aus Menschen und Außerirdischen verquickt zu sein scheint. Wir haben keinen Beweis für eine von Außerirdischen im rein biologischen Sinne vorgenommene Genmanipulation, obwohl diese Möglichkeit nicht ausgeschlossen werden kann.

Belehrungen und Bewußtseinsveränderungen

Der zweite wichtige und mit dem ersten verwandte Aspekt des Entführungsphänomens betrifft die Weitergabe von Wissen und Informationen sowie die Veränderung des Bewußtseins der Entführten. Dies ist kein bloßer Lernprozeß, sondern ein Vorgang, der tief in das emotionale und spirituelle Leben der Betroffenen eingreift und deren Auffassung vom eigenen Sein, der Welt und ihrem Platz darin grundlegend verändert. Dieses Wissen bezieht sich auf das Schicksal der Erde und die Verantwortung der Menschen für die zerstörerischen Aktivitäten, die stattfinden. Das wird den Betroffenen durch direkte Gedankenübertragung und durch telepathische Kommunikation übermittelt, aber auch durch sehr ausdrucksstarke Bilder, die ihnen auf Bildschirmen im Innern der Raumschiffe gezeigt werden. Diese Wissensübertragung kann schon im Kindesalter oder in der Jugend der Entführten einsetzen (siehe auch die Fälle von Ed und Arthur in den Kapiteln 3 und 15), aber in der ganzen Komplexität wird es erst viel später begriffen. Der Entführungsforscher scheint dabei eine wichtige Rolle zu spielen, indem er den Entführten befähigt, die Bedeutung dieses Wissens und dieser Informationen zu erkennen, die er vor vielen Jahren im Zuge einer Entführung durch Außerirdische erhalten hat.

Die Außerirdischen führen Szenen vor, in denen die Erde nach einem nuklearen Holocaust verwüstet ist, weite Panoramen verseuchter Landschaften und Gewässer ohne jegliches Leben oder apokalyptische Bilder von riesigen Erdbeben, Feuerstürmen, Flutkatastrophen und sogar dem Zerbersten des gesamten Planeten. Einigen Entführten werden während der Vorführung Aufgaben wie die Verpflegung der dann Überlebenden zugeteilt, oder es wird ihnen gesagt – ähnlich wie in den prophetischen Büchern der Bibel –, daß die einen zugrunde gehen werden, während man andere an einen Ort bringen wird, an dem sie an der Evolution des Lebens im Universum teilhaben sollen.

Einige Entführungsforscher glauben nicht daran, daß diese Bilder mit der Absicht gezeigt werden, den Ablauf der Geschichte unseres Planeten zu verändern. Statt dessen neigen sie zu der Ansicht, daß die UFO-Besatzungen die Reaktionen der Probanden studieren und sie glauben machen wollen, die Außerirdischen seien mit dem Schicksal der Menschheit verknüpft, während sie in Wirklichkeit darangehen, unseren Planeten zu übernehmen, nachdem ihr eigener wahrscheinlich durch eine Apokalypse von Wissenschaft und Technologie zerstört worden ist, also ein Schicksal ähnlich dem erlitten hat, das uns erwarten soll (verschiedene persönliche Gespräche zwischen 1990-1993). In diesem Zusammenhang steht auch der Fall von Scott im fünften Kapitel dieses Buches. Diese Forscher führen weiterhin ins Feld, daß die Außerirdischen, wenn sie wirklich an unserem Wohlergehen interessiert wären, offener in Erscheinung treten und direkt in unsere Angelegenheiten eingreifen würden, um die Situation zu verbessern.

Werden die Außerirdischen selbst mit diesem Argument konfrontiert, sagen sie, daß wir noch nicht bereit seien, ihre Existenz anzuerkennen, und sie als Feinde betrachteten, so wie wir es mit allem und jedem machten, das sich von uns unterscheide und das wir nicht verstünden. Der wesentliche Punkt sei jedoch, daß sich ihre Verfahrensweise von der unsrigen unterscheide. Sie wollten keine Veränderung erreichen, indem sie Zwang ausübten, vielmehr erstrebten sie eine Weiterentwicklung unseres Bewußtseins, das dann unsere Entscheidungen zum Besseren hin beeinflussen könnte. Manche Entführte bekommen auch Wissen und Informationen über Kämpfe um das Schicksal der Erde und die Kontrolle menschlichen Verstandes vermittelt, die zwischen zwei Arten von Wesen ausgetragen werden, von denen die einen weiter entwickelt oder »gut«, die anderen dagegen weniger weit entwickelt oder »böse« sind.

Die Entführten erinnern sich gewöhnlich an weniger Details ihrer Rückkehr zur Erde als von ihrer Entführung. Gewöhnlich werden sie ins Bett oder zum Wagen zurückgebracht, je nachdem, von wo aus sie geholt wurden. Manchmal jedoch unterlaufen hierbei »Fehler«. Es kann vorkommen, daß sie eine kleine Strecke oder sogar Meilen von ihrem Zuhause entfernt wieder abgesetzt werden. Dies ist zwar selten, und ich persönlich habe noch keinen Fall dieser Art erlebt, doch Budd Hopkins hat mir von solchen Vorfällen berichtet. Kleinere Fehler hingegen sind häufiger – wie zum Beispiel, daß der Betroffene umgekehrt, mit dem Kopf am Fußende, in seinem Bett liegt, daß er seinen Pyjama seitenverkehrt anhat oder daß ihm einzelne Kleidungs- oder Schmuckstücke fehlen. Manchmal scheinen die Außerirdischen hierbei einen gewissen Humor unter Beweis zu stellen. Einer meiner Patienten, ein zweijähriger Junge, war nach einer Entführung ganz fest in sein Bett gepackt, was, wie seine Eltern versicherten, weder von ihnen noch von einem der älteren Geschwister getan worden sei – er selbst wäre dazu sowieso nicht in der Lage gewesen. Hopkins berichtet des weiteren von einem Fall, bei dem zwei Entführte in die falschen Autos zurückgebracht wurden. Als sie danach über den Highway fuhren, erkannten sie ihren eigenen Wagen wieder, fuhren an den Rand und tauschten die Fahrzeuge (persönliches Gespräch, Dezember 1992).

Im Anschluß an eine Entführung kann der Betroffene verschiedene Grade der Erinnerung an das Geschehene haben. Manchmal erinnert er sich daran wie an einen Traum. Und der Betroffene kann mit unerklärlichen Schnitten oder Verletzungen aufwachen, mit kleinen Beulen unter der Haut und mit Kopfschmerzen oder Nasenbluten. Im allgemeinen sind die Betroffenen sehr müde und fühlen sich, als ob sie eine sehr anstrengende Erfahrung durchlebt hätten.

Physische Aspekte

Die größte Bedeutung von physischen Phänomenen, die im Anschluß an solche Entführungen auftreten, besteht darin, daß sie die Erfahrung bestätigen. Diese Anzeichen an sich sind nur geringfügig und könnten einen nach westlichem Schulungsmuster ausgebildeten Klinikarzt nicht von ihrer Bedeutung überzeugen. Selbst wenn die Entführten sich sicher sind, daß die Einschnitte, Kratzer, Verletzungen oder kleinen Geschwüre, die nach dem Entführungserlebnis an ihren Körpern zu finden sind, im Zusammenhang mit den physischen Eingriffen innerhalb der Raumschiffe stehen, sind diese Verletzungen selbst doch zu banal, als daß ihnen medizinische Bedeutung zugemessen würde. Ähnlich verhält es sich, wenn beispielsweise entführte Frauen oft erleben, daß sie schwanger gewesen sind und während einer Entführung entbunden haben, aber bislang ist kein Fall bekannt, in dem ein Arzt das Verschwinden eines Fötus in Zusammenhang mit einer Entführung bestätigt hätte (vgl. Druffel 1991; Miller und Neal, im Druck; Neal 1992). Viele Betroffene haben bemerkt, daß elektrische oder elektronische Geräte – Fernseher, Radios, Elektrowecker, Anrufbeantworter, elektrische Beleuchtungskörper und Toaster nicht wie gewohnt funktionieren, wenn sie im Anschluß an die Entführung in die Nähe der Geräte kamen. Aber es ist fast unmöglich zu beweisen, daß sich solche Störungen überhaupt ereignet haben oder im Zusammenhang mit dem Entführungsvorgang stehen.

Häufig erleben es Entführte, daß eine Art Peilsender in ihren Körper – insbesondere in den Kopf, aber genausogut auch in andere Körperteile – eingepflanzt wird, mit dem die Außerirdischen sie verfolgen und überwachen können; also derselbe Trick, den wir anwenden, um die Wanderungen von Tieren zu verfolgen. Diese sogenannten Implantate können als kleine Knoten unter der Haut fühlbar sein, und in einigen Fällen sind kleine Gegenstände entdeckt worden, die man dann biochemisch und unter dem Elektronenmikroskop untersucht hat. Der Physiker David Pritchard, der ebenfalls ein solches Implantat untersucht hat, das aus dem Penis eines Mannes entfernt worden war, hat die Kriterien der Untersuchung und Charakterisierung dieses Objekts schriftlich festgehalten (vgl. Pritchard 1992). Ich selbst habe ein dünnes, ein bis zwei Zentimeter langes und drahtähnliches Objekt untersucht, das mir eine meiner Patientinnen, eine vierundzwanzigjährige Frau, übergeben hat, nachdem es im Anschluß an eine Entführungserfahrung aus ihrer Nase ausgetreten war. Elementanalysen und elektronenmikroskopische Aufnahmen zeigten eine eigenartig gedrehte Faser, die Kohlenstoff, Silicon, Sauerstoff und Spuren anderer Elemente enthielt, aber keinen Stickstoff. Eine Karbon-Isotopen-Analyse ergab keine bemerkenswerten Erkenntnisse. Ein Kollege aus der Nuklearbiologie hat erklärt, daß es sich bei dem Untersuchungsgegenstand um kein biologisch und in der Natur auftretendes Objekt handele; statt dessen könne es eine Art Kunstfaser sein. Es fiel mir schwer zu entscheiden, wie ich weiter vorgehen sollte.

Es gibt keinen Beweis, daß diese Implantate aus seltenen oder gängigen Elementen in ungewöhnlichen Kombinationen aufgebaut sind. In Gesprächen mit einem Chemiker und anderen Experten auf dem Gebiet der Materialtechnologie habe ich erfahren, daß es extrem schwierig ist, eine exakte Diagnose über die Beschaffenheit eines unbekannten Stoffes zu erstellen, wenn man keine Informationen über seine Herkunft hat. Selbst unter besten Bedingungen wäre es schwierig zu beweisen, daß ein Stoff außerirdischen oder nicht menschlichen Ursprungs ist.

Vorausgesetzt, daß diese Implantate wirklich von außerirdischen Wesen in menschliche Körper eingepflanzt worden sind – was unmöglich zu beweisen ist –, dürfte es für die Außerirdischen in Anbetracht all der anderen wundersamen Dinge, zu denen sie offenbar fähig sind, nicht weiter schwierig sein, einen kleinen Gegenstand dem menschlichen Körper anzupassen, indem sie ihn nach dem Schema der körpereigenen Chemie herstellen. Sollte das der Fall sein, würde die Analyse nichts Ungewöhnliches ergeben. Dies war meine Erkenntnis im Fall von Jerry (siehe Kapitel 6), die überzeugt war, daß zwei kleine Knoten, die sie vorher nicht hatte, nach einer Entführung an ihrem Handgelenk aufgetaucht waren. Sie willigte ein, diese Knoten von einem Kollegen chirurgisch entfernen zu lassen, aber die pathologische Untersuchung im Labor hat keinen nennenswerten Befund über die Zusammensetzung ergeben.

Die »Entdeckung« des ersten Implantats hat in den Kreisen der Entführungsforschung anfänglich beträchtliche Begeisterung ausgelöst. Hier würde man nun endlich den physischen Beweis für die Realität der Entführungen haben – einen realen Gegenstand aus einer außerirdischen Welt, die Waffe, die alle Kritiken verstummen lassen würde. Ich bin mittlerweile nicht mehr sehr zuversichtlich, daß das Phänomen sich auf diese Weise selbst aufklären wird. Darauf zu hoffen, könnte sogar eine Art »logischer Irrtum« sein. Anders ausgedrückt: Es könnte falsch sein zu erwarten, daß ein von seiner Natur her subtiles Phänomen – dessen Absicht unter anderem darin bestehen könnte, unser Wissen über die rein materialistischen Betrachtungsweisen der westlichen Wissenschaft hinaus auszuweiten – seine Geheimnisse einer Erkenntnistheorie oder Methodenlehre offenbart, die auf einem niedrigeren Bewußtseinsniveau operiert. Diese Behauptung wurde im Fall von Eva aufgestellt (siehe Kapitel 11).

Eine Theorie, die die Erforschung der Entführungsphänomene in Angriff nimmt, müßte somit fünf Grundkomponenten Rechnung tragen:

1. Der hohe Grad der Übereinstimmungen bei detaillierten Entführungsdarstellungen, von denen der Betroffene mit einem der jeweiligen Erfahrung angemessenen Gefühlsaufwand berichtet und die allem Anschein nach von einem zuverlässigem Beobachter wiedergegeben werden;
2. eine psychische Erkrankung oder andere psychologische oder emotionale Faktoren, die für das Berichtete verantwortlich gemacht werden könnten, müssen auszuschließen sein;
3. die physischen Veränderungen und Verletzungen auf den Körpern der betroffenen Personen, die keinem offensichtlichen psychodynamischen Muster folgen;
4. der Zusammenhang mit UFOs, der von unabhängigen anderen Zeugen (die selbst keinen Kontakt mit dem Entführten haben) für den Zeitraum, in dem die Entführung stattgefunden hat, bezeugt worden ist;
5. die Berichte, die Kinder im Alter von zwei oder drei Jahren über Entführungen gegeben haben (siehe den Fall von Colin in Kapitel 6).

Wirkung und Konsequenzen der Entführungen

Es muß nicht betont werden, daß Entführungen durch Außerirdische das Leben der betroffenen Personen tiefgreifend beeinflussen. Die Auswirkungen sind traumatischer und verstörender Natur, aber sie können auch verwandelnd sein und zu einer deutlichen Persönlichkeitsveränderung und zu spiritueller Weiterentwicklung führen. Ob dieses verwandelnde Element dem Entführungsphänomen selbst innewohnt oder ein Ergebnis des Bestrebens ist, den traumatischen Aspekt der Erfahrungen zu bewältigen, ist eine der Fragen, die in diesem Buch erörtert werden sollen.

Trauma

Der traumatische Aspekt hat vier Dimensionen. Erstens gibt es die Erfahrungen selbst. Bewegungsunfähig zu sein und gegen seinen Willen von fremden Wesen in einen fremden Raum gebracht und dort Eingriffen – die einer Vergewaltigung ähneln – unterzogen zu werden, von denen einige die menschliche Würde besonders stark verletzen, das ist verständlicherweise hochgradig belastend. So gesehen, ist es erstaunlich, daß die Betroffenen insgesamt keine stärkeren emotionalen Störungen aufweisen.

Zweitens empfinden die Betroffenen lebenslang eine gewisse Isolation und Entfremdung von ihrer Umgebung. Gleichgültig, ob sie sich nun bewußt viele Elemente ihrer Erfahrungen ins Gedächtnis zurückrufen oder nicht, sie fühlen, daß sie irgendwie »anders«, daß sie kein Teil dieser Gesellschaft sind, selbst wenn sie ihr Leben, zumindest oberflächlich betrachtet, ganz gut bewältigen. Als Kind hat man ihnen meist gesagt, daß die von ihnen berichteten entführungsbezogenen Ereignisse nur Träume seien, oder man hat ihnen sogar unterstellt zu lügen; und so haben die Betroffenen gelernt, diese Dinge für sich zu behalten und fühlen sich mit ihren Erfahrungen ziemlich allein gelassen. Ein achtjähriger Junge hat mich ganz ungläubig angeschaut, als ich ihn fragte, ob er seinen Freunden von seinen »Begegnungen«, die er sehr genau von Träumen unterscheiden konnte, erzähle. »Nein, ich erzähle keinem etwas davon«, antwortete er. »Ich will nicht, daß sie wissen, daß ich Begegnungen mit Außerirdischen habe. Ich denke, daß viele Leute, die ich kenne, sich ängstigen würden, wenn sie erschreckende Geschichten hören ... Ich glaube, daß die Leute sagen würden: 'Hey, das ist ja zu sonderbar!'« Dieser Junge hat einen guten Kontakt zu anderen Kindern und seinen Lehrern, und keiner findet etwas Ungewöhnliches an ihm. Auch als Erwachsene lernen die Betroffenen, nicht über ihre Erfahrungen zu sprechen – außer in einem sehr vertraulichen Rahmen –, denn sie wissen genau, daß man ihnen mit Skepsis und falschen Interpretationen begegnen und sich womöglich über sie lustig machen würde.

Drittens erleben die Probanden das, was ich einen »ontologischen Schock« nenne, sobald ihnen die Realität ihrer Begegnung richtig bewußt wird. Wie wir alle sind sie zuvor davon ausgegangen, daß wir Erdenbewohner im weiten Universum allein sind und es anderen intelligenten Wesen – die es nach unserem Realitätsbegriff gar nicht gibt – schlichtweg unmöglich ist, in unsere Welt einzudringen. Entführte tendieren zu der Hoffnung, es gäbe eine psychologische Erklärung für ihre Erfahrungen, selbst wenn sie mir versichern, daß das, was ihnen widerfahren ist, genauso real sei wie das Gespräch, das sie gerade mit mir führten.

Viertens sind Traumata, die in Zusammenhang mit Entführungen stehen, allein dadurch ungewöhnlich, daß sie jederzeit neu auftreten können. Die meisten Traumata – wie Kriegserlebnisse, eine Vergewaltigung oder sexueller Mißbrauch im Kindesalter – sind in gewisser Weise abgeschlossen; sie treten einmal auf und sind dann vorbei, selbst wenn sie über einen gewissen Zeitraum hinweg wirksam bleiben. Entführungen durch Außerirdische sind jedoch nicht vorhersagbar, und ihr Wiederauftreten im Leben des einzelnen unterliegt keinem voraussagbaren Schema. Elternteile, die eine derartige Entführung durchlebt haben und feststellen, daß eines oder mehrere ihrer Kinder ebensolche Begegnungen hatten, erforschen dann normalerweise zuerst ihre eigenen Erfahrungen. Die Erkenntnis, daß sie ihrer Beschützerpflicht als Eltern nicht nachkommen konnten, bricht ihren Widerstand auf und motiviert sie, sich ihren eigenen Erfahrungen zu stellen, um damit ihren Kindern eine größere Hilfe sein zu können.

Zusätzlich zu diesen spezifisch traumatischen Konsequenzen können die Betroffenen an einer Vielzahl von Langzeitsymptomen leiden, die – allerdings in subtiler Weise – auf die Entführungserfahrungen zurückgeführt werden können. Dazu gehören zum Beispiel die schon erwähnten Ängste vor Krankenhäusern oder Nadeln, Kopfschmerzen, Brustkorbbeschwerden, Gliederschmerzen, Störungen im Magen-Darm-Bereich und urologisch-gynäkologische Symptome – aber auch Beeinträchtigungen der Sexualfunktionen wie bei Jerry (siehe Kapitel 6). Angesichts dieser pathologischen Auswirkungen erscheint es in gewisser Weise ironisch, daß so viele Entführte von Heilungen berichten oder solche selbst erfahren haben. Die Palette der Heilungen reicht von kleineren Wunden über Lungenentzündungen bis hin zu Leukämie im Kindesalter, ja in einem Fall ist mir sogar aus erster Hand von der Überwindung eines Muskelschwundes in einem Bein berichtet worden, der durch Kinderlähmung entstanden war.

Interessant ist, daß nicht alle Betroffenen die zudringlichen, traumatischen Eingriffe erlebt haben, die bislang als charakteristisch für das Entführungsphänomen angesehen wurden (siehe das Beispiel von Arthur in Kapitel 15). Ich denke nicht, daß dies lediglich eine Frage des persönlichen Verleugnens oder Verdrängens ist. Einige Individuen scheinen besonders »auserwählt« zu sein, Belehrungen zu empfangen, eine »Erleuchtung« zu erleben, und dies – wie eine Frau erklärt hat – in einer Art »Neuprogrammierung« durch außerirdische Wesen, die in der Regel der kleineren oder lichtaussendenden Art zuzuordnen sind. Vielleicht verfügen diese Leute, die spirituelle Führungsqualitäten zu haben scheinen, über eine andere Bewußtseinshaltung als andere Entführte, oder sie sind weniger furchtsam oder eher gewillt, die Kontrolle über sich abzugeben und ihren Schrecken zu überwinden. Diese Frage muß noch eingehender untersucht werden.

Wie es bei verschiedenen Fällen in diesem Buch zur Sprache kommen wird, kann eine solche Entführungsgeschichte großen Einfluß auf eine Ehe oder eine andere nahe verwandtschaftliche Beziehung haben. Dies gilt vor allem dann, wenn ein Ehepartner entführt worden ist, der andere hingegen nicht, und letzterer nicht einmal in der Lage ist zu akzeptieren, daß diese Erfahrungen real waren. Beziehungen zerbrechen auch daran, daß einer der Partner eine signifikante Persönlichkeitsveränderung durchlebt, die direkt oder indirekt aus seinen Erfahrungen resultiert, und damit den anderen Partner mehr oder weniger hinter sich läßt (siehe den Fall von Eva in Kapitel 11).

Veränderung oder Bewußtseinserweiterung

In diesem Buch möchte ich besonders den Aspekten der Verwandlung und des spirituellen Wachstums im Rahmen des Entführungsphänomens mehr Aufmerksamkeit widmen, als es in der diesbezüglichen Fachliteratur bislang der Fall ist. Dafür gibt es verschiedene Gründe. Erstens glaube ich, daß dieses Merkmal des Phänomens entweder vernachlässigt oder aber als unvereinbar mit der traumatischen Dimension einer Entführung angesehen wurde. Zweitens denke ich, daß dieses weithin noch nicht untersuchte Gebiet von wesentlicher Bedeutung ist. Und drittens glaube ich, daß meine persönliche Erfahrung als Psychiater, der mit Entführten arbeitet, dabei die entscheidendste Rolle spielt: Anscheinend erhalte ich bei meiner Arbeit mit den Betroffenen mehr Informationen dieser Art, als dies bei anderen Untersuchenden der Fall ist. Der Grund dafür liegt nicht klar auf der Hand. Vielleicht unterliegen meine Fälle einer gewissen Vorauswahl, ausgerichtet auf Individuen, die ihr bereits vorhandenes Verständnis ihrer Erfahrung lediglich durch die Erforschung ihres Bewußtseins vertiefen, wenn sie die Hilfe eine Psychiaters suchen. Es wäre ebenfalls möglich, daß die Betroffenen fühlen, daß ich bereit bin, etwas über die Erfahrungen zu hören, die den meisten anderen Forschern als »zu abwegig« erscheinen. Oder aber meine persönliche Entwicklung hat mich offener für die Art von Informationen werden lassen, die sie zu übermitteln suchen. Was auch geschehen mag und soweit mir dies möglich ist, versuche ich stets, die Patienten nicht in eine bestimmte Richtung hin zu beeinflussen, denn falls tatsächlich während einer unserer Sitzungen Informationen, die mit einer spirituellen Fortentwicklung oder einer Bewußtseinserweiterung im Zusammenhang stehen, zutage treten, sollte dies frei und spontan geschehen – und nicht als Ergebnis einer speziellen Befragung meinerseits.

Da sich dieses Buch so sehr mit den spirituellen Dimensionen des Entführungsphänomens beschäftigt, will ich hier kurz die Arten von Erfahrungen umreißen, die in diese Kategorie eingeordnet werden können. Von überragender Bedeutung ist dabei die Veränderung, die im Verhältnis zwischen dem Entführten und den außerirdischen Wesen eintreten muß, ehe bewußtseinsverändernde Informationen empfangen werden können. Selbst wenn die Beziehung zu den Außerirdischen in früher Kindheit spielerisch und vielleicht sogar ziemlich eng war, so besteht doch die Tendenz, daß sie sich immer mehr verändert und in dem Maße belastender und traumatischer wird, in dem der Betroffene in die Pubertät kommt und das »Projekt« gemischtrassiger Nachkommenschaft einsetzt. Wenn traumatische Eingriffe erfolgt sind, neigen die Entführten dazu, sich selbst als Opfer feindlicher Wesen zu fühlen, die sie schlicht und einfach als Versuchskaninchen in einem Projekt betrachten, das den Erfordernissen der Außerirdischen dient. Es kann sein, daß sie sich von den Außerirdischen hintergangen fühlen, sobald sich deren Handlungen ändern.

In dem Maße jedoch, in dem die Erkenntnisse fortschreiten – und in dem insbesondere die Realität einer außerirdischen Intelligenz anerkannt wird und die Probanden dahin gelangen zu akzeptieren, daß sie den Gesamtprozeß nicht kontrollieren können –, scheint die furchterregende und feindliche Natur dieser Begegnungen zu weichen und einer Beziehung Platz zu machen, in der eine nützliche Kommunikation zwischen Mensch und Außerirdischen stattfinden und aus der gegenseitiger Vorteil gezogen werden kann. Die betroffenen Personen können mitunter eine tiefempfundene Liebe zu den außerirdischen Wesen verspüren – eine Liebe, die viel stärker als die ist, die sie in menschlichen Beziehungen erfahren. Dabei können sie sogar das Gefühl haben, daß diese Liebe erwidert wird. Der Augenkontakt spielt dabei eine bedeutsame Rolle. Während die Entführten es den Außerirdischen zum Beispiel zunächst sehr übelnahmen, daß ihr Sperma oder ihre Eizellen benutzt wurden, haben sie später unter Umständen das Gefühl, an einem Prozeß beteiligt zu sein, der wertvoll für die Schaffung und die weitere Entwicklung von Leben ist.

Wie bei so manchem Aspekt des Entführungsphänomens ist es auch auf dem Gebiet der Erfahrungen, die eine spirituelle Fortentwicklung oder eine Bewußtseinserweiterung betreffen, schwierig, zwischen Ursache und Wirkung zu unterscheiden oder überhaupt in Kausalzusammenhängen zu denken. Erhält ein Entführter nun beispielsweise deshalb Informationen über eine Erfahrung in einem früheren Leben – und gibt diese auch weiter –, weil sein Bewußtsein dafür bereit ist? Oder ist statt dessen die Tatsache, daß Erinnerungen an ein früheres Leben im Bewußtsein auftauchen, der Grund für die Erweiterung des persönlichen Horizonts und Ausdehnung des Selbstverständnisses?

Die Tatsache, daß sich die Beziehung zwischen Entführten und Außerirdischen im Laufe der Zeit so dramatisch verändern kann, erfordert meines Erachtens eine Kategorisierung der Wesen in positive, gute und liebevolle einerseits und negative und feindliche Wesen andererseits, die unseren Planeten übernehmen wollen. Die Lichtwesen wären in diesem Fall dann die Guten und um uns besorgt, wohingegen sich die Grauen indifferent und geschäftsmäßig verhalten würden. Eine solche Einschätzung riecht jedoch verdächtig nach der Art von Polarisierung, die bestimmte Gruppen und ethno-nationale Verhältnisse auszeichnet. Mit den Beziehungen zwischen den einzelnen Spezies derjenigen Dimensionen, die außerhalb unserer Welt gültig sind, dürfte das wohl wenig zu tun haben. Darüber hinaus haben alle Entführten während ein- und derselben Entführung verschiedene Arten von Außerirdischen zusammen gesehen – zum Beispiel Lichtwesen und Graue (siehe Arthur in Kapitel 15) oder reptilienartige und andere Wesen (siehe Carlos in Kapitel 14). Es ist möglich, daß wir es hier mit wechselseitigen Verbindungen zu tun haben, die natürlichen Ursprungs sind, aber von uns aufgrund unserer linearen Denkweise nicht begriffen werden können.

Es gibt folgende Formen von Entführungserfahrungen, die im Zusammenhang mit einer Bewußtseinserweiterung oder einer Persönlichkeitsveränderung stehen:

1. Die Erfahrung bricht sozusagen »mit Gewalt« über den Betroffenen herein – einschließlich des Schreckens, des Zorns, der Hilflosigkeit und des Eindringens von Instrumenten in den Körper. Erst wenn das stattfindet, wird es möglich, die Realität der anderen Wesen anzuerkennen und zu akzeptieren. Danach setzt eine mehr auf Gegenseitigkeit beruhende Verbindung ein, während der es dann zu einer Persönlichkeitserweiterung und einem Dazulernen bei dem Betroffenen kommen kann. Auf diesen »Tod« des eigenen Egos folgen schließlich weitere Stufen der Transformation:
2. Die Außerirdischen werden als Vermittler zwischen dem völlig körperlichen Zustand menschlicher Wesen und der Ursprungsquelle der Schöpfung oder Gott – jedoch eher im Sinne eines kosmischen Bewußtseins als eines personifizierten Wesens – angesehen. Aus diesem Blickwinkel erscheinen die außerirdischen Wesen den Entführten als Engel oder andere »Lichtwesen« (die »Grauen« eingeschlossen).

3. Die Entführten haben möglicherweise das Gefühl, zu ihrer kosmischen Quelle oder in ihr wahres »Heim« zurückzukehren, ein unsagbar schönes Reich außerhalb – oder zumindest nicht innerhalb – des uns bekannten Raum-Zeit-Rahmens. Wenn diese Erfahrung während einer Hypnosesitzung lebendig wird, treten starke, unbeschreiblich freudige, ja sogar orgiastische Gefühle zutage. Umgekehrt können Entführte jedoch auch eine große Traurigkeit empfinden, wenn ihnen bewußt wird, daß sie ihre kosmische Heimat verlassen, wieder zur Erde zurückkehren und dabei erneut einen Körper annehmen.
4. Auch Erfahrungen aus einem früheren Leben, mit all den starken Emotionen der jeweiligen Erinnerung, kommen während der Sitzungen an die Oberfläche. Am häufigsten ist das der Fall, wenn der Therapeut in Sitzungen, in denen Erinnerungen an Begegnungen in frühester Kindheit zutage treten, einzelne Stichworte aufgreift. Dann wird darüber geklagt oder lediglich berichtet, »wieder« auf der Erde, »zurück« oder »zurückgekehrt« zu sein (was ich jeweils zum Anlaß nehme, weiter nachzuforschen). Das frühere Leben, das hier wachgerufen wird, scheint dabei eine Bedeutung für die persönliche Entwicklung oder Evolution des Betroffenen zu haben, wie ich in den Fällen von Dave und Joe entdeckt habe.
5. Erfahrungen aus einem früheren Leben vermitteln dem Betroffenen – und dem Therapeuten – eine differenzierte Sichtweise der Zeit und des Wesens der menschlichen Identität. Zyklen von Geburt und Tod können so über lange Zeiträume hinweg wiedererlebt werden und vermitteln aus kosmischer Perspektive ein anderes, weniger egoistisch geprägtes Gefühl für die Kontinuität des Lebens und die Kürze der individuellen Lebenszeit. Das Bewußtsein wird als nicht durch den Körper eingegrenzt erlebt; die Vorstellung, daß eine Seele außerhalb des Körpers existiert, wird relevant.
6. Wenn die Trennung von Bewußtsein und Körper erst einmal verstanden ist, werden andere Arten von transpersonalen Erfahrungen möglich; häufig indentifiziert sich das Bewußtsein mit allen möglichen Daseinsformen in Raum und Zeit. Als Beispiel aus meinen Fällen möchte ich hier Paul (Kapitel 10) anführen. Er selbst hat sich während unserer Sitzung mit Dinosauriern oder ähnlichen Reptilien aus einer anderen Zeit eins gefühlt und war

einige Jahrzehnte zuvor bei einem UFO-Absturz zugegen, bei dem die außerirdischen Wesen durch menschliche Furcht und Aggression zerstört wurden. Ein Proband, ein junger Brasilianer, hat festgestellt, daß seine Begegnungen mit Außerirdischen es ihm ermöglicht haben, sich wieder mit den Mythen und Geistern seiner traditionellen Kultur zu identifizieren, von denen ihn seine westlich-wissenschaftliche und intellektuelle Ausbildung abgeschnitten hatte.

7. Ein weiterer, aber wichtiger Aspekt dieser Art von Erfahrungen ist das Gefühl der Betroffenen, eine doppelte – das heißt eine menschliche und eine außerirdische – Identität zu besitzen. In ihrer außerirdischen Identität stellen sie möglichweise fest, daß sie selbst die gleichen Dinge tun, die die »anderen« Außerirdischen an ihnen oder anderen Menschen vorgenommen haben, wie das Erforschen der Geisteshaltung oder die Ausübung von Fortpflanzungshandlungen. Die außerirdische Identität scheint in gewisser Weise mit der Seele des menschlichen Ichs in Verbindung zu stehen, und eine der wichtigen Aufgaben, die sich dem Betroffenen dann stellen, ist die Vereinigung ihres menschlichen und außerirdischen Ichs, was einer Wiedererweckung ihrer Menschlichkeit gleichkommt.
8. Das Wiedererleben ihrer Entführungserfahrungen bringt die betroffenen Personen dazu, sich für andere Realitäten außerhalb von Raum und Zeit zu öffnen. Dabei handelt es sich um Sphären, die verschiedentlich als hinter einem »Schleier« oder einem anderen Hindernis befindlich beschrieben werden, das sie umschließt oder von der physischen Welt trennt. Nach diesen Erfahrungen befragt, haben die Probanden Schwierigkeiten, passende Worte zu finden, um das zu beschreiben, was vorgefallen ist. Sie sprechen von einem »Zusammenfallen« von Raum und Zeit sowie davon, daß Raum und Zeit ihre Relevanz verlieren und daß sie in ein und demselben Augenblick in mehreren Zeiten und an mehreren Orten gleichzeitig waren.

Als Ergebnis all dieser Erfahrungen gelangen die Entführten dazu, ihren Platz innerhalb der Schöpfung neu und anders zu begreifen – auf eine Weise, die sie die Lebensformen der Erde bescheidener, respektvoller und harmonischer betrachten läßt. Gefühle von Ehrfurcht, Respekt vor dem Mysterium der Natur und ein verstärkter Sinn für das Geheiligte der Naturwelt werden erfahren, zugleich aber auch eine tiefe Trauer über die offensichtliche Hoffnungslosigkeit der irdischen Umweltsituation. Zu John Carpenter sagte eine Frau von sich selbst, daß sie, nachdem sie sich ihrer Entführungserfahrungen bewußt geworden war, ein »Kind des Universums« geworden sei. Die Bedeutung und möglichen Konsequenzen dieser Bewußtseinsveränderungen für die menschliche Zukunft werden in den Fallbeispielen und im Schlußkapitel noch ausführlicher zur Sprache kommen.

Die dreizehn Fälle – acht Männer und fünf Frauen –, die in diesem Buch vorgestellt werden, habe ich unter den 76 Probanden ausgewählt, die ich auf Basis folgender Kriterien befragt habe:

1. Ihre Geschichten, wenn sie auch stellenweise sehr komplex waren, erschienen mir klar genug, um sie zusammenhängend wiedergeben zu können.
2. Jeder Fall erweckte den Anschein, einen oder mehrere zentrale Aspekte des Entführungsphänomens tiefgründig zu veranschaulichen.
3. Jeder einzelne willigte ein, daß seine Geschichte – mit oder ohne Angabe seines richtigen Namens – hier erzählt wird.
4. Ich kenne alle diese Personen sehr gut. Es gibt jedoch Probanden, die ich schon länger gekannt oder mit denen ich intensiver gearbeitet habe. Wenn ich mich entschieden habe, deren Geschichten hier nicht zu erzählen, dann deshalb, weil ich der Reichhaltigkeit ihrer Erfahrungen nicht in ausreichend klarer und prägnanter Weise gerecht werden konnte.

Die Reihenfolge der Fälle führt von den einfacheren Geschichten zu den komplexeren, mehrdimensionalen Erzählungen. Der letzte Fall deutet an, inwiefern das Entführungphänomen unsere Gesellschaft und unser Zusammenleben verändern könnte.

Du wirst dich daran erinnern, wenn es nötig sein wird

Ed ist Mitte vierzig und Elektronik-Fachmann in einem High-Tech-Betrieb in Massachusetts. Verheiratet ist er mit Lynn, einer Schriftstellerin, mit der er auch das Interesse an Wissenschaft und Technologie teilt. An einem Sommertag im Jahre 1989 spazierten Ed und Lynn den Marginal Way in Ogunquit, Maine, entlang. Es ist ein Klippenpfad, der sich einige Meilen an der felsigen Küste entlangwindet. Plötzlich fühlte Ed, wie er starr und schlechtgelaunt wurde und sich gleichsam aus sich selbst entfernte. Dann brach ihm der Schweiß aus. Er wurde unruhig und griff rasch und heftig nach Lynns Hand. Er hatte keine Ahnung, welcher Art seine Befindlichkeitsstörung war. Ed meditierte regelmäßig und glaubt, daß das schließlich zur Aufdeckung bedeutender Erinnerungen beigetragen haben könnte. Er hatte darüber hinaus eine ganze Anzahl furchterregender Kindheitserfahrungen durchlebt, die wahrscheinlich auf Entführungen zurückzuführen sind. Das aber soll im Zusammenhang mit seiner Hypnosesitzung erörtert werden. Seit seiner frühen Kindheit hatte Ed eine ungewöhnliche Angst vor Arztpraxen, Operationen und »allem, was mit Medizin zu tun hat« – auch schon vor der Mandeloperation, der er sich im Alter von etwa neun Jahren unterziehen mußte.

Etwa eine Woche nach dem Spaziergang in Ogunquit war er eines Tages wieder an der Küste, wobei es ihn, wie er sagt, »überkam«. Ed begann, sich an eine Erfahrung zu erinnern, die er im Sommer 1961 gemacht hatte. Damals besuchte er die High School. In den nächsten paar Monaten kamen ihm in »Rückblenden«, wie er es nennt, immer mehr Details in den Sinn. Ed hatte ein gewisses Interesse an »außerirdischer Intelligenz«, wie er es formulierte. Aufgrund seiner Erinnerungen wuchs dieses Interesse am UFO-Phänomen, und er besuchte ein Treffen der MUFON (»Mutual UFO Network«, eine Art Bürgerinitiative zur UFO-Forschung) in New Hampshire. Einige Leute, die er über diese Arbeitsgruppe kennenlernte, legten ihm nahe, mich aufzusuchen, und so rief er im Juli 1992 in meiner Praxis an. Seither habe ich mich mehrere Stunden lang mit Ed und Lynn unterhalten und sie über den Fall befragt. Und ich habe Ed auch hypnotisiert, mit dem Ziel, mehr Details der Erfahrung aufzudecken, die er im Alter von sechzehn Jahren erlebt hatte. Er und seine Frau Lynn besuchten zudem meine Selbsthilfegruppe.

Eds Fall ist hauptsächlich aus zwei Gründen von Bedeutung. Erstens deutet das Timing zwischen seiner Erfahrung als Teenager und der Erinnerung daran auf einen von einer potentiellen Kraft bewußt gesteuerten Prozeß hin, bei dem Informationen empfangen, gespeichert und bei der Rückerinnerung wieder ins Bewußtsein integriert werden. Zweitens scheint die Geschichte, die Ed in Trance aufgedeckt hat, in Anbetracht dessen, was wir über das Entführungsphänomen wissen, wesentlich plausibler als der Bericht zu sein, den er bei bewußter Erinnerung geben konnte. Dies spricht für den großen Nutzen, den die Hypnose bei der Aufdeckung von Entführungserinnerungen bieten kann – was letztendlich auch immer die Ursache für diese Erfahrungen gewesen sein mag –, und es legt nahe, daß sie als Hilfsmittel zumindest im Fall von UFO-Entführungen eine eher klärende denn verschleiernde Funktion hat.

Im folgenden will ich zuerst die Entführungserfahrung des jugendlichen Ed so wiedergeben, wie er sich bei unserem einführenden Treffen am 23. Juli 1992 daran erinnert hat. Im Anschluß daran will ich die Details einbringen, die er unter Hypnose am 8. Oktober geäußert hat und die seinen Erfahrungen eine größere Bedeutung geben und ihn sein Leben nun in einem anderen Zusammenhang sehen lassen. Ed hat darüber hinaus weniger klare Erinnerungen an weitere Besuche von Außerirdischen in seiner frühesten Kindheit.

Im Juli 1961 unternahm Ed mit seinem Freund Bob Baxter und dessen Eltern in deren Wagen einen Ausflug entlang der Küste von Maine. In einer dunstigen, nebligen Nacht machten sie an einem felsigen Abschnitt der Küste halt. Ed kann sich an den genauen Ort nicht mehr erinnern; er weiß lediglich, daß es nördlich von Portland war. Das Ehepaar Baxter übernachtete in einer Hütte, während die beiden Jungen in dem in der Nähe abgestellten Auto schliefen, dessen Rücksitze zu Liegesitzen umfunktioniert werden konnten. Der Wagen parkte etwa hundert Meter vom Meer entfernt. Ed und Bob hatten sich darüber unterhalten, wie »geil« sie seien, und malten sich »die großartigen Abenteuer« aus, die sie »am Strand erleben würden«. Ed glaubt, bereits geschlafen zu haben. »Als nächstes weiß ich dann erst wieder, daß ich draußen auf der Klippe war«, und zwar in einer »Kapsel mit einer Art Glasblase darum«. Er befand sich nackt in einem Raum mit transparenten, gewölbten Wänden. Der Raum vermittelte ihm ein Gefühl von Wärme und Sicherheit, aber Ed konnte die rollende Brandung sehen und »das Brausen des Windes draußen hören«. Er glaubt, daß er Bruchstücke melodiöser, leichter klassischer Musik hören konnte, die vielleicht von den nahegelegenen Häusern kam. Es steht für Ed völlig außer Frage, daß dies alles wirklich geschehen ist, obwohl er die Erfahrung als »mit Worten nicht beschreibbar« bezeichnet.

In der Kapsel befand sich eine kleine, weibliche Gestalt mit langen, glatten und feinen silberblonden Haaren. Obwohl Ed sich an keine spezifischen früheren Entführungserfahrungen erinnern kann, hatte die Gestalt »vertraute Züge«, und er hatte vage, »ganz dunkle« Erinnerungen an »etwas dergleichen« in seiner Kindheit. Das weibliche Wesen hatte einen schmalen Mund und eine ebensolche Nase, große, dunkle Augen und einen wie »eine Art Dreieck« geformten Kopf mit einer »ziemlich großen« Stirn. »Ich hatte das ungute Gefühl, daß sie jedesmal, wenn sie mich ansah, direkt in mich hineinsehen konnte.« Er fand sie »auf ungewöhnliche Weise attraktiv« und fühlte sich »ein wenig befangen«. Die Gestalt, die das vielleicht fühlte, »gab mir eine Art Decke, ein großes Handtuch oder etwas dergleichen«. Sie schien seine Gedanken zu fühlen, ohne daß etwas gesagt wurde, und beruhigte Ed, indem sie zum Beispiel beteuerte, daß sie in Sicherheit seien und nicht die Klippen hinunter auf die Felsen stürzen würden. Ed war sexuell erregt, und das weibliche Wesen »fühlte meine Erregung«. Obwohl er »keinen Schimmer hatte«, wie es dazu kam, sagt Ed, daß sie »Verkehr miteinander hatten«. Seinen Worten zufolge war dieser Akt »ähnlich« dem Sexualverkehr zwischen Menschen, einschließlich eines »Streichelns der Brüste«, der Einführung des Penis in die Vagina und aktiver Beteiligung von beiden Partnern. Interessant ist, daß Ed – obwohl er damals sexuell noch unerfahren war – sich danach nicht an diese Erfahrung erinnerte und sich, als er einige Zeit später abermals Sexualverkehr hatte, immer noch unerfahren fühlte.

Nach diesem sexuellen Erlebnis, das Eds Worten nach »erfüllend« und »ganz großartig« war, fühlte er, daß das weibliche Wesen zum nächsten Punkt einer »umfassenderen Tagesordnung« übergehen wollte. »Sie wissen, wie das ist: Erst kümmern sie sich um die unmittelbaren körperlichen Bedürfnisse, und dann geht es weiter im Text.« Ihre Haltung vermittelte den Eindruck, daß man »jetzt zum geschäftlichen Teil kommen« werde. »Wie ein Lehrer ... Sie werden ihren Studenten, wenn diese im Vorlesungsraum Platz genommen haben, zur Einstimmung – und damit Ruhe einkehrt – vielleicht eine einfache Geschichte erzählen und erst dann zum Thema kommen, wenn Ruhe herrscht und alle konzentriert sind ... Dann begann sie, mir verschiedene Dinge zu erklären.« Ed wollte sich einiges aufschreiben, um sich später daran erinnern zu können, aber sie ließ das nicht zu und »arbeitete in einer Art direktem Geistesaustausch an der Aufnahmefähigkeit meines Bewußtseins«. Da sie seine Frustration bemerkte, versicherte sie ihm: »Du wirst dich daran erinnern, wenn es notwendig sein wird.«

Während unseres Gesprächs ist Eds Erinnerung an die Informationen, die ihm das weibliche Wesen übermittelt hat, nur flüchtig, aber er erinnert sich, daß er »vor sprachlosem Staunen den Mund nicht mehr zubekam«. Er war in der Tradition einer römisch-katholischen Erziehung aufgewachsen, hatte bis zur vierten Klasse die Konfessionsschule besucht, und nichts von all dem, was man ihm beigebracht hatte, bereitete ihn auf Botschaften von solch spiritueller oder kosmischer Bedeutung vor. In irgendeiner Weise öffnete das außerirdische Wesen Eds Bewußtsein. »Sie verwickelte mich in meine Emotionen, und an irgendeinem Punkt zu Beginn der Begegnung, vielleicht während des 'Vorspiels', des 'Zwischenspiels' oder orgastischen Momenten, zog sie daraus Erkenntnisse wie bei einer klinischen Beurteilung meiner emotionalen und mentalen Verfassung und erreichte mein Einverständnis, zu Punkt zwei überzugehen. Sie sah mich an und fragte: 'Glaubst du, du kommst mit dem nächsten Teil zurecht?'«

Einige der übermittelten Informationen betrafen »die Art, wie sich Menschen im Rahmen der internationalen Politik verhalten, unsere Umwelt, die Gewalt, die wir gegeneinander ausüben, unsere Ernährung und all so etwas. Und sie erklärte mir, daß die Gesetze des Universums sich so und so verhalten und daß wir uns verhalten, als ob wir auf der falschen Straßenseite fahren würden; und was dann unweigerlich passiert, weiß man ja. Es ist so, als ob sich auf der einen Seite das Gesetz befinde und auf der anderen Seite der Weg, den die Menschen durch ihr Tun beschreiten, und dann, patsch, bumm, ganz klar, das ist unvermeidlich ...« Eds Vater arbeitete als Maschinist in einem großen Konzern, und Ed wollte – wie er es in seiner »linientreuen« Familie kennengelernt hatte – Facharbeiter werden, in die Elektronikbranche einsteigen und dabei helfen, »diese verdammten Kommunisten fertigzumachen ... Wir wollten mehr und noch bessere Technologien entwickeln, um diesen verdammten Kommunisten den Garaus zu machen, bevor sie uns den Garaus machen würden.«

Obwohl die Informationen für Ed weitgehend neu waren, erschienen sie ihm »doch irgendwie einleuchtend«. Er hatte einen »wissenschaftlichen Hang zu diesen Dingen«, und sie erklärte sie ihm »in logischen, wissenschaftlichen Zusammenhängen ... daß es die Gesetze des Universums seien ... Sie wissen schon. Man macht hier auf der Erde alles so, wie man denkt, daß es funktioniert, aber man verläßt den Weg der Harmonie, und an irgendeinem Punkt gerät das Ganze aus dem Gleichgewicht. Früher oder später. Da stand ich nun. O mein Gott! Es ist, als ob sie mir in dieser Sekunde diesen Sicherheitsmechanismus verpaßt und tief in mein Innerstes eingebettet hätte ... Ich saß einfach da, wie, wie ... Sie wissen schon, mein Gott, es ... es war wie ein Trauma ... Ich hatte eine wahnsinnige Angst aufgrund des Weges, den ich die Menschheit einschlagen sah ... ein Welt-Trauma!«

Ed hatte etwas über den »absolut zerstörerischen« Weg erfahren, den wir beschreiten und der auch für »den Planeten der Menschen« zerstörerisch ist. Er hat das Gefühl, daß diese Begegnung seine gesamte Psyche dauerhaft verändert hat. »Wie soll ich das formulieren? Sie sagte, daß meine Emotionen, Erkenntnisse und alle meine Wahrnehmungen mit meiner Einwilligung modifiziert würden und daß mein Betriebssystem etwas anders funktionieren werde. Am ehesten kann man es mit einem Computer vergleichen, bei dem sowohl etwas in der Software als auch in der Hardware verändert wird. Wenn man sich dann das erste Mal davorsetzt und damit arbeitet, merkt man es nicht sofort, aber irgendwann sagt man sich plötzlich: 'Moment mal, die Software arbeitet jetzt ja anders, schneller. Sie verfügt über mehr Möglichkeiten'.« Die Außerirdische gab Ed des weiteren die Versicherung, daß er nicht länger von außerirdischen Besuchen traumatisiert werden würde. »Sie fühlte in meinen Gedanken eine gewisse Kenntnis über frühere Begegnungen und sagte: 'Ja, ja, ja, das ist jetzt vorbei. Die werden sich nicht mehr wiederholen. Sie können dir nichts mehr anhaben.'« Sie »spielte auf eine Gruppe von denen an, die von irgenwoher kämen«, und sagte, daß sie über »eine Art Hilfs-Stab« verfüge.

Ed hat entdeckt, daß er in der Folgezeit intuitiv und gewissermaßen impulsiv seine Meinung zu sozialen, politischen und wissenschaftlichen Themen geäußert hat, und »andere Kids haben mich angeschaut und gesagt: 'Mann, ist der vielleicht sonderbar.'« Obwohl er im konventionellen, akademischen Sinne nicht speziell ausgebildet ist, hat Ed erkannt, daß er ein intuitives Verständnis für moderne Physik und Chemie besitzt – für solche Dinge wie die Einsteinsche Relativitätstheorie, Mikro- und Makrorealitäten, die Krümmung des Alls und die Paradoxa in den Gesetzen der Wissenschaft. Er hat auch bemerkt, daß er über diese Dinge mit seinen Klassenkameraden auf der High School sprechen konnte, und sie sagten daraufhin: »Hey, das leuchtet ein«. Diese Veränderungen haben seine Lehrer allerdings eher befremdet.

Eds Intention war es ursprünglich, ein linientreuer Supertechniker zu werden, aber sobald er auf der Ingenieurschule war, empfand er sich selbst als »emotional erstarrt« und »ärgerlich, frustriert und mutlos«. Noch während des ersten Semesters ging er von der Schule ab und wechselte zu einem kleinen College für freie Künste, wo er dann »herauszufinden versuchte, was den Menschen dazu antrieb, die Natur und Struktur der menschlichen Zivilisation zu begreifen«. In ihm erwachte ein Interesse »für den Pomp der Geschichte, Rom, Griechenland und so« und für das, was er »das höhere Streben« nennt.

Selbst wenn Ed sich keiner weiteren Begegnungen bewußt ist, fühlt er doch, daß seine Erfahrungen als Teenager in ihm fortwirken, und manchmal hat er kurze Rückblenden oder einen flüchtigen Eindruck von der Bucht oder der Gegend überhaupt, in der das Ereignis stattgefunden hat. Im Alter zwischen zwanzig und dreißig Jahren wurde er in gewisser Weise zum Einzelgänger. Er war von Bildern blonder Frauen fasziniert, und manchmal, wenn er mit dem Fahrrad unterwegs war, und »wann immer ich eine zierliche Frau mit blonden Haaren gesehen habe, versuchte ich, sie zu überholen, um sie von vorn zu sehen«. Dabei dachte er jedesmal: »Mensch, ist sie das?« Aber er wurde jedesmal enttäuscht, weil »nicht sie es war«. Ed und Lynn haben beide skandinavische Vorfahren, und sie haben sich in einer skandinavischen Stiftung kennengelernt, wo beide an einem Seminar über nordeuropäische Literatur und Geschichte teilnahmen. Lynn fühlte sich damals, »als ob ich ihn bereits kennen würde«. Zusätzlich zu ihrem gemeinsamen Interesse an Wissenschaft und Technologie, an der Natur und dem Aufenthalt im Freien hat Lynn zudem noch blondes Haar. Nach fünf Jahren, die sie miteinander lebten, haben sie Ende der siebziger Jahre geheiratet. Ihre Ehe ist kinderlos geblieben, obwohl sie gerne Kinder gehabt hätten. Es gab eine Reihe von Problemen bei der Zeugungsfähigkeit, die von der Entführung herrühren könnten. Außerdem hatte Lynn drei oder vier Fehlgeburten. Sie selbst hat einmal einen Filmriß erlebt, bei dem ihr ein bestimmter Zeitraum in der Erinnerung fehlt, und sie hat auch andere Erfahrungen gemacht, die nahelegen, daß sie ebenfalls Begegnungen mit Außerirdischen hatte.

Zu der Zeit, als ich Ed kennenlernte, hatte er Probleme, seine eigene »Nische« zu finden, war »verloren in der Wüste« und »mit dem Kopf gegen die Wand gerannt«. Lynn glaubt, daß dies zu den Schwierigkeiten beigetragen haben könnte, Kinder zu bekommen, denn »unser Leben war wie ein Film, der angehalten wurde, und wir warteten für eine Fortsetzung auf grünes Licht«.

Ed hat sich immer in besonderem Maße mit der Natur verbunden gefühlt, mit Wäldern, Bäumen und Pflanzen, und er hat das Gefühl, er könne »sich mit Pflanzen unterhalten«. Er hat das Gefühl, als finde ein verzweifelter »Wettlauf mit der Erde« statt, er verspürt eine Notwendigkeit, die Teile dessen, was er weiß, »wie einen Bausatz« zusammenzufügen, und er ist sich sicher, daß er aufgefordert worden ist, dies zu tun. Er hat transzendentale Meditation praktiziert und in seinem Ringen, den richtigen Weg für sich zu finden, auch östliche Philosophie studiert. Beide, er und Lynn, haben das Gefühl, Eds »Zeit in der Wüste« sei die Mühe wert gewesen, und er könne über den Umweg über all die Dinge, die er versucht hat, eine Möglichkeit finden, seine ökologischen und spirituellen Bindungen mit seinen technologischen und wissenschaftlichen Fähigkeiten in Einklang zu bringen.

Am Ende der ersten Sitzung erörterten wir die Tatsache, daß sich Eds Erfahrung als Teenager zwei Monate vor dem Fall von Betty und Barney Hill ereignet hat, der den eigentlichen Beginn der neuzeitlichen Entführungen darstellt, und er gab – wenngleich unter Vorbehalten – dem Wunsch Ausdruck, Zugang zu weiteren Erinnerungen zu erhalten, insbesondere zu den Informationen, die ihm die Außerirdische in der Kapsel per Gedankenübertragung vermittelt hat.

Nach unserem einführenden Treffen hatte Ed das Gefühl, »im Interesse der Zukunft« zunehmend über die »Instabilität der Ökologie« und den »Sturmangriff auf die Erde« beunruhigt zu sein. Sein Verlangen nach Richtlinien für das, was er tun solle, wurde immer stärker, und er verspürte den Drang, mehr darüber zu erfahren, »was sie mir mitgeteilt hat«. Ein Gefühl von Verantwortung flößte ihm Ehrfurcht ein. »Ich bin doch nicht JFKs Neffe oder so was ... Ich habe dieses intuitive Gefühl, daß das, was sie mir gesagt hat, verdammt wichtig ist – wichtig für meine weitere Entwicklung, und ich schrecke nicht einmal davor zurück zu sagen, für die Entwicklung der gesamten Erde. Dennoch glaube ich nicht, eine Messias-Figur zu sein, der Tausende folgen werden.« Er war entschlossen, mit Hilfe der Hypnose tiefer in die Erfahrung einzudringen, die er in jener Nacht in Maine erlebt hatte. Und so wurde eine Sitzung für den 8. Oktober anberaumt, elf Wochen nach unserem ersten Gespräch.

Vor dieser Rückführung versuchten Ed und ich, das, was sich noch recht verschwommen von jener Julinacht darstellte, genauer herauszuarbeiten: die Position des Autos im Verhältnis zum Meer, die Hütte, in der Bobs Eltern übernachteten, und den nur leicht felsigen Charakter des Küstenabschnitts, an dem sie die Nacht verbrachten (und der sich von dem schrofferen, zerklüfteten Terrain und dem Landvorsprung über der Meeresbucht unterschied, auf dem die Kapsel stand). Ich ließ ihn die Liegesitze des Wagens und die Vorkehrungen beschreiben, die die beiden Jungen vor dem Schlafengehen trafen – worauf ich während der eigentlichen Hypnosesitzung übrigens noch genauer eingehen wollte. Als er davon berichtete, wie sie sich damals auf die Nachtruhe vorbereiteten, kam er darauf zu sprechen, daß er bereits im Alter von vielleicht vier Jahren nachts oft Angst verspürt hatte. Häufig war er erschrocken aus dem Schlaf aufgefahren und hatte nach seinen

Eltern gerufen, nachdem er im Traum einen Weg hinunter und »in ein Feld hineingegangen war, auf Gleisen, die sich bis in eine Art sternenklarer, schwarzer Nacht erstreckten«. Während der Zeit, in der er diese Träume hatte, hatte er »furchtbare Angst davor, abends schlafenzugehen«, und er hatte sich davor gefürchtet, im Dunkeln allein in seinem Zimmer zu sein.

Nach dem Eintreten der Entspannungsphase unter Hypnose erörterte ich mit Ed noch weitere Details der Vorbereitungen, die die beiden Jungen vor dem Zubettgehen getroffen hatten. Er beschrieb das mütterliche Getue von Mrs. Baxter, die sich darum sorgte, daß die Jungen es warm und bequem hatten, und er erinnerte sich, daß er in einem Schlafsack und Bob in normalem Bettzeug schlief. Er berichtete abermals von ihren Gesprächen über Mädchen: »Wir hatten beide noch keine sexuellen Erfahrungen.« Er erinnerte sich an das Geräusch von auf der Straße vorbeifahrenden Autos, an den Nebel, der alles einhüllte, und daß er »ganz tief im Innern« das Gefühl hatte, daß »irgend etwas nicht stimmte, wegen eines Problems oder so ... ich weiß nicht«. Als Ed sein »Wegtauchen, das Sich-Verlieren in seine Gedanken« beschrieb, gab er an, daß er damals »eine Art Prickeln« im Bereich seiner Schädelbasis oder im oberen Teil des Nackens verspürt habe, und er erwähnte, daß er Angst bekomme, weil die Erinnerungen an jene Zeit in ihm aufstiegen.

Das prickelnde Gefühl habe sich noch verstärkt, als Ed »etwas rund um das Auto« gespürt habe. Er glaubt, daß er eingeschlafen war, und ist sich nicht sicher, vielleicht davon geträumt zu haben, mit einem besonders respektablen Mädchen aus gutem Hause »zur Sache zu kommen«. Durch die Autofenster sah er eine oder zwei Gestalten, »ein Paar, so ähnlich wie Menschen, aber deren Augen waren vielleicht groß! Und ich glaube nicht, daß ich geträumt habe.« Die Gestalten »sahen nicht wie normale Menschen aus«. Sie hatten »große, schwarz-graue oder auch vollkommen schwarze Augen, die ihren Blick nicht von mir ließen, und einen kleinen Mund. Und so etwas wie Ohren ... in diesem verdammten Nebel kann ich zwar nicht ganz ausmachen, was ihr für Typen seid, aber ihr seid ganz schön clever, ihr kennt euch mit Tarnung aus.« Diese Wesen waren von einem »etwas anderen Typus« als diejenigen, die er schon früher gesehen hatte. Während der Sitzung nahm Eds Furcht noch zu, und er erinnerte sich an ein Gefühl, als ob ihm

»unheimlich zugesetzt wurde ... als ob jemand zum Sprung auf mich ansetzt und ich kämpfe wie wahnsinnig um mein gottverdammtes Leben«.

Das prickelnde Gefühl »an der Schädelbasis« sei geblieben, als er sich aus dem Wagen schweben sah. Er gab einen knurrenden Laut von sich, als ob seine Wut noch einmal neu aufflammen würde, aber dann fühlte er sich entspannt, ja sogar »glücklich«, was ihn verwirrte. Zwei oder drei dieser Wesen sahen ihn an, und Ed empfand »ein Gefühl des Schwebens ... mein ganzer Körper beginnt zu schweben. Ich schwebe, ich schwebe, ich schwebe. Warum schwebe ich?« Zu diesem Zeitpunkt während der Sitzung fühlte Ed sich verwirrt und versuchte, »die Kontrolle über das, was da vorgeht«, zu behalten. Ich ermutigte ihn, in seiner eigentlichen Erfahrung zu verharren. Dann sah er einen grauen Nebel um sich herum, »das Prickeln verbreitet sich im ganzen Schädel«, und er wurde sich »ganz vage bewußt, daß die Szenerie sich ändert ... Das ging sicherlich mehr als nur einen Schritt über das hinaus, was normal ist. Ich versuche weiter, die Kontrolle zu behalten, aber ich versuche, dies nicht zu kontrollieren. Ich, mein Verstand, will nicht vorwärts und dorthin zurückgehen.« Dann sagte er: »Ich bewege mich sprunghaft durch all diese zell- und atomähnlichen Strukturen, und ich sehe, wie ich sie durchdringe. Ich dringe in sie ein. Sie kommen und kommen und kommen.«

Dann hat Ed das Gefühl, »diesen Zeittunnel hinunterzugehen und ohne Bezugspunkt zu reisen ... Ich habe das Gefühl, mitgerissen zu werden – ich habe das Gefühl irgendeiner Bewegung.« Er setzt seinen Kampf fort – »nach den Gesetzen der Straße mußt du kämpfen wie der Teufel« –, stellt aber fest, daß die Regeln, die er zugrunde legt, nicht greifen. »Sie übertrumpfen mich auf die eine oder andere Weise. Ich habe keine andere Chance, als es geschehen zu lassen.« Und es geschah.

Als nächstes fühlte Ed, daß er »sehr steif« war und »irgendwo draußen entlang der Küste schwebte ... irgendwo«. Er erinnerte sich, das »Rollen der Brandung« zu hören, und empfand noch mehr Verwunderung über die Tatsache, daß er sich »über dem Wasser bewegte, irgendwo entlang der Küste, ohne sichtbare Antriebshilfen«, obwohl er »das komische Gefühl hatte, daß sie irgendwo um mich herum waren«. Er fühlte, daß die fremden Wesen »sehr freundlich« waren, ohne »mentale Einschüchterungen oder Grobheiten im körperlichen Sinne«, aber »ganz sicher stehen wir unter Kontrolle, und dafür bin ich dankbar«. Ed hatte den Eindruck, daß er sich so schnell wie ein Wagen bewegte, also mit einer Geschwindigkeit von vielleicht 70 bis 90 Stundenkilometern, und er konnte unter sich »Häuser und Straßenlampen ausmachen, vielleicht hier oder da einen Wagen, eine beleuchtete Vorhalle oder auch ein Fernsehgerät«. Der Gedanke, daß ihn jemand sehen könnte, war ihm peinlich. »Wenn da irgend jemand heraufschaut und einen Burschen in seinem Pyjama herumschweben sieht, o lala ... Es wäre mir ganz schön peinlich gewesen, wenn meine Mutter jemals davon gehört hätte. Die hätte mir vielleicht was erzählt. Oh Gott! Von wegen, was sich gehört und so ...«

Ed empfand diese Erinnerungen als so außergewöhnlich, daß er verwundert fragte: »Verzapf' ich Blödsinn?«

»Ich weiß nicht«, antwortete ich. »Tun Sie's?«

»Nein, bestimmt nicht. Das fällt stets auf einen zurück. Ich ... ich fühle, daß die Aufrichtigkeit meiner Aussagen nicht von ungefähr kommt. Es ist nicht so, daß ich mir das zurechtbiege ... Es paßt nicht zu dem, was man erwartet ... Es ist, wie in einem Drehbuch zu 'Twilight Zone' (einer amerikanischen Fernsehserie zu übernatürlichen Erscheinungen) ... Es paßt zu nichts, was ich im Fernsehen oder im Theater gesehen habe.« Ed bemerkte, daß er sich allmählich »diesem Landvorsprung und der Brandung und all dem nähert« und daß er »eine Art leuchtender, kuppelförmiger Kapsel sieht«. Dann »zieht mich etwas vorwärts, wobei es mir vorkommt, als ob ich keine Gewalt über meinen Körper habe ... Es zieht mich zu Boden ... Irgendwo am Boden habe ich den Eindruck, daß ich irgendwo hindurchgehe, und ich weiß nicht, wie wir durch den Boden gekommen sind, aber hier bin ich nun.« Das war offenbar physisch möglich, denn das Fahrzeug schien »dort direkt aufgehängt« zu sein und über den hervorstechenden Felsen aufzuragen. »Teile davon waren ganz nah beim Felsen, und andere Teile hingen irgendwie über dem Felsen.«

Innen im Raumfahrzeug bemerkte Ed ein bläulich-silbernes Licht. Er spürte, daß sein Gesichtsfeld eingeengt war, und wurde ärgerlich. »Ich hasse es, so ohne Gewalt über mich zu sein. Ich hasse das. Ich hasse das, verdammt noch mal! Ich hasse das! Das ist so blöd, so gottverdammt blöd, Himmel, Herrgott! Wie soll ich das irgend jemandem erklären?« Er empfand einen Schmerz im vorderen Bereich seines Kopfes und war durcheinander, »mental und physisch desorientiert ... Meine Brieftasche war im Haus. Ich hatte keinen Ausweis dabei.« Er hatte auch eine Erektion, was ihm peinlich war – denn »so bin ich nicht erzogen worden«.

Da war »mindestens ein halbes Dutzend« Wesen in dem Raum anwesend, den er als »ein Amphitheater« bezeichnete und der »so eine Art Chirurgenpraxis« oder »ein OP« war, und »da sind diese weißen Lichter rundherum«. Eines der Wesen schien »der verantwortliche Chefarzt« zu sein. Er hatte die »Ausstrahlung, die eine Frau ausmacht«. Die anderen nannte er »Drohnen« oder »Hilfskräfte, die da herumschwirren, was immer sie auch tun mögen«. Das weibliche Wesen hatte lange silbrige Haare und große schwarze Augen ohne Pupillen oder Iris. Sie schaute Ed »mit diesen liebenden, großen, gefühlvollen Augen an, und sie strömt eine liebvolle Sexualität aus – wie eine sehr kluge, reife Frau. Sie hat diese 'Ich-habe-die-Situation-voll-im-Griff'-Aura.« Sie trug »einen kleidähnlichen, langen Kittel«, der ihre Arme und Schultern bedeckte, im Nacken aber offen war. Er bemerkte, daß »sie Brüste hat ... Kann sein, daß sie eine Art Anhänger oder Medaillon trägt, der von ihrem Hals an einer Art Kette herabhängt, oder eine Anstecknadel ... Ich kann das nicht genau sehen.«

Das weibliche Wesen »dachte« seinen Namen, und Ed fragte: »Wie können Sie mich kennen?« Dann fügte er sofort die Bemerkung an: »Sie sehen sehr sexy aus.« Obwohl sie Ed unverwandt anschaute – »sie schien richtiggehend in mich hineinzusehen« –, bemerkte er, daß sie nicht zuließ, daß er sie anschaute. Er versuchte, seiner Kehle einen Ton zu entlocken, aber es wollte ihm nicht gelingen, und er erlebte erneut das schon ursprünglich verspürte Gefühl, »völlig ausgeschaltet« zu sein. Er hatte den Eindruck, »in einen grauen Nebel zu sinken«, als ob man ihn »in ein Tuch eingewickelt« hätte. Das fremde Wesen sagte zu Ed: »Du bist okay. Kämpfe nicht dagegen an. Kämpfe nicht dagegen an.« Sie kannte seine Angst und konnte »in meinen Gedanken lesen wie in einem Buch«. Sie sagte: »Ich weiß, was geschehen ist, als du noch jünger warst«, und versicherte Ed, daß »dies nicht mehr geschehen wird«. Ed überwand allmählich seine Angst und sagte: »Auf die eine oder andere Art ist es eine großartige Sache, mich davon zu überzeugen, daß sie nur zu meinem Wohl hier sind. Ich bin nicht nur eine ihrer Ratten im Labor, ihr Versuchskaninchen.« So hatte er es vorher empfunden.

Ed erinnnerte sich, daß er eine Art erzwungener Erregung verspürte. »Sie gibt mir alle möglichen Arten von erotischen Phantasien ein ... Sie bringt mich hoch, irgendwie, sie ... sie macht mir einen Steifen.« Das weibliche Wesen wußte, daß Ed mit ihr Sex haben wollte. »Sie liest in meinen Gedanken wie in einem Buch. Sie kann darin nach Belieben blättern.« Aber mit einem »Ausdruck von Fröhlichkeit« erklärte sie ihm etwas wie: »'Hey, das würde dir gefallen, nicht wahr? Aber so wird das nicht ablaufen.'« Statt dessen erklärte sie ihm, daß sie sein Sperma für »ihre Zwecke brauche ... um ganz besondere Babys zu zeugen ... für die Arbeit, die wir machen, um euch auf eurem Planeten zu helfen«. Ed rang zwar weiterhin mit seiner Hilflosigkeit und dem Mangel an Selbstkontrolle, war aber etwas beruhigt und überzeugt, daß er für einen guten Zweck gebraucht wurde.

Eine Art »Rohr« oder »Behälter« wurde über Eds Penis gestülpt, und er fühlte sich »jetzt sehr entspannt«. Er verspürte so etwas wie eine Reibung, die an Intensität zunahm. »Es ist ein sehr weiches Ding, fast wie eine Hand. Ich will glauben, daß es ihre Hand ist.« Nach seiner Ejakulation sagte das weibliche Wesen ihm anerkennend, daß sie »eine gute Probe bekommen hatten«, per Gedankenübertragung: »'Das war gut, das war super.'« Daraufhin fühlte er sich heiß und verschwitzt. Das vervollständigte den ersten Teil seiner Erfahrung. Obwohl Ed fühlte, »daß sie mich zuerst manipuliert haben, um mich soweit zu bringen, mir sagen zu können«, was sie eigentlich wollten, hatte er doch bald das Gefühl: »Okay, ihr habt mich überzeugt. Was ihr getan habt, dient einem höheren und guten Zweck, den ich nicht voll und ganz begreife.« Über das weibliche Wesen sagte er: »Sie hat etwas sehr Vertrauensvolles, Liebendes, Fürsorgliches und Hilfsbereites an sich.« Und er fügte dann noch mit einer gewissen Ehrfurcht hinzu: »Ich hatte noch nie im Leben so etwas erlebt.«

An diesem Punkt änderte sich die Szenerie, und Ed hatte das Gefühl, als sei er »in einem anderen Raum«. Das »vorher war mehr ein OP«, aber »jetzt plötzlich« befand er sich »in der Kapsel mit den durchscheinenden Wänden«, an die er sich bereits vor der Hypnose bei vollem Bewußtsein erinnert hatte. Er konnte sich nicht erinnern, »wie ich dorthin gekommen bin«. Das weibliche Wesen wollte »mit mir sprechen«, und Ed fühlte Panik vor dem, was als nächstes kommen sollte. »Ein unangenehmes Gefühl überkommt mich. Es ist so, als ob der Arzt oder Lehrer hereinkommt und sagt: 'So, und nun zum schwierigeren, unangenehmen Teil. Jetzt, denke ich, kann ich Ihnen reinen Wein einschenken.'« Er registrierte, daß das weibliche Wesen, »die Wortführerin«, eine »silbrige, metallisch schimmernde Tunika« trug, »ein Gewebe, gewebtes oder gestricktes Zeug mit irgendeinem schimmernden Stoff darauf, und ich kann ihre tollen Brüste darunter hervorstehen sehen«. Ed hatte die Empfindung, daß in seinem Kopf und seinen Augen alles »brennt und herumwirbelt«, als sie mit ihm zu sprechen begann, und ihm wurden allerhand verschiedene Sachen gezeigt.

Die verbleibenden vierzig bis fünfundvierzig Minuten unserer Rückführung in Hypnose waren von Eds Erinnerungen an die Informationen bestimmt, die er während seiner Entführung übermittelt bekommen hatte. Die Abfolge unseres Dialogs gibt möglicherweise nicht haargenau die Reihenfolge wieder, in der ihm diese Gedanken und Bilder damals in den Sinn kamen.

Seine Erzählung war voller apokalyptischer Bilder. Das fremde Wesen vermittelte ihm auf telepathischem Wege in, wie Ed es nannte, »allegorischen Begriffen« eine Botschaft von der »Instabilität auf eurem Planeten – eine öko-spirituelle, emotionale Instabilität ... Vulkanausbrüche sind ein Charakteristikum dafür ... Bildlich gesehen, handelt es sich dabei um ein Auftürmen von Schichten eruptiven Zorns. Keine Ejakulation aus einem ekstatischen Gefühl heraus, sondern Eruptionen der Angst und Pein. Sei vorsichtig! Mächtige Wogen der Eruption, die hereinbrechen und alles unter Wasser setzen und alles um dich herum mit sich ins Verderben reißen.« Ed beschwerte sich: »Warum sprechen Sie mit mir in Allegorien? Ich bin doch kein Dichter.«

Aber die schonungslose Kommunikation ging weiter. »Haushohe, kochende Brandungen, abdriftende Erdformationen, Instabilität, die Erde wird erzittern in Angst, schreien und weinen ob der Dummheit der Menschen, die den Kontakt zur inneren Seele ihres Seins verlieren ... Du hast eine Chance, Ed. Du hast eine innere Sensitivität. Du hast eine Beziehung zu den Dingen. Du kannst mit der Erde reden, und sie redet mit dir.« Er versicherte mir dabei, daß er als kleiner Junge tatsächlich Auseinandersetzungen mit seiner Mutter hatte, weil er so gern in den Wald ging (wofür sie ihn manchmal bestrafte, indem sie ihn ohne Abendessen zu Bett schickte oder ihm den Hintern versohlte). »Die Dinge sprachen zu mir«, sagte er, »die Tiere, die Geister ... Ich kann die Erde fühlen. Ich kann die Wechselwirkungen in der Natur fühlen.« Der Kampf mit seiner Mutter hatte angedauert – »nur schlechte Jungen gehen in den Wald«, war ihr Argument gewesen –, aber Ed hatte sich nicht abschrecken lassen.

Das weibliche Wesen, dessen Namen er als »Ohgeeka« oder »Ageeka« erinnerte, betonte diese Qualitäten und unterstrich die Verantwortung, die Ed durch seine Gaben und Kräfte habe. »Hör der Erde zu! Horche darauf, was die Erde zu sagen hat, Ed. Du kannst die Erde hören. Du kannst die Angst der Geister hören. Du kannst die klagenden Schreie des Ungleichgewichts hören. Das wird dich retten. Das wird dich retten ... Vieles wird passieren ...« Er müsse »auf die Geister hören«, selbst wenn er verspottet würde, und er dürfe sich nicht erdrückt fühlen. »Sie erleuchtete mich ... Sie stellte den Kanal ein und drehte die Lautstärke auf. Einige (der Geister) schrien; andere waren fröhlich. In ein paar Sekunden jagte sie mich durch das alles hindurch. 'All das kannst du sehen, hören und fühlen. Andere Leuten mögen denken, du wärst verrückt.'« Die Erde selbst, so sagte sie ihm noch, ist über unsere Dummheit erzürnt, und »die Haut der Erde wird einige dieser Insekten hinwegschleudern«, die nicht wissen, »wie man mit ihr in harmonischer Symbiose zusammenarbeitet«.

Ich fragte Ed, wie dieses Hinwegschleudern vonstatten gehen sollte. »Zuckungen der Erde«, antwortete er, »als ob sie uns ausspeien oder von sich fernhalten wollte ... Sie will einen Teil von uns loswerden.« Inzwischen hatte das Wesen Ed weiter mitgeteilt, daß er eine »größere Tagesordnung« habe, und er müsse »auf die Musik der Natur hören, auf die unwahrscheinlichen Töne der Natur. 'Die Musik wird dir verständlich sein, und sie wird in dir eine Harmonie mit deinen Emotionen, Intuitionen und Vorahnungen hinterlassen. Du hast die Gabe der Vorahnungen, Intuitionen und Emotionen.'« Ed, durchdrungen von den hierarchischen Lehren seiner römisch-katholischen Erziehung, in denen »Gott mit dem Papst spricht, der Papst mit dem Priester und dieser mit meiner Mutter und meinem Vater«, reagierte zynisch: »Okay, ich werde ein Teekränzchen eröffnen. Setzt mir einen Turban auf. Zehn Dollar die Sitzung.« Aber das fremde Wesen schnitt seinen Sarkasmus kurzentschlossen ab und bestand darauf, daß er sich frei zu den Gaben bekennen müsse, mit denen er geboren worden sei.

An diesem Punkt tauchte in ihm die Erinnerung daran auf, daß er die Geister in Form von »fröhlichen und neckischen kleinen Kreaturen, die freundlich waren und herumhüpften«, erblickt hatte. Ich sagte ihm, daß er sie beschreiben solle. »Sie sind wie Energieformen ... von ganz verschiedener Art. Da gibt es viele verschiedene Formen und Farben.« An dieser Stelle kicherte er. Er empfand die »Verrenkungen« und »lustigen« Dinge, die sie machen konnten, als »lächerlich«. Ich fragte ihn nach einem Beispiel. Sie »schweben herum« und »ändern die Naturgesetze«, sagte er, womit er anscheinend meinte, daß sie ihre Gestalt und Form verändern konnten. Einer von diesen Geistern »spricht mit mir«. Er hatte lange, silbrige Haare und einen riesigen Kopf und war höchstens 30 bis 60 Zentimeter groß, wie ein »Minizwerg«. Der Geist sagte: »Nun, schau, ich ändere mich so, daß du mich nicht mehr anstarren mußt und mit mir in Verbindung treten kannst. Aber ich muß nicht so aussehen, wenn ich es nicht will. Ich kann mich in eine Vielzahl von Formen verwandeln ... Ich nehme diese etwas lustige Gestalt an, damit du dich wohlfühlst und zusammen mit mir fröhlich bist, denn ich kenne da einige andere Arten von Kreaturen, vor denen du dich fürchtest, insbesondere vor Spinnen und Schlangen. Darum gestalte ich mich so!«

Daraufhin wurde Ed klar, daß er und andere Menschen in gewisser Weise ebenfalls »die Macht haben, Naturgesetze zu verändern, wenn ich mich an bestimmte Teile meines Wesens wende«, und das flößte ihm Furcht ein. Ich fragte ihn, was ihn verunsichere. »Na ganz klar, Mensch, wenn ich danebenschieße und diese Macht zum falschen Zeitpunkt oder am falschen Ort einsetze ...«

»Du hast recht, Ed, du hast recht, Ed«, stimmte ihm das weibliche Wesen zu. Und er gab deren Worte wieder: »'Du wirst lernen müssen, wie, wann und wo dies einzusetzen ist, oder sie werden dich wegbringen! Sie werden dich abstempeln, und sie werden dich fortbringen, fort, fort. Und sie werden deinen Eltern sagen: Der arme Ed, er war so vielversprechend, aber es ist etwas passiert, und es tut uns furchtbar leid, Frau M. (seine Mutter).' Das schärfte sie mir ein – und: 'Die bestimmenden Gestalten werden sagen: Wir werden ihn wegschaffen müssen ...'«

Das Wesen sprach zu ihm weiterhin über die Pflicht, seinen Geist und Verstand zu pflegen, und warnte ihn davor, sich zum Beispiel der orthodoxen akademischen Tradition der Wissenschaft auf Kosten seiner intuitiven Fähigkeiten zu verschreiben. »'Der Prozeß einer Geistesbildung im Rahmen dieser traditionellen, rationalen Methodik wird die anderen Dinge auslöschen, und du hast all die unbegrenzten Möglichkeiten gesehen', sagte sie.«

Ich forderte Ed auf, mehr darüber zu berichten, was man ihm über diese Möglichkeiten gesagt oder gezeigt habe. Er sprach davon, er habe »gesehen, wie die Gesetze des Universums aufgebaut sind«, und »etwas darüber, wo das Universum entstanden ist«. Wieder warnte sie ihn vor einem Mißbrauch seines tieferen Verständnisses. »Du siehst jetzt das Versteck des Planeten«, habe sie ihm gesagt. In diesem Augenblick fühlte Ed sich »blockiert, noch weiterhin etwas zu sehen«. Ich fragte ihn, was er von der Entstehung des Universums gesehen habe.

Ed: »Ein unglaublich blendendes, grelles weißes Licht.«

JM: »Sie hat Ihnen das gezeigt?«

Ed: »Ja.«

JM: »Wie haben Sie das empfunden?«

Ed: »Als fast zuviel. Aber es war so ... heiliges Kanonenrohr! Da gibt es einen ganz bestimmten Akkord oder eine bestimmte Passage in Mahlers zehnter Symphonie. Es ist, als ob sich alles einfach öffnet. Das ist wie eine Galaxie, die entstanden ist. Es ist wirklich so, wirklich, wirklich, so ist das. 'Aber ich will nicht', sagt sie, 'daß du zuviel davon siehst. Du mußt es wissen. Du mußt wissen, wie du darüber zu reden hast und wann und wo du darüber zu reden hast. Da sind jene, die dein Wissen für idiotische Zwecke verwenden wollen.'«

Ich führte ihn dann zu dem kurzen Moment von Angst vor den Geistern zurück. Zusätzlich zu dem »unschuldigen Spiel mit der Natur, wie wir es für richtig halten«, erinnerte sich Ed daran, »verzerrt gestaltete Wesen und Geister« gesehen zu haben, »weil der Mensch schon so viel Schaden angerichtet hat – sich selbst, allen anderen und Mutter Natur Schmerz und Schaden zugefügt hat«. Man zeigte ihm »groteske Formen ... erschreckend. Da gab es dunkle, graue, bösartige Formen, die man zu heilen oder wieder ins Lot zu bringen versucht hat. Es kostete eine gewaltige Anstrengung, diese bösartigen Formen daran zu hindern, noch größer und bösartiger zu werden.« Das weibliche Wesen fuhr fort: »Ihr verzerrt und laßt noch größere Bösartigkeit heranwachsen, während ihr versucht, euch selbst zu finden ... Wir versuchen, sie unter Kontrolle zu halten und wieder ins Lot zurückzubringen. Du siehst, wie bösartig und mißgebildet sie sind, Ed. Sie sind graue und erschreckende, verzerrte Klumpen. Ed, du siehst aber auch, wie hübsch und lustig diese Energieformen hier sind. Sie sehen so gesund aus, und auch diese anderen da drüben.«

Ed sprach des weiteren darüber, was ihm über die Konsequenzen »unseres Raubbaus mit der Erde« vermittelt worden war. Die bösartigen, destruktiven Formen seien durch die Verunstaltung der »kollektiven menschlichen Psyche entstanden ... dunkle, graue Dinger, die einfach daherkommen und alles aussaugen und zerstören. Sie führen sich wie Berserker auf und zerstören einfach alles auf ihrem Weg und in ihrer Reichweite.« Ich fragte ihn, was man ihm über das Endergebnis dieser Vorgänge gesagt habe. »Sie verfolgen ihren Weg, bis sie die gesamte schlechte Energie verbraucht haben und wieder in ihren normalen, glücklichen Zustand zurückkehren. Sie müssen es aus ihrem Körper herausdrängen, so wie man Eiter aus einer Wunde entfernt. Die Wunde wird nicht heilen, solange man den Eiter nicht entfernt hat.«

Ich fragte ihn, ob man ihm gesagt habe, was getan werden müsse. Er erzählte, daß man ihm Hinweise für sein eigenes Überleben angesichts der zu erwartenden »erdgeschichtlichen Veränderungen« gegeben habe. »Sie erklärt mir, zeigt mir, daß ich die Möglichkeit in mir habe zu überleben. Ich habe diese zusätzliche Dimension. Ich habe die Wahl, darauf zu hören oder nicht ... Ich muß nur auf mein Inneres hören, ganz tief in mir drin, und ich muß auf die Erde hören.« Eds Partnerin Lynn, so stellte er fest, hat intuitiv geahnt, was dieses Wesen ihm gesagt hatte, und »es beunruhigt sie nicht im geringsten«. Ich fragte, ob das weibliche Wesen in der Kapsel gewußt habe, daß Lynn eines Tages bei ihm auftauchen werde. »Sie wußte es«, sagte er. »Sie gab mir das Gefühl, daß ein ganz bestimmtes unausgesprochenes Etwas einen Widerhall bilden werde« und daß es seine und Lynns Aufgabe sein werde, »die Menschen, die zuhören wollen, zu belehren ... Es gibt welche, die zuhören werden, ehe das alles geschieht, und sie bereiten sich dann darauf vor.«

Ich fragte ihn, ob er Informationen darüber erhalten habe, ob es noch möglich sei, diesem Kataklysmus zuvorzukommen. »Nein,

nein, nein«, sagte er. »Da gibt es nicht genug. Zu wenige wollen zuhören, aber diejenigen, die zuhören wollen und die mit den Naturgesetzen umgehen können, die werden überleben. Sie werden die auf der anderen Seite belehren, die dann zuhören und sagen werden: 'Gott, wie falsch haben wir doch gelegen!'« Ich sagte ihm, daß mir nicht klar sei, ob der Kataklysmus im wörtlichen, physischen oder metaphorischen Sinn zu verstehen sei. Er sagte, es werde »eine Reihe von geologischen und meteorologischen Konvulsionen« geben. Da ich das alles ziemlich deprimierend fand, fragte ich, auf welche Weise all die Informationen über Geister ihm oder jemand anderem helfen würden zu überleben. Unbeirrt sagte er, daß »die Erdgeister sichere Zufluchtsorte« für die Überlebenden schaffen würden. Ich fragte, von welchem Nutzen das sei, wenn doch alles zerstört werde. Er antwortete, es handele sich dabei vielmehr um eine Wiederherstellung – und nicht um eine Zerstörung –, ein Wiedereinpendeln, und er wiederholte, daß »die Menschen lernen müssen, in Einklang mit den Naturgesetzen auf der Erde zu leben und sie nicht auszubeuten« und die »Rohstoffe so zu nutzen, wie sie genutzt werden sollen«. Dann werde »die Erde selbst wieder ihr Gleichgewicht finden«.

Die Nüchternheit seiner Aussagen und die Unterschiede zwischen spiritueller und physischer Katastrophe verwirrten mich noch immer. Ed hatte jedoch Schwierigkeiten, das zu verstehen, und sagte: »Jeder Mensch muß selbst dafür sorgen, daß er spirituell wieder ins Lot kommt. Ich muß mich darauf ausrichten, diese Botschaften spirituell zu empfangen. Wenn ich diese Botschaften erhalte, werde ich auch körperlich spüren, wo ich ans Werk gehen muß, und ich werde diejenigen Flecken auf der Erde kennen, die noch unberührt und zugänglich sein werden.« Zu diesem Zeitpunkt begannen wir beide, allmählich zu ermüden, und wir kamen überein, die Sitzung zu beenden.

Nachdem ich ihn aus der Rückführung herausgeholt hatte, stellte Ed fest, daß dieses Wissen immer »vor meinen Augen« war, wie »auf einer aufgeschlagenen Buchseite«, und daß er »nur richtig hätte hinsehen müssen ... Sie hielt es mir die ganze Zeit hin«, aber »ich hatte Angst, es mir anzusehen«. Ed verspürte eine gewissse Ehrfurcht vor dem, was er mir erzählt hatte, und sprach von seiner Verantwortung, seinen »Zugang zu ihrer Dimension«, sein Wissen und die Bedeutung der drohenden Katastrophe in unserem Planetensystem einem breiteren Publikum zum allgemeinen Nutzen zugänglich zu machen. Er selbst fühlte sich als ein »Otto Normalbürger« mit außerordentlichen Informationen. »Es ist, als ob man versuchen würde, Supermann und Clark Kent gleichzeitig zu sein. Man kann nicht andauernd in seinem Umhang und Trikot herumlaufen. Man muß eine Art Clark Kent sein.«

»Liebe ist der Schlüssel«, sagte Ed, »Liebe und Mitgefühl für die Erde und die Lebewesen auf der Erde, ob sie nun materiell oder immateriell sind. Keine Liebe im Sinne von Schwärmerei und Gefühlsduselei, sondern es gibt da einen tieferen Sinn von Liebe.« Ed und Lynn verstehen jetzt beide, warum die Außerirdische seine Erinnerung und damit die Möglichkeit, daß er über seine Erfahrung redete, »dämpfte«. »Wenn ich zurückgekommen wäre und mit neunzehn Jahren angefangen hätte«, vom Wissen über die Naturgesetze »zu reden«, wäre er wohl »explodiert wie die Bombe des Jahrtausends«. Er steht immer noch vor dem Problem, auf welche Weise er effektiv wirken soll. »Wer wird schon einem schüchternen Eletronikfachmann zuhören?«

Ed empfand seine Begegnung und das Aufdecken der Erinnerung daran nicht als ausgesprochen belastend. »Ich finde nicht, daß mir etwas Traumatisches widerfahren ist, so wie in den Fällen anderer Leute aus unserer Gruppe.« Er hatte einige Wochen vorher an einem Treffen meiner Selbsthilfegruppe für andere Entführte teilgenommen. »Die sind wie Ratten in einem Versuchslabor behandelt worden.« Statt dessen hatte er das Gefühl, »als ob eine große Wolke, ein Tuch von meinem Bewußtsein, das dies alles schon immer beinhaltet hat, weggezogen worden« sei. Wir unterhielten uns dann noch gemeinsam über das, was Lynn als »verantwortlich in Aktion treten« bezeichnete. Wir konnten uns darüber einigen, wie wertvoll Eds Gespräche mit anderen, die ähnliche Erfahrungen gemacht hatten, sein würden. Er könne dabei seine Informationen weiterverbreiten und ein Zusammengehörigkeitsgefühl innerhalb ihrer wachsenden Gemeinschaft begründen.

Besprechung

Obwohl es für jemanden, der eine Entführungserfahrung erlebt hat, durchaus nicht ungewöhnlich ist, sich nur an eine einzelne, bedeutende Begegnung zu erinnern, ist es dennoch interessant, daß Eds Begegnung im Teenageralter stattgefunden hatte und erst fast dreißig Jahre später wieder in ihm wach wurde. Die Kräfte, die beim Einprägen, Speichern und Wiederentdecken von Informationen mitwirken, gehören immer noch zu den zentralen Mysterien des gesamten Entführungsphänomens. Wie wir gesehen haben, scheint Eds Entführung, die er als Teenager erlebte, während seines gesamten Lebens unterschwellig in seiner Psyche gewirkt und ihn dadurch irgendwie verändert und womöglich durch ein tieferes, intuitives Naturverständnis von seinen Zeitgenossen unterschieden zu haben. Noch wissen wir nicht, was Ursache und was Wirkung ist und ob seine Aufgeschlossenheit ihn für eine Entführung prädestiniert hat, was immer das bedeuten mag. Ebensowenig verstehen wir voll und ganz, warum viele der Erinnerungen an seine frühere Erfahrung wieder an die Oberfläche gekommen sind. Bis jetzt hat es den Anschein, daß er als gereifter Mann in einer besseren Position ist, sein Wissen über die Sprache der Erde anzuwenden und die Informationen, die er aus der Entführung bezogen hat, mit seinen psychologischen Anlagen und seinen professionellen Sachkenntnissen in Einklang zu bringen. Noch aber ist nicht klar, wie er das – mit Lynns Unterstützung – bewerkstelligen soll.

Die erzwungene Spermaentnahme für irgendein gemischtrassiges Fortpflanzungsprogramm, das nicht völlig begriffen wurde, ist charakteristisch für männliche Entführte. Informationen über eine ökologische Katastrophe, unterstrichen durch eine eindrucksvolle, apokalyptische Szenerie, wurden im Prinzip auch allen anderen entführten Personen von den Außerirdischen vermittelt. Was den Fall Eds ungewöhnlich macht, ist das Ausmaß der Details, die er im Verlauf einer einzelnen Entführung erhalten hat, und die Tatsache, daß er die Informationen ursprünglich im Sommer 1961 bekommen hat – und zwar zwei Monate vor der Entführung von Barney und Betty Hill im September desselben Jahres. Vieles von dem, was Ed erfuhr oder was ihm über den Zusammenbruch der planetaren Lebenssysteme und die Verletzung der Naturgesetze durch die Menschheit gezeigt wurde, ist wohlbekannt – zumindest im Umfeld der Umwelt-Bewegung. Ein gut recherchiertes Buch wie »Beyond the Limits of Growth« von Donella Meadows zeigt die Konsequenzen, wenn nicht gar die Ursachen unserer fortschreitenden Zerstörung der irdischen Umwelt auf (Meadows 1992). Besonders bemerkenswert ist die Macht, mit der dieses Wissen auf einen Menschen wie Ed einwirkt. Sein Lernprozeß war kein einfach intellektueller. Die Realitäten, die ihm von dem weiblichen Wesen bezüglich des drohenden ökologischen und spirituellen Desasters als Ergebnis menschlicher Disharmonie mit der Natur vermittelt wurden, hat er mit jeder Faser seines Wesen gefühlt. Wie er es selbst formuliert hat, ist sein ganzes Ich, sein »gesamtes Wahrnehmungsvermögen« durch die Begegnung verändert worden.

Es ist noch nicht klar, inwieweit die apokalyptischen Visionen Eds wörtlich zu nehmen sind. Sie stehen in prophetischer Tradition, warnen vor einer Katastrophe und betonen die Notwendigkeit einer fundamentalen Veränderung. Ob sie nun wirklich eine Voraussage oder aber Aufrufe zur Veränderung und zum Handeln sind, kann natürlich nicht beantwortet werden. Sicher ist jedenfalls, daß Ed diese Informationen ernst genug genommen hat, um sein Leben zu ändern und sich zu verpflichten, sein Wissen anderen zu vermitteln, die auf ihn hören wollen.

Eds direkte Begegnung während der Entführung mit verwandlungsfähigen Geistern, die eine konkrete Form haben, ist ebenso interessant wie die Konkretisierung negativ-emotionaler Kräfte in Gestalt von bösartigen oder dämonischen Geistern. In der westlichen Weltsicht gibt es keinen Platz für solche Wesen, und man tendiert dazu, sie als Phantasieprodukte oder Projektionen der Psyche anzusehen, obwohl andere Kulturen in aller Welt an sie glauben und ihre Existenz anerkennen. Bei einem Treffen in Indien im April 1992 zum Beispiel, zu dem ich mit einer kleinen Gruppe von Berufskollegen eingeladen war, um das Entführungsphänomen mit führenden tibetanischen Persönlichkeiten zu erörtern, sahen die Lamas Außerirdische als Geister an, die aufgrund der Inbesitznahme und Zerstörung der irdischen Natur, die auch sie bewohnen, sozusagen umgekippt seien. Ein tibetanischer Arzt erklärte, daß diese Geister – als Ergebnis unserer Ignoranz, materiellen Bindungen und Aggressionen, die sich in der Entweihung des Planeten manifestieren – verärgert und irritiert sind und deshalb »in negativer Weise beeinträchtigend« wirken. Ein führender Spiritist unter den Tibetanern sah die Außerirdischen ebenfalls als Geister an, die durch die Tatsache, daß die Menschen deren Zufluchtsstätten zerstören, derart in Not geraten seien, daß sie gezwungen wurden, sich unter uns zu mischen und zu versuchen, unser Mitgefühl zu wecken und unsere Wandlung zu erreichen.

Abschließend muß noch einiges über die Anwendung der Hypnose im Fall von Ed gesagt werden. Vor meinem ersten Zusammentreffen mit ihm hatte er bereits eine umfangreiche Erinnerung an seine Entführung. Sein Bewußtsein tendierte vor der Zurückführung jedoch dazu, die Erfahrung zu vereinfachen und – was noch bezeichnender ist – zu beschönigen, und zwar in einer Art, die eher dem Selbstbildnis und den Wünschen eines Heranwachsenden entspricht als dem, was er während der Hypnosesitzung nicht ohne Qualen in seiner Erinnerung wachgerufen hat. Viele verwirrende und peinliche Details, die auf die Machtlosigkeit und den Verlust an Selbstkontrolle zurückgehen, waren für ihn nur unter Hypnose verfügbar. Speziell das glückliche Erlebnis eines angenehmen Sexualverkehrs mit der kooperativen, sexuell aktiven Außerirdischen hat den Weg für die erzwungene, ziemlich demütigende Abnahme einer Spermaprobe freigemacht, bei der das fremde Wesen beifällig zugesehen hatte. Dieses zweite Szenario ist wesentlich typischer für die Erfahrungen, die Männer während ihrer Entführung erlebt haben, und daher auch glaubwürdiger.

All dies legt den Gedanken nahe, daß das Wissen, das – zumindest im Fall von Ed – unter Hypnose sorgfältig wachgerufen wird, mehr Vertrauen verdient als die Geschichte, an die man sich bewußt erinnert und die unbewußt anscheinend derart verändert worden ist, daß sie den Sehnsüchten und der Selbstachtung der jeweiligen Person entspricht. Darüber hinaus gibt es noch andere Details, die während der Hypnose aufgetaucht sind. Sie beziehen sich auf den Transport zum Raumfahrzeug, auf die Anzahl der außerirdischen Wesen – nicht nur eine einzelne außerirdische Frau, sondern jetzt eine weibliche Führungsgestalt und ihr »Hilfspersonal« –, auf das Vorhandensein von zwei Räumen, einem OP-ähnlichen und einem kapselförmigen Besprechungsraum anstatt einer einzelnen Kapsel, und auf die Unmenge an Informationen, die von der Außerirdischen übermittelt wurden. Dadurch wird die Geschichte, die wir während der Rückführung erarbeitet haben, glaubwürdiger oder stimmt zumindest eher mit dem überein, was von anderen Entführungen berichtet wird.

»Ich persönlich glaube nicht an UFOs«

Sheila N. kam im Sommer 1992 zu mir. Sie war Sozialarbeiterin, vierundvierzig Jahre alt und vom Psychiater des staatlichen Krankenhauses, an dem sie kurz zuvor tätig war, an mich weiterverwiesen worden. Sie suchte Verständnis und Erleichterung von dem Streß ihrer – wie sie es nannte – »elektrisierenden Träume«, die im Anschluß an den Tod ihrer Mutter, schon vor mehr als acht Jahren, begonnen hatten. Der Psychiater, den Sheila sieben Jahre lang konsultiert hatte, hatte sie ermutigt, mich aufzusuchen, aber es war eigentlich das Wissen des Krankenhaus-Psychiaters um meine Arbeit und sein Interesse daran, das uns zusammenbrachte. Der Fall von Sheila macht einige der Probleme deutlich, mit denen Psychiater und andere berufsmäßig auf dem Gebiet der mentalen Gesundheit Tätige konfrontiert werden, wenn sie mit Leuten arbeiten, die von Außerirdischen entführt wurden.

Sheila hatte eine sehr enge Bindung zu ihrer Mutter, und so haben sie deren Tod im Januar 1984 und die Ereignisse rund um den vorausgegangenen siebentägigen Krankenhausaufenthalt bis ins Innerste aufgewühlt. Sheilas Mutter hatte bereits fünf Jahre zuvor eine Herzattacke erlitten und wurde 1984 zu einer Angiographie, einem chirurgischen Eingriff zur Klärung der Blutflußverhältnisse in den Arterien, ins Krankenhaus eingewiesen. Zunächst hatte sie den Eingriff gut überstanden, aber dann erlitt sie eine Gehirnblutung, die letztendlich einige Tage später zu ihrem Tod führte. Sheila konnte nicht herausfinden, welche Verbindung zwischen dem chirurgischen Eingriff und seinen fatalen Komplikationen bestand, und sie hatte den Eindruck, daß die Ärzte sehr kurz angebunden und wenig fürsorglich zu ihrer Mutter waren. Sie hatte ebenso das Gefühl, daß ihre Mutter unnötig lange am Leben erhalten worden sei, nachdem sich herausgestellt hatte, daß es keine Hoffnung mehr gab, und daß man sie dadurch ihrer Würde beraubt habe. Vor allem diese gefühllose Behandlung quälte Sheila im Hinblick auf einen Fall von Inzest zwischen ihrer Mutter und deren Vater. Mit ihren Worten ausgedrückt, war ihre Mutter »in ihrer Kindheit durch die sexuellen Forderungen ihres Vaters ihrer Würde beraubt worden«. Sheila war des weiteren verärgert und traurig, daß man das Grab ihrer Mutter zunächst offen gelassen und erst nach drei Tagen geschlossen und mit Erde bedeckt hatte. Nach dem Tod ihrer Mutter entwickelte sich eine gewisse Entfremdung zwischen Sheila und ihrem Ehemann, der – wie sie zu fühlen glaubte – unfähig war, ihr in ihrem Kummer beizustehen. »Jim kann mit Krankheiten nichts anfangen. Er muß glücklich sein.«

Die Tage nach dem Begräbnis ihrer Mutter waren für Sheila sehr quälend. Sie wanderte nachts durch die Straßen und fühlte sich völlig ausgebrannt, »als ob einem nichts Schlimmeres mehr widerfahren könnte«, war aber unfähig zu weinen. Am 9. Februar, vier Wochen nach dem Eingriff bei ihrer Mutter, beschrieb sie in ihrem Tagebuch Aktivitäten am Nachthimmel – »mehr Flugzeuge als Autos«. In dieser Zeit setzten auch ihre wiederkehrenden Träume ein, in denen sie Angst hatte, unfähig war, sich zu bewegen, und das Gefühl hatte, als ob ihr Körper vibriere oder »elektrisch aufgeladen« wäre. Zunächst erklärte sie es sich als »spirituelle Träume«. Sie vermittelten ihr den Eindruck, als ob jemand oder etwas anderes ihren Körper beherrsche und als ob sie von Dämonen »besessen« sei. Später empfand sie diese Träume als Inbesitznahme. »Zu jener Zeit kamen sie mir wie eine Art Elektrizität vor, die durch meinen ganzen Körper fließt.« Normale Träume, so läßt sich sagen, sind »fragmentarischer«, wohingegen bei den Träumen, in denen Sheila die außerirdischen Wesen sah, festzustellen war, daß sie »auf eine bestimmte Richtung hinsteuerten«.

Einer dieser Träume, von dem Sheila glaubt, daß sie ihn im März 1984, also etwa zehn Wochen nach dem Tod ihrer Mutter, hatte, unterschied sich von ihren anderen. Darüber hat sie mir in der Vorbereitung zu unserem ersten Treffen in einem Brief berichtet:

Ich wurde von einem sehr lauten Geräusch und blitzenden Lichtern geweckt. Es war ein sehr hoher, gleichbleibender Dauerton. Ich war das Ziel eines genau auf mich gerichteten, blitzenden roten

Lichtes. Andere Schlafzimmertüren und die Badzimmertür waren offen. Ich konnte der Länge nach den ganzen Flur überblicken, und ich hatte den Eindruck, als würde das Licht durch alle Fenster des Hauses zugleich hereinscheinen.

Zu diesem Zeitpunkt lag ich auf dem Rücken. Ich fürchtete mich. Vielleicht erhob ich mich etwas und stützte mich auf die Ellbogen. Ich sah einige kleine, menschenähnliche Gestalten, die, einer nach dem anderen, auf der rechten Seite des Wohnraums entlanggingen. Sie sahen aus, als sei ihr ganzer Körper silberfarben. Unter der rechten Schulter des ersten in der Reihe sah ich etwas Blaues. Es schien die Reflektion von irgend etwas zu sein, obwohl es im Flur nichts Blaues gab. Sie waren kleinwüchsig und hatten dünne Arme und Beine. Als sie sich dem Schlafzimmer näherten, hob der dritte oder vierte in der Reihe seine rechte Hand. Sie schienen einen watschelnden Gang zu haben (Anmerkung des Autors: Später hat sich dies als Täuschung herausgestellt, die durch das blitzende Licht verursacht worden war). Sie waren sehr unsicher auf den Beinen (Anmerkung des Autors: Auch dieser Eindruck war auf die Lichtverhältnisse zurückzuführen).

Im Oktober 1984, neun Monate nach dem Tod ihrer Mutter, hatte die Entfremdung zwischen Sheila und ihrem Ehemann einen Punkt erreicht, an dem sie das Gefühl hatte, mit ihm kein Zimmer mehr teilen zu können. »Ich habe verschiedentlich versucht, mit meinem Ehemann über den Grund meiner Traurigkeit zu sprechen. Aber er wollte mir nie zuhören.« Sie hatte zudem den Eindruck, daß sie ihm nicht von ihren seltsamen Träumen erzählen könne, und deshalb zog sie aus dem gemeinsamen Schlafzimmer aus, um ihn zu »schützen« und ihm »ein ungestörtes Schlafen zu ermöglichen«. Er hatte nichts dagegen einzuwenden, daß Sheila in einem anderen Zimmer schlafen wollte, und seit dieser Zeit haben sie nicht mehr gemeinsam in einem Raum geschlafen.

Kurz danach bat Sheila den Geistlichen ihrer Methodisten-Kirche um eine Empfehlung für eine Psychotherapie. Es gab jedoch Schwierigkeiten, als der Therapeut gegen ihren ausdrücklichen Wunsch darauf bestand, mit dem Geistlichen über sie zu sprechen. Sheila war frustriert von dem geringen Fortschritt, den die wöchentlichen Behandlungen brachten, und nicht fähig, ihrem Therapeuten zu vertrauen. Daher vertiefte sich ihre Verzweiflung.

Im Juli 1985 erfuhr sie, daß der Geistliche, mit dem sie sich verbunden fühlte, nach Aussagen seiner Ärzte aufgrund zahlreicher, vier Monate zuvor diagnostizierter Knochentumore nur noch eine Lebenserwartung von drei bis fünf Jahren habe. Über den Tod ihrer Mutter und die unheilbare Erkrankung dieses Geistlichen hinaus hatte Sheila seit November 1983 den Verlust anderer enger Freunde oder Familienmitglieder zu verkraften gehabt. Ungeachtet ihrer Wünsche bestand ihr Therapeut noch immer darauf, mit dem Geistlichen und ihrem Ehemann über die Therapie zu sprechen. Sheila fühlte sich zutiefst verzweifelt, allein gelassen und kaufte sich am 17. Juli 1985 eine Packung Aspirin und schluckte zwanzig Tabletten, »wild entschlossen, alle zu schlucken«. Abgesehen von einem allgemeinem Unwohlsein und einem Summen in den Ohren trat bei ihr keine schädliche Wirkung ein. Kurz bevor ich sie zum ersten Mal sah, schrieb mir Sheila, daß »Selbstmord an sich nicht mein Stil« sei, und »ich kann Ihnen versichern, daß ich unter keinen Umständen aufzugeben gewillt bin«.

Kurz nach diesem Zwischenfall begann sie eine Behandlung bei dem Psychiater Dr. William Waterman. Obwohl sie in der Zwischenzeit die Trauer über den Tod ihrer Mutter überwunden zu haben schien, fühlte sie sich auf ihrer Suche nach Verständnis und Hilfe bei ihren aufreibenden Träumen, die sie nach wie vor quälten, noch um keinen Schritt weiter. Ein besonders beunruhigendes Erlebnis hatte sie am Silvesterabend 1989. Sie hatte im Erdgeschoß geschlafen, während ihre Tochter Beverly und Jim im oberen Stockwerk in ihren Zimmern waren. Wie im Jahre 1984 hörte sie ein lautes Geräusch und setzte sich in dem Gefühl auf, daß ihr »ganzer Körper unter Strom stand ... und etwas zwang mich nieder«, aber sie konnte sich nicht erinnern, abermals »die kleinen, menschenähnlichen Wesen« gesehen zu haben. Sechs Monate nach diesem Ereignis schrieb sie an Dr. Waterman: »Vor dem 1. Januar 1990 hielt ich diese 'Wesen', die in mein Schlafzimmer gekommen sind, lediglich für Traumsymbole. Danach aber habe ich allmählich erkannt, daß die Feindseligkeit und Aggression, die ich in diesem Zusammenhang empfand, mit meinen wiederkehrenden 'spirituellen Träumen' in Verbindung stehen. Diese »Wesen« in meinen Träumen haben es ernst gemeint, genau wie ich.«

Ein Zeitungsartikel, den Sheila aus der Lokalzeitung 1985 ausgeschnitten hat, handelte von UFOs, die man in der Stadt gesehen hatte, wo auch ihre Mutter beerdigt worden war. Wie aus ihrem Schreiben an Dr. R. – einer der Ärzte, an die sie sich später wegen einer Hypnosetherapie wandte – hervorgeht, brachte sie »dieser Artikel dazu, sich die Frage zu stellen, ob meine Mutter nicht irgendwie in all diese Dinge verwickelt war«. Später brachte sie das Erscheinen der UFOs in diesem Artikel in Zusammenhang mit dem, was sie über Entführungen gehört, gelesen oder gesehen hatte. Sie begann sich zu fragen, ob ihre Träume wirklich Träume seien und ob ihre fortgesetzte nächtliche Angst tatsächlich mit der noch nicht verarbeiteten Trauer über den Tod ihrer Mutter in Zusammenhang stand. Am 14. Juli 1990 schrieb Sheila an Dr. Waterman: »Vor längerer Zeit habe ich Ihnen mitgeteilt, daß ich der festen Überzeugung bin, daß diese Träume weit über den erlittenen Verlust hinausgehen. Ich bin aber nicht in der Lage, mehr darüber zu sagen.«

Fest entschlossen, »die nächtliche Angst zu überwinden, koste es, was es wolle«, und beherrscht von dem verzweifelten Wunsch, »diesen Träumen ein Ende zu setzen«, erprobten Sheila und Dr. Waterman andere Annäherungsmethoden, insbesondere solche, mit deren Hilfe verdrängte Erinnerungen aufgedeckt werden können. Auch die Möglichkeit eines Gesprächs unter dem Einfluß des Barbiturats Amytal wurde anfangs in Betracht gezogen, dann aber wieder verworfen. Zu guter Letzt, allerdings widerstrebend, nahm Sheila im Sommer 1990 auf Anraten von Dr. Waterman Kontakt mit Dr. G. – einem Psychiater am Bostoner Lehrkrankenhaus, der auf die therapeutische Anwendung von Hypnose spezialisiert ist – auf, um die Ursache ihrer Symptome herauszufinden und sich von ihrer Angst zu befreien. Er bat einen anderen Psychiater, Dr. R., der Hypnose ebenfalls als Therapie einsetzte, Sheila anzurufen. Eine sorgfältige Beschäftigung mit Sheilas Fall umfaßte über die Fallgeschichte hinaus auch eine neuropsychologische Untersuchung hinsichtlich einer möglichen, temporär auftretenden Epilepsie und eine – die ganze Nacht über andauernde – Langzeit-Schlafstudie. In dem Bericht, mit dem Dr. R. Sheila in eine verhaltens-neurologische Behandlung überwies, schrieb er, daß Sheila in einem ihrer Träume »auf dem Bett saß und einige kleine Gestalten sah, von denen die erste am Fußende ihres Bettes stand und die zweite an der Tür. Sie hatten einen unsicheren Gang und kleine, humanoide Körper.« In einem anderen Traum, so fuhr er fort, »lag sie unter einer Bettdecke und sah zwei dieser kleinen Wesen über sich stehen«.

Der Psychologe, der die neuropsychologische Untersuchung durchführte, beschreibt ihre Schlafstörungen, vermerkt aber, daß sie »nach eigenem Bekunden keine anderen gängigen Symptome einer Depression aufweist«. Für einige Konzentrationsschwierigkeiten während der Tests, für ein »schwankendes Konzentrationsvermögen« und »motorische Rastlosigkeit« machte der Psychologe einen Vorfall aus ihrer High-School-Zeit verantwortlich, bei dem Sheila eine kleine Verletzung an der rechten Kopfseite erlitten hatte. Dies hatte zu Übelkeit und einer leichten, einige Tage andauernden Beeinträchtigung ihres Wohlbefindens geführt. Der Psychologe legte »eine Konzentrationsschwäche in Verbindung mit einem hyperkinetischen Syndrom (ADHD)« als Diagnose nahe. Sheila, die mir eine Kopie dieses Berichts schickte, hatte am Rand neben dieser Passage nortiert: »Ich glaube nie und nimmer, daß das auf mich zutrifft.« Da die Psychologen Sheilas Anspannung während der Untersuchung bemerkten, zogen sie – unter Berücksichtigung ihrer Vorgeschichte – die Möglichkeit einer Persönlichkeitsstörung in Betracht, die durch die Angst und den posttraumatischen Streß »angesichts der traumatischen Erfahrung des Todes ihrer Mutter, ihrer Alpträume und ihrer übertrieben erschrockenen Reaktion« ausgelöst worden war. Dennoch schlossen sie ihren Bericht mit der Bemerkung: »Intelligenztests weisen Frau N. als aufgeweckte Frau aus, die deutlich über dem Durchschnitt liegt.« Der Psychiater, der die Langzeit-Schlafstudie durchgeführt hatte, vermerkte »keinen besonderen Befund, abgesehen von einer gewissen Ängstlichkeit und leichtem Schlaf«.

Nach eigenen Aufzeichnungen hatte Sheila zwischen August 1990 und Juli 1992 vierundzwanzig Termine bei Dr. R. und Dr. G., darunter mindestens sieben Hypnosesitzungen. Den Aufzeichnungen in Sheilas Tagebuch und Terminkalender zufolge, dauerten diese Termine im allgemeinen eine Stunde; die Dauer der Hypnose lag zwischen fünfzehn und zweiundzwanzig Minuten.

In einem Brief schrieb Dr. G., wie betroffen Sheila bei ihrem ersten Gespräch darüber war, daß man den Leichnam ihrer Mutter so unwürdig behandelt und das Grab offen gelassen hatte. Er sagte, daß sie ihre Traurigkeit darüber und über andere Details ihrer aufgezeichneten Fallgeschichte offen zum Ausdruck gebracht habe. In ihrem Tagebuch schrieb Sheila, daß Dr. G. sie während einer Sitzung im Jahre 1991 eindringlich darauf hingewiesen habe, daß die

Hypnose – wenngleich sie auch hervorragend dazu dienen könne, »neue Erkenntnisse zu gewinnen« – keine »Garantie für eine genaue Rückerinnerung« sei und auch »einen Auswuchs persönlicher Phantasie oder Erfahrung« offenbaren könne. Seine Behandlung hatte sich schwerpunktmäßig auf den Eindruck konzentriert, den die Operation ihrer Mutter, deren Tod und Bestattung auf Sheila gemacht hatten, und auf eine kognitiv-verhaltensbezogene Annäherung, die darauf abzielte, die Belastung durch ihre »Träume« zu reduzieren. Dies geschah insbesondere dadurch, daß ihr gegenüber geltend gemacht wurde, daß diese Träume »nicht real« seien. »Ich fühlte mich zu keiner Zeit sicher«, sagte Sheila später über diesen Behandlungsablauf. Im Mai 1992 bekam sie 5 mg Klonopin gegen ihre Ängstlichkeit verschrieben und im Juni ein Antidepressivum, Wellbutin, 100 mg, das sie vor dem Schlafengehen einnehmen sollte. Sie nahm beide Medikamente bis Anfang August. In Sheilas Augen verwechselte Dr. G. ihre Träume weiterhin mit Depressionen.

In dem Brief, den Dr. G. mir schrieb, betonte er, daß selbst eine Hypnose nicht zu einer genauen Erinnerung führe und daß es »gleichermaßen schwierig zu beantworten« sei, »ob sie nun an Wahnvorstellungen leide oder das Opfer eines religiösen Glaubensmusters« sei. Er meinte, daß meine Offenheit gegenüber Leuten wie Sheila »wesentlich schlechter als eine neutrale Haltung« sei, und argumentierte, daß meine Freundlichkeit, Sympathie und Unterstützung Sheila gegenüber – selbst wenn das zu einer therapeutischen Besserung führen würde – »die Theorien über UFOs und Entführungen doch nicht notwendigerweise bestätigen« müßten. Ich habe alle diese Punkte während eines Treffens mit ihm erörtert, als er großzügig seine Zustimmung zu einem sogenannten Runden Tisch in seinem Krankenhaus gab, damit die Diskussion in einem medizinisch-akademischen Rahmen weitergeführt werden könne.

Bevor ich Zeit für Sheila hatte, erzählte sie Julia, einer anderen Entführten, mit der sie sich ausführlich unterhielt, was sie unter Hypnose gesehen hatte: »ein Skelett ohne eine Nase oder einen Mund«, ein »Brenneisen« mit Handgriff und einer »wie ein Bohrer« rotierenden Stiftspitze, ein dreißig mal fünfundvierzig Zentimeter großes Rechteck von der Farbe einer Brotrinde und mit mehreren Reihen von Schlitzen, was ihr eine Riesenangst eingejagt hatte. Sie erinnerte sich zudem, daß ihre Arme nach oben gestreckt und mit

Gummi festgebunden worden waren. In Notizen, die sie mir Anfang Januar 1993 übergab, schrieb Sheila: »Ich besprach diese Dinge, als sie auftauchten, nicht mit Dr. G., denn ich hatte Angst, daß er sie wieder ins Reich der Phantasie verweisen und ich mich wieder mit ihnen allein gelassen fühlen würde. Erst viel später habe ich eine Zusammenfassung davon erzählt. Er fragte mich, wie ich zu jener Zeit darauf reagiert hätte. Ich erzählte ihm, daß ich diese Bilder sofort durch die Vision eines schönen Blumengartens voller Kolibris ersetzt hätte. Er hat dies als gutes Zeichen bewertet, und ich habe seinen Kommentar als Aufforderung gedeutet, keine Angst mehr zu haben.«

Zu irgendeinem Zeitpunkt im Laufe der Auswertungen und Behandlung, so erzählte mir Sheila, habe Dr. G. als Antwort darauf, daß sie ihm den Zeitungsartikel von 1985 zeigte, gesagt: »Ich persönlich glaube nicht an UFOs.« Sheilas Worten zufolge hatte Dr. R. ihr bei zwei Gelegenheiten, bei denen sie allein waren, die Frage gestellt: »Sie glauben doch nicht wirklich an Marsmenschen, oder?« Wie sie sagte, habe sie den Ausdruck »Marsmenschen« selbst niemals benutzt und derartige Kommentare, die ihr Vertrauen dem Arzt gegenüber untergruben, als »herablassend« empfunden. (Dr. G. und Dr. R. bestreiten, ein solches Statement abgegeben zu haben.)

Sheila schrieb mir auch, wie schwierig es für sie war, einem »Profi« gegenüberzustehen, der Fehler zu machen schien. »Ich war so erpicht auf Hilfe und hatte beständig Angst, sie zu verlieren, obwohl ich merkte, daß ich überhaupt keine richtige Hilfe bekam.« Am 31. Juli 1992 schrieb sie beiden Psychiatern, daß sie nicht mehr zur Behandlung kommen werde. Wie sie sagt, hätte sie es vorgezogen, mit beiden persönlich zu sprechen, aber »da ich eine Vollzeitbeschäftigung angenommen hatte, hatten wir Schwierigkeiten, einen Termin zu vereinbaren«. Beide Briefe, von denen sie mir Kopien überlassen hat, waren ansprechend formuliert, höflich und offen. So schrieb sie Dr. G., daß es »Momente gab, in denen ich einen Mangel an Verständnis und Akzeptanz empfand ... Im Laufe der Zeit ist mir der Gedanke gekommen, daß es eine Beziehung gibt zwischen einem einzelnen Traum und denen, die immer wiederkehren. Ich wollte verzweifelt an etwas anderes glauben. Es ergibt in dieser Welt, so wie ich sie kenne, keinen Sinn. Ich habe das Gefühl, daß ein klareres Verständnis dieser Beziehung der einzige Weg für mich ist, mich von all dem zu befreien.« Sie notierte auch ein Paradoxon bei ihrem Traum vom März 1984 und fragte: »Warum bin ich dieses Mal eingeschlafen, wenn mich doch alle anderen erschreckenden Träume aufwachen ließen? Warum spielte sich alles in meinem Schlafzimmer ab, wenn ich doch sowieso dort war, als ich diesen Traum hatte?« Und zuletzt stellte sie die ultimative Frage: »War es eine reale Erfahrung, und wenn ja, was ist geschehen, daß es für mich so quälend ist, mich daran zu erinnern?«

In ihrem Brief an Dr. R. dankte sie ihm für das Gefühl der Sicherheit, das ihr seine Gegenwart während der Hypnosesitzungen vermittelt hatte. Dann beschrieb sie – ausführlicher als in dem Brief an Dr. G. – das Gefühl von Wirklichkeit, das sie 1984 angesichts der Wesen in ihrem Zimmer und deren allem Anschein nach zielgerichteter Verteilung im Raum empfunden hatte. Sie wiederholte auch die Erfahrung vieler anderer Entführter, indem sie schrieb: »Welch fürchterlicher und erschreckender Gedanke, daß man sein eigenes Kind nicht einmal in den eigenen vier Wänden schützen kann.« Dies bezog sich auf ihren Verdacht, daß ihre Tochter Beverly ebenfalls Entführungserfahrungen durchlebt haben könnte. Zum Abschluß schrieb Sheila: »Ich glaube, daß unsere Zusammenarbeit eigentlich schon von dem Tage an beendet war, als Dr. G. sagte: 'Ich persönlich glaube nicht ...' Ich weiß, was ich gesehen habe, und kann nur sagen, daß diese Erfahrung mein Leben verändert hat ... Eine der ersten Fragen, die Dr. G. mir stellte, war, ob ich von mir selbst glaubte, eine lebhafte Phantasie zu haben. Ich habe acht Jahre gebraucht, um einen gewissen Abstand zu gewinnen, und jetzt denke ich, daß meine Antwort 'NEIN' lautet ... Ich will Sicherheit darüber haben, und wenn es bis an mein Lebensende dauern sollte.« In einem höflichen Antwortschreiben auf ihren Brief wünschte Dr. G. ihr Glück und legte ihr dringend ans Herz, die quälendsten Träume möglichst zu vergessen und ein leichtes Beruhigungsmittel einzunehmen, um angesichts ihrer schwierigen Situation eine »kleine Verschnaufpause« zu erwirken.

Kurz nachdem sie diese Briefe geschrieben hatte, sprach Sheila mit Dr. T., dem Psychiater, der sie an mich verwiesen hat. Im Mai hatte sie die von CBS ausgestrahlte Kurzserie über UFO-Entführungen, »Intruders«, aufgenommen. Obwohl sie nicht in der Lage gewesen war, sie sich anzuschauen, brachte sie das Band zu ihrem Treffen mit Dr. T. mit, der in dem Ruf stand, an einem Projekt über zufriedene Patienten zu arbeiten, worüber sie ihre eigene Abschlußarbeit geschrieben hatte. Ohne auf das eigentlich geplante Thema einzugehen, erklärte Sheila, daß sie plane, ihre eigenen Entführungserfahrungen mit dem Thema zufriedener Patienten zu verknüpfen, und daß sie ein Buch darüber schreiben und mit Leuten zusammenarbeiten wolle, die beruflich in der Gesundheitsfürsorge arbeiten. Sie erzählte Dr. T. von ihren Erfahrungen und ihrem Ringen, Hilfe im Umgang mit ihnen zu bekommen, und gab ihm die Bandaufzeichnung, was er sehr begrüßte. Sie erzählte ihm auch von der Erfahrung im März 1984, und daß es »möglich wäre, daß das gar kein Traum war«. Am 12. August kamen Dr. T. und Sheila wieder zusammen. In der Zwischenzeit hatte er ihre Geschichte mit den »Intruders«-Folgen verglichen. Er sagte zu Sheila: »Ein Buch zu schreiben, ist eine Möglichkeit, aber das hier ist eine andere.« Danach gab er ihr meinen Namen und meine Telefonnummer. Schon am nächsten Tag rief sie in meiner Praxis an.

Ich war einige Wochen lang verhindert. Ich bat deshalb Julia, sich mit ihr zu unterhalten. Die beiden begegneten sich am 27. August, und Sheila empfand die Unterhaltung als sehr ermutigend; sie half ihr, den Verdacht einer Verbindung zwischen ihren aufreibenden Träumen und der Erfahrung im März 1984 zu erhärten. Sheila erzählte, daß ihre Tochter Beverly in der Nacht vor ihrem Treffen berichtet habe, gegen fünf Uhr morgens »fürchterlich erschrocken« aus dem Schlaf hochgefahren zu sein, und ein unerklärlicher, grüner Lichtschein, der blitzähnliche Effekte hervorbrachte und die Wand gegenüber ihrem Bett beleuchtete, sei durch einen großen Fensterflügel in ihr Schlafzimmer gefallen. Bei diesem Treffen mit Julia hatte Sheila zum ersten Mal das Gefühl, daß ihr jemand wirklich zuhörte und sie auch verstand.

Am 1. September berichtete mir Julia, Sheila habe sie angerufen und ihr erzählt, daß sie die Nacht zuvor wieder einen dieser Träume gehabt habe, in dessen Verlauf sie wie gelähmt gewesen sei und große Schmerzen in ihrer Hüfte gehabt habe. Ihrem Gefühl nach sei dort eine Nadel in den Knochen eingeführt worden. Sie empfinde große Furcht und Verzweiflung, und ich stimmte zu, mich mit ihr zu treffen, sobald mein Terminkalender dies zuließ. Wir unterhielten uns einige Tage später sehr ausführlich am Telefon und vereinbarten unser erstes Treffen für den 21. September. Es sollte eine vierstündige Sitzung werden, die auch einen Rückblick in Sheilas Vorgeschichte und eine lange Hypnosesitzung miteinschloß.

Sheila war in einer Kleinstadt westlich von Boston aufgewachsen. Sie ist das dritte von fünf Kindern. »Die Familie, aus der ich stamme, steht mir nahe«, hat sie mir in einem ihrer Briefe einmal geschrieben. Ihr Vater war Pilot einer Fluggesellschaft und in ihrer Jugend deshalb sehr viel außer Haus. Auch im Ruhestand reist er noch immer viel herum, jetzt hauptsächlich zwischen Maine und Florida. Wie Sheila sagt, neigt er nicht dazu, UFOs zu sehen, »aber er würde selbst dann nicht daran glauben ... Meine Mutter ließ keine Gelegenheit aus, uns in unserer Jugend zu belehren, wie man sich anständig verhält«, schrieb sie mir, nachdem sie den ersten Abdruck meiner Aufzeichnungen über ihren Fall gelesen hatte. »Sie war eine wirkliche Dame und stets darum bemüht, uns ein gutes Beispiel zu geben.« Aus ihrer Sicht »behütete unsere Mutter uns sehr«, was mit ihrem Inzesterlebnis zusammenhängen mag.

Als kleines Kind gehörte Sheila der presbyterianischen Kirche an, später dann der Congregations-Kirche, und auf der High School ging sie mit Freunden in die Methodisten-Kirche, wo sie die nähere Bekanntschaft des Geistlichen gemacht hatte, der ihr nach dem Tod ihrer Mutter als erster empfohlen hat, professionelle Hilfe in Anspruch zu nehmen. Als Kind besuchte sie die Sonntagsschule, und die Bibel gewann in ihrem Leben einige Bedeutung. Beverly besucht heute eine Konfessionsschule. Sheila hat Gott immer als eine »Quelle der Kraft« angesehen, aber ihre Entführungserfahrungen – genauer gesagt, die Art, in der diese Erfahrungen den Prozeß ihrer Trauer nach dem Tod ihrer Mutter kompliziert haben – stellten eine Herausforderung an ihren Glauben dar. In Anlehnung an die Bibel sagte sie mir kurz vor ihrer ersten Rückführung: »Man soll Gott mehr lieben als seine Eltern. Ich war über mich selbst verärgert, denn ich konnte solche Gefühle nicht empfinden.«

Als Kind und auch noch als Heranwachsende war Sheila musikalisch, sportlich aktiv und im sozialen Bereich tätig. »Ich war gern unter Menschen«, sagt sie. Ihren Ehemann Jim, der jetzt als Lehrer tätig ist, lernte sie kennen, als sie im zweiten Jahr an der High School und er am College war. Nach dem College verpflichtete sich Jim für drei Jahre bei der Army als Soldat und ermutigte Sheila, sich ruhig mit anderen Männern zu treffen, was sie dann auch tat, »aber mit dem Herzen war ich nie dabei«. Sie bemühte sich aktiv um Jim und schrieb ihm jeden Tag, solange er bei der Army war. »Er versuchte, mich an seinen Bruder abzuschieben, aber ich hing zu sehr an ihm.« Mit einer gewissen Selbstverachtung berichtet sie, daß nach Jims Entlassung aus der Army »alle seine Freunde von der High School und vom College in sämtliche Himmelsrichtungen zerstreut waren, und so war ich die einzige, die übrig blieb«. Sie heirateten 1970, und Beverly kam 1975 auf die Welt. Sheila sagt, die Ehe sei bis zum Tode ihrer Mutter und dem Zeitpunkt, als die aufreibenden Träume einsetzten, gut gewesen. Sheila besuchte das College und die staatliche Sozialarbeiterschule von Massachusetts und erhielt 1980 ihre Zulassung. Mit der ihr eigenen Zielstrebigkeit kehrte sie, sobald die Umstände es zuließen, an die weiterführende Schule zurück und beendete 1991 ihre Ausbildung. Zur Zeit unseres ersten Treffens arbeitete sie in einem Krankenhaus im Westen von Boston in der Abteilung für Erwachsenen-Psychiatrie.

Die erste Erinnerung, die Sheila bewußt ist und die in Zusammenhang mit dem Entführungsphänomen stehen könnte, betrifft ein Ereignis, das sich zutrug, als sie noch nicht einmal sechs Jahre alt war. Sie und ihr Bruder hatten des Nachts etwas gesehen, das sie »Gaw« nannten. Später schrieb mir Sheila: »Der 'Gaw' hatte ohne Zweifel eine gewisse Ähnlichkeit mit den Wesen, die in mein Schlafzimmer kamen [1984]«. Etwas anderes ereignete sich, als sie zwischen sechs und acht Jahre alt war. »Ich sah jemanden aus dem Wandschrank in das Schlafzimmer kommen«, erzählte sie. Sie schrie, und ihre Eltern kamen, suchten den Raum ab und versicherten ihr dann, daß sie nur einen schlechten Traum gehabt habe, aber »ich denke, ich konnte das nicht ganz glauben ... ich fühlte, daß es Wirklichkeit war«. Das Wesen war ziemlich groß und sah wie ein Schatten aus. Es ging zum Fenster und verschwand. Seit jenem Tag hielt Sheila die Tür ihres Wandschranks geschlossen – bis heute. Auch schon vor unserer ersten Rückführung brachte Sheila dieses Wesen mit denen in Verbindung, die sie 1984 in ihrem Zimmer gesehen hatte. »Es waren die gleichen wie dasjenige, das acht Jahre zuvor in mein Schlafzimmer gekommen war.«

Als junger Teenager war Sheila mit einem oder zwei ihrer Geschwister und ihrer Mutter in einem Wagen unterwegs, während ihr Vater mit den anderen Kindern in einem zweiten Wagen fuhr – bei fünf Kindern brauchten sie zwei Autos. Sie wollten die Großeltern väterlicherseits besuchen. Alle, die zusammen mit Sheila im Wagen waren, sahen ein helles Lich quer über der Straße. Es wirkte wie ein Blitz, war aber gerade und verlief parallel zum Horizont. »Es war eben eines dieser Dinge, die man nicht erklären kann.« Bevor sie im November 1984 mit einer Therapie begann, erzählte Sheila ihrer Schwester was sie im März 1984 erlebt hatte. Melissa nahm das Ganze ernst, umarmte Sheila und fragte nach Details. Daraufhin erzählte sie Sheila ihrerseits von ihren eigenen diesbezüglichen Erfahrungen. Bis 1989 weigerte sich Sheila jedoch zu glauben, daß dies alles Wirklichkeit sein könnte. »Es ist kein Wunder, daß diejenigen, die so etwas noch nicht erlebt haben, so große Schwierigkeiten haben, es als Wirklichkeit zu akzeptieren«, betonte sie.

Melissa erzählte Sheila von einem Erlebnis, das sie im Alter von sieben oder acht Jahren hatte, als Sheila vierzehn oder fünfzehn Jahre alt war. Sie hatte »etwas Großes, Silbernes am Himmel gesehen«, das sie so sehr beunruhigte, daß sie zitterte und weinte. Als sie es ihrem Vater erzählte, redete er es ihr aus und sagte: »Das ist nur ein kleines Flugzeug. Mach dir keine Gedanken darüber.« Auch noch als Erwachsene wurde Melissa weiterhin von dieser Erinnerung gequält und suchte Hilfe bei einem Hypnose-Therapeuten. Aber wann immer sie versuchte, über diese Erfahrung zu sprechen, begann sie wieder zu zittern und zu weinen. Melissa, mit der sich Sheila sehr verbunden fühlt – »sie ist wunderbar« –, hat ihrer Schwester erzählt, daß sie unter Hypnose in Verbindung mit dem genannten Objekt verschiedenfarbige Reflektionen gesehen habe, einmal blaue, ein anderes Mal »orange- und pinkfarbene«, aber aufgrund ihrer großen Furcht war die Hypnose nicht erfolgreich.

Als Melissa Anfang Zwanzig war, sah sie einen Lichtball durch die Schiebetür ihres Apartments kommen, »im Zimmer herumhüpfen« und dann in die Diele und einen anderen Raum hinunterrollen und »durch die Wand« verschwinden. Ihr Freund war bei ihr, und sie beide hatten dem Phänomen kaum Beachtung geschenkt, bis Melissa plötzlich sagte: »Warte mal, die Vorhänge sind doch geschlossen. Das kann gar kein Scheinwerferlicht von einem Wagen auf der Straße sein.« Wie Sheila berichtete, »verfolgten sie das Licht durch das gesamte Zimmer, bis es dann den Raum wieder durch dieselbe Schiebetür verließ.«

Als Sheila einer Cousine ihres Vaters erzählte, daß sie mich aufsuchen wolle, erzählte ihr diese, daß sie ein UFO im Hof ihres Nachbarn gesehen und auch Sheilas ältere Schwester Laura eine Erfahrung »mit einem lauten Geräusch und roten Lichtern«

gemacht habe, die der Sheilas sehr ähnlich war. Aber Sheila und Laura sind zwei grundverschiedene Charaktere, und Laura hat ihrer Schwester nie von diesem Ereignis erzählt.

Die Tatsache, daß anscheinend auch Beverly in das Entführungsphänomen einbezogen ist, hat Sheilas Entschluß, ihre Erfahrungen zu erforschen, wesentlich mitbestimmt. Wie viele andere Betroffene, die Kinder haben, ist sie ebenfalls zutiefst beunruhigt, daß sie nicht in der Lage ist, ihr Kind vor solchen Erfahrungen zu schützen. Als Beverly vierzehn oder fünfzehn Monate alt war und noch in ihrem Gitterbettchen schlief, wachte Sheila, wie sie sich erinnerte, einmal mitten in der Nacht auf und ging ins Erdgeschoß hinunter. Dort sah sie »etwas Weißes auf der Treppe liegen« und wunderte sich, was sie dort liegen gelassen hatte. Als sie dann Licht gemacht hatte, sah sie, daß es Beverly war, die dort schlief, allerdings ohne Bettdecke. Und als Beverly etwa acht Jahre alt war, brachte Sheila sie wegen des Verdachts auf eine Ohrenentzündung zum Kinderarzt. Dieser entfernte aus dem Ohr einen Gegenstand von der Größe eines Radiergummis. Unter Tränen versicherte Beverly ihr immer wieder, daß sie sich nichts ins Ohr gesteckt habe, und dabei erzählte sie ihrer Mutter, daß sie dieses Ohr – so weit sie sich zurückerinnern konnte – immer mit ihrer Bettdecke zugedeckt hatte, damit es nicht frei zugänglich war. Wie es für Entführte im Kindesalter typisch ist, hatte auch Beverly, als sie noch klein war, häufig Nasenbluten, für das es keine direkte Ursache gab.

Sheila und ich trafen uns am 21. September, am 12. Oktober und am 23. November zu einer Rückführung unter Hypnose. Dr. Waterman war bei der zweiten und dritten Sitzung ebenfalls anwesend. Da ich sie vorher noch nicht persönlich kennengelernt hatte, befaßten wir uns während der Hälfte des ersten Gesprächs damit, Sheilas familiären Hintergrund und ihre persönliche Vorgeschichte abzuklären sowie die Erfahrungen, die sie oder ihre Familie gemacht hatten und die in Zusammenhang mit einer Entführung stehen konnten. Anfangs erschien sie mir wie eine etwas schüchterne, ängstliche und leise sprechende Frau, die ernsthaft entschlossen zu sein schien, sich allen Widerständen zum Trotz mit mir zu treffen. Für ihre Ängstlichkeit waren die schlechten Erfahrungen verantwortlich, die sie zuvor mit anderen Ärzten gemacht hatte. Von Anfang an war zu spüren, wie wichtig Selbstkontrolle für sie war und welche Furcht sie vor deren Verlust hatte.

Vor der ersten Rückführung, deren Ziel in der Aufdeckung der Erinnerungen an die Erfahrungen im März 1984 bestand, sprach ich mit Sheila deren bewußte Erinnerungen an dieses Ereignis durch und bat sie, einen Plan von der Lage der Zimmer und von der Einrichtung der Schlafräume anzufertigen. Unmittelbar vor der Rückführung unterhielt sich Sheila mit mir darüber, daß ihr religiöser Glaube schwächer und das Gefühl der Isolation stärker geworden war. Während der Hypnosesitzung selbst sprach Sheila sehr leise, doch die Bewegungen ihres Körpers zeugten von starker Anteilnahme, die den »enormen« Druckempfindungen und anderen Kräften entsprach, die sie erlebte. Ich bat Pam Kasey, sich Notizen zu machen und diese Bewegungen aufzuzeichnen. Anhand dieses Protokolls werde ich darüber berichten.

Unter Hypnose sprach Sheila sehr leise von dem Gefühl, von »dem Geräusch und den Lichtern« erschreckt worden zu sein. Ich führte sie an einen früheren Zeitpunkt der Nacht zurück und bat sie, mir zu beschreiben, wie sie zu Bett gegangen war. Sie sagte, sie sei nach ihrem Ehemann zu Bett gegangen – gegen elf Uhr – und habe erfolglos versucht, von ihm Zärtlichkeiten zu erhalten. Während dieser Zeit schliefen sie noch im selben Bett. Sie glaubte, daß sie sich zum Einschlafen auf die linke Seite gedreht hatte, aber das nächste, woran sie sich wirklich erinnerte, war ihr Erwachen, als sie auf dem Rücken lag, mit einem sehr lauten, hohen Ton im Ohr – »ich kann nicht lauter schreien als dieser Lärm« – und einem blinkenden roten Licht im Blick, das »ringsum in allen Fenstern war ...« Sie sagte: »Jim sah aus, als wäre er tot. Sein Mund stand offen, und die Lichter gaben ihm eine seltsame Farbe.« An diesem Punkt bekam sie eine solche Angst, daß ich ihr versichern mußte, daß die fremden Wesen auf keinen Fall zu uns in den Raum kommen würden. Später schrieb sie mir hierzu: »Die größte Wohltat in diesem Augenblick war die Sicherheit, nicht allein zu sein. Ich wußte, daß Sie da waren.«

Sheila fühlte sich verwirrt, stemmte sich auf ihre Ellenbogen und sah einige »dieser Wesen« durch den Flur kommen. Eines von ihnen hob die Hand, als ob es den anderen ein Zeichen geben wollte. Sheilas Atem ging nur noch stoßweise, und es bedurfte einiger Ermutigung, damit sie tief durchatmen und sich wieder auf sich selbst konzentrieren konnte. Dann beschrieb sie drei Gestalten. Sie hätten »dünne Arme und Beine« gehabt und seien schnurstracks in ihr Zimmer gekommen. Zwei von ihnen stellten sich an das Fußende ihres Bettes, und das blinkende Licht und der Lärm hörten auf, als die Wesen sie »einfach nur anschauten«. Mit wachsender Furcht erzählte Sheila weiter, daß sie sich wieder hatte hinlegen wollen, damit diese Wesen sie nicht mehr sehen konnten, aber sie stellte fest, daß sie das nicht konnte. »Ich weiß, die wollen zu mir kommen. Ich fühle das.« Zwei der Wesen traten an ihre Seite, und eines stand über Jim gebeugt. Sie schaute in ihre Augen und sah »Macht« darin, konnte später aber nicht darüber sprechen.

Wie Sheila realisierte, bestand ein Teil ihres Schreckens darin, daß sie diese Wesen schon früher gesehen – »ich kenne sie« – und das Gefühl hatte, »sie nicht mehr sehen zu wollen«. Ihre Angst schien sich zu einem Crescendo zu steigern, auch ihr Körper wand sich in fürchterlichen Verdrehungen, und ihre Gliedmaßen verkrampften sich in ständigem Wechsel zwischen An- und Entspannung. Die Augen dieser Wesen seien »so häßlich« gewesen, fuhr sie fort und berichtete, daß sie sich vor einer Berührung durch diese Wesen fürchtete. Sich hin und her werfend und drehend, sah Sheila jetzt ein weißes Licht über sich und fühlte, daß ihre Arme seitlich festgehalten wurden.

»Das ist nicht mein Schlafzimmer«, bemerkte sie und jammerte: »Ich möchte nach Hause. Ich weiß nicht, wie ich hierher gekommen bin.« Es seien jetzt zahlreiche solcher Wesen da, die »kommen und gehen. Es ist schwer, sie zu zählen, denn sie sind überall ringsherum.« Sheila hatte das Gefühl, daß man sie gezwungen hatte, sich »niederzulegen«. Sie erklärte: »Die Wesen haben mir meine Kraft genommen ... Es ist da eine Macht in diesen Augen.« Jemand berührte sie am Unterleib. »Sie lassen meine Arme nicht frei. Das machen sie immer.« Dann empfand sie einen »fürchterlichen Druck« und einen Schmerz, als ob »etwas Eckiges« durch den unteren Teil der Bauchdecke in ihren Körper gedrückt würde. »Das Erschreckende daran ist, daß man keine Kontrolle über sich hat«, sagte sie. Sheila gab – mit meiner Hilfe – ihr Bestes, um ihr normalerweise damenhaftes Wesen zu überwinden und dem Zorn und der Demütigung Ausdruck zu geben, die sie offensichtlich empfand. Aber alles, was sie sagen konnte, bestand darin, daß sie diesen Wesen am liebsten einen Tritt gegeben, sie aufgehängt und »auf den Mond geschossen« hätte. Dann beschrieb sie deren »seltsam geformte« und unbehaarte »Riesenschädel« und meinte noch: »Die sehen nicht wie wir aus.«

Das Erschreckendste an diesen Wesen seien ihre Augen gewesen. »Die sind so groß ... Die sind so ganz anders.« Kichernd machte sie den schwachen Versuch, witzig zu sein: »Vielleicht kommen sie von Gott und haben deshalb so große Augen!« Gegen Ende der Rückführung bat ich Sheila zu beschreiben, wo sie sich befinde. »Es sieht nicht wie mein Schlafzimmer aus«, sagte sie. »Ich habe das Gefühl, auf einem harten Tisch zu liegen.« Ihr Körper fühle sich von »dem Kampf und dem Versuch zu entkommen, heiß an«. Sie kam wieder auf »die Macht der Augen« zu sprechen, besonders bei dem einen Wesen, das sie »den Chef« nannte. »Er kontrolliert alles durch die Macht seiner Augen. Alles gehorcht ihm ... Sie übernehmen die Kontrolle über einen, und man hat keine Energie mehr, dagegen anzukämpfen.« Bevor ich Sheila wieder zurückholte, bat ich sie, mir zu schildern, wie real das, was sie durchgemacht hatte, gewesen sei. »Ich weiß, daß es geschehen ist«, meinte sie etwas traurig.

Als Teil meiner »Nachbehandlung« sprach ich am nächsten Tag mit Sheila. Sie fühlte sich »verwirrt« und »verletzlich«, weil die Erfahrung ihr »so real« erschienen war. Sie war entschlossen, solche »Träume« in Zukunft auszuschließen. Ich erklärte ihr, daß ich nicht wisse, wie ich dabei helfen könnte, aber vielleicht sei es mir möglich, ihr bei der Bewältigung ihrer Erfahrungen zu helfen. Sie stimmte zu, zusammen mit mir »in das Mysterium einzutauchen«.

Dr. Waterman hatte meine Vorlesung zum Thema Entführungen gehört und stand der Möglichkeit sehr aufgeschlossen gegenüber, daß Sheilas Fall ein Beispiel für dieses Phänomen sein könnte. Er stellte seinen Terminplan so um, daß er unserer nächsten Rückführung beiwohnen konnte. Bevor ich Sheila in Gegenwart von Dr. Waterman in Hypnose versetzte, besprach ich mit ihr, wie er ihrer Einschätzung zufolge ihren Entführungsbericht beurteilen werde. »Ich nehme an, daß er ihn letztlich für wahr hält«, meinte sie. Dann sprach er von seiner eigenen Faszination, aber auch von seiner geringen Vertrautheit mit dem Phänomen und führte seine Neugierde auf seine methodistisch geprägte Erziehung zurück. Er wiederholte mit seinen Worten meine Äußerung, daß »die Gesellschaft versuche, die spirituelle Seite unseres Lebens auszulöschen«, und sagte, daß er das Gefühl habe, ihm würde »hiermit der Rücken gestärkt. Es hat eine große persönliche Bedeutung für mich.«

Als Sheila zur zweiten Rückführung zu mir kam, schien sie mehr Selbstvertrauen zu haben. Ungeachtet ihrer Angst, der Erinnerung an die quälenden Eindrücke der ersten Sitzung und des Gefühls einer »enormen Vergewaltigung meiner Person«, indem »jemand so einfach in mein Haus kommen und in meine Intimsphäre eindringen kann«, war sie fest entschlossen – ich möchte fast sagen, besessen davon – weiterzumachen. »Ich habe lange genug damit gelebt«, erklärte sie. Später hat Sheila mir einmal geschrieben, wie sehr unsere erste Sitzung ihre Isolation aufgebrochen, ihre Erfahrung bestätigt und ihre Kraft und Entschlossenheit gestärkt hat. Im Zuge eines Rückblicks auf das, was während der ersten Sitzung geschehen war, kam sie zu dem Schluß: »Ich mache mir keine Gedanken darüber, was andere denken; ich weiß, was ich gesehen habe.« Enttäuscht äußerte sie sich über einen Freund, dem sie vertraut und von ihren Entführungserfahrungen erzählt hatte. Aber dieser Freund »glaubte mir nicht«, schrieb Sheila und beklagte, daß »die Leute glaubten, wir hätten ein streng abgegrenztes Universum, über das wir Bescheid wissen, und nicht bereit seien, sich mit irgend etwas zu beschäftigen, das über diesen Bereich hinausgeht.«

Wir rekapitulierten die erste Sitzung, an die sie sich sehr gut erinnern konnte – mit Ausnahme des eckigen Instruments, das durch ihre Bauchdecke gepreßt worden war und das sie jetzt als »rechteckig« und etwa mit einer Größe von zweieinhalb bis fünf Zentimetern erinnerte. Wie es für ihre Gewissenhaftigkeit typisch ist, versicherte Sheila mir, daß sie nicht hatte »lügen« wollen, sondern durch die empfundene Qual so durcheinander gewesen war, daß sie sich nicht klar hatte ausdrücken können. Sie erkundigte sich nach »der allgemeinen Richtung und dem Ziel« unseres weiteren Vorgehens, und ich legte ihr nahe, die Ereignisse im März 1984 eingehender zu erforschen und wieder dort einzuhaken, wo wir aufgehört hatten.

Noch einmal beschrieb Sheila die hellen Lichter, die Geräusche, ihre Angst und Verwirrung und wie frustriert sie sich gefühlt hatte, als sie ihren Ehemann nicht hatte wecken können. Sie sprach von Wesen, die in den Raum und an ihr Bett kamen, und konzentrierte sich dann wieder auf die Augen des Anführers. »Er erschreckt mich«, sagte sie, »aber ich kann ihn jetzt besser erkennen.« Diesmal erschienen ihr die Augen schwarz und nicht braun, und wenn sie den Wesen starr in die Augen sah, hatte sie das Gefühl, daß »da alles rundherum schwarz ist«. Sie vermeinte, »nicht mehr atmen«, sich »nicht mehr bewegen« zu können und »mit einem schwarzen

Stoff bedeckt« zu sein. »Ich fühle mich, als würde ich in einem schwarzen Kasten liegen.« Sie hatte den Eindruck, daß sie für »zwei Sekunden« eingeschlafen war, und »dann sah ich ein Licht, ganz weiß, oben ... es ist zu hell«. Dann lag sie auf dem Tisch, fühlte sich »großartig«, zumindest einen Moment lang, ehe sie große Angst bekam, weil man ihr »Nadeln ... vor meinen Augen« zeigte.

Sheilas Körperbewegungen und ihr übriges Verhalten, wie es in Pam Kaseys Notizen beschrieben wird, erzählen die Geschichte ihrer wiedererlebten Erfahrungen wesentlich eindrucksvoller als ihre Worte. Sie ballte ihre Hände zu Fäusten und öffnete sie wieder, sie streckte ihre Arme. Ihre Beine zuckten, und sie runzelte die Stirn. Ihre Schultern waren angespannt, und es schüttelte sie fast wie in Krämpfen. Ihr Atem ging schwer, wurde später aber ruhig. Manchmal verharrte sie einige Zeit lang schweigend, machte dabei aber kleine, rastlose Bewegungen.

Die Nadeln wurden ihr »direkt in die Stirn« gesteckt. Zuerst war das schmerzhaft, aber »dann entspannte ich mich richtig«. Die Nadeln in ihrem Kopf schienen zu bewirken, daß ihre rechte Hand und der gesamte Arm »taub« wurden. Dann kam der Anführer auf sie zu und hatte etwas, das wie ein Fächer »mit einer Nadel darin« aussah. »Ich versuchte, ihn aufzuhalten, denn ich hatte Angst davor«, sagte sie. Als sie dann beschrieb, wie der Anführer sich ihr mit dem fächerähnlichen Instrument näherte, spannten sich ihre Beine an und zuckten unkontrolliert. Sie waren »ein klein wenig gespreizt« – das linke gestreckt, das rechte angewinkelt –, als eine der Gestalten ihr die Nadel dieses Fächers in die Seite des rechten Beines steckte. Sheila wollte schreien. »Ziehen Sie es raus! Ziehen Sie es raus!« Aber sie konnte nur leise jammern. Selbst als die Nadel wieder aus ihrem Bein entfernt worden war, fühlte es sich immer noch »steif und entzündet« an.

Danach sah sie »eine Menge« Wesen »über mir stehen«. Es war ihr peinlich, unbekleidet zu sein. Dann war da etwas, das »von oben auf mich zukam«, wie ein elektrischer Rasierapparat aussah, mit »etwas Schwarzem unten dran ... Ich kann sagen, daß sie es halten«, fuhr sie fort, als eines der Wesen »es auf mir aufsetzt« und von links nach rechts über ihren Unterleib zog, wobei sie Kälte spürte. Es schien sich um jenes schwarze Rechteck zu handeln, von dem sie vorher gesprochen hatte. Ihr Körper spannte sich nun stärker, bewegte sich unruhig, und Sheila stöhnte, als sie von dem einem Rasierer ähnelnden Ding sprach, das ihr »in die rechte Seite gepreßt wird, ziemlich weit unten, dort, wo sich vermutlich mein rechter Eierstock oder der Blinddarm« befindet, während »sie versuchen, mein Bein unten zu halten«. Sie hatte starke Schmerzen, als das Instrument an diese Stelle gehalten wurde. Sheila erzählte, daß sie »das Gleichgewicht halten muß... es fühlt sich an, als ob es auf der anderen Seite wieder herauskommt! ... Können Sie sich einen Elefanten vorstellen, der auf einem Bein balanciert?« Später schrieb mir Sheila: »Legen Sie ein Bein auf ein kleines Rechteck in der Position, die ich beschrieben habe, und Sie werden sich den Schmerz und auch den Druck vorstellen können!« Dann hatte sie das Gefühl, daß ein Instrument, das sich außerhalb ihres Körpers befand, »Gewebe aus dem Innern meines Körpers saugte«.

Nach einigen Minuten wurde Sheilas Körper ruhiger. Sie zupfte unablässig an ihrer Bluse herum und erklärte: »Mir ist heiß.« Sie »nahm sich nicht die Zeit aufzupassen«, was durch ihre Bauchdecke herausgesogen wurde. Trotz allem war sie sich sicher, daß sie »das schwarze Rechteck« sah. Wieder sprach sie von ihrer Angst, ihrem Ärger und ihrem Schmerz, und dann sagte sie: »Ich sehe ihre Augen. Ich will sie nie mehr sehen.«

An diesem Punkt änderte sich die Szene, und man zeigte Sheila etwas, das wie ein riesiges, rot gemustertes Glasfenster mit braunem und goldenem Gitterwerk aussah, das die einzelnen Scheiben voneinander trennte, die sich in einem weiten Bogen zu einer Kuppel wölbten. Derartige Fenster bedeckten die gesamte, beträchtliche Länge einer Wand. Ihr Gefühl sagte ihr: »Jetzt bin ich wirklich da.« Diese kegelförmige Kuppel war in ihrer sich über Sheila auftürmenden Höhe derart beeindruckend, daß »es mir Furcht einflößte, sie anzuschauen«. Zugleich aber schien die ganze Szenerie sehr schön zu sein, wie »die Nordlichter ... ein Springbrunnen aus purem Gold«. Der Eindruck der räumlichen Tiefe schien durch sich spiralförmig hinaufwindende Rillen zu entstehen. Als ich Sheila fragte, was das Ganze so furchterregend mache, konnte sie nur antworten: »Es ist wie eine Kraft. Mehr kann ich nicht sagen.« Sie äußerte noch: »Ich möchte nach Hause.« Danach konnte sie sich an nichts mehr erinnern. »Sie haben mir das Gedächtnis geraubt«, schloß sie.

Nach ihrem Erwachen aus der Rückführung stellte Sheila fest, daß sie sich traurig fühlte, was sie zuerst auf eine Stufe mit dem Gefühl, »als wäre ich nackt« und damit außer Kontrolle, stellte. In dem Versuch, zu ihrem damenhaften Benehmen zurückzufinden, meinte Sheila: »Mein Deodorant hat mich unter diesen Umständen im Stich gelassen. Ich bin völlig durchgeschwitzt.« Aber bedeutender schien ihre Beobachtung zu sein, wie quälend es gewesen war zu empfinden, daß »mir mein Körper gar nicht gehört«.

Dr. Waterman war von der Kraft und der offensichtlichen Authentizität dessen, was Sheila während der Sitzung durchlebt hatte, beeindruckt. Die folgenden Wochen rang er mit seinen sich ändernden Ansichten zu Sheilas Fall und kam zu dem Schluß, daß er ihr besser helfen könne, wenn er sich entschied, mit uns »in das Mysterium einzutauchen«. In einem anschließenden Telefongespräch gab Sheila ihrer tiefen Dankbarkeit für unsere Arbeit Ausdruck, sprach von der Isolation, die sich aus dem Gefühl, daß man ihr nicht glaubte, ergeben hatte, und betonte ihren Wunsch, daß innerhalb des Berufsfeldes der Psychiatrie »ein Verantwortungsgefühl« für Entführungserfahrungen wachse. Sie sprach darüber hinaus von ihrem Wunsch, im Rahmen des Projektes zufriedener Patienten eine Studie über ihre eigenen Erfahrungen mit Leuten zu erstellen, die sich hinsichtlich ihrer Entführung um sie bemüht hatten.

Einige Tage nach der Rückführung führten Julia und Sheila ein ausführliches Telefongespräch. Sheila suchte nach einer Bestätigung dafür, daß ich ihr glaubte, und hatte viele Fragen über Hypnose und die Prozesse des Erinnerns und Vergessens. Sie wunderte sich darüber, daß es während der Hypnose zu diesen Verrenkungen kam, und machte sich Gedanken, was ihre Erinnerungen davon abhalten könne, ohne derartige Reaktionen an die Oberfläche zu kommen. Sie vermutete, daß es Furcht sein könnte. Julia folgerte: »Ich war unheimlich beeindruckt, mit welcher Kraft Sheila sich selbst darstellte. Diese Sheila scheint mir ein ganz anderer Mensch zu sein. Sie kann ihren Standpunkt in einem Gespräch verteidigen, während sie vorher zu ängstlich und zu verunsichert war und immer mit den Tränen zu kämpfen hatte. Für mich ist dies der faszinierendste Aspekt des ganzen Entführungsphänomens – nämlich die Bewältigung dessen, was in der Erinnerung vergraben ist und was das ganze Leben eines Menschen zu verändern vermag.«

Vor Beginn der dritten Hypnosesitzung, bei der Dr. Waterman abermals anwesend war, besprachen wir rückblickend, was sich in den sechs Wochen seit unserem letzten Treffen ereignet hatte. Drei Nächte zuvor, etwa gegen drei Uhr morgens, hatte Sheila wieder einen »wie elektrisierenden« Traum in einem – wie sie es nannte – »halbbewußten« Zustand gehabt. »Ich wachte wirklich schnell auf, ich konnte etwas seltsam atmen hören, und ich fühlte eine Hand an meiner Seite.« Sie sprang aus dem Bett, schrie vor Schreck laut auf und machte Licht, konnte jedoch niemanden sehen. Noch immer schienen der Druck der Hand an ihrer Hüfte und ein »kurzes, schnappendes« Geräusch, das sie für Atmen hielt, real zu sein. Obwohl sie sich, auch des Nachts, recht sicher fühlt, wird sie in manchen Nächten – wie in der erwähnten – dennoch durch das Gefühl geängstigt, daß »da irgend jemand im Zimmer ist, obwohl man niemanden sehen kann«. Ganz besonders setzen ihr der Mangel an Kontrolle und das Wissen zu, daß sie Beverly nicht zu schützen vermag. Sie brachte die Empfindung der meisten Entführten auf den Punkt, als sie sagte: »Man lebt beständig mit einem gewissen Maß an Angst, daß es wieder losgeht.«

Nach diesem Gespräch erörterten wir Sheilas erste Erfahrung in meiner Selbsthilfegruppe. »Diese Leute befinden sich auf ganz verschiedenen Ebenen«, hatte sie sehr treffend beobachtet. Sie »sitzen alle im selben Boot – einem Boot, das zu leugnen ich zu diesem Zeitpunkt nicht in der Lage bin«. Sie sprach dann von der »überwältigenden« Wirkung des Sich-Bekennens zu seinen Erfahrungen und der Schwierigkeit, etwas Positives darin zu finden. »Ich weiß nicht, ob ich für immer unter der Kontrolle von jemand anderem leben möchte«, äußerte sie. Sie hatte Schwierigkeiten, mit dem zu leben, was die Hypnosesitzungen zutage gebracht hatten, »weil es da stärkere Kräfte gibt ... Wie unbedeutend wir als menschliche Wesen doch sind ... Irgendwie hat man eine Grenze überschritten.« Zu den Wesen selbst fragte sie: »Woher kommen sie?« Am erschreckendsten jedoch, »schlimmer als der Fächer und die Nadel, das Rohr und der elektrische Rasierer, schlimmer auch als die Nadeln in meiner Stirn war die Finsternis ... Man bekommt einen furchterregenden Eindruck von Schwärze, wenn man ihnen in die Augen schaut, um zu begreifen, wie sie hergekommen sind, und dann ist plötzlich alles schwarz.«

Sheila hatte sich entschlossen, auch die Erfahrung des Silvesterabends 1989 zu erforschen, bei der sie »die Elektrizität« erfahren und gefühlt hatte, daß »etwas sie niederzwang«, ohne daß sie dabei fremde Wesen gesehen hatte. Vor der Hypnose erinnerte sie sich, daß sie einmal gegen Mitternacht aufgewacht war und dann wieder um Viertel vor eins, weil sie Lärm gehört und das Gefühl hatte, »als ob jemand seine Hände auf meine Arme und Beine gelegt hätte. Sie streckten mich mit dem Gesicht nach unten auf die Couch, sie zogen mich in die Länge. Ich setzte mich auf, konnte aber nichts sehen. Ich war vor Schreck außer mir. Das Alleinsein machte mir angst.«

Zu Beginn der Rückführung gingen wir die Ereignisse jenes Silvesterabends durch. In einem Tagebucheintrag vom 12. Januar 1990 hatte Sheila über ihren Traum geschrieben: »Ich habe seitdem des Nachts wirklich Angst. Es war der schlimmste, den ich seit langer Zeit hatte.« An diesem Abend waren Sheilas Vater, ihre Schwester Melissa und deren Tochter Kimberly zu Besuch gekommen und feierten zusammen mit Sheila, Jim und Beverly. Gegen 23.00 Uhr gingen sie wieder, und Sheila ging um 23.30 Uhr zu Bett, »weil ich müde war«. Beverly hatte sie dazu überredet, die Schlafzimmer zu tauschen, weil Sheilas Raum größer war und ein Telefon hatte. Sheila erklärte, daß sie keine Lust gehabt hatte, Beverlys Zimmer für sich zum Schlafen herzurichten, und deshalb beschloß sie, auf einem langen Sofa im Wintergarten im Erdgeschoß zu schlafen. Sie holte sich von oben ein Kopfkissen und deckte sich mit einer Wolldecke zu. Bei dem Gedanken, daß ihre Mutter nicht mehr unter ihnen weilte, empfand sie Traurigkeit.

Sheila schrieb in ihrem Tagebuch, daß sie, als sie einzuschlafen versuchte, »von Furcht erfüllt war. Das Alleinsein ängstigte mich.« Der Wintergarten war seitlich ans Haus angebaut und »so weit weg von Jim und Beverly«. Sie erinnerte sich an das summende Geräusch des Luftbefeuchters und daran, daß sie das Schwingen eines Uhrpendels aus dem oberen Stockwerk gehört hatte. Sie glaubte, daß sie trotz aller Furcht hatte einschlafen können. Gegen Mitternacht – ihrem Tagebucheintrag vom 12. Januar 1990 zufolge zeigte die Uhr des Videorecorders 0.02 Uhr an – war sie aufgewacht und durch ein »Feuerwerk« erschreckt worden, das von der Straßenseite gegenüber zu kommen schien, wo die Leute »Gäste haben. Sie feiern heute nacht.« Dann erschreckte sie ein Licht, das in den Raum fiel. »Es ist so hell.« Dann war das Licht wieder »weg«, und Sheila erklärte: »Ich muß mich vor dem Licht in acht nehmen.« Um 0.30 Uhr war sie immer noch wach.

Ich führte sie an den Punkt zurück, an dem sie auf die Uhr des Videorecorders geschaut hatte, und fragte sie, was sie als nächstes getan habe. Sie meinte, sie habe am Fenster gestanden und zu einer Lampe an einem Pfosten des Gartenweges ihrer Nachbarn hinausgeschaut. Sie hatte geglaubt, das Licht in ihrem Zimmer käme von dort. Dann erinnerte sie sich, daß sie sich trotz ihrer großen Furcht, die sie erschaudern ließ, zurück auf die Couch gelegt hatte, um ihre Angst zu unterdrücken. Sie erinnerte sich weiterhin daran, daß sie auf das große Harmonium im benachbarten Wohnzimmer geblickt und dort auch Pflanzen entdeckt hatte. An dieser Stelle steigerte sich ihre Furcht – sowohl während dieser Erinnerung als auch im Verlauf der weiteren Sitzung. Auf der linken Seite liegend, versuchte Sheila, die Augen zu schließen. Trotz ihrer Angst, so erzählte sie, sei sie schließlich doch in der Lage gewesen einzuschlafen. »Es dauerte eine Weile. Ich war sehr müde.«

Wieder empfand sie es als quälend, sich so allein und so weit entfernt von Jim und Beverly zu fühlen. »Ich sah das Licht wieder. Ich versuchte, es zu lokalisieren.« Es schien von der Seite des Hauses zu kommen. »Es war richtig hell. Doch als ich dann genau hinsah, war es richtig schwarz.« Sheila fürchtete sich vor dem Licht und fragte sich, wie man es verscheuchen könne. Dann erkannte sie in dem Licht etwas Orange- und Rosafarbenes mit »einem dunklen Fleck darauf«. Nun bemerkte sie zusätzlich zu dem seitlichen Leuchten ein weiteres, derart helles Licht in ihrem Rücken, daß sie mich fragte: »Haben Sie gerade das Licht angemacht?« Als nächstes war sie inmitten »eines grauen Zeugs rund um mich herum, das wie Nebel wirkt«. In ihrem Tagebucheintrag vom 12. Januar 1990 hatte Sheila geschrieben: »Graue und V-förmige Punkte ... Ich konnte sie nicht sehen, aber es waren immer zwei an jeder Stelle – an meinem Hals, den Oberarmen und jeweils ungefähr fünfzehn Zentimeter über meinen Fußknöcheln –, fünf Gruppen im ganzen. Ich kann sie nur so beschreiben, daß sie mir wehtaten, und diese Paare waren ganz und gar symmetrisch. Ich konnte sie selbst dann noch spüren, nachdem ich wachgeworden war. Sie schienen so wirklich zu sein.« Ihr Atem ging jetzt schwer, und sie schnappte nach Luft. Sie hatte das Gefühl zu stehen, wollte sich aber hinlegen. Sie sprach davon, daß ihr »nicht kalt« sei, sondern sie sich fühle, als ob sie sich »in einer Art grauer Blase mit Raumtemperatur befinden würde«, jedoch »ohne richtige Wände oder eine flache Decke«.

Dann sagte Sheila unvermittelt: »Ich habe gerade ihre Augen gesehen. Ich möchte weg von ihnen. Sie sind genau vor mir.«

»Wo?« fragte ich.

»Bei dem grauen Zeug.« Es setzte nun ein heftiges Ringen ein, bei dem Sheila dazu gedrängt wurde, in diese Augen zu schauen, aber sie weigerte sich und versuchte sogar, sie »wegzuscheuchen«. Sie bemerkte, wie »groß« und »intensiv« diese Augen waren und daß sie sie »nie zwinkern sah«. Gezwungenermaßen schaute sie doch hin und bekannte: »Ich sehe die Augen.« Obwohl ihr dieses Geständnis oder die Tatsache, in die Augen zu sehen – oder auch beides –, ein entspannendes Gefühl vermittelte, verspürte Sheila doch gleichzeitig etwas anderes: »Ich fühle mich, als wäre ich verrückt geworden. Es ist, als wüßte man nicht mehr, was man tut, als wäre man übergeschnappt und als hätte man keinen Kontakt mehr zur Wirklichkeit.«

Richtiggehend wimmernd, beschrieb Sheila jetzt ihre Angst, die Kontrolle über sich aufzugeben. »Sie haben die Kontrolle«, sagte sie, »ich muß mich ihnen ausliefern.« Sie fühlte sich von ihnen »ausgebeutet«, hatte aber gleichzeitig das Gefühl, »daß wir voneinander abhängig sind«. Ihre Gedanken kehrten zu dem »so hellen«, blitzenden Licht zurück, das sie ängstigte. Sheila sah etwas »Orangefarbenes« vor dem Fenster, »ganz weit unten am Boden«. Unter enormen Schwierigkeiten und trotz aller meiner Ermutigungen konnte Sheila lediglich sagen: »Ich sah eine große, orangefarbene, ovale Masse.«

Sheila wollte »zu den Augen zurückkehren und über die Abhängigkeit von ihnen sprechen ... Sie sagten mir das.« Sie begriff, daß weder ich noch sie selbst wirklich verstand, was das bedeutete, und sagte über das Wesen: »Wir sind beide abhängig voneinander. Ich muß seine Gegenwart in meinem Leben akzeptieren« oder zumindest, daß es »nachts zu mir kommt«. Sie glaubte nicht, daß es »am Tage zu mir kommen würde«. Als ich sie fragte, auf welche Weise sie diese Information übermittelt bekommen habe, sagte sie: »Ich weiß es einfach. Ich weiß, was es denkt. Es kommuniziert mit mir, kann aber nicht erklären, wie.« Sie war nicht besonders glücklich über all das – »ich mag seine Anwesenheit nicht« –, aber sie akzeptiert die Wahrheit dessen, was sie erkannt hat.

Sheila hatte beträchtliche Schwierigkeiten, sich nach Beendigung der Hypnose ohne Hilfe aufzusetzen. Sie brachte die Augen in einen deutlichen Zusammenhang mit der Schwärze, die sie in den vorausgegangenen Rückführungen erlebt hatte. »Die Augen sind schrecklich. Nun, ich habe in sie hineingeschaut, und dann war alles um mich herum nur noch schwarz. Alles, was ich sehen konnte, war Schwärze.« Dieses Mal hatte sie sich jedoch nicht ringsum von Schwärze oder Finsternis umgeben gefühlt, wenn sie in die Augen geschaut hatte. Sie empfand es sogar als entspannend, nur der Gedanke, daß »wir voneinander abhängen«, ängstigte sie, weil »sie nicht freundlich sind. Man würde sie nicht über die Feiertage einladen.« Sie fragte sich, ob sie nicht womöglich »betrügerische Absichten haben ... Man kann sich nicht auf jemanden verlassen, der betrügerisch ist. So einem kann man ja nicht vertrauen.« Aber sie war sich dessen nicht sicher.

Wir sprachen darüber, in welcher Form die gegenseitige Abhängigkeit auftritt, sobald man die Kontrolle aufgibt. »Wenn ich in ihre Augen sah, begann ich, über Systemtheorien nachzudenken, verstehen Sie, über Ökologie. Aber jetzt, da ich wach bin, glaube ich, daß es sehr schwierig ist, sich vorzustellen, daß sie ringsherum existieren ... Ich glaube, daß sie mich auch am Tage umgeben, selbst wenn ich sie nicht sehe.« Sheila machte das Problem der Kontrolle weiterhin zu schaffen. »Ich kann darin kein Gleichgewicht erkennen. Wenn man in ihre Augen schaut, übernehmen sie die Kontrolle, und man selbst muß diese aufgeben, wenn es zu der gegenseitigen Abhängigkeit kommt. Im logischen Sinne ist da keine Ausgewogenheit zu erkennen.« Wir unterhielten uns über den Wunsch des Menschen, »sich unter Kontrolle zu haben«, und die daraus resultierenden zerstörerischen Konsequenzen. »Um ein Gleichgewicht zu erreichen, muß man sich fallenlassen«, sagte sie. Die Menschen sind jedoch »so erzogen worden«, daß sie sich tagsüber »unter Kontrolle haben. Das ist die Selbstkontrolle am Tage, aber nachts läßt man sich in eine vollkommene Ausgeglichenheit fallen.« Wir beendeten unser Gespräch mit der Frage, ob dieses nächtliche Aufgeben der Selbstkontrolle auch Auswirkungen auf den Tag haben würde. »Ich könnte mir das schon vorstellen«, meinte Sheila.

»Aber auf welche Weise?« fragte ich.

»Das eben ist die Frage, die ich nicht beantworten kann.«

Dr. Waterman war beeindruckt von dem, was sich in dieser Sitzung abgespielt hatte und was sich in den darauffolgenden Tagen ereignete. Sheila fuhr – vor allem in ihren Treffen – fort, das aufzuarbeiten, was während dieser Sitzung an die Oberfläche gekommen war. Beunruhigende weitere Einzelheiten tauchten in ihrer Erinnerung auf, die sie damals am 12. Januar 1990 zwar in ihrem Tagebuch festgehalten hatte, die aber während unserer Sitzung nicht zum Vorschein gekommen waren. Es ging dabei insbesondere um die V-förmigen Punkte. Sheila schien in Dr. Watermans Augen plötzlich ein »völlig anderer Mensch« zu sein: Sie lächelte ihn an, nahm Anteil an seinem Leben – sein Vater war erst kürzlich verstorben – und war vor allem viel selbstsicherer. Später hat sie mir einmal geschrieben, daß sie von den bedeutenden Veränderungen ihres Äußeren beeindruckt sei. »Das Aussehen hat sich verändert. Etwas ist anders geworden.«

Ich sah sie das nächste Mal am 14. Dezember in der Selbsthilfegruppe. Sie schien viel mehr Energie zu besitzen. Ihre Augen glänzten, und ihr Blick war nicht mehr ausweichend. Sie fühlte sich auch viel hoffnungsvoller. Wir unterhielten uns über ihre Bemühungen, einer anderen Frau zu helfen, die eine Entführungserfahrung erlebt hatte und angesichts der aufdämmernden Erfahrungs-Erinnerung nun – genau wie Sheila damals – mit einem Gefühl der Hoffnungslosigkeit kämpfte.

Besprechung

Wenn wir etwas nicht wissen, haben wir Schwierigkeiten, das zuzugeben. In der Psychiatrie besteht die Tendenz – und das ist nur natürlich –, daß man versucht, psychologische Daten und emotionale Phänomene in vertraute Kategorien einzupassen. Völlige Ungewißheit ist sehr unangenehm. In Sheilas Fall hatten das Auftauchen der »aufreibenden Träume« sowie andere Charakteristika einer traumatischen Grundsituation im Anschluß an den Tod ihrer Mutter eine bestimmte Argumentationslogik ausgelöst. Diese zielte darauf ab, daß man versuchte, ihren Fall auf der Basis unausgelebter Trauer, von Depressionen oder posttraumatischen Störungen durch den Tod ihrer Mutter zu erklären, mit der sie sich sehr verbunden gefühlt hatte. Verschiedene therapeutische Ansätze in dieser Richtung vermochten Sheilas Seelenqualen nicht zu lindern, und gegen Ende des Sommers 1992 steigerte sich ihre Verzweiflung immer mehr.

Rückblickend kann man sagen, daß einige Charakteristika in Sheilas Fall nicht mit der Diagnose zusammenpassen, daß es sich lediglich um eine verzögerte Trauerreaktion oder eine Depression handele. Obwohl die lästigen und quälenden, aufreibenden Träume – ihr Hauptsymptom – sie ängstigten, deutete doch nichts auf eine übermäßige Beschäftigung mit Verlust, Trennung oder anderen charakteristischen Merkmalen der Trauer hin, noch zeigte sich ein maßgeblicher Verlust an Selbstachtung oder traten Selbstvorwürfe auf, die als Begleiterscheinungen einer klinischen Depression gelten. Sogar der impulsive Selbstmordversuch im Juli 1985 war durch einen grundlegenden Mangel an Vertrauen zu einem Therapeuten – und zwar in einer Zeit, in der Sheila sich ganz besonders verzweifelt und allein gefühlt hatte – ausgelöst worden.

Dafür zeigte Sheila Charakteristika einer posttraumatischen Störung mit einem allgemeinen Angstgefühl, quälenden Träumen und Schlafstörungen. Aber die zentrale Frage, die zu beantworten war, galt der Ursache des Ganzen. Der Tod ihrer Mutter war eine große Belastung für Sheila gewesen, ebenso ihre Entfremdung vom Ehemann. Trotzdem ließ sich in ihrer Reaktion auf diese Ereignisse, die sie allem Anschein nach vernünftig verarbeitet hatte, oder in ihren Träumen nichts finden, was den Verdacht nahegelegt hätte, daß es sich dabei um die Hauptursache ihres anhaltend traumatisierten Zustandes handelte. Eine neuropsychologische Untersuchung zu Beginn des Jahres 1991 bestätigte zwar Sheilas Ängstlichkeit, ergab jedoch keinen Hinweis auf eine Depression und beschrieb sie als »deutlich über dem Durchschnitt liegend«. Abgesehen von den Entführungserfahrungen, wurde kein anderer Grund aufgedeckt, der die Ursache für ihr Trauma hätte bilden können.

Sheilas Fall weist typische Charakteristika des Entführungsphänomens auf. Dazu gehören auch beängstigende Träume, die realer als normale Alpträume erscheinen, Erinnerungen – teils bewußt greifbar, teils nur unter Hypnose auftauchend – an das Eindringen humanoider Wesen in ihr Schlafzimmer und die Überführung in einen fremden, abgeschlossenen Raum, in dem man sie dann unangenehmen Eingriffen unterzog, ähnlich denen in der Chirurgie. In drei Hypnosesitzungen konnten wir nur die Oberfläche dessen abtasten, was Sheila durchgemacht zu haben scheint. Die Methode, gemeinsam mit ihr das Mysterium dieser Erfahrungen zu erforschen und ihr die Gelegenheit zu geben, über die mit Gewalt verdrängten Folgen dieser Erfahrungen zu sprechen, war therapeutisch erfolgreich.

Man könnte nun das Argument anführen, daß die klinische Besserung von Sheilas Zustand auf die Bestätigung einer Reihe von falschen Vorstellungen und Selbsttäuschungen zurückzuführen sei. Aber in Sheilas Verstandes- und Geisteshaltung gibt es nichts, was auf eine Neigung zu Wahnvorstellungen oder Beeinflußbarkeit hindeuten würde. Darüber hinaus bessert sich der Zustand von psychotischen Personen mit Wahnvorstellungen im allgemeinen nicht, wenn sie in ihren Wahnvorstellungen bestärkt werden, weil zuviel geistige Energie in dieses Vorstellungssystem investiert werden muß, was auf Kosten anderer Funktionen geschieht. Wir sollten aber auch den Gewinn berücksichtigen, der einem Betroffenen erwächst, wenn er Mitglied in einer Gemeinschaft von Menschen wird, die alle die gleichen Vorstellungen haben. Dies ist in einigen religiösen Gruppen zwar auch der Fall, aber das Entführungsphänomen läuft dem derzeitigen Rahmen gesellschaftlicher Vorstellungen zuwider, und Sheila – wie übrigens fast alle Entführten – findet den Gedanken ganz und gar unangenehm, daß es sich um reale Ereignisse gehandelt hat, gleichgültig, was auch immer ihre Ursache sein mag. Die Erkenntnis, daß eine Entführungserfahrung real ist, stellt für viele Betroffene eher noch eine zusätzliche traumatische Erfahrung dar. Schließlich gibt es noch das Zeugnis von Dr. Waterman, der den Entführungen anfangs skeptisch gegenüberstand, aber bereit war, mit mir zusammenzuarbeiten. Nachdem er Sheila jetzt seit über sieben Jahren kennt, sieht er ihre unter Hypnose gegebenen Antworten als authentisch an. Er gestand ein, daß sie sehr stark an traumatisch wirkende Erfahrungen erinnern, für die es offenbar keine andere Ursache als die Geschehnisse gibt, über die Sheila während der Sitzungen berichtet hat.

Das Entführungsphänomen steht im Widerspruch zum Realitätsbegriff, wie er in der Weltsicht der westlichen Wissenschaft zum Tragen kommt. Wir glauben im allgemeinen, daß solche Ereignisse schlichtweg unmöglich sind. Noch haben wir keine allgemeingültige Erklärung für das, was Menschen wie Sheila erleben. Sheila selbst schrieb über ihren Fall an Dr. G.: »Es ist einfach nicht mit dem Bild vereinbar, das ich von der Welt habe.« Aber wie Freud schon sagte, eine Theorie hindert Fakten nicht daran, plötzlich aufzutauchen. Wir, die wir beruflich mit geistiger Gesundheit zu tun haben, können von uns derzeit nur verlangen, aufgeschlossen zu sein, wenn wir mit Phänomenen zu tun bekommen, die wir nicht verstehen, so wie beispielsweise mit dem UFO-Entführungssyndrom. Und wir müssen der Versuchung widerstehen, verfrühte Erklärungen abzugeben. Wir würden gut daran tun, uns Sheilas Beispiel anzuschließen, die 1990 an Dr. Waterman schrieb: »Ich habe alles, wofür ich meine DSM III-R ('Distinguished Service Medal' – eine Auszeichnung für besondere Leistungen) erhalten habe, vergessen müssen.« Es kann allein schon hilfreich sein, einfach nur zuzuhören und die Bereitschaft aufzubringen, weiter nachzuforschen.

Obwohl Sheila die Aufdeckung ihrer Erinnerungen und das Durchleben des traumatischen Inhalts mehr Schwierigkeiten als anderen Betroffenen bereitete, zeigt sich bei ihr doch schon der Anfang eines Veränderungsprozesses, der mir bereits vertraut geworden ist. Dadurch, daß sie ihre Selbstkontrolle aufgegeben hat, erkennt sie allmählich, welche negativen Folgen das Ringen um Dominanz und Kontrolle für ihr Leben als Individuum und die ökologische Ausgewogenheit unseres gesamten Planeten hat. Wir wissen nicht, ob diese Bewußtseinsveränderung nur ein Nebenprodukt der Aufarbeitung der traumatischen Erfahrungen ist oder mit dem Entführungsphänomen selbst zusammenhängt. Interessant ist, daß die Erkenntnis einer Abhängigkeit zwischen den außerirdischen Wesen und den Menschen – gefolgt von einem Bezug zur Ökologie der Erde – sich in Sheilas Fall genau in dem Moment manifestierte, als sie das Gefühl hatte, in die Augen des Anführers der Außerirdischen schauen und ihre Selbstkontrolle aufgeben zu müssen.

Das Phänomen der Entführung durch Außerirdische ist eine möglicherweise ergiebige Quelle der Information für unser Selbstverständnis und für das Verständnis des uns umgebenden Universums, an dem wir teilhaben. Aber um solches Wissen zugänglich zu machen, müssen wir zuerst zugeben, daß wir nur sehr wenig über die Natur und deren Geheimnisse wissen. Wie schrieb doch Sheila an Dr. R.: »Eines Tages wird Ihnen vielleicht jemand anderes über ähnliche Erfahrungen berichten. Ich habe dafür zwar keine 'wissenschaftliche' Erklärung, aber das ist nicht mit Unwissenheit gleichzusetzen. Wir können zugeben, daß die Psychiatrie nicht alle Antworten kennt, die nötig wären, um mentale Störungen zu verstehen. Aber warum sollen wir dann glauben, die Wissenschaft wäre in der Lage, alles zu erklären, was in der Welt vorgeht?«

Sommer 1992

Scott war vierundzwanzig Jahre alt, als wir uns im November 1991 das erste Mal trafen. Er hatte sein Interesse bekundet, sich meiner monatlichen Selbsthilfegruppe für Entführte anzuschließen. In jener Zeit war er aufgrund seiner Angstzustände, die mit seinen Entführungserfahrungen in Zusammenhang standen, bei einer Psychotherapeutin in Behandlung. Sie hielt es für hilfreich, wenn er sich dieser Gruppe anschließen würde, da ihm dadurch Gelegenheit geboten würde, mit anderen zusammenzutreffen, die Entführungserfahrungen gemacht hatten, und seine Konflikte, die aus seinen Begegnungen erwachsen waren, mit anderen zu teilen. Meine Verfahrensweise ist es aber seit jeher, zuerst persönlich mit einem Entführten zu sprechen, bevor ich ihn in die Gruppe einbeziehe. Scotts Fall zeigt die dramatischen Persönlichkeitsveränderungen, die eintreten können, wenn ein Betroffener direkt mit der Realität seiner Entführungserfahrung und den dazugehörigen hochgradigen Emotionen konfrontiert wird. Scott ist außerdem in die immer größer werdende Gruppe von Entführten einzuordnen, die im Laufe der Ergründung ihrer Erinnerungen feststellen, daß sie gemischtrassig sind, was bedeutet, daß sie eine teils menschliche, teils außerirdische Identität haben.

Scott ist groß und stämmig, ein offener junger Mann, dessen etwas burschikoses Benehmen eine gewisse Nachdenklichkeit und Sensibilität verbirgt – beides Charaktereigenschaften, die sich in der Zeit unserer Bekanntschaft noch verstärkt haben. Obwohl Scott sich gegen eine »vorschriftsmäßige« Erziehung und Ausbildung gesträubt hatte, bewies er doch große, unverbildete Intelligenz. Er arbeitet als Schauspieler und Filmemacher, ist aber auch zusammen mit seinem Vater in dessen Autowerkstatt tätig. Er ist ein talentierter Bastler und kann Klaviere ebensogut reparieren wie Autos. Seit seiner Kindheit spielt er Klavier. Er wollte zudem gern Pilot werden, aber »der ganze medizinische Zirkus«, den er als Folge seiner Entführungserfahrungen durchlaufen mußte, machte ihm dies unmöglich. »Ich sah zu, daß ich immer was zu tun hatte«, sagt Scott von sich selbst, »damit ich nicht mehr daran denken mußte, was 'mit mir geschehen' war.«

Im Sommer 1992 durchlebte Scott eine Zeitspanne, in der seine übliche wachsame, triebhafte und furchtgeprägte Abwehrhaltung den Weg für ein intensives Gefühl der Verletzlichkeit, Hilflosigkeit und des Getrenntseins von seiner Familie freimachte. Er bezeichnet sich selbst als Sicherheitsfanatiker, und weil er in jeder Nacht fürchtet, entführt zu werden, hat Scott das Haus, in dem er allein lebt, mit einer funkgesteuerten Alarmanlage gesichert, die er des Nachts aktiviert. Zur Abschreckung sind an verschiedenen Stellen Überwachungskameras montiert, neben der Eingangstür ist ein Mikrofon und neben seinem Bett der dazugehörige Lautsprecher angebracht. »Ich fühlte mich völlig schutzlos ausgeliefert. Jeder hätte mich niederschlagen oder mit mir tun können, was er wollte.« Scott entdeckte, daß er nicht die kontrollierte Person war, als die er sich kannte. »Ich war völlig verstört«, sagte er. »Ich meine, ich hatte das Gefühl, ich könnte umgebracht werden. Ich fühlte mich nicht sicher, ganz und gar nicht ... Ich verlor den Boden unter den Füßen.« Es waren dieses Sich-Öffnen und das Aufgeben der Kontrolle, die den Weg dafür ebneten, daß sich Scotts Beziehung zu seinen Entführungserfahrungen änderte und tiefgreifende Wandlungen seines Verständnisses des eigenen Bewußtseins und der eigenen Identität bewirkte.

Scotts Schwester Lee, neunzehn Monate jünger als er, ist ebenfalls eine Entführte, die allerdings mehr Zeit brauchte, um ihre Erinnerungen an diese Erfahrung aufzudecken. Über Jahre hinweg neigte sie dazu, ihre Angst vor sexuellen Intimkontakten als eine Reaktion auf einen möglichen sexuellen Mißbrauch durch ihren Vater oder jemand anderen zu interpretieren. Eine sorgfältige Durchleuchtung ihrer Vorgeschichte vermochte die Möglichkeit eines für ihre Ängste verantwortlichen Mißbrauchs jedoch nicht zu erhärten. Eine Hypnosesitzung hingegen, die wir im November 1992 abhielten, enthüllte die belastende Erfahrung eines unangenehmen Eingriffs, die sie im frühen Teenageralter erlebt hatte und bei der sie von außerirdischen Wesen an Bord eines UFOs gebracht worden war. Dort hatte man ein Untersuchungsinstrument in ihre

Vagina eingeführt und irgend etwas, vielleicht eine Eizelle, entnommen. Zehn Tage später brach Lee zu einer mehrmonatigen, schon länger geplanten Indienreise auf, um ihre spirituelle Entwicklung voranzutreiben und um vor allem den tibetanischen Buddhismus zu studieren.

Nachdem sie meinen Bericht über den Fall ihres Bruders gelesen hatte – ihre Mutter hatte ihr die Unterlagen nach Indien geschickt –, war Lee betroffen darüber, daß meine kurze Zusammenfassung ihrer Erfahrungen sie zu sehr als Opfer erscheinen lassen könnte. »Die Kürze dieses Berichts«, so schrieb sie meiner Sekretärin Pam, um ein Treffen mit mir zu vereinbaren, »betont den Inhalt – Angst vor sexuellen Intimkontakten und vaginalem Eindringen – zu sehr, als daß ich damit selbstbewußt in der Öffentlichkeit auftreten könnte. Ich möchte aber dadurch, daß meine Geschichte bekannt wird, den Menschen helfen und sie aufklären.« Sie wünschte sich einen eher »abgerundeten, ausgefeilteren« Bericht, »um eine Serie von Begegnungen darzustellen, die nicht nur ein physisches und sexuelles Trauma hervorgerufen haben. Sie haben mir zugleich eine – wenngleich auf Teilgebiete beschränkte – mit Gold nicht aufzuwiegende Gelegenheit zu einem geistigen Wachstum und einem Verständnis für alle empfindungsbegabten Geschöpfe gegeben – von Insekten bis hin zu Wesen anderer Dimensionen und Herkunft ... Durch diese Berichtigung würde ich mich weniger als Opfer einer intergalaktischen Entführung und Vergewaltigung fühlen und mehr so, wie ich mich jetzt sehe – nämlich als jemand, der ein Erlebnis mit einem Etwas gehabt hat, wobei mir dieses Etwas durch die Bewußtseinserweiterung fast den Kopf gesprengt hat.« An einer früheren Stelle in ihrem Brief schrieb Lee, daß »der tibetanische Buddhismus als Philosophie viele der spirituellen Begegnungen und 'Bewußtseinsströmungen' kennt, die Entführte erfahren haben«.

Emily, die achtundvierzigjährige Mutter von Scott und Lee, hat beruflich mit Immobilien zu tun und arbeitet im Geschäft ihres Ehemannes Henry. Es ist möglich, daß auch sie schon von Außerirdischen entführt wurde, aber was sie so bemerkenswert macht und einen wichtigen Aspekt in diesem Fall darstellt, das sind ihre außergewöhnliche Unerschütterlichkeit und die beispiellose Unterstützung, die sie ihren Kindern hat angedeihen lassen. Sie ist der einzige Elternteil, der regelmäßig zu den Treffen meiner Selbsthilfegruppe kommt, und obwohl sie unter den negativen Entführungsauswirkungen auf ihre Kinder sehr gelitten hat, hat sie voll und ganz die Realität dessen akzeptiert, was ihre Kinder ihr über ihre Erfahrungen berichten. Darüber hinaus ist sie gefühlsmäßig der tiefen, intuitiven Überzeugung, daß der Prozeß, den sie durchleben, ein Prozeß des persönlichen Wachstums und letztendlich der Erleuchtung ist. Diese Haltung, worauf sie auch immer beruhen mag, ist einzigartig im Spektrum meiner Erfahrungen mit Eltern von Entführten.

Scotts Vater Henry hatte zwanzig Jahre lang als Mechaniker gearbeitet und hat erst kürzlich einen anderen Beruf angenommen. Er äußert seine Gefühle und Ansichten nur sehr zurückhaltend, aber auch er hält fest zu seinen Kindern und gibt ihnen Halt. Er glaubt an das, was sie berichtet haben, doch seine persönliche Einstellung UFOs und Außerirdischen gegenüber besteht mehr aus einem »Beweis es mir!«.

Scott hat auch noch einen Bruder, Robert, der nach eigenen Aussagen nichts mit Entführungen zu tun hat. Emily beschreibt Robert als distanzierten, aber hilfsbereiten Zuhörer, wenn dieses Thema zu Hause zur Sprache kommt. Robert ist verheiratet und hat drei Kinder, zwei Mädchen – Zwillinge im Alter von drei Jahren – und einen kleinen Jungen von eineinhalb Jahren (Stand vom Januar 1993), von denen allem Anschein nach niemand in das Entführungsphänomen verwickelt ist.

Scott ist dankbar für sein im allgemeinen positives Familienleben und kann sich keinen Zusammenhang zwischen seinen Entführungserfahrungen und irgendwelchen verdrängten Traumata oder anderen familiären Aspekten vorstellen. »Wenn ich mir meine Familie anschaue, mein Leben und wie ich aufgewachsen bin, dann kann ich keine Zusammenhänge entdecken«, meint er.

Als ich mich zum ersten Mal mit Scott traf, war er zuvor über einen Zeitraum von einigen Monaten damit beschäftigt gewesen, ein Trauma zu bewältigen, das sich auf eine Entführungserfahrung bezog, die er im April 1990 erlebt hatte. Damals hatte er kleine Wesen – »die kleinen Kerle« – in seinem Zimmer gesehen. Er brachte diese Erfahrung mit der Erinnerung in Verbindung, im Alter von zehn Jahren die gleichen Wesen in seinem Zimmer und eine »fliegende Untertasse« draußen gesehen zu haben. Durch den Kontakt mit UFO-Organisationen und eine lange Reihe von Empfehlungen wurde Scott schließlich einer Therapeutin zugeführt. Sie hat ihm sehr geholfen, und in ihrer gemeinsamen Arbeit, die auch einige Hypnosesitzungen umfaßte, deckten sie Erinnerungen an verschiedene Entführungserfahrungen auf, die bis ins Alter von drei Jahren zurückreichten. Scott hatte seit November 1991 regelmäßig an den Treffen der Selbsthilfegruppe teilgenommen, und er blieb auch außerhalb dieser Treffen mit mir in Kontakt. Wir hielten zwei Hypnosesitzungen ab, im März und im Dezember 1992. Dadurch wollte Scott seine verschütteten Emotionen entdecken, intensiver ausdrücken und eine weniger therapeutische und statt dessen mehr auf einer gemeinschaftlichen Erforschung basierende Heilmethode erproben.

Details aus Scotts früher Vorgeschichte erhielten wir aus medizinischen Aufzeichnungen des Children's Hospital Medical Center in Boston, wo er im Alter von vierzehn Jahren aufgrund »zeitweiliger Verwirrung, die zunächst als Anfälle diagnostiziert wurde«, untersucht worden war. Im Alter von sechs Monaten, so berichtete seine Mutter, hatte er einen solchen Anfall in Verbindung mit Fieber, und sie ergänzte, daß er auch an seinem fünften Geburtstag einen »ganz normalen Anfall« ohne Fieber hatte, der jedoch von Ohrenschmerzen begleitet war. Er war damals nicht von einem Facharzt untersucht worden, aber man hatte den Hausarzt gerufen, und dieser führte den Anfall auf die »Aufregungen« des Tages zurück. Scott sieht diese Vorkommnisse heute als »Anfall von Panik nach einer Entführung« an.

Die erste Entführungserfahrung, die Scott sich in Erinnerung zurückgerufen hat, erlebte er im Alter von drei Jahren. Im Sommer 1991 erforschten er und seine Therapeutin mit Hilfe der Hypnose gerade Ereignisse, die sich auf eine Zeit bezogen, als er neun Jahre alt war, als »ich plötzlich zurücksprang in eine Zeit, in der ich drei Jahre alt war und draußen im Dreck spielte ... Da kam alles ganz plötzlich. Ich drehte mich um, spielte mit meinem Lastwagen, und da waren sie.« Aus den Augenwinkeln sah er zwei Wesen aus dem Nichts auftauchen, die ihm dann eine Art Stock »unterschoben«. Er erinnerte sich, daß er zu seiner Mutter gerannt sei. Nachdem er wieder in die Gegenwart zurückgekehrt war, fühlte er sich frustriert, weil er unfähig war zu erzählen, was geschehen war. »Ich sah große Ameisen da draußen«, sagte er. Die Erinnerung an diese Erfahrung war für Scott so aufwühlend – »ich sprang glatt von der

Couch herunter« –, daß er die Hypnosesitzungen bis zur ersten Rückführung bei mir einstellte.

Ab einem Alter von acht Jahren wurde Scott wiederholt Fachärzten und insbesondere Neurologen zur Untersuchung und Behandlung seiner klopfenden Kopfschmerzen vorgestellt, die seit seinem sechsten Lebensjahr immer wieder aufgetreten waren, und aufgrund einer Art »nervöser Zustände« oder »Anfälle«, die sehr kärglich als »eigenartige Gefühlszustände«, »Abwesenheit« oder »zeitweilige Verwirrtheit« beschrieben worden waren. Er wurde zunächst als »unruhiger Achtjähriger« geschildert. Die Kopfschmerzen wurden als »atypische Migräne« diagnostiziert und mit leichten Schmerzmitteln behandelt. Ein erstes EEG – Elektroenzephalogramm – aus dieser Zeit wurde als leicht von der Norm abweichend beurteilt, ihm folgten andere, die normal waren. Dennoch wurde Scott in den folgenden Jahren mit nicht unerheblichen Dosen antikonvulsiver Medikamente behandelt, die jedoch wenig Wirkung zeigten. Eine Aufzeichnung über ihn als fünfzehnjährigen Patienten in ambulanter Behandlung registriert »visuelle Halluzinationen«, die er im Alter von zwölf oder dreizehn Jahren hatte und von denen Scott berichtet, er habe herumwirbelnde Dreiecke und »Bilder« sowie eine »weibliche Gestalt gesehen, die sich über mein Bett beugte, Autos und Szenen im Freien und so weiter«.

Als Scott sechzehn oder siebzehn Jahre alt war, führten die Anfall-Diagnosen in seinem Krankenbericht zu »psycho-emotionalen Komponenten«; die Kopfschmerzen waren »vom Ursprung her ein 'Druck'«, die Halluzinationen wurden als »paroxysmale Empfindungen« beschrieben, und die EEGs waren normal. Mit achtzehn Jahren wurde er als etwas depressiv und »teilnahmslos« beschrieben. Mit neunzehn Jahren wurde die Behandlung mit Spasmolytika abgebrochen und die ärztliche Behandlung beendet. Scott verübelte den Ärzten die – wie er erst später empfand – unnötige und nicht auf Wissen und Kenntnissen basierende medizinische Behandlung. »Diese Ansammlung von medizinischem Quatsch ist einfach unglaublich«, sagte er, als wir unser erstes Zusammentreffen hatten, und etwa ein Jahr später brachte er in der Selbsthilfegruppe seine Vorwürfe gegen das vor, was er »Zufalls- oder Fehlmedikation« nannte.

Abgesehen von den nächtlichen Angstattacken, der Launenhaftigkeit, den Konzentrationsschwierigkeiten und anderen Symptomen, die seine Eltern dazu veranlaßt hatten, ihn so vielen Ärzten vorzustellen, um herauszufinden, was mit ihm los war, hatte Scott das Gefühl, eine glückliche Kindheit gehabt zu haben – eine Kindheit voller Freunde und Aktivitäten.

Scotts Symptome bergen eine komplexe, aber nicht unbedingt klar ersichtliche Verbindung zu den Entführungserfahrungen in seiner Kindheit in sich. Er selbst glaubt, daß sie »Rückblenden« zu seinen diesbezüglichen Erinnerungen sind. Emily hat sich wiederholt gefragt, wo sie während Scotts und Lees Entführungen gewesen war. Im Vergleich zu anderen Eltern, deren Kinder von Außerirdischen entführt wurden, waren sie beide, Emily und Henry, ihren Kindern eine wirklich große Hilfe.

Eine Woche nach Emilys erster Hypnosesitzung mit mir, die ihre tiefe Bindung zu den Kindern und die Verpflichtung, die sie ihnen gegenüber empfand, bestätigte, schrieb Emily mir im Februar 1993: »Es ist bestürzend, daß all das sich sozusagen vor unseren Augen abgespielt hat, und wir haben es offenbar gar nicht zur Kenntnis genommen – zumindest nicht bewußt. Und dann erinnert man sich plötzlich daran, daß Scott gesagt hat, daß er sich fürchte, weil er sie in seinem Zimmer – und die fliegende Untertasse draußen – gesehen hat, daß die Hunde, die wir zum Schlafen gebracht hatten, in unser Zimmer hinaufgerannt sind und daß Henry mit seiner Waffe nach draußen gelaufen ist und nachgesehen hat, was los war. Wir erinnerten uns an all das, aber es war in einem hinteren Winkel unseres Gedächtnisses, bis vor ein paar Jahren alles wieder an die Oberfläche gekommen ist, als Scott sagte: 'Erinnerst du dich noch daran, als ich klein war?', und wir sagten: 'O ja!'« Später schrieb Emily noch, daß sie und Henry Angst vor einem Räuber oder Einbrecher gehabt und außerdem gedacht hatten, daß Scott schlecht geträumt habe.

Scott erinnert sich, daß die Begegnungen in seiner Kindheit sich bevorzugt dann ereigneten, wenn er mit Lee draußen war, während Lee sich an »eine kleine Wasserrinne« nahe beim Haus erinnert, wo sie und Scott oft gespielt hatten und von der sie nach langer Überlegung glaubt, daß sie einer der Schauplätze ihrer Entführungen war. Sie sagt, daß sie »dort gern gespielt haben«, sie selbst im Teenageralter dann aber nicht mehr dort hatte spielen wollen. »Ich hielt diesen Platz eigentlich immer für einen ganz besonderen Platz.« Als Pam Kasey im März 1992 die Familie in ihrem Haus in

Massachusetts besuchte, erzählten Scott und seine Eltern ihr, daß es in der Familie im Laufe der Jahre vielfach zu UFO-Beobachtungen gekommen sei. So erinnerte sich Scott, im Alter von acht oder neun Jahren, als er mit seinem Fahrrad unterwegs war, »ein Raumschiff gesehen« und dies seinem Onkel erzählt zu haben. Er erinnerte sich auch an eine Entführungserfahrung, die in seiner Erinnerung »vergraben« gelegen hatte, bis sie während einer Hypnosesitzung mit seiner Therapeutin wieder an die Oberfläche kam, und die er beschreiben konnte. Sie begann in seinem Zimmer, als er etwa zehn Jahre alt war.

Er sah »draußen eine fliegende Untertasse«, und dann sah er einige fremde Wesen in sein Zimmer kommen. Sie brachten den in der Halle befindlichen Hund dazu einzuschlafen, »irgendwie mit dem Stock«. Scott bekam Angst, weil er, »nachdem sie mit mir fertig waren«, bemerkte, »daß sie zum Zimmer meiner Eltern hinaufgingen«. Scott erinnerte sich weiter: »Nach dem Ereignis rannte ich die Treppe hinauf und erzählte ihnen, was geschehen war, und ich sagte, daß draußen eine fliegende Untertasse sei, und mein Vater nahm sein Gewehr. Er war – wie wir alle – fast schon erschreckend furchtlos und ging mit dem Gewehr nach draußen, aber da war nichts als Landschaft.« Und weiter erinnerte er sich: »Als Kind hatte ich eine Heidenangst, daß sie meine Eltern töten wollten.« Die fremden Wesen erschienen ihm »wie eine Macht, die noch stärker als meine Eltern war«. Trotz seiner Angst hatte Scott aber auch das Gefühl, daß diese Wesen irgendwie »weiser als meine Eltern« waren, wenn er sich auch nicht sicher war, ob diese Weisheit »aus ihnen selbst« kam oder »in der ganzen Erfahrung begründet lag«. Scott beschrieb die telepathischen Erfahrungen, die er während der Begegnungen erlebt hatte, als einen »Zwei-Wege-Kanal. Sie kennen deine Gedanken, und du kannst die ihren sehen. Das ist ganz schön erschreckend, weil man so etwas noch nie erlebt hat.«

Die nächste Entführungserfahrung – sie ist bereits in dem Krankenbericht erwähnt worden –, die Scott wiedererlebt hat, bezieht sich auf eine weibliche Gestalt, die sich über sein Bett beugt. Das war, als er zwölf oder dreizehn Jahre alt war. Ungefähr zu dieser Zeit wurde Scott einem Psychologen zugeführt, um herauszufinden, ob es einen emotionalen Grund für seinen Zustand gab. Scott drückte es so aus: »Er hielt mich immer für jemanden, der sogar mehr als meine Lehrer verstand.« Er kam zu der Überzeugung, daß die Begegnungen »denjenigen Teil deines Gehirns aufschließen, der dich dann das ganze Bild sehen läßt«. Auf die Begegnung mit der weiblichen Gestalt, die ebenfalls ein Teil einer Entführungserfahrung war, werde ich in Verbindung mit Scotts zweiter Hypnosesitzung noch näher eingehen.

Scott erinnert sich dann bis zum April 1990 an keine weiteren Entführungserfahrungen mehr. An jenem Tag hat er bewußt einige Gestalten in sein Zimmer kommen sehen, nachdem er ihre Anwesenheit zuvor schon geistig gespürt hatte. »Wer diese Leute auch immer gewesen sein mögen, sie waren nicht von hier«, erinnerte er sich bei seinem ersten Treffen mit mir. »Es waren die gleichen Leute«, die in seinem Zimmer gewesen waren, als er zehn Jahre alt war. Durch diese Erfahrung aufgeschreckt, suchte er in der bereits beschriebenen Weise Hilfe. In einigen Hypnosesitzungen mit seiner Therapeutin erinnerte sich Scott, daß er sich während dieser Entführung erschreckt habe, als ein Gerät – ähnlich einem Hahn – an seinen Penis gelegt wurde und »Drähte« oder »Leitungen« an seine Hoden angeschlossen wurden. Man entnahm ihm eine Spermaprobe, während er verängstigt und wie gelähmt auf einem Tisch in einem UFO lag.

Nach unserer ersten Begegnung und nachdem er einige Male an den Treffen der Selbsthilfegruppe teilgenommen hatte, verstärkte sich Scotts Neugierde bezüglich seiner Entführungserfahrungen, und er wollte sie eingehender erforschen, weil »sie mein Leben so tiefgreifend beeinflußt haben«. In der Zwischenzeit gab es Komplikationen in seinem Privatleben. Als ich ihn zum ersten Mal traf, erzählte er mir von Spannungen in der Beziehung zu seiner Freundin, von seiner Neigung, sie »anzumachen«, wobei er dann aber unfähig war, »zu Potte zu kommen«. Beim Treffen der Selbsthilfegruppe im Januar 1992 erzählte er, daß sie zwar die Initiative ergriffen habe, aber »als es dann wirklich dazu kam«, sei sie »keine große Hilfe gewesen«. In dieser Zeit bekam Scott die Gelegenheit, sein Insider-Wissen über Entführungen durch Außerirdische ans Fernsehen weiterzugeben, und zwar bei CBS in Los Angeles, wo gerade das zweiteilige Dokumentarstück »Intruders«, das sich mit dem Entführungsphänomen befaßt, für die Ausstrahlung im Mai verfilmt wurde. Im Februar war Scott zwei Wochen lang täglich beim Sender, was er als sehr anregend empfand. Er leistete einen bedeutenden Beitrag zur Erweiterung des Verständnisses seitens der Darsteller und der ganzen Belegschaft für die Entführungen, und er machte die nähere Bekanntschaft einer der Schauspielerinnen, deren Tochter ebenfalls bereits Begegnungen gehabt haben könnte.

Beim Treffen unserer Selbsthilfegruppe am 24. Februar sprach Scott – gerade erst aus Los Angeles zurückgekehrt – von dem Gefühl, daß wir »auf etwas vorbereitet« werden, daß es da vielleicht irgendeinen »Plan« gibt, daß wir nicht die Fäden in der Hand halten und daß »irgend jemand anderes den Ablauf des Ganzen« bestimmt. »Das Durchleben des Traumas hat die Tür aufgestoßen zum wirklich Wichtigen, zum spirituellen Hintergund.« Er sprach des weiteren von einer »größeren Kraft«, die in seinen Erfahrungen am Werk ist. Scott erinnerte sich daran, daß er sogar, »wenn es in der Kindheit geschah«, das Gefühl gehabt hatte, er müsse an sich arbeiten, um »fähig zu sein, im Raum zu bleiben, ohne in Panik zu verfallen und ohne sich zu ängstigen«. Das Ereignis im April 1990 bedeutete für ihn »überwiegend das Erreichen einer höheren Intensitätsstufe. Es war wie ein Test, aber da ist eben immer dieser Ärger, mein Gott, diese Wut, nur endlich nicht mehr berührt zu werden, nicht mehr unter Kontrolle von jemandem zu stehen.«

Bei diesem Treffen sprach Scott auch davon, das »Trauma zu durchbrechen«, und von persönlichem Wachstum. Er meinte, seine Entführungserfahrungen hätten ihm klargemacht, daß »es da in meinem Kopf eine Riesenmenge von Wissen und Information gibt, die ich nicht einmal verstehen kann«. Die Außerirdischen, so nahm er an, »helfen uns zu wachsen, damit wir sie begreifen können ... Sie fördern und trainieren uns, damit wir mit ihnen umgehen können.« Nach diesem Treffen entschied Scott sich dafür, sich seiner ersten Hypnosesitzung mit mir zu unterziehen, um noch weiter in die traumatische Dimension seiner Entführungen einzudringen, sie vielleicht sogar ganz zu überwinden und ihren tieferen Sinn für sich wie auch für die anderen herauszufinden.

Am 16. März kam Scott zu mir, begleitet von Ann, der attraktiven blonden Schauspielerin, die er in Los Angeles kennengelernt hatte. Sie hatte die Rolle einer der Entführten in dem Dokumentarstück von CBS gespielt. Bevor Scott mit Pam und mir in den Raum hinaufging, in dem ich die Rückführungen abhalte, unterhielten wir uns noch eine Weile im Wohnzimmer – darüber, was die Erfahrung, eine derartige Rolle zu spielen, für Ann bedeutet hatte, über ihre Ansichten zu ungenauen und sensationsheischenden Teilen des Drehbuchs und über ihre einfühlsamen Bemühungen, die Integrität ihrer Rolle aufrechtzuerhalten.

Bevor wir mit der eigentlichen Rückführung begannen, sprachen wir über Scotts Auffassung und seine eventuell auf Entführungen zurückzuführenden Erfahrungen seit dem Ereignis im April 1990, das wir übereinstimmend zu unserem Kernthema machen wollten. Er hatte keine Erinnerung an eine direkte Entführung, sprach aber von »einem traumartigen Zeug«, einem blauen Licht, das eines Nachts in sein Zimmer gefallen war, nadelstichartigen Malen, die immer wieder einmal auf seinen Armen aufgetaucht waren und für die er keine Erklärung gefunden hatte, und daß bisweilen am Morgen sein linker Socken auf unerklärliche Weise vom Fuß verschwunden war. Scott sprach von seiner Angst vor dem Tod und dem Alleinsein und davon, daß er sich »wie ein Ding in einem Käfig, wie ein Tier, ein Probeexemplar« fühle. Wir betrachteten rückschauend die Einzelheiten der Erfahrung vom April 1990, und Scott streifte ganz kurz einige der angsterregenden Details seiner früheren Hypnosesitzung mit seiner Therapeutin. Ich versicherte ihm, daß ich ihn während der Sitzung nicht sich selbst überlassen würde, wenn er sich eingesperrt oder allein fühlte.

Nach der hypnotischen Einführung sprach Scott ziemlich unvermittelt und sofort davon, sich »verrückt« zu fühlen. Wir blickten dann zurück auf jene Ereignisse des Aprilabends, die der Entführung vorausgegangen waren. Er hatte etwas getrunken, Klavier gespielt und im Wohnzimmer mit seinen Eltern (er lebte zu der Zeit noch bei ihnen) gesprochen, die das Fernsehprogramm verfolgt hatten. Er ging etwas früher als gewöhnlich – um zehn Uhr – zu Bett, da er sich aufgrund des Verlaufs seines Lebens zum Heulen elend fühlte. Als er sich zum Schlafen fertig machte und »ins Bett hüpfte«, sorgte er sich etwas um eine neue Filmeinstellung, die für den nächsten Tag geplant war.

Scott erinnerte sich, noch in einer Zeitschrift gelesen zu haben, und bevor er einschlafen konnte, hatte er das Gefühl, daß die Wesen »da waren, in meinen Gedanken«. Während seine Angst im Verlauf der Sitzung anwuchs, sprach er von dem Verlust geistiger Intimsphäre und der Vertrautheit dieser Empfindungen. Sein Zimmer hatte keine Tür, und ein nicht zu erklärendes Licht, das aus der Richtung des angrenzenden Wasch- und Trockenraumes kam, schien herein. Scotts Atem ging nun laut, in kurzen, keuchenden Stößen, als er von »sechs« von »denen« mit »eckigen Boxerschädeln« sprach, die »hinter mir« waren. Dann sah er einen »Stock mit abgerundeter Spitze«, der in seine Richtung zeigte und dem Scott es zuschrieb, daß er durch Wände transportiert wurde. »Sie wissen, daß ich sie bemerke«, sagte Scott, und »sie zwingen mich zur Bewegungsunfähigkeit«, indem sie ihn mit dem Stock hinter dem Ohr berührten. Zu diesem Zeitpunkt veränderte sich der »summende« Ton in seinem rechten Ohr in einen klingelnden, und »ich verlor die Kontrolle über meine Sinne«. Erinnerungen aus seinem Leben blitzten vor ihm auf, was seinem Gefühl nach schon »so oft« während solcher Entführungen geschehen war, und er fühlte auch, daß er darum kämpfte, seinen Geist und seine Gedanken zu schützen, »damit sie keinen Zugriff darauf bekommen«. Danach aber verlor er im wahrsten Sinne des Wortes das Bewußtsein, obwohl er sich selbst, »so schnell es nur ging«, sagte: »Ich werde mich daran erinnern, ich werde mich daran erinnern.«

Als nächstes erinnerte sich Scott, daß er auf einem Tisch lag und zwei arztähnliche Gestalten mit häßlicher, hellbraun und weiß gefärbter Haut bei ihm waren. Sie trugen »Brillen« und weiße Mäntel. Außerdem waren noch einige kleinere Wesen im »Soldatendrillich« anwesend. Die Wesen hatten tiefliegende schwarze, leicht schräggestellte Augen mit grauen Rändern. »Ich hasse sie, weil sie mich von meiner Mama weggenommen haben, als ich noch klein war«, sagte Scott. »Ich bin neugierig, aber ich hasse das, was sie getan haben.«

»Was haben sie getan?« fragte ich ihn.

»Sie haben mich benutzt.«

Die Wesen schoben dann eine »Art Hahn, wie eine Saugvorrichtung« über seinen Penis. Diese Vorrichtung war über einen Schlauch mit einem Behälter an der Seite des Tisches verbunden. Zu diesem Zeitpunkt erlebte er – ausgelöst durch die Angst – eine Art außerkörperliche Erfahrung, indem er auf sich selbst hinabschaute. Er sah seinen Kopf auf einem Kissen liegen, das wie ein Block aussah, und vier spitze Gegenstände drückten sich oben in seinen Nacken, direkt unter der Kopfhaut, auf der er ebenfalls einen Druck empfand. Scott glaubte, daß dies »Elektroden« gewesen seien, die dazu dienten, seine Bewegungen und Empfindungen zu manipulieren und zu kontrollieren. An diesem Punkt unserer

Sitzung fühlte er sich – ebenso wie damals – sehr ruhig, obwohl er jedesmal wütend wird, wenn er daran zurückdenkt, was man mit ihm gemacht hat.

Ich ermutigte Scott, sich über seine Atemtechnik auf sich selbst zu konzentrieren und die Gefühle auszudrücken, die dicht unter der Oberfläche lagen. Er gab einen lauten, knurrenden Laut von sich, als er von seinem blanken Entsetzen sprach, von seinem Gefühl der Vergewaltigung und der Angst vor körperlicher Verletzung. Er wurde sich bewußt, wie schnell er dazu neigte, »Wände aufzubauen«, um sich zu schützen. Er sah nun mehr Licht in dem Raum und sprach zum ersten Mal in dieser Sitzung von den »Drähten«, die an seinen Hoden befestigt wurden. Es waren Scotts Beobachtung nach diese Drähte in Kombination mit der Saugvorrichtung über seinem Penis, die ihn zur Erektion stimulierten und die dafür verantwortlich waren, daß »es geschah« und daß »etwas« – sein »Sperma« – »herausgeholt« wurde. Die ganze Erfahrung, so meinte Scott, »wirkt einfach verdammt unglaubwürdig«.

Die Wesen teilten Scott auf telepathischem Wege mit, daß sie für ihre Zwecke »noch mehr weißes Zeug machen« würden (dabei müßte es eigentlich »nehmen« heißen). Sie benutzten ihn »als einen Vater ... und nahmen mein was auch immer, meine Babys ... All das Zeug«, das sie ihm entnahmen, wurde – Scott war sich darüber im klaren – dazu verwendet, »Babys zu machen«. An diesem Punkt überkam Scott ein starkes Schamgefühl, und ich erklärte ihm, daß er keinen Grund habe, sich zu schämen, da er mit Kräften und Energieformen konfrontiert worden war, gegen die er machtlos war. »Ich bin verrückt«, sagte er wieder knurrend, aber »ich kann nicht dagegen ankämpfen ... Die wissen genau, was sie tun. Deshalb verschleiern sie es auch. Sie wollen nicht, daß wir uns daran erinnern.«

Ich führte Scott noch einmal zu dem traumatischen, beschämenden Aspekt seiner Erfahrung zurück. Wieder scheute er davor zurück, diese Demütigung noch einmal voll und ganz wiederzuerleben. »Ich erinnere mich nicht. Zu quälend, zu emotionsbeladen ... Ich hatte keine Wahl. Es ist nicht meine Schuld.« Aber er fügte schnell hinzu: »Ich hätte fähig sein müssen ...«

»Unsinn«, sagte ich und wiederholte, was ich ihm über die Kräfte im Universum, die außerhalb unserer Kontrolle liegen, erzählt hatte. Wieder brachte Scott seine Wut zum Ausdruck, und ich versicherte ihm, daß er »verdammt noch mal nichts hätte tun können«.

Danach erinnerte sich Scott, daß man ihn in seinem Zimmer »ins Bett fallen ließ« und er sehr verängstigt und wütend war, aber keine Erinnerung daran hatte, wie er zurückgekehrt war. Er hatte den Eindruck, daß die Wesen »an meinem Kopf herumgebastelt« und Informationen und Wissen einer bestimmten Art zurückgelassen hätten, zu denen er jedoch keinen Zugang finden konnte.

Nach Beendigung der Rückführung war Scott über die Heftigkeit der Emotionen verblüfft, die er verspürt hatte. »Ich hatte solche Emotionen noch niemals zuvor, noch nie, noch nie.« Er sagte, daß es »ein gutes Gefühl« gewesen sei, über die Stimme und den Körper derart starke, aufgestaute Gefühle zum Ausdruck zu bringen. Die Intensität seiner Wut störte Scott etwas. »Ich bin zu Tode erschrocken, was ich für einen Schaden anrichten kann«, sagte er. Die »ganze Erfahrung setzt das alles frei, wenn sie im Körper wieder wachgerufen wird. Wir sind die emotionalen Muster, die die Dinge und unsere Reaktion strukturieren.« Respekt flößten ihm auch die Intensität und Leuchtkraft des Lichts ein, das er gesehen hatte, während er auf dem Tisch lag. Als Ergebnis der Rückführung hatte er das Gefühl, daß er jetzt auch in dieser – »normalen« – Realität Zugang zu den Erfahrungen habe, die er während der Entführung erlebt hatte. Er hatte ebenfalls das Gefühl – wie das im übrigen bei vielen Entführten der Fall ist –, daß sein Geist und Verstand »elektrisch« manipuliert oder »frisiert« worden seien. Darüber hinaus war er sich bewußt, daß da immer noch »überall Wände aufgebaut« waren und daß in seinem Inneren noch vieles verborgen lag, an das er sich nicht erinnern wollte.

Die neun Monate zwischen unseren beiden Rückführungen waren für Scott eine Zeit rascher Veränderungen. Er brachte Ann, die eine Woche nach der ersten Rückführung noch immer in Boston weilte, am 23. März zum Treffen der Selbsthilfegruppe mit. Sie berichteten der Gruppe über die neuesten Fortschritte des Dokumentarstücks. Während des Treffens reflektierte Scott über eine verstärkte Beschäftigung mit philosophischen und religiösen Themen – beispielsweise darüber, wer »unter Kontrolle ist«, und über die verschiedenen Arten, sich Gott vorzustellen. Um diese Zeit hatte Scott auch verschiedene Auftritte im Fernsehen, unter anderem auch in einer fürchterlichen Show eines Bostoner Senders, in der er in demütigender, aber keineswegs untypischer Art als junger Mann vorgestellt wurde, der Sex mit Außerirdischen gehabt habe.

Im späteren Frühling hatte er zunehmend Schwierigkeiten, die Stimulation und den Streß miteinander zu vereinbaren, die ihm aus seiner öffentlichen Zurschaustellung erwuchsen. Aus diesem Grunde hatte er mehrere Treffen mit seiner Therapeutin. Ich diskutierte mit ihr über seinen Fall und überwies Scott an eine Psychiaterin an meinem Krankenhaus, damit er ein leichtes Beruhigungsmittel verordnet bekam, das ihm helfen sollte, seine Spannungen abzubauen. Sie beschrieb Scott als zunächst deprimiert, ängstlich, »sehr verletzlich« und verstört über das, was mit ihm geschehen war. Er erschien ihr als eine traumatisierte Person, die »eine andere Art von Trauma« erfahren hat, das sich in übertriebener Wachsamkeit und Schwierigkeiten, sich zu entspannen, manifestiert, »was man auch bei anderen Personen, die ein Trauma erlebt haben, beobachten kann«. Da dies mit der Entführungsgeschichte zusammenhing, sagte sie, daß sie nicht wisse, »was man da machen kann. Ihm ist eindeutig etwas Schlimmes widerfahren.«

Eine der Auswirkungen, die Scotts Krise im Sommer 1992 hatte, bestand in einer Stärkung des familiären Zusammenhalts, insbesondere der Unterstützung durch die Mutter und die Schwester, die beide von dieser Zeit an ebenfalls zu den Treffen der Selbsthilfegruppe kamen. Im September fühlte er sich eindeutig besser, sprach in der Selbsthilfegruppe von der Notwendigkeit, Sinn für Humor zu haben, und beklagte des weiteren, daß die Außerirdischen ständig in seine geistige Sphäre eindrängen und sich dort manifestierten, was er als eine Art Verlust der Intimsphäre empfand. Emily erzählte der Gruppe in bewegenden Worten, wie »zwei meiner Kinder betroffen sind«, und schilderte auch, wie wenig sie begriffen hatte, welch »schrecklichen Ereignissen und welcher Wahnsinnsangst« Scott während seiner Entführungen ausgesetzt war. Im Oktober sprach er dann schon wieder kühner davon, seine Furcht zu überwinden, und von seinem Bemühen, seine Erfahrungen »zu integrieren«.

Im Herbst 1992 sprach Scott verstärkt von den spirituellen Dimensionen seiner Entführungserfahrungen. Bei dem Treffen der Selbsthilfegruppe am 9. November erzählte er davon, daß dieses »'Ihnen-Ausgeliefertsein' etwas in mir aufgeschlossen hat ... Es ist fast so, als ob man mit einem riesigen Satz in einen spirituellen Bereich versetzt wird, für den man noch nicht bereit ist – wie Yogis durch unermeßliche Mühen an einen bestimmten Punkt gelangen.« Lee, die auf dem Sprung war, wieder nach Indien zu reisen, sprach »von den Nöten, die Menschen oftmals unter der Führung ihrer geistigen Lehrer erleiden«. Die instinktive Angstreaktion seines Körpers auf die Begegnung mit den Außerirdischen war, Scotts Empfinden zufolge, auf »einem besonderen Niveau eine natürliche Reaktion« auf die Konfrontation mit etwas, das so wenig vertraut war. Er konnte sich »nicht vorstellen, daß irgend jemand darauf freundlich reagiert oder sich sicher fühlt«, zumindest nicht zu Beginn. Aber gegen Ende des Treffens fragte Scott: »Was hatte ich denn für eine Wahl?« Und er erzählte der Gruppe: »Obwohl ich sehr oft denke, wie verrückt ich bin, wie verschroben und wie schwer mein Ego geschädigt oder sogar ausgelöscht worden ist, gibt es, wenn ich weiterleben will, nur eine Möglichkeit – und zwar, danach zu suchen und zu finden, was nur immer Positives darin liegt, was mir aber, bei Gott, derzeit wirklich schwerfällt ... Aber dies scheint in der Tat der seidene Faden zu sein, von dem mein Weiterleben abhängt.«

Am 16. Dezember 1992 traf ich wieder mit Scott zusammen, um auf dessen Wunsch hin noch einmal Rückschau zu halten, und wie sich dann herausstellte, eine weitere Rückführung zu planen. In dieser Sitzung erzählte er mir, daß er die Außerirdischen eines Nachts vor etwa zehn Tagen – als Teil seiner wachsenden Offenheit ihnen gegenüber – gebeten habe, ihm »ein Zeichen« ihrer wirklichen Existenz zu geben. Gegen zwei oder drei Uhr morgens hatte er im Halbschlaf das Gefühl, daß »jemand ihn von hinten knuffte«. Er bekam fürchterliche Angst, aber das Knuffen ging weiter. »Es war fast, als ob man mich necken wollte.« Diese konkrete Antwort auf seine Aufforderung beunruhigte Scott. »Ich bat sie, mir etwas zu zeigen, und sie haben es getan ... jedenfalls in gewisser Weise.« Wir sprachen dann – oftmals gehen Gespräche mit Entführten in diese Richtung – darüber, ob Menschen im allgemeinen bereit sind, die Anwesenheit der Außerirdischen wahrzunehmen. Wie viele andere Entführte auch hatte Scott das Gefühl, daß unsere destruktive Haltung gegenüber allem und jedem, das oder der uns unbekannt oder fremd ist, es für die Außerirdischen gefährlich machen würde, sich in unserer Umgebung offensichtlicher zu manifestieren.

Viele Entführte beginnen sehr viel deutlicher einen spirituell geprägten Weg einzuschlagen, wenn sie sich der Tiefe und Bedeutung ihrer Erfahrungen öffnen. Scott selbst hatte – zusätzlich zu seiner wachsenden Neugier gegenüber der spirituellen Dimension des Phänomens – begonnen, einen Akupunkteur aufzusuchen und erst kürzlich auch einen Geistheiler. Er zweifelte die herkömmlichen Behandlungsmethoden zudem mehr und mehr an. Von einigen der Therapeuten, die er aufgesucht hatte, sagte er: »Ich habe das Gefühl, daß ich heilen könnte, daß ich denen mehr helfen könnte als sie mir, und das klingt absolut arrogant, ich weiß.« Seine Forderung, eine neuerliche Rückführung durchzuführen, war Teil seines Wunsches, das Trauma seiner Entführungen zu überwinden und eine wechselseitig kommunikativere Beziehung zu den außerirdischen Wesen aufzubauen. Wir setzten den Termin für die Sitzung fünf Tage darauf an.

Zu Beginn dieser Sitzung stellten wir rückschauend fest, wie geängstigt, leidend und verletzlich – aber auch lebendiger – sich Scott während des Sommers gefühlt hatte. Obwohl er vor kurzem wieder eine Entführungserfahrung erlebt hatte, beschlossen wir, eine Rückführung mit »offenem Ausgang« durchzuführen. In den letzten Monaten hatte ich herausgefunden, daß die der Psyche eigene Vernunft den Betroffenen dorthin leitet, wohin er in Trance gehen muß, und daß der Prozeß der Heilung, Integration und Informationssammlung besser voranschreitet, wenn man nicht auf ein spezifisches Entführungsereignis abzielt. Vor der Rückführung sprach Scott noch von seiner »Angst, allem seinen Lauf zu lassen«, und von seiner Entschlossenhheit, in dieser Sitzung nichts »zurückzuhalten«.

Zu Beginn der Rückführung – nach einigen Pausen, die zwischen dreißig und sechzig Sekunden lang waren – sagte Scott, daß er die Anwesenheit »eines von ihnen« neben einem Tisch spüre, auf dem er rücklings lag. Er war damals dreizehn Jahre alt gewesen, und er sagte, daß er sich niemals damit beschäftigt oder sich daran erinnert habe, was ihm in diesem Alter widerfahren war. Er sah ein zylindrisches Rohr, dessen Durchmesser er auf zehn Zentimeter schätzte und das zu einer Maschine gehörte, die an der Wand stand. Das Bild dieser Röhrenanlage, die auf seinen Brustkasten zu zielen schien, war beunruhigend. Es tauchte in seinem Bewußtsein auf und verschwand gleich wieder. Er hatte zudem die Vorstellung, andere »Werkzeuge« zu sehen, so zum Beispiel ein bananenförmiges Instrument auf einem benachbarten Tisch.

Bald darauf erinnerte er sich daran, eine nichtmenschliche, weibliche Gestalt zu sehen. Sie trug ein Tablett mit einigen Zylindern, von denen jeder ein kleines Baby »in Gläsern« enthielt. »Ich bin wirklich verrückt geworden«, sagte Scott, aber »ich weiß nicht, was die tun«. Die »Frau«, die ganz nah an ihn herangetreten war (man denke an die »Halluzination«, die er im Alter von zwölf oder dreizehn Jahren hatte und in der sich eine weibliche Gestalt über sein Bett gebeugt hatte!), verließ den Raum, und ihm wurde bewußt, daß ihm die Außerirdischen – vielleicht sogar diese weibliche Gestalt selbst – »Samen« abgenommen hatten, um die Babys, die man ihm gerade gezeigt hatte, zu zeugen.

Scott wurde sich bewußt, daß seine Angst ihn daran gehindert hatte, die Wesen direkt anzuschauen, obwohl er das bislang auf deren Ungreifbarkeit geschoben hatte. Er stellte zudem die Vermutung an, daß er, falls er sich erinnert hätte, die Wesen während dieser Erfahrung(en) gesehen zu haben, dies wohl seinen Eltern erzählt hätte, was die Wesen ihm aber untersagt hatten. Denn er war »Teil ihrer Familie«, wie ihm eines der Wesen erklärte.

»Wenn ich aber Teil ihrer Familie bin, warum bin ich dann hier?« fragte Scott. Ich ermutigte ihn, dieser Frage nachzugehen. Er sah anschließend Bilder eines leeren Zylinders, der einen Durchmesser von etwa fünfzehn Zentimetern hatte, ungefähr ein Fuß lang und mit einer klaren Flüssigkeit gefüllt war. »Ich möchte einer von ihnen sein«, sagte er, »und ich möchte einer von meiner Art sein. Aber ich kann nicht beides zugleich sein.«

»Warum nicht?« fragte ich.

»Dann hätte ich auf die eine oder andere Weise kein Zuhause mehr.«

Als nächstes erinnerte er sich, mit einem von »einem ganzen Haufen« schnell fahrender Aufzüge in einen riesigen, unterirdischen und von Felswänden umgebenen Raum gebracht worden zu sein. Dort war es heiß, aber »besser als in meiner Familie hier«, denn »die wußten alles über mich. Da gab es keine Geheimnisse.« Dennoch »ist es erschreckend«, und »es wirkt einfach komisch«. An diesem Punkt angekommen, bemerkte ich, daß Scott die Wahrheit dessen, was sich ereignet hatte, mit seinem analytischen Verstand wertete, und ich ermunterte ihn, nur seine reine, unretuschierte Erfahrung zu berichten und sich Wertungen für später aufzusparen. »Ich kann einfach nicht glauben, daß sie hier sind«, sagte er. »Wenn sie zu mir kommen, wissen sie alles, was ich weiß.« Er sagte, es verursache ihm ein ungutes Gefühl, daß sie ihn nicht von diesen

Erfahrungen erzählen ließen. Er fragte sich: »Warum bleiben sie nicht?« Er bekam auf diese Frage keine Antwort, abgesehen davon, daß sie und wir »nicht bereit seien«. Er berichtete, daß die Wesen mitten in einem Prozeß der physischen Veränderung stünden, »so daß sie hier atmen können. Sie atmen nicht so, wie wir das tun.«

Scott enhüllte andere Probleme, die sich für beide Spezies ergeben würden, falls die Anwesenheit der Außerirdischen zu bald in einem größeren Maße bekannt würde. »Wir halten mit ihrer Geschwindigkeit nicht mit«, sagte er. »Sie denken viel schneller, als wir das können ... Sie tun es so, daß sie uns nicht weh tun.«

»Wie könnten sie uns durch ihr Schnellerdenken weh tun?« fragte ich.

Es ist »verwirrend, wenn sie sich mit uns auf ihrem Geistesniveau unterhalten«, erwiderte er. »Zuviel Wissen und Informationen. Unser Verstand ist nicht an solche Kontakte gewöhnt – es überlastet unsere Sinne.«

Hier nahm die Sitzung eine interessante Wende. Scott gab zu, daß er selbst die Existenz der Außerirdischen hartnäckig geleugnet hatte, und ich bat ihn zu ergründen, was genau er geleugnet habe. Zu meiner Überraschung erwiderte er: »Ich leugnete, selbst einer von ihnen zu sein.« Wenn er die Existenz der Wesen anerkannt hätte, hätte das bedeutet, daß er das Gefühl einer Art »Leere«, eine Sehnsucht nach einer anderen Sphäre empfinden würde. »Ich habe immer gewußt, daß ich anders bin, daß ich nicht von hier bin.« Als Kind, so erinnerte er sich, »wollte ich immer davonlaufen. Ich konnte das nicht verstehen. Ich konnte irgendwohin laufen, aber ich konnte dort nicht ankommen.« Er wußte, daß diese Wesen sich nicht in unserem Sonnensystem aufhielten.

Scott begriff dann auch, warum er diese Wesen nie direkt hatte anschauen wollen. Mit einiger Mühe sagte er: »Meine menschliche Seite will das nicht sehen.«

»Was ist 'das'?« fragte ich.

»Sie ... die menschliche Seite kann mit der anderen Seite nichts anfangen.« Das menschliche Wesen in ihm reagiere mit Angst, »wie ein Tier ... Sie erwecken den Anschein, Tiere zu sein, und man handelt wie ein erschrecktes Tier. Das ist Instinkt.« Dennoch müßten wir Menschen, so betonte er ausdrücklich, »auf unserem Weg innehalten« und endlich begreifen, daß die Außerirdischen – die er als Kind aufgrund ihrer großen schwarzen Augen die »Tintigen«

genannt hatte – ebenso »lebendig sind« wie wir auch. Wir müssen lernen, daß wir, selbst wenn »wir unterschiedlich aussehen« und »anders denken, doch alle leben«.

Scotts Erinnerungen schweiften dann zu einer apokalyptischen Vision, wie ich sie schon häufig von Entführten zu hören bekam. Große und bedeutende Veränderungen in der Welt seien zu erwarten. Die Außerirdischen würden nur dann kommen, »wenn es sicherer ist«. Aber das wird erst der Fall sein, wenn es »immer weniger« von uns gibt, weil wir durch Krankheiten aussterben werden – insbesondere durch noch leichter zu übertragende Formen von AIDS, die das Ausmaß von Seuchen annehmen werden. Dieser Eindruck ängstigte Scott und bedrückte ihn zugleich sehr, und er hatte das Gefühl, daß es ihm nicht »erlaubt« war, darüber zu sprechen. Trotzdem war er positiv in seiner Beurteilung des Ganzen und sagte: »Ich hoffe, ich habe mich geirrt.«

An diesem Punkt der Sitzung änderte Scott seine Perspektive und sah alles aus dem Blickwinkel der Außerirdischen. Er sah die Erde jetzt als blauen Körper unter sich. Er war von einem anderen Planeten hierher gekommen und hatte die Erde als Ziel gewählt, weil sie dem »am nächsten ist, wo wir herkommen«. Er wußte den Namen jenes Planeten nicht, aber er war gelb, bestand überwiegend aus Wüste, und es fehlte ihm an Wasser. Früher einmal hatte es dort Bäume und ausreichend Wasser gegeben, aber irgend etwas, das mit »Wissenschaft« zu tun hatte – er wußte im Grunde nicht, was es genau war –, »ging schief«, und die Bevölkerung dieses Planeten »tauchte unter«. Scott fühlte sich innerlich »krank« und schluchzte, als er davon erzählte, wie die Wissenschaft »unseren Planeten zerstört hat«. Natürlich wollte ich gerne wissen, ob Scott noch weitere Informationen darüber hatte, wie es zu all dem gekommen war. Er wußte aber nichts weiter darüber, außer daß die außerirdische Spezies irgendwie »im voraus wußte«, daß es zu der Zerstörung kommen würde, es aber anscheinend nicht in ihrer Macht gelegen hatte, dies zu verhindern. Im Anschluß an die Rückführung erinnerte er sich, daß es zu der Zerstörung gekommen war, weil »sie etwas machten, das sie nicht mehr stoppen konnten«, und daß die Außerirdischen auf ihrem Planeten in einer »künstlichen Umwelt« lebten.

Nur sehr zögernd gab Scott zu, daß die ursprüngliche Absicht der Außerirdischen darin bestanden hatte, »hier zu leben«, jedoch ohne uns, es sei denn, »die Menschen änderten sich«. In diesem Falle würde dann »ein Zusammenleben möglich« sein. Dann verglich er die Lebensweise der Menschen mit der der Außerirdischen. Menschen »sind allein«, und »sie teilen nichts mit anderen«. Im Reich der Außerirdischen »ist niemand in seiner eigenen Welt«, und »jeder weiß alles. Da gibt es keine Geheimnisse.« Ich befragte ihn über seine eigene Person. »Ich bin einer von ihnen«, sagte er, aber in seiner menschlichen Identität setzt er seiner Fähigkeit, zu lieben und zu teilen, aufgrund »der eigenen Unwissenheit« Grenzen.

»Und aus welchem Grunde noch?« fragte ich.

»Aus Tradition.« Wie er sagte, sei sie der »Mittelpunkt meines Lebens, meiner Unabhängigkeit«. Aufgrund der »Angst, verletzt zu werden, nicht zu erreichen, was man möchte, und der Angst, nichts zu bekommen«, haben die Menschen Schwierigkeiten, solchen Dingen »aufgeschlossen gegenüberzutreten und daran zu glauben, daß es in Ordnung ist«, Liebe zu geben und zu empfangen.

Eine Veränderung hat »irgendwo eingesetzt«, sagte er, und ich befragte ihn über seine Rolle als eine Art Vermittler zwischen den beiden Spezies. »Da gibt es so viel zu tun«, meinte er, und es »braucht viel Zeit«. Ich fragte ihn, ob er glaube, genug Zeit zu haben. »Ja. Ich glaube schon«, gab er zur Antwort. Er wurde allmählich müde, und so fragte ich ihn, ob es noch etwas gäbe, das er sagen wolle, bevor er sich wieder aufsetzte.

»Es wird auf die eine oder andere Weise geschehen«, sagte er noch.

»Was wird geschehen?«

»Wenn wir uns nicht ändern, wird es sich für uns ändern.« Dann fügte er ziemlich traurig hinzu: »Ich glaube nicht, daß wir mit ihnen leben können.«

Nach der Rückführung war Scott von dem, was er enthüllt hatte, unangenehm berührt. Es fiel ihm schwer, die Informationen, die er erhalten hatte, zu glauben, denn »da ist nichts, das dies während meines Heranwachsens untermauert hätte«. Die eine Sphäre »hat mit der anderen keine Verbindung«, sagte er, und wir würden – wenn überhaupt – nur selten, mit der Existenz der »Sphäre der Außerirdischen konfrontiert«. Im »Bewußtsein jener Seite« ist einfach keine Angst vorhanden, und deshalb ist dort die Freiheit auch größer. Noch ist es für Scott schwierig, und es macht ihn traurig und ängstlich, »irgend etwas zuzugeben«, das die Welt der Außerirdischen betrifft – vor allem, daß er selbst dazugehört. Denn das bedeutet, »daß ich keiner von uns bin«. Ich unterhielt mich dann mit Scott über die Möglichkeit, seine außerirdische und menschliche Identität zusammenzuführen und miteinander zu vereinbaren, und er erinnerte sich, daß »das nie funktioniert hat, selbst als ich noch ein Kind war ... Das ist einfach nicht die Art, wie Menschen leben. Menschen sind eben anders.« Ich erzählte ihm, daß ich noch vier oder fünf andere Patienten hätte, die »Vertreter beider Sphären« seien, und sprach von der Möglichkeit, sie als Gruppe zusammenzufassen, was er für eine gute Idee hielt.

Nach dieser Sitzung fühlte Scott sich sehr erleichtert und so, als ob eine große »Last« von ihm genommen sei. Er erinnerte sich, daß er seit seiner frühen Kindheit das Empfinden hatte, »zwei Persönlichkeiten« zu besitzen, und sprach davon, wie »verrückt« er sich deshalb immer gefühlt habe. Jetzt war er der Überzeugung, daß das Anzweifeln und Ableugnen seiner außerirdischen Erfahrung ein zerstörerischer Prozeß in seinem Leben war.

Bevor wir zum Schluß kamen, unterhielten Scott, Pam und ich uns noch darüber, was es mit dem außerirdisch-menschlichen Projekt auf sich haben könnte. »Ich glaube nicht, daß sie über uns verfügen. Ich glaube eher, daß sie an unserem Schicksal teilhaben.« Dann »werden sie alles haben, was wir haben, und umgekehrt werden wir alles haben, was sie haben«. Aber da gibt es Probleme mit dem Zusammenführen unserer beiden Spezies, denn »Sie und ich, so wie wir beide sind, wollen uns wohl kaum mit denen vermischen«.

Wir stellten dann noch Vermutungen über die Beziehung zwischen der aktiven Gegenwart der Außerirdischen auf unserem Planeten und der immer schneller voranschreitenden, katastrophalen Zerstörung unserer Erde an. »Das ist nicht nur Zufall«, meinte Scott. Nach den Informationen, die er erhalten hat, hegt er Zweifel, ob wir »unsere Katastrophe« so gut überleben würden wie die Außerirdischen die ihrige. »Für sie war es nicht der Beginn der Wissenschaft. Ich meine, sie waren in der Wissenschaft schon weit fortgeschritten, bevor geschah, was auch immer geschehen ist. Sie waren ein gutes Stück weiter als wir ... Sie hatten die Ressourcen.« Ich drängte Scott, mehr zu dem zu sagen, was er über die Beziehungen zwischen unseren beiden Spezies wußte. »Diese beiden Seiten«, meinte er, »das ist nicht einfach wie Schwarz auf der einen und Weiß auf der anderen Seite. Da gibt es ein ganzes Netz von Verbindungen und Entsprechungen zwischen den beiden.«

Meine letzte Frage bezog sich auf seine Scheu, den Außerirdischen in die Augen zu schauen. Er erwiderte, daß er, als er die Erfahrung gemacht hatte, alles aus der Perspektive der Außerirdischen zu sehen, den Eindruck hatte, die Realität durch deren Augen zu sehen. Aber als Mensch »schreckte ich davor zurück«, denn »ich hätte mich selbst angeschaut«.

»Sich selbst als was?« fragte ich ihn.

»Als einen der ihren«, gab er zurück. Ich drängte ihn, mir zu sagen, was daran so furchterregend wäre, aber er wußte es nicht. Er fügte nur noch hinzu: »Mein ganzes Leben war nutzlos. Ich meine, alles, was ich getan habe, war bedeutungslos.«

»Im Vergleich wozu?«

»Wenn ich das schon viel früher realisiert hätte«, erwiderte er und meinte damit seine komplexe doppelte Identität.

Am Tag nach der Rückführung erzählte mir Scott, daß er sich »im Friedenszustand« fühle und daß »alle meine Fragen sehr schnell einfach verschwanden. Das ist verblüffend.« Am 8. Februar erzählte er in der Selbsthilfegruppe, daß er sich jetzt eigentlich »unabhängig« fühle. Am 23. Dezember schrieb er mir eine Weihnachtskarte und einen Brief. Nachdem er einfühlsam über die »riesige« Last geschrieben hatte, die seiner Vermutung nach Hand in Hand mit dem ging, »was Sie ja wissen«, teilte er mir weitere Informationen mit, an die er sich seit dieser Rückführung erinnert hat.

»Ein Erfolg auf der Erde würde nur durch eine unglaubliche Veränderung zustande kommen«, so schrieb er. »Eine Verlagerung von der Befriedigung des Ego zu dem Streben, uns selbst von den Fehlern der Menschen freizumachen.« Die Schwierigkeit liege aber darin, »die menschlichen Fehler auszumerzen, ohne dabei den Menschen selbst zu zerstören. Beide sind sehr eng und fest miteinander verbunden. Die wachsenden Qualen sind extrem, aber notwendig.« Mit seiner außerirdischen Stimme schrieb er weiter: »Unsere intellektuellen Fähigkeiten und der Umfang unserer Sichtweise sind für die Menschen zu hoch, und sie vermögen sie nicht zu verstehen. Vermittler – sozusagen Dolmetscher –, so wie ich einer bin, sind notwendig, um den Kontakt herzustellen ... Ich wußte das immer schon. Aber ich habe es stets geleugnet. Ich wollte immer vergessen, aber das ist nicht mein eigentliches Ich. Die Realität durchdringt auch den dicken Schutzschild der menschlichen Verteidigungsstrategien. Das Studium meines Ringens zwischen menschlichem und außerirdischem Bewußtsein geht weiter. Sie gleichen sich einander an, wobei jedes vom anderen lernt ... Ich fühle mich jetzt in einem Friedenszustand. Ich verstehe und begreife, daß der Konflikt in mir weitergehen wird, aber ich habe einen Wendepunkt erreicht, an dem meine Kraft der Nicht-Kontrolle die Kraft meiner menschlichen Seite übertroffen hat.

Ich fürchte die Menschen mehr als alles andere. Wir haben oft versucht, euch zu ändern. Viele Mitglieder eurer Spezies sind dabei zugrunde gegangen ... Ich muß sagen, der Mensch hat sehr überzogene Emotionen, in meinen Augen manchmal zu überzogen, um damit fertigzuwerden. Wir sind sehr empfindsam, aber unsere Emotionen sind nicht so primitiv wie die euren. Eure Emotionen sind in gewissem Sinne erfrischend. Wir sind glücklich, daß wir fähig sind, mehr zu empfinden, als wir normalerweise fühlen. Darauf beruht unsere Faszination. Unser Entwicklungsprozeß hat Emotionen für weniger wichtig gehalten als Verständnis, aber eure Emotionen sind für uns das, was Naschereien für ein Kind sind. Sie sind wie eine Droge, die wir sehr gern genießen.

Es ist interessant, daß euch genau das für uns auch so gefährlich macht. Ich habe das Gefühl, es sei für mich noch nicht ratsam, mich jetzt schon zu zeigen. Das wird noch ein paar Jahre dauern. Ich merke auch, es gibt da noch vieles, was ich gern vermitteln möchte, und ich habe das Gefühl, daß schon sehr bald ein Treffen zwischen den bedeutenden Mächten eurer Welt und uns stattfinden sollte.«

Obwohl er im Anschluß an die Rückführung einige Nächte lang etwas ängstlich war, machte Scott in den nächsten Monaten große Fortschritte in Richtung auf sein Ziel – nämlich mehr geistigen Frieden zu erreichen sowie einen erhöhten Sinn für Wirksamkeit, Zweck und Integration seiner menschlich-außerirdischen Identität und ein tieferes Verständnis für die Bedeutung der Entführungserfahrungen für seine Person. Hinsichtlich der Informationen, die er erhalten und in unserer Rückführung weitergegeben hatte, war er zuversichtlich und spürte, daß er sich mit deren Konsequenzen zum ersten Mal ehrlich und realistisch auseinandersetzen konnte.

Besprechung

Scotts Fall macht die unterschiedlichen Seiten des Entführungsphänomens deutlich. Auf der einen Seite ist er – oder genauer gesagt, war er – der typische, traumatisierte Entführte. Während einiger in seiner Kindheit erfolgter und miteinander in Zusammenhang stehender Entführungen, an die er sich erinnerte, hat er den geballten Schrecken, die Hilflosigkeit, Bewegungsunfähigkeit und Instrumental-Erfahrung – insbesondere die so erniedrigende, erzwungene Abnahme von Sperma zum Zwecke der Erzeugung von Babys – durchgemacht, wobei er zumindest einmal ein UFO aus nächster Nähe gesehen hat. Aber zusätzlich zu dieser Äpfel-und-Birnen-Dimension – oder klarer ausgedrückt, zusätzlich zu dieser physischen Dimension – hat er zugleich eine bedeutende Persönlichkeitsveränderung durchgemacht, die aus seiner veränderten Einstellung gegenüber seinen Erfahrungen resultierte. Von unschätzbarem Wert war in diesem Prozeß die Unterstützung, die er von seinen Eltern erhielt – insbesonders von seiner Mutter Emily, die möglicherweise selbst einmal eine Entführung erfahren hat. Sie hat Vorträge zum Thema Entführungen besucht, ist zu den monatlichen Treffen meiner Selbsthilfegruppe gekommen und hat sich aus eigenem Antrieb einer Hypnose mit mir unterzogen, um tieferes Verständnis für ihre eigenen Erfahrungen zu gewinnen und Möglichkeiten kennenzulernen, wie sie ihrem Sohn Scott und dessen Schwester Lee noch besser helfen kann, die ebenfalls von Entführungen betroffen ist.

Durch seine beständig nachfragende Haltung, seine Suche nach spiritueller Bedeutung und vor allem seine Bereitschaft, mehrfach mit seiner Angst und seinem Schrecken konfrontiert zu werden und beides zu durchleben, war es Scott möglich, im geistigen Bereich einen beträchtlichen Frieden und ein tieferes Verständnis des Entführungsprozesses zu erreichen. Indem er die Phase des Ableugnens überwand und zu einer gewissen Akzeptanz der instinktmäßigen, natürlichen Basis seines körperlichen Schreckens und seiner Vorbehalte kam, war Scott fähig, seine Psyche für wichtige Informationen über die Erweiterung seiner eigenen Identität zu öffnen und Verantwortung für seine Rolle als »Dolmetscher« zwischen unseren beiden Welten zu übernehmen. Eine kritische Zeit in diesem Prozeß waren für ihn die Sommermonate im Jahr 1992, als er vierundzwanzig Jahre alt war. Er war damals tief in seinem Inneren fähig, seine Verletzlichkeit und Hilflosigkeit angesichts der Kraft der außerirdischen Energien sowie die nackte Tatsache seines Mangels an Kontrolle zuzugeben. Er hatte daraufhin auch, wie er mir später in seinem Weihnachtsbrief schrieb, seine »Kraft der Nicht-Kontrolle« entdeckt. Scott hat das Gefühl, daß seine psychische Kraft – als Resultat seiner Erfahrungen – zugenommen hat.

Bei Scott ist dasselbe eingetreten, was bei einigen anderen Entführten, mit denen ich in letzter Zeit gearbeitet habe, ebenfalls geschehen ist – seine volle Anerkennung der Realität der Anwesenheit von Außerirdischen hat ihn zu der Erkenntnis geführt, daß er seit eh und je eine Art dualer Identität besitzt und nun fähig ist, sich selbst sowohl als Mensch als auch als außerirdisches Wesen zu begreifen. Die Perspektive der Außerirdischen, die augenscheinlich schon immer in sein Bewußtsein eingebettet war, war für ihn so lange nicht zugänglich, wie er die Illusion der Kontrolle nicht aufgegeben hatte. Erst aus diesem Blickwinkel konnte Scott – wie so viele andere Entführte auch – ganz und gar erfassen, welch gefährliche Spezies wir sind, nicht nur für die Außerirdischen, sondern auch für die Lebensformen der Erde. Das liegt insbesondere an dem bedenkenlosen Einsatz unserer destruktiven Technologien. In seiner außerirdischen Identität begreift Scott zudem, wie Furcht und Wut, die beide kein Teil der außerirdischen Erfahrung sind, unsere Fähigkeit zu Liebe und enger persönlicher Bindung beschränken. Die Tatsache, daß er sich bewußt ist, einer der ihren zu sein, hat es Scott ermöglicht zu erfahren, in welcher Weise unsere beiden Spezies sozusagen miteinander verkettet sind – wie er sagt, gibt es da Verbindungen und Entsprechungen zwischen uns – und was die Basis dafür ist, die wir erst allmählich zu verstehen beginnen.

Man kann schwerlich wissen, was man mit einigen der Informationen anfangen soll, die Scott in seiner zweiten Rückführung mit mir wiedergegeben hat. Wie andere Entführte auch spricht er von einem anderen Planeten, von dem die Außerirdischen gekommen sind – ein Planet, der durch »Wissenschaft« verödet und ohne Leben ist –, und er warnt vor der Entvölkerung der Erde durch Naturkatastrophen, insbesondere durch eine ansteckende Form von AIDS. Diese Art apokalyptischer Vision ist unter den Entführten sehr verbreitet, aber wir haben keine Möglichkeit, wirklich zu unterscheiden, ob es sich hierbei um eine authentische Aussage innerhalb der physischen Welt handelt – was mit Sicherheit nicht im Widerspruch zu dem steht, was wir wissentlich mit unserem Planeten machen – oder ob diese Vision eine Art metaphorischer Prophetie oder einen Versuch darstellt, uns alle aufzurütteln. Die Frage wird durch die Tatsache vereinfacht – oder je nach dem Blickwinkel, den man hat, auch kompliziert –, daß die Unterscheidung zwischen »wörtlich« und »metaphorisch« oder »objektiv« und »subjektiv« in den Bereichen des Bewußtseins und Seins, zu denen die Entführten während ihrer Erfahrungen Zugang hatten, an Bedeutung verliert.

Letztlich bleibt für Scott und seine Familie eine gewisse Bitterkeit zurück, wenn man an die vergeblichen Versuche in seiner Kindheit und Jugend denkt, eine konventionelle, medizinische Erklärung für seine Entführungserfahrungen zu finden. Unzählige Stunden wurden auf ärztliche Untersuchungen, Tests und Verfahren verwendet, die allesamt auf falsche Diagnosen und eine unangemessene Behandlung hinausliefen. Ich habe sogar den dringenden Verdacht, daß jetzt – in diesem Augenblick, in dem diese Zeilen geschrieben werden – irgendwo ein Kind, das eine Entführung durch Außerirdische erfahren hat, von seinen verängstigten Eltern zu einem Arzt gebracht wird, dessen Ignoranz gegenüber dem Entführungsphänomen ebenso unerschütterlich ist wie die von Scotts Eltern, als dieser noch ein Kind war. Es besteht jedoch die Hoffnung, daß dieses Schicksal anderen Kindern erspart werden kann, und zwar durch die vermittelnde »Übersetzung« durch solche Betroffene, wie Scott einer ist, durch Eltern wie Emily und Henry »und durch Ärzte«, die – wie er es ausdrückt –, gewillt sind, mögliche Realitäten ins Auge zu fassen, die »durch nichts bestätigt werden«.

Entfremdung

Die quälenden Eingriffe sexueller und fortpflanzungstechnischer Art, die einen zentralen Aspekt des Entführungsphänomens darstellen, können das Intimleben und das allgemeine Wohlbefinden der Betroffenen tiefgehend beeinflussen. Wenn die Ursache dieser »Entfremdung« nicht erkannt wird und man konventionelle psychosexuelle Erklärungen dafür sucht, können sich die Probleme verstärken, und für die Betroffenen und ihre Lebens- und Liebespartner werden die Belastungen immer schlimmer. Andererseits ist es möglich, bedeutende therapeutische Erfolge zu erzielen, wenn die Ursache dieser Fehlfunktion entdeckt wird. Dieses Problem zeigt sich sehr gut in dem Fall von Jerry.

Jerry, die sich selbst als »eine ganz normale Hausfrau« bezeichnet, war gerade dreißig Jahre alt geworden, als sie Anfang Juni 1992 in meiner Praxis anrief. Als ich mich zum ersten Mal mit ihr traf, erinnerte sie sich bewußt daran, mit vielen UFO-Träumen, Entführungsbegegnungen und darauf zurückzuführenden Erfahrungen gerungen zu haben, die bis ins Alter von sieben Jahren zurückreichten. Durch die beharrliche Haltung ihrer Mutter hatte Jerry dies alles unter Vorbehalten als »Alpträume« abgetan, bis sie meinen Namen und den der Harvard University im Nachspann der CBS-Kurzserie »Intruders« las und »nun, da ich wußte, daß diese Person etwas vertrauenswürdiger war, habe ich mir schnell deren Namen notiert«. Des weiteren hatte ihre Mutter auf Empfehlung einer Freundin eines der Bücher von Budd Hopkins gelesen und Jerry erzählt, daß die dort aufgeführten Berichte über Entführungen ihren Erfahrungen sehr ähnlich seien.

Unsere Treffen schlossen auch vier Rückführungen unter Hypnose ein. Zusätzlich sprach Jerry mit mir mehrere hundert Seiten Tagebucheinträge durch, die sie einige Monate, bevor sie zu mir kam, zu schreiben begonnen hatte. Sie enthielten Details ihrer Entführungserfahrungen, Gedichte und die Behandlung philosophischer Ideen, die sich auf den tiefgreifenden Wandlungsprozeß beziehen, den sie durchgemacht hat.

Jerry ist das zweite von vier Kindern und lebte als Kind in einer ländlichen Umgebung in der Nähe von Kansas City, Missouri, wo ihr Vater in einem Molkereibetrieb arbeitete. Ken, ihr älterer Bruder, hatte ebenfalls ungewöhnliche Erlebnisse in seiner Kindheit. So hatte er beispielsweise ungewöhnliche blaue und weiße Lichter vor seinem Fenster gesehen und fürchterliche »Alpträume« von »jemandem« gehabt, der in sein Zimmer kam, während er wach war. Kurz bevor sie zu mir kam, sprachen Jerry und Ken über ihre Erfahrungen, und sie entdeckte, daß »er sich damit sein ganzes Leben lang herumgeplagt hat«. Darüber hinaus sah Jerry in ihrer ersten Rückführung ihren jüngeren Bruder Mark, der als Säugling zusammen mit ihr (sie war damals sieben Jahre alt gewesen) entführt worden war, aber sie hat sich mit ihm niemals über ihre Erfahrungen ausgesprochen.

Jerrys Eltern ließen sich scheiden, als sie acht Jahre alt war. Ihr Vater blieb nach der Trennung in Missouri, und viele Jahre lang hatte Jerry nur sehr wenig Kontakt zu ihm. Vor kurzem aber hatte sie eine längere Aussprache mit ihm und glaubt, daß sie einander jetzt näherkommen werden. Nach der Scheidung zog Jerrys Mutter, die immer als Sozialarbeiterin gearbeitet hat, mit den Kindern nach Macon, Georgia. Jerry blieb ihrer Mutter eng verbunden und hat ihr über die Jahre hinweg immer wieder bedeutende Erfahrungen anvertraut. Während Jerrys Kindheit und Jugend zog die Familie noch mehrmals innerhalb Georgias um. »Vielleicht waren wir im Herzen Zigeuner«, vermutete sie. Sie schloß sich den sogenannten »Wichteln«, einer Pfadfindergruppe für die ganz jungen Kinder, an, später dann den weiblichen Pfadfindern und fuhr ins Sommerlager, wo sie Reitstunden nahm und Gefallen am Reiten und dem Umgang mit Pferden fand. Später, so fanden wir heraus, identifizierte Jerry die Fohlen mit ihren »dunklen, mandelförmigen Augen« mit außerirdischen Mischlingswesen. Obwohl ihre Lehrer ihr bestätigten, daß sie für ein Studium am College die richtigen Voraussetzungen hätte, verließ sie die High School zu Beginn des zehnten Jahres. Damals hatte ihnen ein Englischlehrer Aufgaben von College-Niveau zur Bearbeitung aufgegeben, mit denen sie nichts anzufangen wußte, und die Schulleitung hatte sich geweigert, sie in eine andere Klasse zu versetzen. Anschließend hatte sie verschiedene Jobs als Kassiererin oder Bürokraft gehabt.

Angesichts der Tatsache, daß sie die Schule nur bis zum neunten Jahr besucht hatte, waren sowohl Jerry als auch ihre Freunde von dem komplexen Wissen und von der »Flut« von Gedichten überrascht, die sie zum ersten Mal vor fünf oder sechs Jahren niederzuschreiben begonnen hatte. Ihr Schriftwerk, das jetzt Hunderte von Seiten umfaßt, erfuhr im November 1991 – im Anschluß an eine bedeutende Entführungserfahrung – einen beträchtlichen Zuwachs. »Ich weiß nicht, woher das kommt«, sagte sie. Tatsächlich scheinen ihr ausgefeilter Stil und ihre Ausdrucksfähigkeit das Niveau ihrer Schulausbildung zu übersteigen. Wörter, deren Bedeutung sie nicht kennt, kommen ihr beim Schreiben in den Sinn, und wenn sie deren Bedeutung nachschlägt, stellt sie fest, daß sie sich nahtlos in den Gedankenzusammenhang einfügen. Jerry hatte das Gefühl, daß viele ihrer Ideen nicht aus ihr selbst, sondern aus einer anderen Quelle kämen. Durch die Kommunikation, die die fremden Wesen von sich aus unmittelbar nach ihrer Entführung im November 1991 mit ihr aufnahmen, war sie so erschrocken gewesen, daß sie ihre ersten Notizbücher verbrannt hatte.

Ihre erste Ehe hatte Jerry mit Brad geschlossen, als sie neunzehn Jahre alt und mit ihrer Tochter Sally schwanger war. Sie hatte ihn nie geliebt, und sie wurden 1986 wieder geschieden. Jerry behauptet, ihr Ex-Ehemann habe sexuelle »Spiele« mit dem Kind getrieben, wobei es auch zu oralem Sex, aber nicht zur Penetration gekommen sei. Jerry hatte früher geglaubt, daß dies die Folge ihrer eigenen Aversion gegen Sexualität gewesen sei. »Ich glaube aber eigentlich nicht mehr, daß das stimmt«, schrieb sie in einem Tagebucheintrag vom Januar 1993. »Er hätte statt dessen ja fremdgehen können. Er hatte etwas an sich, das ihn das tun ließ, was er tat, und ich habe mich mit ihm eingelassen, weil ich in ihm vielleicht im Unterbewußtsein etwas gesehen habe, das meiner Einstellung entgegenkam. Womöglich war er für mich gar keine sexuelle Bedrohung. Ich kam ganz gut dabei weg, weil ich mich mit ihm nicht über meine Angst vor Sex auseinandersetzen mußte. Er akzeptierte im Grunde den Gedanken einer Ehe ohne Sex.«

Im Jahre 1989 heiratete Jerry zum zweiten Mal. Ihr zweiter Mann heißt Bob. Er arbeitet als Tischler. Sie liebt ihn und sehnt sich, was Zuneigung und Sexualität betrifft, nach einer ganz normalen Beziehung. In ihr Tagebuch schrieb sie: »Jetzt lebe ich in einer viel besseren Ehe mit einem Mann, der sexuell normal veranlagt ist und der mit mir eine normale sexuelle Beziehung haben möchte.« Aber ihre Entführungserinnerungen haben das unmöglich gemacht. »Immer wieder sage ich mir, daß mein Mann nichts dafür kann und daß er mir nicht weh tun will, wie diese Wesen es getan haben«, schrieb Jerry im Januar 1993. »Immer wieder sage ich mir, daß das jetzt etwas ganz anderes ist, daß er mich liebt und mich nicht quälen will. Ich versuche, nur positive Gedanken zu haben, aber wenn es dann zum Sex kommt, ist alles umsonst. Alles ist weg, und ich stecke wieder mitten in meiner Angst. Meine Gefühle während einer sexuellen Begegnung entsprechen denen, die ich während der Entführung hatte. Ich habe Angst, fühle mich benutzt und merke, daß ich das aushalten muß.« Bei anderer Gelegenheit sagte sie, daß der Sexualverkehr für sie »mit einem Besuch beim Gynäkologen oder einer Vergewaltigung« vergleichbar sei. »Deshalb glaube ich, daß es für mich immer eine Qual bleiben wird – ein Gefühl der Machtlosigkeit und der Unfähigkeit, irgendeinen Einfluß auszuüben. Ich glaube, daß ich mich sicher fühlen würde, wenn ich mich meinem Ehemann verweigern und er das respektieren würde. Ich versuche verzweifelt, dieses Problem zu lösen. Aber ich weiß nicht wie.«

Jerrys Furcht vor Intimitäten hat sich soweit gesteigert, daß sie sogar Angst vor Berührungen hat. Oft ertränkte sie ihren Kummer und ihre Frustration in Alkohol. »Ich trank nur, wenn ich dachte, daß es zu Sex kommen könnte«, schrieb sie im September 1992. Mit der Vermutung, daß ihr Sexualproblem in einer frühkindlichen Erfahrung von Inzest oder sexuellem Mißbrauch begründet liegt, suchten Jerry und ihr Ehemann drei verschiedene Sexualberater auf. In einem Fall wurden ihre »Alpträume« als »etwas, das sich einen Weg an die Oberfläche zu bahnen versucht«, interpretiert, aber es kam nichts Nutzbringendes dabei heraus, und Jerry brach die Beratung ab.

Während ihr erster Ehemann für ihre Entführungserfahrungen kein Interesse gezeigt hatte, spürte Jerry, daß ihr jetziger Mann und seine Familie ihr Unterstützung und Verständnis entgegenbrachten – zumindest anfangs. Bob war während unserer ersten Rückführung anwesend und von der offensichtlichen Authentizität der Erfahrungen seiner Gattin sehr betroffen. Aber in ihrer Umgebung schien Ungläubigkeit aufzukommen, wodurch Jerry sich noch isolierter und mit ihren Erfahrungen allein gelassen fühlte und Hilfe fast ausschließlich bei anderen Betroffenen, bei Pam und bei mir suchte. Die Absonderung von der Familie ihres Mannes war besonders schmerzlich. »Seine Familie steht mir nicht mehr so zur Seite wie früher«, erzählte mir Jerry im März 1993. »Das ist schmerzlich für mich, wissen Sie, denn das ist alles, was ich an Familie habe, und ich möchte nicht, daß sie von mir als der Exzentrikerin, der Verrückten sprechen.« Aber »es gibt keinen Weg zurück. Ich muß lernen, damit zu leben.«

Alle drei Kinder Jerrys scheinen in das Entführungsphänomen verwickelt zu sein. Ab ihrem sechsten Jahr hatte Sally, die 1981 zur Welt kam, bedrückende Alpträume, während derer sie häufig schrie: »Rühr mich nicht an! Laß mich allein!« Im Alter von neun oder zehn Jahren hatte sie häufig starkes Nasenbluten, für das es keine Erklärung gab. Sie sah in ihren Träumen oder Vorstellungen auch, daß der Himmel voller UFOs war, und machte Jerry gegenüber die Bemerkung, daß die Außerirdischen vielleicht spezielle Familien heraussuchten. Sally hatte »Träume«, in denen die Familie auf ein Dach geht, ein Raumschiff kommen sieht und »viele kleine Gestalten rund um sie herum sind«. In einem anderen Traum kam ein außerirdisches Mädchen, das keine Haare hatte und dem eine rote Schleife »am Kopf steckte«, zu ihr ans Fenster und forderte sie auf, zum Spielen herauszukommen. Sie erzählte, daß sie hinausgegangen sei, um mit dem Mädchen zu spielen, und daß man ihr ein Raumschiff gezeigt habe. Im Anschluß an einen ihrer Alpträume hatte Jerry sie erst vor kurzem auf ihrer Bettdecke liegend vorgefunden; das Nachthemd war hochgeschoben, und die Unterwäsche fehlte. Sally war völlig erschöpft, und Jerry vermochte sie nicht zu wecken. Im Juni 1993 bekam Sally Angst, als ihr aus unerklärlichen Gründen eine Zeitspanne von etwa einer Stunde im Bewußtsein fehlte. Sie war gerade dabei gewesen, ein Buch für die Schule zu lesen. Sie sah auf die Uhr, die 6.02 Uhr anzeigte. Wie es ihr erschien, las sie noch einige Minuten lang weiter und sah dann wieder auf die Uhr, die diesmal 6.58 Uhr anzeigte. »Wie ist das möglich?« fragte sie ihre Mutter aufgeregt, und Jerry suchte nach einer Erklärung wie beispielsweise der, daß sie vielleicht zwischendurch eingeschlafen sei. Aber Sally behauptete steif und fest, daß dies nicht der Fall gewesen sei.

Matthew kam 1983 auf die Welt. Er fürchtete sich als kleines Kind vor den Puppen der »Sesamstraße«, die durch ein Fenster kamen und die er »Wo-wos« nannte. Wenn ihm die fremdartigen Puppen gezeigt wurden, begann er zu weinen und zu schreien und wollte, daß seine Mutter den Fernseher abstellte. Bert, eine dieser Puppen, hatte »erschreckend große Augen«, wie Matthew sagte. Er fürchtete sich auch vor einem Joghurt-Werbespot von TCBY, in dem ein UFO dahergeflogen kam und landete. Sobald dieser Spot ausgestrahlt wurde, rannte Matthew aus dem Raum und schrie wieder nach seiner Mutter, damit sie das Fernsehgerät abstellte. Er erzählte, er habe von einer pyramidenförmigen fliegenden Untertasse geträumt, die zu ihm gesprochen und Augen gehabt habe. Beide Kinder zeigten eine starke Reaktion, als Jerry ihnen ein Bild eines Außerirdischen zeigte. Dieses Bild gehörte zu den HIRT-Test-Karten von Hopkins (»Hopkins Image Recognition Test«), bei denen Bilder wiedererkannt werden sollen. Sie hatte die Karten von einer Freundin erhalten, die selbst Entführungserfahrungen hatte. Beim Anblick des Bildes »stockte Sally der Atem«, und sie steckte die Finger in den Mund. Matthew war verängstigt und fragte: »Hat Sally das gesehen? ... Was hat sie gemacht?«

Colin war im Februar 1993 drei Jahre alt. Seine Verstrickung war sehr intensiv und ist gut dokumentiert in Jerrys Aufzeichnungen, in ihren Gesprächen mit ihm und in einer behutsamen Untersuchung durch einen anderen Psychiater, der auf Kinder spezialisiert ist. Jerry hatte Colin auch während ihrer eigenen Entführungen bemerkt. In einem Tagebucheintrag vom 14. August 1992, als Colin zweieinhalb Jahre alt war, schrieb Jerry, sie habe ihn in der Nacht weinen und mit sich selbst reden hören. Sie ging in sein Zimmer und sah, daß er in seinem Bett saß. »Er schien völlig wach zu sein.« Er verlangte nach Saft, den sie ihm auch brachte, und dann begann er, über Lichter im Freien und über Eulen mit Augen daherzureden. Er zeigte zum Fenster hinaus und sagte: »Schau, die Augen.« Jerry hatte »ein ganz eigenartiges Gefühl, denn etwas früher in der Nacht hatte ich selbst ganz deutlich das Gefühl, daß sie in der Nähe seien«. Sie nahm Colin mit hinauf, um Bob zu erzählen, wovon er geredet hatte, aber der »wurde ärgerlich und meinte, er habe wohl einen Alptraum gehabt«. Wie sie anmerkte, hatte Colin normalerweise einen gesunden Schlaf und »verlangt nie, bei uns zu schlafen, und er hatte auch nicht die Gewohnheit, nachts aufzuwachen«.

Aber in jener Nacht wollte er zum ersten Mal nicht in seinem eigenen Bett, sondern unbedingt bei den Eltern schlafen.

Dies wiederholte sich einige Nächte lang, und Jerry schrieb am 29. Oktober in ihr Tagebuch, daß Colin oft und durchaus logisch über »diese Dinge« redete. Wenn Jerry und Colin zusammen im Freien waren, schaute er in den Himmel und fragte manches über die Sterne und den Mond und erzählte dann von den »schrecklichen Eulen mit den großen Augen«, die »vom Himmel herunterfallen« oder »herunterschweben«. Einige Male zeigte er, wie diese Augen aussahen, indem er seine Hände, die er wie ein C krümmte, vor die Augen hielt. Einmal war er »vollauf mit Rennen und Schreien beschäftigt, und er sagte, sie wollten ihm etwas zu essen geben und ihn angreifen«. Er habe dieses Wort tatsächlich benutzt. Und vor allem an seinem Zeh hätten sie ihm wehgetan.

Colin erzählte auch von Raumschiffen, Planeten und Sternen. Eines Nachts kletterte er zu seiner Mutter ins Bett und sah auf einem Bucheinband ein kleines Bild der Erde. »Das ist der Planet Erde«, sagte er, »er verschwindet ... das Haus verschwindet.« Und auf die Zimmerdecke deutend, sagte er: »Schau, sie sagen tschüs.« Dann sprang er aus dem Bett und spielte eine kleine Szene, wobei er ängstlich redete. »Die Eulen mit den großen Augen fallen herunter und springen, und ich springe ... Das ist ein Raumschiff, und ich komme aus dem Raumschiff heraus ... Mein Zeh tut weh ... Die großen Augen sind schrecklich, Mami.« Unmittelbar danach entdeckte Jerry an einer von Colins Zehenspitzen Blut und einen eingerissenen Zehennagel.

Am 8. November traf ich mich mit Colin, der jetzt zwei Jahre und neun Monate alt war, und seinen Eltern bei mir zu Hause; sein Bruder und seine Schwester spielten im Garten. Er machte auf mich den Eindruck eines netten, lebenslustigen Jungen, aber er zeigte auch einige seiner Ängste. Er bezeichnete ein Spielzeugkrokodil als »Tiger«, der gern beißt. Später fragte er seine Mutter: »Warum holen dich die Tiger?« Er schien die Eulen mit den großen Augen also durch Tiger ersetzt zu haben. Ganz besonders interessierte er sich für den großen Globus in meinem Büro und wollte seinen eigenen Aufenthaltsort darauf sehen. Ich ging die HIRT-Karten mit ihm durch, und er zeigte ausschließlich bei der Karte mit dem Bild eines Außerirdischen, den er einen »schlimmen Mann« nannte, eine starke Reaktion und wurde danach ängstlicher. In ihrem Tagebuch vermerkte Jerry am 15. November, daß Colin in der Nacht mehrmals »Aua! Aua!« geschrien habe. Wenn sie und Bob dann zu ihm gegangen waren, hatte er fest geschlafen, aber am nächsten Morgen erzählte er, daß die »Monstereulen« ihm am Bein wehgetan hätten. Colin kletterte ins Bett seiner Eltern, zeigte zur Zimmerdecke und sagte: »Was ist das für ein großes Boot? Das große Boot am Himmel.«

In ihrem Tagebucheintrag vom 28. Januar 1993 schrieb Jerry, daß Colins beunruhigende Erfahrungen sich alle ein bis zwei Wochen zu ereignen schienen. Am 25. Januar, als sie und Colin im Bad waren und sie sich fertig machte, um sich mit Bob zum Essen zu treffen, sagte Colin mehrmals mit ängstlicher, ärgerlicher Stimme: »Ich will nicht zurück ins Raumschiff!« Dann stand er auf der Toilette, die Zehen krampfhaft eingezogen und die Hände zu Fäusten geballt. »Ich bin verlorengegangen«, sagte er einige Male. »Ich mag das nicht.« Als er sich wieder beruhigt hatte, sagte er: »Ich bin dort geboren und von den Sternen heruntergefallen.« Und als Jerry ihn aufforderte zu wiederholen, was er da eben gesagt hatte, fügte er noch hinzu: »Ich bin im Raumschiff geboren, und es war dunkel.« Dann verspannte er sich wieder und zappelte herum. Sie fragte ihn, wie er in das Raumschiff gekommen sei, und er bildete mit den Händen Halbkreise um die Augen und sagte: »Die Augen.« Als Jerry ihn dann fragte, ob in dem Raumschiff außer ihm auch noch jemand anderes gewesen sei, antwortete er: »Ja, ich sehe den König. Ich sehe den König, und Er ist Gott.« Jerry wunderte sich, warum er sich so gut ausdrücken konnte. Ganz offensichtlich überstieg es seine altersgemäßen Fähigkeiten, über solche Dinge zu reden.

In der Nacht des 27. Januars kam Colin in das Zimmer der Eltern und kletterte zu ihnen ins Bett. Jerry fand das ungewöhnlich, da das Sicherheitsgitter an seiner Zimmertür verriegelt worden war und niemand sich daran erinnerte, es geöffnet zu haben. Währenddessen begann das Überwachungsgerät, das Geräusche aus dem Kinderzimmer übertragen sollte, eigenartige, laute Töne von sich zu geben. Es schaltete sich so laut ein und aus, daß Colin Bob bat, es ganz abzustellen.

Angesichts von Colins fortgesetzter Beunruhigung – und weil ich wissen wollte, ob für seine Symptome in einer unabhängigen Untersuchung eine konventionelle, psychopathologische Erklärung gefunden werden konnte – bat ich einen fähigen, meiner Ansicht nach aufgeschlossenen Kollegen, Dr. C., ihn zu untersuchen. Er hatte sich als Psychiater auf Kinder spezialisiert, war allerdings kaum mit dem Entführungsphänomen vertraut. Er traf im Februar mit Colin und seiner Familie zusammen und schickte mir im März seinen Bericht. Dr. C. konnte nicht viel Bemerkenswertes in Colins Vorgeschichte finden, abgesehen von der Geschichte mit seinen Begegnungen. Er beurteilte ihn als einen »sehr netten Jungen mit einem gewinnenden Wesen« und entdeckte keine eheliche Spannungen zwischen Jerry und Bob – außer, wenn es um Jerrys Entführungserfahrungen ging. Colin spielte mit Puppen und begann sich für eine Gummischlange zu interessieren, die Finger und Zehen fraß. Er erzählte daraufhin von der Verletzung an seinem eigenen Zeh, zeigte sich aber nur leicht beunruhigt darüber.

Obwohl Dr. C. keine Erklärung für Colins Probleme fand, fragte er sich, ob sie nicht doch mit einem bislang unentdeckten Zwischenfall in der Familie in Verbindung stünden. Vielleicht gingen sie auf Erzählungen von Colins Bruder zurück, der in eine Geschichte von sexuellem Mißbrauch verwickelt gewesen war und mit Colin eine Zeitlang das Zimmer geteilt hatte. Der Arzt stellte des weiteren Vermutungen an, ob Colins Symptome eventuell auf Fernsehbilder von Raumschiffen und dem Planeten Erde zurückzuführen seien, obwohl der Junge nur sehr wenig Zeit vor dem Fernseher verbrachte. Colins Beunruhigung schien nach dieser Untersuchung etwas nachzulassen, und Dr. C. empfahl, zunächst nichts weiter zu unternehmen. Er zeigte sich aber jederzeit bereit, Colin auch weiterhin zu behandeln, wenn dessen Angstzustände anhalten sollten. Ein Ergebnis dieser Untersuchung schien darin zu bestehen, daß sich die Kluft zwischen Jerry und Bob – was ihre Ansichten über die Ursachen von Colins Problemen betraf – noch ein wenig vergrößerte. Die Tatsache, daß Dr. C. keine konventionelle Erklärung für Colins Symptome finden konnte, bestärkte Jerry in ihrer Ansicht, daß sie auf UFO-Entführungen zurückzuführen seien. Bob hingegen empfand die Suche des Psychiaters nach einer eher konventionellen, traumatischen Ursache innerhalb der Familie als beruhigend, da er sich dem Gedanken, daß Entführungen real sein könnten – zumindest bei seinem kleinen Sohn –, bislang widersetzt hatte. Im Juni, als Colin ein Buch mit dem Bild eines Außerirdischen auf dem Umschlag sah, bemerkte er: »Das ist ein Raketenmann. Er fliegt hinauf und kommt wieder herunter.«

Jerry hat das Gefühl, daß Entführungen und damit zusammenhängende Phänomene sich im Verlauf ihres gesamten Lebens immer wieder ereignet haben. Sie wußte immer schon, daß diese Erfahrungen, die von ihrer Mutter und anderen so bereitwillig als Alpträume abgetan wurden, für sie beeindruckend und real waren. Folglich hatte sie stets mit einem starken Gefühl der Isolation und unter dem Eindruck gelebt, daß ihr keine andere Wahl bliebe, als einen bedeutenden »Teil meines Lebens« zu verleugnen. Das Auftauchen von Druckstellen, Schnitten, Blutergüssen und anderen kleinen Verletzungen im Anschluß an ihre Entführungserfahrungen hat Jerry geholfen, die Wirklichkeit dessen zu bestätigen, was sie im Laufe der Jahre durchgemacht hatte, bevor sie Anschluß an andere Betroffene fand und sich an forschende Therapeuten wandte, die mit dem Phänomen vertraut sind.

Die erste Entführungserfahrung, an die sie sich bewußt erinnerte, erlebte sie im Alter von sieben Jahren, als sie noch in Kansas City lebte. Dieses Ereignis soll im Zusammenhang mit ihrer ersten Hypnosesitzung detailliert behandelt werden. Sie erinnerte sich, vor diesem Ereignis eine Art ungewöhnliches Licht, ein Raumschiff und kleine, dünne, graue Wesen vor ihrem Fenster gesehen zu haben. Als sie ihrer Mutter erzählte, was sie gesehen hatte, wurde ihr gesagt, daß das ein schlechter Traum gewesen sei. Jerry jedoch »erwiderte darauf unnachgiebig, daß ich mir nichts eingebildet und nicht geträumt habe, sondern daß das Wirklichkeit war«.

»Ich sah Lichter, ich sah das Raumschiff, ich sah sie«, erzählte Jerry bei unserem ersten Treffen. »Nie habe ich gesagt, daß es ein Traum oder ein Alptraum gewesen sei.« Daß ihre Mutter über Jahre hinweg steif und fest behauptete, diese Erfahrungen, die sie als wirklich und real empfand, seien bloß Träume, ließ Jerry schließlich an ihrem eigenen Realitätssinn zweifeln. Während ihrer ersten Rückführung – im Verlauf unseres Gesprächs über ihre Entführung im Alter von sieben Jahren – gab Jerry an, sie habe schon früher Begegnungen mit Außerirdischen gehabt. Sie konnte sich nicht erinnern, wie alt sie damals war, aber sie erinnerte sich, klein gewesen zu sein und daß »ich keine Angst hatte, als ich sie zum ersten Mal sah. Ich hielt sie für nett ... Eine ganze Menge von ihnen« waren vor dem Fenster, »so richtig glücklich«, und ermutigten sie, »zu kommen und mit ihnen zu spielen«. Als sie neun Jahre alt war und sich unmittelbar vor ihrem Umzug nach Georgia in einem Motel aufhielt, hatte sie das Gefühl, daß jemand im Zimmer sei, und die beängstigende Empfindung, daß »sich jemand direkt auf mein Bett setzte«. Und im Alter von acht Jahren machte sie durch einen Eingriff eine sehr traumatische und quälende Erfahrung, die wir in unserer vierten Hypnosesitzung erforscht haben.

Eine noch beunruhigendere Episode, die wir in der zweiten Hypnosesitzung im Detail erforscht haben, ereignete sich in Georgia, als Jerry dreizehn Jahre alt war. Sie wachte völlig verängstigt auf und erinnerte sich, daß sie einen Druck in der Gegend des Unterleibs und der Genitalien spürte und sich nicht mehr bewegen konnte. »In Gedanken schrie ich laut auf«, erinnerte sich Jerry, aber sie wußte nicht, ob überhaupt ein Laut davon zu hören war. »Jemand hat etwas gemacht«, und es war »etwas Fremdartiges«. Sie erinnerte sich außerdem, daß sie sich selbst fragte: »Ist es das, was beim Sex abläuft?« Mit großer Sicherheit wußte sie jedoch, daß »es keine Person war«.

Zwei Wochen vor der Erforschung dieser Episode in der Rückführung beschrieb Jerry in ihrem Tagebuch, wie ihre Schwierigkeiten in ihrem Intim- und Sexualleben kurz nach dieser Episode begonnen hatten. Sie traf ihren ersten »richtigen Freund«, der etwa zwei Jahre älter war als sie. Jerry hatte den Eindruck, »daß der Gedanke, mehr zu tun, als sich zu küssen, für sie erschreckend war«, obwohl sie vorher schon Verabredungen gehabt und »Erfahrungen mit Petting gesammelt hatte und nichts daran mich im geringsten belastete«. Ihre Eltern schliefen, als sie mit ihm in ihrem Schlafzimmer war. Er wollte mehr, »als sich nur zu küssen und gegenseitig zu umarmen«. Da sie ihre »Furcht vor Berührungen im Intimbereich« endlich »loswerden« wollte, erlaubte sie ihm, sie »zwischen den Beinen zu berühren, es vorsichtig zu versuchen«. Aber dann »bin ich ausgerastet. Ich war völlig verspannt. Mein ganzer Körper war steif wie ein Brett. Ich bekam eine Art Panikanfall. Ich schwitzte, zitterte am ganzen Körper, und mein Herz raste. Ich schaute auf meine Hand, und ganz plötzlich begann sie zusammenzuschrumpfen und runzelig zu werden. Sie verfärbte sich allmählich ins Graue. Ich war wie versteinert. Ich weiß nicht, was ich danach getan habe, aber was auch immer es war, für meinen Freund war es erschreckend genug, um meine Mutter zu holen. Sie kam ins Zimmer und beruhigte mich.« Jerry sprach mit niemandem über diesen Zwischenfall, schrieb aber: »Seitdem habe ich eine Aversion gegen Sex.«

In den folgenden Jahren hatte sie eine Reihe von »Alpträumen«, in denen sie bewegungsunfähig erwachte, »summende, klingelnde und surrende« Geräusche in ihrem Kopf hörte und humanoide Wesen in ihrem Zimmer sah. »Sie waren wirklich die Ursache, daß ich oft nicht schlafen konnte«, schrieb sie. In einer Episode im Jahr 1987 sah sie ein herrliches »Glitzern und Funkeln«, das scheinbar von draußen in ihr Zimmer drang, aber sie schrie vor Schreck auf, als zwei kleine Wesen in einer Art schimmernder »Kleidung oder Uniform« über ihrem Bett schwebten. Sie glaubte, daß sie damals laut aufschrie und Bob, mit dem sie damals verlobt war, aufzuwecken versuchte, »aber er rührte sich nicht«. Als die Wesen noch näher herankamen, ängstigte sie sich immer mehr, hatte »dann einen Filmriß« und konnte sich »danach an nichts mehr erinnern«. In einer späteren Rückführung mit einem anderen Therapeuten, in der sie diese Episode erforschte, war Jerry tief bewegt, als man ihr ein weibliches Zwillingspärchen zeigte, bei deren Anblick sie fühlte, daß es ihre eigenen Mischlingskinder waren.

Im Jahre 1990 erlebte Jerry die schlimmste ihrer traumatischen Entführungserfahrungen. Wir haben diese bis jetzt noch nicht unter Hypnose erforscht, weil zu intensive Empfindungen von Angst und Schmerz damit verbunden sind. Aber Jerry erinnert sich bewußt an viele Details. Sie und Bob hatten gerade eine Maisonnettewohnung in Plymouth, Massachusetts, gekauft. Sie erinnert sich nicht daran, wie die Episode begann, nur, daß sie die Anwesenheit von jemandem und ein Klopfen auf ihrer Schulter spürte. Sie wurde in einen runden Raum gebracht, der schimmernde und metallisch wirkende Wände hatte und mit verschiedenerlei Gerät ausgestattet war. Sie erinnert sich, daß ihre Halskette sich löste und zu Boden fiel, als sie stehend in der Schwebe gehalten wurde und Tests durchgeführt wurden. Sie kommunizierte auf telepathischem Wege mit einem großen Wesen mit »blondem« Haar, das der Anführer zu sein schien. Sie teilte ihm mit, daß ihre Halskette sich gelöst hatte, und er antwortete, daß er es gesehen habe, und ließ sie von einem kleineren Wesen aufheben. Man sagte Jerry, daß sie die Kette erst später wiederhaben könne, denn sie sei »kontaminiert«, und die Wesen legten die Kette in einen »plastikartigen Beutel«. Der Anführer versprach ihr, daß man sie ihr zu einem anderen Zeitpunkt zurückgeben werde. Monate später fand ihre Mutter – Jerry hatte ihr von dem Vorfall mit der Kette erzählt – in Georgia in einer Schachtel eine Kette, die Jerry für die verlorene hält. Zunächst empfand Jerry während des Ereignisses keine Furcht und freute sich sogar, daß sie sich mit den fremden Wesen unterhalten konnte. Der Anführer fragte sie, »wie die Medikation bis jetzt« gewesen sei, und sie machte den Fehler zu sagen: »In Ordnung«. Danach wurde an ihrem Hinterkopf, direkt über dem Nacken, ein Eingriff vorgenommen, der ihr den schlimmsten Schmerz verursachte, den sie jemals verspürt hatte, »noch schlimmer als die Schmerzen bei einer Entbindung ... Ich dachte, sie würden mich töten.« Sie erinnert sich, geschrien zu haben: »Wie könnt ihr das tun? Ihr habt mich gefragt, wie meine Medikation ist!« Zusätzlich zu dem reinen Schmerz verspürte Jerry Muskelkrämpfe, die sie nicht kontrollieren konnte und die sich in schnellen Schüben von ihren Beinen bis zu ihren Gesichtsmuskeln ausbreiteten. Sie schrie, man solle aufhören, und war erfüllt von Haß und Zorn. »Bisher hatte ich geglaubt, das seien in gewisser Weise perfekte, liebevolle Wesen. Wie konnten sie mir so etwas antun? Ich war so geschockt. Danach konnte ich mich an nichts mehr erinnern. Das nächste war, daß ich aufwachte und wieder in meinem Bett lag.« Obwohl sie sich gewöhnlich in einer Selbstschutzhaltung seitlich zusammenrollt, wachte Jerry auf dem Rücken liegend auf. Ihr Körper war sehr steif und ausgestreckt, ihre Hände waren über der Brust gefaltet, und ihre Füße zeigten genau nach oben und lagen ganz gerade nebeneinander. Immer noch in Panik, versuchte Jerry ihren Ehemann zu wecken, hatte damit aber keinen Erfolg. Sie telefonierte dann mit ihrer Mutter in Georgia, denn »ich mußte unbedingt jemandem erzählen, was geschehen war«.

Im Zusammenhang mit einer der drei Entführungen im Jahre 1991 erinnert sich Jerry, daß sie von größeren, menschenähnlicheren, hellhäutigen und blonden Wesen zu einem Ort mitgenommen worden war, der wie das oberste Stockwerk eines sehr großen Gebäudes mit beleuchteter Einrichtung wirkte. Sie hatte das Gefühl, an einem Strand oder einer Küste zu sein, denn sie hörte den Wind und die Brandung, fühlte einen Lufthauch und roch das Meer. Hoch oben in diesem Gebäude zeigte man Jerry Szenen mit Raketen und anderen Waffen. Sie hatte den Eindruck, daß das sehr wichtig war. Man zeigte ihr auch eine Art dreieckiger Maschine, die rund wurde, wenn sie sich drehte, und die »vielleicht mit dem Fliegen zu tun hatte«. Man versicherte Jerry, daß sie nie vergessen werde, was man ihr bei dieser Gelegenheit gezeigt hatte. Am anderen Tag stellte sie fest, daß sie Dreiecke aus Papier bastelte oder aus Bleistiften und Zahnstochern bildete und sie »immer wieder herumdrehte«.

Im November 1991 erwachte Jerry und hatte abermals das Gefühl, daß noch jemand anwesend sei. Das Zimmer war von einem orangeroten Licht erhellt, das aber bald verschwand. Am nächsten Tag schienen ihr Geist und Verstand auf »Höchstleistung gestellt« zu sein, überschwemmt von Gedanken. Jerry hatte das Gefühl, als sei sie mit einer Art »Universal«-Wissen angefüllt, »seelisches Zeug, für mich ungewöhnlich«. Danach durchlebte sie – wie bereits eingangs erwähnt – eine Phase intensiver Schreibtätigkeit. Ihr Schriftwerk der nächsten anderthalb Monate umfaßt unter anderem rund einhundert Gedichte, obwohl sie vor diesem Ereignis »noch nie in meinem Leben ein Gedicht geschrieben« hatte. Sie empfand diese Gedanken und den Drang zum Schreiben recht bedrückend und sagte: »Ich weiß nicht, woher das kommt.«

In den Monaten vor unserer ersten Hypnosesitzung, am 11. August 1992, hatte Jerry weitere Entführungserfahrungen. Dazu gehört eine Episode, genau drei Wochen vor unserem Termin, in deren Verlauf sie – wie sie sich bewußt erinnerte – ein UFO aus nächster Nähe sah und von humanoiden Wesen, deren Haltung sie als liebevoll und wohlwollend empfand, in das Raumschiff gebracht wurde. Dort sah sie Regale mit Instrumenten und Phiolen, saß auf einem Stuhl oder Tisch und führte ein kompliziertes Gespräch mit den Außerirdischen, von denen sie den Eindruck hatte, daß sie »über dem standen, was wir für intelligent oder sogar genial halten«. Einer von ihnen erklärte ihr, daß sie von so »weit aus der Zukunft« kämen, daß sie nicht fähig sei, dies zu begreifen. Jerry erinnerte sich, daß sie sich gesagt hatte: »Das ist Wahnsinn. Ich kann alles sehen und bin mir dessen voll bewußt.« In ihrem Tagebuch schrieb sie abschließend: »Ich war völlig überzeugt, und es gab für mich nicht den Hauch eines Zweifels, daß das, was ich erfahren hatte, Realität war. Sie schauten mich mit ihrem liebevollen und allwissenden Lächeln an und sagten einfach 'ja'. Ich meinte dann darauf, nun, wenn das Realität ist, dann lebe ich irgendwie ein doppeltes Leben ... Ich hatte das Gefühl, daß es da einen ganz bestimmten Grund gab, daß mir – genau wie anderen auch – diese andere Realität nicht zu Bewußtsein kam, mir zumindest nicht so bewußt wurde wie die Realität in unserem Hier und Jetzt.«

Bob begleitete Jerry zu unserer ersten Hypnosesitzung. Er war skeptisch, sagte aber, entweder »lügt sie mich an«, oder »es ist wirklich passiert«. Und er meinte auch: »Sie ist keine Lügnerin ... Sie ist der ehrlichste Mensch, den ich jemals getroffen habe.« Dennoch konnte man etwas von Bobs widerstrebender Einstellung erahnen, als er sagte, daß er während der Kurzserie »Intruders« – die einige Entführungsszenen enthielt, die einem das Blut in den Adern gefrieren ließen – mehrfach »eingeschlafen« sei.

Bevor wir mit der eigentlichen Rückführung begannen, besprachen wir rückblickend einige von Jerrys Entführungserfahrungen. Sie erzählte mir von ihrer Suche nach einer Kirche, die mehr Einfühlungsvermögen zeige als der Katholizismus, in dem sie erzogen worden war. »Es war fast so, daß ich mit Freunden verschiedene Religionen ausprobierte«, erklärte sie. Die Protestanten seien ihrer und Bobs Vorstellung anfangs am nächsten gekommen, aber sie »forderten eine zu umfassende Veränderung unseres Lebens ... Wir gingen auf Distanz und lebten so weiter.« Was Jerry besonders störte, war ihr Eindruck, daß sie mit niemandem von der Kirche über ihre Entführungserfahrungen sprechen konnte, denn dort betrachtete man diese Phänomene als »absolut schlecht, einfach teuflisch«. Gott, so sagten sie, »würde nie und nimmer Wesen erschaffen, die so aussähen«. Das brachte Jerry gegen die Kirche auf, denn ihrer Ansicht nach sind die Außerirdischen »eine andere Intelligenz, eine andere Lebensform, eine andere Realität ... Ich habe nicht das Gefühl, daß sie zwangsläufig schlecht oder gut sind.« Als sie einigen Kirchenmännern einmal von einer Erfahrung erzählte, die sie erlebt und bei der sie ihren Körper verlassen hatte, »liefen die schnurstracks zu einer höheren Dienststelle und sagten: 'Tu so etwas niemals!'«

Nach dieser Unterhaltung besprachen wir, welche von Jerrys Erfahrungen wir unter Hypnose erforschen wollten. Wir entschieden uns für die Episode in Missouri, als sie sieben Jahre alt war. Wir besprachen noch einmal im Detail die Örtlichkeit ihres Elternhauses, das sich an einem Hügel – neben einem kleinen Wasserlauf und einer Viehweide – befand. Wir besprachen auch die Raumaufteilung im Haus. Jerry hatte mit ihrer jüngeren Schwester ein Zimmer geteilt, in dem Etagenbetten standen.

In Trance sah Jerry als erstes ihr Schlafzimmer mit den rosa Wänden und sich selbst, wie sie mit ihrem langen Flanellnachthemd im Zimmer stand. Im Haus war es völlig ruhig, und sie erinnerte sich, Angst gehabt und den Drang verspürt zu haben, aus dem Zimmer hinaus in den Flur zu gehen. Ein eigenartiges, helles Licht erhellte den Raum. Jerry kam der Gedanke: »Ich brauche keine Angst zu haben, denn ich kenne sie.« Trotz ihrer aufsteigenden Furcht spürte sie einen unwiderstehlichen Drang, aus dem Zimmer in den Flur und dann ins Wohnzimmer zu gehen. Außerhalb des Hauses – ungefähr in der Richtung, aus der das Licht zu kommen schien – sah Jerry um die zwanzig oder dreißig kleine Wesen und ging vor Angst wieder zurück. Sie konnte sich nicht bewegen, als einige der Wesen durch das Fenster ins Zimmer kamen. »Ich wollte nicht hinausgehen, deshalb mußten sie hereinkommen«, sagte sie. Sie merkte, daß sie ungeduldig wurden und sie einfach aus ihrer zusammengekauerten Haltung »aufhoben«. »Ich wollte nicht durch das Fenster hinaus«, sagte sie, als der Druck sich verstärkte.

Zu Jerrys Verwunderung nahmen die Wesen sie durch das Fenster hindurch mit, »und dann ging es richtig schnell aufwärts mit mir«. Als ob sie »im Himmel angehalten hätte«, konnte Jerry unter sich das Dach des Hauses sehen, die Bäume und den Erdboden. »So schnell nach oben zu kommen, nahm mir fast den Atem.« Da war ein »großes Etwas« über ihr, in das sie hineingebracht wurde. Trotz des ausgeübten Zwangs hatte Jerry das Gefühl, irgendwie an diesem Prozeß teilzuhaben, aber »ich weiß nicht, auf welche Weise«. An diesem Punkt weinte Jerry, und sie sah, daß zwei der Wesen auch ihren kleinen Bruder Mark, der noch ein Baby war, »heraufschweben« ließen, und sie machte sich Gedanken darüber, »ob er nicht vielleicht Angst hatte«, obwohl er fest zu schlafen schien.

Jerry hatte das Gefühl davonzulaufen, stellte aber fest, das sie »ungefähr bis zur Gürtellinie bewegungsunfähig« war. Während der Sitzung atmete sie sehr heftig, und ihre Stimme zitterte, als sie diese Lähmung als qualvolle Vibration beschrieb. Dann erstreckte sich »eine gewaltige Vibration« bis in ihre Hände, und »ich habe Angst, daß das durch meinen ganzen Körper geht«. Ich versicherte ihr, daß ihr das Wiedererleben der Erfahrung keinen Schaden zufügen könne. »Die Vibration ist so stark. Ich verstehe das nicht«, jammerte sie voller Angst, nicht mehr atmen zu können. »Ich kann nichts tun ... ich mache mir Sorgen um Mark!« Die starken Vibrationen schienen Jerrys gesamten Körper durchzuschütteln. »Okay«, sagte sie, »macht es mit mir, aber es ist nicht fair, es mit ihm zu tun. Er ist ja noch ein Baby! Ich hasse sie dafür ... Zuerst hatte ich noch gedacht, sie wären ganz in Ordnung.« Als die Erinnerung an eine frühere Entführungserfahrung in ihr wach wurde, weinte Jerry und sagte: »Ich dachte, die wären nett und wollten zum Spielen kommen.«

Der runde Innenraum des Raumschiffes, in den sie beide zunächst gebracht wurden, war anfangs dunkel. Dann sah sie, daß er »kuppelförmig war. Er ist richtig weiß ... Es gibt da Geländer. Es gibt verschiedene Ebenen, und sie sind ganz oben. Die Leute und die Maschinen sind ganz oben drauf.« Es gab zwei gebogene Tische in dem Raum, einen für Mark und einen für sie selbst, auf die sie gelegt wurden. »Er wirkt so klein« auf seinem Tisch, bemerkte sie. »Ich schaue zu Mark hinüber und sage ihm, er solle brav sein und nicht herumzappeln«, berichtete sie unter Tränen. »Er könnte herunterfallen oder so«, sorgte sie sich.

Dann sah Jerry ein kleines, »richtig dunkles« Wesen am Geländer der ersten Etage stehen, das sie »einfach beobachtet«. Hinter sich bemerkte sie ein größeres und helleres Wesen, das sie als »Anführer« bezeichnete. Er sah älter aus, »faltig und zusammengezogen«, mit »einem hübschen Gesicht« und einem »Gesichtsausdruck, als ob er ständig lächeln würde«. Er trug einen goldfarbenen Overall und hatte etwas strähnige, gelblich-weiße Haare. Seine Hände waren »lang und knochig«. Dieses Wesen sprach sie mit ihrem Namen, »Jerry«, an, als ob es sie kennen würde. Sie empfand das als erschreckend – vor allem, als sie feststellte, daß er sie tatsächlich gut kannte. All das machte die ganze Wiedererinnerung noch realer für sie. Sie atmete schwer, ihr Körper wurde von einem Schütteln befallen, und sie schrie auf. »Oh, ich weiß nicht, ob ich das tun kann! ... Bis zu diesem Zeitpunkt war alles nur ein Traum«, sagte sie, aber wenn sie zugeben würde, daß dieses Wesen Realität ist oder war, dann »muß alles andere auch Realität sein«. Sie glaubte, daß ihre Mutter »sich irrte«, wenn sie diese Erfahrung so beharrlich als Traum abtat. »Ich habe aufgehört, darüber nachzudenken, was alle anderen sagen ... Ich muß mein eigenes Leben leben. Ich kann nicht länger alles immer nur meiner Mutter rechtmachen. Ich muß zu dem stehen, was geschehen ist, egal, ob die Leute mich für verrückt halten.«

Der Anführer fragte Jerry, »ob die Medikation bislang in Ordnung gewesen sei«, was Jerry nicht verstand. Dann erlebte sie noch einmal einen Eingriff, der so extrem war, daß er Todesangst auslöste. Auch das Einführen von »etwas Scharfem«, einer »Nadel« ähnlich, in die Seite ihres Kopfes gehörte dazu. Es nahm offensichtlich einige Zeit in Anspruch, und dagegen gab es »keine Medikation«. Sie schrie verzweifelt auf und war über und über schweißgebadet. Ihr Körper wand sich in Schmerzen, als sie versuchte, die Erinnerungen zurückzuhalten. »Ich glaube, es bringt mich um«, sagte sie. Ich versicherte ihr, daß diese Wiedererinnerung sie nicht umbringen würde, und ermutigte sie, ruhig zu schreien, als sie das Instrument beschrieb, das von »einem hohen Vorsprung herab« in die Seite ihres Halses eingeführt wurde. »Hört auf, mir Schmerzen zu bereiten!« schrie sie laut auf und klagte jetzt über Krämpfe und andere unkontrollierbare Bewegungen in ihren Beinen – die ich ebenfalls sehen konnte. Keuchend schrie Jerry dann voller Angst laut auf: »Ich kann es nicht aufhalten! Ah! Ah! Ich hasse das! Hört auf! Hört auf damit!«

Jerrys lautes Schreien und Umherschlagen ging weiter, und sie schrie: »Sie drehen es! Sie drehen es! Oh! Es steckt in mir drin. Das ist es, was sie in mich hineingesteckt haben. Ah! Dieses Ding! Sie haben mir dieses Ding hineingesteckt!« Ich versicherte Jerry so gut, wie ich irgend konnte, daß sie sich besser fühlen werde, wenn das vorbei wäre. »Es kommt heraus«, sagte sie. »Da ist eine undichte Stelle. Es fühlt sich an, als ob etwas tropft, in meinem Hals.« Sie war sich nicht sicher, ob es Blut, Speichel oder etwas anderes war. »Sie geben mir Gelegenheit, mich zu entspannen. Sie sind fürchterlich. Sie sind grausam. Ich dachte, sie würden etwas anderes machen.« Dann flüsterte sie. »Oh, das habe ich vorher nicht gewußt.« Jerry erinnerte sich, daß man ihr gesagt hatte, damals sei ein kleiner Gegenstand in ihrem Körper hinterlassen worden, »um mich zu überwachen«. Die einzige Erklärung dafür lautete: »Wir tun, was wir tun müssen.«

»Ich glaube, der Gegenstand ist immer noch da«, sprach sie weiter. »Ich erinnere mich nicht, daß sie ihn herausgenommen haben.« Anschließend fühlte Jerry sich schlapp und müde. Sie wußte nicht, was mit Mark geschehen war, meinte aber: »Wenn sie mit ihm das gleiche gemacht hätten, hätte ich sie umgebracht.« Sie hatte keine sehr umfangreiche Erinnerung an das, was noch folgte. Der Anführer verließ sie, während sie einige Minuten auf dem Tisch liegenblieb. Dann sah sie Blitze und Flecken aus rotem und gelbem Licht. Sie erinnerte sich weder, wie sie nach Hause zurückgekommen war, noch daran, ob sie damals fähig gewesen war, ihrer Mutter oder irgend jemand anderem von den Details dieses Traumas zu erzählen. Als die Rückführung zu Ende ging, spekulierten Jerry und ich über den Schutzmechanismus, der sie bis dahin davor bewahrt hatte, sich an diese quälende Erfahrung zu erinnern.

»Ich bin durchnäßt«, sagte sie, als sie aus der Trance erwachte. »Ich hatte nicht geglaubt, daß sie mich soweit bringen könnten.« In Armen und Beinen hatte sie nach der Sitzung noch einige Minuten lang »ein komisches Gefühl«, und sie bemerkte, daß sie sich darüber hinaus fühle, »als wenn man in einer vibrierenden Maschine herumgewirbelt wird ... als wenn man in eine Maschine hineingesteckt und dann zu einem Teil dieser Maschine wird«. Die »Medikation« der fremden Wesen war offensichtlich diesem Vibrationsvorgang zuzuordnen, aber sie fühlte ihn weder im Hals noch im Kopf, und deshalb hatten die Vibrationen auch keinen schmerzstillenden Effekt. Jerry erinnerte sich, daß sie – als der Anästhesist ihr während der Entbindung von Colin eine Injektion in den Rückenmarkskanal hatte geben wollen, um ihre Schmerzen zu lindern – laut aufgeschrien hatte, weil es ihr »ein ähnlicher Vorgang« zu sein schien wie derjenige, den sie in dem Raumschiff durchgemacht hatte. Diese Sitzung untermauerte Jerrys Überzeugung aus ihren Kindertagen, daß der vermeintliche »Alptraum«, den sie im Alter von sieben Jahren hatte, tatsächlich »eine Erinnerung« an etwas war, das »dort und damals eben passiert sein mußte«.

Bob, der von dem, was seine Ehefrau vor seinen Augen durchgemacht hatte, selbst ein wenig schockiert war, meinte am Ende der Sitzung: »Das ist eine ganze Menge, das muß erst einmal verdaut werden. Anfangs war ich nicht sicher, aber dann sah ich, wie es sie so sehr quälte, der Schmerz und all das. Da bin ich etwas unsicher geworden.« Doch dann fand er einen Weg, »etwas Abstand zu gewinnen. Anfangs war ich wie an den Stuhl gefesselt, aber dann habe ich mich allmählich wieder gefangen ...«

Am Tag nach der Sitzung führten Jerry und ich noch ein Nachsorge-Telefongespräch. Sie brachte zum Ausdruck, daß es für sie ein großer Schock gewesen sei, wie lebensecht sie die Entführungserfahrung wiedererlebt hatte. »Ich dachte, ich hätte nur einige wenige Erinnerungen daran.« Jerry hatte auch bemerkt, wie sie gezögert hatte, die außerirdischen Wesen anzusehen oder sich an ihren Anblick zu erinnern. Das war zu furchtbar, denn »was wir sehen, das wissen wir«. Sie war verwirrt über die Intensität ihres Schmerzes und fragte sich, ob sich nicht einige Elemente ihrer Erfahrung aus dem Jahre 1990 mit dieser gerade erforschten Erfahrung aus der Kindheit vermischt hätten. In ihrem Tagebuch versuchte sie, die Elemente ihrer Erfahrung im Alter von sieben Jahren und derjenigen von 1990 auseinanderzusortieren, hatte damit aber keinen Erfolg, denn das Ereignis, das sie als Erwachsene erlebt hatte, hatte sie nicht unter Hypnose erforscht.

Durch die Rückführung angeregt, beschrieb Jerry in den folgenden Wochen in ihrem Tagebuch verschiedene andere aktuelle und weiter zurückliegende Entführungen, darauf beruhende Träume – »lebhafte Träume von UFOs« –, Visionen und Erfahrungen, bei denen sie ihren Körper verlassen hatte. Zu dieser Zeit begann auch Colin von seinen Erfahrungen zu erzählen, und Jerry hielt dies in ihrem Tagebuch fest. Sechs Tage nach der Rückführung schrieb sie: »Ich habe das Gefühl, daß seit der Rückführung eine seit langer Zeit schwer auf mir lastende Bürde teilweise von mir genommen worden ist.« Am 27. August sah sie einen Lichtstrahl oder eine Lichtsäule vor der Treppe in ihrem Haus auftauchen und wollte mich zuerst anrufen, tat es dann aber doch nicht. Am 21. September berichtete Jerry zum ersten Mal von einem häufig wiederkehrenden Traum von einem Pferd, das sie mit nach Hause nehmen wollte, um es gut zu versorgen. Am Ende des Traumes fühlte sie sich »um die Gelegenheit betrogen, mit meinem Pferd zusammenzusein und es zu versorgen«. Im September begann Jerry, ihre Sexualängste zu überdenken, und führte sie erstmals auf die Traumata ihrer Entführungen zurück. Sie wünschte sich, diese Ängste zu überwinden und »eine normale Sexualbeziehung zu haben«. Dies führte dazu, daß Jerry mich um eine zweite Hypnosesitzung bat.

Diese fand dann am 5. Oktober statt, und Jerry betonte ausdrücklich ihren Wunsch herauszufinden, warum sie stets »um jeden Preis« versucht hatte, Sex zu vermeiden. Bobs Schwester Anna war während dieser Sitzung anwesend. Jerrys Wahl der zu erforschenden Erfahrung fiel auf die Episode, in der sie im Alter von dreizehn Jahren eines Nachts von einem Druck auf den Unterleib und die Genitalgegend geängstigt worden war. Vor Beginn der Rückführung vergegenwärtigten wir uns die Umstände rund um diese Episode, die sich wahrscheinlich im Herbst 1975 ereignet hatte, als Jerry in die achte Klasse gekommen war. Obwohl diese Episode sie geängstigt hatte, hatte sie niemandem, nicht einmal ihrer Mutter, davon erzählt.

Unter Hypnose bestand Jerrys erste Erinnerung darin, daß sie aufwachte und weißes Licht ihr Zimmer erhellte. Sie spürte, daß jemand im Zimmer war, und das machte ihr angst. Sie dachte: »Wenn ich ganz ruhig bin, erwischen sie mich nicht.« Die Wesen versuchten, sie zu beruhigen, indem sie ihr sagten, sie brauche keine Angst zu haben. Aber das zeigte keine Wirkung bei ihr, denn »die lügen, wenn sie den Mund aufmachen ... Ich will sie nicht sehen.« Dennoch bemerkte Jerry zwei Wesen, »eines hinter mir und eines hier«. Dabei deutete sie auf ihre Seite. Sie erzählten ihr, daß sie mit ihnen gehen müsse, und ignorierten ihre Proteste. »Sie packen mich an den Armen«, sagte Jerry, und sie fühlte eine »sachte, leichte, samtähnliche, kalte« Berührung. Diese Berührung schien sie zu entspannen, und als nächstes hatte sie die Empfindung, als würde sie »mit ihnen gehen. Langsam. Langsam aufwärts. Es ist ganz komisch. Ich weiß nicht, wie sie das machen können.«

Mit je einem der Wesen an ihrer Seite schwebte Jerry »durchs Fenster und die Wand. So, als ob da nichts wäre.« Sie hatte wieder »dieses Gefühl, gelähmt zu sein«, als man sie zu einem großen Raumschiff zog. »Dieses Angezogenwerden erschreckt mich«, sagte Jerry, und sie begann, schneller und flacher zu atmen. Sie wurde durch eine Öffnung »in den gleichen blöden Raum« gebracht, in dem »schlimme Dinge geschehen«. Zwei Wesen waren an einem Tisch beschäftigt, »als ob sie ihn für etwas herrichten würden. Ich habe keine Kontrolle über mich.« Ein größeres Wesen, das sie seit ihrem fünften Lebensjahr »schon oft« gesehen, aber nie gemocht hatte, erklärte ihr, sie brauche keine Angst zu haben, aber ihre Furcht wuchs dennoch. »Wissen die denn nicht, was sie tun?« protestierte Jerry. Als kleines Kind hatte sie diesem Wesen vertraut, aber jetzt fühlte sie sich von ihm hintergangen. »Er hat kein bißchen Geduld.« Trotz ihres Sträubens »legen sie mich einfach irgendwie auf den Tisch. Mit denen kann man nicht reden.«

Jerry »genierte« sich vor den Außerirdischen, als sie ihr den Pyjama auszogen. »Als ob sie sich für Ärzte oder so etwas halten würden. Ich glaube nicht, daß sie Ärzte sind.« Als sie auf dem Rücken lag, fühlte sich Jerry etwas »entspannter« und weniger ängstlich. Eines der Wesen legte ihr seine Hände über die Augen und preßte etwas, das »wie ein Rohr aussieht«, oberhalb ihres

Nabels durch die Bauchdecke. Das Instrument steckte immer noch in ihrem Unterleib, als das Wesen seine Hände von ihren Augen nahm, und Jerry fühlte sich entspannter und zudem schläfrig und müde. Als nächstes bemerkte sie, daß eines der Wesen einen schimmernden Gegenstand über sie hielt, der die Form eines Hufeisens mit einem Griff daran hatte, während andere ihre Knie hoch- und auseinanderdrückten. »Er will mir wieder die Augen bedecken. Warum tut er das? Ich glaube nicht, daß ich das wissen will. Ich will nicht wissen, was sie getan haben.« Sie drohte den Wesen, sie werde alles ihrer Mutter sagen, aber diese erwiderten nur, daß sie das nicht tun werde. »Wenn sie hier wäre, würde sie nicht zulassen, daß sie das tun«, jammerte Jerry heftig. Die Wesen beharrten jedoch hartnäckig darauf, daß sie nichts erzählen werde, weil sie sich an nichts werde erinnern können.

»Ist es für Sie in Ordnung, sich jetzt zu erinnern?« fragte ich.

Sie bestätigte das, rief aber aus: »Es ist nicht angenehm!« Darin gab ich ihr natürlich recht. »Sie haben versucht, mich glauben zu machen, daß es nur ein Alptraum wäre«, beklagte sie sich. »Was glauben die eigentlich, was ich bin, ein Tier oder was?« Jerrys Furcht nahm wieder zu, als sie einen »Druck« im Innern der Vagina fühlte. Sie wandte zudem ein, daß sie – selbst wenn ihr diese Wesen immer wieder versichert hatten, daß sie sich an nichts mehr erinnern würde – sich in Wirklichkeit doch an das erinnert habe, was geschehen sei. Dann schrie sie auf und jammerte schluchzend: »Ich möchte zu meiner Mami!« Sie fühlte »innen drin etwas Rundes«, ein verkrampftes, »quälendes Gefühl ... Warum machen sie das? Ich lasse die das nicht noch einmal tun!« Ich ermutigte sie, ihre Emotionen zum Ausdruck zu bringen. »Warum geht das nicht vorbei? Hört auf damit!« schrie sie.

Schließlich war dieser Teil der Prüfung vorbei. Jerry hatte das Gefühl, als wäre ein Gegenstand tief in ihr Körperinneres eingepflanzt worden, hinter der Vagina, vielleicht durch den Gebärmutterhals hindurch. Als Erwachsene hatte sie einen Schwangerschaftsabbruch vornehmen lassen, und dieses Erlebnis hatte sich ähnlich wie der damit verbundene Eingriff angefühlt. Sie sah, daß das hufeisenförmige Instrument von ihrem Körper weggenommen wurde, und kämpfte mit der Erinnerung an das, wovon es gehalten wurde. »Ich möchte nicht mehr weitermachen«, protestierte sie. Ich versicherte ihr, weiterhin bei ihr zu sein, und ließ ihr die Wahl. »Es kann nicht sein«, flüsterte sie. »Oh, ich kann es nicht glauben. Ich bin zu jung dafür. Ich bin erst dreizehn.« Ich sagte, daß es vielleicht unrecht gewesen sei, aber daß sie – vom rein biologischen Standpunkt aus gesehen – wahrscheinlich alt genug gewesen war. »Ich weiß es nicht«, jammerte sie. »Oh. Oh. Das kann nicht sein. Es kann einfach nicht sein. Ich muß ... Ich weiß nicht.«

Was Jerry sah, war ein »Baby«, das »richtig winzig und dünn« war. Die Wesen schienen mit ihren Bemühungen sehr zufrieden zu sein und zeigten ihr diese vielleicht fünfundzwanzig Zentimeter große Kreatur. Sie konnte nicht viele andere Details erkennen, außer daß da winzige Hände waren und der Kopf im Vergleich zum Körper groß erschien. Das Baby wurde in ein durchsichtiges, »zylinderförmiges Gefäß« aus Plastik gelegt, wo es in einer Art Flüssigkeit schwebte. »Warum tun die das?« rief Jerry aus. »Ich verstehe das nicht. Ich bin noch zu jung für ein Baby. Sie sagen mir nur, ich solle mir keine Sorgen machen. Ich müsse es nicht aufziehen.« Ich fragte Jerry, was für eine Bindung sie zu diesem Fötus empfand, und sie erwiderte: »Ich glaube, sie wollen mich glauben machen, daß es nicht von mir ist. Es ist ihres. Es ist ein Teil von ihnen.« Während Jerry auf dem Tisch lag – wie es ihr schien, ungefähr eine halbe Stunde lang –, waren die Außerirdischen anscheinend »mit dem kleinen Baby beschäftigt«. Dann brachten sie es zu ihr. Sie sollte es anschauen. Die Wesen wollten, daß Jerry stolz darauf war, diese Kreatur hervorgebracht zu haben. Sie aber fühlte sich ärgerlich, verwirrt, benutzt und hintergangen.

Jerry fuhr fort, die sie beherrschenden Gefühle von Schock und Unglauben zum Ausdruck zu bringen. »Ich hatte gar nicht gewußt, daß ich so etwas in mir hatte«, sagte sie mit einem schwachen Lachen. »Wenn die schon so etwas tun wollen, sollten sie es einem zumindest sagen.« Ich fragte sie, ob sie noch weitere Informationen über all das erhalten habe. Der »Anführer«, so sagte sie, »hat mir gesagt, daß es schön sei und ich es eines Tages verstehen würde. Und dann noch irgend etwas über eine Erschaffung.«

»Eine Erschaffung von was?« fragte ich.

»Ich glaube, von so etwas wie einem neuen Lebewesen. Eine neue Rasse oder ... Ich weiß nicht. Er hat es nicht richtig ausgesprochen.« Er habe nur gesagt, daß sie es »zu einem Zeitpunkt ihrer Wahl« wissen werde. »Sie sagten, es sei schön. Es sei wunderbar ... Ich soll einfach glauben, daß es mit Erschaffung zu tun hat.«

An dieser Stelle begann Jerry, mit sich selbst zu diskutieren, ob sie mir den Namen des Anführers nennen sollte, den sie offensichtlich kannte. Den Namen auszusprechen, so meinte sie, würde das Wesen realer machen und ihm eine deutlichere Identität verleihen. Als sie einmal gerade etwas geschrieben hatte, schien er zu ihr zu sprechen und zu fragen: »'Leugnest du es ab?' Ich glaube, er wollte, daß ich ihn als real anerkenne. Ich glaube auch, er wollte, daß ich mich erinnere.« Der Name, den sie mir nannte, klang ungefähr wie »Moolana«.

Als die Sitzung dem Ende zuging, erinnerte sich Jerry, daß man ihr geholfen hatte, sich wieder anzuziehen, aber sie hatte nur »ganz verschwommene« Erinnerungen daran, wie sie in ihr Haus und ins Bett zurückgekommen war. Als sie damals erwachte, lag sie auf dem Rücken und erinnerte sich nur noch daran, daß sich ein fremdes Wesen über sie gebeugt hatte, »Druck auf meinen Magen ausübte« und »sich unten in meinem Intimbereich zu schaffen machte«. Ihr bewußtes Erinnerungsvermögen hatte also den Beginn der Entführung und das, was im Raumschiff geschehen war, zusammengezogen. Wie bei der früher in ihrer Kindheit stattgefundenen Entführung, die wir in der ersten Rückführung erforscht hatten, empfand Jerry auch dieses Mal, daß sie »nicht damit fertiggeworden wäre«, wenn sie sich die Traumata dieser Episode nicht ganz bewußt ins Gedächtnis zurückgerufen hätte. Sie hatte das Gefühl, daß »ich es jemandem erzählen sollte« und »sie das Ganze ins Rollen gebracht haben«.

Nachdem sie aus der Trance erwacht war, fühlte sich Jerry entspannt, brachte aber weiterhin ihre Verärgerung über die Außerirdischen zum Ausdruck. »Sie haben kein Recht zu tun, was sie tun, und sind ganz gehörig anmaßend dabei ... Es sich einfach zu nehmen ... Wissen sie denn nicht ... kennen sie uns denn nicht gut genug, um zu wissen, daß eine Dreizehnjährige so etwas nicht macht? ... Es ist für ihre Zwecke. Die sind ganz schön eigennützig.« Aber neben dem Gefühl, »ein Werkzeug ihrer Pläne zu sein«, hatte Jerry auch die Empfindung, an einem Projekt mitzuwirken, das von »höherer« Stelle ausging. »Ich habe das Gefühl, das sind nicht nur sie.«

Jerry sprach dann über Bobs verstärkten Widerstand, die Realität ihrer Erfahrungen anzuerkennen. Ihrer Vermutung nach war dafür vor allem der Grund verantwortlich, daß er dann auch die Verstrickung seines kleinen Sohnes Colins hätte zugeben müssen. Ihr wurde bewußt, daß Colin und sie eine ähnliche, vererbte Deformierung eines Zehs hatten und Colin einmal geklagt hatte, daß »die Eule in meinen Zeh beißt«. Jerry hatte ebenfalls die Erfahrung gemacht, daß ihr deformierter Zeh untersucht worden war. Dann kam sie auf ein silbrig-blaues Licht zu sprechen, das sie erst kürzlich des Nachts bemerkt hatte, als sie gerade zu Bett hatte gehen wollen. Sie hatte die Buchstaben »DNS« in riesigen Lettern gesehen und den Ausdruck »Träger der Erbinformation« gehört – einen Begriff aus der Genforschung, mit der sich Jerry noch nie beschäftigt hatte.

Wir unterhielten uns auch über die Auswirkung dieser Entführungserfahrung auf ihr Sexualleben. Jerry war ihren Aussagen zufolge mit einer positiven Einstellung gegenüber »Heirat, Sex, Kindern« aufgezogen worden. »Sex bedeutete heiraten, Kinder haben, Fürsorge, Liebe und das Leben miteinander zu teilen.« Aber offensichtlich »kennen die nichts dergleichen«. Die Außerirdischen hätten »keinen Respekt vor Gefühlen, vor Liebe oder gegenseitigen Beziehungen ...« Wenn sie Sex hatte, lebten immer wieder die traumatischen Erfahrungen während ihrer Entführungen auf – wie bei der, die wir gerade wieder wachgerufen hatten. »Wenn ich Sexualverkehr habe, dann fühlt sich das genauso an. Es fühlt sich an, als ob die das tun. Ich habe das Gefühl, lächeln und es aushalten zu müssen. Wenn ich Sexualverkehr habe, ist es, als ob ich es jedesmal wieder erleben würde ... Ich übertrage da eines auf das andere, ich weiß ... aber ich habe darüber keine Kontrolle ... Ich hatte nie gewußt, woher dieses Gefühl kam.« Am Ende der Sitzung zeigte Jerry mir eine kleine, runde, gezackte Narbe auf ihrem Bauch, die sie mit den soeben geschilderten Eingriffen in Verbindung brachte. Bis zu dieser Sitzung hatte sie nicht gewußt, »wo die herkam«, schien sich nun aber sicher zu sein, daß sie sie infolge einer ihrer Entführungen zurückbehalten hatte. Es war mir unmöglich herauszufinden, wie ihre Schwägerin Anna – die irgendwie wie betäubt wirkte – auf diese Sitzung reagierte.

Die folgenden Tage waren für Jerry sehr schwierig. Sie schlief schlecht, weinte viel und suchte ohne Erfolg eine alternative Erklärung. Anna, so sagte sie mir, sei hin- und hergerissen von dem, was sie in der Sitzung erfahren hatte. Sie könne es nicht »glauben«, habe zu Jerry aber auch gesagt: »Ich weiß, daß du nicht lügst.« Annas Skepsis machte Jerrys Versuch, die Erfahrung mit ihrem Leben zu vereinbaren, noch schwieriger. Zwischenzeitlich hatte sie einen anderen Therapeuten, dessen Praxis näher an ihrem Wohnort lag, konsultiert, um noch mehr dafür zu tun, ihre Erinnerungen zu durchforschen. Aber die kurzen Hypnosesitzungen mit ihm, die sich über den ganzen Herbst und Winter erstreckten, schienen ihr Trauma eher zu verdichten als ihr eine Hilfe zu sein. »Es kommen mehr Erinnerungen in mir hoch, als ich bewältigen kann«, schrieb sie im Januar in ihr Tagebuch. Der Therapeut drängte sie, schneller vorzugehen, als sie sich bereit fühlte; er nötigte sie zu wöchentlich stattfindenden Rückführungen und drohte ihr mit negativen Auswirkungen, wenn sie dem nicht nachkäme. Sie fühlte sich überfordert und empfand die Teilnahme an den monatlichen Treffen meiner Selbsthilfegruppe als hilfreich. Ich drängte sie, »den Fuß vom Gaspedal« zu nehmen und – da die auftauchenden Erinnerungen nur von einem geringen Integrationserfolg begleitet zu sein schienen – die Sitzungen mit dem anderen Therapeuten abzubrechen.

Jerry hielt die Erfahrungen des Herbstes und Winters gewissenhaft in ihrem Tagebuch fest. Ihre Sorge um Colin gipfelte in den bereits beschriebenen Untersuchungen. Sie selbst hatte mehrere Träume über einen Atomkrieg, in denen allgemeine Panik herrschte und sie sich selbst sagen hörte: »Das muß Armageddon sein.« In einem dieser Träume »schaute sie hinaus in diese weite Leere und sah ein UFO, das sich langsam vorwärtsbewegte und dabei eine Art Strahl auf den Boden hinunterschoß«. Von Entführungserinnerungen überschwemmt, die in den Rückführungen mit ihrem Therapeuten an die Oberfläche gekommen waren, schrieb Jerry über ein »Zertrümmern« von »Verteidigungsmechanismen« und über den außergewöhnlichen Charakter dieser bedrohlichen Erfahrung, die – ohne daß man es voraussagen kann – jederzeit wiederkehren könne. »Ich frage mich, ob jemand, der nicht von Außerirdischen entführt wurde, überhaupt verstehen kann, was es bedeutet, nicht die geringste Ahnung zu haben, wann die nächste Entführung stattfinden könnte«, schrieb sie Anfang Januar. »Ich würde gerne wissen, wie Geist und Verstand eines Menschen funktionieren sollen, der einem ständigen Trauma unterworfen ist und weiß, daß es nicht aufhören wird.«

Ende Januar hatte Jerry einen, wie sie es nannte, »Pferde-Traum«, in dem sie »das eigene Pferd« in einem Raum versorgte, der einem Labor glich und Wasserbecken in kleinen, rechteckigen Nischen oder Zellen hatte. Dieser Anblick machte sie traurig. »Es wirkte alles so kläglich.« Sie bemerkte eines der Pferde, das ihr am nächsten war. Wenn es ihr den Kopf zuwandte, schaute es sie mit »großen, dunklen Augen« an.

»Diese kleinen Pferde waren allesamt an mehrere Drähte im Wasser angeschlossen. Sie hatten alle lange Arme und Beine und waren ausnahmslos sehr dürr. Ihre Köpfe wirkten, als ob sie sie nicht mehr oben halten könnten, selbst wenn sie das gewollt hätten. Aber dieses eine Pferd drehte seinen Kopf und schaute mir direkt in die Augen. Ich bin mir nicht sicher, wie ich mich in diesem Augenblick gefühlt habe, aber ich spürte, daß aus seinen Augen ein Bewußtsein sprach, das weit über das hinausging, was ich für möglich gehalten hätte.«

Am 4. März 1993 kam Jerry abermals zu mir, diesmal in Begleitung einer guten Freundin, die ebenfalls Entführungserfahrungen hatte. In unserer Sitzung wollten wir untersuchen, was es mit ihrem Leben und ihren Plänen für die Zukunft auf sich hatte. Jerry sprach davon, daß sie sich geächtet und isoliert fühle und vor allem auch den Eindruck habe, daß Bobs Familie sich zurückzog. Sie aber brauche die Verbindung zu einer Gemeinschaft, die Verständis für alles aufbringe, was mit ihren Entführungen zusammenhängt. Sie erinnerte sich jetzt auch an unerklärliche Fehlgeburten, die sowohl ihre Mutter als auch ihre Schwester erlitten hatten. Eine eingehendere Besprechung ihres Pferde-Traumes brachte sie dazu, ihn mit einem anderen in Verbindung zu bringen – und zwar mit einem Traum von kleinen, weiblichen Mischlingsbabys, mit denen sie sich sehr verbunden gefühlt hatte. »Du bist unsere Mutter«, hatten ihr die Mädchen gesagt, und die gleiche Bindung empfand sie zu einem der kleinen Pferde, von dem sie nun glaubte, daß es ein menschliches oder gemischtrassiges Kind darstelle.

Jerry verlangte nach einer dritten Hypnosesitzung, denn es gäbe noch – wie sie es ausdrückte – »einiges« bei ihren Entführungen, »das mich immer noch plagt«. Sie dachte dabei vor allem an die quälende Episode im Jahr 1990, in der »ich schrie und schrie und schrie«, und an die Begegnung im Jahr 1991, von der sie noch den Geruch des Meeres und das Geräusch der Brandung in Erinnerung hatte. Wie sich aber herausstellen sollte, »wählte« ihre Psyche einen Zwischenfall aus, der sich im September 1992 abgespielt und sich besonders stark auf ihr Intimleben ausgewirkt hatte.

Wir trafen uns am 27. Mai, und Jerry kam allein. Bevor wir mit der Rückführung begannen, erzählte mir Jerry von der wachsenden Entfremdung, die sie gegenüber Teilen der Familie ihres Ehemannes empfand und die der Grund für ihren Entschluß war, mit ihnen nicht mehr über Entführungen zu reden, es sei denn, sie kämen selbst auf dieses Thema zu sprechen. Ihre Schwiegermutter, so sagte sie mir, »kann das alles nicht akzeptieren. Sie glaubt, wenn ich ein braves Mädchen bin und immer brav meine Gebete aufsage, wird das alles schon verschwinden.« Jerry fragte sich, welche Auswirkungen ihre Entführungserfahrungen noch haben würden. Sie fühlte sich wie »Freiwild«. Sie hatte den Eindruck, daß ihre Ängstlichkeit die Erfahrungen noch verstärke – in welcher Weise auch immer. Sie erinnerte sich, einmal entspannter gewesen zu sein und »nicht gegen etwas angekämpft« zu haben. »Da gab es keine Qual ... Sie machten irgend etwas. Sie machten etwas mit meinem Arm, und er schwoll an. Sie zeigten mir Sachen ... Ich glaube, ich bekam mehr von der Unterhaltung mit und war besser fähig, mich mit ihnen zu unterhalten und ihnen Fragen zu stellen, aber ich erinnere mich an keine wirkliche Antwort.«

Jerry hatte nicht das Gefühl gehabt, daß sie »mir Angst machen, mir Schmerzen zufügen und mich in Todesangst versetzen wollen ... Ganz tief in meinem Inneren glaube ich, daß das, was sie tun, irgendwie notwendig ist.« Es habe, so meinte sie, mit »Rassen, Lebewesen oder was auch immer zu tun, die sich zusammenfinden, um eine neue Schöpfung zu bewerkstelligen«. Das sei »sehr wichtig«, und »als Einzelperson sollte ich angesichts dessen, was da Riesiges vor sich geht, über meine eigenen Interessen hinausschauen und wissen, daß es einem höheren Zweck dient.« Gleichzeitig stellte Jerry fest, daß sie im Verlauf des vergangenen Jahres gelernt hatte, unabhängiger zu denken. »Ich habe das Gefühl, einige meiner alten Denkstrukturen abgelegt zu haben.« Sie folge nicht mehr »blindlings jemand anderem oder irgendeiner Organisation«. Als Katholikin war sie so erzogen worden, daß sie, sobald sie »ihren eigenen Instinkten« folgte oder Fragen stellte, die den von der Kirche vertretenen Glauben in Frage stellten, das Gefühl hatte, »Gott gegenüber ungehorsam zu sein«.

Als wir uns auf den Einstieg in die Rückführung vorbereiteten, lag Jerry in zusammengekauerter Haltung auf der Seite anstatt – wie normalerweise – ausgestreckt auf dem Rücken. Sie erklärte mir, daß sie so auch nachts im Bett liege. »Ich glaube, ich kann mich dann ganz zusammenrollen und zudecken und so tun, als sei ich nicht da.«

Zu ihrer Überraschung konzentrierte sich Jerrys Aufmerksamkeit nicht auf die Entführungen, von denen wir gesprochen hatten, sondern auf eine Episode vom September 1992, in der ein goldenes Licht – so gleißend, daß es ihr in den Augen geschmerzt hatte – ihr Zimmer erleuchtet hatte. Die außerirdischen Wesen schienen herniederzuschweben und durch die Tür hindurch in ihr Zimmer zu gelangen. »Sie sehen wirklich häßlich aus. Ihre Augen. Ich hasse sie. Ich hasse sie. Es ist, als ob sie in einen hineinblicken ... Sie gehen in dich hinein.« Das bereitete ihr »ein wirklich sonderbares, zermürbendes Gefühl«. Sie vermied es, sie anzuschauen, aber »es ist schwer, das in Worte zu fassen. Es ist, als hätte ich mein eigenes Ich verloren, und ich habe nicht das Gefühl, als ob ich noch die geringste Kontrolle hätte.« Noch einmal beruhigten die Wesen sie auf telepathischem Wege. »Ich glaube nicht, daß ich mich jemals daran gewöhnen werde, wie sie etwas ausführen. Wenn ich durch das Fenster gehe, werde ich niemals an irgendeinen Ort gelangen, an dem ich mich wohlfühle.« Sie verabscheut diese Empfindung und ist neugierig, »auf welche Weise sie Materie, einen festen Stoff, manipulieren können«.

Jerry ängstigte sich wieder, als sie durch das Fenster in einen ihr vertrauten Raum gebracht wurde. »Ich kenne diesen Raum«, sagte sie. Sie empfand »gemischte Gefühle« gegenüber dem Anführer, der ihr bekannt war. »Er spricht mit mir, die anderen nicht«. Sie hatte eine gewisse Vorahnung, was geschehen würde, sobald er käme. Als ihre Furcht immer schlimmer wurde, wandte ich einen Kunstgriff an, um ihre Angst zu verringern. Sie solle ihr Bewußtsein derart aufspalten, daß Jerry I zusammen mit mir die Jerry II in dem Raum beobachten könne. Unter Anwendung dieses Tricks »beobachtete« Jerry I, daß Jerry II nackt auf einem Tisch lag, unfähig, ihre Arme und Beine zu bewegen. Das fand in einem Raum statt, wo sich längs der Wände »viele, viele, viele« rechteckige Behälter befanden, »wie Schubfächer in einem Schrank«, und es »war kaum Raum zwischen ihnen«. In diesen Schubladen oder »Brutkästen«, wie sie sie später nannte, waren Hunderte von »ich weiß nicht, ob man das Babys nennen kann oder nicht, aber kleine ... ja, ich glaube, es waren Föten«.

»Ganz rechts außen« und »dicht über dem Boden« befand sich ein kleiner Fötus oder ein Baby, von dem Jerry annahm, daß es das ihre sei. Unser Kunstgriff gestaltete sich nun schwieriger, denn Jerry konnte »nicht gefühlsmäßig unbeteiligt bleiben ... Das geht nun schon so, seit ich dreizehn war.« Sie schätzte die Anzahl der »Eingriffe«, bei denen ihr im Laufe der Jahre durch die Vagina etwas eingepflanzt oder entnommen worden war, auf etwa fünfzig. »Es ist wie eine Wellenbewegung«, meinte sie. »Eine Zeitlang geschieht überhaupt nichts ... dann kommen sie, und es scheint wie immer zu sein.« Nur bei einigen Malen – sie wußte nicht, wie oft – erinnerte sie sich daran, daß man ihr etwas gezeigt hatte, das wie Mischlingswesen aussah. »Das ist das, was ich am meisten hasse«, sagte sie. »Ich denke bei den ganz, ganz kleinen Wesen immer an Pferde.«

»Sehen sie denn wie Pferde aus?« fragte ich.

»Nur ihre Augen«, lautete ihre Antwort, und »sie sind dürr und langgliedrig« – wie Fohlen. »Dafür halte ich sie.« Sie erinnerte sich besonders an zwei Mädchen, ein Zwillingspärchen, bei denen sie den Eindruck hatte, daß sie von ihr abstammten. Sie besaß aber keine Erinnerung daran, ob man sie ihr bereits gezeigt hatte, bevor sie so groß wie Colin gewesen waren, der jetzt drei Jahre alt ist.

Jerry glaubte, daß ihr während der Episode, die wir jetzt im besonderen erforschten, ein Embryo eingepflanzt worden sei. Sie war dieser Meinung, weil diese Episode relativ kurz war. »Das war eine von denen, die schnell vorbei waren.« Die Außerirdischen informierten sie darüber, daß sie Erbgut von einem männlichen Menschen – »das Sperma könnte von meinem Ehemann« oder jemand anderem stammen – mit einer Eizelle verschmolzen. Nach der Verschmelzung von männlicher und weiblicher Keimzelle veränderten die Außerirdischen den Embryo in irgendeiner Weise; vielleicht pflanzten sie ihm etwas von ihrem eigenen Genmaterial ein. Der solchermaßen veränderte Embryo wird dann – wie bei Jerry – wieder in den weiblichen Körper eingepflanzt, um dort »ausgetragen zu werden«.

Auf ihre Entführungserinnerungen zurückkommend, beschrieb Jerry, wie die Wesen ihre Beine auseinanderspreizten, »wie auf dem Untersuchungsstuhl eines Gynäkologen« – nur mit dem Unterschied, daß hier keine Stützen vonnöten waren, weil sie bewegungsunfähig war. Dann wurde ein langes Rohr in ihre Vagina eingeführt, und sie fühlte »ein Zwicken«. Sie wußte, daß es sich dabei um einen der Fälle handelte, in denen ihr ein Embryo eingesetzt worden war, »denn ich habe das schon vorher erlebt und erkenne den Ablauf wieder«. Der Anführer hatte aus einer der Schubladen einen Embryo genommen und ihn zu ihr gebracht. Sie sagte, daß »der umgekehrte Fall« – das Entfernen eines Fötus aus dem Körper – »schlimmer als das Einsetzen« sei, denn dabei habe sie krampfartige Schmerzen.

Jerry brachte die Vergewaltigung, die sie während der Entführung erlebt hatte, mit ihrem Unwillen in Verbindung, von ihrem Ehemann berührt zu werden. Wie sie sagte, wurde sie sich allmählich bewußt, »wie ich dazu kam, beide Vorgänge miteinander zu assoziieren«, und wie die vergewaltigungsähnlichen Entführungserfahrungen ihr Intimleben beeinflußt hatten. »Sie haben das alles zerstört. Ich weiß nicht, was körperliche Liebe bedeutet, denn ich habe das immer noch nicht überwunden, bin ständig verspannt und habe Angst vor Schmerzen. Ich assoziiere Sex mit Schmerzen.« Dann fügte sie noch hinzu: »Ich glaube nicht, daß es ihre Absicht ist, mein Sexualleben zu zerstören.« Bevor wir unsere Erforschung dieser Episode abschlossen, fragte ich Jerry, ob sie sich noch an etwas anderes erinnere. »Ich wünschte, Sie hätten mich das nicht gefragt«, antwortete sie und fügte hinzu: »Ich mag es nicht, wenn sie mich berühren. Sie berühren mich überall. Manchmal spüre ich, wie sie mich nur ganz leicht berühren, und ich möchte selbst das verhindern ... Ich denke immer daran, wenn mein Mann mich berührt, egal wo. Ich stoße ihn immer weg ... nicht, weil ich ihn nicht liebe. Ich liebe ihn, und ich verstand nie, warum ich mich so verhielt ... Ich fühle mich so schlecht. Er ist ein ganz, ganz lieber Mensch, und er mag es, wenn man ihn in den Arm nimmt und berührt, aber ich kann das einfach nicht. Ich habe Angst davor, berührt zu werden. Ich würde so gerne wissen, wie es ist, wenn man das gerne mag.«

Wir arbeiteten noch weiter daran, die anscheinend kalte, analytische Vorgehensweise der außerirdischen Wesen von der liebevollen, fürsorglichen Zuwendung ihres Ehemannes zu trennen. »Sie tun nur, was sie tun müssen, ohne Rücksicht auf meine Gefühle, und er nimmt wirklich Rücksicht auf das, was ich empfinde«, erklärte sie, aber »ich reagiere immer auf fast die gleiche Weise«. Bis zu diesem Augenblick war es bisweilen ein »wunderbares«

Gefühl gewesen, die Zärtlichkeiten ihres Ehemannes zurückzuweisen, denn das hatte ihr das Gefühl gegeben, als ob sie damit in gewisser Weise die Außerirdischen zurückwies. »Ich würde wahrscheinlich tagelang nur noch vor Freude heulen«, meinte Jerry, wenn sie endlich Freude dabei empfinden könnte, von ihrem Ehemann liebevoll in den Arm genommen zu werden. Wir unterhielten uns ferner über ihre Einsamkeit und ihr Verlangen, in den Arm genommen und berührt zu werden, »sicher, warm, ungefähr so, wie meine Mama mich immer im Arm gehalten hat. Ich hatte das immer so gern. Ich habe es schon lange nicht mehr zugelassen ... Sie haben sich zwischen uns gedrängt.«

»Eine außerirdische Gefühlsverfremdung«, bemerkte ich, was sie erheiterte.

Ich fragte Jerry, ob sie noch eine andere Erinnerung an diese Episode habe. Sie erinnerte sich, durch einen dunklen Korridor in einen winzigen Raum gebracht worden zu sein, in dem ein Tisch stand, auf den sie trotz ihres Widerstandes von den Außerirdischen an den Händen hinaufgezogen wurde. Nachdem mehrere dieser Wesen in ihre »Körpermitte« gestarrt hatten, wurde sie wieder bewegungsunfähig, und sie stachen ihr irgendwie in die Füße, den rechten Arm und die rechte Hand, was ihr Schmerzen bereitete. Der »Große« kam zu ihr, und sie empfand ihm gegenüber Dankbarkeit, denn er half ihr, indem er sie beruhigte und berührte, »manchmal an der Schulter ... Ich habe nichts dagegen, wenn er mich berührt, aber ich mag es nicht, wenn er mir in die Augen sieht, denn das ist so, als ob er in mich hineinsähe. Das ist einfach zu ...«

»Was?«

»Ich weiß es nicht. Es ist, als ob jemand in dir herumkriecht und alles über dich weiß ... Es ist ungefähr so, als ob ich mein eigenes Ich verlieren und er statt dessen diesen Platz einnehmen würde, und ich mag das einfach nicht.«

»Gibt es da etwas, das Sie gern mögen?« fragte ich.

»Ja, manchmal schon, glaube ich. Es ist aber etwas, wofür ich mich schäme, weil es etwas Sexuelles ist ... Das bin nicht ich. Das ist er, und das kann man nicht kontrollieren.«

Als die Nadeln in Jerrys Füße stachen, forderte man sie auf, auf einen Bildschirm zu blicken, der sich direkt vor ihrem Gesicht befand und wie ein Fernseher aussah. Sie ärgerte sich, daß Szenen aus ihrem häuslichen Leben zu sehen waren, in denen sie mit Colin umhertanzte. Eines der Wesen starrte sie an und beobachtete ihre Reaktion auf diese private Familienszene. Dieses unverschämte Eindringen in ihr Privatleben machte sie wütend. In diesem Moment wurde Jerry gewahr, daß sich eine Art Maschine an einem ihrer Zehen befand, die ihn betäubte. Es war der Zeh, der wie bei Colin eine leichte Verkrümmung aufwies. »Ich habe ihm diese Anomalie vererbt«, bemerkte sie, und die fremden Wesen erweckten den Anschein, als ob sie darüber »erstaunt seien oder das untersuchten«.

Als nächstes zeigte man ihr ein Bild oder ein Gemälde von Jesus in einem weißen Gewand. Wieder wollten die Wesen ihre Reaktion beim Anblick dieses Bildes studieren, aber dann wurde Jerry schläfrig und erinnerte sich an nichts weiteres. Sie kehrte in den Raum zurück, in dem sich ihre Kleider befanden, und zog sie an, wobei ihr die Außerirdischen halfen, weil sie selbst so schläfrig war. Sie hatte dann ein »Bild« davon, wie sie »durch den großen Baum in den Garten schwebte und direkt durch das Fenster in ihr Bett hinein«, wobei sie in der Hand immer noch Schmerzen verspürte. Bob schlief, was er offensichtlich während der gesamten Zeit ihrer Abwesenheit getan hatte.

Bevor wir die Sitzung beendeten, beschäftigten wir uns noch einmal damit, wie Jerry ihre Entführungserfahrungen mit den zwischenmenschlichen intimen Beziehungen verknüpfte. Ihr Ex-Gatte beharrte auf dem Standpunkt, daß sie einmal sexuell mißbraucht worden sein müsse, und »wir gingen von einer Eheberatung zur anderen«. Sie hatten vergeblich versucht, einen menschlichen Täter auszumachen. Jerry glaubte, daß sie, falls man »jemand anderen als meinen Vater oder Stiefvater« als möglichen Täter hätte entlarven können, wahrscheinlich wesentlich weniger Schwierigkeiten gehabt hätte, mit ihren sexuellen Konflikten zurechtzukommen. Ihre Überzeugung, daß ihre Erfahrungen real sind, wurde durch die Tatsache noch verstärkt, daß ihr jüngerer Bruder die gleichen Probleme mit physischen Intimitäten hat wie sie. »Seine arme Frau weint und weint. 'Er will mich nicht anrühren. Er will nicht, daß ich ihn berühre ...' Ich glaube, daß auch mit ihrer kleinen Tochter etwas geschehen ist.« Diese Tochter ihres älteren Bruders habe eine Geschichte von »einem Licht im Fenster« erzählt, »und im Wohnzimmer kommen die Ungeheuer herein«.

Am Ende der Sitzung stellte Jerry fest: »Ich glaube tatsächlich, daß sie existieren. Sie sind Realität, und es bestehen Wechselwirkungen zwischen ihnen und uns, offensichtlich aber nicht in irgendeiner Form, die wir gewohnt sind.« Und »es gibt einen Grund dafür«. Sie hatte das Gefühl, daß sie »eine andere, komplette Zivilisation, wie man das auch immer nennen soll« aufbauen. Sie weiß nicht, »ob das hier geschehen soll oder irgendwo anders«. Wie viele andere Entführte auch hat sie Träume, in denen die Welt, wie wir sie kennen, untergeht, und sie führt die Tatsache, daß man ihr eine Rolle als Gebärende zuweist, auf diese Eventualität zurück.

Wir setzten den Termin für eine vierte Hypnosesitzung auf den 1. Juli – fünf Wochen nach der aktuellen Sitzung – fest. Dabei wollten wir damit fortfahren, ihre Zuneigung zu Bob und die intime Sexualbeziehung mit ihm von den Erinnerungen an ihre Entführungserfahrungen zu »trennen«. Das Wissen um die Ursache des Problems hatte »ein bißchen« geholfen, aber sie mußte sich »immer und immer wieder einreden«, daß »er nicht mit den Außerirdischen gleichzusetzen ist«.

Vor Beginn der Rückführung arbeiteten Jerry und ich eine Strategie aus, wobei wir übereinstimmend beschlossen, daß ich Traumata, die wir während der Sitzung aufdecken würden und die auf die Rechnung der Außerirdischen gingen, ganz betont von den Erinnerungen an ihre intimen Kontakte zu Bob abgrenzen sollte. Diese therapeutische Strategie sagte Jerry zu, insbesondere weil Familienmitglieder ihr zugeredet hatten, sie solle einfach »akzeptieren, daß du so bist«. Außerdem »hat Bob begonnen, mir darin zuzustimmen, daß ich vielleicht gar nicht länger keinen Sex mehr haben will«. Wir begannen die Hypnosesitzung, indem wir uns auf die sexuelle Begegnung konzentrierten, die sie vor fünf Tagen, am Samstag nachmittag hatten – »ich scheine mich während dieses Tages wohler zu fühlen«, erklärte sie. Colin war eingeschlafen, und den älteren Kindern wurde gesagt, daß sie die Eltern nicht stören sollten. Ich forderte Jerry auf, sich an diesen Nachmittag zu erinnern und alle auf sie eindringenden Gedanken wiederzugeben, die ihr an jenem Tag in den Sinn kamen oder jetzt kommen würden.

»Erinnerungsfetzen« an einen Vorfall kamen ihr in den Sinn. Sie war damals acht Jahre alt und zusammen mit mehreren Familienmitgliedern des Nachts auf der Heimfahrt von einem Besuch bei ihrer Tante gewesen. Jerry hatte geschlafen und wachte auf, wobei sie feststellte, daß der Wagen auf der Straße angehalten hatte. Sie bekam Angst, als sie »ein Gesicht am Fenster sah, da, ganz nah«, und ein grau und metallisch wirkendes Fahrzeug, das in der Nähe knapp über dem Boden schwebte und aus dessen Boden »Licht drang«. Ihre Mutter, die den Wagen gesteuert hatte, einer ihrer Brüder und ihre Schwester schienen eingeschlafen zu sein. Im Gesicht des fremden Wesens waren »Augen wie ein Teufel oder so etwas«. Bald bemerkte Jerry, daß ihre Füße und Beine sich anfühlten, »als ob sie einschliefen«, und sie konnte sich nicht bewegen, während sie im Geiste immer wieder hörte: »Es ist alles in Ordnung.« Als nächstes fühlte sie so »etwas wie den Stich einer Biene«, der »ein komisches Gefühl« in der linken Schulter und im Oberarm verursachte und sie einschlafen ließ.

Als sie wieder aufwachte, lag sie auf dem Rücken und befand sich anscheinend allein an einem dunklen Ort, den sie nicht kannte. Sie hatte solche Angst, daß sie mit den Zähnen klapperte. Das Wesen, das sie außerhalb des Wagens gesehen hatte, war »mir wieder gegenüber und schaute mich an ... Er muß der Teufel sein, weil ich denke, daß er genauso häßlich ist.« Das Wesen erklärte ihr, daß »es nur ein paar Sachen machen will, und dann kann ich nach Hause gehen«. Sie verspürte einen Druck an der Kehle, wie von der Hand des Außerirdischen, und sie hatte Angst, daß »er mich umbringen würde«. Danach drehte ein anderes Wesen sie auf die Seite und schien ihren Rücken anzustarren. Obwohl sie Angst davor hatte, was die Wesen mit ihr machen würden, hatte sie den Eindruck, »als ob ich sie schon kennen würde ... Ich traue ihnen nicht«, beklagte sie sich, denn »man weiß nie, was sie tun werden«.

»Ich mag es nicht, wenn sie mich berühren«, sagte sie, als sie sich erinnerte, daß sie wiederholt am ganzen Rücken abgetastet worden war. Das fühlte sich wie viele »kleine Nadeln« und »ein leichtes Zwicken« an. Ihre Angst rührte daher, daß es nicht so war, »als ob man zum Doktor geht und gesagt bekommt und selbst weiß, was nicht stimmt, und die Mama ist mit dabei«, in dieser Situation aber »weiß ich nicht, was geschieht, und ich habe ständig das Gefühl, daß sie mir weh tun werden«. Dann erinnerte sie sich, daß »sie mich auf den Rücken zurückrollten« und wiederum eine ganze Weile »nur schauten«. Sie fühlte sich zeitweise »besser, weil er gar nichts macht«, aber »ich hatte so ein Gefühl, daß da hinter mir irgend etwas los war«.

Jerry war äußerst peinlich berührt, als sie mir erzählte, daß der Anführer ihre Beine anhob und in eine Spreizlage brachte, um

»mich zu untersuchen, und er bringt ein Licht, dieses ganz helle Licht, und ich überlege, was die da tun. Ich mag das nicht. Nun ja, wirklich, mich stechen und so weiter, das ist in Ordnung, aber das hier mag ich nicht. Das ist mein Intimbereich, und ich glaube nicht, daß die da etwas tun sollten, und meine Mama würde das auch nicht wollen.« Zunächst »schauten sie nur« in ihre Vagina hinein, aber dann »steckten sie etwas hinein«, das war »so ähnlich wie das Instrument, das ein Gynäkologe später, als ich älter war, benutzt hat«. Dieser Vorgang war schmerzhaft, und Jerry schrie in ihrer Angst nach ihrer Mutter. Aber »das hat die nicht aufgehalten«. Es war »wirklich schnell vorbei«, und im Anschluß an dieses ganze Anschauen und »Untersuchen« sah das Wesen, das dies alles ausgeführt hatte, zum Anführer und sagte »nein« oder gab eine Art negativer Antwort auf dessen Frage. Jerry interpretierte das so, daß damit wohl gemeint war, sie sei für die Fortpflanzungseingriffe noch nicht reif genug. Diese vaginale Untersuchung schien ihr ein Teil eines »Rundum-Checks« gewesen zu sein, den die Wesen durchführten.

Diese Erfahrung demütigte sie. Sie fühlte sich »wie eine Stoffpuppe, als ob ich keine Kontrolle über meinen Körper hätte«. Jerry war in körperlichen Dingen schon »immer sehr schamhaft« gewesen, und ihre Mutter machte manchmal Bemerkungen darüber. In diesem Augenblick konnte Jerry das eigenartige Licht, das in ihr Inneres drang, beschreiben, aber sie war nicht fähig, sich die wirklichen Empfindungen, die sie damals hatte, in Erinnerung zu rufen. »Ich würde dafür keinen Begriff wie 'Vergewaltigung' oder einen ähnlichen verwenden«, sagte sie, »aber es war etwas in dieser Art.«

Ich fragte Jerry, ob ihr jemals aufgefallen sei, ein Jungfernhäutchen gehabt zu haben. Sie sagte, daß sie ihre Genitalien als Kind oder Heranwachsende weder berührt noch untersucht habe, vielleicht – zumindest teilweise – aufgrund dieser traumatischen Erfahrungen. Dann fragte ich sie ausdrücklich, ob auch eine anale Untersuchung vorgenommen worden sei. Sie hatte mir das nicht erzählen wollen, weil »das noch schlimmer als das andere war« und vor der vaginalen Untersuchung stattgefunden hatte. »Ich habe das einfach übersprungen«, erklärte sie mir.

Ich fragte, weshalb es »noch schlimmer« gewesen sei.

»Einfach, daß es stattfand, war absolut ekelhaft«, sagte sie. Es sei viel unangenehmer gewesen.

An diesem Punkt der Sitzung wurde Jerry gewaltig davon getroffen, wie sehr das »Szenario« ihrer Entführungserfahrungen ihre Reaktionen auf Bobs Annäherungsversuche geprägt hatte. Sie machte eine kreisförmige Geste, um zu beschreiben, in welcher Weise seine Berührungen ihre Entführungserinnerungen auslösten und wie eng ihre Erfahrungen mit Außerirdischen und Menschen ineinander verwoben waren. Wenn Bob sie zum Beispiel am Rücken berührte, brachte ihr das die Berührungen und Untersuchungen der Außerirdischen ins Bewußtsein zurück. »Wenn er mit diesem Rumschmusen und -knutschen anfängt, beginnt in meinem Kopf das Band zu laufen«, sagte sie. Wenn er ihre Beine vor dem eigentlichen Verkehr spreizte, rief ihr das in Erinnerung, daß die Außerirdischen mit ihr auf dem Tisch dasselbe getan hatten. Den Beischlaf selbst empfand sie genauso wie die vergewaltigenden genitalen Untersuchungen in den Raumschiffen, gegen die sie sich nicht hatte wehren können. Wenn sie sich weigert und Bob zurückweist, ist das so, als ob sie die Außerirdischen aufhalten würde, »selbst wenn ich weiß, daß ich sie niemals wirklich stoppen kann«.

Wir entwickelten daraufhin für ihre intime Beziehung eine Strategie, die ihr ein Höchstmaß an Unterscheidung und Abgrenzung zwischen den Entführungserfahrungen und ihrer Beziehung zu Bob ermöglichen würde. Zuerst sollten sie im voraus darüber sprechen und sich darüber einigen, daß die Initiative beim Vorspiel und Beischlaf von Jerry ausgehen sollte, und zwar erst nach ausgiebigen zärtlichen Gesprächen. Außerdem sollte sie die Freiheit haben, ihre Begegnung an jedem beliebigen Punkt unterbrechen zu können, ohne daß er ihr deshalb Vorwürfe machen würde. Sie sollte Bobs Berührungen lenken, und diese sollten sich vor allem auf ihre Brüste – die die Außerirdischen nicht berührt hatten – konzentrieren und langsam und sachte sein, damit sie im Gegensatz zu den schnellen und nadelähnlichen Berührungen durch diese Wesen stünden. Auch die genitalen Berührungen sollten von ihr ausgehen, und wenn Bobs Penis erigiert sein würde, sollte sie ihn sich selbst einführen. Ebenso sollte sie bei den Koitusbewegungen der aktivere Teil sein, was ihr, wie sie mir versicherte, auch angenehm sei. Auf diese Weise hätte sie jederzeit die Verantwortung und die Kontrolle über das Ganze.

Am Ende der Sitzung faßte ich für Jerry noch einmal die beiden Teile der besprochenen Strategie zusammen – eine psychologische

Betonung der gedanklichen Unterscheidung zwischen den Erfahrungen mit Außerirdischen und Menschen sowie eine Handlungsweise, die diese Unterscheidung noch verstärken würde. Sie freute sich darauf, das Vorhaben in die Tat umzusetzen. Ich betonte zudem, wie hochgradig traumatisch die Penetration der Anal- und Genitalregion im Alter von acht Jahren für sie gewesen sein mußte. Denn anders als mit dreizehn Jahren hat ein Kind in diesem Alter noch keine Möglichkeit, dieses Erlebnis zu verstehen oder bewußt zu registrieren, da die Verteidigungsmechanismen dafür noch nicht genügend ausgereift sind. Folglich wird diese Erinnerung tief ins Unterbewußtsein verdrängt, von wo aus sie spätere Empfindungen und Verhaltensweisen in einer Art beeinflußt, die der Betroffene nicht begreifen kann.

Fünf Tage nach ihrer letzten Rückführung besuchte Jerry mich nach einem anderen Termin, den sie im Krankenhaus hatte, in meinem Büro. Sie sah gut aus, wirkte glücklich und teilte mir mit, daß die Strategie funktioniere. Zwei Tage später rief Pam sie an, und sie sagte, daß »alles, was wir getan haben, ein voller Erfolg war«. Sie hatte mit Bob die Dinge ausprobiert, die wir besprochen hatten, und dabei die Erwartung gehabt, wieder in ihre Angstzustände zu verfallen. »Aber nichts dergleichen traf ein.« Bob tat alles, worum sie ihn bat, war entspannt und genoß ihre Initiative. Sie war sich nun sicher, daß das, was ihr so zu schaffen gemacht hatte, nichts mit ihm zu tun hatte, denn sonst wären ihre sexuellen Aktivitäten eine Qual für sie gewesen. Sie war froh und zufrieden, daß keines ihrer alten, quälenden Gefühle zurückkam. Bob war über diese Veränderung sehr glücklich. »Ich kann es noch gar nicht glauben«, sagte er.

Besprechung

Jerrys Fall zeigt eine ganze Reihe von verschiedenen Entführungsphänonemen auf. Sie hat in dem Raumschiff der Außerirdischen komplexe, quälende Fortpflanzungseingriffe an ihrem Körper erfahren, darunter auch das Einpflanzen und Entfernen von etwas, das den Anschein einer Art Fötus erweckt, und sie hatte auch Begegnungen mit Mischlingswesen. Zugleich aber hat sie die intensive Persönlichkeitserweiterung und die philosophische und spirituelle Öffnung durchgemacht, die bei Entführungserfahrungen so oft als Begleiterscheinungen auftreten. Interessanterweise stammen ihre philosophischen und poetischen Schriften aus der Zeit vor unserer gemeinsamen Arbeit und können deshalb nicht mit unserer Beziehung oder Wechselwirkung zueinander und aufeinander erklärt werden. Ihre drei Kinder, die aus zwei Ehen stammen, scheinen ebenfalls in die Entführungsphänomene verstrickt zu sein.

Die in ihrer Psyche zunächst unbewußt ablaufende Vorstellung der Mischlingsbabys als Pferde oder Fohlen erinnert an die Vielfalt der tierischen Formen – inklusive von Hirschen und verschiedenen Vögeln –, in der die außerirdischen Wesen den Betroffenen erscheinen können. Für Colin waren die Außerirdischen Eulen aus dem Himmel. Diese komplexe Symbolisierung kann ein Ergebnis der unbewußten Fähigkeit der Psyche sein, bedrohliche Elemente zu verhüllen, sie könnte aber auch durch die bewußtseinsverändernden Kräfte der Außerirdischen ausgelöst werden. Eine andere Möglichkeit wäre die, daß eine Art tieferer Verbindung der Außerirdischen mit dem Geist der Tiere stattfindet – ähnlich den menschlich-tierischen Verbindungen, die in den Praktiken der Schamanen durchaus gängig sind.

Jerrys Begegnungen mit Außerirdischen, die in ihrer Kindheit einsetzten und immer wieder in Entführungen gipfelten, wirkten äußerst traumatisierend auf sie, und die quälenden, mit einer Vergewaltigung vergleichbaren sexuellen und fortpflanzungstechnischen Elemente haben sich tief in ihre Psyche eingebrannt. Da ihr unbewußt Erinnerungen an diese Erfahrungen verblieben sind, konnte sie die physischen Aspekte einer zwischenmenschlichen Intim- und Sexualbeziehung auch nicht von ihren durch Außerirdische verursachte Traumata unterscheiden und trennen. Als Folge davon war Jerry unfähig, an körperlichen Kontakten zu ihrem Ehemann Freude zu empfinden oder sie überhaupt zu tolerieren, obwohl sie sich ihm in gegenseitiger Liebe verbunden fühlt. Das Aufdecken zentraler Erinnerungen an ihre traumatischen Entführungserfahrungen im Verlaufe von vier langen Hypnosesitzungen ermöglichte es Jerry, psychologisch zwischen menschlichen Fortpflanzungs- und Sexualpraktiken und solchen außerirdischer Natur zu unterscheiden. Das machte den Weg für die Entwicklung von Strategien frei, die diese Unterscheidung noch verstärken. Für

Jerry und Bob ist es nun möglich, eine befriedigende sexuelle Beziehung zu erleben.

Für jemanden, der während dieser Rückführungen unter Hypnose nicht dabei war, ist es schwierig, die emotionale Intensität der traumatischen Erfahrungen einzuschätzen, die jemand wie Jerry durchlebt hat. Ihren verbalen Ausdruck des Zorns und des Verletztseins und das Winden ihres Körpers muß man erlebt haben. Über dieses Verhalten hinaus, das ihr Abreagieren dokumentiert und eine Integration der traumatischen Erinnerungen erst ermöglicht, illustriert Jerrys Fall sehr gut die andere Dimension eines Entführungstraumas: die lebenslange persönliche Isolation, den philosophischen Unglauben und die Tatsache, daß dem Betroffenen oder seinen Kindern jederzeit neuerliche derartige Erfahrungen widerfahren können. Jerry hat sich äußerst beredt über diesen letzten Punkt geäußert. Sie schloß ein Gedicht mit dem Titel »Rückführung«, das sie im Winter 1992/93 geschrieben hat, mit den Zeilen: »Diese wundervolle Technik gibt wohl Erleichterung bei vergangenen Traumata mit einem Schlag, ob's mit dem letzten wohl zu Ende sein mag? Denn anders als die Opfer von Vergewaltigung, Inzest oder Kriegstraumata sind wir befreit von unserem unerbittlich sich fortsetzenden Andere-Welt-Melodrama.«

Trotz der großen Qualen, die ihre Entführungserfahrungen verursachten, steht Jerry, wie viele andere Betroffene auch, zu ihrer Ansicht, daß es da irgend etwas sehr Wertvolles, eine kreative Dimension, »einen definitiven Grund« für den Entführungsprozeß gab – vielleicht die Schaffung einer neuen Rasse von Lebewesen, an der sie beteiligt war. Es ist schwierig festzustellen, ob solche Gedanken eine authentische Erkenntnis des Entführten selbst darstellen, ob sie ihm von den außerirdischen Wesen eingegeben wurden oder aus irgendeiner Form von Identifikation mit dem Aggressor resultieren.

Wie viele andere Betroffene hat Jerry ihren Geist und ihr Herz für bedeutende philosophische und spirituelle Belange geöffnet. Dies kommt am deutlichsten in ihrem Schriftwerk zum Ausdruck. In einem Tagebucheintrag vom November 1992 berichtet sie von einem Zukunftstraum, der die Zerstörung der Erde durch einen Atomkrieg zum Inhalt hatte. Daß ihr solche Gedanken über die Erde und deren Schicksal schon vor unserer gemeinsamen Arbeit gekommen sind, geht aus ihren schriftlichen Aufzeichnungen vom Dezember 1991 hervor, die sechs Monate, bevor Jerry mich zum ersten Mal anrief, geschrieben wurden. Diese Einträge wirken, als ob Jerry Informationen von jemand anderem erhalten hätte, der ebenso betroffen und bestürzt war, oder von einer Stimme, die zu ihr sprach. Sie beschreibt darin die Schönheit des brasilianischen Regenwaldes, fügt aber die Betrachtung an, daß »er einen sehr langsamen Tod starb ... Warum wurde dieser wunderbare Ort zerstört? Ihr habt begonnen, intensiver nachzuforschen, und entdeckt, daß es nicht der Ort war, der gestorben ist. Es waren vielmehr die Bewohner dieses Ortes, die ihn getötet haben. Dann wart ihr sehr betroffen darüber und setztet eure Forschungen fort und dehntet sie auf die ganze Erde und ihre Bewohner aus. Überall, wo ihr hinkamt, spielte sich das gleiche ab. Ihr habt dann beschlossen, daß etwas geschehen muß. Aber was? Und wie? ... Hat die Menschheit eine solche Abscheu vor ihrer Zukunft, daß sie sie zerstören will?« fragte sie sich.

Jerrys Schriftwerk umfaßt des weiteren Betrachtungen über eine breite Palette existentieller Themen, unter anderem über das Wesen von Zeit, Raum und des Universums selbst sowie die großen Kreisläufe von Geburt, Tod und Entstehung oder die Mysterien von Wahrheit, Geist und Seele – und die Grenzen der materiellen Wissenschaft. Sie wollte ein Buch über das Universum, die Seele, Gott und die Ewigkeit schreiben, das auf den Gedanken basieren sollte, die ihr zuflogen und die sie in Kapitel ordnen wollte. Manchmal schien sie aus Ehrfurcht vor der Kraft der Informationen, die sie erhielt, und der damit verbundenen Verantwortung eine Pause einzulegen. Im Dezember 1991 schrieb sie: »Aber warum habt ihr eine ganz normale Hausfrau für diese bedeutende Aufgabe ausgesucht? Und wer soll dieses Buch überhaupt verstehen und sogar kaufen?« Die Antwort, die sie darauf erhielt, lautete, daß sie selbst sich diese Rolle ausgesucht hatte.

In einer Eintragung vom 22. November 1991 vertritt Jerry den Standpunkt der archetypischen Schöpfungskraft des Universums. »Bedenkt, daß euer Wesentlichstes, eure Seele, Teil eines Ganzen war, und als Teil eines Ganzen habt ihr euch entschieden, Leben zu geben, zu erschaffen. Dann flößtet ihr diesem Vorsatz Leben ein und setztet eure Gedanken in die Tat um. Als dieser Schöpfungsprozeß Gestalt angenommen hatte, entschiedet ihr euch, weiter zu erschaffen, und nach einiger Zeit entschiedet ihr, wieder ein Ganzes werden zu wollen. Aber um wieder ein Ganzes zu sein, hättet ihr all die Fragmente oder Teile eures ganzen Wesens wieder zusammenführen müssen. Um wieder ein Ganzes zu werden, hättet ihr darüber hinaus fähig sein müssen zu begreifen, daß ihr dazu erst diesen Gedanken hervorbringen und ihn zum Leben erwecken müßt. Und um in eure ursprüngliche Form zurückzukehren, müßtet ihr den Prozeß umkehren.« Sie verglich diesen Prozeß dann mit »der Vereinigung eines Mannes mit einer Frau. Die beiden haben den Gedanken, ein Baby zu zeugen. Ihr Gedanke nimmt dann in Form des Babys Gestalt an.«

Etliche von Jerrys Schriften befassen sich mit den Beziehungen zwischen materieller und spiritueller Welt und den Grenzen einer rein technischen oder technologischen Art des Wissens. So schrieb sie zum Beispiel im November 1991: »Technische Daten führen nicht zur Entdeckung anderer Wesen. Spirituelle hingegen schon.« Einen Monat später schrieb sie:

Wissenschaft:	manifestierte Reisen durch Zeit und Raum
Spiritualität:	nichtmanifestierte Reisen durch Zeit und Raum
Wissenschaft:	begrenzte Reisen
Spiritualität:	unbegrenzte Reisen

Beides ist erhältlich.
Welche Fahrkarte wirst du kaufen?

Jerry hat großen Mut und Entschlossenheit bewiesen, indem sie sich den verstörenden Kräften ihrer Entführungserfahrungen stellte – und das trotz der allgemeinen Ungläubigkeit, die sie umgab. Sie hat zudem eine deutlich gesteigerte Fähigkeit entwickelt, ihre eigenen Gedanken zu erkennen – und zwar, wie sie selbst glaubt, trotz oder vielleicht gerade aufgrund ihrer Isolation. Diese Qualitäten sind in einem Gedicht eingefangen, das sie im Winter 1992/93 schrieb und »Entscheidung« nannte. Sie schrieb über ihren Kampf, ihre Ängste und auch über die Heimlichtuerei und das Schweigen, das sie immer bedrückt hatte. Sie habe die Entscheidung getroffen, daß die Entführungserfahrungen »mich nicht mehr länger vollkommen beherrschen sollen ... Zumindest«, so schloß sie, »will ich die Größe haben, meine Erinnerungen zu kennen und mich zu ihnen zu bekennen.«

Wenn man mich je fragen würde...

Catherine war zweiundzwanzig Jahre alt, Musikstudentin und arbeitete als Empfangsdame in einem Nachtklub. Sie rief mich im März 1991 an, einige Wochen nachdem sie etwas erlebt hatte, worüber sie sich den Kopf zerbrach. Eines Nachts, Ende Februar, hatte sie etwa um Mitternacht Feierabend und machte sich mit ihrem Wagen auf den Heimweg. Aber anstatt bei ihrem Haus in Somerville, in der Nähe von Boston, anzuhalten, fuhr sie seltsamerweise in nördlicher Richtung weiter. Sie sagte sich: »Ich fahr' noch ein bißchen«, und wollte noch »einige Highway-Kilometer« mit ihrem neuen Wagen fahren. Als sie dann nach Hause zurückkehrte, waren etwa fünfundvierzig Minuten vergangen, und sie konnte über diese Zeitspanne keine Rechenschaft ablegen.

Am nächsten Tag wachte Catherine so gegen Mittag auf, »schaltete die Nachrichten ein« und sah »etwas über ein UFO, das letzte Nacht gesehen worden war«. Einige der Nachrichtensprecher versuchten, das Flugobjekt, das über Boston gesehen worden war, als einen Kometen oder einen Meteor zu erklären, aber das Flugobjekt war in horizontaler Linie über die Baumwipfel dahingezogen. Catherine sagte sich: »Das ist aber eine ungewöhnliche Art Meteor ... Und ein Komet kommt aus dem Himmel herunter, schlägt auf, und das war's dann.« Zudem berichteten ein Polizist und seine Frau, daß das Flugobjekt in der Luft stehengeblieben sei und einen Lichtschein auf sie geworfen habe. Einer der TV-Kanäle zeigte eine Karte, auf der der Weg des Flugobjektes – aus dem Süden von Massachusetts in den nordöstlichen Teil des Staates – eingezeichnet war (vgl. Barron 1991; Chandler 1991). Catherine stellte dann mit Schrecken fest, daß sie, auch wenn sie sich nicht daran erinnerte, das UFO gesehen zu haben, »in die gleiche Richtung gefahren« war, »in die dieses Ding unterwegs war«. Mit einer etwas spöttischen Grundhaltung hatte sie erst kurz zuvor etwas über UFOs gelesen und »teils gehofft, teils nicht gehofft, auch einmal eines zu sehen«. Des weiteren war Catherine über die Tatsache beunruhigt, daß sie kurz danach Nasenbluten hatte – soweit sie sich entsinnen konnte, zum ersten Mal in ihrem Leben –, für das sie keine Erklärung fand. Nicht nur das trug dazu bei, daß sie Kontakt mit mir aufnahm, sondern auch, daß sie in einem Buch über Entführungen durch Außerirdische die meisten Fragen, die auf mögliche Begegnungen mit einem UFO hinwiesen, positiv beantwortet hatte.

In unserer ersten Sitzung glaubte Catherine, sich entschuldigen zu müssen, und fürchtete, meine Zeit über Gebühr in Anspruch zu nehmen. Sie erinnerte sich an einen Traum, den sie im Alter von neun Jahren hatte, in dem sie sich nicht hatte bewegen können und sehr erschrocken war, als hinter ihr »so eine Art Lebewesen« mit langen Fingern, die sich an den Spitzen verbreiterten, auftauchte und nach ihr griff. Die Hand fühlte sich kalt an. In ihrer Angst wollte Catherine schreien und »nach meiner Mutter rufen, aber ich konnte es nicht. Ich konnte keinen Ton herausbringen.« Sie erinnerte sich noch an einen anderen Traum, den sie Weihnachten des vergangenen Jahres, also 1990, hatte. Damals war sie von einem Besuch bei ihrer Mutter in Alaska wieder nach Hause zurückgekommen. In diesem Traum war sie in einem Raumschiff mit gebogenen Wänden gewesen, und in dem Raum, in dem sie sich befand, war etwas, das »wie ein großes Fischbecken« aussah. Sie war sich nicht sicher, ob das wirklich ein Traum gewesen war. Ich veranlaßte sie zu einer leichten Entspannungsübung, die ihr helfen sollte, sich Details ihrer nächtlichen Autofahrt ins Gedächtnis zurückzurufen. Catherine erinnerte sich an die Straßen, über die sie gefahren war, und empfand Angst, als sie sich erinnerte, daß sie zweimal durch ein Waldgebiet in Saugus, etwa zehn Meilen nördlich von Boston, gefahren war. Sie gestand zudem eine beträchtliche Angst vor Nadeln ein. Und letztendlich stellte sie auch noch fest, daß sie sich in einer Art Karriere-Krise befand und das Gefühl hatte, daß »ich nicht alle meine Fähigkeiten nutze«.

Catherine und ich fühlten beide, daß dieses erste Treffen – das Entführungserfahrungen, die von UFOs ausgingen, rückblickend doch als sehr naheliegend erscheinen läßt – einen unverbindlichen Charakter hatte, und ich legte ihr nahe, erst einmal abzuwarten, welche anderen Erinnerungen in den nächsten Tagen noch auftauchen würden, und forderte sie auf, mich in ungefähr einer Woche wieder anzurufen. Da ein Anruf aber ausblieb, rief ich sie an, und sie erklärte mir, daß sie es für zu verrückt gehalten habe, mich anzurufen, da keine neuen Erinnerungen mehr aufgetaucht seien. Außerdem sei sie eifrig damit beschäftigt, beruflich voranzukommen. Anschließend hörte ich neun Monate nichts mehr von ihr, dann jedoch schrieb sie mir einen Brief, in dem sie erklärte, daß sie jetzt »Eindrücke – Erinnerungen ist ein zu starker Ausdruck –« von Weihnachten 1990 und »von einem Raumschiff auf freiem Feld« hinter dem Haus ihrer Mutter in Alaska habe. Und sie hatte Panik bekommen, als sie den Film »Communion« gesehen hatte, der auf dem Buch von Whitley Strieber basiert, und ihr eingefallen war, daß sie vor sechs Monaten ein seltsames Licht in einer Wolke, die sich über den Horizont bewegte, gesehen hatte. Und sie hatte unter ihrem Kinn eine kleine, gerade Narbe entdeckt, die sie sich nicht erklären konnte. Über all dies war sie »zu sehr verwundert, um alles seinen gewohnten Gang gehen zu lassen«, und hatte beschlossen, »zu schauen, ob irgend etwas herausgefunden werden kann, einfach um meines eigenen Seelenfriedens willen«.

Im Laufe der nächsten acht Monate hielt ich mit Catherine fünf Hypnosesitzungen ab und unterhielt mich häufig mit ihr. In unseren Sitzungen erforschten wir einige ihrer Entführungserfahrungen im Detail, und ungemein starke Emotionen kamen zum Vorschein. Catherine nahm regelmäßig an den monatlichen Treffen unserer Selbsthilfegruppe teil und wurde für andere Betroffene zu einer wichtigen Bezugsperson. Sie hat zudem den Beruf gewechselt und ist derzeit an einer höheren Schule für Psychologie. Catherines Fall ist vor allem aufgrund ihrer klaren Beobachtungen bedeutsam, die sie bei vielen der UFO-Phänomene gemacht hat. Zusätzlich veranschaulicht er, wie eine veränderte Haltung und eine veränderte Annäherung des Betroffenen an die Begegnungen sein Persönlichkeitswachstum und die Umwandlung des eigentlichen Phänomens bewirken können – insbesondere bei Begegnungen, die mit Angst verbunden sind.

Catherine wuchs in Oregon auf, in Städten in und um Portland, wobei ihre Familie aufgrund des Berufes ihres Vaters, der Landvermesser war, häufig umzog. Als sie noch ein Kind war, wurde er wegen eines Rückenleidens berufsunfähig, führte nur noch Reparaturen und Zimmermannsarbeiten rund ums Haus aus und übernahm auch Aufträge für andere Leute. Außerdem hatte er Alkoholprobleme; er verschwand oft, wenn er betrunken war, und neigte zu jähzornigen Wutausbrüchen. Einmal, als Catherine sich weigerte, ihr Zimmer sauberzumachen, verbrannte er alle ihre Habseligkeiten. Ihre Eltern wurden geschieden, als sie das College besuchte. Zu ihrem Vater hat sie jetzt im Grunde keinen Kontakt mehr.

Susan, Catherines Mutter, ist Lehrerin und arbeitet mit behinderten Kindern. Als sie einmal zur Arbeit war, sah sie ein UFO – »Lichter am Himmel, die Sachen machen, die Flugzeuge nicht machen« –, und diese Erscheinung wurde noch von etwa drei Dutzend anderen Leuten bezeugt. Susan kümmerte sich um ihre Tochter, war an meiner Arbeit mit ihr interessiert und rief mich von zu Hause, einer ländlichen Gegend Alaskas, aus an, wohin die Familie während Catherines Teenagerjahren gezogen war. Ich war von ihrer Sensibilität und Offenheit gegenüber Catherines Erfahrungen beeindruckt. Sie glaubte an die Möglichkeit, daß es außerhalb unseres Planeten Leben in unerwarteter Form geben könne. Außer ihrem Bruder Alex, der acht Jahre jünger ist als sie, hat Catherine keine weiteren Geschwister. Catherine glaubt, daß auch ihr Bruder Entführungserfahrungen haben könnte, dies aber nicht zugeben wolle. Er hatte ein unerklärliches Mal an der Seite seiner linken Hand, das die gleiche Hufeisenform wie zwei Narben aufwies, die Catherine an der linken Hand hat und von denen sie glaubt, daß sie auf Entführungen zurückzuführen sind. Sein Mal ist in der Zwischenzeit jedoch verschwunden.

Susan beschrieb Catherine, die als Heranwachsende »ein bißchen anders, ein freier Geist« gewesen sei. Auf der Suche nach anderen Ursachen für ein Trauma fragte ich Catherine nach eventuellem sexuellen Mißbrauch in der Kindheit, einer Vergewaltigung oder ähnlichen Vorfällen. Sie erzählte mir, daß ihr im Alter von etwa vier Jahren ein Jugendfreund der Familie zwischen die Beine gefaßt und ihre Genitalien berührt hatte. Das war für sie ein erschütterndes Erlebnis gewesen. »Da ist dieser nette Kerl, den ich absolut wunderbar fand und dem ich so sehr vertraut hatte und den auch meine Eltern mochten, und dann das – ich war am Boden zerstört.« Catherine und auch ihre Mutter erklären beide, daß sie nicht von ihrem Vater oder anderen Familienmitgliedern sexuell mißbraucht oder körperlich mißhandelt worden sei.

Die erste Entführungserfahrung, an die Catherine sich erinnerte, stammte aus der Zeit, als sie drei Jahre alt war. Die Erinnerungen kamen bewußt zutage – das heißt, sie setzten ohne Hypnose ein –, ausgelöst durch eine aufwühlende Alptraumszene in der ersten Folge der CBS-Dokumentarserie »Intruders«, in der eine der weiblichen Entführten einen bellenden Hund an ihrem Schlafzimmerfenster sieht, der sich in ein außerirdisches Wesen »verwandelt«. Catherine erinnerte sich, mitten in der Nacht aufgewacht zu sein und an ihrem Schlafzimmerfenster ein Wesen stehen und blaues Licht gesehen zu haben, das ins Zimmer hereinschien. Das Haus der Familie war ein einstöckiges Mobilheim, und Catherine nahm an, daß »dieser komisch aussehende Bursche draußen am Fenster« ziemlich groß sein mußte oder in der Luft schwebte, denn die Unterkante des Fensters lag mehrere Fuß hoch über dem Boden, und der dünne Rumpf des Wesens war im Fenster sichtbar.

Sie beschrieb es folgendermaßen: Es hatte »große schwarze Augen, ein spitzes Kinn ... sein ganzer Kopf sieht aus wie ein umgedrehter Tropfen. Als Mund hat er nur eine Linie, die Nase kann ich von hier aus nicht richtig sehen, sie sieht aber nicht wie eine menschliche Nase aus. Es ist nur ein Höcker. Ich kann Nasenlöcher sehen, aber nicht so groß wie unsere. Er scheint keine Kleider anzuhaben. Er wirkt überhaupt nicht so, als hätte er irgendeine Farbe an sich. Er hat von dem Licht, das hinter ihm leuchtet, einen blauen Schimmer um sich herum. So, als würde er irgendwie von hinten angestrahlt.«

Das Wesen schien durch das Fenster hereinzukommen und »sich am Ende des Lichtstrahls zu materialisieren«. Als »der Strahl ins Zimmer kam und auf den Boden fiel«, erzählte Catherine, »hatte ich den Eindruck, über meinem Bett zu schweben, durch die Tür hinaus in die Diele, so ähnlich wie bei einer Levitation«. Catherine empfand während dieser Vorgänge – auch während unseres Gesprächs – Angst. »Es ist, als ob Monster kommen und mich packen. Aber sie sind Realität. Und es gibt nichts, was ich tun könnte ... Ich wollte dann lauthals nach meiner Mama schreien und rufen, daß sie kommen solle, aber ich konnte mich nicht bewegen. Ich konnte kein Wort herausbringen.«

Sie bemerkte, daß die Wesen, als sie nach ihrer Mutter zu schreien versuchte, etwas unternahmen, um ihre Angst zu verringern, die nachließ, als Catherine zu schweben begann. Danach sah sie fünf oder sechs Wesen, die dem am Fenster ähnelten und »im Wohnzimmer richtig schnell herumsausen, ich bin mir aber nicht sicher, was sie tun ... Es sieht aus, als ob sie Dinge aufheben, anschauen und dann wieder hinlegen.« Nach diesem geschäftigen Hin und Her »scheint es plötzlich, als ob alle wieder zur Ordnung gerufen worden wären, und sie befinden sich jetzt alle in einer Reihe. Jegliche Aktivität hat aufgehört. Das Wohnzimmer ist hell erleuchtet – es hat einen bläulichen Schimmer –, aber es ist mitten in der Nacht, und es dürften keine Lampen brennen.« Catherine erinnerte sich, daß sie »buchstäblich durch« die Vordertür schwebte, mit dem Gesicht voran, und dann sah sie, daß »draußen auch Licht ist. Es ist mitten in der Nacht, aber es ist hell.« Auf dem Gelände außerhalb ihres Zuhauses »ist etwas wie ein Raumschiff«, und »es scheint, daß viel Licht von dort kommt, aber hier ist mehr Licht, als von dort kommt«. Catherines Mutter sagte ihr später, daß der Wohnwagenstellplatz, wo ihr Mobilheim stand, große, blaue Flutlichter hatte. Das Raumschiff hatte die »Form einer Scheibe. Es sieht so aus, als hätte es rundherum eine Menge Lichter, aber ich bin mir nicht sicher, ob das richtig ist.«

Unser Gespräch endete an dieser Stelle, aber Catherine erinnerte sich in den folgenden Wochen noch an viele weitere Einzelheiten, was für Entführungserinnerungen charakteristisch ist. Dreieinhalb Monate nach dem obigen Gespräch schrieb sie mir in einem Brief mehr über diese Episode. Sie hatte ein klares Bild von einem der Wesen, das im Wohnzimmer »eine Teetasse in die Hand nimmt, sie ganz nah an sein Gesicht hält, aufmerksam betrachtet und dann wieder zurückstellt«. Bezüglich des Wesens, das am Fenster gewesen war, erinnerte sie sich, daß sie »vor ihm her und durch die Tür meines Zimmers in die Diele, ins Wohnzimmer« geschwebt ist und dann »zur Vordertür hinaus«. Catherine beschrieb dann noch, was in dem Raumschiff geschehen war, soweit wir es in der vorangegangenen Unterhaltung noch nicht besprochen hatten:

»Sie bringen mich in dem Raumschiff in einen runden Raum, an dessen Wand eine umlaufende Sitzbank steht. Nur ein Durchgang für die Tür ist frei. Die Bank ist in ihrer ganzen Länge mit einem roten Polster bezogen. Es sind auch noch andere Kinder da, vielleicht fünf oder sechs, alle jünger als zehn Jahre. Ein größeres, weibliches Wesen kommt herein und fragt mich: ‘Willst du spielen?’ Sie wirkt auf mich wie eine Kindergärtnerin oder wie die Leiterin einer Tagesstätte. Ich bin schläfrig und verwirrt, aber ich sage: ‘Okay.’ Sie scheint sich über diese Antwort zu freuen. Ich schaue die anderen Kinder an – sie sind älter und größer als ich. Der Raum wirkt sehr hell. Sie geht auf die andere Seite des Raumes, von wo sie hereingekommen ist, und bringt etwas mit zurück. Ich halte es für einen Ball aus Metall, und es schwebt. Sie läßt den Ball durch den Raum fliegen, Loopings drehen und so weiter. Dann versuchen auch einige der anderen Kindern, ihn fliegen zu lassen, aber sie können es nicht so gut. Sie treffen dabei die Wände, und es gibt ein metallisches 'Peng', wenn er auftrifft. Man hat das Gefühl, sie amüsiert sich, wenn das geschieht. Dann bin ich an der Reihe, und sie fragt mich: 'Möchtest du es versuchen?' Ich sage 'ja', denn ich möchte es den größeren Kindern zeigen. Sie gibt mir einen metallenen Stab, ungefähr dreißig Zentimeter lang, vielleicht auch etwas länger. Er hat einen Durchmesser von ungefähr dreieinhalb Zentimetern und geht an der Spitze in eine dicke, kurze Antenne über. Die Antenne ist etwa zehn Zentimeter lang und hat an ihrem Ende eine kleine Kugel. Dieser Stab ist wie eine Fernsteuerung; man zeigt damit auf den Ball, um ihn zu dirigieren, aber man muß sich gleichzeitig auch konzentrieren, um ihn unter Kontrolle zu halten. So lasse ich ihn ruhen, schweben, wegfliegen, wieder zurückkommen und plötzlich anhalten, wenn er sehr schnell geflogen ist. Und ich kann das alles viel besser als die älteren Kinder. Nach einer Minute, als meine Zeit um ist, kommt das weibliche Wesen, nimmt mir den Stab wieder weg und sagt mir dabei, daß ich sehr gut gewesen sei, jetzt aber aufhören müsse, denn ich mache die anderen Kinder traurig, weil ich doch jünger sei und sie es nicht so gut gekonnt hätten. Da ist ein Gefühl einer speziellen Bindung – einer besonderen Beziehung zwischen ihr und mir, weil ich so gut war und doch noch so klein bin, und sie ist stolz auf mich, weil ich es besser gemacht habe, als man es mir zugetraut hätte. Es kommen noch ein paar andere Kinder an die Reihe, und dann räumt sie den Ball und den Stab wieder dorthin zurück, woher sie ihn geholt hatte. Sie kommt zurück und sagt uns allen: 'Ihr habt es sehr gut gemacht. Wir sind sehr zufrieden mit den Fortschritten eines jeden einzelnen von euch.' Ich bin stolz auf mich selbst.

Ja, es gibt noch mehr zu dieser Geschichte, aber das ist bis jetzt alles, was ich parat habe.«

Die nächste Begegnung, an die Catherine sich erinnerte, hatte stattgefunden, als sie sieben Jahre alt war, und wurde ganz unerwartet während unserer dritten Hypnosesitzung aufgedeckt, in der wir eine Rückführung mit freiem Ausgang durchführten – das heißt, wir suchten nicht nach Erinnerungen an eine bestimmte Episode. Die Sitzung begann damit, daß sie sich selbst sah, wie sie mit zwei Freundinnen zu ihrem Haus ging und eine große Schachtel mit Süßigkeiten bei sich hatte. Sie trug eine Pfadfinder-Mädchenuniform. Ein Finger ihrer linken Hand schmerzte. Er wies eine seltsam geformte Blase auf, weshalb ihr das Tragen der Schachtel Schmerzen bereitete. Als wir darüber sprachen, wie die drei Mädchen und die Mutter der Freundin von Haus zu Haus gegangen waren, um die Süßigkeiten zu verkaufen, kam Catherine das Bild einer Frau in den Sinn, die sich einige Pfaue gehalten hatte, und sie erinnerte sich an die Allee, in der diese gehalten worden waren.

Sie erinnerte sich dann an einen Vorfall, der sich eine Woche zuvor ereignet hatte. Sie war bei einer ihrer Freundinnen gewesen und hatte sich eigenartig gezwungen gefühlt, das Haus zu verlassen und in diese Allee hinunterzugehen, um die Pfauen zu sehen. Es regnete, und die Allee war aufgeweicht. Catherine befürchtete, daß die Frau herauskommen und mit ihr schimpfen könnte, »denn ich weiß, ich sollte nicht dort sein«. Sie warf gerade mit Steinen nach den Pfauen, um sie zum Radschlagen zu veranlassen, als sie »ein kleines weißes Ding« sah. Wie sich herausstellte, war es ein »kleiner Mann, der dort steht. Er schaut überrascht aus. Er hat einen großen Kopf, große Augen und überhaupt keine Haare.« Er erzählte ihr, daß er sie irgendwohin mitnehmen wolle, aber sie hatte das Gefühl, daß sie nicht mitgehen sollte, denn ihre Mutter hatte ihr immer wieder gesagt, sie solle »nicht mit Leuten mitgehen, die ich nicht kenne, und ihn kenne ich nicht«. Die Gestalt meinte, das sei schon in Ordnung, aber sie hatte Angst und war ärgerlich, »denn ich sagte ihm, daß ich nicht mitgehen wolle, und er will mich einfach mitnehmen«. Sie versuchte wegzulaufen, aber das Wesen hatte »seine Hand auf meinem Arm«, und sie konnte sich nicht losmachen. Catherine begann in der Sitzung wie ein hilfloses Kind zu weinen und wiederholte wehleidig: »Ich kenne ihn nicht, und er will mich einfach mitnehmen!«

Immer noch weinend, erzählte Catherine: »Er hebt mich hoch. Wir fliegen in die Höhe ... Ich kann unten alles sehen. Es ist schrecklich. Man kann sich nicht vorstellen, daß so etwas geschieht. Er hat immer noch die Hand auf mir. Ich kann alles unter mir sehen, und man kann sich nicht vorstellen, daß das so ist.« Anschließend kam sie durch ein »Loch« in die »Mitte jenes Raumes«. Catherine dachte daran, die kleine Gestalt, die »so groß war wie ich«, wegzustoßen, aber sie »konnte nicht die geringste Bewegung machen«. Der kleine Mann schien zu lachen. »Er fand es lustig, daß ich ihn wegstoßen wollte.« Sie konnte das erzählen, »weil ich ihn irgendwie in meinem Kopf hörte«. In dem Raum angekommen, ging der »kleine Mann« in einen anderen Raum, um etwas zu holen. »Ich fragte ihn: 'Was wollen Sie damit machen?' Und er antwortete mir: 'Ich werde damit einen kleinen Schnitt machen.' Ich fragte: 'Warum?' Und er sagte: 'Weil wir eine Probe brauchen.' Ich sagte: 'Nein! Nein! Sie können mich nicht einfach schneiden!' Und er sagte darauf: 'Wir müssen es aber tun.' Ich erwiderte: 'Nein, das müßt ihr nicht! Das ist gemein! Das dürft ihr nicht mit mir machen!' Er darauf: 'Es ist für ein wissenschaftliches Experiment.' Und ich fragte: 'Warum könnt ihr nicht jemand anderen schneiden?' Er sagte: 'Weil wir Blut brauchen.'« Er machte dann einen kleinen Schnitt in den Ringfinger ihrer linken Hand, was weniger schmerzte, als Catherine erwartet hatte. Mit einem Instrument, »ähnlich wie ein Augentropfer«, das ganz aus Metall war, saugte er eine kleine Menge Blut ab.

Das Wesen beharrte darauf, daß »wir die Probe abnehmen mußten«, und sagte ihr, daß es sie zurückbringen werde. »Aber ihr habt mir nicht erklärt, warum«, sagte Catherine hartnäckig. »Er antwortete: 'Ich erforsche deinen Planeten.' Ich fragte daraufhin: 'Was stimmt denn nicht mit meinem Planeten?' Er meinte: 'Wir versuchen, den Schaden zu stoppen.' Ich wollte wissen: 'Welchen Schaden?' Er antwortete: 'Den Schaden durch die Umweltverschmutzung.' Ich sagte: 'Darüber weiß ich nichts.' Und er meinte: 'Du wirst es schon noch erfahren.' Und dann gehen wir wieder hinunter. Ich komme dem Boden näher, immer näher, und ich stehe wieder auf dem Boden und möchte weglaufen, kann mich aber nicht bewegen. Und er sagt noch: 'Wir werden wieder zu dir kommen.'«

Abermals sah Catherine sich in der Allee, in der auch die Pfaue waren. »Ich laufe und laufe, bin schon an den Pfauen vorbei und renne die Straße immer weiter hinauf«, bis an ihr Ende, und »jetzt, glaube ich, bin ich da«. Catherine schätzte, daß etwa fünfzehn Minuten vergangen waren, und niemand schien sie vermißt zu haben, als sie wieder zu der Gruppe der Kinder zurückkam, die sich

– jetzt im Haus einer anderen Freundin – im Fernsehen Zeichentrickfilme anschauten. Die Erinnerung an das, was eben mit ihr geschehen war, schien sich schnell zu verflüchtigen. Vielleicht »habe ich sie verdrängt«, vermutete Catherine. Schon als sie auf das Haus ihrer Freundin zulief, »verflüchtigte es sich«. Als sie in das Haus zurückkam, dachte sie, »ich wäre nur eben mal draußen gewesen«. Wie es scheint, ist der Schmerz in ihrem Finger, den ihr das Tragen der Schachteln mit Süßigkeiten verursachte, der Einstiegspunkt für die Erinnerung an diese Entführungs-Episode gewesen, die sich eine Woche zuvor ereignet hatte. Eine schmale, hufeisenförmige Narbe war an ihrem Ringfinger verblieben, für die sie keine andere Erklärung als den gerade genannten Vorfall hatte.

Die nächste Episode, die Catherine mit dem UFO-Phänomen in Zusammenhang brachte, ereignete sich, als sie fünfzehn oder sechzehn Jahre alt war. Dazu gehörten unerklärliche Lichter am Abhang des Hügels hinter ihrem Mobilheim, in dem sie damals mit Mutter, Vater und Bruder wohnte. Es scheint keine Entführung stattgefunden zu haben. Als Catherine und Susan nach Hause zurückfuhren, sahen sie »kleine Lichter«, die sich knapp über dem Boden und parallel zueinander bewegten. Sie beobachteten einige Minuten lang, wie die Lichter – Catherines Worten zufolge – »komische Dinge« machten, die keinerlei Ähnlichkeit mit den charakteristischen Bewegungen eines Flugzeugs hatten. Sobald sie jedoch im Haus waren, schien Susan jedes Interesse daran verloren zu haben. Sie äußerte die Vermutung, daß es »vielleicht ein UFO« war, und erinnerte sich an dasjenige, das sie während ihrer Collegezeit selbst gesehen hatte. Catherine aber war immer noch fasziniert und beobachtete durch das Fenster weiterhin das komplexe Hin und Her von drei oder vier Lichtern am Abhang des Hügels, die »dort überall herumtanzten«. An einem Punkt stürzten sie alle auf einmal herab, aber Catherine vermochte ihre Mutter nicht für dieses Phänomen zu interessieren. »Ich fragte: ‘Mama, was kommt denn da den Hügel herunter?’«

Obwohl diese Erfahrung nicht von großer Bedeutung war, schien sie Catherines Gefühl des Alleingelassenseins und der Isolation hinsichtlich des Phänomens der UFO-Entführungen zu versinnbildlichen. Dieses Gefühl wurde durch die Empfindung noch verstärkt, daß ihre Mutter »glaubt, ich bilde mir das nur ein«. Sie wollte unbedingt weg von »diesem Kaff im Nirgendwo« – in der Hoffnung, daß »solches Zeug vielleicht nicht vorkommt, wenn ich in einer Stadt lebe«. Da ihr niemand zur Seite gestanden hatte, dachte Catherine: »Diese Lichter. Es hätte sein können, daß ... wer weiß! Es hätte auch eine Einbildung sein können.«

Bei dem »Traum«, den Catherine Weihnachten 1990 hatte, stellte sich heraus, daß es sich dabei um die erste Entführungserfahrung als Erwachsene handelte, an die sie sich erinnern konnte. Die Geschichte entwickelte sich während unserer ersten beiden Hypnosesitzungen. Das Mobilheim ihrer Kindheit stand in einer Einöde, ungefähr acht bis zwölf Kilometer von einer kleinen Stadt im Süden Zentralalaskas entfernt. Hinter dem Haus gab es große, freie Flächen Land. Der Weihnachtstag fiel damals auf einen Dienstag, und Catherine erinnerte sich, daß der »Traum« ein oder zwei Tage später einsetzte. Vor der Hypnose erinnerte sie sich, daß sie, als sie am nächsten Morgen aufgewacht war, ein »Bild in meinem Kopf« hatte. »Ich befand mich in einem Raum an Bord eines Raumschiffes ... Ich lag etwa zehn Minuten lang nur so im Bett und versuchte, mir soviel wie möglich davon in Erinnerung zu rufen und es meinem Gedächtnis so gut wie irgend möglich einzuprägen. Ich wußte, daß es sehr wichtig war, mich daran zu erinnern. Ich wußte nicht, warum. Ein Teil in mir sagte, daß es nur ein Traum gewesen sei, nichts von Bedeutung. Aber der andere Teil sagte: 'Nein, das ist sehr wichtig. Du mußt dich daran erinnern, so gut du nur kannst.'« Catherine hatte sich den ganzen Tag mit diesem Traum beschäftigt, um herauszufinden, ob sie sich noch an mehr erinnern könne; aber dies war ihr damals nicht möglich. Später erinnerte sie sich dann aber doch an die Details, die ich eingangs dieses Kapitels dargestellt habe.

Unter Hypnose bekamen wir einen detaillierten Eindruck vom Aussehen des Hauses, von Catherines Ankunft vor Weihnachten, vom Besuch ihres Vaters an Heiligabend und dem wenig ereignisreichen Verlauf dieses und des folgenden Tages. Nun erinnerte sie sich, daß sie aufgewacht war und den Eindruck gehabt hatte, ein »Raumschiff« gesehen zu haben, und daß »es sich nicht wirklich wie ein Traum angefühlt hat«. Sie fühlte sich während der Sitzung zudem »ein bißchen nervös«. Ich ermutigte sie, »in dieser Nervosität zu verharren«, und versicherte ihr, daß sie jetzt in der Gegenwart und in Sicherheit sei. Dann sagte sie: »Ich kann mich erinnern, daß ich mitten in der Nacht den Flur entlanggegangen bin, aus dem

Wohnzimmerfenster geschaut und dort hinten, draußen im freien Gelände, ein großes Raumschiff gesehen habe.« Catherine glaubte, daß sie sich zu diesem Zeitpunkt in einem Zustand befunden habe, der »mehr war als nur ein Halbschlaf«. Das Gelände wirkte wie ein winterlich gefrorenes Moor, und das Raumfahrzeug »stand am Boden« zwischen dem Mobilheim und einigen großen Bäumen. »Es sah wie ein Diskus aus, war in der Mitte aber dicker, und es war aus silbrigem Metall. Es war größer als das Mobilheim.« Sie bemerkte auch einzelne Lichter, verteilt über den gesamten Rand des Fahrzeuges – »weiße Lichter, in einer Art Rille«, stellte sie nach der Sitzung fest. Ihre erste Reaktion war: »Es hätte nicht hier sein sollen!«

Catherines Angst nahm während der Sitzung allmählich zu. »Ich sehe mich, wie ich, nur mit einem großen, ausgeleierten T-Shirt bekleidet« und barfuß, »durch das Wohnzimmer zur Vordertür gehe, die schweren Stiefel meiner Mutter und einen ihrer dicken Mäntel anziehe und dann hinausgehe«. Sie atmete nun schwer und sagte: »Ich habe das Gefühl, als ob ich die Tür aufmache und hinausgehe. Ich will die Tür nicht öffnen.« Ich bemerkte ihre Angst, bot ihr Hilfe an und stellte sie vor die Wahl, ob sie im Berichten ihrer Erinnerungen fortfahren wolle. Sie entschied sich tapfer: »Ich will. Ich sehe Schnee, und es ist dunkel ... Ich stehe da, unter der offenen Tür, und schaue in den Schnee. Es ist dunkel ... Das ist alles, was ich sehe. Der Wagen meiner Mutter steht da draußen. Er steht da links.« In der Sitzung begann Catherine sich zu erinnern – und erlebte es wirklich wieder –, daß sie ein Taubheitsgefühl hatte, verbunden mit einem Druck im Brustkasten. Catherine begann zu schluchzen und zu keuchen: »Ich fühle allmählich auch im Gesicht eine beginnende Taubheit. Meine Arme werden richtig schwer. Das Taubheitsgefühl wandert hinunter zu meinen Händen. Ich fühle ein gewaltiges Gewicht auf meinem Brustkasten und auf dem Magen. Auch meine Knie beginnen nun taub zu werden.« Später ergänzte sie: »Ein Taubheitsgefühl wie nach der Einnahme von Novocain.«

Nachdem sie eine Weile unter der Tür gestanden hatte, ging Catherine dann allmählich aus dem Haus hinaus und »auf das Raumschiff zu«. Aber sie hatte Schwierigkeiten dabei, da »mein ganzer Körper sich völlig taub anfühlt«. Sie bemerkte, daß bei dem Raumschiff »da draußen Gestalten sind«. Ich forderte sie auf, diese zu beschreiben. »Es sind fünf von ihnen, und es sieht nicht so aus, als hätten sie Kleider an. Sie sollten aber Kleider anhaben, denn wir sind hier in Alaska. Es ist mitten im Winter, und es ist kalt.« Die Gestalten hatten alle »exakt die gleiche Größe. Sie stehen in einer Reihe ... Sie leuchten irgendwie, leuchten golden. Sie erhellen den Schnee um sich herum ein bißchen ... Sie haben sehr große Köpfe.« Sie fühlte »im Kopf«, daß die Wesen »auf mich warten«, und trotz des Taubheitsgefühls in Armen und Knien ging sie stolpernd und schwankend den größten Teil des Weges zum Raumschiff. Sie beschrieb diese Augenblicke unter panischem Aufschluchzen und brauchte immer wieder meine beruhigende Unterstützung.

Nachdem sie sich dem Raumschiff weiter genähert hatte, »umringen mich die fremden Wesen in einem Halbkreis. Ich versuche, sie anzuschauen, aber ich kann es nicht. Ich kann die Gesichter nicht sehen. Ihre Arme sind sehr lang. Sie scheinen keine körperlichen Charakteristika wie wir zu haben. Keine Brustwarzen, keinen Nabel, nichts.« Sie hätten keine Haare oder sichtbaren Zähne gehabt, und die Gesichter seien ausdruckslos gewesen.

Dann erklärte Catherine: »Ich weiß, ich bin dort hineingegangen, aber ich kann da jetzt nicht hineingehen.« Damit meinte sie, daß sie dem, was als nächstes geschehen war, in der Sitzung nicht gegenübertreten konnte. Sie beschrieb eine Metallrampe, die im Winkel von fünfundvierzig Grad heruntergereicht hatte und die »aus einzelnen Teilen zu einer großen Rampe zusammengesetzt« war. An diesem Punkt der Sitzung war klar, daß Catherines Angst einen Punkt erreicht hatte, an dem sie ihre Geschichte nicht weiterverfolgen konnte. Ich sprach mit ihr über diese Gefühle, ermutigte sie zu bewußtem Atmen und zu einem Entspannungsprozeß. Dann überließ ich ihr die Wahl, ob sie an diesem Tag noch weitermachen wolle oder nicht. Sie sagte: »Ich habe nicht das Gefühl, daß ich das kann. Ich fühle einen starken Druck auf meinem Brustkorb. Alles verschwindet. Allein der Gedanke hineinzugehen, macht mir wahnsinnig angst.« Da sie weiterhin Angst hatte, schlug ich einen Trick oder ein Spiel vor. Dabei sollte sie am Fuß der Rampe stehenbleiben und eine Puppe als imaginären Kundschafter über die Rampe in das Raumschiff schicken, die ihre Augen so lange geschlossen hielt, bis sie sie auf unseren gemeinsamen Befehl hin öffnen würde, um dann zu berichten, was sie sah. Catherine war einverstanden, und der »Spion« berichtete von »einem kleinen, ovalen Eingangsbereich, und die Wände ziehen sich, seitlich gebogen, bis nach unten – als ob man sich im Inneren eines großen Eis befinden würde. Alles ist aus Metall.« Die Puppe konnte erzählen, daß es da noch andere Räume gab, konnte aber »keine Eingänge oder etwas ähnliches sehen«.

Catherine willigte dann ein, »selbst« in das Raumschiff zu gehen. Sie hatte den Eindruck, daß sie irgendwie »die Rampe hinaufglitt«. Sie bemerkte noch weitere Details der gebogenen Wände und der Form des ersten Raumes, den sie »nur eine Eingangshalle« nannte. Es gab dort Licht, aber »keine direkte Lampe oder so etwas«. Sie sah eine ovale Öffnung zu einem anderen Raum und sagte: »Ich bin dabei, in diesen Raum hineinzugehen, habe es aber noch nicht getan.« Dann fügte sie hinzu: »Können Sie nicht einen Spion in den Raum schicken? Ich will nicht in diesen Raum gehen. Ich werde mir den Raum anschauen, aber das ist dann auch schon alles.« Ich war damit einverstanden, ermutigte sie aber, den Spion mehr als vorher unter ihre eigene Führung und Kontrolle zu stellen. Sie meinte: »Er ist unsichtbar, und ihm kann nichts passieren. Sie wissen nicht, daß er da ist.« Er war auch »ein Kind«, ein Junge.

In dem Raum sah der Spion »viele Schalttafeln und Instrumente und wissenschaftliche Dinge, aber sie ähneln nicht den Dingen, die wir hier haben. Da ist so ein Ding wie eine Plattform in der Mitte des Raumes. Der Raum ist nicht besonders groß. Vielleicht halb so groß wie unser Wohnzimmer im unteren Stockwerk, und wie in dem anderen Raum kann man noch immer die Krümmung der Außenwand des Raumschiffes sehen ... Es ist ganz ruhig. Da ist etwas an der Decke über den Leuten dort, in der Mitte des Raumes. Es sieht aus wie etwas Langes an Scharnieren, wie Schreibtischklemmen, wie so etwas, das wir hier haben, das man anklemmt und dann schwenken kann. Und da ist noch ein anderes Wesen. Es wartet, und ich glaube, es ist eine Art Doktor oder einer, der eine medizinische Untersuchung durchführt. Und dann sind da überall an den Wänden alle möglichen Arten von Instrumenten und Knöpfen und Schalttafeln. Da sind auch so etwas wie Theken entlang der Wand, ausgenommen im Eingangsbereich ... Der Tisch in der Mitte ist ziemlich stabil, nicht wie ein Tisch mit einem freien Raum darunter, sondern einer direkt auf dem Boden, wie ein einziger großer, massiver Block.«

Sie schien sich jetzt ruhiger zu fühlen, was anscheinend einer Zeitverschiebung während der Erfahrung entsprach. Sie trug »nur das T-Shirt und Stiefel. Ich glaube nicht, daß ich den Mantel noch anhabe.« Catherine war in diesen Raum »geschwebt«, und »ich weiß, daß ich mich auf den Tisch legen soll«. Catherine fühlte sich verwirrt, bemerkte, daß »mich das jetzt nicht überraschte«, und nahm daher an, daß ihr die Erfahrung vertraut sein müsse. »Sie wollen, daß ich mich hinlege, aber ich will mich nicht hinlegen. Ich spüre, daß etwas auf mich zukommt ... Der Doktor kommt her und schaut mich an ... medizinisches Interesse. Ich bin ein Versuchsobjekt, nicht wie ein Freund, nicht wie jemand, den man kennt ... Ich glaube, etwas Schlimmes wird geschehen.«

An diesem Punkt wollte Catherine den Bericht abbrechen, und wir kamen überein, Schluß zu machen. Bevor wir die Rückführung beendeten, unterhielten wir uns noch weiter über ihre Erinnerungen. Sie glaubte, bei einer früheren Entführung möglicherweise ihre Mutter in dem Raumschiff gesehen zu haben. Sie beschrieb die kleinen, sehr schmalen Hälse der anderen fünf Wesen, die sie außer dem Doktor noch gesehen hatte. »Man würde nicht glauben, daß sie die riesigen Köpfe tragen können. Ihre Körper sind wirklich irgendwie schwächlich.« Sie schienen keine Kleider zu tragen, und die Haut war »irgendwie weißlich, blaß ... Nachdem sie mit mir in den Raum gegangen sind, gehen sie auf verschiedene Stellen zu, als ob sie unterschiedliche Aufgaben zu erledigen hätten.«

Nach der Sitzung setzte sich Catherine mit dem Realitätsgrad dieser Erfahrung auseinander. »Ich hatte geglaubt, ich würde es ganz durchhalten, bis ich dann zu weinen begann. Es kommt mir noch immer nicht wie eine richtige Erinnerung vor – so wie ich mich zum Beispiel daran erinnere, daß ich gestern zur Arbeit gegangen bin ... O Gott, der Gedanke erschreckt mich! Klar! ... Nun, ich muß zugeben, daß es real gewesen sein kann und nicht nur meine Einbildung. Wenn dies wirklich geschehen ist, werden meine Reaktionen auf andere Dinge logischer. Ich bin keine komplett unvernünftige Person, was in gewisser Weise ein Trost ist! Es scheint kein Traum zu sein. Es scheint realer als ein Traum zu sein, aber nicht so real wie das Gespräch hier mit Ihnen.« Sie hatte eine zwiespältige Meinung über den Erinnerungsprozeß. »Ich weiß nicht, warum es emotional oder psychologisch für mich von Nutzen sein sollte. Ich sehe keinen Grund, warum es das sein sollte.« Das war eine Bemerkung, die einen zentralen Aspekt der Diskussion über Entführungserfahrungen darstellt. Mich ritt der Teufel, und ich stellte die Behauptung auf, daß diese Erfahrungen sie zu einer interessanteren, dramatischeren oder aufregenderen Person machen würden. Sie hielt dem entgegen: »Wenn ich diese wunderbare Erfahrung gemacht habe, wem könnte ich dann davon erzählen, ohne daß er mich für völlig übergeschnappt hält? Um mich zu beruhigen, rede ich mir ja selbst immer ein: 'Das ist nur Einbildung.'«

Einen maßgeblichen Hinweis, daß sie sich mit etwas Realem herumplagte, bildeten für Catherine die Kraft und Authentizität ihrer Emotionen, für die wir keine andere Ursache finden konnten. »Ich glaube nicht, daß ich ohne offensichtlichen Grund heulen würde, wenn es da nicht etwas gäbe. Ich bin eigentlich nicht der Typ, der grundlos in Tränen ausbricht.« Ebenso überzeugend erschien ihr bei diesen ersten Erinnerungen das Gefühl, daß sie gegen ihren Willen gezwungen worden war, mitten in der Nacht aufzustehen und durch den Winter von Alaska zu dem Raumschiff hinauszugehen. »Es war nicht meine eigene Entscheidung, aufzustehen und das zu tun.« Die Erfahrung an sich gab ihr das Gefühl, »völlig unterjocht gewesen zu sein. Ich könnte mir vorstellen, daß sich das Opfer einer Vergewaltigung so fühlt.« Zu guter Letzt stellte ich noch eine andere Ursache ihrer Tränen fest, und zwar eine Art Traurigkeit. Sie selbst dachte an Selbstmitleid, aber ich glaubte, daß es ein tieferes Gefühl sei. Und als verbalen Ausdruck dessen, was ich als 'ontologischen Schock' bezeichne, rief Catherine dann: »Ich komme an den Punkt, an dem ich es erkennen muß! O Gott!«

Zur moralischen Unterstützung brachte Catherine zur nächsten Hypnosesitzung eine Freundin mit – eine junge Frau aus dem Nachtklub, in dem sie gearbeitet hatte. Es gab da etwas, das ihr nicht aus dem Sinn ging und das nie aufgeklärt worden war. Es handelte sich dabei um die Frage nach ihren Kontaktlinsen. Sie erinnert sich nicht, sie eingesetzt zu haben, konnte aber bemerkenswerterweise während der gesamten Episode tadellos sehen, während sie ohne ihre Linsen »alles nur verschwommen wie durch einen dichten Nebel hindurch gesehen hätte«. Catherine war seit der letzten Sitzung frustriert darüber, daß sie keine definitive Antwort auf die Frage nach der Realität ihrer Erfahrungen gefunden hatte. Ohne konkreten physischen Beweis fühlte sie sich – wie so viele vom Entführungsphänomen Betroffene – von Wissenschaft und Gesellschaft nicht für voll genommen und glaubte, Gefahr zu laufen, als »geistesgestört« angesehen zu werden. Wenn sie vergewaltigt worden wäre, so meinte sie, »könnte ich zur Polizei gehen. Dann gäbe es einen Beweis. Sie könnten Proben nehmen, und die Leute würden mich nicht anschauen, als ob ich den Verstand verloren hätte, wenn ich sage: 'Das ist mir widerfahren.'«

Sie begann die zweite Rückführung mit einem kurzen Rückblick auf die Vorgänge, die dazu geführt hatten, daß sie sich auf den Tisch legen mußte. Sie bemerkte das gedämpfte Licht in dem Raum und empfand wieder den Verlust jeglichen eigenen Willens. Der Anführer oder »Untersucher« war – obwohl größer als die anderen – nicht so groß wie sie selbst. Seine Haut wirkte »sehr glatt ... weißlich, grau«, und er schien keine Kleidung zu tragen. »Er schaut mich so an, wie man einen Frosch ansieht, bevor man ihn seziert.« Als sie sich im Raum umsah, erkannte sie, daß alles aus Metall war, »wie poliertes Aluminium, nur dunkler«. Ringsherum waren andere Wesen beschäftigt. Sie schienen verschiedene »spezifische Aufgaben« zu erfüllen, wie »Hebel und Knöpfe bedienen, Gegenstände überprüfen und einsatzbereit machen«. Ihre Bewegungen waren »sehr leicht, eine Leichtigkeit, bei der man an Katzen denkt. Sehr graziös und geschmeidig.«

Catherine wurde zunehmend unruhig, begann zu keuchen und zu weinen, als sie beschrieb, wie eines der Wesen ihre Beine auf dem Tisch auseinanderspreizte und der Untersucher auf ihr Gesicht und ihre Genitalien starrte. Sie bemerkte auch, daß sie keine Kleidung trug. Der Untersucher »sagt etwas zu dem einen rechts von mir, und der geht weg, geht zur rechten Seite des Raumes und holt etwas, und der Untersucher legt seine Hand auf mein Bein, auf meinen Schenkel, und sie fühlt sich kalt an – nicht wie die kalte Hand eines Menschen. Ich denke, sie ist sogar noch kälter. Ich mag das nicht, und der andere kommt zurück und gibt dem Untersucher das Instrument in die Hand.« Mit viel Unterstützung meinerseits sprach Catherine darüber, daß sie unfähig gewesen sei, sich zu widersetzen. »Er macht das mit mir, und ich kann nichts dagegen tun«, sagte sie schluchzend. »Er hat seine Hand auf meinen linken Schenkel gelegt, und er nimmt dieses Ding mit seiner linken Hand. Es sieht fast wie ein Kegel aus, aber mit etwas anderem an der Spitze, und er führt es bei mir ein.« Sie schluchzte laut auf. Catherine versagte fast die Stimme, als sie fortfuhr: »Er führt es ein. Es fühlt sich kalt an. Es ist sogar noch kälter als seine Hand. Ich spüre etwas in mir weiter und weiter hinaufwandern. Es fühlt sich an, als ob es bis in die Gedärme hinaufreicht. Ich habe das Gefühl, daß es so weit hinaufgeht.« Obwohl das Instrument noch »viel weiter« hinaufgeschoben zu werden scheint, als die Vagina reicht, »schmerzt es nicht. Es fühlt sich nur wie ein Fremdkörper an. Sie haben mich nicht einmal gefragt!«

Als das Instrument nach rechts in die Gegend des Eierstocks bewegt wird, wo es ihrer Schätzung nach zehn bis fünfzehn Sekunden verbleibt, hat Catherine das Gefühl, daß »damit Proben entnommen werden«. Nachdem das Instrument wieder herausgezogen worden ist, gibt es der Untersucher einem »Assistenten«, der es »wegträgt und dorthin zurückbringt, woher er es zuvor geholt hat«. Obwohl sie nichts Definitives gesehen hatte, hatte Catherine das deutliche Gefühl, daß »Gewebeproben« aus der »Gebärmutterwand«, dem Gebärmutterhals und dem Eileiter entnommen worden waren.

Danach fragte ich sie, ob bei dieser Gelegenheit noch etwas anderes mit ihrem Körper gemacht worden sei. Sie beschrieb ein Instrument aus Metall, »etwa dreißig Zentimeter lang«, das ihr vielleicht »fünfzehn Zentimeter« tief in ein Nasenloch eingeführt worden war. Ich war etwas erstaunt und sagte, daß es dann ja in ihr Gehirn eingedrungen wäre. »Das sollte es auch«, antwortete sie. »Der Untersucher kam auf die andere Seite, und er hatte dieses Ding in der Hand, und es hatte am Ende eine Art Griff. Es war dieses lange, flexible Ding, und er beugte sich über meine rechte Schulter und schaute mich nicht an. Er sah nur auf mein Nasenloch und steckte dieses Ding hinein, so tief er konnte. Ich mochte das nicht, denn ich konnte nicht richtig atmen, und dann schlug er etwas hinten hinein und stieß es irgendwie hinein – was immer das war, er stieß es hinein.«

Schluchzend, wimmernd und mit wiederholt versagender Stimme sagte Catherine: »Ich konnte fühlen, daß etwas in meinem Kopf zerbrach. Als er es durchstieß, zerbrach er etwas – was immer das war –, und er stieß es die ganze Länge hindurch und sogar noch weiter hinauf.« Dieser Eingriff war unangenehm, verursachte ihr aber keine richtigen Schmerzen. »Ich frage mich, was die zerbrochen haben ... Ich kenne mich nicht mit der Anatomie aus, aber er hat irgend etwas zerbrochen, um es durchzubringen und es in mein Gehirn zu bringen. Ich weiß nicht, was es war. Ich würde es aber gerne wissen, wenn das etwas nützt.« Als Antwort auf ihre Besorgnis darüber, daß sie in ihrem Kopf »etwas knacken gehört hatte«, versicherte ich Catherine, daß ich nicht glaubte, daß ihrem Gehirn irgendein dauerhafter Schaden zugefügt worden sei. Etwas später erklärte sie, daß sie »Angst vor Knochensplittern im Gehirn« hatte. Ich fragte sie, was sie sehen konnte, nachdem das Instrument wieder herausgezogen worden war. Sie sagte, daß da etwas Blut an dem Instrument und in ihrem Nasenloch gewesen sei, daß sie aber nichts habe sehen können, das sonst noch herausgezogen worden sei. Der Untersucher gab das Instrument seinem Assistenten. Der brachte es »zu der entfernteren Seite des Raumes, von wo er hereingekommen war, und er macht etwas mit dem Instrument, ich kann aber nicht sehen, was«.

An diesem Punkt stellte Catherine fest, daß sie genauso gut sehen konnte wie sonst mit ihren Kontaktlinsen, aber nicht glaubte, sie zu tragen. In diesem Zusammenhang tauchte eine Erinnerung auf, die sich auf den Untersucher bezog. »Er sieht mir ins Gesicht. Er mustert mich ganz genau ... Es ist, als ob sie herauszufinden versuchten, was sie noch zu tun hätten.« Ich ermunterte sie, mir etwas über seine Augen zu erzählen, die sie nur »sehr, sehr undeutlich« sehen konnte und die ihr nicht gefielen. Dennoch konnte sie sich daran erinnern: »Sie sind sehr, sehr groß. Sie sind viel, viel größer als unsere Augen, und sie zwinkern nicht, und sie liegen irgendwie schräg im Kopf. Und sie sind total schwarz ... Ich kann keine Pupillen sehen. Ich kann auch keine Netzhaut sehen, nichts Weißes, einfach nichts. Alles ist schwarz.« Ich fragte, was an den Augen so beunruhigend sei. »Ich glaube, es kommt vielleicht daher, daß sie auf nichts Rücksicht genommen haben«, erwiderte sie. »Einfach so, rein wissenschaftlich. Eine Art neugieriges Interesse. Er sieht mich nicht wie eine Person an. Er betrachtet mich als ihr Experimentalobjekt. Ich glaube, wenn ich sterben würde, würden sie sich schon Sorgen machen, denn dann wäre ihr Experiment gescheitert. Aber sie hätten sich nicht um mich als Person gesorgt – noch um sonst irgend jemanden in meiner Umgebung.«

Das Gefühl, das Catherine empfand, war das einer »völligen Hilflosigkeit. Ich habe Angst, denn ich weiß, sie sorgen sich nicht um mich, und ich habe keine Kontrolle über das, was geschieht und was noch geschehen wird. Sie denken, sie sind uns überlegen ... Das ist das andere, was ich gemerkt habe. Eine völlige Überlegenheit ... Man hat nicht einmal mit mir gesprochen oder so, mir gesagt: 'Leg dich auf den Tisch, so wie der andere!' Es war einfach ihr Verhalten, ihr Gehabe.« Ich fragte sie, ob dieses Verhalten hauptsächlich vom Untersucher ausging oder von allen Wesen. »Schon von allen, aber vom Untersucher am meisten«, meinte sie.

Anschließend ließen einige der Wesen Catherine vom Tisch aufstehen und nahmen sie mit in einen anderen Raum. Wieder bekam sie Angst und sah nur Schwärze und Dunkelheit um sich herum in dem Raum, obwohl sie sich ziemlich sicher war, dort noch etwas anderes gesehen zu haben. Wir führten dann folgendes Gespräch:

JM: »Was verursacht jetzt die Schwärze und Dunkelheit?«
Catherine: (sehr leise): »Ich will es nicht wissen.«
JM: »Wollen Sie es wissen, oder wollen Sie es nicht wissen? Verzeihen Sie, ich habe das akustisch nicht verstanden.«
Catherine: »Ich möchte es wissen, aber ich glaube, es ist zu furchtbar.«
JM: »Was dort geschah, ist zu furchtbar?«
Catherine: »Was ich dort drin gesehen habe, ist zu furchtbar.«

Catherine entschied, daß sie bei ihrem Erinnerungsprozeß gerne eine Hilfestellung haben würde, und stimmte zu, das Spiel, das wir bereits beim letzten Mal gespielt hatten, noch einmal zu versuchen. Sie schickte einen »Spion« in den Raum. Er hatte eine Taschenlampe dabei, die er zwei Sekunden lang einschalten sollte, um dann zu berichten, was er während dieser Zeitspanne gesehen hatte. Was der Spion sah, war für uns beide erschütternd. Entlang der linken Seite des Raumes waren vom Boden bis an die Decke »Behälter« in Reihen übereinander gestapelt, insgesamt vielleicht zweieinhalb Meter hoch. Es waren von der Decke bis zum Boden vier oder fünf Behälter übereinander und acht oder zehn von links nach rechts – alles in allem etwa vierzig Behälter. »Ich weiß, daß in jedem Behälter etwas drin ist. Es ist überall der gleiche Inhalt«, sagte Catherine, aber die Zeit reichte nicht aus, um zu beschreiben, was es war. Wir gaben dem Spion noch einmal zwei Sekunden. Dieses Mal sah er etwas »wie Kreaturen darin, aber sie sehen irgendwie mißgebildet aus. Jeder Behälter enthält so ein Wesen.« Catherine erzählte, daß sie diesen Raum auf ihrem Weg zu einem anderen Ort durchquert hatte, und war nun bereit zu sagen, was sie während dieser wenigen Sekunden mit Hilfe unseres Spions gesehen hatte.

In den Behältern befand sich so etwas »wie Miniaturausgaben oder Babys von ihnen«. Sie lagen »alle in einer Flüssigkeit, mit dem Gesicht nach außen«, und »die Behälter waren von hinten beleuchtet«. Der Raum schien ansonsten leer zu sein. Die Wesen waren nackt und »in aufrechter Haltung ... Wenn man eine Puppe kauft und die ist in einer Plastikschachtel verpackt, dann ist sie da auch so aufrecht drin. So wirkt das auch hier.« Nach der Rückführung beschrieb sie diese Behälter »wie das Schaufenster eines Spielzeuggeschäftes. Die packen das ganze Fenster mit Barbie-Puppen voll, und man kann in diese Plastikschachteln hineinsehen, und alle Puppen stehen darin.« Am oberen Rand jedes Behälters konnte sie »die Oberkante des Wassers sehen, oder was auch immer das für eine Flüssigkeit ist. Aber sie sind ganz damit bedeckt. Die Köpfe sind groß und haben im Verhältnis zum Körper die gleichen Proportionen wie die außerirdischen Wesen selbst. Sie wirken wie Miniaturen.«

Nach dem Durchqueren dieses Raumes wurde Catherine von zwei der Wesen einen Verbindungsweg entlanggeführt, der »eine Kurve nach rechts machte, als ob er der Außenwand des Raumschiffes folgen würde«, und dann durch einen Durchgang in einen anderen Raum. Sie trug noch immer nur ihr T-Shirt. Dieser Raum war viel größer als diejenigen, in denen sie bisher gewesen war. Ein Weg führte durch ihn hindurch, ebenfalls in einer Rechtskurve, aber die Proportionen verwirrten Catherine. »Ich kann sehen, wo sich auf der linken Seite die Außenwand des Raumschiffs befindet, aber sie ist sehr weit weg – vielleicht fünfzehn Meter entfernt. Ich verstehe nicht, wie sie so weit weg sein kann. Die anderen Räume waren höchstens drei Meter breit, aber hier sind die Wände so weit weg.«

Catherine sah sich in »einem Wald ... ich bin ganz konfus, aber es ist so. Ich bin im Raum, und da gibt es Bäume und Felsen und Schmutz und so auf der linken Seite. Ich kann das von meinem Platz aus sehen. Wir gehen nicht darauf zu. Wir gehen nach rechts hinüber. Wie kann ich im Wald sein?« Ungläubig rief Catherine aus: »Das ist doch nicht logisch!« Denn obwohl »da überall rundherum Wald ist«, konnte sie immer noch die gebogenen Wände des Raumschiffs sehen. »Da stimmt etwas nicht. Das paßt nicht zusammen.« Im Anschluß an die Rückführung gab es ihr zu denken, daß sie »in eine weite Ferne« geschaut hatte und »Wände sehen konnte, aber das ergab im Zusammenhang keinen Sinn«. Sie sagte mir, daß man den Wald sogar habe riechen können und daß in ihm auch Kiefern gewesen seien. Sie schätzte ihn auf »die Größe der High-School-Sportanlage«.

Zuletzt wurde sie wieder in den Raum gebracht, den sie ganz am Anfang betreten hatte, und erhielt ihre Kleider zurück. »Sie bringen mich über die Rampe hinunter und führen mich über das freie Feld zurück und den kleinen Hügel hinauf bis zur Tür. Sie machen die Tür auf, ich gehe hinein, ziehe die Stiefel und den Mantel aus. Ich glaube nicht, daß sie mir bis ins Haus gefolgt sind. Auf diese Weise bin ich zurückgekommen, wieder ins Bett gegangen und habe weitergeschlafen.« Ihre Mutter schien während der ganzen Zeit, die diese Episode in Anspruch genommen hatte, geschlafen zu haben. Der »Tank« in dem Raumschiff, an den sich Catherine vorher erinnert hatte, schien ihr nun eine mißgebildete Version der mit Flüssigkeit gefüllten Behälter gewesen zu sein, die sie in dem einen Raum des Raumschiffes gesehen hatte.

Bevor ich sie endgültig aus der Rückführung herausholte, ging ich zusammen mit Catherine dem Realitätsgrad ihrer Erinnerungen nach. »Ich glaube nicht, daß es ein Traum war«, sagte sie, »aber ich denke, daß ich mich nicht daran erinnern sollte. Deshalb scheint es nicht völlig real zu sein.« Außerdem, so fügte sie hinzu, »glaube ich nicht, daß ich es glauben will ... Aber ich erinnere mich daran ... es erschreckt mich zu glauben, daß es Realität war.«

Bis zu ihrer dritten Rückführung schien Catherine nicht bereit zu sein, über die Episode von Ende Februar 1991 zu sprechen, in der sie wie unter Zwang zu einem Waldgebiet der Stadt Saugus nördlich von Boston gefahren war. Dieses Verhalten, dessen Eigenartigkeit sie beunruhigt hatte, war schließlich ausschlaggebend dafür gewesen, daß sie mit mir Kontakt aufgenommen hatte. Die Saugus-Begegnung ist in ihrem Fall in gewisser Weise die zentrale Entführungserfahrung. Sie hatte soeben ihren Bericht von den unerklärlichen Lichtern beendet, die sie hinter dem Mobilheim der Familie gesehen hatte, als sie fünfzehn Jahre alt war, und ich fragte sie, »wohin sie als nächstes zurückgehen würde, um weitere Nachforschungen anzustellen«.

Sie rief sich die Fahrt von Somerville nach Saugus in Erinnerung, eine Strecke von etwa fünfzehn Kilometern Länge. »Ich fahre auf Straßen, über die ich noch nie gefahren bin. Einfach so, immer der Nase nach.« Ungefähr in Richtung Norden unterwegs, »schaue ich die ganze Zeit hinaus auf den Himmel und komme nicht von meinen Gedanken an UFOs los. Ich habe in den vergangenen paar Wochen oft darüber nachgedacht. Aber ich habe auch ein Paar Bücher über dieses Thema gelesen, und darum glaube ich, daß es an mir liegt, eben weil ich diese Bücher gelesen habe. Ich schwanke ständig zwischen der Hoffnung, ein UFO zu sehen, und der, keines zu sehen, hin und her.« Sie machte sich zudem Gedanken über ihr berufliches Fortkommen, und ob sie nicht nach New York ziehen sollte, um sich abzulenken, »aber ständig kehren meine Gedanken zu den UFOs zurück«. Sie folgte Wegweisern zu den Eisenwerken in Saugus, stand fünf Minuten lang auf dem Parkplatz und wurde sich dann bewußt, daß »das unsinnig ist«. Sich immer mehr verirrend, fuhr sie durch eine Wohnsiedlung und kam zu einem Waldgebiet. Sie hatte Angst, dort hindurchzufahren, glaubte aber, daß dies der Weg zurück zum Highway sei und »ich so fahren muß«. Catherine redete sich selbst gut zu. »Wenn jemand versuchen sollte, den Wagen zu überfallen«, könne sie beschleunigen und »ihn über den Haufen fahren«.

Catherine fuhr durch das Waldgebiet, stellte aber fest, daß es nicht der Weg zum Highway war. Daher mußte sie umkehren und den Wald erneut durchqueren. Noch ängstlicher als beim ersten Mal fuhr sie durch das Waldstück zurück, nicht ohne zu bemerken: »Ich glaube, daß irgend etwas geschehen ist, aber ich weiß nicht, was.« An diesem Punkt unterbrach ich ihre Erzählung und forderte sie auf, in ihrer Erinnerung zurückzugehen und den Teil, in dem sie das Waldstück zum zweiten Mal durchquerte, langsamer zu durchleben und mir alle aufkommenden Gefühle und Empfindungen zu schildern. Sie sagte: »Ich mag nicht dort sein ... Ich muß hinausfahren ... Ich bekomme allmählich wieder dieses Taubheitsgefühl.« Obwohl »mein Fuß unverändert auf dem Gaspedal steht« und die Straße eben verlief, wurde der Wagen langsamer. Der Wagen blieb stehen, und das Taubheitsgefühl nahm in einem Maße zu, daß sie den Eindruck hatte, daß »mein ganzer Körper eingeschlafen ist«. Obwohl Catherine außerhalb des Waldes Straßenlampen erkennen konnte, war es um sie herum heller, »als es normalerweise hätte sein können«. Nicht einmal fähig, ihre Hände zu bewegen, bemerkte sie, daß »etwas von hinten an die linke Seite des Wagens, die Fahrerseite, herankommt, wie ein Licht, das da herankommt«. Etwas kam an die Tür und öffnete sie, aber Catherine »kann nicht hinsehen ... Da ist etwas. Ich glaube, es ist einer von ihnen. Dann streckt sich eine Hand nach mir aus ... Sie ist lang und dünn, hat eine sehr helle Färbung und nur drei Finger.« Die Gestalt »drängt mich mit der Hand. Ich soll mich führen lassen, und ich steige aus.« Sie hatte das Gefühl, daß ihr gar keine andere Wahl blieb. »Hätte ich eine Wahl gehabt, wäre ich wie der Teufel davongerast.« Dann »gehe ich um den Wagen herum nach hinten, dieses Wesen ist rechts hinter mir, und der Wagen steht zu meiner Linken«. Das Wesen hatte »riesige schwarze, mandelförmige Augen« und »leuchtete«. Sie glaubte, daß das Licht, das von hinten an den Wagen herankam, das Leuchten des Wesens sein mußte.

Da es ihre Angst fühlte, tat das Wesen etwas, vielleicht mit seiner »riesigen Hand«, um sie zu beruhigen. Obwohl »ich es in gewisser Weise als angenehm empfinde, daß es nicht will, daß ich mich ängstige«, gab sie doch gleichzeitig zu: »Ich mag das nicht, daß es Macht hat über mich.« Das Wesen ging mit Catherine die Straße entlang, und dann »nimmt es mich entweder mit in den Wald, und dort ist etwas. Oder wir sind hinaufgegangen. Ich bin mir nicht sicher, was von beidem geschehen ist.« Da ich ihre Verwirrung bemerkte und wir zudem beide ermüdet waren, schlug ich vor, die Sitzung zu beenden, und sie stimmte bereitwillig zu.

Nachdem ich sie aus dem Hypnosezustand erweckt hatte, weinte Catherine aufgrund der Hilflosigkeit, die sie empfunden hatte, leise vor sich hin – aber auch aufgrund der zunehmenden Erkenntnis, »daß eher mehr als weniger Wahres daran ist ... Ich heule nicht gleich los.« Ich forderte sie auf, die Ursachen ihrer tiefen Traurigkeit näher zu beschreiben. Sie sagte: »Weil ich mich so machtlos fühle. Ich habe das Gefühl, die können mich holen und mit mir machen, was sie wollen, und das praktisch jederzeit, und ich kann nichts dagegen unternehmen. Dieser Gedanke macht mir angst.«

»Sie sind also nicht Herr über Ihr eigenes Leben?« fragte ich.

»In einem sehr begrenzten Rahmen schon«, erwiderte sie, »aber insgesamt gesehen, glaube ich es nicht ... Das ist die Ursache für alles. Vor allem dies war meine Grundeinstellung gewesen: 'Du bist Herr über dein eigenes Geschick. Du bist selbst verantwortlich dafür, daß du aufwachst und daß du die Realität als solche anerkennst!' ... Ich war davon fest überzeugt.«

Die weitere Erforschung der Saugus-Entführung fand in Catherines vierter Rückführung statt. Das war fünf Wochen später, und sie hatte inzwischen die erste Folge der CBS-Kurzserie »Intruders« gesehen. Zu jener Zeit war sie hochmotiviert, »alles« zu ergründen, und erklärte mit Nachdruck: »Ich glaube, es ist besser, Bescheid zu wissen, als nichts zu wissen.« Sie begann auch, sich mehr und mehr mit Fragen von »globalem Belang« auseinanderzusetzen und »damit, wie wir an unserem Planeten herumpfuschen«. Diese Gedanken, so Catherine, könnten durch »Eindrücke, die ich so nebenbei aufgeschnappt habe«, oder »durch Sachen, die mir erzählt worden sind«, über sie gekommen sein. Beim Wachrufen der Entführung, die sie mit sieben Jahren erlebt hatte und die in einer früheren Sitzung aufgedeckt worden war, erinnerte sich Catherine daran, daß das Wesen zu ihr gesagt hatte: »'Wir müssen etwas über die Auswirkungen der Umweltverschmutzung auf eurem Planeten herausfinden.' Das hat mir sehr zu denken gegeben. Das hat in mir die Frage geweckt, ob sie das deshalb wollen, weil sie wirklich daran interessiert sind, den Planeten intakt zu erhalten, aus welchen Gründen auch immer, oder weil sie ihn nur intakt erhalten wollen, damit ihre Versuchsobjekte nicht mitten im Experiment sterben.«

Zur gleichen Zeit machte Catherine sich auch Gedanken über das Schicksal der Erde. »Ich glaube, sie haben recht. Wenn wir nicht sofort etwas unternehmen, begehen wir alle Selbstmord. Ich bin aber mehr daran interessiert, mich selbst, meine Freunde und alle anderen Leute auf der Erde am Leben zu erhalten, weil das etwas Schönes ist, als daß ich an einigen kleinen Bastarden interessiert wäre, die da kommen und mich mitnehmen und die sich ihr Experiment nicht in Unordnung bringen lassen wollen. Unsere Motive sind völlig unterschiedlich, selbst wenn das Ziel das gleiche sein mag.« Sie ist in Bezug auf das »Verhalten« der Außerirdischen zu dem Schluß gekommen, daß »sie all ihr genetisches Material verloren haben« und nun uns für ihre Bedürfnisse benutzen. Aber, so setzte sie hinzu, »die gentechnischen Experimente nehmen zwar einen hohen Stellenwert innerhalb des Ganzen ein, sind aber noch lange nicht alles ... Es ist schwer zu beschreiben, aber da gibt es ein viel größeres Projekt als nur das.« Aber wenn sie die fortpflanzungs- und gentechnischen Aktivitäten nicht weiterverfolgen, »dann können sie insgesamt nicht weitermachen. Das ist nur ein einzelner Arbeitsschritt.«

Nach dem obigen Gedankenaustausch beschloß Catherine, die abgebrochene Rückführung fortzusetzen. »Ich muß alles über Saugus wissen, denn das ist etwas ganz, ganz Großes«, meinte sie. Zu Beginn der Rückführung hielt Catherine eine kurze Rückschau auf die Ereignisse, die dazu geführt hatten, daß sie von ihrem Wagen in Saugus weggeholt worden war – mit dem zusätzlichen Detail, daß sie sich, als die Wagentür geöffnet worden war, gesagt hatte: »O Gott! Das ist einer von ihnen!« Sie erkannte jetzt, daß ihr die Fahrt nach Norden gewissermaßen aufgezwungen worden war und »daß sie mich denken ließen, ich machte dies aus einem anderen Grund«. Die Erinnerung, in einem Waldstück – nicht weit von ihrem Wagen entfernt – zu sein, rief in Catherine die Erinnerung an das wach, was dann folgte: »Er nimmt mich irgendwie mit nach oben, schräg hinauf. Wir fliegen davon. Es geht nicht nur geradeaus voran, sondern auch quer. 'Das ist zu schnell! Warum fliegt ihr so schnell? Ich werde vom Strahl herunterfallen. Ich werde hinunterstürzen!' Und er sagt nur: 'Nein, das wirst du nicht!' Unten saust alles vorbei, und wir fliegen zusammen hinauf und kommen zu dem Raumschiff.«

Das Raumschiff war »riesig. Alle anderen hätten es auch sehen müssen, und ich weiß nicht, warum sie es nicht sehen konnten. Es hat ringsherum überall Lichter. Es sieht silbrig-metallisch aus, aber es hat rundherum überall Lichter. Es ist irre groß ... Es nimmt mich in sich auf. Wir sind in einer Eingangshalle. Da warten noch mehr von denen. Das sind jetzt vielleicht vier von ihnen. Sie zerren an meinen Kleidern ... Da ging ich in die Luft! 'Laßt das! Ich kann das sehr gut selbst, danke!' Sie waren irgendwie verdutzt und verärgert.« Catherine konnte damals nicht sprechen, aber sie dachte »irgendeine schnoddrige Bemerkung in der Art wie: 'Sollen sie sich doch lieber einen Pornofilm ausleihen!' Das verstanden die nicht. Sie wissen nicht, was ein Pornofilm ist. Ich glaube, sie haben keinen Begriff von Voyeurismus oder dergleichem.«

Entkleidet wurde Catherine dann von den Wesen in einen riesigen Raum geführt, der »die Größe eines Flugzeughangars« hatte. Catherine staunte, denn sie sah »Hunderte von Tischen hier drinnen. Hier sind Hunderte von Menschen, und an allen machten sie herum.« Die Wesen führten sie durch diesen Raum, und sie sah Tischreihen an jeder Seite, in einem Abstand von vielleicht anderthalb Metern. Viele davon waren leer, aber auf einem Drittel – oder auch auf der Hälfte – der Tische lagen Menschen, die irgendwelchen Eingriffen unterzogen wurden. Ihrer Schätzung nach sah Catherine zwischen hundert und zweihundert Menschen und außerirdische Wesen in diesem Raum. Unter den Tischen sah sie Schubladen, in denen ihrer Vermutung nach wohl Instrumente aufbewahrt wurden.

Catherine legte sich auf einen der Tische und bemerkte einen schwarzen Mann mit Bart an ihrer linken Seite. Sie wurde gezwungen, sich aufzusetzen, und eine Untersuchung begann. »Sie fahren mit ihren kleinen Fingern an meinem Rückgrat hinunter, als ob sie die Wirbel meiner Wirbelsäule zählen wollten.« Von der Berührung angeekelt, rief sie (im Geiste): »Wofür, zum Teufel, soll das gut sein? Er sagt: 'Um sicherzustellen, daß alles in Ordnung ist.'« Sie gibt ärgerlich zurück: »'Das hätte ich euch auch sagen können!' Sie befühlen meine Arme, meine Beine, meine Knöchel, meinen Hals und meine Schenkel.« Sie stellte mehrere Fragen über den Zweck dieser Untersuchung. Man sagte ihr: »Da könnte etwas sein, das du nicht weißt.« Ein größeres Wesen kam heran, starrte sie an und sagte ihr, daß sie zu viele Fragen stelle, daß es gut sei zu kooperieren und daß das, was sie machten, »nicht schlecht ist. Es ist notwendig. Ich will keinem weh tun.« Obwohl Catherine den Eindruck hatte, daß dies »ganz blöde Antworten« waren, beruhigten diese sie doch etwas, und »ich nehme alles etwas leichter hin«.

Als das Wesen ihr starr in die Augen sah, fühlte sie, daß sie keine andere Wahl hatte, als diesen Blick zu erwidern. Ich fragte, wie sie das Ganze empfunden habe. »Ich glaube, er weiß alles über mich. Er weiß genau, was ich denke. Er beantwortet die Fragen, bevor ich sie nur denken kann«, so zum Beispiel, als er ihr gesagt habe, daß dieses Vorgehen notwendig sei, »noch bevor ich ihn gefragt hatte«. In die Augen des Wesens zu schauen, ist für Catherine »fürchterlich. Dann sind Teile meines Ichs wie erschlagen. Aber ich fühle mich ruhig und friedlich.« Zusätzlich hatte sie das Gefühl, daß die Gestalt sie »persönlich kennenlernen möchte. Ich versuche zu denken: 'Warum eigentlich? Ihr macht euch doch über mich als Einzelwesen keine Gedanken.' Aber es ist schwer, das zu denken. Es ist wirklich schwer. Es ist überhaupt schwer, etwas zu denken, das dem zuwiderläuft, was die wollen, daß man denken soll.« Das Wesen aber bestand darauf: »'Nein, ich will etwas über dich wissen. Ich mache mir Gedanken über dich.'« Das Duell ging weiter. Ihr Widerstand »kostet ihn mehr Mühe, als er seinem Gefühl nach erwartet hat«. Im Geiste sagte sie »Quatsch«, als das Wesen versuchte, ihr zu »erklären, daß es mich liebt«. Schließlich gab sie nach. »Vielleicht hat er recht. Vielleicht kann ich das nur nicht verstehen ... Ich glaube, vielleicht habe ich mich geirrt, als ich dache, daß er lügt ... Ich verstehe ihn eben nicht. Deshalb denke ich das.« Sie beharrte aber weiter auf ihrer Meinung, daß er nicht wisse, was es bedeute, sich Gedanken über jemanden zu machen, und er erwiderte: »Nein, wir wissen das schon. Wir empfinden es nur nicht so intensiv wie ihr.«

Die Diskussion war nun offensichtlich beendet. »Er hat gewonnen, deshalb geht er weg. Er geht zum Fußende des Tisches. Er sagt zu mir: 'Bist du jetzt bereit?' Ich frage: 'Bereit wozu?' Er sagt: 'Es ist jetzt an der Zeit.' Ich wieder: 'Ich wollte, ihr würdet ein einziges Mal eine Frage beantworten.' Und er sagt wieder: 'Du solltest nicht soviel fragen.' Er erzählt mir, daß sie es herausnehmen würden, und ich denke: 'Was herausnehmen?' Einer bringt einen Wagen mit einer Art Becken darauf. Es sieht wie ein Zylinder aus und ist mit einer klaren Flüssigkeit gefüllt. Er hebt meine Füße hoch und spreizt meine Beine, und ich denke: 'O Gott, was haben die nur vor?'« Ich drängte Catherine, die augenscheinlich sehr beunruhigt war, tief durchzuatmen und sich auf sich selbst zu konzentrieren. Ich versicherte sie meiner Anwesenheit und daß das Schlimmste schon »so ziemlich vorüber« sei.

Was nun folgte, war die quälendste Erfahrung dieser Entführungsgeschichte, und es waren die schwierigsten Minuten meiner Arbeit mit ihr. Sie weinte und keuchte, zeitweise schrie sie hysterisch oder hatte einen Wutausbruch, und als ich sie nach Details befragte, mußte ich sie wiederholt meiner Gegenwart versichern und mein Bedauern über das aussprechen, was sie durchmachte. Ich hatte das Gefühl, daß sie – obwohl sie eine sehr stark traumatische Erfahrung wiedererlebte – entschlossen war, bis zum Ende durchzuhalten.

Das große Wesen führte »einen großen Metallgegenstand« in ihre Vagina ein, was sie gewaltig aus der Fassung brachte. Dann nahm es eine längere und dünnere »Ausführung« dieses Gegenstandes »und schiebt es in mir hinauf«. Sie hatte das Gefühl, daß er etwas in ihrem Körper zu erwischen versuchte, um es wegzuschneiden. Heftig schluchzend, sagte sie: »O Gott, o Gott. Er nimmt es. Ich kann fühlen, wie er schneidet.« In Beantwortung meiner kurzen, neutralen Fragen, die ich einstreute, um ihr zu entlocken, was sie sah und fühlte, und unterstützt durch meine Zusicherung, ihr zu helfen, berichtete Catherine: »Er schneidet in mir. Ich kann es fühlen ... Jetzt hat er's. Er nimmt dieses große Ding heraus ... Er nimmt das Instrument, das er eingeführt hat, wieder heraus, und an dessen Ende hängt etwas. Es schaut aus wie ein Fötus ... ich kann es sehen.« Ich fragte sie, auf welches Alter sie diesen Fötus schätzen würde, und sie erwiderte: »Ich würde sagen, drei Monate, aber ich kenne mich da nicht genug aus, um sicher zu sein. Er hat ungefähr die Größe einer Faust.«

Ich fragte Catherine, ob der Fötus menschliche Züge habe. »Das ist irgendwie schwer zu sagen. Die Augen sind wie die ihren.« Der Untersucher »scheint stolz zu sein. Jedenfalls habe ich diesen Eindruck ... Er nimmt das andere Metallteil heraus, das Teil, das mich aufgespreizt hat«, und »gibt es dem kleinen Wesen, das den Karren mit dem Behälter darauf hat und das damit wegfährt.« Der Untersucher sagte zu Catherine: »'Du solltest stolz auf dich sein.' Und ich denke immer noch: 'Warum?'« Sie fühlte sich benutzt, wie »ein besserer Brutkasten«. Sie dachte: »'Du hast mich ganz verdammt angelogen, du mieser Kerl! Du machst dir über mich keine Gedanken.' Und er sagte daraufhin: 'Doch, ich mache mir Gedanken.' Er wiederholt das ein zweites Mal. Ich sage: 'Du mieser Kerl! Wie kannst du dich unterstehen? Wie kannst du mir das antun?' Er kommt zu mir heran, an die Seite des Tisches, und schaut mir in die Augen ... Ich versuche, nach ihm zu schlagen.«

Wieder war Catherine zornig, weinte und war völlig außer sich. »Er versucht, mit mir noch einmal das gleiche wie vorher zu machen. 'Das macht ihr nicht noch einmal mit mir! Das tut ihr nicht!'« schrie sie gellend. »Er sagt: 'Warum widersetzt du dich? Warum machst du es allen Beteiligten so schwer?' Und ich erwidere: 'Warum habt ihr Dreckskerle mein Leben zerstört?'« Sie schluchzte. »Er sagt: 'Wir haben es nicht zerstört. Du wirst dich an nichts mehr erinnern.' Ich sage ihm: 'Quatsch! Ich werde mich erinnern!' Und er legt mir die Hand auf den Kopf und gibt mir das Gefühl von ...« Sie unterbrach sich. »'Ihr macht das nicht noch einmal mit mir! Das laß' ich nicht zu!' Ich will kämpfen, aber ich merke, daß er gewinnt.« Damit wollte sie ausdrücken, daß er es schaffte, sie zu beruhigen. Wieder wurde Catherine gesagt, daß dies »notwendig« und »letzten Endes auch das Beste« sei. »Ich frage: 'Wollt ihr mir nicht wenigstens sagen, was dieses Ende ist? Wie soll ich das wissen?' Und er antwortet: 'Das können wir dir nicht sagen.'

Ich gebe zurück: 'Ihr wollt mir da irgend etwas nicht erzählen. Mit wie vielen anderen Menschen habt ihr das schon gemacht?' Und er antwortet: 'Es sind sehr viele.'«

Catherine spürte, daß sie trotz ihres Bemühens, gegen den Einfluß des Wesens anzukämpfen, »den kürzeren ziehe«. Sie empfand eine positive Wirkung seiner Versicherungen, daß sie sich Gedanken über sie machten, »es ihnen leid tue, daß ihr das Schmerzen bereite«, und daß sie »nicht geglaubt hätten, daß so etwas eintreten werde«. Nach einem weiterem Austausch von »Gedanken« über die Experimente der Außerirdischen und deren Plan oder Projekt – kein Wort scheint wirklich den Sinn zu treffen – und verschiedentlichen Versicherungen, daß »sie mich nicht verletzen werden«, sagte Catherine einfach: »Ihr hättet mich fragen sollen«. Sie wiederholen, daß sie sich nicht erinnern werde. Ich fragte sie nun, wie es dann komme, daß sie und ich hier fähig seien, diese Erinnerungen aufzudecken. Sie erwiderte, daß das ohne Bedeutung sei, seitdem die Außerirdischen ihr das angetan hätten, was sie hatten tun müssen. Nach einer letzten Aufforderung, »ruhig zu sein«, die der Untersucher sowohl durch Blicke als auch durch Worte ausdrückte, verließ er sie. »Die kleinen Burschen« halfen Catherine vom Tisch herunter und führten sie zurück in den Raum mit den vielen Tischen.

Als sie die anderen Leute auf den Tischen sah, war Catherine »über alles« bekümmert und hatte das Gefühl, »einen Aufstand oder so etwas anzetteln zu müssen, aber ich kann es nicht«. Sie brachten sie zurück in den Raum, den sie zuerst betreten hatten und in dem ihre Kleidung geblieben war. »Ich ziehe mir meine Kleidung an, und sie versuchen, mich wieder anzuziehen. Ich fahre sie ärgerlich an: 'Bitte, das ist ja wohl meine Kleidung! Laßt sie mich gefälligst selbst anziehen!' Sie versuchten, mir zu helfen, fummelten aber eigentlich nur herum. Zu diesem Zeitpunkt waren sie vor mir auf der Hut. Sie wollten mich nicht noch mehr verärgern. Sie hatten irgendwie Angst vor mir.« Obwohl sie sich noch immer in ihrem paralysierten Zustand befand, konnte Catherine ihren Gefühlen ein bißchen Ausdruck geben. »Sie konnten die Emotionen spüren, und sie erschreckten sich irgendwie davor, denn sie können diese Intensität nicht ertragen und wissen wirklich nicht, wie sie damit umgehen sollen – vor allem jetzt, da das größere Wesen nicht dabei ist. Ich glaube nicht, daß sie fähig sind, mich besonders zu beruhigen, wenn ich wieder die Fassung verliere.«

Als sie aus dem Raumschiff hinausgingen, »in diese Leere, hätten wir eigentlich kopfüber hinunterfallen müssen; dem ist aber nicht so. Wir gehen auf einer schrägen Ebene wieder zurück.« Eines der Wesen ließ Catherine zur Beifahrerseite ihres Wagens zurückschweben und führte sie zur Fahrerseite herum. Die Tür stand immer noch offen, der Zündschlüssel steckte, und sie dachte: »Jemand hätte meinen Wagen stehlen können.« Die Tür schloß sich wie von selbst – sie kann sich bis heute nicht erklären, wie das geschehen ist –, und Catherine fuhr aus dem Wald hinaus. Dabei stellte sie fest, daß es 2.45 Uhr nachts war und inzwischen etwa fünfundvierzig Minuten vergangen waren, über die sie keinerlei Rechenschaft abgeben konnte. Als sie aus dem Wald hinausfuhr, fühlte sie sich ängstlich und auch »benommen«. In ihrer Angst raste sie nach Hause zurück und fuhr mit einer Geschwindigkeit von über hundertsechzig Stundenkilometern – »ich wollte sehen, wie schnell der Wagen fährt« –, was zugleich dazu diente, »einige Aggressionen abzubauen«. Sobald sie zu Hause angekommen war, ging sie geradewegs ins Bett und schlief ein.

Am nächsten Morgen sah und hörte sie im Fernsehen Meldungen über ein UFO oder einen »Kometen«, das oder der der Straße gefolgt war, die entlangzufahren sie sich gezwungen gefühlt hatte. Dann »flippte ich aus« und rief eine Freundin an, die einen Therapeuten aufsuchte, dem sie Catherines ganze Geschichte erzählte. Der Therapeut kannte mich und meine Arbeit und arrangierte es so, daß Catherine mit mir Kontakt aufnahm. Dennoch hatte ich sie von mir aus anrufen müssen, nachdem ich etwa eine Woche lang nichts von ihr gehört hatte. »Das hat mich irgendwie überzeugt, daß Sie wirklich interessiert waren und ich nicht nur völlig durchgedreht war oder etwas aufbauschte.«

Nach der Rückführung sprachen Catherine, Pam Kasey und ich über die Möglichkeit, daß ihre Schwängerung mit diesem Fötus während ihrer Entführung zu Weihnachten in Alaska hätte erfolgt sein können. Dagegen sprach jedoch die Tatsache, daß der Fötus für eine Schwangerschaft von zwei Monaten schon zu weit entwickelt gewesen zu sein schien. Catherine erinnerte sich an eine andere Episode, die Ende Oktober oder Anfang November 1990 stattgefunden und »damals keinen Sinn ergeben« habe. Sie war mitten in der Nacht über verlassene Straßen gefahren und hatte den Highway verlassen, um Rast zu machen. »Ich war richtiggehend erschrocken darüber, dort zu sein, denn ich wartete wieder einmal auf etwas.« Sie wartete, wie es ihr erschien, etwa fünfzehn Minuten lang, erinnerte sich aber nicht, daß sonst noch etwas geschehen wäre, ehe sie wieder nach Hause fuhr. Um die Weihnachtszeit hatte sie etwas an Gewicht zugenommen, das sie aber im Anschluß an die Entführung Ende Februar wieder verlor. Sie erinnerte sich an keine anderen Schwangerschaftssymptome, und wir haben diese Episode vom Oktober nicht weiter erforscht.

Wir spekulierten wiederum über den Realitätscharakter dieser Erfahrung. Sie hatte erst kürzlich David Jacobs Buch »Secret Life« gelesen, das Geschichten von Fortpflanzungstraumata enthält, und sie fragte sich, ob »ich vielleicht unbewußt das, was ich da gelesen habe, übernehme«, obgleich sie sich selbst nie für beeinflußbar gehalten hatte. Pam machte uns darauf aufmerksam, daß Catherine ihr bereits, bevor sie »Secret Life« gelesen hatte, erzählt habe, daß die Saugus-Episode »mit einem Fötus zu tun habe«. Daraufhin fragte sich Catherine, »warum« sie – sofern diese Erinnerungen nicht authentisch wären – »von solchen bizarren und traumatischen Geschichten überfallen wurde«. Am Ende hatte sie das Gefühl, daß ihr nur die Wahl zwischen zwei Möglichkeiten bleibe. Entweder war sie »verrückt«, oder »es ist wirklich so geschehen. Anders kann ich es mir nicht erklären.«

Zuletzt sprachen wir noch über die Aufrichtigkeit der Sorge und Zuneigung, die der Untersucher zum Ausdruck gebracht hatte. Sie konnte anerkennen, daß die Außerirdischen – von deren Standpunkt aus und ausgehend von ihrer Verbundenheit mit ihrem Unternehmen – ungefähr eine solche Zuneigung empfänden, wie wir sie vielleicht gegenüber einem zahmen Tier haben, das zu Versuchszwecken dient. Aber für sie persönlich war das »keine Entschuldigung, denn sie wissen Bescheid; sie wissen, daß wir ein größeres Bewußtsein haben. Sie wissen, was sie tun! Sie wissen, wie traumatisch das für uns ist, und sie scheren sich einen Dreck darum.« Zwei Tage nach dieser Sitzung schrieb Catherine mir einen kurzen Dank für die Hilfe, die sie erfahren hatte »in einer Zeit, in der meine Grundbegriffe von Realität ins Wanken gerieten«.

In den nächsten beiden Monaten rang Catherine mit vielen Fragen bezüglich der materiellen Beweise, die ihre Begegnungen und deren Realitätscharakter untermauern könnten, und sie dachte vor allem über die Bewußtseinsveränderungen nach, die es ihr unter

Umständen erlauben könnten, sich dem Phänomen anzupassen und eventuell sogar einen Dialog mit den Außerirdischen zu führen. Wir trafen uns am 27. Juli 1992, um zu erkunden, wie und in welcher Weise sich ihre Einstellung verändert hatte. Zum Teil schrieb sie diesen Prozeß dem zu, was sie in Gesprächen mit anderen Entführten erfahren hatte. Sie erlebte nach wie vor Begegnungen mit Außerirdischen und möglicherweise auch Entführungen. An physischen Phänomenen bemerkten wir eine kleine Schwellung vor ihrem rechten Ohr, die sie sich nicht erklären konnte. Eines Nachts, es war Mitte Juli, zeichnete sie drei Kreise auf ihr Bein. Sie waren als Erinnerungshilfe gedacht, daß sie die Außerirdischen bitten wollte, ihr etwas von deren Schrift zu zeigen, was dann – falls sie ihr antworten würden – ihr Vertrauen in die Realität ihrer Erfahrungen verstärken sollte und ihrem Wunsch nach verstärktem Informationsaustausch entsprang. In der Nacht, in der sie die Kreise zeichnete (15. Juli 1992), wurde sie zwar abermals von den Außerirdischen aufgesucht – »sie kamen herunter und lähmten mich« –, aber sie war zu verängstigt, um ihre Fragen zu stellen. Es stellte sich dann heraus, daß sie in dieser Nacht ebenfalls entführt worden war, wie aus der nachfolgenden Besprechung der fünften Rückführung zu ersehen ist.

Obwohl die Realität ihrer Erfahrungen, die wir während der Sitzungen wachgerufen hatten, »mehr und mehr zunimmt und sich verdichtet«, war Catherine zu dem Schluß gekommen, daß sie »kein Teil des normalen Bewußtseins« sind, womit sie meinte, daß sie in einem nicht-normalen Zustand des Bewußtseins auftreten. Die Folge davon war, daß »ich meine Weltsicht noch mehr ändern muß, als ich das ohnehin schon getan habe«. Sie hatte zudem beschlossen, daß »meine Reaktion auf das Ganze den Charakter dieser einzelnen Erfahrung bestimmen wird ... Wenn ich völlig versteinert bin, gegen sie ausfällig werde und mich von Grund auf in ein feindliches Tier verwandle, müssen sie mich auch so behandeln. Wenn ich aber ruhig bin und einigermaßen vernünftig, dann denke ich viel mehr und werde über das Ganze aufgeklärt, zumindest soweit, wie mein Begriffsvermögen dafür ausreicht.«

Gegen Ende des Prozesses der Überwindung ihrer Angst und ihrer Wandlung »weg vom Tier in der Falle« hatte sich Catherine »das Fürchterlichste, was passieren könnte, vorgestellt«. Aber anstatt »es einfach so ablaufen zu lassen und wieder diese fürchterlichen Erfahrungen durchzumachen, wie ich sie erlebt habe«, wollte sie es »begleiten und nicht ausschließlich ringen und kämpfen. Das bringt mich zwar in die Lage, mehr Kontrolle über mich zu haben, aber es läßt mich zugleich weniger wahrnehmen und verwickelt mich noch tiefer in meine Angst und meinen Kampf. Statt dessen sollte ich ein wacheres Bewußtsein haben und weniger physische und mentale Kontrolle ausüben. Dadurch könnte ich einen wirklichen Dialog mit denen führen und bekäme direkte Antworten, und sie könnten mir dann Dinge zeigen, die mir irgendwie nutzen würden.« Als sie begann, ihre »animalischen« Reaktionen zu kontrollieren und »die Evolutionsleiter höher« hinaufzusteigen, entwickelte Catherine das, was sie ihr »Keine-Furcht-Mantra« nennt. »Wenn ich aus irgendeinem Grund Angst bekomme, setze ich mich einfach hin und sage mir: 'Hab keine Angst. Hab keine Angst. Hab keine Angst.' Und das funktioniert.« Nach einigen Meditationssitzungen, in denen sie sich bewußt vorstellte, daß Außerirdische in ihr Zimmer kämen, hatte sie den Eindruck, daß sie ihre Angst besser kontrollieren und sich selbst beruhigen konnte.

Erst kürzlich kam Catherine zu dem Schluß, daß die Außerirdischen »spirituell und emotionell weiter entwickelt sind als wir« und es deshalb »nicht nötig haben, so emotional zu sein wie wir«. Das bedeutete für sie, »daß ich mit ihnen auf ihrem Niveau verhandeln muß, wenn ich von ihnen etwas Nützliches bekommen will«. Zudem bedeutete es für sie, einen »Kern innerer Kraft aufzubauen«. Die »können sie mir nicht wegnehmen. Die kann einem niemand nehmen.« Sie erwartete nicht, dadurch die unangenehmen Eingriffe stoppen zu können, hoffte aber, deren traumatische Wirkung zu verringern. Sie fügte noch hinzu: »Ich sage nicht einfach, hier ist mein Körper, macht damit, was ihr wollt. Es ist mehr die Erkenntnis, daß es geschehen wird.« Sie herauszufordern – »Zeigt mir etwas von eurer Schrift, weil ich mehr über euch und meinen Teil in eurem ganzen Plan erfahren will!« – wäre »ein ganz anderes Konzept«, als »sie anzuplärren: 'Warum zum Teufel macht ihr das mit mir, ihr miesen Kerle?'« Catherine führte diese Veränderungen in ihrem Bewußtsein, »dieses spirituelle Wachstum, dieses psychische Wachstum« auf die »bedeutenden, das Leben durcheinanderwirbelnden« Konsequenzen zurück, die sich aus den Entführungserfahrungen ergaben.

Zum Zeitpunkt unseres Treffens im Juli 1992 hatte Catherine schon selbst einige Veränderungen an sich festgestellt, die eine direkte Folge der Veränderung ihrer Einstellung den Entführungserfahrungen gegenüber waren und auch die Folge ihrer allgemein größeren psychologischen Aufgeschlossenheit. Die Entführungen selbst wirkten als Provokation. »Da hat es eine Erfahrung gegeben, die alles völlig verändert – auch, wie man selbst alles aufnimmt«, stellte sie fest. Catherine führte ihre Fähigkeit, den Auswirkungen der Entführungserfahrungen einen Vorteil abzugewinnen, darauf zurück, diese so eingehend erforscht zu haben.

Sie hatte bei sich auch stärkere intuitive Fähigkeiten in Bezug auf andere Personen festgestellt. Sie konnte »die Aura der Leute fühlen« – dieses Energiefeld, das uns umgibt und das besonders sensible Leute sehen können – und sich besser auf die Stimmungen anderer Menschen einstellen, was sie als »sehr nützlich« empfindet. »Ich kann die Leute, die ich treffe, tatsächlich ungefähr einschätzen, und ich kann spüren, ob sie mir mit einem Trick kommen oder wirklich aufrichtig und ehrlich in dem sind, was sie sagen. Ich kann voraussagen, was sie vorhaben ... Diese ganze Erfahrung eröffnet einem so viele Ebenen«, schloß sie, »so viele andere Möglichkeiten. Jeder hat diese Fähigkeiten, aber wir blockieren sie, weil unsere Gesellschaft 'Nein, das gibt es nicht!' sagt und das alles abstreitet. Und ich bin dabei, dafür aufgeschlossen zu werden.« Eines der schwierigeren Phänomene, mit denen Catherine und viele andere, die von Entführungen betroffen sind, zurechtkommen müssen, ist ein praktisch ununterbrochener Fluß von Sinnesreizen, insbesondere Lichtblitzen – »so atmosphärische Sachen«, hatte sie es einmal genannt –,das Eindringen farbig gemusterter Bilder – während sie an der Schreibmaschine arbeitete – und in geringerem Ausmaß summende, brummende Töne und andere Geräusche. Allmählich ließen die visuellen Wahrnehmungen nach, dafür nahmen die über das Gehör aufgenommenen Wahrnehmungen zu. Die neurophysiologischen Veränderungen, denen diese Empfindungen unterliegen, sind nicht bekannt.

Erst am 26. Oktober konnten wir eine Rückführung ansetzen, um die Erfahrungen vom 15. Juli zu erforschen. Bei unserem Treffen am 27. Juli hatte Catherine berichtet, sie wisse, daß gegen zwei Uhr morgens »etwas« geschehen sei, »denn ich habe auf die Uhr geschaut«. An diesem Abend hatte Catherine zu den Kreisen, die sie mit einem wasserfesten Markerstift auf ihr linkes Bein gemalt hatte, noch »Zeigt mir etwas von eurer Schrift!« geschrieben. Durch ihr Fenster fiel ungewöhnliches Licht ins Zimmer – »als ob jemand einen großen Suchscheinwerfer vor dem Fenster angebracht hätte« –, und sie hatte das Gefühl, daß Wesen im Raum waren. »Eines von ihnen kommt mit einem großen, rutenähnlichen Gegenstand, an dessen Ende ein Licht ist, auf mich zu und deutet damit auf mich. Es ist wie eine Erinnerung im Halbschlaf.« Sie merkte, daß ihr rechtes Bein und dann ihr ganzer Körper abermals taub wurden. »Ich versuche 'Nein!' zu schreien, kann es aber nicht. Ich bringe kein Wort heraus. Ich kann keine Silbe hervorbringen, und es kommt nur ein erstickter Laut heraus, der wie 'AH!' klingt.« Ihre Angst schien sie zu sehr zu lähmen, als daß sie ihre eigene, neue Methode der Annäherung an das Phänomen hätte benutzen können. Die vorgehend genannten bewußten Erinnerungen umfaßten mehr als nur eine Entführung.

Zu Beginn der Sitzung am 26. Oktober stellte sich Catherine zunächst die Frage, ob diejenigen, die Entführungserfahrungen machen, aufgrund ihrer größeren Aura oder energetischen Schwingungsfelder ausgewählt werden, die sie vor den Folgen einer »verpfuschten Kindheit« schützen. Catherine, Pam und ich stellten einige Minuten lang Vermutungen über die Beziehung zwischen dem Entführungsphänomen und einer größeren Verletzlichkeit und Verwundbarkeit aufgrund der Vorgeschichten der Betroffenen an. Zumindest im Fall einiger Entführter scheinen die Außerirdischen in die Energiefelder einzudringen oder auf »bestimmte Schwingungen einer zitternden Seele« zu antworten. Wir sprachen auch über die möglichen Dimensionen der Realität, von denen das Entführungsphänomen ausgehen könnte, und über die verschiedenen »Gesamteindrücke«, die in Catherines Leben seit unserem letzten offiziellen Treffen aufgetreten waren. Sie äußerte den Wunsch zu erfahren, »warum all diese Dinge geschehen«, und wir kamen überein, deren Zweck in der Rückführung zu erforschen, so gut es ihr Bericht davon ermöglichen würde.

Unmittelbar vor Beginn der Rückführung sagte Catherine, daß die Suche nach dem Zweck »der nächste logische Schritt« zu sein schien. »Ich bin über das Stadium, in dem man beteuert, nicht geistesgestört zu sein, hinaus, zumindest in neunzig Prozent der Zeit ... und auch über das Stadium, in dem man sich fragt, ob das wirklich geschieht oder ob ich mir nur etwas zusammenreime, und über die ganze Phase des Ableugnens. Ich habe auch die Phase überwunden, in der ich vollkommen verängstigt war. Deshalb finde ich, daß dies der nächste logische Schritt ist.«

In der Rückführung unter Hypnose – unserer fünften – begann Catherine damit, daß sie erneut erlebte, daß in ihr Zimmer Licht fiel, das wie »ein großer Suchscheinwerfer« wirkte, und daß sie erneut etwas hörte, das wie menschliches Gemurmel von außerhalb des Zimmers klang. Sie versuchte, aus ihrem Halbschlaf zu erwachen, fühlte aber, »sie lassen mich nicht aufwachen«. Abermals übermittelten sie ihr besänftigende Botschaften, und sie war »wütend, weil sie das immer tun«. Weinend rief sie aus: »Sie lassen mich nie etwas als real erinnern, dabei habe ich sie doch darum gebeten.« Zwei der Wesen ließen sie aus dem Bett schweben, »indem sie mich in den Strahl bringen«. Sie bat sie, die Katze nicht zu verletzen, die sich »versteckt« hatte, nachdem sie, um wegzukommen, »die Treppen hinaufgeschossen« war. Catherine spürte, daß die intensive Kontrolle, die die Wesen ausübten, dazu bestimmt war, sie an jeder Gegenwehr zu hindern. Sie glaubt, daß ihre Widerspenstigkeit »die ziemlich nervös macht«.

Catherine sagte: »Wenn sie nur meine Erlaubnis für das, was sie mit mir tun wollen, einholen würden, vielleicht wäre ich dann eher dazu bereit. Aber obwohl ich versucht habe, weniger erschrocken zu reagieren, und auch versuche, sie dazu zu bringen, mehr mit mir zu sprechen, wollen sie das immer noch nicht. Ich versuche, ihnen Fragen zu stellen, von denen ich glaube, daß sie die beantworten würden, aber ich bekomme immer den gleichen Quatsch von Antworten zu hören.« Dennoch sagte sie, daß sie während einer Entführung zwei Wochen zuvor – bei der die Erinnerung jedoch noch zu stark »blockiert« sei, um erforscht zu werden – von den Wesen etliche bedeutungsvolle Informationen erhalten habe, und zwar als Antwort auf ihre Aufforderung: »Zeigt mir das Ziel!«

Wir kehrten zu dem Lichtstrahl zurück, und sie beschrieb das »Hindurchgehen« durch ihr Fenster, die Veranda und einen Baum. Sie sah, wie das Apartmenthaus kleiner und kleiner wurde und die Stadt unter ihr versank. Als sie sich solcherart nach oben bewegte, bemerkte sie, daß die Energie, die von dem Lichtstrahl ausging, sie wärmte und warmhielt, obwohl sie nur Unterwäsche trug. Sie wurde rücklings hinaufgebracht, »durch ein Loch im Boden« eines

Raumschiffs, und befand sich dann in einem Raum mit einer Wand, die stärker gerundet war als die Wände in den anderen Räumen, in denen sie bislang gewesen war. Sie hatte das Gefühl, »sie wollen mit mir über etwas sprechen«. Es gab eine große Anzahl anderer Wesen, die da »herumschwirren«, und auch einige menschliche Wesen, die zu verschiedenen Orten in dem Raumschiff gebracht worden waren. Die Wesen führten sie einen breiten Korridor entlang, der um das Raumschiff herumführte, und sie konnte durch ein Fenster Sterne sehen, »die da so herumschweben«.

Ich fragte, ob sie sich noch im Halbschlaf befinde oder ob sie zu diesem Zeitpunkt völlig wach sei. »Das kann man so nicht sagen ... sobald sie mich in den Strahl bringen, ändert sich mein Bewußtsein irgendwie, und das ist dann weder so noch so.« Ich fragte, wie dieses Bewußtsein denn sei und wie es sich von »unserem normalen, wachen Bewußtsein« unterscheide. Sie erwiderte: »Es ist so, als ob ich Zugang zu einem völlig anderen Teil meiner selbst hätte, zu dem ich im normalen, wachen Bewußtsein keinen Zugang habe.« In diesem veränderten Zustand wußte Catherine »mehr über sie. Ich weiß mehr von ihnen. Es ist nicht wie dieses Halbwissen, daß vielleicht etwas geschehen ist, sondern wie im wachen Zustand.« Dieses Wissen sei genauso real wie unser normales Bewußtsein. »Es ist das gleiche, wie hier etwas zu wissen, aber es ist ungefähr so, als ob eine Tür in meinem Geist verschlossen ist, für die ich keinen Schlüssel habe – sie aber schon.« Im hypnotisierten Zustand war ihr dieser andere Bereich des Wissens voll zugänglich.

Catherine dachte irritiert, daß dieser lange Ausflug durch den gebogenen Korridor unnötig gewesen wäre, wenn man sie stattdessen einfach direkt auf die andere Seite des Raumschiffes gebracht hätte, und ihr drängte sich der Eindruck auf, daß die Wesen – so wie immer – über ihre Fragerei und widerspenstige Haltung irritiert waren. Sie kamen in einen anderen Raum mit einer Schiebetür, die zum Öffnen nach oben geschoben wurde. Der Raum schien sich von einem typischen Raum in einem Raumschiff – spärlich ausgestattet mit Tischen, gebogenen Wänden und vielleicht einem Bildschirm – in einen exklusiven Konferenzraum mit Teppichen, Mahagonivertäfelung und einem großen Bildschirm zu verwandeln. Wie Catherine sich erinnerte, als sie die Aufzeichnung dieser Sitzung noch einmal abhörte, hatte sie dabei damals den Eindruck, »je mehr ich an einen exklusiven Konferenzraum dachte, desto mehr erschien er wie ein solcher«. Als sie dann aber bemerkte, daß dies alles nur eine Art Kulisse war, »schmolz der Eindruck eines Konferenzraumes nur so weg, und es kamen wieder die früheren Bilder zum Vorschein und zuletzt der wirkliche Raum«.

Bereits während der Rückführung war sie sich der Simulation des Konferenzraumes bewußt und nahm an, sie hätten sich das ihr zuliebe ausgedacht. Aber man sagte ihr: »Wir müssen eine Konferenz abhalten, also sollst du auch denken, daß es eine Konferenz ist. Wir haben dich in einen Konferenzraum gebracht, damit du dich in einem seriösen, geistigen Rahmen bewegst, anstatt neunmalkluge Bemerkungen zu machen.« Catherine bemerkte: »Als das geschehen war, hatte ich gerade begonnen, sie nicht zu bekämpfen. Ich stand noch ganz am Anfang und nicht da, wo ich mich jetzt befinde. Deshalb war das eine ganz andere Situation. Ich sah die Zusammenhänge ganz anders als jetzt.« Die »blöden« Tricks, das spürte sie, entsprachen ihrem damaligen Bewußtseinsniveau.

Sobald sie die theatralische Kulisse durchschaut hatte, wurde der Raum wieder in seinen ursprünglichen Zustand zurückverwandelt, und man sagte Catherine, sie solle sich auf einen kleinen, kalten Metallstuhl setzen. Man zeigte ihr dann auf dem Bildschirm Naturszenen »wie einen Kameraschwenk über einen Wald ... Bäume, dort ein Hirsch, und – Sie wissen schon – Moos und Erde und Nadeln am Boden, und mich überkommt ein Eindruck wie: Das ist so schön, das ist so wunderschön.« Aber sie fühlte, daß ihre Emotionen manipuliert waren, und widersetzte sich, damit »sie sich mehr Mühe geben müssen ... Aber das ist in Ordnung, denn es verleiht mir in der Situation ein bißchen mehr Kontrolle, und wenn sie wollen, daß ich bei dem zuhöre, was sie mir zu sagen haben, dann müssen sie mich als gleichwertiges Wesen behandeln und nicht all diese Manipulationstricks bei mir anwenden.«

»Andere Naturbilder« erschienen auf dem Bildschirm, »wie der Grand Canyon und so, ganz toll, ich habe das im Fernsehen gesehen. Es geht weiter in die Wüste und zu den Pyramiden. Ich sehe mehr altägyptische Sachen wie Hieroglyphen und Bilder, Bilder von Pharaonen und so weiter, und ich bekomme den Eindruck, das war dein Leben ... Ich bin wie ... Oh! Das ist stark ... das ist wie ein Diavortrag von meinem früheren Leben.« Zu diesem Zeitpunkt war sie ganz von diesen Eindrücken gefesselt, denn »ich mag die alten Ägypter sehr, deshalb ist das echt stark, wenn ich dort gelebt habe«. Dann zeigte man ihr ein allgemein bekanntes Bild von Grabmalereien, bei denen die Farbe abblätterte, »und dann schwenkte es auf mich, wie ich gerade dabei war zu malen«. Aber in dieser Inkarnation war sie ein Mann, und als sie diese Szene betrachtete, meinte sie: »Das leuchtet mir ein ... Das ist kein Trick. Das sind nützliche Informationen. Das ist kein Unsinn wie alles andere.« Catherine spürte, daß ihrer beharrlichen Forderung nach einem größeren Informationsaustausch entsprochen worden war.

Dann forderte ich Catherine auf, mir mehr über sich selbst als Hofmaler bei einer ägyptischen Pyramide zu erzählen. In Beantwortung meiner Fragen vermittelte sie mir eine Menge Informationen und Wissen, über die sie als Maler verfügt hatte, der so ähnlich wie »Akremenon« genannt worden war. Einiges davon konnte Catherine aus der gängigen Literatur über Ägypten gekannt haben. Andere Details jedoch, wie das Mischen der Farbe – ein Arbeitsablauf, den sie sehr gut zu kennen schien –, konnte sie sich schwerlich angelesen haben. Sie beschrieb die Hautfarbe des Mannes, seine Kleidung – »ein um die Hüften gewickelter Lendenschurz« – und seinen Kopfputz, der innerhalb der königlichen Bediensteten auf einen höheren Rang als zum Beispiel den eines Sklaven hinwies. Auffällig war die Tatsache, daß Catherines Erfahrung ihrem Wesen nach völlig transpersonal war, was bedeutet, daß sie den Maler nicht sah. Sie war vielmehr Akremenon und konnte »die Dinge ganz und gar von seinem Gesichtspunkt aus betrachten, anstatt sie von meinem Standpunkt aus zu beobachten«.

Catherine beschrieb das Licht in dem Raum, in dem sie gemalt hatte. Er lag nahe beim Ausgang, und es gab einen Weg durch eine Art Labyrinth, der zum Grab führte. Sie beschrieb auch, was Akremenon gemalt hatte – nämlich den blauen Kopfputz der Gattin eines Pharaos. Diese trug ein weißes Gewand und hielt Anubis, dem Gott des Todes, ein kleines Gefäß als eine Art Sühneopfer entgegen, um mit dem Pharao bestattet zu werden und ewiges Leben zu erlangen. Des weiteren beschrieb sie einen anderen Künstler, der »weiter unten« an etwas arbeitete, und die Freude an der Arbeit, die sie hier ausführte. »Ich könnte es viel schlechter haben. Ich könnte gezwungen sein, Blöcke aus Kalkstein für die Außenseite zu schneiden.«. Und sie beschrieb die seltenen und wertvollen blauen Steine »aus einem der eroberten Länder«, die er zur Herstellung der Farbe zermahlte. Akremenon hatte sein Handwerk von einem älteren Maler erlernt, als er noch ein Knabe gewesen war. Nachdem er diese Szene fertiggestellt hatte, »mußte ich eine ganze Anzahl schauriger Warnungen für Grabräuber malen«.

Der Name der Frau war »Tybitserat«, und Catherine nannte den Pharao, der, wie sie sagte, aus der Mittleren Regierungsperiode stammte und von »durchschnittlicher« Bedeutung war, Amen Ra. Das ist unstimmig, da Amen Ra der Name einer Gottheit aus Theben und nicht der eines Pharaos ist. Catherine fügte jedoch hinzu: »Um ganz ehrlich zu sein, hatte das für mich gar keine Bedeutung, solange ich eine sichere Anstellung hatte. Ich kümmerte mich gar nicht darum.« Später, als sie mein Manuskript durchgelesen hatte, schrieb Catherine, daß es schwer gewesen sei, sich an den Namen des Pharaos zu erinnern, denn »das gehörte nicht zum Kern dessen, was sie mir zu zeigen versuchten. Es war nicht die Bedeutung oder der Zweck dieses Lebens. Es kann auch sein, daß ich mehrere frühere Leben durcheinanderbringe!« Sie nahm an, daß der Pharao seinen Namen geändert habe und »eine ganze Menge der Götter losgeworden« sei. Während der Sitzung hatte Catherine zudem viele Details gekannt, die sich auf die angemessene Größe verschiedener Figuren auf dem Wandbild, das sie malte, bezogen – »normale Leute sind klein, der König ist größer, und die Götter sind am größten« – und auf die komplexen Fragen der Proportionalität, mit denen sich die Maler infolge der Absetzung früherer Gottheiten durch den Pharao konfrontiert sahen.

Nachdem man ihr diese Szene aus Ägypten gezeigt hatte, fragte eines der Wesen sie: »Hast du verstanden?« Daraufhin erkannte sie, daß »alles miteinander im Zusammenhang steht«, Canyons, Wüsten und Wälder. »Eines kann nicht ohne das andere existieren, und sie haben mir mich selbst in einem früheren Leben gezeigt, um mir vor Augen zu führen, daß auch ich in diesen Zusammenhang eingebunden bin. Ich bin mit all diesen anderen Dingen verbunden und kann mich davon nicht absondern, so wie ich es bisher versucht hatte.« Für Catherine bedeutet das: »Ich kann den Weg, den ich bisher eingeschlagen hatte, nicht weiterverfolgen. Und ich kann nicht weiterhin gegen sie ankämpfen, so wie ich es bisher getan hatte, denn auch zwischen ihnen und mir bestehen Verbindungen. Wenn ich gegen sie ankämpfe, kämpfe ich eigentlich auch gegen mich selbst und meine Verbindungen mit all diesen Dingen, gegen die man nicht ankämpfen kann. So ist das.«

Sie fragte die Außerirdischen, warum sie solche »Theateraufführungen« zu Hilfe nehmen müßten, um ihr das zu zeigen, und sie antworteten ihr: »Um dich dahin zu bringen, daß du verstehst und die komplexen Zusammenhänge begreifst. Um dich in den richtigen geistigen Rahmen zu versetzen!« Sie schien aus dieser Episode auch zu lernen, daß bestimmte Emotionen wie »Liebe, Fürsorge, Hilfsbereitschaft und Mitleid ... der Schlüssel« sind, wohingegen andere – wie Ärger, Haß und Furcht – »nicht nützlich« sind, was insbesondere für die Furcht gilt. »Furcht ist wohl die schlimmste der Emotionen. Sie versuchen, mich dahin zu bringen, daß ich die Furcht überwinde, und deshalb versuchen sie, mich so fürchterlich zu erschrecken, weil ich dann vielleicht der Furcht überdrüssig werde und sie überwinde und mich dann den wichtigeren Dingen zuwenden kann.«

Ich forderte sie auf, genauer zu erklären, wie die Tatsache, daß man sie so fürchterlich erschrecke, ihr dabei helfen solle, die Furcht zu überwinden. Sie erklärte, daß der menschliche Körper nach einer Weile nicht mehr mit ihr zurechtkommen könne, »denn das ist so, als ob man ständig damit überladen ist, und zweitens hat man dann einfach die Nase voll davon, daß man sich auf nichts anderes konzentrieren kann ... Wenn man sie satt hat, dann kann man darüber hinwegkommen ... Man muß sich bewußt entscheiden, sie zu überwinden ... Wenn man sich schließlich sagt, so kann es nicht weitergehen, dann kommt man darüber hinweg ... Wenn man sich entschließt, sich selbst von dieser Furcht zu lösen ... Ich habe mir selbst klargemacht, warum mir das nichts bringen würde, weiterhin von Angst und Furcht aufgefressen zu werden.« Ich drängte sie, den Umwandlungsprozeß in Bezug auf ihre Erfahrung der Furcht noch genauer festzuhalten. »Manchmal steigt noch Angst in mir hoch«, sagte sie. »Es ist so, als ob ich mich selbst auf die nächsthöhere Stufe schubsen müßte. Ich muß den nächsten Schritt tun, die nächsthöhere Ebene erreichen ... Man läßt es einfach laufen. Ich meine, man spürt es, und man läßt sich davon durchdringen, und das ist es dann ... man klammert sich nicht daran, so wie früher ... Ich bin an diesem Punkt angekommen, an dem ich mich entschieden habe, zur nächsthöheren Stufe aufzusteigen.« Was sie während dieser Entführung gelernt hatte, war »die nächste Lektion«, die eine Folge der emotionalen Veränderungen war, die Catherine »in der Woche vor« dieser Entführung erreicht hatte.

Bevor wir die Rückführung beendeten, sagte Catherine, daß ihr nächstes Ziel oder ihre nächste »Rolle« darin bestehen werde, anderen »den Weg zur Überwindung der Furcht zu zeigen ... Es ist so, als ob man seine Lektion verstanden hat und nun fit ist, anderen weiterzuhelfen.« Sie betonte auch, daß sie den Wesen noch einmal erklärt hatte, daß die »billigen Theatertricks«, mit denen sie die Illusion eines »großen Konferenzraums« heraufbeschworen, unnötig gewesen seien. Aber sie bestanden darauf, daß »das eine bessere Wirkung auf dich hat, als wenn wir dir lediglich sagen würden, daß es ein Konferenzraum ist«. Sie schien letztendlich zu akzeptieren, daß »sie ihre Gründe haben, und ich sollte nicht weiter fragen«. Wir kamen auch zu dem Schluß, daß ihre halsstarrige Selbstbehauptung und ihr hartnäckiges Fragen – selbst wenn es alles »ein gutes Stück schwieriger gemacht hat, als es hätte sein müssen« – doch ein produktives Element in ihrem Entwicklungsprozeß waren.

Als man sie durch den Korridor wieder zurückführte, dachte Catherine – sich bis zum Schluß selbst treu – abermals: »Wir hätten auch auf der anderen Seite hinausgehen können.« Dann: »Wir gehen und stehen an demselben Platz«, und der Boden »gibt irgendwie unter uns nach, und wir gehen den Strahl entlang hinunter und, hoppla, wieder durch die Dinge hindurch, was sehr verwirrend ist, und sie bringen mich zurück ... ich gehe ins Bett, lege mich hin und ziehe mir die Decke ein Stück herauf, und einer von ihnen zieht mir die Decke noch ganz herauf.« Zuletzt machte sie noch die flüchtige Beobachtung, daß der Lichtstrahl, wenn er auftaucht, zunächst blau ist, am Ende ihrer Entführungen jedoch, wenn sie auf oder in ihm zurückkehrt, ist er weiß. Als wir die Sitzung rückschauend noch einmal durchsprachen, meinte Catherine – wie andere Entführte auch –, daß diese Dinge »sich irgendwie nicht in unserem Raum-Zeit-Rahmen abspielen«, was für sie »nur ein zusätzliches Beispiel« dafür sei, wie »diese Dinge alle untereinander im Zusammenhang stehen und man auch selbst darin einbezogen ist«.

Beim nächsten Treffen der Selbsthilfegruppe, das zwei Wochen nach dieser Sitzung stattfand, sprach Catherine von ihren Vorstellungen, wie man mit dem Schrecken und der Angst, die mit den Entführungserfahrungen zusammenhängen, zurechtkommen könne, denn einige Gruppenmitglieder schienen in ihren Angstreaktionen gefangen zu sein. »Ich glaube, es hängt davon ab, welche Beziehung man zu den Außerirdischen aufbaut«, sagte sie. »Wenn sie kommen und unsere erste Reaktion die ist, daß wir uns wie verschreckte Laborratten benehmen und in dem Versuch, uns zu verstecken, in eine Bettdecke verkriechen wie eine Ratte in einer Käfigecke, dann behandeln sie uns auch so. Wenn wir aber so reagieren, daß wir sagen 'gut, arbeiten wir zusammen, versuchen wir, eine sinnvolle Beziehung aufzubauen', dann, so glaube ich, sind sie uns gegenüber wesentlich respektvoller und behandeln uns eher als Gleichgestellte, als wenn man sofort völlig verängstigt reagiert.« Später sprach sie auch darüber, was sie in ihrer letzten Rückführung gelernt hatte, nämlich ihr allmähliches Zurechtkommen mit der Furcht – das Erreichen »eines Punktes, an dem man der Furcht überdrüssig ist, die Nase so voll von ihr hat, daß man sie überwinden kann«. Dann »steigt man zur nächsten Stufe empor und lernt, was immer man dort zu lernen hat. Aber die Angst versperrt uns jeden Weg, irgendwo anders hinzukommen.«

Besprechung

Die Entwicklung von Catherines Fall folgte dem von ihr empfundenen Bedürfnis und Wunsch, mehr über ihre Erlebnisse zu erfahren. Als Folge davon sind bis zum Zeitpunkt dieser Niederschrift noch zahlreiche Bereiche unerforscht. So erzählte Catherine zum Beispiel im Oktober 1992 während eines Gesprächs mit Pam Kasey, daß sie eine »Rückblende« gehabt habe, die ihr »immer und immer wieder durch den Kopf gegangen sei« und in der sie sich in einer Kinderstation mit vielen Babybetten befindet. Eine Kinderschwester bringt ihr eines der Babys und fordert sie auf, es zu halten. Sie aber fühlt sich abgestoßen und angeekelt und sagt der Schwester, daß sie es nicht halten will. »Als während der Sitzung plötzlich diese Rückblende auftauchte, war es ganz schön schwer, nicht loszuheulen«, sagte Catherine. Wir haben diese suggestiven Bilder bis jetzt nicht weiter erforscht.

Gleichwohl zeigt Catherines Fall viele Charakteristika des Phänomens der Entführung durch Außerirdische. Ihre Offenheit und Aufrichtigkeit, ihr Mut und die Fähigkeit, sich an Details zu erinnern, die direkte, ungeschminkte Art, ihre Erfahrungen in Worte zu fassen, und ganz besonders ihre selbstkritische und dickköpfige Geisteshaltung verleihen ihrer Geschichte einen besonderen Wert. Zu

Beginn war Catherine geneigt, die unterschwelligen Erfahrungen, an die sie sich bewußt erinnern konnte, als unwesentlich abzutun. Sie suchte nur sehr widerstrebend Hilfe und hielt Entführungserfahrungen für Träume, von denen sie später das Gefühl hatte, sie seien Wirklichkeit gewesen, auch wenn sie sie in einem anderen Bewußtseinszustand erlebt hat. Als mehr und mehr Details ihrer quälenden Erfahrungen – verbunden mit heftigen Emotionen – in ihrer Erinnerung auftauchten, klammerte sich Catherine mehr an ihre Zweifel als an die Wirklichkeit der Erfahrungen und suchte nach konventionellen Erklärungen, bis sie nach ihrer vierten Rückführung feststellte: »Meine Grundbegriffe von Realität sind ins Wanken geraten.« Am hilfreichsten war für sie – in ihrer aufkeimenden Erkenntnis der persönlichen Wahrheit dessen, was sie erlebt hatte – ihre Einstellung zu sich selbst als einem Menschen, der ohne solide Basis an wirklicher Erfahrung starken Gefühlen keinen Ausdruck zu verleihen vermag.

Die Tatsache, daß sie die Realität ihrer Erfahrungen, was immer sich letztendlich als deren Ursache herausstellen mochte, akzeptierte, ermöglichte es Catherine, effektiver mit den starken Auswirkungen und den körperlichen Empfindungen, die sie begleiteten, zurechtzukommen – insbesondere mit Angst, Zorn und Schmerz – und eine höhere oder kreativere Bewußtseinsebene zu erreichen. Von ganz besonderem Wert für ihre persönliche Wandlung war Catherines Entscheidung, während der Begegnungen ihr gesamtes Ich von ihren Ängsten »durchdringen« zu lassen, anstatt gegen die bedrohlichen Energien anzukämpfen, die in der Anwesenheit der Außerirdischen und deren Aktivitäten verkörpert waren. Dies war nicht gleichbedeutend damit, sich blindlings den Absichten der Außerirdischen auszuliefern, sondern ist die Erkenntnis der Notwendigkeit, angesichts mysteriöser Kräfte, denen man sich nicht nutzbringend widersetzen kann, die Kontrolle aufzugeben.

Die Veränderung von Catherines Haltung und ihrem kämpferischen Widerstand – eine Haltung, die anfangs nützlich war, um ein gewisses Gefühl der persönlichen Integrität und Handlungsfähigkeit aufrechtzuerhalten – zu einer Art aktiver Akzeptanz hat einige Ergebnisse gezeigt. Es hat sie zu einem bedeutenden Persönlichkeitswachstum befähigt, das sich in dem Verlangen, anderen Entführten zu helfen, mit ihren Erfahrungen fertigzuwerden – in dieser Richtung ist sie bereits aktiv –, manifestierte sowie in einem sich vertiefenden Verantwortungsbewußtsein für die künftige Entwicklung der Umwelt auf der Erde. Während ihrer Entführungen erhielt sie Informationen über die Verschmutzung der Natur und den Zusammenbruch der miteinander verbundenen Lebenssysteme auf der Erde. Obwohl Catherine den Motiven der Außerirdischen, die anscheinend versuchen, diese Prozesse aufzuhalten, kritisch gegenübersteht – vielleicht wollen diese ja nur ihr Versuchsareal und ihre Versuchsobjekte schützen –, kann sie im Schutz der Erde doch das Ziel sehen, das wir mit ihnen gemeinsam haben.

Catherines offene Einstellung und Akzeptanz scheint eine erste Resonanz ihres Verlangens nach einer mehr gegenseitigen Beziehung mit den Außerirdischen ausgelöst, ihr zumindest aber Antworten auf einige ihrer Fragen eingetragen zu haben. Anstatt – wie so viele Entführte – von den Außerirdischen gesagt zu bekommen, daß sie »für solches Wissen nicht bereit« sei, hatte Catherine in letzter Zeit weniger traumatische Erfahrungen und bekam während ihrer Begegnungen mit Außerirdischen das ganze Ausmaß der Verflechtungen der Lebenssysteme auf der Erde vor Augen geführt. Ebenso inhaltsschwer dargestellt, aber für einen westlichen Geist schwerer anzuerkennen, war die Verflechtung allen Bewußtseins, die in ihrer – sie selbst überzeugenden – Erfahrung einer früheren Inkarnation als ägyptischer Hofmaler verdeutlicht wurde.

Wie alle Darstellungen von Entführungen wirft auch Catherines Fall mehr Fragen auf, als er Antworten bietet. Zum Beispiel die, mit welcher Technologie oder Verfahrensweise – wir kennen nicht einmal den richtigen Ausdruck dafür – unser Verstand so bewußt ausgetrickst werden kann, daß er in einem Raumschiff einen Wald oder einen exklusiven Konferenzraum anstelle des kahlen oder »typischen« Raums eines Raumschiffs sieht. Wie in vielen Entführungsfällen sind wir letztendlich auch in Catherines Story mit den Fragen über den eigentlichen Zweck oder die wirkliche Bedeutung des gemischtrassigen Fortpflanzungsprojekts oder -experiments konfrontiert worden. Das manifestierte sich besonders beunruhigend in Catherines Erfahrungen, als sie ganze Reihen von Mischlingsbabys in einer Art von Brutkästen sah und die Szene in dem großen Raum erlebte, wo auf Hunderten von Tischen Menschen Eingriffen unterzogen wurden, zu denen sie nicht ihre Zustimmung gegeben hatten.

Befreiung aus der Nervenheilanstalt

Joe, vierunddreißig Jahre alt, Psychotherapeut mit einem Consulting-Unternehmen, schrieb mir im August 1992, daß er »verschiedenste extraterrestrische (ET) Erfahrungen erlebt habe, die bis in meine frühe Kindheit zurückreichen«, und nun, »so voller Angst, wie ich mich fühle«, das dringende Bedürfnis verspüre, »diese geheimen Winkel aufzudecken«. Als Organisator und verantwortlicher Leiter von Abenteuerurlaub in freier Natur hilft Joe den Leuten, ihre verschiedenen Ängste zu überwinden, auch die Angst vor der Dunkelheit. Zu der Zeit, als er mit mir Kontakt aufnahm, bemerkte er aber auch, daß er »mit der eigenen Angst in der Dunkelheit« kämpfte. Etwa drei Monate, bevor er mir schrieb, hatte Joe, während ein Physiotherapeut seinen Nacken massierte, plötzlich ein Bild vor Augen, in dem er auf einem Tisch lag. Um ihn herum standen lauter kleine Wesen mit großen Köpfen, und eines von ihnen stach ihm eine Nadel in den Nacken. Er schrie vor Schreck auf und konnte nicht länger die beunruhigende Auswirkung seiner Erfahrungen abstreiten. Durch einen anderen Entführten und den Bekannten einer Frau, die mir bei meiner Arbeit zur Hand ging, erfuhr er von meinem Interesse am Entführungsphänomen und schrieb mir einen Brief, in dem er seine Erfahrungen zusammenfaßte.

Als ich Joe zum ersten Mal traf, war seine Frau mit dem ersten Kind – Mark – im achten Monat schwanger. Die Erforschung von Joes Begegnungen mit Außerirdischen im Zusammenhang mit der Schwangerschaft, den Wehen und der Entbindung seiner Frau, aber auch im Zusammenhang mit seiner sich allmählich entwickelnden Vaterrolle, gab uns reichlich Gelegenheit, die Beziehungen zwischen dem Entführungsphänomen und Joes Bewußtsein bezüglich der Zyklen von Geburt und Tod über eine geraume Zeit zu untersuchen, wozu auch die Erinnerung an eine dramatische Erfahrung eines früheren Lebens gehörte. Zwischen Oktober 1992 und März 1993 erforschten wir in vier Hypnosesitzungen – eine vor, drei nach Marks Geburt – die komplexen Dimensionen von Joes und Marks Beziehungen zu den außerirdischen Wesen, und Joe kämpfte um die Integration der auf Außerirdische bezogenen Elemente in seine eigene Identität. Die Selbstbefreiung und das Persönlichkeitswachstum, die diese Integration ermöglicht hatte, waren wesentliche Aspekte von Joes Fall.

Joe wurde als siebtes von acht Kindern geboren und wuchs in einer kleinen Stadt in Maine auf. Sein Vater, der Leder und Zwirn an Schuhfabriken verkaufte, starb, ein Jahr bevor ich mit Joe zusammentraf, an den Folgen der Alzheimerschen Krankheit. Joe bezeichnet seine irische Familie als »typisch römisch-katholisch« und meinte, daß sie nach außen hin glücklich, in Wirklichkeit aber keine normal funktionierende Familie waren und daß seine Eltern zu einer gewissen Gefühlskälte neigten und »mit Gefühlen geizten ... ich wurde nicht viel geherzt und geküßt« und »verbrachte viel Zeit im Freien, wo ich mich sicher und akzeptiert fühlte«.

»Wir wuchsen draußen auf«, erzählte er in einer Seminargruppe, die ich am Cambridge Hospital leitete, »und verbrachten unsere Zeit mit Jagen, Fallenstellen und Fischen.« Joe spürte damals wie andere Entführte, daß seine Beziehung zu denen, die er »Extraterrestrische oder ETs« nennt, ihm emotionale Zuwendung, Unterstützung und Liebe zukommen ließ, »wenn ich dies schon durch niemand anderen bekam«. Er beschreibt seine Mutter, Julie, als ängstliche Person, die anfangs nichts von seinen extraterrestrischen Erfahrungen hören wollte, Angst bekam und nervös und aufgeregt wurde, als er ihr davon zu erzählen versuchte. Er erinnert sich, daß er als Kind eines Nachts seine Eltern weckte, um ihnen von einer Erfahrung zu erzählen, die ihm angst machte, aber nur gesagt bekam: »Du hast schlecht geträumt.« Joe glaubt nicht, daß eines seiner Geschwister Entführungserfahrungen und damit verbundene Begegnungen mit Außerirdischen hatte. »Ich habe mittlerweile mit ihnen gesprochen«, erzählt er, und »gemischte Reaktionen, die vom Abstreiten bis zur Akzeptanz gehen«, erhalten.

Von seinem achten bis etwa zu seinem fünfzehnten Lebensjahr schlief Joe im Sommer nachts gern im Freien auf einer Veranda;

diesen Schlafplatz teilte er mit seinem jüngeren Bruder, der nicht unbedingt an das Entführungsphänomen glaubt, ihm aber erst kürzlich erzählt hat: »Du hast immer Angst vor UFOs gehabt.« Als Teenager wurde sich Joe bewußt, wie isoliert und allein er sich fühlte. »Im Grunde ein gesellschaftlich-pubertäres Seelentief, verstehen Sie?« Als er sich während einer seiner Rückführungen an diese Zeit erinnerte, sagte er: »Ich habe eigentlich zu niemandem eine engere Verbindung. Ich passe nirgends hin.«

Joes Ehefrau, Maria, ist von Beruf Psychotherapeutin und fünf Jahre älter als er. Sie lernten sich an einem Lehrzentrum für alternative Therapie kennen und waren zu dem Zeitpunkt, als er mich zum erstenmal aufsuchte, seit fünfeinhalb Jahren verheiratet. Sie hatten seit zwei Jahren versucht, ein Kind zu bekommen, aber Maria hatte zwei Fehlgeburten gehabt. In »einem sehr klaren Traum« sah Joe zwei Babys, zu denen er sich sehr in Liebe hingezogen fühlte, und fragte sich, ob das nicht Föten von ihm und Maria sein könnten, die ihnen von den ETs weggenommen worden waren. Joe identifizierte sich sehr stark mit der Schwangerschaft seiner Frau, und in seinem Brief vom August schrieb er mir: »Nicht anders als meine Frau die Wehen durchstehen muß, verspüre auch ich 'Kontraktionen', die an Intensität zunehmen und schmerzhaft sind, wenn ich mich dagegen wehre.« Er seinerseits hatte nach der Geburt von Mark oft den Eindruck, daß dieses alte Gefühl des Nicht-Dazupassens ihn wieder überkam, und er fühlte sich wie das »fünfte Rad am Wagen«. Joe empfindet Maria, von der er nicht glaubt, daß sie eine Entführte ist, grundsätzlich als unterstützend in Bezug auf seine Erfahrungen und sagt, daß sie einander in Liebe zugetan sind.

Seit seiner Teenagerzeit hat Joe nach spirituellem Verständnis gestrebt und als Teilnehmer und Lehrender eine Vielzahl von Aktivitäten erprobt, bei denen es um Persönlichkeitswachstum ging, so auch verschiedene Workshops zum Thema Geist-Körper-Heilung. Er hat sich auch mit Psychosynthese und mit verschiedenen Formen der Meditation beschäftigt und war sogar Mitglied einer Spiritisten-Gemeinde. Mit zwanzig Jahren lebte er im nördlichen Maine ein Jahr allein im Wald. Joe hat als Therapeut mit Alkoholsüchtigen, die eine Entziehungskur machten, gearbeitet, mit Fällen von sexuellem Mißbrauch und mit Inzestopfern. Einige Jahre lang leitete er das, was eine seiner Broschüren als »Workshops zum Aufbau von Arbeitsteams mit Personaltrainingsprogrammen und Vorschlägen zum abgestuften Ruhestand« beschreibt – Kurse, die für Einzelpersonen, aber auch für Organisationen angeboten wurden. Er ist jedoch auch für andere Gruppen im Bereich der beruflichen Entwicklung ein wertvoller Berater, vor allem für solche, die Exkursionen in die freie Natur durchführen, wozu auch die Outward-Bound-Schulen (eine Bewegung, die Abenteuertraining und andere Aktivitäten im Freien für junge Leute anbietet) gehören. Hinter seiner persönlichen Suche und seiner beruflichen Kompetenz verborgen, hat Joe immer Ängste vor dunkleren Mächten verspürt, die außerhalb seiner Kontrolle lagen und in Zusammenhang mit seinen ET-Erfahrungen standen. Etwa zehn Jahre bevor Joe zu mir kam, hatte ihm einer seiner eigenen spirituellen Ratgeber gesagt, daß er eines Tages »mit Leuten von anderen Planeten« arbeiten werde.

Joe hatte, so weit er sich zurückerinnern kann, immer Träume von Kontakten mit außerirdischen Wesen. Manchmal wachte er auf und hatte das Gefühl, sein Penis sei wund. Später erinnerte er sich an Erfahrungen, bei denen ihm Sperma »mechanisch entnommen« worden war, und »ich habe auch Babys gesehen, bei denen ich das Gefühl hatte, daß man sie mir zeigte, weil sie meine eigenen waren«. Joe glaubt, daß die ETs mit ihm »sogar schon im Mutterleib« Beziehungen aufgenommen hatten, und in unserer letzten Rückführung rief er eine Erinnerung wach, in der er die Wesen rund um das Krankenhausbett sah, als er gerade zwei Tage alt war. Wie viele Leute mit Entführungserfahrungen hatte auch Joe in seiner Kindheit häufig Nasenbluten, für das es keine Erklärung gab. Als kleiner Junge hatte er einen häufig wiederkehrenden Alptraum von einer Hexe, so wie in »Wizard of Oz«, die zu seinem Schlafzimmerfenster fliegt, ihn zwingt, in ihre »riesigen Augen« zu schauen, und ihn »hinausklettern und auf den Besen steigen« läßt, indem sie »mich hypnotisiert ... Sobald ich ihr in die Augen sähe, wäre ich ganz in ihrer Gewalt, und sie würde mich wegzaubern.« Während seiner ganzen Kindheit war Joe fasziniert von UFOs, hatte aber auch Angst vor ihnen. Er wollte im Freien schlafen, hatte aber Schwierigkeiten einzuschlafen, denn er »hatte Angst, daß, sobald ich eingeschlafen war, jemand kommt und mich mitnimmt«. Zusätzliche Erfahrungen aus der Kindheit und der frühen Jugend tauchten in den Hypnosesitzungen auf, unter anderem auch eine Erfahrung, die Joe über einen Zeitraum von mehreren Jahren, im

Alter von dreizehn bis fünfzehn Jahren, erlebte und die kurz im Detail beschrieben werden soll.

Joe hatte seine ganze Jugendzeit hindurch Angst vor UFOs und außerirdischen Wesen. Einmal, als er im Alter von sechzehn oder siebzehn Jahren LSD ausprobierte, bekam er panische Angst, als er in einer Entfernung von etwa zweihundert Metern »ein kleines Raumschiff« sah, und »darin ist jemand, der mich anschaut«. Er dachte: »Es war fast so, als ob man mich überwachte«, und er »ging ein wenig vom Weg fort und unter die Bäume«. Während dieser Zeit machte er auch eine andere Erfahrung: Er blickte in den Badezimmerspiegel bei sich zu Hause und hatte das Gefühl, er »beginne zu sinken und immer weiter zu sinken ... Und ganz plötzlich«, so sagte er, »schaute ich durch ein Fenster, und das war gar nicht ich, was ich da sah. Es war ein Außerirdischer, der mir Auge in Auge gegenüberstand und mich anschaute; er hatte einen runden Kopf und eine sehr knotige, höckrige Haut, es wirkte fast wie Warzen, und diese Haut, glaube ich, war grau oder grün. Er hatte einen kleinen Mund und einen dünnen Hals. Seine Realität traf mich – wumm! – wie ein Schlag. Ich wurde ärgerlich, denn ich fühlte mich unglaublich verletzlich. Das war nicht so wie: 'Hallo, ich heiße Soundso, wie geht's?' Ich hatte das Gefühl, daß da jemand aus einer anderen Dimension ist, der gerade gehen will, und – wusch, plopp – bin ich auch weg. Ich bin nur noch Geschichte. Sie finden nur noch Joes Schuhe im Badezimmer.«

Der intensive Schmerz und die Angst bei der Erinnerung, die während einer physiotherapeutischen Behandlung im Mai 1992 in ihm aufgestiegen war, veranlaßte ihn, meine Hilfe zu erbitten. Er erzählte der Seminargruppe: »Als ein Therapeut meinen Nacken bearbeitete, hatte ich eine Erinnerung, die mich aus den Schuhen kippte. Ich lag auf einem Tisch, etwa so hoch, nicht ganz so breit, und war von kleinen Leuten mit großen Köpfen umgeben, die mir eine Nadel in den Nacken stachen. Ich bin vor Angst außer mir. Ich schreie, und fast im gleichen Augenblick bekam ich einen Nesselausschlag.« Er hatte Angst vor der bevorstehenden Geburt seines Kindes und vor seiner eigenen Vaterschaft.

Unsere erste Hypnosesitzung war am 9. Oktober, etwa zehn Tage vor dem errechneten Entbindungsdatum seiner Frau Maria. Joe sprach über seine angsterfüllten Träume von UFOs, außerirdischen Wesen und Eingriffen auf einem Tisch in einem unterirdischen, in

Fels gehauenen Raum. Maria selbst träumte, daß »das Baby herauskommt und von seinen eigenen Reisen in einem Raumschiff spricht«. Joe sprach auch von anderen komplexen, düsteren Träumen, die sich um mythische Schlangen, Fische, dunkle Vögel, sexuell bedrohliche Frauen, mythische Gottheiten und geflügelte Pferde drehten. Weite, windgepeitschte Landschaften und Szenen, die episch und märchenhaft zugleich anmuteten, bestimmten sein Gefühl des Kontrollverlustes, der Hilflosigkeit und Angst, je näher die Geburt seines Kindes kam. Die Bilder, in denen ihm im Frühjahr während einer Massage eine Nadel in den Nacken gestochen wurde, tauchten wieder auf, und Joe sagte in dieser Sitzung: »Ich möchte etwas von dieser Furcht ausschalten.« Wir verschafften uns einen Überblick über die verschiedenen Entführungserfahrungen in seinem Leben, aber zuletzt entschied er sich für eine Rückführung mit offenem Ende, in der sein Unterbewußtsein selbst die Richtung und den Schwerpunkt bestimmen würde.

Das erste Bild, das Joe unter Hypnose sah, war das eines nichtmenschlichen Wesens mit dreieckigem Gesicht, ausgeprägter Stirn, schmalem Kinn und großen, elliptischen, schwarzen Augen. »Es lädt mich ein«, sagte er. »Es bewegt sich weg und zieht mich vorwärts. Es hat lange, dünne Arme. Und es hat einen langen, schmalen Rücken.« Er atmete schwer, und seine Unruhe wuchs, als er berichtete: »Es kann sich langsam bewegen. Es kann sich schnell bewegen. Es will, daß ich mich auf den Tisch lege. Es schaut mir tief in die Augen und sagt mir, ich solle mich entspannen.« Jetzt nur noch flüsternd, erzählte Joe, daß er »verängstigt« sei, denn: »Ich weiß, die wollen etwas machen ... mein ganzes Rückgrat schmerzt. Meine Leiste brennt.«

Da ich merkte, daß seine Angst seiner Fähigkeit, diese zu beherrschen, entgegenwirkte, forderte ich Joe auf, diese Erfahrung zeitlich und räumlich zu lokalisieren. Sie ereignete sich bei ihm zu Hause, als er noch ein »junger Teenager« war, vierzehn oder fünfzehn Jahre alt vielleicht. Sie begann am späten Abend, als er sich isoliert und »sehr allein« fühlte. Joe fühlte sich ruhelos und hatte das Bedürfnis, »hinauszugehen und Anschluß zu suchen«. Deshalb ging er, wie von einer »subtilen Kraft angezogen«, zu der Scheune an der Rückseite des Hauses. Er durchquerte die Scheune – »manchmal wirkt die Scheune nachts etwas gespenstisch« – und schaute zu den Sternen hinauf. »Das war der Zeitpunkt, zu dem das

Raumschiff herunterkam. Es kam geradewegs herunter. Bumm, da war es. Ganz klein.« Das Raumschiff war »irgendwie rund, aber doch länglich. Es sah fast aus »wie ein Ei«, ein »auf der Spitze stehendes Ei«. Das Raumschiff war »richtig symmetrisch ... in der oberen Hälfte länglicher« und »etwa vier Fuß über dem Boden«, mit einer Art »Fuß«, auf dem es stand.

Joe war erschrocken, als sich ihm eine dünne Gestalt näherte, deren Gesicht »reines Licht ist« und die mit einem einteiligen, enganliegenden, schwarzen Anzug bekleidet war. Er spürte, daß er schon früher viele Male mit dieser Gestalt, die er »Tanoun« nennt, mitgegangen war, und seine größte Angst in diesem Augenblick bestand darin, daß er überhaupt nicht mehr zur Erde zurückkehren könne. Joe fühlte sich gezwungen mitzugehen – »es gibt da keine Wahl in dem Sinne« –, aber »ich bin mir eher der Wahlmöglichkeit bewußt, daß ich mitgehen kann und nicht mehr zurückkommen muß«. Er fühlte eine Enge in seinem Hals, als die Angst »im Herzen« zunahm, die er im Hinblick auf die Tatsache empfand, daß er hin- und hergerissen war zwischen seiner Bindung an den außerirdischen und den irdischen Bereich. Schluchzend sagte Joe: »Ich bin nicht allein mit ihm. Ich weiß das. Das ist in Ordnung. Aber er ist nicht jeden Tag da.« Das Wesen teilte Joe mit, daß er zu den Menschen zurückkehren müsse, um »mit ihnen zu arbeiten«, und daß »ich in beiden Welten verankert bin«.

Sein »vollkommen rundes Gesicht« befand sich »ganz nah an dem meinen«, als Tanóun seine Hand auf Joes Schulter legte – »er hat etwas Tröstendes an sich« –, und »teils gingen wir, teils schwebten wir« durch den Boden des Raumschiffs, das »innen viel größer als außen« zu sein schien. Tanoun brachte Joe durch eine Eingangshalle in einen großen Raum mit einem Tisch, auf den er sich schon oft gelegt hatte. Mit einer Hand an seinem Kopf und einer an seiner Hüfte beruhigte das Wesen Joe, der das Gefühl hatte, »dieser Bursche liebt mich wirklich, und in gewisser Weise geht es mir auch nicht anders, und das ist irgendwie erschreckend«, denn es gab ihm das Gefühl, so »völlig anders als alle anderen« zu sein. Joe lag auf dem Rücken auf dem Tisch, seine Arme lagen an den Seiten, und er bemerkte, daß er ein »weißes, metallisches« Gewand trug. Er vermied es, dem Wesen in die Augen zu sehen, um die Intensität der Verbindung zwischen ihnen zu verringern, nach der er sich aber gleichzeitig sehnte. »Mich ihnen in meiner Zuneigung zu öffnen«, würde die Beziehung zu den Wesen »realer machen, und das macht mich ihnen ähnlicher, was aber schwer ist«.

Zusätzlich zu Tanoun, der »die Verantwortung hatte«, standen noch acht bis zehn schmächtige Wesen rund um den Tisch. »Das an meiner linken Seite« hielt eine große Nadel, über einen Fuß lang, mit einer Art Griff. Joe empfand schon im voraus heftigen Schmerz. Tanoun forderte ihn auf, »in seine Augen hinein« zu sehen und sich zu entspannen, indem er sich darin verlieren sollte, aber er hatte Angst, »ich würde verschwinden« und »nicht mehr zurückkommen«, wenn er sich gänzlich gehenlassen würde. »Er ermuntert mich weiterzumachen, und ich bin verstört. Es ist, als ob ich in ihm drinnen wäre – in seinem Kopf, in seinen Augen.« Die Nadel bohrte sich unterhalb des Ohres in die linke Seite von Joes Nacken, »beinahe wie gegen meinen Schädel«. Das war sehr schmerzhaft, der Schmerz ließ aber nach, sobald »ich mehr in seine Augen sehe«. Einmal eingeführt, wurde die Nadel herumbewegt, und der Schmerz hörte auf. Joe spürte, daß sie »sowohl ein wenig von irgend etwas herausnehmen als auch irgend etwas hineingeben«, um »mir leichter folgen zu können«. Er sagte: »Sie vermitteln mir in Gedanken ein Bild« von einem »kleinen, silbrigen, pillenförmigen Gegenstand, den sie dort hinterlassen«, aus dem »vier winzig kleine Drähte herauskommen«. Nachdem sie die Nadel wieder herausgezogen hatten, sagten sie Joe: »Wir sind in deiner Nähe. Wir sind bei dir. Wir sind hier, um dir zu helfen. Wir sind hier, um dich zu leiten, damit du gut durch deine schwierigen Zeiten kommst.«

Danach wurde Joe den Flur entlang weitergeführt und zu einem »anderen ET« gebracht, der ihm wie ein »Anführer« erschien. Er saß in einem Stuhl, ganz umgeben von Licht, das offenbar von ihm ausging. Dieses Wesen war größer als die anderen und hatte ein Gesicht, das eher menschliche Züge trug. »Er legt seine Hände auf meinen Kopf ... als ob er mich taufen wollte. Er mag mich – er gibt mir Energie. Er segnet mich. Er gibt mir etwas, das mir helfen soll hierzubleiben ... Er gibt mir Stärke und Wissen, vor allem Wissen darüber, daß ich nicht allein bin. Ich werde geliebt, und ich bin kontaktfähig«, sowohl mit ihnen als auch auf der Erde. Schluchzend erzählte Joe, daß man ihm mitgeteilt habe, »sie würden mir näher sein, wenn ich sie nur ließe. 'Du mußt nicht so weit weg sein ... Es ist nur eine Frage der Zeit, wann das in Ordnung kommen wird'.«

Joe kämpfte noch mit der Erfahrung, sowohl Außerirdischer als auch Mensch zu sein, und fühlte sich verwirrt, als er auf die Erde zurückkehrte. Er hatte den Eindruck, daß »der Teil von mir, der hinter der Scheune auf mich wartet, aussieht wie sie«. Das war der »Teil von mir, der nicht mitgehen wollte«. Joe »zog sich vor jenem Teil von mir zurück, weil er ein bißchen so aussieht wie sie«. Bald war er »bei mir selbst hinter der Scheune« und hatte das Gefühl, »irgendwie zusammengemischt« zu sein. Sein Körper fühlte sich steif und unangenehm an, als er zurückgekehrt war. »Ich weiß nicht, wohin ich gehöre«, sagte er.

Während dieser Entführung bekam Joe dadurch, daß er »in ihre Augen hineinging, eine Verbindung mit ihnen einging und damit jegliche Isolation abstreifte«, eine »unglaubliche« Ahnung davon, wie es sein würde, wenn er ganz und gar in die außerirdische Welt übersiedelte. »Ich würde aus mir heraus« und »irgendwohin« gehen – »Welt, Raum, Planeten, Entfernung«.

»Ihr Körper, Ihr Bewußtsein, oder beides?« fragte ich.

»Ohne meinen Körper, manchmal mit meinem Körper. Ich werde Wind. Ich werde Raum. Ich werde Materie. Ich drehe mich, wirble, werde langsam, falle ...« In außerirdischer Gestalt konnte Joe verschiedene Energieformen durchleben, »tanzende Tropfen, Orchester und Musik, Krach, Knall, harte Orte, dunkle Orte, Weite, Weite, unermeßliche Weite ... Ich schwimme in Glückseligkeit. Ich spüre Liebe. Ich fühle mich dazugehörig. Ich fühle mich unsicher. Ich bin in der Gestalt, in der ich gerade sein will. Ich tanze. Überall ist Tanz ... ich tanze mit verschiedenen Wesen, verschiedenen Lichtern, verschiedenen Energieformen.« Es ist »so verschieden« vom »alltäglichen Leben und davon, Joe zu sein«, daß »es so schwierig zu vereinbaren« ist, wenn er wieder zurück auf der Erde sein wird.

Joe erinnerte sich nicht genau, wie er zu seinem Ausgangspunkt hinter der Scheune zurückgekommen war. Er erinnerte sich, daß er in die Scheune ging, dann zu seinem Haus, und daß er die Treppe hinaufging, um zu schlafen. Aber unmittelbar bevor ich Joe völlig aus seinem Trancezustand zurückholte, erinnerte er sich daran, daß Tanoun ihm gesagt hatte: »Dein Baby ist einer von uns«, wobei das »uns« auch Joe in seiner außerirdischen Identität miteinbezog.

Mark, das Kind von Joe und Maria, kam am 10. November zur Welt, etwa drei Wochen nach dem errechneten Geburtstermin. Etwa eine Woche nach Marks Geburt schrieb mir Joe in einem kurzen Brief: »Während ich hier schreibe, machen Mutter und Kind zusammen ein Nickerchen, nachdem sie jetzt nach fünftägigem Krankenhausaufenthalt endlich zu Hause sind. Mark Joseph ist letzten Dienstag durch einen Kaiserschnitt« – der durch eine ungünstige Kindslage und eine Infektion notwendig geworden war – »auf die Welt geholt worden. Diesen Eingriff zu beobachten, brachte mich in völligen Einklang mit meinen eigenen Erfahrungen an Bord von UFOs. Es war interessant, aufschlußreich und gab mir ein gewisses Gefühl der Sicherheit und mehr Vertrauen in den ganzen Vorgang.«

Eine zweite Hypnosesitzung war für den 30. November angesetzt. Wir sprachen zunächst über die Ereignisse, die im Zusammenhang mit dem Krankenhausaufenthalt und der Geburt standen, die beiden Elternteilen sehr viel abverlangt hatte. Mark schien noch vor der Geburt zu seiner Mutter gesprochen zu haben, und Maria hatte einige Male geträumt, Mark habe ihr den Namen, den sie ihm geben sollten, gesagt. Joe erzählte von einer Entführungserfahrung, die er zwei Nächte nachdem er Mark und Maria aus dem Krankenhaus nach Hause geholt hatte, erlebt hatte und in der zwei Wesen neben ihm waren und ihm »einen Schuß, wie eine Energie-Explosion«, in den Kopf gaben, wobei sie ein stumpfes Instrument benutzten, woraufhin er sich »benebelt« und desorientiert fühlte. Maria war bei ihm, aber er kann sich nicht erinnern, das Baby gesehen zu haben. Das sei »die bewußteste Erfahrung, die ich bis dato hatte«.

Vor Beginn seiner zweiten Rückführung sprach Joe von seinem Bemühen, Maria trotz ihrer Bereitschaft, seine Probleme mit ihm zu teilen, nicht mit seinen ET-Erfahrungen zu belasten; er sprach auch von seinem eigenen Widerstand, den starken Einfluß dieser Wesen auf sein Leben und das Gefühl der Verletzlichkeit, das sie hervorrufen, zu akzeptieren. »Ich habe Angst vor einem Teil meiner selbst«, bekannte er. Begleitet von starken Emotionen, die ihn fast zum Weinen brachten, sprach Joe von der quälenden Entdeckung, wie »eng verbunden« er mit den außerirdischen Wesen sei, daß er mit ihnen wie eine Art »Doppelagent ... zusammenarbeite« und »mit ihnen unter einer Decke stecke« und dadurch seine Partner auf der Erde hintergehe. »Ich bin gespalten«, sagte er. »Ich führe dieses geheime Leben, und das geheime Leben besteht darin, daß ich viel Zeit mit ihnen verbracht habe.«

Aber mehr noch als das beschäftigte Joe sein Gefühl, daß er den außerirdischen Wesen ein willfähriger Partner war, wenn sie Menschen für ihr Fortpflanzungsobjekt benutzten. Sogar »letzte Nacht« hatte er eine Erfahrung, bei der er einen großen Säuglingskopf mit großen, schönen, schwarzen Augen sah, zu dem er eine besondere Zuneigung empfand. Obwohl er das Gefühl hatte, daß dieses Rassenvermischungsprojekt mittlerweile ein »evolutionärer Vorgang« sein könnte – »jedesmal, wenn man die Rassen kreuzt, steigt die eigene Lebenskraft« -, war er sich nicht sicher, welche Spezies von Wesen da zum Leben erweckt wird. In seiner Not weinte Joe fast, als er erzählte, er habe das Gefühl, erst kürzlich in einem Raumschiff ein sexuelles Erlebnis »mit einer sich sträubenden Frau« gehabt zu haben. Wir entschlossen uns zu dem Versuch, in der Rückführung mehr Informationen darüber zu erhalten, um sein Bewußtsein für seine komplexe Doppelrolle zu erweitern und seine Macht, sich frei zu entscheiden, zu stärken.

Zu Beginn der Rückführung sah Joe eine »Bilder-Parade« in einem Raumschiff, eine Vielzahl verschiedener »Leute«, die den Anschein erweckten, als seien sie aus einem chaotischen Gen-Pool entwickelt worden. Einige der Wesen waren häßlich und sahen fürchterlich aus. Das Ganze wirkte wie eine Art interplanetarische »Vereinte Nationen«. Der Gesamteindruck sollte Joe ein »harmonisches« Gefühl vermitteln, als ob man ihm gezeigt hätte, daß »sie dort alle in guter Gesellschaft sind«. Sein eigenes Aussehen änderte sich ständig, »wie bei einem Chamäleon«. Er fühlte sich »wohler, wenn er ihnen von der Gestalt her glich ... etwas durchscheinend«, mit großem Kopf und großen, elliptischen Augen, der Rumpf lang und dünn, die Hautfarbe etwas ins Graue tendierend, lange Arme und Finger – und an jeder Hand nur drei Finger und einen Daumen.

»Mensch! Ich fühle mich, als ob ich in mir drin wäre. Es fühlt sich sehr elegant und anmutig an. Ich habe auch das Gefühl, als ob ich nicht mehr ginge – es ist eine Art Bewegung, aber mehr wie Schwimmen. Es erschließt sich ein Teil des Raumschiffes, der wirkt wie eine Herzklappe oder so etwas. Er wirkt sehr geräumig.«

»Ätherisch, fließend« oder ein Gefühl der »Weite« sind andere Beschreibungsmöglichkeiten für das, was Joe empfand, nachdem er in die Gestalt der Außerirdischen geschlüpft war. Er fühlte sich »unglaublich«, zweifelte an seiner Erfahrung und fragte sich, wie er vor sich selbst verbergen konnte, daß »ich auch hier bin, in dem

Raumschiff ... Ich fühle mich so viel besser.« Er spürte dann ein intensives Ringen zwischen seinem »Menschsein« und seiner humanoiden Identität, die er immer noch isoliert beibehalten hatte. Er hatte jetzt auch das Gefühl, daß er »besser in das menschliche Wesen« integriert sei als die meisten außerirdischen Wesen.

Joe nannte die Rasse von Wesen, zu denen er in seiner humanoiden Identität gehört, »Bruderschaft« oder die »Obasai«-Leute. Gedankliche Prozesse sind für diese Wesensformen intuitiv und bei ihnen »nicht linear ... Ich habe das Gefühl, als ob meine Gedanken für jeden zugänglich sind, und da gibt es nichts zu verbergen. Da gibt es kein Schamgefühl. Da herrscht ein Gefühl des Einsseins, und wir können unterschiedliche Ideen und Meinungen haben, aber dennoch ist alles strahlend harmonisch ... Dieser Teil des Raumschiffes ist für die Integration gedacht ... es hält sich die meiste Zeit in der Nähe der Erde auf.« Andere Projekte sind nicht auf die Erde bezogen und umfassen »andere Dimensionen, andere Galaxien«, aber »Zeit und Raum sind kein Problem«. Eine Reise erfolgt, »wenn man sich nur selbst dorthin denkt«.

Joe erzählte dann von einer Erfahrung, die er nur ein paar Tage zuvor erlebt hatte, und zwar als »Orion«, das heißt in seiner humanoiden Identität. Er selbst empfand sich als etwa 2,20 Meter groß, obwohl er den Eindruck hatte, daß er seinen Körper in die Länge strecken oder auch verkürzen konnte. Eine blonde Frau von vielleicht fünfunddreißig Jahren, die er »Adriana« nannte, wurde zu ihm gebracht, damit er »mit ihr Liebe machen« und ihr »meinen Samen spenden« konnte. Obwohl Joe das Gefühl hatte, daß »sie schon lange Zeit einbezogen war«, störte es ihn, zumindest in seiner menschlichen Identität, daß man sie gegen ihren menschlichen Willen gezwungen hatte und daß sie Angst hatte. Adriana, so erzählte Joe, hatte zum Zeitpunkt ihrer Entführung spätabends ihren Hund noch einmal Gassi geführt und war »im Halbschlaf« gewesen, als die Wesen sie schwebend in das Raumschiff gebracht hatten. »Ein Teil von ihr flippte aus, als sie zum ersten Mal das Raumschiff sah.« Joe fühlte eine gewisse Liebe und Zuneigung für sie, streichelte ihren Kopf, versicherte ihr, daß »wir dir zugetan sind«, und er ermunterte sie, sich zu entspannen. »Ich wollte sie nicht vergewaltigen oder ihr Gewalt antun« oder mit ihr den Verkehr vollziehen, »ohne wenigstens eine gewisse Bereitschaft und Zustimmung ihrerseits zu erhalten«.

Adriana wurde auf eine leicht geneigte Plattform gelegt, so daß ihr Kopf höher lag als ihre Füße. Sie wurde in einem schläfrigen oder träumerischen Zustand gehalten – »sie schaffen auf mentalem Wege etwas wie ein Gewebe ... sie wickeln sie praktisch in diese weiche, sanfte Energie ein« –, während sie von kleinen Wesen ausgezogen wurde. »Da ist diese ängstliche Seite in ihr, die absolut nicht will, daß irgend etwas von diesen Vorgängen hier geschieht«, und wenn dieser Widerstand »an die Oberfläche aufsteigt«, steuern die Wesen sie durch eine Art »Energie-Massage«.

Der Sexual- oder Fortpflanzungsakt selbst war ziemlich kurz. Drei oder vier der Wesen beobachten, wie Orion seinen kleinen, »beinahe unbedeutenden« Penis – erigiert, »aber nicht richtig hart, wissen Sie, nicht ganz steif ... er geht gerade so hinein« -, der vielleicht halb so dick wie der eines Mannes ist, in Adrianas Vagina einführt. Die Hoden sind »einfach so Beulen« an seinem Körper. »Sie hängen nicht heraus oder so.« Obwohl auf Joes Seite Zärtlichkeit und Liebe im Spiel war, »ist die Begegnung nicht leidenschaftlich ... Es ist kein rhythmischer Rein-Raus-Verkehr. Es ist mehr wie eine wiegende Umarmung ... sehr sanft und sehr zärtlich«, ganz »natürlich ... wie eine Blutsverwandtschaft«. Joe fragte sich, »ob ich meine Gestalt geändert hatte, denn als ich auf ihr liege, bin ich nicht größer als sie, und es ist wie ein leichtes Sich-Wiegen, Seite an Seite ... Es dauert nicht lange. Es hat mehr den Charakter der Absicht. Es ist nicht so, als ob ich mich selbst zu einem Ort vorarbeiten müßte, wo mein Körper dann zum Erguß kommt. Ich kann ihn einfach hineinstecken und es kommen lassen.« Es ist eine klare Flüssigkeit, die da »irgendwie heraussickert«. Obwohl Joe – alias Orion – Adriana liebevoll streichelte, schien sie innerlich zerrissen. Ein Teil ihrer selbst ist »ganz da«, und »die Wechselwirkung erzeugt ein herrliches Gefühl«, aber ihre »stürmische«, ängstliche Seite fühlte sich vergewaltigt.

Fortpflanzungsakte wie dieser, sagte Joe, sind »ein notwendiges Übel«, damit die »Menschen als Rasse nicht aussterben und damit auch ihr Same und ihr Wissen erhalten bleiben«, denn »die Menschen sind in Not ... Ein Sturm braut sich zusammen«, eine »elektromagnetische« Katastrophe – als Folge der »negativen« Technologie, welche die Menschen entwickelt haben. Adrianas befruchtete Eizellen zum Beispiel können ihr »wieder entnommen werden«, und »dann werden wir daraus sich ein Baby entwickeln lassen, das sehr viel von einem Menschen haben wird«, und wir werden »es aufziehen« wie »eines unserer eigenen ... Sollten dann die Menschen aussterben, haben wir immerhin ihre Kinder.« Der Zweck dieses Programms zur Kreuzung von Rassen sei Evolution, sagte Joe, um den Fortbestand menschlichen Erbguts zu sichern und es mit anderen Spezies im Raumschiff und überall im Kosmos »zu kreuzen«. Joe sprach traurig von der unausweichlichen, fortgesetzten Zerstörung der Erde. Viele Menschen werden sterben, aber die Spezies an sich wird nicht ausgelöscht werden.

Joes Haltung im Hinblick auf die Informationen, die er aufdeckte, war zwiespältig. Auf der einen Seite sah er sich als »Vater«, mit »einem Geschäft«, und er fürchtete, sich durch die Publizierung seines Wissens lächerlich zu machen. Auf der anderen Seite empfand er aber die Dringlichkeit in Bezug auf seine Mitmenschen. Aber der »widerspenstige, ängstliche und egozentrische« Teil seiner selbst hinderte ihn, die volle Verantwortung für das, was er weiß, zu übernehmen. Seine »menschliche Seite« empfand die dunkeläugigen Wesen als »finster« und »maliziös«, mit »Überläufern« von anderen Raumschiffen, die mit uns spielen, »um uns zu guten Zuchttieren zu machen«. Jetzt, in seiner Identität als Orion, empfindet er nichts dergleichen.

Nachdem er aus seinem Trancezustand erwacht war, fühlte sich Joe erschüttert von dem, was wir aufgedeckt hatten, und nahm schon den Gedanken vorweg, daß er viel Hilfe und Unterstützung brauchen werde, um mit den komplexen und beunruhigenden Dimensionen seiner Identität klarzukommen. Er reagierte »ein wenig ungläubig« auf die Entdeckung, daß er »eine doppelte Existenz« lebte, aber die Stärke der Emotionen während der Sitzung – zusammen mit der objektiven Klarheit, mit der Joe sich selbst als Orion erleben konnte – überzeugte ihn von der Authentizität dessen, was er eben durchgemacht hatte. Als Mann, der in einer irischen, gut katholischen Familie, in der Emotionen »unterdrückt« wurden, aufgewachsen war, war Joe verblüfft, als er erkannte, wie seine Entführungserfahrungen ein »Weg« geworden waren, der ihm eine breite Palette starker Gefühle eröffnete. Er war äußerst betroffen über die Qualen, die Adriana und anderen Menschen durch solche Akte wie den von Orion vollzogenen zugefügt wurden. Am Schluß kam er darauf zurück, daß die Sitzung ihm das bestätigt habe, was er schon zeit seines Lebens empfunden habe, daß er nämlich »zu einer anderen Zeit oder auf einem anderen Planeten hätte geboren werden sollen«.

Die Sitzung war für Joe bestätigend und verwirrend. In den nächsten Wochen rang er damit, seine menschliche und seine ET-Identität miteinander in Einklang zu bringen, mit den Aufgaben seiner Rolle als frischgebackener Vater und – was wohl am wichtigsten war – mit dem Gefühl, daß auch Mark Verbindungen zur Welt der Außerirdischen habe. Eine dritte Hypnosesitzung wurde für den 4. Januar 1993 anberaumt, um diese Gebiete zu erforschen.

Zu Beginn der Sitzung sprach Joe von seinen eigenen Gefühlen, insbesondere dem Gefühl des Gebrauchtwerdens, das durch die Präsenz von Mark ausgelöst wurde, und von dem Mangel an Zuwendung, den er als Kind erfahren hatte. Seine Beziehung zu Maria schien »emotional wie sexuell in Wartestellung« zu verharren, da sie so sehr mit Mark beschäftigt war. Außerdem hat Joe in jüngster Zeit die ETs »nicht gespürt« und die von »ihnen ausgehende Unterstützung und Liebe« vermißt, was ebenfalls dazu beitrug, daß er sich traurig und einsam fühlte. Zur gleichen Zeit, als »meine Realität erschüttert wurde« durch die Bestätigung der ET-Begegnungen, »wurde mein Herz von diesem wunderbaren kleinen Wesen erobert ... Wie soll ich meine Bedürfnisse, die Bedürfnisse des Babys und die Bedürfnisse von Maria auf einen Nenner bringen« und dazu noch die »tieferen Schichten«, die durch die ET-Erfahrungen aufgerührt worden sind, fragte sich Joe. Manchmal fühlte er sich »durchgemischt« wie »ein Kartenspiel«. Joe wollte unter Hypnose seine »Verbindung zu ihnen« erforschen, aber gleichzeitig sein »Kind nicht so im Stich lassen«, wie er sich »von ihnen im Stich gelassen fühlte«.

Bevor die Rückführung begann, erzählte Joe einen Traum, den er erst kürzlich gehabt hatte und in dem ein lebloses Baby aus den Trümmern eines Flugzeugabsturzes geborgen worden war. Er nahm das Baby auf, säuberte es mit schlammigem Wasser und sah, daß da etwas Seltsames auf seinem Rücken war. Dann gab er es an jemanden weiter, der sich darum kümmern sollte. Er assoziierte dies mit seinem Gefühl, daß Mark »von dort ist, ... verkörpert« als »Teil-ET«, und er befürchtete, daß sie kommen könnten und »ihn mir aus dem Arm nehmen ... Ich kann damit nicht fertigwerden, daß ihr Burschen kommt und ihn mir wegnehmt.« Er selbst fühlte sich verletzlich und unsicher, machte sich Sorgen darüber, daß er

Mark nicht »schützen« konnte, und fragte sich gleichzeitig, ob er das überhaupt tun sollte.

Das erste Bild, das Joe unter Hypnose sah, war das eines ETs, der ihm »ein Tablett« zeigte, »auf das sie Babys legen, um sie zu wiegen«. Er sah auch Babys in hohen Sitzen, die menschliche Züge hatten – abgesehen von den großen Augen und knochigen Augenhöhlen. »Die ETs sind sanft und ruhig in ihrem Umgang mit den Babys«, und drei Graue, von denen einer »derselbe war, der sich auch viel mit mir beschäftigt hat«, fütterten sie mit einer »grünen, klaren Flüssigkeit«, indem sie ihnen das Ende einer zylindrischen Röhre aus Silber und Glas in den Mund stecken und sie die Flüssigkeit einsaugen lassen. Eines der Babys war Mark, der genauso rund und dick war wie zu dieser Zeit auch im »richtigen Leben«. Mark sah in die Augen des ETs und wirkte entspannt, und Joe spürte, daß »ich dort war«. Die Wesen wuschen die Babys mit einer grünen Flüssigkeit, als ob sie ihnen damit Energie in den Körper übertragen wollten. Die Flüssigkeit schien die gleiche zu sein, die sie den Babys zu trinken gaben. Die ETs schienen »eine elementare Beziehung« zu Mark und den anderen Babys zu haben, und »sie lassen mich nicht in ihre Beziehung zu ihm eindringen«.

Joe hatte das Gefühl, daß er einmal ähnliches durchgemacht habe, und empfand Mitleid mit Mark, denn er wußte, »da gibt es noch schmerzliche Erfahrungen«, die vor ihm liegen. Er beschrieb, daß »wir« – Joe, die ETs und zum Teil sogar Maria – »diese Beziehung mit ihm ausgearbeitet haben, bevor er durch die Geburt zu uns« – Joe und Maria – »kam«. Mark selbst war einmal ein grauer ET gewesen, aber sein Bewußtsein oder seine Seele »durchmaß den Weg von dem Zustand, ein ET zu sein, zu dem Ereignis, als unser Baby auf die Welt zu kommen, ... und das war keineswegs leicht für ihn«. Da gab es, so registrierte Joe, Risiken für Marks Seele, wenn »er ein Mensch ist und in diesen Körper schlüpft ... Er läßt sich da auf was ein.« Ich forderte ihn auf, das näher zu erklären. »Das ist so ähnlich, als ob man einen Taucheranzug und ein Atemgerät anlegt, man legt eine engere Existenz an und kann sich darin wie in einer Falle verfangen. Es kann dich verwirren ... du beginnst zu glauben, was dein Körper dir erzählt, und du vergißt, wie du energetisch von ihm loskommst ... und daß du eigentlich weiter und umfassender angelegt bist als er.« Eine physische Existenz auf diese Weise aufrechtzuerhalten, kann sehr »ergreifend« sein. Ängstlichkeit und die

Tatsache, daß er sich vorwiegend um das Wohl und Wehe und das Überleben seines physischen Körpers kümmert, könnte Mark vergessen machen, daß »er mehr als nur dieser Körper ist« und daß es für ihn »keine Sache auf Leben und Tod ist, wenn sein Körper verletzt wird oder stirbt oder wenn er selbst von der Gesellschaft nicht akzeptiert wird«. Wenn Marks Energie aber ganz und gar auf seinen Körper konzentriert wird, »dann wird die Angst erdrückend sein, und er wird einfach steckenbleiben«.

Ich führte Joe zu dem Punkt zurück, an dem er Zeuge war, wie sich die Wesen mit Mark beschäftigten. Sie befanden sich im Inneren eines Raumschiffes, und zwar im Dunkeln, ohne Hintergrundbeleuchtung – »vielleicht, damit Mark nicht durch andere Dinge abgelenkt wird«. Joe hatte nur ein T-Shirt an, und Mark trug seine Windeln. Die ETs schienen Mark irgendwie »umzumodeln«, damit »mehr von ihm« – mehr von seiner Energie – manifest werden konnte. »Er baut eine Verbindung zu ihnen auf ... Auf einer bestimmten Ebene weiß er, was vorgeht ... seine Seele ist genauso reif wie wir, aber er hat auch vergessen, ... und es wird ein Verfahren einsetzen, um diese Bewußtseinsebene wieder ins Spiel zu bringen.« Joe sah, daß die Wesen »Kristalle an seinen Kopf« hielten, seine Hände bewegten und »mit einem Licht in seine Augen und auf seine Hand leuchteten, ... und es war, als ob ein Lichtstrahl aus seinen Augen fiele, um sich auf seine Hand zu richten. Sie helfen ihm, diese Verbindung aufzubauen ... Sie haben ihn auf den Rücken gelegt und strecken ihn, indem sie seine Arme und Beine bewegen.« Die Maßnahmen würden es Mark ermöglichen, ihnen stärker verbunden und weniger ängstlich zu sein und »mehr Seele, mehr Energie, mehr Herz zu erleben«. Denn unsere Körperlichkeit ist so »eng«, daß »eine ganze Menge Bewußtsein« erforderlich ist, unser Wissen über das Niveau bloßer Klugheit hinaus zu erweitern. Um latente Kräfte freizusetzen, müssen wir »unseren Körper schweben lassen« und ohne Nahrungsaufnahme leben.

Joe empfand die Last seiner Verantwortung, seine Aufgabe als eine Art »Spender«, der Mark seinem Evolutionsprozeß übergibt, während er zugleich sicherstellt, daß »er nicht vergißt ... Er verläßt sich auf mich und darauf, daß ich ihm helfe, sich zu erinnern.« In seiner Rolle auf Erden fühlt Joe sich wie der Mann, von dem er einmal gelesen hatte, der zum »Spitzel« wurde und sich selbst in die Nervenheilanstalt einwies, um die Mißstände dort aufzudecken, der dann aber in dieser Anstalt gefangen war, nachdem die Leute, die ihn außerhalb des Heims kannten, gestorben waren. Joe verglich seinen einsamen Kampf, sich selbst zu verkaufen und sich zu verkörpern, um seinen Weg zu gehen – also seine »menschliche Existenz« an sich –, mit einem Leben in einer Nervenheilanstalt. »Tun wir einmal so, als ob alles großartig wäre. Nehmen wir einmal an, wir wären nicht alle so verdammt engstirnig, so angespannt, daß wir nicht einmal einen geraden Weg gehen können. Nehmen wir das einmal an. Wissen Sie, Sie kratzen meinen Rücken, und ich werde den Ihren kratzen.« Wie, so fragte er sich, könnte er Mark in dieser Nervenheilanstalt aufziehen, ohne daß dessen Geist in Mitleidenschaft gezogen würde.

An diesem Punkt verlagerte sich Joes Aufmerksamkeit auf seine eigene Qual, seine Einsamkeit und seine Beziehung zu den außerirdischen Wesen. Er fühlte sich ausgesprochen isoliert und allein, so als ob er sich »in diese harte Schale« zusammengezogen hätte, in der es wie »in einem Ei, hart und dunkel«, ist. Er erinnerte sich an die Hände der ETs auf seinem Körper, und er hatte das Gefühl, daß er – als blockierte Energien freigesetzt wurden – sich »verpuppte oder etwas ähnliches durchmachte«. Er war sieben oder acht Jahre alt und in einem weiten, fast wie unterirdisch wirkenden Raum. Er empfand sich selbst als gespalten – gespalten in sein ET-Ich und sein menschliches Ich. Das ET-Ich hatte »seine Hände auf meinen Nieren, meinem unteren Rücken«, und sein menschliches Ich »versucht, sich zu entspannen, sich zu öffnen und mit dem anderen Ich in Verbindung zu treten. O Gott! Das ist fast sexuell.« Joe empfand an dieser Stelle sehr intensive Emotionen, die sich in Lauten und Ausrufen wie »Oh!« und »Ah!« äußerten. Diese Gefühle, eine Art Kombination von Erregung und angenehmem Nachlassen der Spannung, wurden stärker, als Joe davon sprach, daß Energie durch seinen Körper fließe. »Mein ET-Ich ist am stärksten verwurzelt, es ändert sich am wenigsten und wirkt fast, als ob es orchestrierend tätig wäre. Es hat die meisten Informationen über uns alle. Es macht alles leichter. Oh, aber es wird auch therapiert.« Starke Energie floß sein Rückgrat hinauf und durch seinen gesamten Körper. Zuerst hatte er das Gefühl, »fragmentiert« zu sein, aber das »Licht – ich empfinde es wie Licht« – brachte die Teile wieder zusammen. Joe schien weiterhin in »schwachen Stößen« Energie aufzunehmen, was ihm tiefe Befriedigung verschaffte.

Als er bemerkte, daß sein ET- und sein menschliches Ich zueinander fanden, fühlte er sich weniger allein. Er konnte Verbindung mit Mark aufnehmen. »Es ist, als ob ich jetzt eher auf seiner Wellenlänge wäre.« Ich fragte nach der Quelle der Energie, die er aufzunehmen schien. »Ich bin es, verstehen Sie, es ist unsere Seele oder das Wesentliche in uns« oder »mein ET-Ich«. Es sei immer da gewesen, aber »ich war nicht energetisch mit ihm verbunden. Es war abgekoppelt von mir.« Ich fragte Joe, was sich in der Episode, die er mit sieben oder acht Jahren erlebte, ereignet hatte, aber er konnte sich nur erinnern, daß es »eine harte Zeit« gewesen sei. Als er davon sprach, die Hindernisse auszuräumen, fühlte er neue Wellen von Energieströmen durch seinen Körper pulsieren. Ausdrucksvollere Laute brachen sich Bahn, als er »all diese Schauder« fühlte, »Kälteschauder ... strömen, strömen, strömen durch mich hindurch. Ich fühle mich, als ob ich mich ausdehnen würde wie ein aufgeblasener Ballon.« Diese angenehmen Gefühle schienen ihren Ausgangspunkt in der Nierengegend zu haben, von wo aus sie sich strahlenförmig im ganzen Körper ausbreiteten.

Anschließend wandte sich Joes Herz Maria zu, und er hatte das Gefühl, durch eine Glastür in einen Innenhof zu gehen, und er schloß die Tür auch wieder, und dabei war ein wunderschönes Glockenspiel zu sehen und zu hören. Ich fragte ihn nach der Beziehung zwischen seiner Seele und dem ET-Ich, von der er gesprochen hatte. Das ET-Ich, so sagte er, »war wie eine andere Manifestation meiner Seele«. Dann setzte er noch hinzu: »Ich fühle mich, als ob ich alle Teile meiner selbst in Richtung auf mein Einssein vereinbare.« Er wurde von einem eindruckvollen Bild überrollt, bei dem er hinunterschaute und seinen eigenen Körper wie »in einer Halle voller Spiegel« und sich selbst »auf vielen verschiedenen Ebenen« sah. Diese Erfahrung war ausgesprochen »schön«, als Joe bemerkte, daß er »durch diese verschiedenen Membranen meines eigenen Ich hindurchging«. Die Ebenen »vereinten« sich in einer »harmonischen Ordnung. Man konnte das Gefühl einer richtigen Integration haben.« Joe hatte den Eindruck, daß er nun mit Mark in der menschlichen Nervenheilanstalt sein konnte. »Mit einem fundiertem Wissen« konnte er ihn »durch die Spiegelhalle führen«.

An diesem Punkt der Sitzung hatte Joe nicht mehr das Gefühl, in einem Raumschiff zu sein. Er war »einfach im Raum« oder in »vielen Dimensionen« – es gab dafür keinen adäquaten Ausdruck. Ein

»graues« Wesen schien ihm zuzulächeln und fragte ihn: »Was ist das für ein Gefühl?« Joe beschrieb es so: »Ich bin nicht zerrissen. Es ist ein großartiges Gefühl. Es ist wie Einssein.« Er glaubte, daß das Ganze, obwohl die ETs an seinem Integrationsprozeß mitgewirkt hatten, »größer wird als sie, sie überflügelt«. Es schien etwas aufzutreten, das mehr gegenseitig war und sie dem »Einssein und der Schöpfung« näherbrachte. Diese Verbindung von Extraterrestrischem und Menschlichem »befähigt sie, mehr zu werden als nur extraterrestrisch und menschlich ... Sich mit uns zu beschäftigen, mit uns zu arbeiten, das scheint ihnen zu helfen, noch höher zu steigen.« Der ET, der ihn gefragt hatte, schien seine Frage wirklich aus der eigenen Neugierde heraus gestellt zu haben.

Nach der Rückführung unterhielten Joe und ich uns über die Auswirkungen der Sitzung auf seine Rolle als Vater von Mark. Er hatte das Gefühl, er könnte noch umfassender »für ihn da sein«, ihm helfen, »stark zu bleiben, und ihm helfen, in Verbindung zu bleiben« mit seinem »höheren Ich«. Was seine eigene Person betraf, hatte Joe den Eindruck, daß seine Entführungserfahrungen, vor allem soweit sie in dieser Sitzung enthüllt worden waren, »wie ein Übergangsritus«, ein »Wachstumsschritt« auf dem Weg seien, »menschlicher« zu werden. Er hatte das Gefühl, daß er als menschliches Wesen Teil eines »Experiments war, das schiefgegangen ist«, eine Art Abweichung in Gottes Schöpfung.

Wir kamen noch einmal auf das Bild zurück, das unsere Kultur als Nervenheilanstalt darstellt. Joe betrachtete sich selbst, wie er Mark – nachts um zwei Uhr – in den Schlaf wiegte und dabei »die ETs spürte« und sich »bei dem Gedanken, daß sie kommen und ihn mitnehmen, richtig wohlfühlte«. Denn jetzt, so dachte er, seien sie Mark behilflich, eine Verbindung zu »seiner eigenen Seele« zu knüpfen. Joe bezeichnete das gesamte außerirdisch-menschliche Projekt als eine »Neubearbeitung ... zur Schaffung einer anderen Realität«, in der es »die Option Menschlichkeit gibt«. Ein notwendiger Schritt zu dieser Umwandlung, so sagte er, war »meine Menschlichkeit, die Schmerz und Qual auf sich nehmen mußte ... ich bin stärker integriert. Daran besteht kein Zweifel«, schloß er. »Ich habe das Gefühl, ein viel besserer Vater zu sein.«

Diese Sitzung hatte in den folgenden Wochen für Joe einen gewaltigen Nachhall. Er hatte weiterhin das Gefühl, daß seine »Einzelteile« sich vereinigten, und er verspürte ein Anwachsen »der Liebe und Energie meiner Seele«. Vier Tage nach der Sitzung hatte er eine Art Energiekrise oder »Kriya«, die während einer Massage hervorgerufen worden war. Er schwitzte und schauderte und fühlte einen starken Schmerz, der sich, ausgehend von der Nierengegend, durch seinen ganzen Körper bewegte und auch sein Rückgrat und seinen Kopf sozusagen überschwemmte. »Ich jammerte und wälzte mich herum, überwältigt von dem auf Erfahrung beruhenden, emotionalen und physischen Schmerz.« Seine »ET-Führer« hielten seine Hände und seinen Kopf, und er wurde mit Bildern aus seiner Vergangenheit überschüttet, »ein kreisrunder Kasten mit sechzig bis siebzig Schüben, die sechzig bis siebzig verschiedene Erfahrungen enthielten ... Es war, als ob die ETs meine Augen offenhielten und die Zeit manipulierten, so daß ich jede einzelne Erfahrung in ein bis zwei Sekunden erlebte ... Ich spürte, daß sie die multidimensionalen Verschiebungen steuerten.« Maria kam einige Male in den Raum, aber er wollte sie nicht ansprechen, aus Angst, den Vorgang zu unterbrechen. Er merkte, daß er gleichzeitig als Kind seinen Eltern gegenüber Ärger empfand, aber zugleich Verständnis, Mitleid und Akzeptanz.

Die nächsten beiden Tage verbrachte Joe damit, sich von dieser Erfahrung zu erholen. Am dritten Tag hatte er eine Vision von einem »riesigen, vaginalen Haarknäuel. Es war derb, schleimig und schmutzig. Ich konnte nicht viele Einzelheiten unterscheiden, nur zwei Beine und eine haarige Spalte. Zuerst war ich abgestoßen, blieb aber da. Es stellte sich als Haar einer Göttin heraus, die geboren wurde. Sie hatte lange schwarze und graue Haare, die – jetzt sauber und gebürstet – von den Schamlippen herabflossen. Ich konnte ins Innere 'sehen' und sah das schöne, weise und alterslose Gesicht meiner Göttin, mein weibliches Ich. Eine Flut von Liebe, Wohlbehagen und Wärme überkam mich, als ich mit ihr in Verbindung trat, und ich wußte, daß ihre Geburt die Vereinigung meines männlichen und weiblichen Ichs war. Es war eine schöne Vision.

Die Quintessenz von all dem ist, daß ich mich mehr im Mittelpunkt und stärker verwurzelt fühle. Es ist viel einfacher und eindeutiger zu entscheiden, was das beste für mich ist und wie ich mich selbst am besten lieben und ehren kann, dieses Ich, das wild, abscheulich, grob und heilig ist – dieses Ich, das mehr und mehr auftaucht. Ich habe das Gefühl, daß meine ET-Führer eine große Rolle in dem Ganzen gespielt haben und daß sie wollen, daß ich ‘völlig geheilt’ sei, das bedeutet: wohlauf und gut auf den Beinen, bereit zu gehen, wenn sich der Mist über alle Kontinente ausbreitet.

Eines der letzten Dinge, die ich am Montag morgen gemacht habe, war, einen Geschäftspartner anzurufen und ihn mit dem Gedanken vertraut zu machen, einen Großteil der Arbeit meines Geschäfts zu übernehmen. Es hat für mich einfach keine Bedeutung mehr – das ist nicht die Aufgabe, auf die ich wirklich vorbereitet bin.«

Während der folgenden Wochen erlebte Joe auch weiterhin mehrere ET-Erfahrungen und erinnerte sich an frühere Kontakte. Er hatte das Gefühl, um die Entwicklung einer angenehmeren Beziehung zu den Wesen, die er als seine geistigen Lehrer, als Gleichgestellte und Helfer betrachtete, zu ringen. »Wenn ich mich verletzlich fühle, umgeben sie mich unmittelbar. Ich spüre ihr aufrichtiges Mitleid und Verständnis.« Er verglich sie mit »einfühlsamen Psychotherapeuten«, die »uns anregen zu wachsen«, uns aber »nicht mit Glacéhandschuhen anfassen«. Sie schienen sogar mit ihm »Kontakt aufzunehmen«, wenn er in besonderen emotionalen Nöten war. Joe begann auch, sich mit anderen Entführten in unserer Selbsthilfegruppe zu treffen, um mehr Kontakte zu Leidensgenossen und mehr Unterstützung zu finden.

Mitte Februar arrangierte ich es, daß Joe vor einer Gruppe des Psychiatrie-Seminars im Cambridge Hospital von seinen Entführungserfahrungen sprechen konnte. Bei diesem »Schritt in die Öffentlichkeit« war es ihm möglich, diese unvorbereitete Gruppe von weitgehend skeptischen Psychiatern und anderen Profis aus dem Bereich der geistigen Gesundheit in entwaffnender und überzeugender Weise durch seine Geschichte zu führen, welche die Gruppe neugierig und für die Erweiterung ihrer eigenen Realität aufgeschlossener machte. Am Ende sprach Joe von dem »unglaublichen Ausmaß schrecklicher Furcht«, mit der er immer noch konfrontiert war, vor allem in Zusammenhang mit dem Kontrollverlust während der ET-Begegnungen. Er betonte wiederholt seine Überzeugung, daß der Zweck der außerirdisch-menschlichen Beziehung letztendlich doch »eine wohltätige Situation« sein werde.

Joe wollte noch eine vierte Hypnosesitzung anberaumen, um Erinnerungen an seine Kontakte mit ETs aufzudecken, die in seiner frühen Kindheit stattgefunden hatten, und auf diese Weise weiterhin Zeuge des »Zusammenfließens meiner selbst« zu sein, sein Verständnis für Mark zu vertiefen und seine Rolle als Vater zu stärken. Wir trafen uns am 1. März.

Vor der Rückführung stellte Joe fest, daß er nervös war, und bemerkte: »Jedesmal, wenn ich in einer Sitzung in mein Unbewußtes eintauche und dann wieder zurückkomme, ist es, als ob sich die Welt verändert hätte.« Es war schwierig, aber auch »erregend«, so sagte er, die Welt »als diesen unterrichteten, intellektuell verständlichen Ort« zu sehen. »Ich würde um nichts in der Welt meinen Platz im Bus tauschen. Aber es ist auch erschreckend.«

Joe erzählte von einem komplexen Traum, den er erst kürzlich gehabt und in dem Mark sich vor seinen Augen in ein sehr dünnes, weißes ET-Baby verwandelt hatte. Im Traum gab man ihm Mark zum Halten, er aber übergab ihn in einem unterirdischen Zimmer drei Frauen. Er sagte, er wolle in der Sitzung zurückgehen in die Zeit, »als ich in diesem Leben ein Säugling und als Neugeborenes noch mit meinem ET-Ich verbunden war, und zwar mehr noch, als ich es heute bin«.

Ich hatte meine Zweifel, ob Joe die Sitzung mit einer Erwartungshaltung bezüglich des Ziels, an das ihn die Rückführung bringen sollte, beginnen sollte. Trotzdem sah er sich in seinem ersten Bild als Neugeborenes, zwei Tage alt, allein in einem Krankenhausbett, und er fühlte sich verletzlich und unsicher. Weinend und jammernd brachte er Gefühle der »Leere« in seinem Bauch zum Ausdruck. »Mein Gott! Ich habe mich noch nie so allein gefühlt! Oh! Es ist alles so fremd und so kalt ... wie in der Isolation. Genauso, oh! Alles ist so weit weg. Alles. Es ist hart! Es ist hell. Es ist laut. Ich fühle mich überhaupt nicht geborgen.« Es gab da eine Schwester, die »hilft, aber es ist so, als ob sie mich eigentlich gar nicht sieht. Sie zieht mich um, sie wechselt meine Windel, sie füttert mich«, aber sie hatte keinen Bezug zu ihm. Ein vertrauter ET war da. Er hatte schwarze Augen mit »einem blauen Schimmer«. Die Schwester schien den Außerirdischen nicht zu bemerken, aber das Baby empfand Vertrauen und spürte »seine Liebe zu mir ... Er fühlt sich wie eine Hebamme an ... er beruhigt mich, berührt mich, spricht mit mir und sagt mir, daß alles in Ordnung ist.« Die Augen des Außerirdischen veränderten sich – »wie Wolken, die über den Himmel ziehen«. Joe sah Interesse, Kummer und Mitleid in seinem Gesicht. Die Schwester ging weg, und Joe sah eine außerirdische Frau neben sich. »Sie empfinden sich als meine Eltern«, sagte er.

»Sie geben mir wirklich Zuwendung. Sie geben mir wirkliche und richtige Liebe und helfen mir wirklich, mich wohlzufühlen.«

Die Außerirdischen versicherten Joe, sie seien in den ersten beiden Tagen bei ihm gewesen, aber »ich war es, der weggegangen ist. Ich war es, der sie nicht gesehen hat ... Ich wurde durch die Geburt so verstört, daß ich mich gegen alles abgeschottet habe. Ich habe sie ausgesperrt. Ich habe das Gefühl, daß sie mich halten, und als ich geboren wurde, war das wie ein Fluß, und man treibt in seiner Strömung. Und dieser Fluß hat mich weggeschwemmt. Und das jagte mir einen Schrecken ein.« Ich hatte den Eindruck, daß Joe über den Geburtsvorgang an sich sprach, und forderte ihn auf, über dieses Geborenwerden zu sprechen. Da begann er, sich zu winden, laut zu atmen, langsam zuerst, und zu husten und zu würgen. Er bäumte sich auf, krümmte sich wieder zusammen und verzog das Gesicht zu Grimassen. »Ich habe Angst«, sagte er. Ich fragte ihn, wo er sich befinde. »Ich bewege mich vorwärts.«

»Wo?«

»Im Geburtskanal. Es ist eng! Ich habe Angst! Ich will nicht weiter!«

Noch stärker stöhnend, erschaudernd und keuchende Laute ausstoßend, schnappte er bei jedem Atemzug nach Luft und sagte: »Ich komme hinaus! Mein Gott!« Ich forderte ihn dann auf, er solle versuchen, seine Angst in Worte zu kleiden. »Es ist, als ob ich das tun möchte«, sagte er, »und ich weiß, das bedeutet, allein zu sein, und ich möchte allein sein – beinahe deshalb, um von meiner Mutter wegzukommen. Und ich habe Angst. Und – mein Gott! Ich habe Angst, verlorenzugehen. Ah!« Ich versicherte ihm wieder, daß er jetzt in Sicherheit sei, und fragte ihn, ob er sich an die Entbindung erinnere, zum Beispiel daran, ob ein Arzt oder eine Hebamme dabei gewesen sei. »Es war ein Arzt«, sagte er. »Ich bekam solche Angst, daß ich mich irgendwie völlig abschottete! Ich zog mich in mich zurück. Ich zog mich von allem zurück. Gott! Ich verkroch mich ganz tief in mir selbst. Hier, an diesem Ort zu sein, ist fürchterlich. O Gott! Ich kann es nicht glauben!« Er schluchzte. »Ich bin zurückgekommen! Oh!«

Ich fragte ihn, ob er schon »früher hier gewesen sei«.

»Ja!« antwortete er. Ich fragte ihn darüber aus. »O Gott! Es ist so ein fürchterlicher Aufenthaltsort!« Ich forderte ihn auf, aus seiner früheren Zeit hier zu erzählen. Mit viel Gefühl und großer Überzeugung erzählte Joe, er sei ein Dichter namens Paul Desmonte gewesen und habe zur Zeit der Industriellen Revolution in einer Ortschaft in der Nähe von London gelebt. Nachdem er Schmähreden gegen politische und kirchliche Einrichtungen geführt hatte, wurde Desmonte ins Gefängnis gesteckt und gefoltert und starb auch im Gefängnis. Ich führte Joe durch die Details seiner Haftzeit, seiner Erfahrungen im Gefängnis und seiner Konfrontation mit den Behörden. Im Gefängnis ließ man ihn Hunger leiden, trat ihn mit Füßen und schlug ihn mit Stöcken und Riemen, was ihm gebrochene Finger und Rippen eintrug. Vielleicht wurden sie »es einfach müde, derart mit mir zu spielen, sobald ich nicht mehr antwortete und ihnen nicht mehr das Vergnügen machte, laut aufzuschreien«. Ich fragte ihn, wie er gestorben sei. »Manche würden sagen, an Hunger. Ich würde sagen, an Hoffnungslosigkeit.« Nach sechs bis acht Monaten im Gefängnis aß er auch das Wenige, das man ihm gab, nicht mehr, und die ganze Erfahrung trat in »eine Art Heilungsprozeß« ein. Ich forderte ihn auf, das zu erklären. »Ich mußte mich der Wahrheit meines eigenen Schriftwerks stellen. Ja, ich glaubte, was ich glaubte. Ich glaubte, daß der Mensch etwas Größeres sei, aber ich kam nie weiter als bis zu diesem Punkt. Ich bezog immer hier meine Position und kämpfte und kämpfte und kämpfte. Aber als ich allein war, mußte ich erforschen, was dieses Größere war.«

»Was haben Sie entdeckt?« fragte ich.

»Meine eigenen Ängste. Mein eigenes Urteilsvermögen. Meine eigenen Vorurteile, und ich begann, sie zu erfahren.« Dann kamen »diese ETs« zurück. Joe führte ihre Rückkehr auf sein Ringen zurück, sich einem größeren Empfinden seiner selbst zu öffnen, sowie auf dieses Fahrenlassen »meiner Erbitterung« und »meines Kampfes Auge in Auge mit den Behörden«. Er entdeckte, daß er nicht »nur ein Sterblicher war, der im physischen Gefängnis eines Körpers und im materiellen Gefängnis einer Zelle steckte, sondern daß ich mich in die Lüfte schwingen und über diese Mauern hinaus reisen konnte«. Als er »weich wurde«, wurde er »ihrer« – der Wesen – gewahr und fühlte sich nicht länger allein.

An diesem Punkt wurde Joe förmlich überwältigt von Gefühlen der Ehrfurcht und des Erstaunens. »Mein Gott! Sie glauben, ich bin nicht allein?« fragte er, sich wie an das Universum selbst wendend. Er schien als Paul Desmonte zu sprechen, als er sagte, daß er »in jeder Faser seines Wesens die Weite gefürchtet« habe. »Ich habe die Nacktheit gefürchtet. O Gott, die Weite von all dem. Ich kann mich nicht verbergen! Ich kann mich nicht vor mir selbst verstecken. Ich kann mich vor anderen nicht verstecken. Es ist mein Schamgefühl. Wegen meines Gefühls der Unwürdigkeit verberge ich mich, deshalb will ich mich verstecken, deshalb will ich nicht, daß andere mich sehen.«

Ich forderte Joe auf zu erzählen, was zwischen der Rückkehr der ETs und Pauls Tod geschah. Er sagte, er habe Angst, sie wieder zu verlieren und selbst in »diesem Übergang« zum Tod verlorenzugehen. Ich ermutigte ihn, bei dem Augenblick des Übergangs zu verweilen. »Ich habe Angst, das zu fühlen. O Gott!« sagte er. Ich versicherte ihm, daß wir bei ihm seien und ihm nichts geschehen könne. Joe überließ sich dann einem Zustand, den zu beschreiben sehr schwer ist. Es war dem Geburtsvorgang, den er zuvor durchlebt hatte, nicht unähnlich. Er jammerte und stöhnte, schrie laut zu Gott und wollte gehalten werden. Er hatte das Gefühl, »aus meinem Körper gedrückt zu werden ... Ich ziehe mich zusammen. Oh. Ich bin nicht völlig anwesend. Ich bin irgendwie verängstigt und fange an, mich auszudehnen. Ich will mich nicht ausdehnen.« Noch stärker jammernd und hustend, schrie er: »Ah! Oh! O Gott. Sie ziehen mich.« Ich ermunterte ihn, doch nachzugeben. Bald schien ihm leichter zu werden. Eine große Anzahl der außerirdischen Wesen war rund um ihn; sie kitzelten, berührten und rieben ihn. Lachend gestand er: »Es tut gut, hier zu sein.« Es schien »herrlich« zu sein. Joe hatte immer noch eine Art Körper, wie auf der Erde, aber einfacher, leichter, »dünner«.

»Es ist gut, wieder zurück zu sein«, wiederholte er immer wieder. »Das ist viel wirklicher.«

Ich bat Joe, mir – einem »erdgebundenen« Wesen – zu erklären, wie diese andere Sphäre sei. »Da ist ein goldener Faden, der alles Leben miteinander verknüpft«, erklärte er, »und ihr seid, wie alles Leben, auch damit verknüpft. Und er ernährt und erhält euch, zumindest genug, daß ihr eure Existenz erhalten könnt, und dabei spielt es keine Rolle, inwieweit ihr dies zugebt oder wie sehr ihr dies in Abrede stellt. Es ist eine Welt der Wahlmöglichkeit, und diese Welt, eure Welt, fängt gerade an, eine Wahl zu treffen, die diese Verbindung ehrt; nicht, daß ihr euch aus dieser Verbindung gelöst hättet, aber ihr habt euch sehr weit davon entfernt. Ihr habt euch nie davon gelöst, nicht ohne die Begründung, forschen zu wollen – zu erforschen, wie es ist, ohne diese Verbindung zu leben.« Ich fragte ihn, ob er wisse, warum wir uns so weit entfernt hätten. »Um die äußeren Grenzen zu erforschen«, und um in Erfahrung zu bringen, »wie weit« wir uns von unseren Ursprüngen entfernen könnten. »Viele haben genug« von diesem Weg und »fließen, arbeiten und kämpfen sich nun zurück zu ihrem Ursprung«.

Ich fragte Joe, warum er sich dafür entschieden habe, auf dem Umweg über seine irdische Mutter zurückzukehren. Er meinte, er sei, um sich den Ängsten der Unwürdigkeit zu stellen, zum »fürchterlichsten Ort« zurückgekehrt, an dem er sich nicht länger verbergen könne. Die ETs, von deren Liebe und Zuwendung er sich abgewendet hatte, hatten ihm versprochen, bei ihm zu sein. Mit Hilfe seiner spirituellen Führer wählte er ausgerechnet seine Mutter, weil sie »eine gewisse Härte und Begrenztheit« aufweise. Ihre Angst, ihr eingeengter Horizont, ihre nervöse Anspannung, ihr Verstecken und ihr Dünkel waren »ein Spiegelbild meiner selbst«, sagte er. Ich äußerte Joe gegenüber die Vermutung – es war eines der wenigen Male, daß ich einem Entführten eine Interpretation in den Mund legte –, daß das Gefühl der Einengung in Julies Leib und die Angst, allein zu sein, als er in den Stunden nach seiner Geburt mit niemandem Kontakt aufnehmen konnte, die Verbindung zu seinem Ursprung zerrissen und damit sein Leben belastet habe.

»Wir lernten uns gegenseitig kennen, der Fötus und ich«, erzählte er, »und ich wurde enger und dichter und immer dichter ... ich wollte geboren werden, wollte raus aus dieser Gebärmutter, wollte Abstand von dieser Frau gewinnen, aber in meiner Angst zog ich mich immer mehr und mehr auf mich selbst zurück und zog mich vor allem zurück. Ich schottete mich gegen alles ab.«

Als die Rückführung sich ihrem Ende näherte, sprach Joe des weiteren über die Verwirrung, die Isolation und die verzweifelte Hoffnungslosigkeit, die er in dieser »Horror-Welt« empfunden hatte. Am meisten fürchtet er, sich noch einmal selbst abzulösen und die Verbindung »zu seinem Ursprung zu verlieren« und auch »sie selbst zu verlieren«. Er breitete seine Arme aus, und tief durchatmend, fragte er: »Wenn Sie die Wahl hätten, würden Sie sich für das Einssein oder den Wahnsinn entscheiden? Die Wahl fällt eindeutig auf das Einssein.« Bevor er aus seinem Trancezustand aufwachte, sprach Joe von seinem Gefühl der Nacktheit und der Verletzlichkeit und von der Schwierigkeit, sein spirituelles Wesen zu integrieren, solange es noch in der Beschränktheit eines »physischen Körpers« wohne. Als er in das Zimmer »zurückkehrte«, empfand er einen Ansturm von Energie und »Leichtigkeit«. Er akzeptierte seine Verletzlichkeit. »Es ist schön«, sagte er, »das ist es, was ich in Mark sehe. Verstehen Sie? Er ist unglaublich! Er ist einfach da, verstehen Sie. Er hat nichts zu verbergen. So fühle ich mich in diesem Augenblick.« Er hatte auch das Gefühl, als ob er »im Alkoholrausch aufwachen« und feststellen würde, daß er »mit einem Schläger gelebt habe«. Er fühlte sich jetzt aber stark und verwurzelt genug, um »nicht zurückzugehen« – das heißt, sich nicht selbst von seinem Ursprung abzuschneiden.

In der Besprechung nach der Rückführung sprach Joe von den Außerirdischen wieder wie von »Hebammen«, die ihm halfen, mit seiner Göttlichkeit verbunden zu bleiben. Er hatte den Eindruck, als sei er ein Wesen in einem rasch dahinströmenden Fluß, dessen Strömung zu stark geworden war. Die Außerirdischen schienen auf einem Felsen am Ufer zu sitzen, »und ich halte auf sie zu«. Sie wollten, daß er »allem zum Trotz in Verbindung bleibe«, anstatt sich in seiner Furcht zu verlieren. Bis vor kurzem noch »war ein Teil von mir von ihnen abgeschottet«. Jetzt ist er ihrer »gewahr geworden« und »hat mit ihnen Verbindung aufgenommen«. Er findet das ihm vertraute Wesen »schön« und sieht »Emotionen sich in seinem Gesicht widerspiegeln«, wie »Wolken, die schnell vorüberziehen«. Er dachte wieder über die Selbstgerechtigkeit von Paul Desmonte nach, und wie dieser, als er geschlagen worden und ihm nichts mehr verblieben war, die Wahrheit seines Antagonismus ins Auge faßte und weich wurde. An diesem Punkt kamen die außerirdischen Wesen, die ihm dann sogar vertraut waren, zurück, und »ich konnte sie sehen«. Obwohl er gemartert worden war, bevor sein Potential realisiert werden konnte, hatte Paul Desmonte doch Erfolg in seinem Bemühen, »einen Ort ein bißchen zum Reden« zu bringen.

Besprechung

Joes Fall umfaßt viele vertraute Aspekte des Entführungsphänomens, bringt uns aber auch an den Rand unseres Wissens und Verstehens. Eine unserer fundamentalen Unterscheidungen oder Kategorien – die Trennung des Bewußtseins von der physischen Welt – wird durch seine Erfahrungen in Frage gestellt. Wir würden gern wissen, ob UFOs und deren Besatzungen aus unserer physischen Welt hervorgegangen sind beziehungsweise zu ihr gehören oder nicht. Wie praktisch alle Entführten empfindet Joe seine Erfahrungen als von außen kommend, als Ereignisse in einer externen Welt. Aber einige dieser Erfahrungen stellen diese Vorstellung in Frage. So scheinen zum Beispiel das UFO und dessen Besatzung, die er gesehen und die bei ihm Panik ausgelöst hatten, als er als Teenager mit LSD experimentiert hatte, schlichtweg ein Produkt des Bewußtseins gewesen zu sein.

Gleichzeitig aber sind die auf Entführungen zurückzuführenden Erfahrungen von Joe so real – mehr als real, wie er einmal sagte – wie jene, die sich rein auf der physischen Ebene der Realität abspielen, und es gibt keine Hinweise auf eine psychiatrische Störung bei ihm. Es deutet auch nichts darauf hin, daß diese Erfahrungen irgendwie psychopathologisch bedingt wären. Wie in wirklich allen Fällen von Entführungen bleibt uns damit auch hier nur die Wahl, nach Möglichkeiten zu suchen – und zwar vergeblich zu suchen, wie ich glaube –, diese Phänomene innerhalb unserer bestehenden Weltsicht zu erklären; oder aber wir werfen statt dessen unsere starre Trennung von Bewußtsein und Realität, von innerer und äußerer Realität, über den Haufen und entwickeln für uns selbst mehr Aufgeschlossenheit gegenüber erweiterten geistigen Möglichkeiten.

Die Erforschung von Joes Fall erfolgte in Zusammenhang mit der Schwangerschaft seiner Frau, der Geburt seines Sohnes Mark und seiner damit sich ergebenden Rolle als Vater. Themen wie Geburt, Tod und Wiedergeburt tauchen in seinen Unterlagen immer wieder auf. Die Empfindung seiner eigenen Verletzlichkeit ist durch die Hilflosigkeit und die Bedürfnisses seines neugeborenen Sohnes wieder aufgerührt worden. Zusätzlich aber hat das Eintreten des Babys in Joes Leben dessen Bewußtsein für die Erinnerung an seine lebenslange Beziehung zu den ETs geöffnet, die ihm ein Quell der Liebe und Zuwendung wie auch gleichzeitig ein Trauma waren. Mark hat, wie auch Joe selbst, eine duale, sowohl menschliche als auch außerirdische Existenz, ist aber seiner außerirdischen Verbindung oder seinem außerirdischen Ursprung näher als Joe. Auf dem

Umweg über Mark entdeckte Joe seine eigene menschlich-außerirdische Doppelidentität.

Im Zentrum von Marks ET-Identität steht die Trennung seines Körpers von seinem eigentlichen Ich oder seiner Seele. Während der dritten Rückführung war Joe Zeuge, als die Außerirdischen Mark ausgiebig fütterten, massierten und ihm andere Zuwendungen angedeihen ließen, die alle den Zweck verfolgten, Marks Verbindung mit seinem göttlichen Ursprung aufrechtzuerhalten und zu verhindern, daß seine Vorstellung von sich selbst sich mit seinem Körper oder seinem menschlichen Ego vermischt oder sich nur auf diese beschränkt. Es schien Joe, daß die ETs die treibende Kraft für Marks seelische Entwicklung seien und daß sie ihn als integriertes menschlich-außerirdisches Wesen im Grunde neu formten. Die Verantwortung, die Joe als Vater trägt, besteht darin, dafür zu sorgen, daß Mark mit seinem höheren Ich in Verbindung bleibt. Die Gefahr für Mark in dieser Welt – die Joe mit einer Nervenheilanstalt vergleicht – ist die, daß er den Restriktionen des Bewußtseins unterliegt, die ihre Ursachen im Konkurrenzkampf haben, im darin begründeten finanziellen Druck und vor allem in den Forderungen der Höflichkeit, die das Kennzeichen der Geschäftswelt sind. Die Außerirdischen scheinen beiden, Mark und Joe, als »Hebammen«, wie er es nennt, zu Diensten gewesen zu seien, um sie aus dem Narrenturm unserer Kultur zu befreien und sie in einen anderen Bewußtseinszustand zu versetzen, der mit der Erhaltung und dem Überleben des Planeten besser vereinbar ist.

Die Außerirdischen wirken auch als treibende Kraft bei Joes eigener Integration und Harmonisierung seines Seelenzustandes. In der zweiten Rückführung hatte er entdeckt, daß er über beides verfügt, über eine menschliche und eine außerirdische Identität – was im übrigen viele Entführte über sich selbst herausfinden –, und daß er eine Art Doppelagent ist und damit wie eine Brücke wirkt, eine Brücke zwischen der Erde und den Sphären, aus denen die außerirdischen Wesen kommen. Während dieser Rückführung entdeckte Joe auch, daß die Raumschiffe und der außerirdische Bereich sein Heim waren, wo er sich am wohlsten fühlte – derart wohl sogar, daß er versucht war, nicht mehr zur Erde zurückzukehren. Aber seine menschliche Aufgabe war es, die außerirdisch-menschlichen Dimensionen oder Teile seiner selbst miteinander zu vereinbaren und ein Wesen zu werden, das Verbindungen noch über sein materielles oder erdgebundenes Ich hinaus hat.

In der dritten Rückführung verspürte Joe sehr intensiv, daß sein außerirdischer und sein menschlicher Teil zusammenfanden, was er als eine tiefgehende, ekstatische Expansion, eine Art Übergangsritus, empfand, der sowohl erschreckende wie auch freudige Folgeerscheinungen in sich barg, die in den folgenden Wochen den ganzen Vorgang noch ausweiteten und vertieften. Joes Erfahrungen, insbesondere diejenigen, die in Bezug zu Marks Geburt stehen, demonstrieren auf dramatische Weise die Trennung oder den mangelnden Zusammenhang zwischen seinem Wesen oder seiner Seele und seinem Körper. Die Leichtigkeit der Erfahrung seiner Seele im »Geist« oder der »anderen« Sphäre – unsere Sprache mit ihren Ausdrucksmöglichkeiten ist hier nicht ausreichend und läßt uns im Stich – bildet einen starken Kontrast zu der Dichte des physischen Körpers, wie er in der irdischen Sphäre erlebt wird.

Die Außerirdischen werden von Joe und vielen anderen Entführten als wesentlich stärker mit dem göttlichen Ursprung – oder der anima mundi – verbunden empfunden als die Menschen, die darum ringen, ihre extreme Isolation zu überwinden. Deshalb bringt die Vereinigung dieser Dimensionen seines Ichs praktisch per definitionem Joes eigene, engere Verbindung mit der Göttlichkeit zustande, ein Gefühl des Einsseins mit allen Wesen – im wesentlichen die Integration und Harmonisierung seiner Seele. Eigenartigerweise scheinen sich die außerirdischen Wesen eine engere Verbindung mit den Menschen zu wünschen, als ob die größere Dichte unserer Verkörperung oder Physis für sie etwas Anziehendes hätte. Für Joe – wie für viele Entführte – ist die tiefe Verbindung, die durch den Blick in beziehungsweise aus den großen, dunklen Augen der Außerirdischen erwächst, ein zentraler Teil des Prozesses der außerirdisch-menschlichen Verbindung und Evolution.

Joe hatte, wie eigentlich alle männlichen Entführten, traumatische Entführungserfahrungen, die auch erzwungene Manipulationen an seinen Genitalien umfaßten sowie die Abnahme von Spermaproben als Teil eines menschlich-außerirdischen »Kreuzungsprojektes«. Aber Joe erlebte sich auch selbst in seiner außerirdischen Identität als Teilnehmer und Akteur in diesem genetischen oder fortpflanzungstechnischen Experiment und gewährte uns so, was sehr selten ist, einen Blick – wenngleich vermischt mit seiner menschlichen Wahrnehmung – auf die außerirdische Seite des Rassenkreuzungsprozesses. Er fühlte sich in gewisser Weise schuldig – vielleicht mischte sich hier auch menschliches Empfinden und Fühlen ein –, weil er mit einer menschlichen Frau einen gewissermaßen erzwungenen Sexualverkehr vollzogen hatte, in dessen Verlauf er seinen Samen in sie ergoß, als sie, durch das Werk anderer Außerirdischer bewegungsunfähig gemacht, hilflos unter ihm lag. Während des Sexualaktes empfand er Liebe für diese Frau, aber es ist durchaus verständlich, daß sie das Ganze hauptsächlich als Vergewaltigung empfunden haben dürfte.

Auf dem Umweg über seine eigene Erfahrung schien Joe Zugang zu Informationen über Aussehen und Natur der Genitalien Außerirdischer zu haben und über die Vorgehensweise, durch die sie ihren Samen oder eine andere Art von Fortpflanzungssubstanz in den menschlichen Körper bringen. Wie viele andere Entführte war Joe von den Außerirdischen ebenfalls darüber unterrichtet worden, daß dieser Rassenkreuzungsprozeß dem Zweck der Schaffung einer neuen Spezies diene, die eine Wiederauffrischung und Revitalisierung des Lebens zum Ziel habe – einen Fortschritt in der Evolution.

»Vital« scheint in diesem Zusammenhang allerdings ein unzutreffender Ausdruck zu sein, wenn man an die teilnahmslosen Mischlingskinder denkt, die so viele Entführte an Bord der Raumschiffe gesehen haben. Die gängige Richtung menschlicher Aktivität auf der Erde führt – Joe weiß das – zur Ausrottung unserer eigenen und unzähliger anderer Spezies. Der Kreuzungsprozeß, so erfuhr er, war eine Möglichkeit, menschliche Erbsubstanz zu erhalten, wenngleich in etwas anderer Form. Natürlich können wir auch nicht wissen, in welcher Realität all dies sich wirklich abspielt.

Zuletzt, in der vierten Rückführung, öffnete sich Joe einer tiefgehenden Erfahrung seines früheren Lebens. Diese Erinnerungen waren die Folge einer Wahl, die ich getroffen hatte, indem ich den Satz »Ich bin zurückgekommen!« aufgriff, als Joe sich selbst als zwei Tage altes, neugeborenes Kind sah. Dies erforderte ein Mindestmaß an Aufgeschlossenheit meinerseits gegenüber der Möglichkeit einer Erfahrung früheren Lebens und einer »Rückkehr« zur Erde aus einer anderen Welt. Andererseits hätte ich diesen Satz ignorieren und ihn beispielsweise auffordern können, mehr über seine Erfahrungen, die er im Alter von zwei Tagen gemacht hatte, zu berichten oder auch von den nachfolgenden Ereignissen. Die

Erfahrung früheren Lebens schien nicht willkürlich zu sein. Vielmehr reflektierte Joe als Paul Desmonte durch deren Wiedergabe seine Werte und seine Wahrheit – allerdings von einem Standpunkt aus, der von Arroganz und einem eng begrenzten und polarisierten Bewußtsein geprägt war, Feindschaft heraufbeschwor und schließlich im Märtyrertum endete. Er vertritt auch jetzt noch dieselben Werte und die Überzeugung, daß größere menschliche Möglichkeiten vorhanden seien, aber sein Bewußtsein hat sich so sehr weiterentwickelt, daß er seine Wahrheit in einer Weise vermitteln kann, die auch den mit einbezieht, den er überzeugen möchte. Die Erfahrung früheren Lebens schien nicht im Hinblick auf eine bestimmte andere Existenz von Bedeutung gewesen zu sein, sondern als Reflexion einer Stufe in der Entwicklung von Joes Bewußtsein über einen Zeitraum, der weiter gesteckt ist, als die biographische Existenz eines einzelnen Menschen währt.

Bemerkenswert war diese Sitzung auch aufgrund der ähnlichen Intensität, mit der Joe die Erfahrung seiner Geburt in diesem Leben und den Tod von Paul Desmonte erlebte. In beiden Ebenen traten heftige Emotionen zutage – Angst und letztlich Erleichterung –, als der Übergang von einem Zustand in den anderen erfolgte. Mir drängte sich der Eindruck auf, daß das Leben ein Zyklus von Geburt und Tod ist und daß es Übergänge von einem Zustand in einen anderen gibt, die sich über lange Zeiträume entwickeln und die, von höherer Warte aus gesehen, schwer voneinander zu unterscheiden sind. Die außerirdischen Wesen – »ETs«, wie Joe sie nennt – scheinen die ganze Zeit über bei ihm oder zumindest für ihn erreichbar gewesen zu sein. Sie traten als Beschützer und Leiter seiner spirituellen Entwicklung auf, wobei sie sich meistens dann zeigten, wenn sein Bewußtsein sich öffnete und ausweitete – so wie vor Pauls Tod –, und wieder verschwanden, wenn seine Psyche sich auf sich selbst zurückzog, so wie nach seiner Geburt durch Julie.

Diese Beobachtung mag von Bedeutung sein für die Zunahme unseres Wissens um die psychologischen Bedingungen, unter denen menschliche Wesen fähig oder auch unfähig sind, die Präsenz der Außerirdischen in ihrem Leben wahrzunehmen. Sollten die außerirdischen Wesen wirklich dem göttlichen Ursprung oder der anima mundi näher sein, als die Menschen dies im allgemeinen zu sein scheinen, dann ist es möglich, daß ihre Anwesenheit unter uns – wie grausam und traumatisch sie bisweilen auch sein mag –

Teil eines größeren Prozesses ist, der uns zurückbringt zu Gott – oder wie auch immer wir das Schöpfungsprinzip nennen wollen. Joe beschrieb es als »eine Reise, die sehr weit weggeführt hat«, eine »Reise, von der viele jetzt genug haben«, und nun »fließen, arbeiten und kämpfen sie sich auf dem Weg zu ihrem Ursprung zurück«.

Joes eigene Reise hat sich in bedeutenden Veränderungen in seinem Leben manifestiert. Er wurde fähig, viele seiner täglichen geschäftlichen Pflichten einem Assistenten zu überantworten, wodurch er Freiraum gewann, um seiner spirituellen und therapeutischen Berufung zu folgen. Er war bereit, sich zu outen und als aufstrebender Leiter im Lehrbereich »Bewußtseinsentwicklung« in die Öffentlichkeit zu treten. Er war auch bereit, sich zu seinen ET-Erfahrungen und zu seiner ET-Identität zu bekennen und dieses Wissen ganz offen mit anderen zu teilen. Joe und ich sind mehrfach gemeinsam aufgetreten. Ich bin beeindruckt von der sachlichen und alles andere als bedrohlichen Art, mit der er sein Publikum durch seine eigenen Zweifel und sein aufkeimendes Bewußtsein führen kann, das er – in der Tat – für Einsichten und Erfahrungen geöffnet hat, die ihn grundlegend verändern – und vielleicht Millionen andere Amerikaner mit ihm.

Sara: Verschmelzung der Spezies und menschliche Entwicklung

Die Hochschulabsolventin Sara war achtundzwanzig Jahre alt, als sie mir schrieb und mich um eine Hypnosesitzung bat. Sie stand kurz vor einer Reise und schrieb, sie wünsche dringend, noch vor ihrer Abreise hypnotisiert zu werden, »um einige Gefühle und Informationen loszuwerden, die unter der Oberfläche schlummern, und um ein Gefühl der Ängstlichkeit und Verwirrung zu vermindern, das sich in letzter Zeit verstärkt hat«. Viele Details aus Saras Akte habe ich ausgelassen, um ihre Anonymität zu wahren.

In dem Brief schrieb sie, daß sie vor einigen Jahren, während einer Massagebehandlung wegen Schmerzen an der Schädelbasis, »erlebte, wie kleine Lebewesen mit mir telepathisch kommunizierten«. Sie bemerkte auch, daß sie spontan Zeichnungen mit einem Stift in jeder Hand machte – »Ich hatte niemals zuvor mit der linken Hand gezeichnet« –, und zwar von außerirdischen Lebewesen, wobei sie sich besonders auf die Augen konzentrierte. Ihre Zeichnungen zeigten auch Passagen und »eine Art kaum wahrnehmbares Körperfeld« wie »der zarte Körper eines Wesens«.

Sara gehört zu einer wachsenden Gruppe von Entführten, die ein bestimmtes spirituelles Interesse an ihren Erfahrungen zeigen. Ihre Suche nach der Bedeutung und der Kampf, die Grenzen ihrer Wahrnehmung zu erweitern, ermöglichten ihr weitreichende Einsichten. In ihrem Brief schrieb sie auch, daß sie kürzlich begonnen habe, »Informationen zu empfangen, die andere Wesen mit Themen der Erhaltung unseres Planeten und ökologischen Übergängen in Zusammenhang brachten, besonders mit polaren und geomagnetischen Wechselwirkungen«. Ihr Wunsch, »etwas Konstruktives für unsere Welt zu tun«, ist lebensnotwendig für Sara, obwohl sie noch nicht weiß, in welcher Form dies geschehen wird.

Sara wuchs in der Umgebung einer Industriestadt auf. Sie nennt ihre protestantische Erziehung »konventionell« und beschreibt sich selbst als Person, die versucht, die Wirklichkeit so klar wie möglich wahrzunehmen. Sara hat niemals Drogen genommen, und sie trinkt nicht. Sie bringt dies mit ihren Begegnungen in Zusammenhang und glaubt, daß ihre Erlebnisse viel bewußter und klarer geworden sind, seit sie auf Koffein, Schokolade und fast völlig auch auf Zucker verzichtet.

Saras Vater ist tot. Er war intelligent, aber Sara glaubt, daß er Legastheniker war, und sie vermutet, daß dies seine Leistungsfähigkeit bei den für den beruflichen Erfolg notwendigen Schreibarbeiten beeinträchtigte. Er war ein frustrierter Mann, der seine Frau physisch und verbal mißhandelte. Auch Sara beschimpfte er. Oft beobachtete sie, wie ihre Eltern sich stritten, und gelegentlich sah sie, wie ihr Vater ihre Mutter schlug. Verängstigt durch den Wutanfall ihres Vaters, ging Sara in ein anderes Zimmer, um nicht geschlagen zu werden. Sie erinnert sich, daß ihr Vater nett zu ihr war, als sie noch klein war, aber als sie sich in der Schule hervortat, zog er sich zurück. Im Gegensatz dazu ist Saras Mutter beruflich ziemlich erfolgreich.

Besonders nahe stand Sara ihrem Großvater mütterlicherseits; er starb, als sie ein Teenager war. Er war »sehr gütig«, und »wir saßen stundenlang da, saßen da, und ich las ihm etwas vor ... Er war auf meiner Seite, ein wirklich gutes Vorbild.« Auch noch zehn Jahre nachdem ihr Großvater gestorben war, hatte Sara oft das Gefühl, daß er mit ihr im Zimmer war, besonders wenn sie an ihrem Schreibtisch arbeitete. Sie erinnert sich an ein »komisches« Zimmer im Haus ihres Großvaters. Als Kind ging sie oft in dieses Zimmer, schloß die Tür und saß lange dort. In einem »nicht ganz wachen« Zustand erlebte Sara eine Art »schemenhafte Energie« in diesem Zimmer, erinnert sich aber nicht an weitere Dinge.

Sara war ein intellektuell frühreifes Kind und begann sehr früh, allein zu lesen. Besonders geheimnisvolle Geschichten und Bücher über Gespenster und Poltergeister zogen sie an. Die Familie ging beinahe jeden Sonntag zur Kirche. »Mir gefiel die Idee der Erbsünde nicht. Sie ergab für mich keinen Sinn ... Den Heiligen Geist mochte ich sehr.« Sie beschrieb den Heiligen Geist als »das verbindende Gewebe, das die ganze Wirklichkeit zusammenhält«. Im Alter von elf oder zwölf Jahren dachte Sara über theologische Fragen nach, beispielsweise über die Aufhebung des Gegensatzes zwischen Gut und Böse, und sie las Bücher über andere Religionen.

Als Studentin nahm sie an Untersuchungen über außersinnliche Wahrnehmung teil. Sie hat ein anhaltendes Interesse daran, naturwissenschaftliche Entdeckungen und Forschungen auf dem Gebiet der Spiritualität und des menschlichen Bewußtseins zu verbinden. Einmal spürte sie dabei elektrische Empfindungen in ihrem Körper. Bei einer anderen Gelegenheit »spürte ich, daß ich meinen Körper verließ, und ich konnte nicht zurückkehren. Ich war etwa zwei Tage lang 'weg'.« Diese Erfahrung erschreckte sie sehr.

Nach ihrem Collegeabschluß heiratete sie Thomas. Sie wurde immer unzufriedener, da ihr Zusammenleben sehr konventionell war. Er »ließ nichts gelten, was ich ihm von meinen Gefühlen erzählte«, sagte Sara. Sie und Thomas blieben mehrere Jahre verheiratet, da sie einander sehr liebten. Außerdem hatte Sara das Verlangen »nach einer Art geordneter, bequemer« Existenz.

Ungefähr ein Jahr nach ihrer Hochzeit wurde Sara sehr krank. Obwohl es keine handfesten Beweise dafür gibt, verbindet sie diese Krankheit und ihre später auftretenden intensiven Nacken- und Kopfschmerzen mit der Gegenwart der außerirdischen Wesen in ihrem Leben. »Sie schlugen mich nieder«, sagte sie. Während sie eines Tages mit Thomas spazierenging, gaben ihre Beine plötzlich nach, und sie brach zusammen. Gleichzeitig bekam sie Fieber. Ihr Zustand war sehr ernst, und sie war gezwungen, sich arbeitsunfähig schreiben zu lassen. Sie brauchte lange, um sich wieder zu erholen, und während dieser Zeit wuchs die Entfremdung zwischen ihr und Thomas. Schließlich ließen sie sich scheiden. Das Paar hatte keine Kinder, und ihres Wissens war sie niemals schwanger gewesen. In Bezug auf ihre Krankheit behauptet Sara: »Es war zu meinem Bestem.« Für sie war es ein Zwischenfall, der sie auf ihren jetzigen spirituellen Pfad brachte.

Etwa fünf Monate, bevor mir Sara schrieb, lernte sie einen jungen Mann namens Miguel kennen.« Als Sara und Miguel bei ihrem zweitem Treffen essen gingen, kam er sofort auf UFOs zu sprechen und erzählte ihr, daß er ein Raumschiff gesehen habe. Diese Art Synchronizität oder Zufall kommt sehr häufig bei Entführten vor. Sara nannte Miguel ihren »außerirdischen Freund«. Miguel berichtete, daß er in seinen Träumen Außerirdische sah, und Sara fühlte, daß er sogar so etwas wie ein »Beauftragter« einer außerirdischen Rasse sein mochte. Er handelte manchmal so teilnahmslos, daß sein Verhalten sie an die hybriden Kinder erinnerte, die von Entführten an Bord der Raumschiffe gesehen werden. Er war als Baby in einem Brutkasten gewesen und zeigte Sara zufolge oft »eine starke Bedürftigkeit«. Gleichzeitig schätzte Sara die Gelegenheit, ihre Begegnungen mit ihm diskutieren zu können.

Saras Entführungsgeschichte vermischt sich mit Erinnerungen an unterschiedliche Arten paranormaler Erfahrungen. Sie hat eine sehr frühe Erinnnerung – »sechs Wochen alt oder weniger« – daran, »hochgenommen und angeschaut zu werden«. Sie glaubt, daß »jemand fotografierte ... Es war wie der erste Moment des eigenen Bewußtseins«, sagte sie. »Ich kann meine Augen schließen und mich daran erinnern.« Begegnungen mit Geistern »kamen in meiner Jugend ständig vor«. Diese begannen schon, als sie vier Jahre alt war, wie sich Sara erinnert. »Ich wurde eine hervorragende Erzählerin von Gespenstergeschichten.« Manchmal baute sie ihre Geschichten aus, indem sie Porträts ausschmückte, und sie erzählte »Geschichten aus früheren Leben«, die auf phantasievollen Nacherzählungen ihres Lebens beruhten. Sie konzentrierte sich auf die Augen der Porträts und war »hypnotisiert«. Das Porträt »vibrierte vor Leben« und füllte einen »dreidimensionalen Rahmen«.

Zusätzlich zu den Gespenstergeschichten spielte Sara in ihrer Kindheit mit ihren Freunden »Séance-Spiele«. Einmal – bei einer Schlummerparty – bat sie ihre beste Freundin Annie, die zugleich die kleinste war, sich auf den Boden zu legen, und sagte: »'Wir werden jetzt versuchen, dich schweben zu lassen.' Ich weiß auch nicht, woher ich über Levitation Bescheid wußte. Wir stellten uns alle im Kreis auf, ich glaube, ich stand an ihrem Kopf, und dann sagte ich etwas, und auf einmal klappte es, und das Mädchen schwebte.« Alle anwesenden Kinder hatten »das Gefühl, das etwas Seltsames passiert war«, und hinterher sprach keiner von ihnen über den Zwischenfall. »Ich erinnere mich sehr lebhaft an diese Nacht«, sagte Sara. »O Gott! In dieser Nacht war das ganze Zimmer sehr seltsam ... Es war eine Menge Elektrizität in diesem Zimmer. Ich glaube, hinterher war es den Kindern nicht einmal mehr bewußt.« Ich fragte sie, ob die anderen jemandem davon erzählt hätten. »Ich glaube nicht, daß sie auch nur daran gedacht haben.« Sara erschien es, als ob »ihnen suggeriert worden sei, nichts davon zu erzählen«. Vor ein paar Jahren fragte Sara das Mädchen, das sie zum Schweben gebracht hatte: »Haben wir dich schweben lassen?« Das Mädchen bejahte dies, und alle Anwesenden seien damals von dem Erlebnis verstört gewesen.

Später, während der Rückführung, verband Sara dieses Wissen und diese Fähigkeit mit der Erfahrung, in Raumschiffe hinein, drinnen herum und auch draußen zu schweben. »Ich fühle mich, als schwebe ich um das Raumschiff herum«, sagte sie, »als ob mir jemand eine Vorführung im Schweben gibt. Als ob er mir zeigen will: 'Oh, du kannst ja schweben!' Und so lassen sie mich schweben, sie lassen mich im Grunde genommen spielen. Sie lassen mich um das ganze Raumschiff herumschweben und hoch und runter.«

Obwohl das Erzählen von Gespenstergeschichten aufgehört hatte, als Sara ungefähr neun Jahre alt gewesen war, fühlte sie manchmal immer noch die Anwesenheit eines Wesens im Haus. »Als ich dreizehn war, spürte ich immer alles mögliche im Haus«, erinnerte sie sich, »wie Dinge, die die Treppe heraufkamen ... Ich sah nicht allzu genau hin. Ich versteckte mich ziemlich schnell unter dem Bettlaken. Aber ich sagte immer, richtig heftig, aber nur im Geiste – ich habe es nie laut ausgesprochen: 'Ich bin noch nicht bereit! Entschuldigt, aber ich bin erst dreizehn, wartet noch!' Das passierte oft. Oft, oft, oft.«

Während unseres ersten Treffens sprach Sara über die starken Schmerzen in Kopf und Nacken, die sie in ihrem ersten Brief an mich erwähnt hatte. Ergänzend zu dem, was sie in ihrem Brief geschrieben hatte, erzählte sie, daß sie während der ärztlichen Behandlung vor ein paar Jahren »begann, eine Menge Gestalten in ihrem Kopf zu sehen, und sie schienen mit mir zu sprechen«. Sie schloß ihre Augen und »sah diese kleinen Burschen da oben in einer Ecke von meinem Kopf, und sie waren hell, richtig gelb und hell, so rund ... Nachdem ich begonnen hatte, diese Burschen zu sehen, verschwanden die Schmerzen.« Die Gestalten »sahen gelb und rund und ziemlich gutmütig aus ... Das vorherrschende Gefühl, das ich habe, ist Ruhe. Sie sind so ruhig.« Sie hatten »sehr helle« Körper mit großen Köpfen. Sie erinnerte sich an keine auffälligen Gesichtszüge der Lebewesen, nicht einmal an die Augen. »Ich komme mir vor, als wäre ich daheim«, sagte sie, »es ist wie das ideale Gefühl einer, äh ... wie eine Familie, die einem Nestwärme gibt.« Nach ihrer ersten Verbindung mit diesen Lebewesen, die sie »Lichtwesen« nannte, begann Sara ihre Hand auf eine Stelle ihres Hinterkopfes zu legen, wenn die Schmerzen unerträglich stark wurden, und »stimmte sich« auf die »Lichtwesen ein«. Sie nannte es »Zuhören« und fand, daß es ihr half, die Schmerzen zu verringern.

Sara erwähnte noch zwei Erlebnisse, die sich etwa sechs Monate, bevor ich sie traf, ereignet hatten. Während des einen schien »etwas« sie von der Schlafzimmertür aus anzuschauen, während sie auf dem Bett lag – eine Erscheinung, die von dem Mann, mit dem sie zu diesem Zeitpunkt zusammenlebte, bestätigt worden war. »Alles, was ich beschreiben kann, ist wie ein Umriß. Es war dünn. Es war dünn. Das ist alles, woran ich mich erinnern kann.« Das andere Mal spürte sie etwas in ihrem Schlafzimmer neben ihrem Bett. Diese Erscheinung wurde ebenfalls von ihrem damaligen Mann bestätigt. Obwohl es zu diesem Zeitpunkt emotional schwierig gewesen war, hatte sie sich aufgesetzt und versucht, dem Wesen mit Liebe und Mitgefühl zu begegnen. Danach schien sich die Erscheinung aufzulösen.

Ungefähr eine Woche, bevor Sara sich mit mir traf, hatte sie einen Autounfall, dessen Auswirkungen die starken Kopf- und Nackenschmerzen »spiegelten«, die fünf Jahre zuvor begonnen hatten. Wegen dieses Autounfalls mußte sie ihre Reise um ein paar Tage verschieben. Miguel hatte am Steuer gesessen, und ihm war schwindlig geworden. Er begann unter Sehstörungen »das Bewußtsein zu verlieren«, und beiden kam es vor, als ob eine »magnetische« Kraft das Fahrzeug ziehe. Das Auto kam von der Straße ab, fuhr über die Böschung und »überschlug sich«. Sara erlitt eine Gebärmutterquetschung und Sehnenzerrungen und wurde mit dem Krankenwagen in eine Klinik gebracht.

Wenn Sara nach diesem Unfall ihre Augen schloß, konnte sie neben den »Lichtwesen« eine zweite Art Wesen erkennen. Wenn »ich meine Augen schließe, sehe ich sie ... Ich sehe diese Burschen ... eine ganze Reihe, drei oder vier kleine schwarze Burschen. Sie schnattern.« Später sagte sie: »Es scheint, als ob diese Burschen in meinem Kopf sind.« Im Gegensatz zu den »Lichtwesen« beschreibt sie die »anderen« als »sehr unruhig«. Kurz nach dem Unfall spürte sie den Zwang, täglich »zuzuhören« und die erhaltenen Informationen aufzuschreiben. Sie hatte das Gefühl, daß dies weitere Unfälle unnötig machen würde.

Ein paar Tage nach diesem Unfall hatten Sara und Miguel ein Erlebnis, bei dem ein unerklärliches grüngelbes Licht ihr Zimmer durchflutete. Miguel ist normalerweise furchtlos, aber sie erschraken beide, und er schien während des Vorfalls eine Zeitlang sogar das Bewußtsein verloren zu haben. Sara kam es vor, als ob sie »körperlich festgehalten« würde, und konnte sich nicht bewegen. Sie sah »drei Dinge über mir schweben«, wie »drei verhüllte Köpfe«, und dachte »so etwas wie: 'Hör zu, wir kommunizieren. Dies ist wirklich.' Etwas in der Art wie: 'Reiß dich zusammen, und fang an, es aufzuschreiben!'« Dann »löste sich das Ganze auf«.

Sara sah darüber hinaus ungewöhnliche Flugobjekte am Himmel. Bei einer Gelegenheit war sie mit einer Freundin unterwegs, und beide sahen »ein seltsames Ding über uns schweben«. Sara schaute nach oben, »und für den Bruchteil einer Sekunde kam es mir vor, als ob ... Ich fühlte mich, als ob ich dort wäre, und ich war dort. Es kam mir vor, als ob ich in dem Raumschiff wäre und auf mich herabschaute. Es kam mir vor, als ob ich an zwei Stellen gleichzeitig wäre, und dann dachte ich: 'Oh, toll! Das ist eine ganz neue Möglichkeit. Du kommst zurück und siehst dich selbst.'« Bei einer anderen Gelegenheit erblickte sie etwas, das wie ein Stern aussah. »Aber es war nicht die Zeit für Sterne. Es war Nachmittag. Richtig hell. Zu niedrig, aber in einer bestimmten Entfernung.« Nach einer Weile »hatte ich genug davon. Ich dachte, wenn jetzt nichts weiter passiert, dann fahre ich heim. Deshalb stieg ich in mein Auto und wollte losfahren, da kam es auf mich zu, und zwar ziemlich schnell, und flog über mich hinweg ... Es sah wie ein fliegender Stern aus. Es war so hell.« Damals dachte sie noch: »Mein Gott, das muß ich Miguel erzählen!«. Aber sie tat es nicht, und »es war, als ob ich es vergessen hätte«.

Saras Wunsch, hypnotisiert zu werden, erwuchs aus ihrem Bedürfnis »zu wissen, was wahr ist ... Ich möchte keine Geschichte hören, die ich oder jemand anders erfunden hat«, erzählte sie. »Ich möchte es wirklich wissen! Ich möchte es wirklich wissen! Es ist das einzige, was wichtig ist«, obwohl »es vielleicht wirklich kompliziert und verwickelt ist«. Sie wünschte »zu verstehen«, wer »diese kleine Burschen waren«. Sara möchte zudem für ihre Erfahrungen verantwortlich sein. »Um Ihnen die ganze Wahrheit zu erzählen, ich weiß nicht, ob ich mir selbst glaube ... Es gibt einen Teil von mir, der es wirklich, wirklich glaubt. Aber ein anderer Teil von mir glaubt es nicht, und dieser Teil kommt mir vor, als würde er mich zerstören.«

Saras erste Worte im Trancezustand waren: »Ich sehe das Haus meiner Großeltern. Ich sehe mich abwechselnd dort und in meinem weißen Himmelbett, das im Haus meiner Eltern stand, als ich klein war. Ich erinnere mich an zahlreiche Fallträume, eine Reihe von Träumen, die ich in diesem Bett hatte, wobei ich dann plötzlich aufwachte und mich an den Bettpfosten festhielt, um zu verhindern, daß ich weiter hinabfiel. Es war, als ob ich fallen gelassen worden oder von etwas sehr Hohem zurück ins Bett gefallen wäre. Das träumte ich ziemlich häufig, und wenn ich aufwachte, fühlte ich mich, als sei ich knapp dem Tod entronnen.« Ich bat sie, das Gefühl näher zu beschreiben, und sie hatte »den Eindruck von Silber und einer Art Schacht, wie ein Aufzugschacht, durch den ich fiel«. Es gab weitere Bilder von »weißem, glänzendem Material«, einem Aufzugschacht und einem »Ort, von dem ich gerade abgestürzt war«. Dann wechselte sie dazu über, »in einem Feld zu sein« und »mir etwas anzuschauen, das aus einer Entfernung von vielleicht dreißig Metern wie ein Raumschiff aussieht, und ich bin draußen und ganz allein im Feld«.

Das Raumschiff war ein »weißes, kuppelförmiges Ding« und hatte »etwas an der Unterseite und einen senkrechten Eingang«, und »es strahlt Licht aus ... Ich sehe eine Menge Dinge, die ein bißchen wie Skelette aussehen oder wie eine Kreuzung zwischen einem Skelett und einem laufenden Insekt. Sie laufen diese schiefen Ebenen hinauf und hinunter ... Es kommt ein Licht aus ... wissen Sie, eine der Türen ist heruntergeklappt, und es kommt Licht daraus hervor und beleuchtet eines dieser kleinen Wesen, das die schiefe Ebene hinauf und hinunter läuft und ein bißchen wie ein dickes Skelett aussieht. Es hat eine Art Blase auf dem Kopf, aber ich spüre so etwas wie Fühler ... Dann spüre ich, wie ich ein kleines Stück hinabgleite ins Bett ... senkrecht. Runter ging es immer senkrecht. So schnell! So schnell! Ganz irrsinnig schnell.«

Sara erinnerte sich, daß sie aufgrund dieser abrupten Abstiege aus dem Raumschiff immer erschrocken aufwachte, »erschrocken darüber, daß ich gestorben sein könnte ... Es war nicht sehr vorsichtig ... Es war gut, daß ich im Bett landete, ich hätte es auch verfehlen können«, sagte sie. Ihre nächsten Assoziationen waren ein langer, glänzender, weißer Zylinder und das Gefühl, mit dem Kopf an eine »Falltür« zu stoßen. Es kam ihr vor, als ob sie in der Zeit zurückkehrte an »einen Ort, an dem ich tot war«. Dann sah sie ein

Lebewesen in einem großen, silbernen Sessel oder einem Thron aus Metall. Obwohl sein Kopf »das Bizarrste war, was ich jemals gesehen hatte«, erkannte sie ihn trotzdem wieder. Es war ein »kreisförmiges Ding um seinen Kopf herum. Er ist durchsichtig, und innen sehe ich das Gesicht eines Skeletts. Das Skelett ist nicht wie ein menschliches Skelett ... Außen herum ist dieses kreisförmige Ding mit Fühlern, und das Lächeln ist ein bißchen schwach, wie das Lächeln eines Skeletts. Aber ich habe keine Angst. Sie sind überhaupt nicht böse, sie sind nett. Sie sind nett ... Niemand versucht, mir angst zu machen. Es ist nicht ihre Schuld, daß sie so aussehen.«

Wie viele andere Entführte hatte auch Sara einen Namen für dieses ihr bekannte Wesen. Sie nannte ihn »Mengus«. »Er ist wirklich familiär und gutmütig«, erzählte sie. Als nächstes erinnerte sie sich daran, mit zehn und mit fünf Jahren – »Ich bin kleiner als er« – im Raumschiff gewesen zu sein, »genau vor« Mengus, »ganz nah bei ihm«. Sie verständigte sich mit ihm »wie im Traum, in meinem Kopf ... halb telepathisch« und »halb verbal« auf Englisch. »Er nickt nur mit dem Kopf.« Sie fragte Mengus: »Was macht ihr hier auf der Erde?« Und er antwortete: »Oh, wir schauen uns nur um.«

Dann sah Sara etwas, das wie ein Kontrollfeld im Raumschiff aussah – wie das Cockpit in einem Flugzeug –, aber mehr aus Metall. »Ich schwebe zu diesem Ding hinüber.« Sie fragte Mengus, was das alles sei. Er sagte ihr: »Dies ist unser Antriebssystem.« Sie zog an verschiedenen Dingen, »aber nichts ist an, und deshalb passiert auch nichts ... Er läßt es mich tun. Er ist wirklich gutmütig ... Da ist dieses kleine Mädchen, und sie schaut sich um, ist das nicht süß?« Obwohl sie »wirkliche Wärme und Güte spürt, ist diese zugleich mit einer sehr stählernen Emotion verknüpft. Ernsthaftigkeit. Dieser Bursche meint es todernst.« Mengus sagte so etwas wie: »Noch bist du jung, aber dies ist eine Vorbereitung, und es ist wirklich wichtig ... Wir führen dich auf die leichte Art ein, aber es ist kein Scherz. Es geht nicht nur um das Herumfliegen, es ist ernst, also sei aufmerksam!« Ihr war, »als ob er sagen würde: 'Mach keinen Mist!'« Die starke Liebe, die von Mengus ausging, ermöglichte es Sara zuzuhören. Sie verstand, »daß ich nichts falsch machen darf ... Ich habe das seltsame Gefühl, daß er jetzt tot ist«, erzählte sie. »Ich bin traurig.«

Ich fragte Sara, was sie veranlaßte zu glauben, Mengus sei tot. Sie antwortete: »Ich kann seine Schwingungen erkennen, und wenn ich jetzt versuche, sie aufzunehmen, ist es, als ob er tot und wiederaufbereitet wäre. Ich kann ihn nicht mehr erreichen, und ich spüre, daß er tot ist.« (Bemerkenswert in diesem Zusammenhang ist übrigens auch Pauls Erklärung darüber, was passiert, wenn ein Wesen stirbt, die im folgenden Kapitel wiedergegeben ist.) Mengus »war wirklich nett. Ich würde sagen, etwa so wie mein erster richtiger Lehrer.« Sara hatte »das komische Gefühl, daß eines der kleinen Dinger, die ich beschrieben habe und die wie Babys aussahen, die ... neue Inkarnation von Mengus waren«.

Als sie zu ihren Erlebnissen als kleines Kind zurückkehrte, sprach Sara von den zuvor beschriebenen Schwebe- und Levitationsphänomenen und ihrem Gefühl, daß diese Fähigkeiten, obwohl sie »wirklich Spaß« gemacht hätten, aus einem »vergangenen Leben« stammten. Sie machten »nicht Spaß im herkömmlichen Sinne«, sondern waren Teil unserer Menschheitsentwicklung. »Ich verstand, daß wahrer Spaß eine Menge Arbeit und Weiterentwicklung bedeuten kann.« Sara sagte, die schwingende Energie der durchsichtigen Wesen »ist viel höher als die normalen Schwingungen, die man hier spürt ... Sie sind soviel bewußter! Sie unterdrücken nicht alles in ihrem Unterbewußtsein. Sie sind einfach wach. Sie sind wach und verantwortlich, und sie sind aufnahmefähig, und sie sind exakt und genau, und ihre Augen sind offen ... Ihre Herzen sind auch offen. Sie haben keine Angst, und sie sind nicht zurückhaltend und selbstsüchtig in ihrer Liebe, und sie sind wirklich nett. Sie sind so, so, so, so nett ... Ich spüre, daß auf der Rückseite ihrer Köpfe ein durchsichtiges Ding ist ... Unsere Köpfe sind nicht durchsichtig, sie sind mit Haaren bedeckt. Wir verstecken alle kleinen Dinge, weil wir nicht wollen, daß andere sie sehen, aber sie sind ganz weit offen. Du kannst in sie hineinschauen, und weil sie telepathisch begabt sind, haben sie auch keine Geheimnisse voreinander. Das führt dazu, daß sie sich viel näher sind. Sie verweigern sich nicht so, wie wir es tun. Ich mag das. Mein Gott! Ich wünsche, ich könnte wieder bei ihnen sein.«

Sara spürte, daß sie, um wieder bei diesen Wesen sein zu können – zumindest auf die glückliche und unschuldige Weise, von der sie gerade erzählt hatte –, in die Zeit »vor diesem Leben« zurückgehen müsse. »Ich denke, ich werde es versuchen«, sagte sie. Als nächstes fand sie sich in einem weißen Raumschiff mit einer Reihe kleiner Fenster wieder. Es flog über eine Wüste. »Wir flitzen herum, und ich kann nach unten sehen, und es ist so schön ... Ich weiß nicht, ob ich jemals in diesem Leben so glücklich war, ganz uneingeschränkt, die ganze Zeit glücklich. Wir kommen über diese Hügelkette, und da ist diese große, weite Wüste, und ich sehe diese Rot-, Gelb- und Orangetöne, und es ist einfach so sinnlich, einfach zum Anbeißen. Es ist einfach köstlich.« In diesem Leben sei ihr Körper skelettartig, »wie der von Mengus«, gewesen. »Es ist unheimlich. Deine Knochen sind so klein und zerbrechlich, und es knackt ein bißchen. Du läufst, als ob du keine Knochen hättest.« Wieder wurde Sara von der Freude über die Beweglichkeit überwältigt, Freude, die sie in dem Raumschiff verspürte, weil es so »schön ist herumzuflitzen«.

Aus dieser Perspektive eines außerirdischen oder vergangenen Lebens heraus sprach Sara von den »dummen« Dingen, die die Menschen tun, und von der Versuchung, sie direkt damit zu konfrontieren. »Aber es ist viel nützlicher, subtil vorzugehen und dafür zu sorgen, daß sie von allein daraufkommen.« Menschen sind »so egozentrisch, daß sie sich sonst nicht ändern würden. Sie haben es nicht getan. Sie haben dieses Ego, an dem sie so gerne festhalten, und sie sind wirklich in Gefahr ...« Gleichzeitig gäbe es »kostbare« Dinge unter den Menschen. »Sie können zum Beispiel Blumen riechen. Und das ist so unglaublich, und sie können die Sonne auf ihrer Haut spüren.« Als Außerirdische »hatte ich viel weniger Körper, deshalb fühlt man sich einerseits auch viel leichter ... Es hat bestimmte Vorteile. Einer davon ist, daß man nicht solche Sachen wie Depressionen bekommt. Aber auf der anderen Seite ist alles ein bißchen verschwommen und weiter weg ... Der Geruchssinn ist nicht auf die gleiche Weise vorhanden. Man riecht zum Beispiel nicht so intensiv.« Gleichzeitig überblickten die Außerirdischen »ein größeres Bild« und hätten mehr Einsicht und Geduld. »Du hast dieses Ding in deinem Kopf, das dir telepathisch jede Art von Informationen gibt. Du hast diese informelle Beweglichkeit. Ich meine, du kannst jede Information bekommen, die du brauchst.«

Sara spürte, daß der Sinn ihres Fluges über die Wüste darin bestanden hatte, den Planeten nach »planetaren Ressourcen« abzusuchen, um »zu sehen, wie man in einem Gebiet wie diesem überleben könnte«, falls es eine »große planetare Erschütterung« gäbe. Das Wüstengebiet schien im Falle einer größeren Umwälzung eine potentiell stabile Umgebung zu sein, da es hoch lag und flach war.

Als Sara sich selbst wahrnahm, wie sie als außerirdische Inkarnation umherflog, fühlte sie, wie sie zwischen der menschlichen und der außerirdischen Form »hin- und herwechselte«, als ob sie versuchte, sich zu entscheiden. Die menschliche Körperidentität war ästhetisch ansprechend, aufgrund des »Fleisches und so«, aber gleichzeitig fühlte sie sich zu der größeren Perspektive hingezogen, die ihr die außerirdische Identität bot.

Sara kehrte dann in die Gegenwart zurück und beschrieb eine große, rätselhafte, dunkle Wolke, die den Himmel bedeckte und eine magnetische Anziehungskraft auf sie ausübte, »als ob sie dunklen, schwarzen Teer über meinen Kopf schütten würde«. Die Wolke schien für Sara das Gestalt gewordene schlechte Gewissen und die negativen Schwingungen der Menschen darzustellen. Deren Einfluß war lähmend, und sie fühlte sich als Opfer. Die Wolke funktionierte wie eine Maske oder ein Schild, um eine Art »unechtes« Raumschiff zu verbergen, das ein von Menschen entworfenes Raumschiff hätte sein können. Dieses Fluggerät war die Quelle negativer Schwingungen und wurde von einem menschlichen Wesen gesteuert. Von Saras Standpunkt aus schien es völlig »dumm« zu sein. »Ich habe nur Verachtung für dieses Ding übrig«, sagte sie. Der »Zweck« dieses Fluggerätes war ganz »offensichtlich Krieg«, aber kein Krieg, um Menschen zu töten. In diesem Krieg ging es »um die Köpfe der Menschen«. Es sei ein »Krieg, um die Menschen zu kontrollieren«. Sie fühlte »das große Verlangen, mich vor diesem Ding zu schützen«.

Als nächstes erinnerte sich Sara an Begegnungen in ihrer Kindheit, bei denen sie »schwebt« und in dem Zimmer mit dem weißen Himmelbett »herumspringt ... Ich spüre, wie mich jemand auf und ab wirft.« Es sind zwei »Burschen wie Mengus«. Sie glaubte, zwischen deren Fingern und ihrem Körper ein magnetisches Feld zu spüren. Das Herumspringen »ist lustig ... Ich lache.« Dann sprachen die Wesen miteinander, »nicht mit mir«, und verließen das Zimmer mit dem Kopf voran durch das Fenster. Dies seien freundliche Besuche, »als ob jemand zum Tee vorbeikommt«, aber nach dem College wurden die Wesen »böse«, weil sie so ein »konventionelles, dummes Leben führte ... ein sehr kurzsichtiges Leben«, insbesondere als sie eine Arbeit annahm.

Sara assoziierte dies mit einer anderen Erfahrung. Sie war allein und lag auf dem Dach, um sich zu sonnen, als sie etwas »über mir schweben spürte«. Sie sah eine Gestalt, die »wie eine Kreuzung zwischen einem Mengus-Wesen und einem Menschen aussah«. Diese war »von menschlicher Gestalt, aber heller und frei schwebend«. Sara empfing eine Mitteilung von dem Wesen: »Dies ist sehr wichtig.« Ihr wurde erzählt, daß es sich nicht um aggressive Absicht handele, sondern um eine Art Test der »genetischen Verträglichkeit oder so«. Es ging um ein »Infiltrieren«, einen »Machbarkeitstest« und ein »Verschmelzen der Dimensionen«.

Ich bat Sara, mir mehr darüber zu erzählen, was sie mit dem »Verschmelzen der Dimensionen« meine. Sie beschrieb mir etwas, das ich für das zentrale Ergebnis unserer ersten Sitzung halte. »Es ist wie eine Ebene«, sagte sie, »ein Bogen durchsichtiges Cellophan.« Dann ist es, »als ob Glas zerspringt« und sich ein »rasiermesserdünner« Schlitz zwischen dieser Erde oder physikalischen Dimension und dem Reich, aus dem die Wesen kommen, öffnet. In diesem Zusammenhang fragte ich sie nach mehr Details der Begegnung. Das Wesen hatte »den hellen Umriß eines Penis, aber nicht wie ein körperlicher Penis«, der in ihren Körper eindrang. Die Erfahrung ließ sich mit nichts vergleichen, was sie je in menschlichen sexuellen Beziehungen erlebt hatte. »Das Wesen selbst kam mir aggressiv vor, und dieser Teil gefiel mir nicht. Es war an der ganzen Sache überhaupt nicht emotional beteiligt ... Es war mehr wie ein wissenschaftliches Forschen.« Ich fragte sie, ob es orgiastisch zugegangen sei. »Es war viel, viel subtiler«, antwortetet sie. »Es passierte nicht völlig in dieser Dimension, deshalb kann man es mit der Sprache und mit den Ausdrücken unserer Dimension nicht beschreiben. Es geschah nicht hier. Es ereignete sich halb hier und halb irgendwo anders.« Nach dieser Begegnung fühlte sich Sara, »als sei ich reingelegt worden«. Das Wesen »erzählte mir nicht die ganze Geschichte und sagte nur so etwas wie: 'Hallo, glaub mir, es ist wichtig.'«

Dann sagte sie: »Wenn sich ein Wesen auf einen Bogen Cellophan projizieren, das Cellophan zerreißen und sich zu dieser Realität öffnen würde, während ich dastehen und zuschauen könnte, würde ich das tun.« Ich fragte, ob ihr das tatsächlich passiert sei. »Ja«, sagte sie. Es sei vor etwa zwei Wochen passiert. Sie war im Skiurlaub. In ihrem Hotelzimmer befand sich ein großer Spiegel. Mitten in der Nacht stand sie auf, und an der Stelle, wo sich der Spiegel befunden hatte, schien jetzt ein Gang zu sein. Sie versuchte, diesen Gang zu betreten, aber sie schlug mit dem Kopf gegen das Glas. Miguel war nicht in den Skiurlaub mitgefahren, aber »in dem Momemt, in dem ich an den Spiegel stieß, war Miguel bei mir im Zimmer, und ich versuchte 'Miguel!' zu schreien, aber ich konnte nicht schreien. Ich brachte nichts heraus.« Sie teilte das Zimmer mit einer Freundin, die unabhängig von ihr einen Umriß im Zimmer gesehen hat. Paradoxerweise »schlief sie fast sofort wieder ein«.

Die Beule schmerzte sehr, aber der Schmerz wurde durch die »Durchdringung der Dimensionen« verstärkt, als »sich der Spiegel öffnete«. Es war, als ob »ein Wesen, das wie Miguel aussah«, oder »jemand, der wie Miguel verkleidet war«, hindurchkam. Das Wesen hatte »durchdringend schwarze« Augen, »dunkel, dunkel«, und sah »insektenartig« aus, mit einem »großen Kopf« und »einem kleinen, geschrumpften Körper ... der durch die Verkleidung größer erschien ... Es tat weh, aber der Hauptzweck war es nicht, mir weh zu tun.« Er bestand vielmehr darin, »mir durch eine Demonstration zu erklären, daß diese gegenseitige dimensionale Durchdringung existiert«. Indem sie »mir eins auf den Kopf geben, zeigen sie: 'Hallo! Dies existiert wirklich.'« Außerdem seien viele Menschen oft zu »dicht« und – beziehungsweise oder – zu beschäftigt, so daß man sie nicht erreichen könne.

Im Sinne der Spezies fühlte sich Sara »kompatibel« mit den Mengus-Wesen, aber dieses Wesen im Hotelzimmer schien ein Vertreter einer anderen Spezies gewesen zu sein, mit der Miguel – vielleicht in einem vergangenen Leben – verbunden war. Saras Meinung nach versuchen diese beiden Spezies miteinander in Kontakt zu kommen, wie es sich in ihrer Verbindung mit Miguel zeigt. Jede der Arten hat, wie sie sagt, ihre eigene »Schwingungsebene«, weshalb zwei Arten »eine neue Schwingungsebene für die Interaktion schaffen müssen«, wenn sie miteinander in Verbindung treten wollen. Eine menschliche Beziehung, welche die Grenze zwischen den Kulturkreisen überschreitet, veranschauliche das gut. So könne man eine unendliche Anzahl von Dingen auf »einen schönen, exakten Schlag erreichen«.

Ich bat Sara, mehr über das Wesen zu erzählen, das sie in dem Hotelzimmer gesehen hatte. Der Kopf sei der hervorstechendste Körperteil gewesen. Er »schimmerte«, sah »reptilienartig« aus, beinahe »schlangenartig«, und war ziemlich lang. »Rote Venen« ließen den Kopf wie »einen nach außen gestülpten Körper« erscheinen. Das Wesen war nicht »böse. Es ist ganz nett.« Es war »beinahe wie ein Meereslebewesen, ein Weichtier oder eine Schnecke ohne Schale«. Es schien verletzlich zu sein und suchte ihr »Verständnis« und »ihre Kooperation«. Indem Sara sich eingestand, daß das Wesen tatsächlich existierte, »erweiterten sich die Schranken meiner Akzeptanz und Toleranz ... Es öffnete mein Herz für etwas, das anders als ich war. Das ist gut für mich. Ich muß es erfahren. Ich muß es lernen und aktiv anwenden.« Es war »süß« von dem Wesen, ein Miguel-Kostüm »anzuziehen«, um damit den Graben der Fremdheit zu überbrücken. Als Sara ihm in die Augen schaute, sah sie »so viel Liebe« und empfand selbst Liebe. Sie nahm auch einen »ziemlich traurigen« und »vom Kampf müden« Blick wahr, als ob es sagen wollte: »Gib mir eine Chance!« Denn »sie sind es leid, daß jeder Angst vor ihnen hat ... Der Bursche tut mir leid.«

Wir beendeten die Rückführung an dieser Stelle, und Saras Verstand begann, die Erlebnisse zu bezweifeln, und suchte nach Wegen, »sie wegzuerklären ... Es könnten Täuschungen und Einbildungen sein«, sagte sie. Aber dann bemerkte sie: »Es ist keine Einbildung. Es ist echter als Einbildung. Aber es ist in einem hologrammartigen Sinn echt ... als ob es eine Projektion wäre, aber ich weiß es nicht genau. Es ist, als fiele man auf den A... Da landet man automatisch bei: 'Mein Gott! Das hat richtig weh getan, nicht wahr?' ... Ich habe etwas erlebt, das echt war«, schloß Sara, »diese ganzen Schmerzen, die sich wie ein Brennen angefühlt haben ...« Nach ihrer Rückkehr in die normale Realität schienen die beiden Wirklichkeiten »vergleichbarer« oder »viel gleicher« zu sein.

Wie Sara später sagte, läge der höhere Zweck, diese beiden Spezies zusammenzubringen, darin, eine »persönliche Evolution« herbeizuführen, um ein »universelles Verständnis« zu erreichen. Der intensive Schmerz diene dazu, die dichte menschliche Abschottung zu durchdringen, um uns zu erreichen, wenn wir »schlafen«. Schmerz sei die »extremste Form körperlicher Greifbarkeit«. Jede Spezies bringt etwas in die Verschmelzung ein. Die Mengus-artigen Lebewesen zum Beispiel sind, wie Sara sagt, spirituell weiter fortgeschritten als die Menschen, die »ein bißchen Mengus-ähnlicher« werden müssen. Die Mengus-artigen Wesen suchen nach Wegen, eine größere Körperlichkeit zu erlangen, beispielsweise »die Fähigkeit zu riechen«. Bei einer Verbindung der Spezies behält jede einige ihrer ursprünglichen Elemente.

Dieser Prozeß der Verbindung von Arten werde »unglaublich viel Liebe« benötigen. Die gewöhnliche menschliche Liebe, sagte Sara, sei meist viel besitzergreifender und drehe sich um Gefühle wie Eifersucht. Die Liebe zwischen den Arten ist »bedingungsloser ... Ich glaube, das ist der einzige Grund, warum wir hier sind. Der Seelengrund und der einzige Grund.« Ein paar Wochen später schrieb mir Sara, bedankte sich für meine Hilfe und erzählte, daß sich nach der Sitzung »die Dinge sehr beruhigt zu haben scheinen«.

Ungefähr sechs Wochen nach unserer Sitzung traf ich mich für eine Stunde mit Sara, um über die neuen Möglichkeiten zu sprechen, die sich aus der Rückführung für sie ergeben hatten, sowie über die Form, die ihre Berufung möglicherweise annehmen könnte. Nachdem wir einige populärwissenschaftliche Studien über UFOs, Entführungen und verwandte Themen besprochen hatten, äußerte Sara, daß die Außerirdischen sich bestimmter technologischer Formen bedienten, »um uns zugänglicher zu sein«. Sie erschienen deshalb in etwas, das zum Beispiel wie »ein Flugzeug aussieht, um es uns ein wenig einfacher zu machen«. Wie viele andere Entführte, mit denen ich zuvor gearbeitet hatte, sprach sie von den verheerenden Veränderungen, die der Erde möglicherweise bevorstehen, und sie fragte sich, ob die Sorge um unsere Ökologie und Umwelt die Menschheit vereinen und uns dabei helfen könnte, ethnische, kulturelle und andere Grenzen zu überwinden.

Sara erwähnte, daß sie manchmal weine, weil sie ihr »Zuhause« vermisse, aber dieses hat für sie »nichts mit meinen irdischen Eltern zu tun«. Es existiere »in einer anderen Dimension«. Es war vielmehr ein tiefes Empfinden von Verbundenheit, das sie vermißte. Des weiteren sprachen wir darüber, wie dieses andere »Zuhause« aussah und was es ihr bedeutete. »Das Zuhause ist eine Frage der Dimension, nicht des Raumes«, sagte sie. »Aber es gibt trotzdem eine Verständigung zwischen den Dimensionen. Man schließt die Augen und kann sich immer verständigen. Der Inhalt besteht zu beinahe hundert Prozent aus Emotionen«, fügte sie hinzu. Es fiel ihr schwer, dies zusammenhängend zu beschreiben. »Es geht alles um ... Das Gefühl der Liebe ist das höchste ... unbedingtes, helfendes Leben. Ich meine, nicht im menschlichen Leben, sondern Kreativität ... eine Art Liebe, die dem Wachstum dient. Es wirft dich um. Wenn man das fühlt und wenn man diese Verbindung spürt, ist das Gefühl der Liebe überwältigend.«

In diesem oder in ähnlichen Zuständen fühlte Sara sich »sehr glücklich.« Sie sagt: »Es kommt mir vor, als ob sich das magnetische Feld um mich herum völlig verändert ... als ob der Raum oder etwas anderes ins Fließen gerät, als ob man einen thermischen Riß oder so etwas sehen könnte. So kommt es mir vor.« Sie spürt auch, daß ihr dieser Zustand irgendwie derart vertraut ist, daß sie ihn stets als selbstverständlich erachtet hat, und daß ihr viele andere Dinge zugänglich sein könnten, wenn sie ihre Aufmerksamkeit nur öfter auf diese Weise konzentrieren würde.

Trotz der Freude, die sie empfindet, wenn sie die andere Dimension betritt, spürte Sara, daß es »ethisch nicht korrekt« gewesen wäre, den Graben zwischen den beiden Ebenen völlig oder zu bereitwillig zu »überspringen«. Es kam ihr so vor, als wäre sie »in der Vergangenheit ... eine Verpflichtung eingegangen, hier auf der Erde zu sein, so wie ein Austauschstudent«, der ein Jahr im Ausland verbringt. Sie befand sich in »einem Eintauchprogramm«, hat »Mittel erhalten« und »eine Verantwortung« dafür, es zu Ende zu bringen.

Auf verschiedene Arten brachte Sara das Bedürfnis zum Ausdruck, »die Ökologie als Weg zu benutzen, um den Menschen einen ... Übergang zu ermöglichen ... Die Menschen müssen philosophisch neu definieren, was sie unter 'Umwelt' verstehen. Die Menschen denken: 'Oh, meine Umwelt.' Aber es ist eher so, daß die Umwelt völlig ... die Umwelt ist ... unendlich. Und sie hat eine unendliche Anzahl von Eigenschaften, und diese reichen von physischen über emotional-psychische Eigenschaften bis hin zu solchen zwischen den Ebenen und solchen quer zu ihnen ... Man ist seine eigene Umwelt ... In einem viel weiteren Sinn, als die meisten Menschen das denken.« Dann sprach Sara davon, wie schwierig es für die Menschheit sei, einen »kreativitätsbejahenden, lebensbejahenden« Platz bedingungsloser Liebe zu finden – und zwar deshalb, weil wir beispielsweise geschlechtsbezogene, ethnische oder religiöse Barrieren aufbauen. Die Ökologie könne man nutzen, um »Gemeinsamkeiten« festzustellen und »das Bewußtsein umzuformen ... Wenn man wirklich, wirklich das macht, was für einen selbst gut ist, tut man etwas, das auch gut für die Welt ist. Beide Dinge sind synonym.«

Sara beobachtete, daß sie selbst immer noch eine »emotionale Bedürftigkeit« verspürte. Indem sie auf ihre Metapher von dem

Austauschstudenten aus einer anderen Dimension zurückkam, sagte sie: »Ich könnte vielleicht einen Heimaturlaub machen oder an zwei Orten gleichzeitig sein.« Ihr zufolge wäre es jedoch eventuell nützlicher, einen Bewußtseinszustand zu erreichen, bei dem »es wirklich egal wäre, ob ich heimgehe oder nicht. Dann kann ich heimgehen, weil ich nicht heimgehen muß.« Weiterhin sprach sie davon, daß ihr spiritueller Weg ihre Methode sei, einen Platz in sich zu erreichen, an dem sie sowohl »dort« – in der anderen Dimension – als auch »hier« auf der Erde »Liebe geben« könne.

Besprechung

Bei einem unserer Treffen fragte mich Sara, ob ich glaubte, die Richtung ihres Denkens und ihrer Erlebnisse reflektiere etwas Psychopathologisches – »zum Beispiel, daß ich mir das alles nur ausdenke«. Es beruhigte sie zu hören, daß andere Entführte mit den gleichen philosophischen Fragen kämpften. Dann teilte ich ihr einige meiner Spekulationen über die Konsequenzen des Entführungsphänomens und zu der Frage mit, wohin uns Erfahrungen wie die führen könnten, die sie beschrieben hatte.

Sara hatte sich seit ihrer Kindheit stark mit philosophischen und spirituellen Fragen beschäftigt und hat offensichtlich von einem sehr frühen Alter an bestimmte paranormale Kräfte gezeigt, wie beispielsweise die Fähigkeit, zumindest den Eindruck zu erzeugen, daß sie ein anderes Kind schweben lasse. Diese Beschäftigungen und Fähigkeiten scheinen eng mit Begegnungen mit außerirdischen Lebewesen verknüpft zu sein, die sie ihr ganzes bisheriges Leben begleitet und die in ihrer Kindheit mit einer Mentorfigur begannen, welche sie Mengus nennt und als ihren ersten Lehrer beschreibt. Saras Entführungserfahrungen – lustig und fröhlich in ihrer Kindheit, aber auf einer anderen Ebene immer sehr ernst – scheinen direkt mit ihrem persönlichen und spirituellen Wachstum und ebenso mit ihrem Entschluß verknüpft zu sein, eine Berufung zu finden, die ihr genügend Raum läßt, unserem Planeten bestmöglich zu dienen. Letztendlich glaubt Sara jedoch, daß das Entführungsphänomen im Kern einer Quelle außerhalb unserer körperlichen Ebene entspringt und nicht rein technisch verstanden werden kann.

Es scheint, als seien Saras Begegnungen von Kindheit an eine Art Vorbereitung ihres Bewußtseins auf ein Lebenswerk gewesen, das sie nun zu schaffen versucht. Diese Arbeit scheint mit dem Gebrauch eines erweiterten Begriffs von Ökologie und »Umwelt« in Verbindung zu stehen, der einen Paradigmenwechsel bewirken soll – weg von einem Bewußtsein der Teilung und Getrenntheit, hin zu einem der Offenheit, der Kreativität und bedingungslosen Liebe. Sara verbindet ihre eigene Entwicklung in diese Richtung mit ihren Begegnungen und ihrer Rolle als einer Art Austauschstudent zwischen dem nichtkörperlichen Universum, aus dem die Außerirdischen oder »Lichtwesen« stammen, und der Erde, auf der sie zur Welt gekommen ist.

Sara versuchte bei unseren Sitzungen mehrfach, den Prozeß zu beschreiben, durch den die außerirdischen Wesen unser Universum betreten können und wir im Gegenzug ihres. Ein eindrucksvolles Bild war das einer großen Cellophanmembrane, die zerreißt, wobei ein Schlitz entsteht, durch den eine Verbindung mit der anderen, nichtkörperlichen Dimension möglich wird. Sie selbst konnte dieses andere Universum betreten und sehnte sich danach, vollständig darin aufzugehen. Wie so viele Entführte betrachtete sie es als ihr »Zuhause« und den Ort ihrer wahren Eltern. Die anhaltenden erdgebundenen Herausforderungen, ihre eigenen egoistischen Bedürfnisse in den Griff zu bekommen – insbesondere das Bedürfnis, geliebt zu werden –, halten sie jedoch davon ab, für immer dorthin zu gehen. Sara glaubt, daß sie in dem Maße, in dem sie ihr eigenes Bewußtsein umformt und diesen Prozeß umkehrt, in subtiler Weise auf einer breiteren Ebene einen Beitrag leistet. Sie formulierte es so: »Wenn man wirklich das macht, was für einen gut ist, dann tut man etwas, das gut für die Welt ist.«

Sara nimmt, wie vielleicht alle Entführten, an einer Art Projekt der Vermischung verschiedener Spezies und an der Evolution teil. Der Zweck dieses Projektes besteht möglicherweise darin, neue Lebensformen zu schaffen, die spirituell entwickelter und weniger aggressiv sind, wobei sie jedoch die exakten sinnlichen Wahrnehmungen behalten, die der dichten Körperlichkeit der menschlichen Existenz zugehören. Ein Teil unserer langen Hypnosesitzung drehte sich um Saras Erinnerungen an eine Begegnung mit einem Außerirdischen, die teilweise in unserer physischen Realität und teilweise in einer anderen, nichtphysikalischen Dimension stattfand. Der schwierigste Aspekt der verschiedenen Arten von Verbindungen zwischen den Dimensionen und zwischen den verschiedenen Spezies, die Sara beschrieb, sind die unterschiedlichen Schwingungsfrequenzen, in denen die Wesen aus der anderen Dimension leben, und die radikalen Anpassungen, die vorgenommen werden müssen, damit wir miteinander in Verbindung treten können. Ein Großteil der körperlichen Schmerzen, die Sara und andere Entführte während der Rückführung verspürt haben, kann mit der körperlichen Freisetzung dieser unterschiedlichen Schwingungen zu tun haben, die – manchmal ein ganzes Leben lang – von mächtigen, repressiven Kräften unterdrückt wurden, die sowohl aus der menschlichen Psyche als möglicherweise auch von Schutzmechanismen herrühren, die von den Außerirdischen selbst eingerichtet wurden.

Zu den intensivsten Momenten bei Saras erster Rückführung gehörten die, als sie sich daran erinnerte, wie sie schmerzhaft geschlagen wurde oder »sich den Kopf stieß«, als sie einen Spiegel fälschlicherweise für einen offenen Gang gehalten hatte – ein »Irrtum«, der vielleicht von den Wesen selbst verursacht worden war. Unmittelbar nach diesem schockierenden und schmerzhaften Zusammenstoß konnte sie in ihrem Zimmer einen Vertreter einer anderen, reptilienähnlichen Spezies außerirdischer Wesen erkennen, die möglicherweise mit ihrem Freund Miguel auf eine ähnliche Weise in Verbindung standen wie sie mit der Mengus-artigen Spezies. Die intensive Körperlichkeit dieser Art von Erfahrung scheint den Zweck zu haben, Sara und andere Menschen zur Anerkennung der Realität von Wesen und Welten zu zwingen, von denen unsere westliche Kultur in diesem Jahrhundert lehrt, daß sie nicht existieren können, ja nicht einmal existieren dürfen. Aber dieser ontologische, physische Schock kann ein wichtiger erster Schritt im Prozeß der Entwicklung des menschlichen Bewußtseins sein, der anscheinend den Kern des Phänomens der Entführung durch Außerirdische bildet.

Paul

Paul war sechsundzwanzig Jahre alt, als er sich mir auf einer UFO-Konferenz in New Hampshire vorstellte. Er ist ein sensibler, hübscher junger Mann und gehört zu einer wachsenden Gruppe von Entführten, die entdeckt haben, daß sie eine Doppelidentität als Außerirdischer – sie selbst benutzen dieses Wort nicht – und als Mensch besitzen. Von Beginn unserer Arbeit an glaubte Paul, daß er die Mission habe, »ein Beispiel« für Liebe und Offenheit zu sein und es Menschen zu ermöglichen, die Ängste zu überwinden, die uns einschränken und davon abhalten, unsere Gaben einzusetzen. Der Zweck unserer Arbeit bestand darin, es Paul zu ermöglichen, die Tiefen seiner komplexen Identität zu entdecken und die volle Verantwortung für seine umgestaltenden und heilenden Kräfte zu übernehmen. Wir hielten nach unserem ersten Gespräch zwei Hypnosesitzungen ab, und er besuchte zwei Treffen der Selbsthilfegruppe. Im kleineren Kreis erforschten Paul, Pam Kasey und einige andere Entführte dabei die heilenden Kräfte ihrer vereinten Energien. Als wir uns das erste Mal trafen, lebte er bei seinen Eltern und leitete seine eigene Werbeagentur. Er wollte genügend Geld verdienen, um sich eine eigene Wohnung leisten zu können.

Wie viele Entführte kam auch Paul zu mir, nachdem er eine Reihe von beunruhigenden Treffen mit einer Psychologin, Miss T., gehabt hatte, die er noch bis wenige Tage vor unserem Treffen konsultiert hatte, um »seltsame« Erlebnisse zu untersuchen. Er sah beispielsweise, fünf Stunden nachdem er Marihuana geraucht hatte, »irgendein Wesen« daheim auf der Treppe, und das ließ ihn an seiner geistigen Gesundheit zweifeln. Er wollte zudem feststellen, ob seine Erlebnisse mit dem Problem, erwachsen zu werden, zu tun hatten. Er hatte Miss T. in unregelmäßigen Abständen während eines Zeitraums von eineinhalb Jahren aufgesucht. Die Therapie bestand aus vier oder fünf Hypnosesitzungen, die dazu dienen sollten, Erinnerungen an einen möglichen sexuellen Mißbrauch durch seine Großmutter väterlicherseits ans Licht zu bringen. Etwas Derartiges trat jedoch nicht zutage. Statt dessen tauchten in seiner Erinnerung weitere Begegnungen mit ungewöhnlichen Wesen auf, die bis in eine Zeit zurückreichten, als Paul drei Jahre alt war, und die für ihn überzeugend realistisch waren und einen »erschütternden« Einfluß auf seine Weltsicht und »alles, was ich kannte«, hatten.

Im Verlauf der Sitzungen fand Paul heraus, daß er sich immer mehr »einer Verbindung mit einer Art fremdem, außerirdischem Ding bewußt wurde«, womit Miss T. verständlicherweise nichts anfangen konnte. Während einer Sitzung bat er einmal um ein Zeichen dafür, daß die Wesen oder die mit ihnen zusammenhängenden Energien existierten, worauf ein lauter Knall nahe der Bürotür erfolgte. Miss T. erschrak und wollte dem Lärm nachgehen. Paul fühlte ein elektrisches »Knistern« im Zimmer, aber hinter der Tür war nichts zu sehen. Miss T. hatte vor Schreck geweitete Augen, und Paul mußte sie beruhigen. Er spürte, daß etwas am nächsten Wochenende Miss T. »heimsuchen« würde, und sagte ihr das. Zu Beginn der nächsten Sitzung erzählte sie von sich aus nichts, deshalb fragte Paul sie, ob etwas geschehen sei. Miss T. berichtete, daß ihr Bett seltsam auf und ab geschwankt habe. Sie gab zu, daß sie darüber erschrocken war und zu ignorieren versuchte, was passiert war. Aber sie hatte versucht, das Haus »von bösen Geistern« zu reinigen. Wie Paul sagte, nahm sie an, daß »gute und intelligente Wesen sie auf eine eher angenehme Weise begrüßt« hätten.

Obwohl Paul das Gefühl hatte, Miss T. »unterdrücke« ihn, weil sie das Material über die Entführungen als so erschreckend empfand, kamen während der Hypnosesitzungen mit ihr eine ganze Reihe von Erinnerungen zum Vorschein. Er beschrieb zum Beispiel, wie er in einer frühen Sitzung »erwartete, meine Großmutter zu sehen, die mich mißbrauchte oder so ähnlich, als ich ganz plötzlich ... das Raumschiff sah, und ich bin draußen im Hinterhof, am Kamin, und diese kleinen Leute tauchen auf, und ich flippe aus«. Bei unserer ersten Rückführung erforschten wir diesen Zwischenfall, bei dem Paul sechseinhalb Jahre alt war, noch weitaus detaillierter.

In seiner letzten Sitzung mit Miss T., erinnerte sich Paul an eine Entführung, die sich ereignet haben mußte, als er zwei oder drei Jahre alt war. Er trug einen einteiligen, roten Schlafanzug, der vorne zugeknöpft war, und seine Mutter bestätigte, daß er mit diesem

Schlafanzug ins Bett gelegt worden sei. Er fand sich »auf einem Tisch« wieder und »hatte schreckliche Angst«. Er erinnerte sich, daß ein Wesen in sein Zimmer kam, »meine Hand nahm«, ihm mitteilte, daß er »jetzt stark sein« müsse, und ihn »durch die Tür« mitnahm. Paul erinnerte sich nur an »das Blinken eines Raumschiffs«, aber nicht daran, wie er hineingekommen war. Vom Tisch aus sah er, daß der Raum aus einer Art gleichmäßiger Metallegierung zu bestehen schien und daß die Gegenstände im Zimmer offenbar nicht beweglich waren. Als er aufstehen wollte, legte ihm ein Wesen zwei Finger auf den Kopf und drückte ihn scheinbar mühelos wieder hinunter, und er war für den Moment beruhigt.

Ich fragte Paul, ob er das Wesen sehen könne. »Noch nicht. Erst später.« Das Wesen trug einen vollständigen »Raumanzug« mit »Nähten ... Plötzlich dreht er sich blitzschnell um. Er bewegt sich so schnell! Und ich schaue mir seinen Kopf an, und er sieht klassisch aus. Er hat große Augen. Sie sind dunkel, und ich flüstere 'okay' und lege mich wieder hin.« Er dachte dabei: »Okay, okay, ja. Offensichtlich möchte er nicht, daß ich ihn anschaue.« Aufgrund meiner Kenntnisse vieler anderer Fälle schlug ich vor, daß vielleicht er selbst es war, der nicht hinschauen wollte. Paul hielt dies »für gut möglich«, da er große Angst hatte. Dann sah er zwei andere Wesen hinter sich stehen und dachte: »Was ist los? Warum möchte denn niemand hier mit mir sprechen?« Dann schaute Paul nach unten und sah, daß »er etwas mit meinem Bein machte«, mit »langen, langen Fingern. Er oder sie – ich weiß es wirklich nicht. Es sah wie zwei Finger und ein Daumen aus, und er streichelte meinen Unterschenkel und fuhr zart auf und ab, und ganz plötzlich spürte ich mein Bein, meinen Unterschenkel, es war so ein Schmerz, und ich dachte: 'Autsch, mein Unterschenkel tut wirklich weh.'« Paul erinnerte sich nicht, ein Instrument gesehen zu haben, aber er erinnerte sich daran, daß sich das Bein »taub« anfühlte, als habe das Wesen »etwas in das Bein gespritzt«.

Des weiteren beschrieb Paul die Schmerzen, die er während der Sitzung mit Miss T. verspürt hatte. Er hatte gerade erzählt, »wie sich danach alles wieder beruhigte, und dann half er mir wieder auf«, und das Wesen »brachte mich nach draußen«, als Miss T. sagte: »'In Ordnung, unsere Zeit ist um.' Und ich dachte: 'Okay.'« Als die Sitzung zu Ende war, hatte Paul immer noch Schmerzen in seinem Bein, und Miss T. fragte ihn: »'Sind Sie okay?' Und ich sage:

'Klar bin ich okay. Wissen Sie, was ich meine? Ich weiß nicht. Ich meine, ich kann laufen. Ich kann heimfahren und so.'« Sie sprachen darüber, die Sitzung eventuell zu verlängern, aber das fehlende Feedback und Pauls Eindruck, daß Miss T. derart große Schwierigkeiten hatte, mit dem Eindruck fertigzuwerden, den die Entführung auf sie machte, veranlaßten ihn, die Therapie abzubrechen. Paul machte einen letzten Versuch, von Miss T. Hilfe zu bekommen, indem er sie, ein paar Tage bevor wir uns trafen, anrief. Er schilderte seine Schwierigkeiten, die aufkommenden Erinnerungen zu bewältigen – »alles zusammenzusetzen« –, aber da sie selbst die ganze Zeit unsicher war, was sie von den Entführungsgeschichten halten sollte, wußte sie anscheinend nichts anderes zu sagen als: »Rufen Sie mich an, wenn Sie mich brauchen.«

Pauls Bereitschaft, so lange in dieser zum größten Teil unproduktiven Therapiebeziehung zu verbleiben, zeigt nicht nur, wie wenige Menschen qualifiziert sind, mit dem Entführungsthema umzugehen. Sie zeigt auch, wie allein und auf sich gestellt er sein ganzes Leben war, und sie verdeutlicht seine lebenslange Einstellung, wie sie auch Kinder von alkoholsüchtigen Eltern bekannt ist – seine beiden Eltern hatten ebenfalls ein Alkoholproblem –, die Erwachsenen um sich herum nicht mit ihren eigenen Nöten zu belästigen. Seine Entscheidung, Miss T. nicht länger aufzusuchen, war somit auch eine Entscheidung, sie vor den Belastungen zu schützen, die dieser Fall ihr verursachte.

Am Ende unserer ersten Sitzung sprach Paul davon, daß er sich »fremd« fühle – »ich habe mein ganzes Leben lang zu meiner Mutter gesagt, ich sei adoptiert; ich sei nicht von hier« –, und von der Schwierigkeit, daß »Menschen wie ich, wenn wir hier leben und überleben wollen, uns einrichten und an das anpassen müssen, was hier geschieht«. Er bezog dies auf das negative, feindliche emotionale Klima, dem er in der Gesellschaft allgemein begegnete, und äußerte den Wunsch, ein »Anstifter zum Positiven« zu sein und »ein Beispiel dafür zu werden, was ein einzelner tun kann«, um frei zu kommunizieren. »Das Modell existiert«, sagte er, »aber diese Welt hat es so ziemlich weggesperrt. Ich muß es wieder herauslassen.«

Paul hatte viele Jahre lang vermutet, daß der Ehemann seiner Mutter nicht sein biologischer Vater war. Laut Paul war er zeugungsunfähig, und seine Mutter hatte eine langjährige Affäre mit einem anderen Mann, den sie hatte heiraten wollen. Aber dieser

Mann blieb bei seiner Frau, als diese Leukämie bekam. Nachdem Paul seine Mutter mehrmals danach gefragt hatte, brach sie schließlich zusammen, und ungefähr ein Jahr bevor wir uns trafen, bestätigte sie Pauls Verdacht. Die Entdeckung, daß »mein Vater nicht mein richtiger Vater war«, trug zu Pauls Gefühl bei, daß er »nicht hierher« gehöre. Pauls Vater – der Ehemann seiner Mutter – hatte Probleme, seine Gefühle unter Kontrolle zu halten. Dies könnte damit zu tun haben, daß dessen Mutter – wie Pauls Mutter ihm erzählte – »seine Kleidung und die seines Bruders ausgezogen und seltsame Dinge getan habe, die in Richtung Mißbrauch gingen«. Manchmal schlug er Paul mit einem Lederriemen wegen »allem, was ihm auf die Nerven ging«. Möglicherweise hat er sich auch bestimmten Menschen »gezeigt« und »bei meiner Schwester«, die drei Jahre jünger als Paul ist, »Annäherungsversuche gemacht, aber weiter ging es nicht. Es ist nichts weiter passiert.«

Pauls Mutter scheint seinen Erzählungen zufolge ein ängstlicher Mensch zu sein. Er hatte das Gefühl, daß seine starke Neugierde und Intelligenz sie beunruhigten. »Sie versuchte, mich zu unterdrücken«, erzählte er, und ihn dazu zu bringen, daß er seine geistigen Fähigkeiten anzweifelte. Dieses Unbehagen wurde durch die mit der Entführung zusammenhängenden Begegnungen verstärkt. »Ich paßte mich an«, sagte Paul, »weil ich niemanden verärgern wollte. Sie wissen, was ich meine, besonders die eigene Mutter ... Ich werde es ihr verheimlichen.« Am Tag nachdem er das Wesen daheim auf der Treppe gesehen hatte, hatte Paul seiner Mutter davon erzählt. Sie gab zu, daß sie am oberen Ende der Treppe »ein unglaubliches Angstgefühl verspürte, das sie veranlaßte, sofort stehen zu bleiben. Sie kam gerade die Treppe herunter, und sie blieb einfach stehen.« Für Paul war das eine »Bestätigung durch jemand anderen, daß etwas an genau dieser Stelle gewesen ist«, aber seine Mutter leugnete, daß sie irgend etwas gesehen hatte. Seine Mutter selbst konnte sich einmal an einen Zeitraum von zwei Stunden nicht erinnern und gab dies auch zu, als Paul sie fragte, aber es gab ihr nicht sehr viel zu denken. »Und ich sage: ‘Mutter! Zwei Stunden mitten am Tag! Fragst du dich nicht, warum?’« Pauls Schwester beschrieb ein UFO, das sie und ihre Mutter einmal gesehen hätten, aber sie berichteten kaum Einzelheiten darüber.

Als wir uns zu Pauls erster Hypnosesitzung trafen, begannen wir damit, daß wir sein diszipliniertes Meditationsprogramm und die

Spannungen besprachen, die er dabei erlebte. Er sprach von seinem Wunsch, sein geistiges Potential zu entwickeln, von Bewußtseinsveränderungen und einem erhöhten Bewußtsein, das er während der Meditation erreichte. Er wollte, »mehr über meine Vergangenheit« erfahren und vor allem herausfinden, »wer diese Leute waren«, denen er mit sechseinhalb Jahren begegnet war.

Bevor er weiter über diese Zeit sprach, erzählte mir Paul von einem erschreckenden Zwischenfall, der sich vor einem Monat spätnachts oder am frühen Morgen ereignet hatte. Er wachte gerade aus einer Traumphase auf, als er einen lauten Knall hörte. Es schien ihm, als sei etwas »beim Abfalleimer vor der Tür«. Er sah aus dem Fenster, um nachzuschauen, und als er nichts bemerkte, legte er sich wieder schlafen. Er wachte immer wieder auf und war sich sicher, daß »etwas im Zimmer war«. Als er jedoch etwas »auf mir spürte« und bemerkte, daß er sich nicht mehr bewegen konnte, erschrak er. »Ich spürte, daß es weiter weg war, aber dann kam es wirklich nah und dann ... Brrr! ... Das ist zu nah. Zu nah! Zurück! ... Da ich allmählich durchdrehe, versuche ich herauszufinden, wo dieses Ding ist, und ich schätze, es ist vor meiner Nasenspitze ... Ich konnte es da spüren ... ungefähr zehn, fünfzehn Zentimeter vor meiner Nase.« Er wollte seine Augen öffnen, aber er konnte es einfach nicht. Er »döste wieder ein« – ein weitverbreitetes Paradoxon bei Ängsten im Zusammenhang mit Entführungen –, und als er wieder aufwachte, konnte er sich »davon befreien« und sich umschauen, aber es war »nichts da«. Obwohl er jetzt bei vollem Bewußtsein war, spürte Paul, wie »ich an meinem eigenen Atem erstickte, weil ich nicht sprechen konnte«, und er konnte sich noch eine Zeitlang nicht bewegen. Obwohl er während dieses Zwischenfalls keine Wesen sah, spürte Paul trotzdem, daß er von »etwas, das bestimmt was getan hatte«, überfallen worden war.

Obwohl die Versuchung groß war, diesen Zwischenfall weiter zu untersuchen, kehrten wir zu dem Erlebnis im Alter von sechseinhalb Jahren zurück, das sich 1972 ereignet hatte. Wie gewöhnlich besprach ich mit Paul zuvor den Kontext, in dem die Begegnung stattfand, damit ich bei der Erforschung des Zwischenfalls unter Hypnose bereits Bescheid wissen und seine Assoziationen nicht mit ablenkenden Fragen behindern würde. Viele dieser Informationen waren während Pauls Treffen mit Miss T. ans Licht gekommen. Wir besprachen den Bauplan des Hauses, wo sich sein Zimmer befunden hatte und wie seine Mutter ihn in dieser Nacht ins Bett gebracht hatte. Paul erinnerte sich nicht daran, eingeschlafen zu sein, aber daran, den Sekretär angesehen zu haben, aufgestanden und zur Schiebetür gegangen zu sein, die sein Zimmer von der rückwärtigen Veranda trennte. Eine Stimme in seinem Kopf, die er kannte, wies ihn an hinauszugehen, als ob »ich dort draußen jemanden treffen sollte«.

Als Paul sein Verhalten in dieser Nacht beschrieb, sprach er so, als sei er der erwachsene Paul, der die Handlungen des kleinen Jungen »durch seine Augen« beobachtete. »Ich empfinde nicht, was er empfindet«, sagte Paul, »aber ich verstehe, was er fühlt.« Der Junge ging auf die Veranda hinaus, schaute nach oben und sah »das Blinken« eines »Raumschiffs«, das gerade über sein Haus zu fliegen schien. »Es war, als ob das ganze Ding erleuchtet wäre«, sagte Paul. Es war rund, »wie ein perfekter Kreis ... groß ... ehrfurchteinflößend«, breiter als hoch und »lang und glatt« auf der Unterseite. »Er«, der Junge, »überlegte, wohin wir gehen sollen«. Das »wir« bezieht sich dabei auf den jungen Paul und Paul als erwachsenen Beobachter, als ob sie gemeinsam existieren würden. »Deshalb gingen wir die Treppe« – der Veranda – »hinunter und gingen hinüber zu dem Kamin.« Dabei handelte es sich um ein Bauwerk, das im Hinterhof stand. »Dort setzten wir uns dann hin.« Der Junge ging in den Kamin hinein, als ob »wir uns dort aufhalten würden, um auf jemanden zu warten«.

Paul sprach dann aus der Perspektive des kleinen Jungen: »Ich hatte wirklich keine Ahnung, wer kommen würde, und ich erschrak, als ich begriff, daß jemand da war.« Paul, der Erwachsene, bemerkte, daß »es heller gewesen sein mußte, da ich in dem Kamin Backsteine sehen konnte, wie Kohlebriketts ... Ich muß mit ihm« – gemeint ist Paul als Kind – »gehen, da ich ... wir ... auf gewisse Art verbunden sind, deshalb gehen wir hinaus, und dann kamen zwei Gruppen von beiden Seiten des Hauses auf uns zu«. Die Wesen waren klein, ungefähr so groß wie der Sechsjährige, nur einer von ihnen schien etwas größer zu sein. Jede Gruppe bestand aus vier oder fünf Wesen. Sie »waren nicht menschlich«, aber als sie ihn umringten, fühlte sich der Junge trotzdem wohler und »freute sich«, bei ihnen zu sein. Sie berührten und umarmten den Jungen, der »eine große Ruhe« spürte und »sich wirklich daheim« fühlte, wie es jetzt auch der erwachsene Paul während der Sitzung tat.

Pam Kasey machte Notizen über Pauls Körperbewegungen während der Rückführung. Sie ermöglichen eine Vorstellung von der Intensität seiner Erfahrungen. »Paul reagiert körperlich heftig auf diese Informationen, mit einer unwillkürlichen Anspannung als Widerstand gegen jede neue Einzelheit, des weiteren oft mit einem nervösen Lachen, einem tiefen Atmen, einer Art Verkrampfung, und dann entspannt er sich für einen Moment. Er zieht Grimassen, runzelt die Stirn und die Augenbrauen, beißt die Zähne zusammen – dann lacht er, schüttelt energisch den Kopf, nervös, ernst, emotionsgeladen, überfordert. Ein wenig später wird es für ihn schwerer – der Körper zuckt, spannt sich an, er schüttelt den Kopf, nickt, hebt ihn, das Gesicht verzieht sich, der Gesichtsausdruck wechselt alle ein oder zwei Sekunden – die Arme hat er an den Seiten, aber die Hände sind angespannt, öffnen sich und gestikulieren.«

Am Anfang der Hypnosesitzung führte ich Paul zurück in jene Nacht und ermutigte ihn, eher der sechseinhalbjährige Junge als der Erwachsene zu sein, der ihn beobachtet. »Ich werde aufgehalten«, sagte er, »ich glaube, es ist Angst ... Sie wird immer intensiver, je mehr ich versuche, er zu sein.« Als ich Paul ermutigte, die Angst auszuhalten, fühlte er bald darauf eine Taubheit in seinem Gesicht, die sich über seinen Bauch, die Brust und die Hände ausbreitete. Mit wachsender Angst sah er »ein großes Auge vor mir ... Hände auf mir«, und er hatte das Gefühl zu »schrumpfen ... Da sind andere«, sagte er, »und sie wollen mich nichts fühlen lassen.« Dann, als er spürte, daß er nackt auf dem Rücken in einem Raum mit einer gewölbten Decke lag, sah er »Werkzeuge und eine Bank«. Sein gesamter Körper war jetzt taub, und Paul sagte: »Ich konnte aus dem Fenster sehen ... Es ist der Weltraum ... Ich sah nur Sterne. Ich sah eine Menge Sterne ... Alles schien sich zu bewegen.«

Einmal mehr hatte Paul Schwierigkeiten, die Beobachtungen seines erwachsenen Selbst mit dem kleinen Jungen und dessen Erlebnissen in Verbindung zu bringen – »alles hält mich davon ab, in Verbindung zu treten« -, aber er konnte sagen: »Ich kann ich sein.« Dann spürte er »Platten, wie Gitter, die auf meinen Magen drücken«. Auf meine Bitte hin beschrieb er eines der menschenähnlichen Wesen. Es hatte keine Haare auf dem Kopf, und seine Augen waren groß und schwarz, ohne erkennbare Iris. Die Nase war »flach, wie bei einem Affen«, und er schien um den Mund »herum Schuppen zu haben, wie Platten auf seinen Lippen«. Dann ließ ihn das Wesen aufstehen und führte ihn durch eine Tür. »Ich gehe nach draußen. Wir schauen uns die Instrumente in dem Raumschiff an. Es ist ein Raumschiff. Es ist ein Raumschiff! Es ist ein Raumschiff!«

Paul empfand das Wesen als »einen Freund«, der ihm die Instrumente zeigte und sagte: »Du bist wie ich, hier im Raumschiff.« Zuerst verstand Paul das nicht, aber das Wesen erklärte weiter, daß »du von hier stammst«. Während andere menschenähnliche Gestalten zusahen, führte ihn das Wesen zu einer siebförmigen Struktur ein wenig weiter unten, seitlich des Mittelpunktes des großen Raumschiffs. Es sagte zu Paul: »Hier versammeln wir uns.« Die Gestalt, die Paul begleitete, zeigte ihm ein Bett, das fast wie ein menschliches Bett mit Laken aussah, aber »es schwebt«. Die Gestalt erzählte Paul: »Das ist dein Quartier. Hier wohnst du, wenn wir diese Ausflüge machen.« Tatsächlich kam das »Quartier« Paul bekannt vor, denn er schätzte, daß er ungefähr »siebzigmal« dort gewesen war. Paul war verwirrt und ungläubig, aber er sagte: »Es kommt mir vor, als ob ich dort bin. Es kommt mir so vor, als ob dies der Raum ist, den er mir zeigt und in dem ich mich aufhalte, wenn ich dahin unterwegs bin, wohin er mich immer mitnimmt.«

Als Paul von dem Gefühl erzählte, an diesem Ort schon »siebzigmal« gewesen zu sein, fragte ich ihn, ob er damit nur dieses Leben meinte oder »ob vergangene Leben mit eingeschlossen« seien. Paul antwortete: »Er sagt, daß sie alle miteinander verbunden sind, daß es einerlei ist.«

»Was ist einerlei?« fragte ich.

»Die Leben. Es ist alles das gleiche ... Es ist nah. Es ist meinem Leben nah. Es ist dem Jetzt nah ... Ich war in diesem Raumschiff, bevor ich hierherkam.« Damit meinte er die Erde. Plötzlich erlebte Paul etwas, das man als einen Durchbruch durch die Informationsbarriere bezeichnen könnte, und er fühlte deutlich die An- und Entspannung seines Körpers, wie Pam Kasey es in ihren Notizen beschrieben hat. »Es zerbricht immer wieder, und es ist ziemlich verwirrend. Mir und ihm ist es klar, aber hier« – im Kontext der westlichen, rationalistischen Perspektive, die meine Befragung für ihn möglicherweise darstellte – »kann ich es nicht verstehen.«

An dieser Stelle sagte das Wesen zu Paul, daß er »mir alles erzählen werde, was ich wissen will«. Unsere Sitzung entwickelte sich dann zu einer Untersuchung seiner doppelten Identität, der menschlichen Natur aus einer außerirdischen Perspektive und der

Entwicklung der Beziehungen zwischen Außerirdischen und Menschen. Paul selbst war »so etwas wie ein Agent«, der aus einem bestimmten Grund auf die Erde gebracht worden war. Der Außerirdische »sagt, daß euer Geist von hier ist«, womit er das Raumschiff und nicht die Erde meinte. »Er sagt, was euch ausmacht, ist hier, und er sagt, daß wir euch hier mit Samen von Menschen integriert haben, aber du bist von hier.«

»Mein Zuhause«, sagte Paul, »ist ein anderer Planet. Dort ist man sehr, sehr friedlich. Man ist nicht wie hier. Man ist hier schon getötet worden.« Ich fragte Paul, wo dieser Planet liegt. »Ist gut. Schon gut. Ich soll es nicht wissen. Ich kann es wissen. Ich kann es sehen. Er ist rot, und er ist ... aber er ist blau. Er ist anders. Er dreht sich schnell, so wie der Jupiter.« Der Planet liege »in diesem Universum«, aber »weiter weg, als man sich das vorstellen kann«.

Ich fragte, wie die Wesen von einem Ort zum anderen kommen. »Es ist wie ein Hüpfen«, sagte er. »Die Energie faltet sich in sich selbst, und schon ist man woanders ... alles faltet sich, kehrt sich um und faltet sich in sich selbst ... Man kann einen oder eine riesige Anzahl Menschen auf einmal bewegen ... Niemand darf es wissen. Die Menschen dürfen es noch nicht wissen.« Ich bat ihn zu sagen, warum. Als er mir antwortete, sprach er als Außerirdischer: »Wir sind hier schon verletzt worden ... Ihr Menschen habt uns verletzt.« Paul sagte: »Es liegt in eurer Natur, gewalttätig zu sein«, und sprach von dem menschlichen Bedürfnis, »alles zu kontrollieren« und uns von anderen Lebewesen, einschließlich der Außerirdischen, zu isolieren. »Menschen sind nur eine andere Lebensform. Ihr seid eine andere Lebensform der Energie. Ihr denkt, ihr seid vom Leben unabhängig, und ihr könnt so nicht leben. Ihr verursacht Tod. Ihr verursacht eine Menge Tod, und es ist euer eigener. Und wir versuchen, euch zu helfen, aber wir kamen hierher, und viele von uns wurden getötet.«

Menschen wie er, fuhr Paul fort, seien »hier, um zu integrieren, und es geht langsam voran ... denn wenn wir kommen und versuchen würden, euch aufzurütteln, würde dies nicht funktionieren. Es hat zuvor schon nicht funktioniert.«

»Wann war das?« fragte ich.

Rasch, als ob er meine Frage ignorieren wollte, fuhr Paul fort: »Ihr Menschen seid schon zu gewalttätig, ihr seid zu gewalttätig und zu feindlich. Es ist zu sehr in eurer Natur verankert, und damit müßt ihr fertigwerden. Ihr müßt das verstehen, und es wird eine kleine Weile dauern ... Wir können uns nicht zu erkennen geben ... Wir müssen uns integrieren.«

Ich versuchte, Paul zu dem zurückzuführen, was in seinem Quartier im Raumschiff passiert war, aber er bemerkte es und bemühte sich weiterhin um das Verständnis »der Information, die in mir verschlossen ist ... Es ist mehr, als wir verstehen können.« Ich spürte, daß ich keine andere Wahl hatte, als ihn fortfahren zu lassen. Er sprach weiter von den Schwierigkeiten, die die Außerirdischen bei ihren Begegnungen mit den Menschen gehabt hatten. »Es gibt hier eine Menge von uns«, sagte er und meinte damit Wesen mit doppelter Identität. »Wenn wir uns zu erkennen geben, endet es mit einem Machtkampf. Jeder hier geht so in Machtfragen auf.« Er sprach davon, wie schwierig es »für eure Spezies« ist, »sich anderen wirklich zu öffnen«. Als menschliches Wesen, aber auch als Außerirdischer hatte er hier sehr viel Ärger«. Er versucht, Menschen zu helfen, aber er fühlt sich angegriffen. »Alles Neue wird angegriffen ... Ich versuche zu tun, was ich tun muß, um euch zu helfen, aber ich werde angegriffen ... Menschen denken, daß es außer ihnen nichts gäbe, daß das alles ist. Aber es gibt hier noch soviel mehr ... Es gibt soviel Leben, aber die Menschen möchten den Tod. Sie wählen die Vernichtung, und sie wählen sie immer wieder – statt das Leben, statt der Verbindung, statt der Schöpfung. Dies hier ist die Hölle ... Jeder hat versucht, euch das zu erklären. Sie haben versucht, euch beizubringen, daß diese Welt sich ändern muß. Die Menschen stolpern immer wieder über sich selbst.«

Paul sprach des weiteren in prophetischen Tönen von der hartnäckigen Weigerung der Menschen zu akzeptieren, was wir getan hätten, oder Hilfe anzunehmen. »Deshalb werden Leute wie wir, die hierherkommen, darin verwickelt, und dann werden wir krank wie ihr.« Die Außerirdischen könnten »körperlich auf eurer Ebene«, aber ebenso »mit anderen verbunden sein, die nicht auf eurer Ebene liegen«. Das ermögliche es den Außerirdischen, »andere zu akzeptieren« und »mit ihnen zu kommunizieren und in Verbindung zu treten ... Menschen können nicht einmal mit etwas auf ihrer eigenen Ebene in Verbindung treten, ganz zu schweigen von etwas aus einer anderen Ebene. Ihr könnt nicht einmal das Leben um euch herum akzeptieren.« Absonderung, Isolierung und Angst charakterisierten die menschliche Einstellung zum Leben, sagte Paul.

Er sprach davon, wie schwierig es für ihn sei, sowohl als Mensch als auch als Außerirdischer zu existieren. »Es ist hart für uns, so gespalten zu sein«, sagte er. In seinem menschlichen Selbst fühle er den großen »Druck eurer menschlichen Gesellschaft ... Es ist einfach zuviel. Es ist so belastend. Es ist einfach so belastend.« Dann sprach er davon, daß wir eine Art schützenden »Panzer« erweitert hätten »zu einer völlig separaten Sache ... Dieser Panzer sollte eine unbedeutende Sache sein. Er ist eine unbedeutende Sache, aber ihr Menschen klammert euch daran. Als ob ihr diese neue Sache geschaffen hättet. Es ist etwas völlig Neues. Es ist eine kleine Schicht, und ihr habt daraus euer ganzes Universum gemacht ... Es ist wie eine Schicht der äußeren Erscheinung.«

Als er versuchte, meine Fragen zu beantworten, spürte Paul, wie er zwischen seiner außerirdischen und seiner menschlichen Identität oder Perspektive hin und her »sprang«, was er als mühsam empfand. Sein Gedankenfluß schien eine eigene Richtung zu haben, beinahe unabhängig von meinen Fragen. »Was für einen Zweck hat es, etwas zu kontrollieren, das man nicht einmal versteht? Was kontrolliert man? ... Ich verstehe es nicht ... Ihr kontrolliert nichts«, fuhr er fort. »Wenn man sich seine Frequenz und seine Energie anschaut und die Art, wie es sich um die Form herum strukturiert hat, und wenn man anfängt tieferzugehen und wenn man beginnt, die Evolution zu verstehen, die Art, wie es sich an molekulare Strukturen bindet ... es geht seit Ewigkeiten immer weiter! Es ist weiter entwickelt, als man es sich vorstellen kann, und es hat versucht, es euch mitzuteilen, aber ihr versteht es nicht.«

»Was ist 'es'?« fragte ich.

»Das Bewußtsein«, antwortete er. »Höhere Bewußtseinsformen ... Ihr werdet die Unendlichkeit nicht verstehen, aber sie existiert!« Paul sagte, die Außerirdischen hätten Zugang zu diesem höheren Bewußtsein, das »durch einen hindurchfließt« und eine Intelligenz ist, die überall existiert oder hingelangen kann.

»Von Mensch zu Mensch, von Land zu Land, von Welt zu Welt?«

»Von Universum zu Universum«, sagte er. »Auf jeder Ebene existiert Bewußtsein. Es ist unendlich.«

Anschließend untersuchte ich mit Paul, welche Informationen er bei seinen Entführungen über dieses höhere Bewußtsein erhalten hatte. »Es beginnt als Energie, die man nicht wahrnehmen kann«, sagte er, aber dann entwickelt es sich und beginnt »intelligent zu werden«. Es kann »in andere Dimensionen gelangen ... und verschlingt dabei Formen, wie eine Zelle eine andere Zelle verschlingt und eine neue Form annimmt. Die Energie spiegelt eine andere Form; sie verschlingt eine neue Form und vernetzt sich mit ihr. Sie nimmt Kontakt mit ihr auf und versteht sie. Sie lernt und wächst. Sie erschafft. Das ist die Schöpfung in Aktion, und sie wird immer intelligenter. Sie wächst. Sie hat mehr Auswahl.« Paul sprach des weiteren davon, wie Materie und Energie »sich zurückziehen« oder sich auf verschiedene Weise ineinander verwandeln können. Indem er diesen kreativen Prozeß mit seinen Wahrnehmungen der menschlichen Verweigerung in Verbindung brachte, sagte Paul: »Ihr möchtet euch nicht ändern und wachsen. Änderung macht euch angst. Änderung bedeutet Zerstörung. Ihr habt so viele rückständige Ansichten darüber, wie es wirklich funktioniert! Ihr macht weiter so. Ihr ändert euch für eine Sekunde, und dann macht ihr immer so weiter. Ihr macht ewig so weiter!«

Paul verriet, daß die außerirdische Intelligenz nicht verstehe, warum die Menschen so destruktiv seien und sich gegen Veränderungen sperrten. Ich fragte, ob die Eingriffe, die sie an unseren Körpern vornähmen, dazu dienten, etwas darüber zu erfahren. »Zum Teil«, sagte er und gab zu, daß das »Herumbohren« und Beschauen dem Verstehen, Helfen und »Anpassen« diene, und er fügte ohne weitere Erklärung hinzu: »Fehler kamen vor.« Letzten Endes »verstehen wir nicht, warum ihr so verbohrt seid« und nichts gelernt habt. »Es stellt eine Reihe schwieriger Probleme für uns dar«, sagte er. »Ein Organismus, der einen solchen Grad an Destruktivität zeigt, sollte schleunigst umkehren und etwas über sich selbst lernen. Er sollte verstehen ... Es ist, als ob man etwas bis zum Äußersten gedehnt hat, und ihr solltet verstehen, daß ihr zerbrecht ... Wir verstehen nicht, warum ihr die Zerstörung wählt.«

»Intervention und Veränderung sind auch dann möglich, wenn man den Grund nicht versteht«, sagte Paul. »Wir können es umkehren«, aber »ihr werdet noch mehr Änderungen akzeptieren müssen, die immer weiter fortschreiten. Die Änderungen werden schneller kommen, und es wird schwieriger für euch werden, euch zu ändern ... Die Intelligenzen sind jetzt da ... das öffnet immer neue Ebenen.« Wir haben uns schon etwas geändert, gab er zu, aber unsere »menschliche Natur« werde weiteren Änderungen entgegenstehen. Ich brachte meine Ungeduld zum Ausdruck und fragte, wie Pam und ich dabei mitmachen könnten, Änderungen herbeizuführen. Er sagte, daß es für ihn schwer sei, »so etwas wie ein Agent« zu sein, dem man »verschiedene Ebenen« gezeigt hat. »Es gibt vieles um euch herum, das sich ankündigt, und dann passiert nichts weiter. Dies ist schon so oft geschehen.« Trotz des weiten Weges, den die Menschen bereits zurückgelegt hätten, isolierten sie sich immer noch. »Dieses Wissen über die Evolution, dieser Lernprozeß ist mit euch gewachsen. Ihr habt Erinnerungen an die Ursprünge. Die Ursprünge, sofern ihr euch das überhaupt vorstellen könnt. Ich kann es mir nicht vorstellen, weil ich teilweise ein Mensch bin und es deshalb schwer für mich ist.«

An dieser Stelle der Sitzung, als wir besprachen, wie »unausgeglichen« und »verloren« wir Menschen seien, schien Paul große Traurigkeit zu befallen. In sehnsüchtigem Ton sprach er davon, wie »total wohl« er sich »dort im Raumschiff fühle ... Ich möchte heimgehen ... Mein Zuhause ist auf dem Raumschiff. Es ist dort.« (Eine große Anzahl Entführter äußert sich ebenso.) Ich erinnerte ihn an seine Zweifel, als ihm sein »Quartier« zum ersten Mal gezeigt worden war. Er sagte: »Für mein richtiges Ich ist es nicht schwer, etwas zu akzeptieren. Ich weiß es. Aber für den gepanzerten Paul ist es schwer.« Der Planet, von dem er gesprochen hatte, war das Zuhause, von dem er ursprünglich gekommen war, und das »Quartier« war der Ort, »an dem ich bin, wenn wir reisen, wenn wir auf Erkundungsreise gehen«. Paul erkennt jetzt, daß ihm »eine längere Zeitspanne« – einschließlich vergangener Leben – gezeigt worden war, als er zuvor erkannt hatte.

Paul kämpfte mit Zweifeln an seinen Erlebnissen, was sich in nervösem Lachen, verkrampften Körperbewegungen und eingeschobenen Kommentaren zeigte wie: »Das ist größer, als ich gedacht hatte ... es ist so seltsam.« Dann erzählte Paul, wie »wir auf diesen Planeten gestoßen sind« – vor Tausenden von Jahren. »Wir hatten früher schon Verbindung aufgenommen« mit »primitiven Lebensformen ... Man zeigt mir eine Art Dinosaurier ... Die sind alt. Reptilien – o mein Gott! Mit dieser Lebensform konnten wir Kontakt aufnehmen.«

»Mit den Reptilien?« fragte ich.

»Ja. Diese Lebensform war ... sie war schlauer als die Menschen«, sagte er lachend. Ich fragte, wie ihm das auf dem Raumschiff vermittelt worden sei. »Ich weiß es nicht«, antwortete er. »Es ist ein bißchen wie eine Erinnerung. Es ist schwierig. Es ist schwierig, weil ich jetzt weiß, daß ich wieder Kontakt aufnehmen kann.«

»Mit wem?« fragte ich.

»Kontakt mit meinen Brüdern auf jenem Planeten. Im Weltraum. In jenem Raumschiff.« Ich schlug vor, die Außerirdischen »Brüder« zu nennen, da Paul die Lebewesen, die wir Außerirdische nennen, als »meine Leute« oder »meine Brüder« empfand.

An dieser Stelle erschienen Paul die Bilder schneller, als er sie bewältigen konnte, und ich ermutigte ihn, sich zu konzentrieren und sich Zeit zu lassen. Er sagte: »Diese Reptilien waren sehr intelligent, eine Energieform, die sich bis damals entwickelt hatte und der es gutging.« Ich fragte, was mit ihnen geschehen sei. »Es hat sich einfach weiterentwickelt. Es ließ zu, daß sich neue Lebensformen entwickelten. O Mann! Die wissen, was Zeit ist. Sie können die Zeit spüren. Sie verstehen, was in der Zukunft geschehen wird. Sie verstehen. Sie sind so mitfühlend ... Sie konnten sogar Verständnis und Mitgefühl für eure künftige Existenz aufbringen.«

Dann spürte Paul, wie Wellen von Energie seinen Körper durchströmten und auf seinen Unterleib drückten, und daraufhin fühlten sich seine Hände wie »Nadeln« an. Er sagte, daß sich dies »angenehm« und »auf gewisse Weise integrierend« anfühle. Er sagte, die Erinnerungen, die er habe, seien »nicht fremd« und »sehr klar«.

Wir näherten uns dem Ende der Sitzung, und ich fragte Paul, wie die Erinnerungen, die er heute aufgedeckt hatte, uns Menschen bei dem Bemühen helfen könnten, unsere gewalttätigen Neigungen zu verstehen. Seine erste Antwort war, daß ihm das, woran er sich heute erinnert hatte, helfen werde, »besser zu verstehen, wer ich wirklich bin ... Ich bin eine Kreuzung – und das ist für mich schwer zu verstehen – zwischen dem, was ich als mein Ich gekannt hatte, und den Brüdern, die bei mir waren und welche die Menschen Außerirdische nennen würden.« Er konnte das Wort nicht ganz verstehen, aber es kam ihm in den Sinn, daß diese so etwas wie die »TA«-Menschen seien. Die TA-Menschen haben sich über eine lange Zeit entwickelt, aber anders als die Menschen, sagte Paul. Sie hätten nicht derart viele Probleme erwartet, als sie sich »mit euch vereinigten«. Ich fragte ihn, warum sie sich entschlossen hätten, sich mit uns zu vereinigen. »So funktioniert die Schöpfung«, sagte er, doch »die Menschen sind noch nicht bereit dazu, aber wir sind bereit ... wir möchten lernen.«

Ich fragte Paul, warum die sich entwickelnde Beziehung zwischen Außerirdischen und Menschen gerade heute so sehr an die Oberfläche komme. Er sagte, daß die menschliche Evolution den Punkt erreicht habe, an dem wir eher bereit seien, die Verbindung zu akzeptieren. »Die menschliche Perspektive oder Evolution hat einen Punkt erreicht, an dem man intelligent genug ist, mehr zu akzeptieren, aber es steht auf der Kippe. Es schwankt hin und her.« Als wir von diesen Dingen sprachen, spürte Paul, wie eine intensive Wärmeenergie seinen Körper durchdrang und sich in seinen Händen konzentrierte. Ich wollte wissen, was nötig sei, um uns »über« die Grenze zu bringen. »Akzeptiert alles«, sagte er. Es gäbe »so viel« zu akzeptieren. Für sein eigenes Wachstum bedeute dies, seine TA-Identität – das, »was ich bin« – bereitwilliger zu akzeptieren. Er sprach davon, wie schwer es sei, »dazwischen« zu stehen.

»Ich stehe dazwischen. Ich bin mehr als ein TA-Wesen. Ich bin mehr als ein Mensch«, sagte er. »Das ist hart! Immer mehr Menschen finden heraus, wie sehr dazwischen sie selbst sind.«

Es schien, als ob Paul mit jeder Äußerung über die Öffnung der Elemente seiner komplexen Identität und der Verantwortung, die ihm diese auferlegte, eine zusätzliche Spannung in seinem Körper verspürte. »Man kann nur ein gewisses Maß ertragen. Ich werde müde.« Er fühlte, daß er von einem intensiven Wärmegefühl überflutet wurde, und spürte ein Prickeln – wie von Nadeln – »in meinen Organen«, besonders im Magen, in der Brust, dem Gesicht und den Händen. Er brachte es mit großen »Wachstumssprüngen« in Verbindung. Daß ich seine Hände intensiv drückte, half ihm, die in seinen Händen blockierte Wärmeenergie freizusetzen.

Als Paul aus der Rückführung erwachte, sagte er, daß er sich »sehr viel besser« fühle – und stark »konzentriert«. Wir sprachen über die Verantwortung, die seine doppelte Identität mit sich brachte, und über die Energie, die mit den Informationen verbunden war. Er meinte, daß der Panzer, den wir aufgebaut hätten, und auch unser destruktiver Kurs nicht sehr erfreulich seien. Stolz, Angst und all »dieser Ego-Kram« seien »Einbahnstraßen«, die mit Empfindlichkeit beginnen und »wie ein Krebsgeschwür« seien, das »alles beendet«. Die »Vereinigung« von Außerirdischen und Menschen könne ein neues Gleichgewicht schaffen, einen evolutionären Schritt, eine Art kosmische Mutation – in Pauls Worten: »Ein Gleichgewicht zwischen Schöpfung und Zerstörung.«

Als wir die Sitzung besprachen, wunderte er sich darüber, wie sein Gedächnis »uralte Erinnerungen« speicherte, beispielsweise an die intelligenten Reptilien, und über die nahezu unbegrenzte Perspektive, die er erhalten hatte. Aber die Menschen hätten die »unglaublich intelligente« Kraft oder Fähigkeit zur Nutzung dieser Gedächtnisbank verloren. Zum Beispiel »schauen Menschen sie sich nur an und sagen: 'Oh, der Dinosaurier hat ein kleines Gehirn und schlaffe Arme. Er aß, schlief und wackelte ein wenig herum. Das war alles, was er getan hat. Und dann wurde er von einem Meteor getötet, weil er das Know-how noch nicht hatte. Natürlich bringen sie es damit in Verbindung, daß sie keine Hände wie wir hatten und insofern auch keine Häuser wie wir bauen konnten. Das ist so ... es ist so egoistisch. Ihr wollt, daß er so wie ihr selbst aussieht, um ihn für intelligent zu halten. Ihr wißt nichts über ihre Kultur ... Ihr habt ein paar Knochen. Ihr wißt nichts. Ihr wißt überhaupt nichts über sie ... Mir kommt es so vor, als ob das schon lange Zeit so ist, und wir wissen nichts über das Tierreich. Aber es ist immer da, und es findet bestimmt Kommunikation statt ... Was ist mit der Intelligenz der Energie, die die Form entstehen läßt?«

Ich verließ das Zimmer für ein paar Minuten, und die Sitzung endete damit, daß Paul mit Pam über die Vermenschlichung der Tiere zu Haustieren sprach. Dabei handele es sich um einen Ausdruck unseres Bedürfnisses, »alles um uns herum aus Angst zu kontrollieren«. Es zeige die enge Perspektive der menschlichen Identität und der »verdrehten«, unfähigen und konkurrierenden und intoleranten Kultur, zu der wir uns entwickelt hätten.

Unsere zweite Hypnosesitzung fand sechs Wochen später statt. Bevor die Rückführung begann, sprach Paul von seinem Wunsch, die inneren Hemmnisse weiter zu überwinden, die seiner persönlichen Umwandlung und der Erfüllung seiner Mission entgegenstanden. Er hatte das Gefühl, daß er während seines gesamten Lebens in falsch funktionierenden Systemen gesteckt hatte – angefangen bei einer Familie, die auf sein Bedürfnis nach Liebe und Unterstützung oft mit Schimpfen und dem Versuch reagierte hatte, »ihn anzupassen«, bis hin zu sozialen und politischen Systemen, die seine Liebe einschränkten. Sein Traum war es, die Barrieren der Angst zwischen den Menschen niederzureißen, »ein Netzwerk der Kommunikation« zu errichten und neue Strukturen aufzubauen, die auf Liebe und Heilung basieren. Aber er fürchtete den Druck, der sich gegen jeden richtet, der versucht, gegen gewohnte Grenzen anzugehen. Er bezeichnete es als einen »unglaublichen Angriff der ganzen Gesellschaft auf dich, weil du eine weitere Grenze öffnest«. Er zeigte sich besorgt darüber, was mir geschehen könnte. »Alle werden eine Riesenangst vor dem haben, was Sie tun – insbesondere weil Sie damit offenbar Erfolg haben könnten.«

Paul sprach von dem Bedürfnis, Vertrauen in das emotionale Klima in meinem Haus setzen zu können, bevor er sich weiter »öffnete«. Er äußerte sich über das Unbehagen an unserer Arbeit an den Entführungen, das er bei meiner Frau gespürt hatte. Dieses Unbehagen wurde in einer kurzen Unterhaltung mit meiner Frau vor Beginn der Sitzung ein wenig gelindert. Es wurde offensichtlich, daß sich ein Vertrauensproblem zwischen Paul und mir entwickelt hatte. In einem gewissen Grad nahm er mich durch den Filter der Enttäuschung wahr, die er mit früheren Vertrauenspersonen erlebt hatte – und ebenso mit maßgeblichen Repräsentanten des hierarchischen Gesellschaftssystems, das ihm so zu schaffen machte. Nachdem wir diese Bedenken ausgeräumt hatten – indem wir versuchten, auf Tatsachen beruhende Bedenken von den Verzerrungen zu trennen, die Paul in die Situation einbrachte –, fiel es ihm leichter, »Ihnen genügend zu vertrauen«, woraufhin wir die Sitzung fortsetzen konnten. Ich gab zu, daß es ganz normal sei, meine Vertrauenswürdigkeit zu testen, und er sagte, daß diese »Prüfung« nicht »feindselig« gemeint oder »ein gewalttätiges Beweisen« gewesen sei. »Dann würde die Wahrheit mit Sicherheit verlorengehen ... Ich weiß, daß Sie verschwiegen sind, und ich fühle mich sicher, wenn ich Ihnen erzähle, was passieren wird.«

Bevor wir mit der Rückführung begannen, sprach Paul über den heftigen Kampf, den er ausfocht, wenn er sich seinen eigenen und den Ängsten anderer Menschen, die mit dem Entführungsphänomen zu tun hatten, stellte. Pam hatte ihn mit verschiedenen anderen Entführten bekannt gemacht, die ähnliche Ängste verspürten, aber obwohl dies hilfreich war, gab ihm seine Erfahrung, daß »jeder diese Sache verwirft«, das Gefühl, als ob er »ertrinke«. Ich sprach zu Paul von der »heldenhaften Reise«, auf der er sich befinde, und er sprach von »diesem entsetzlichen Zweifel und der Angst, die er spürte«. In der Rückführung wollte er auf den »unglaublichen Schmerz eingehen«, den er fühlte, »genau in meinem Herzen, in meiner Brust«. Paul erzählte, wie er an diesem Nachmittag zu meinem Haus gefahren war: »Auf dem ganzen Weg hierher weinte ich mir die Augen aus. Ich spürte alles... den ganzen Schmerz dieser Welt ... Als ich hier ankam, liefen mir die Tränen über das Gesicht ... Ich habe Schwierigkeiten damit, vor jemandem zu weinen.« Ich fragte, ob er bei seinem Vater hatte weinen können. »Wahrscheinlich«, sagte er, aber es seien Tränen des Scheiterns gewesen. »Auf dem Weg hierher habe ich vor Schmerz geweint, vor Kraft.« Als letztes fragte ich ihn, an welche Stelle wir zurückgehen sollten. Er wollte »Zugang finden« zu diesem Schmerz. »Ganz klar«, sagte er. »Er wird aus meiner Brust hervorbrechen, und ich werde jetzt ich selbst sein. Mehr als jemals zuvor.«

Pauls erstes Bild in der Hypnose stammte aus einer neueren Entführungserfahrung. Eine verhüllte Gestalt in einem Raumschiff nahm seine Hand und ging mit ihm durch eine Tür und durch einen Korridor in einen dunklen Raum hinein. In dem Raum brannte ein Licht, und er wurde in einem Sessel festgeschnallt. Die Gestalt hatte einen großen Zeigestock und zeigte Paul auf einem Bildschirm, wie er von einem Familienmitglied geschlagen wurde. Dann »zeigt er mir die Erde«, und »alle diese Menschen sterben. Er sagt mir, daß ich das in Ordnung bringen soll.« Die Gestalt sagte: »Ich weiß schon, wie ... Es ist in jedem von uns, und so wird es sich weiter ausbreiten.«

Die Szene wechselte, und Paul ging zurück in die Zeit, als er noch ein Junge gewesen war. Er war ungefähr zwölf Jahre alt und zu Hause im Keller, als dieser Zwischenfall begann. »Ich kämpfe. Ich kämpfe allein. Das Ding, das mit mir kämpft, weiß, daß ich da bin, aber ich glaube, ich bin irgendwie geschützt. Denn es kann nicht rauskommen und mich einfach töten. Aber ich denke, das will es ganz bestimmt. Es macht einen Satz auf mich zu, aber es wird wie von einer schützenden Barriere aufgehalten. Es klappt nicht. Es muß es anders versuchen. Es wird es versuchen. Es wird mich auseinandernehmen, Stückchen für Stückchen ... Wir haben diesen Kampf schon einmal geführt. Darum bin ich immer noch da. Er sagt, er kämpft mit jedem so.« Der Kampf erschien Paul mythisch, als ob er »der Destruktion gegenüberstand, die die Schöpfung aufhalten will ... einige Menschen nennen ihn Satan ... Ich schreie, aber ich glaube nicht, daß mich jemand hören kann.«

In der Dunkelheit nimmt Paul eine glühende, nichtmenschliche Kreatur wahr, die ihn »symbolhaft«, wie er es nennt, anstarrt. »Sie kontrolliert die Menschen sehr stark« und wollte ihn »zerstören«. Aber er wurde von einer »schöpferischen Macht« davor geschützt »verlorenzugehen«. Einmal mehr spürte er eine Taubheit, die sich in seinem ganzen Körper ausbreitete, und er fühlte sich hilflos. Aber das Wesen konnte ihn nicht töten, denn »ich weiß zuviel darüber, wer ich bin und wo meine ganze Kraft herkommt. Es kann mich nicht davon trennen.« Der Tod werde durch eine »Isolierung« bewirkt, aber Paul war »in meinem Rücken mit Seilen verbunden«, die das Wesen »durchzuschneiden versuchte«. Als Paul erkannte, daß er symbolhaft sprach, sagte er, daß die Seile, die »mich mit Teilen von mir verbinden«, von dem Wesen durchschnitten würden. Er verspürte großes körperliche Leid, während er das erzählte. »Es ist so schmerzhaft. Es ist so schmerzhaft, hier zu sein. Es tut weh.«

Paul befand sich nicht länger zu Hause im Keller, sondern lag jetzt nachts in seinem Bett auf dem Rücken und nahm »Dinge, die sich um mich herum bewegen«, wahr. Er konnte sich überhaupt nicht rühren und sah »ein Ding im Schrank«, mit einem »Horrorgesicht« wie die »Gestalt aus 'Der Exorzist'«, die ihn als Kind sehr erschreckt hatte. Die Gestalt schien ein Licht anzuschalten, zog sich jedoch weiter in die Dunkelheit des Schrankes zurück. Paul spürte den Wunsch, »ihr zu folgen«. Obwohl es ringsum dunkel war, konnte er die Gestalt immer noch sehen, »in eine Ecke gekauert. Ich kann sie dort drüben atmen spüren. Sie ist zwar gefährlich, aber ich glaube, sie ist gerade schlimm verprügelt worden.« Er entschied sich, die Hand nach dem Wesen auszustrecken. Sein Bewußtsein verschob sich, und Paul war wieder zurück in seinem Zimmer. »Ja! Bäh! Okay. Es ist so kaputt. Es sieht so kaputt aus. Seine Arme bewegen sich nicht richtig. Sie bewegen sich nicht so wie meine Arme. Es ist schleimig. Es fühlt sich nicht an wie ich. Ich kann es überhaupt nicht verstehen. Es möchte aber, daß ich es verstehe.«

Das Wesen versuchte, mit Paul zu sprechen und ihn zu berühren, was »mich sehr erschreckt ... Es erzählt mir von sich. Und es versucht, mir etwas über mich zu erzählen.« Die Gestalt erzählte Paul, daß »sie ich sei« und daß er – Paul – »die Kraft habe, dieses Ding erscheinen zu lassen, aber ich verstehe nicht, wie. Ich sehe nicht, daß ich das kann.« Einmal mehr wurde Pauls Körper taub. Er war mit dem Wesen in den Wäldern, und sie unterhielten sich. Die Gestalt schien kleiner zu werden, »ein Meter zwanzig oder so«, und sah »aus wie ich. Es hat Augen und so eine Nase«, nur ist sie »flacher ... es ist nicht viel dran«, und Ohren wie »Löcher in seinem Kopf ... Oh, es sieht seltsam aus!« Der Kopf war groß im Verhältnis zu dem »dünnen, dünnen Körper«. Die Gestalt streckte Paul eine Hand entgegen, die zwei oder drei Finger und einem Daumen hatte. »Er will nur mit mir sprechen. Er versteht nicht, warum ich solche Angst habe!«

»Warum haben Sie solche Angst?« wollte ich wissen.

»Ich, ich habe Angst! Er sieht wirklich seltsam aus! ... Er ist nur anders als ich!« Das Wesen »berührt mich immer wieder«, und Paul konnte nicht verstehen, warum. »Es möchte, daß ich verstehe, was es zu sagen hat. Es möchte, daß ich verstehe, wie ich ich sein kann. Es versucht, mir zu helfen, ich zu sein.«

Paul glaubte nun, daß er ungefähr neun Jahre war, als sich dies ereignet hatte. Immer noch im Wald, sah er ein Raumschiff hinter dem Wesen. »Es hält seinen Kopf schräg, aber ich kann nicht, kann nicht, kann nicht mit ihm sprechen. Ich weiß nicht, was ich ihm sagen soll.« Die Gestalt streckte Paul die Hände entgegen. »Es möchte, daß ich seine Hände nehme.« Aber er hatte zuviel Angst und konnte sich »ihm nicht so öffnen, wie es das von mir wollte ... Es ist einfach so anders.« Die Gestalt zog Paul an den Händen ins Raumschiff. »O mein Gott!« sagte Paul, als er spürte, wie er durch die Tür des Raumschiffs ging. »Es ist irgendwie verschwommen, aber es ist immer noch da.« Im Raumschiff war es zuerst dunkel. Er befand sich in sitzender Haltung, als mehrere Wesen mit ihren Händen seinen Körper untersuchten, als wären sie »über etwas verwirrt«. Obwohl es ihm vorkam, als hätte er den Wesen erlaubt, ihn zu berühren, weigerte er sich, mit ihnen zu sprechen, was sie nicht verstanden.

Die Wesen wollten, daß er sich auf einen Tisch legte, was er auch tat. Er hatte keine Kleidung an, konnte sich nicht bewegen, und ihm war kalt. »Ich verstehe es nicht«, sagte Paul und fühlte sich erschrocken und verwirrt. »Sie schneiden mich auf.« Indem sie eine Art Licht benutzten, machten die Wesen einen zwanzig oder dreißig Zentimeter langen Schnitt in sein rechtes Bein oberhalb des Knies. Das »lose« Fleisch öffnete sich ungefähr einen Zentimeter tief, und man konnte Muskeln, Bänder und Knochen sehen, aber es blutete kaum. »Es müßte bluten! Warum blutet es nicht?« Die Prozedur tat nicht weh, aber der Anblick seines geöffneten Beines erschreckte Paul. »Sie schauen es sich nur an«, sagte er. Dann »nehmen sie ein kleines Stückchen von meinem Knochen ... Nur mit dem Licht« schlossen die Wesen die Wunde, und »jetzt unterhalten wir uns«.

Mit seiner Panik alleingelassen, spürte Paul, daß er Schwierigkeiten hatte zu atmen – genauso wie in unserer Sitzung. Er spürte, daß sich die Wesen Mühe gaben, aber er konnte nicht verstehen, warum er so große Angst hatte. Die Wesen erklärten Paul, daß »wir verwandt sind« und daß »ich zu ihnen gehöre«. An dieser Stelle der Sitzung erlebte Paul eine Art Bewußtseinsspaltung. In seiner Identität als Außerirdischer verstand er, daß sie versuchten, ihm zu helfen, aber als Mensch »habe ich Schwierigkeiten zu verstehen, wer ich bin«, und »es anderen Menschen zu erklären«. Die Operation an seinem Bein und »eine Menge« anderer Dinge vorher und seitdem hatten die Wesen mit ihm gemacht, um »Dinge in mir zu verändern«, damit er »so etwas wie ein Verbindungsmann« werden kann, der sie mit mir und anderen Menschen »bekanntmacht«. Aber er hatte Angst um seine »neuen Freunde«, Angst, daß sie verletzt werden könnten, weil »jedermann zuviel Angst vor ihnen hat«.

Paul sagte, die Außerirdischen hätten ihm vieles beigebracht, beispielsweise »wie ich denke und wie die Energie in mir arbeitet«. Ich bat ihn, mir das zu erklären. »Es ist eine sehr mächtige Sache ... Meine Gedanken haben einen großen Einfluß darauf, wohin diese Energie fließt, und sie zeigen mir, wie ich mir bewußtmachen kann, wohin ich diese Energie fließen lassen möchte. Sie zeigen mir, wie ich sie benutzen kann. Sie zeigen mir, wie ich sie in meinem Körper spüren kann. Sie zeigen mir, wie ich sie in anderen Menschen und in deren Körpern spüren kann. Sie zeigen mir ihre Technik.«

»Zum Beispiel?« fragte ich.

»Die Art, wie sie sich selbst heilen, wenn sie verletzt sind.«

Tatsächlich war Paul – wie viele Entführte – immer schon besonders einfühlsam, und diese psychische Begabung schien in dem Maße zu wachsen, in dem er sich an seine Begegnungen mit Außerirdischen erinnerte. Er verfügt über die ungewöhnliche Fähigkeit, anderen seine Begabung auf einfache Weise zu vermitteln. Pam Kasey erlebte, wie er Metaphern aus dem Alltagsleben benutzte, um es Menschen zu ermöglichen, ihre Aufmerksamkeit von einer Stelle ihres Körpers auf eine andere zu lenken oder sich der Lösung eines Problems zu öffnen. Indem er ein paar einfache Fragen stellt, kann er überdies Menschen zu dem Bewußtsein verhelfen, daß sie Informationen erhalten, die sie bisher ignoriert haben. Seine Fähigkeit zu unterrichten, ist – wie Pam und andere bemerkt haben – außergewöhnlich.

Dann erklärte Paul: »Wenn sie auf Erkundungsflüge gehen, sterben manchmal welche«, aber sie können durch die Energie der anderen Wesen »wieder eingesammelt« und ins Leben »zurückgebracht« werden. »Sie lassen ihn die Energie aufnehmen, womit das Bewußtsein« eines oder mehrerer der anderen Wesen gemeint ist, denn der Gestorbene »sollte noch nicht sterben«. Paul erzählte dann ein Beispiel, bei dem »das Raumschiff in einer Wüste abstürzte«, nachdem »wir auf sie geschossen hatten«, und »ein paar von ihnen waren tot«.

An diesem Punkt der Sitzung war Paul überrascht, da es ihm so vorkam, als ob er sich persönlich an der Absturzstelle aufhalte. »Ich bin bei ihnen. Ich bin ihr Freund. Ich weiß, wer sie abgeschossen hat. Warum? Warum haben wir sie abgeschossen? Warum hat man sie abgeschossen? Das ist nicht richtig. Männer in Uniformen. Sie zeigen mir, wer sie abgeschossen hat. Ich gehöre nicht zu dieser Gruppe. Es ist das Militär. Es sind Soldaten. Man hat sie abgeschossen. Sie sind verletzt. Ich kann ihnen nicht helfen.«

»Was ist dann passiert?«

»Die ganzen Jeeps kommen. Wir starten. Wir müssen gehen. Wir müssen die übrigen zurücklassen.« Ich fragte, ob er einer von ihnen oder ein Mensch sei, und Paul erwiderte: »Ich bin ein Mensch. Wir müssen die Absturzstelle verlassen. Die Armee kommt, und sie werden alles mitnehmen. Sie nehmen das Raumschiff mit, sie werden das Raumschiff mitnehmen.« Aber er sah, daß seine außerirdischen Brüder »verletzt wurden, weil diese Männer Angst hatten ... Sie« – die Außerirdischen – »müssen es mir zeigen. Ich möchte es nicht sehen. Warum? Weil ich kein Mensch sein möchte. Ich bedauere es, ein Mensch zu sein. Ich wollte sie nicht verletzen.« Paul erklärte, daß er neun Jahre alt war, als er an der Absturzstelle war, und zwar in einem anderen Raumschiff, das die Toten barg.

Es quälte Paul, daß einige seiner toten »Freunde« nicht »eingesammelt« werden konnten und in der Wüste zurückgelassen werden mußten. Er hatte ihnen helfen wollen und war traurig, daß »sie alle an der Furcht dieser anderen Menschen litten ... der Dummheit dieser anderen Menschen«. Paul sagte, sein Leben sei »der Steigerung der Wahrnehmung« gewidmet, aber um diese zu erreichen,

»muß ich mich lieben und zulassen, daß ich hier bin«. In der Sitzung spürte Paul, wie sich sein Herz »weiter öffnete ... Ich spüre Wärme. Die Dinge schmelzen.« Er spürte auch, daß sich »Friede und Liebe ... ausbreiten ... Der Planet wird wachsen«, sagte Paul über die Erde, »indem wir uns um uns selbst kümmern«, aber »es beginnt bei mir. Ich muß akzeptieren, was ich gelernt habe«, nämlich daß die Heilung im Herzen beginnt, »und dann fließt es nach außen«. Die Wesen hätten ihm gezeigt, daß der »Haß auf andere« die Krankheit der Herzen verursacht habe und daß die »Kraft zum Wachstum ... überall um mich herum« sei. »Sie zeigten mir, wie ich es nutzen kann.«

Paul sagte, seine Rolle bestehe darin, als Brücke zwischen den Außerirdischen und der Menschenwelt zu dienen. »Sie möchten, daß ich eine Gruppe bilde, die sich mit ihnen treffen kann. Sie möchten, daß wir keine Angst vor ihnen haben, daß wir offen sind, sie verstehen« und in einen liebevollen »Austausch« treten. Er und andere Menschen müssen sich ihren Ängsten stellen, wenn wir »diesen Ort, an dem wir leben und an dem ich lebe, ändern wollen ... Es gibt viel zu tun. Ich brauche dabei Hilfe. Und ich brauche Ihre Hilfe.« Als die Sitzung sich ihrem Ende näherte, sprach Paul des weiteren von seinem eigenen »Bedürfnis zu wachsen« und brachte seine Liebe zu mir und zu Pam zum Ausdruck. »Ich glaube, daß Sie beide mir helfen werden. Warum fällt es uns so schwer, einander zu lieben?« Dann sprachen wir von dem Zusammenhang zwischen seiner persönlichen Geschichte des Schmerzes – sowohl im Leben allgemein als auch bei den Begegnungen mit den Außerirdischen – und der fehlenden Bereitschaft oder Unfähigkeit, das Herz zu öffnen.

Bevor wir zum Ende kamen, sprachen wir von Pauls Erinnerung an einen Zwischenfall, der sich offensichtlich bei Roswell, New Mexico, ereignet hatte und bei dem – wenige Tage, nachdem die ersten »fliegenden Untertassen« unserer Zeit gesehen worden waren – ein Raumschiff abgestürzt zu sein schien. Paul sagte, daß die Außerirdischen den feindseligen Empfang, den man ihnen bereitete, nicht erwartet hatten. »Ich hatte das Gefühl, daß sie mit offenen Armen kamen, und sie bekamen einen Speer genau dazwischen ... Es scheint, als wären sie beschossen worden, und das brachte alles durcheinander. Sie verstehen uns überhaupt nicht. Sie fangen erst langsam damit an.« Dieser anfängliche Empfang werde das Verhältnis jedoch »wirklich schwierig« machen.

Da Paul erst neunzehn Jahre nach dem Absturz von Roswell geboren worden war, fragte ich ihn, wie er dabeisein konnte, zumindest in seinem Bewußtsein – sofern er nicht tatsächlich an diesem Zwischenfall beteiligt war. »Ich weiß es nicht«, sagte er. »Ich glaube, es geschieht einfach. Ich muß es nur zulassen, was ganz wichtig ist, wenn man Informationen erhalten will.« Ich wollte mehr über das Bewußtsein als eine Art »zusammenhängende Struktur« wissen, die es einem erlaubt, »unter bestimmten Bedingungen überallhin« zu gehen. Pauls Antwort war kompliziert. Er bestätigte, was ich gesagt hatte, fügte aber hinzu: »Gleichzeitig ist es, als ob man nach innen gebogen würde. Wenn man stirbt, kann sich diese Energie ein bißchen in dieses Kernbewußtsein zurückziehen, aber die Erinnerung daran, wer man war, ist noch vollständig vorhanden und in dieser Energie stark verkörpert. Sehr stark sogar! Und es geht zurück in das Ganze, und das Ganze wächst wieder zurück, und dann kommt man zurück ... Die Erinnerungen sind da, aber es ist, als ob man wieder nach außen gedrückt wird, und man nimmt wieder Gestalt an ... Man scheint diese Unabhängigkeit zu spüren, weil man sich so auf eine Richtung konzentriert, auf einen Zweck. Man kommt auf der Ebene der Moleküle zurück und stützt sich auf alles, weil man damit verbunden ist ... Die Verbindungslinien dorthin, woher man wirklich kommt, sind geheimnisvolle Kräfte. Es ist gewaltig! Aber da man vorwärts strebt, vergißt man, was hinter einem liegt. Ich glaube, das war es, was mich hielt. Ich glaube, das waren möglicherweise irgendwie die Seile, die ich hinter mir spürte. Ich bin mir nicht sicher.«

Ich fragte Paul, welche »Gestalt« er während dieser Episode gehabt hatte. Steckte er in dem Körper eines Neunjährigen, oder war es nur eine Art Bewußtsein? Er sagte, er habe sich »sehr stark als ich selbst gefühlt, und dann änderte sich alles um mich her, um mir ein Beispiel von dem, was passiert war, zu geben und um mir zu helfen, es zu verstehen, nicht wahr? Und ich bin mir sehr bewußt, wer ich bin, aber alles ändert sich so radikal, daß die Informationen sehr spontan wirken.« Paul hatte das Gefühl, als wäre sein Körper während dieser Ereignisse wirklich an Bord dieses Raumschiffes gewesen. »Es kam mir vor, als ob ich dort gewesen wäre. Es kam mir sehr wirklich vor.«

Bei der Besprechung anderer Aspekte dieser Sitzung bemerkte Paul, daß »dieses schleimige, kaputte Ding« seine körperlich gewordene Furcht vor dem Unbekannten gewesen sei. Das Bild in der Sitzung entsprach einem schrecklichen Bild aus dem Film »Der Exorzist«, das ihn als Kind wochenlang verfolgt hatte. »Als ich sie traf und sie berührte, war es so: 'Oh, seid ihr schleimig!' Und dann die Kälte und all das Zeug, und das hat mich noch mehr erschreckt.« Die Außerirdischen schienen dieser Verwechslung von Identitäten oder falschen Zuschreibungen, die sich hier ereigneten, zu widersprechen und brachten Einwände dagegen vor. Als sie zum Beispiel Paul durch den Wald zum Raumschiff führten, teilten sie ihm mit, daß sie versucht hatten, ihn »zu erreichen«. Sie fragten sich: »'Ist irgend etwas nicht in Ordnung? Jetzt aber los! Ich bin, wer ich bin, und du bist, wer du bist, und was ist dabei dein Problem?' Und sie versuchen, ihre Gedanken zu übermitteln. Sie möchten dich nicht in ihre Gewalt bringen.« Er spürte, daß sie ihn anblickten, als ob sie sagen wollten: »Warum sprichst du nicht mit uns? Wie kommt es, daß du nicht akzeptieren kannst, was du bist?«

Ich sprach mit Paul über die Schwierigkeiten, die Menschen damit haben, die Quellen der Kraft, von der sie stammen, zu akzeptieren und anzuerkennen. Er antwortete: »Einen anderen Menschen als Informationsquelle zu akzeptieren, ist schwierig genug. Aber Nichtmenschen als Informationsquelle zu akzeptieren, als Guru, als Lehrer ... Ich meine, es ist erstaunlich, was sie mir beigebracht haben, jetzt, wo ich es mehr und mehr akzeptiere. Sie haben mir wahrscheinlich gezeigt, wo die schöpferische Kraft ist. Sie sind diejenigen, die mir dabei helfen, mich mit ihr auf großartige Weise zu verbinden.« Paul dachte darüber nach, wie er »völlig im Zweifel« über den Realitätsgehalt seiner Begegnungen mit Außerirdischen gewesen war, was er mit der beschränkten »Definition von Gott« in Zusammenhang brachte, die er während seiner Erziehung erfahren hatte, da seine Eltern damals »von Religion zu Religion« wechselten. Dennoch ist Paul mit dem Gefühl aufgewachsen, daß er »die Verbindung mit einer Quelle verstand. Die Terminologie und der Stoff dazwischen sind nicht aus Materie.« Er dachte mit Ehrfurcht an die »unglaubliche« Technik, die er bei seinen Begegnungen mit den Außerirdischen gelernt hatte, insbesondere die »Flut an Informationen« darüber, wie man heilt. »Ich habe Notizbücher voll mit diesem Zeug«, sagte Paul, »und es ist sehr reell.«

Am Ende dieser Sitzung mußte ich den Raum für ein paar Minuten verlassen, um mich um etwas im Haus zu kümmern. Paul, der sich verletzlich fühlte, fragte Pam, ob ich mich »im Stich gelassen« fühlte. »John weiß viel mehr, als er sagt ... er ist nicht zufrieden.« Dies erwies sich als eine Art Projektion, mit der Paul sein Gefühl zum Ausdruck brachte, daß »wir viel weiter hätten gehen können ... Wir könnten genauso weitermachen. Ich muß nicht aufhören.« Pam versicherte ihm, daß die Arbeit, die wir vollbracht hatten, tiefgehend war, daß ich nicht enttäuscht sei und daß meine vorübergehende Abwesenheit mit etwas anderem zu tun habe, was ich alles bestätigte, als ich in den Raum zurückkam.

Ein paar Tage später rief mich eine andere Entführte an. Es handelte sich um Julia, eine junge Frau, mit der ich seit fast drei Jahren arbeitete, und sie erzählte mir von Paul, den sie zum ersten Mal in unserer Selbsthilfegruppe getroffen hatte. Obwohl sie sich »auf der Erde« nicht gekannt hatten, spürte sie, daß sie ihn von Treffen in den Raumschiffen her sehr gut kannte. Es ist unter Entführten übrigens weit verbreitet zu erzählen, daß sie andere Entführte, die sie kennen, in den Raumschiffen gesehen oder getroffen hätten. Sie sprach von Pauls »überwältigender« Persönlichkeit, die »Liebe verströmt«. Er ist »grundsolide«, sagte sie, und sehr in sich ruhend. In der Umgebung des Raumschiffs habe Paul eine »Ausstrahlung« und eine Kraft ähnlich wie »mein Doktor« – dies ist der wichtigste Außerirdische bei ihren Entführungen – oder andere Außerirdische. Insbesondere, sagte Julia, habe Paul eine große Begabung als Heiler und bringe Menschen wie ihr bei, anderen Menschen »die Verzweiflung und den Schmerz zu nehmen«. Er schien eine starke Fähigkeit zu besitzen, die Leiden der Menschen emotional zu ertragen und sie von ihrem Schmerz zu erlösen, vor allem mittels seiner Hände. Sie hatte nie allein mit Paul gesprochen und kannte natürlich keine Einzelheiten aus unseren Sitzungen.

Besprechung

Pauls Fall ist beispielhaft für eine wachsende Anzahl von Entführten, die sich nicht so sehr auf die traumatische Natur ihrer Erlebnisse konzentrieren, sondern statt dessen versuchen, Informationen weiterzugeben, von denen sie glauben, daß sie diese während ihrer Begegnungen mit den Außerirdischen erhalten haben. Unsere beiden Rückführungen behandelten auch traumatische Vorfälle, insbesondere den Schock der Hilflosigkeit und das Aufschlitzen seines Beines, aber das interessierte Paul weitaus weniger als die Möglichkeit, Zugang zu den Kenntnissen zu bekommen, die er während seiner Entführungen erhalten hatte. Diese Informationen betreffen Themen wie menschliche Angst und Destruktivität, unseren Widerstand gegen Veränderungen, die Notwendigkeit, unser Herz zu öffnen, die verwandelnde Kraft der Liebe, die Beförderung durch den Weltraum, Heiltechniken, die er von den Außerirdischen gelernt hat, die Natur des Bewußtseins – insbesondere als Urquelle der Schöpfung – sowie Pauls doppelte Identität als Mensch und Außerirdischer und seine Rolle als Heiler und Brücke zwischen den beiden Welten. Ein zentrales Thema in Pauls Fall ist die extreme und hartnäckige Qualität der menschlichen Destruktivität, die – obwohl auf Angst beruhend – selbst für die Außerirdischen verwirrend bleibt. Den Außerirdischen erscheint es so, als hätten wir den Tod freiwillig dem Leben vorgezogen, und ihre Experimente sind teilweise ein Bemühen, unsere perverse, verstockte Art zu verstehen, und eine Art Intervention, um uns weg von der Zerstörung und hin zur Schöpfung zu führen.

Die Informationen, die Paul erhalten hat, sind schwierig zu beurteilen. Erstens ist es, wie er selbst sagt, problematisch, die Kraft und das Wissen von Wesen zu akzeptieren, die so seltsam aussehen und unsere Vorstellung von Realität »zertrümmern« – und viel mehr noch, sie als »Gurus« anzunehmen. Für Paul, wie für uns alle, die direkt oder indirekt diesem Phänomen ausgesetzt sind, bestand die Aufgabe darin, die Tatsache seiner eigenen Erfahrung zu akzeptieren. Des weiteren widersprechen seine Erzählungen manchmal völlig unserer Realität von Raum und Zeit, wie zum Beispiel seine Befähigung, als neunjähriger Junge 1947 in Roswell »dabei« gewesen zu sein – neunzehn Jahre, bevor er geboren wurde. Solche Raum-Zeit-Reisen machen nur dann einen Sinn, wenn man das Bewußtsein als eine Art Hologramm einer universellen Quelle betrachtet, die Materie und Form hervorbringen kann und zu der Paul und möglicherweise jeder von uns Zugang hat, wenn wir uns nur öffnen und uns, soweit erforderlich, in dieser ursprünglichen Struktur aus Informationen oder Energie »gehen lassen«. Tatsächlich galt ein Großteil von Pauls Sitzungen der Form und Identität schaffenden Kraft des Bewußtseins und der zwingenden Notwendigkeit, uns selbst seinen unbegrenzten Qualitäten zu öffnen.

Was Pauls Mitteilungen so bezwingend und überzeugend machte, war die Intensität des Gefühls, der Körperbewegungen und der Empfindungen, die jeden neuen Gedanken begleiteten. Bei der Arbeit mit ihm war es so, als bestünde die Rolle des Hypnotiseurs darin, Paul Zugang zu dem Wissen zu ermöglichen, das in ihm gespeichert war und das – als es ins Bewußtsein trat und dann mitgeteilt werden konnte – seinen Körper stark beeinflußte. Die Vorstellung des Bewußtseins als unendliche Quelle der Energie und Form, zu der jedes Lebewesen Zugang hat, läßt es möglicherweise als unangemessen erscheinen, jede Äußerung Pauls – zum Beispiel seine Anwesenheit in Roswell – unter dem Gesichtspunkt zu betrachten, ob sie tatsächlich wahr ist oder sich in linearer Raumzeit wirklich »ereignet« hat. Ich gebe zu, daß dies nicht jeden befriedigen wird, der gerne an einer Weltsicht festhalten will, die auf ein vierdimensionales Universum beschränkt bleibt. Andererseits könnte ein bestimmter Wert dieser Herausforderung unserer begrenzten Weltsicht in einer Erweiterung unserer Bewertungskriterien von Informationen liegen – damit in diese auch die Kraft oder Intensität, mit der etwas gefühlt und mitgeteilt wird, eingeschlossen wird – und in dem potentiellen Nutzen, den dieses Wissen möglicherweise hinsichtlich unserer gegenwärtigen Probleme bietet.

Legt man diese Kriterien an, so bestehen kaum Zweifel, daß Paul erlebte, daß die Informationen, die er während unserer Sitzungen bekam, eine große Kraft hatten; und ebenso erging es auch uns – Pam und mir –, an die er sie weitergab. Des weiteren stellen die unablässigen Botschaften, wir müßten uns ändern, unseren Verstand und unser Herz öffnen und von den katastrophalen Folgen der Verwechslung unseres defensiven »Panzers« mit einer vollständigen menschlichen Identität ablassen – Botschaften, die den Kern der Informationen bilden, die Paul erhalten und übermittelt hat –, im Kontext der gegenwärtigen weltweiten Krise allesamt Mitteilungen von großem praktischen Wert dar.

Schließlich stellt sich die Frage, welche Rolle ich bei Pauls Entwicklung und seiner persönlichen Öffnung hatte. Alle, die ihn außerhalb der therapeutischen Umgebung kennen – wie Pam, Julia und andere Entführte – bestätigen seine außergewöhnlichen intuitiven und heilenden Fähigkeiten. Er kam zu mir, um seine Kräfte von den Beschränkungen durch die Unterdrückung – ein Wort, das er sowohl in Bezug auf das Unbehagen seiner Mutter an seiner Intelligenz und seinen Fähigkeiten benutzte als auch hinsichtlich der Unfähigkeit seiner vorherigen Therapeutin, mit dem Material umzugehen, das mit der Entführung zu tun hatte – zu befreien, die das Ergebnis einer Reihe verschiedener Kräfte war. Dazu gehörte auch die Unterdrückung seiner Vorstellungen und Erinnerungen, die in ihm verschlossen waren und bei denen es sich um eine Anpassungsreaktion handelte – wenn man ihre Intensität, Pauls Bedürfnis, im Alltagsleben normal zu funktionieren, und das Fehlen eines unterstützenden Umfeldes betrachtet, in dem er sich sicher genug gefühlt hätte, um sich solchen ungewöhnlichen Informationen zu öffnen. Dazu gehörten aber auch die ontologisch erschütternde Natur der Informationen selbst und die schiere Kraft der beteiligten Energien, die es nötig machten, ein stark unterstützendes und vertrauensvolles Umfeld zu schaffen, bevor Paul sich gestatten konnte, das vorzubringen, was in ihm zurückgehalten worden war.

Paul nimmt sich selbst als Brücke zwischen zwei Welten wahr. Er spürt deutlich, daß er sowohl eine menschliche als auch eine außerirdische Identität hat. Die Aufgabe, diese beiden grundlegenden Dimensionen seiner selbst zu integrieren – eine Herausforderung, der sich viele Entführte stellen müssen, die ein solches Doppelleben führen –, ist immens und ein zentraler Aspekt unserer Arbeit. Für Paul – wie auch für andere Entführte, die spüren, daß sie die Quelle der schöpferischen Energie im Kosmos angezapft haben – ist seine menschliche Identität sehr schmerzhaft, insbesondere angesichts der destruktiven Institutionen oder Systeme, die wir geschaffen haben. »Zu Hause« ist für ihn – wie für viele Entführte – auf einem Raumschiff oder bei »ihnen«. Doch gleichzeitig spürt Paul sehr deutlich, daß er auf der Erde eine Rolle zugeteilt bekommen oder ausgewählt hat, um in seinem eigenen Leben als ein Beispiel für Offenheit und Liebe zur Evolution und Transformation des menschlichen Bewußtseins beizutragen. Meine Rolle, die Paul mir gezeigt hat, besteht darin, es ihm zu erleichtern, die erschreckende Verantwortung zu akzeptieren und auszuleben, die er und andere auf sich genommen haben – angesichts einer Kultur, die auf Schritt und Tritt dem, was sie sind, und dem, was sie zu erreichen versuchen, Widerstand entgegensetzt.

Evas Mission

Eva war dreiunddreißig Jahre alt und arbeitete als Assistentin eines Steuerberaters, als sie im Wall Street Journal einen Artikel las, der meine Arbeit mit Entführten beschrieb. Sie rief in meinem Büro an und sagte, daß sie gerne befragt würde, da sie »möglicherweise das Gleiche erlebt« habe wie die Menschen, die ihre Erlebnisse in dem Artikel schilderten, und »es ist für viele Menschen wichtig«. In einem anschließenden Telefongespräch mit Pam Kasey erzählte sie, daß sie »Tag und Nacht das Gefühl« habe, als ob »Wesen« zugegen seien, »Träume« von Wesen in ihrem Zimmer, die »immer noch da sind«, wenn sie aufwacht, und sie erinnerte sich an Vorfälle aus ihrer frühesten Kindheit und aus ihrer Zeit als Heranwachsende. Sie konnte sich dann manchmal nicht bewegen, weil ihre Vagina von »Zwergen« betastet wurde, die irgendwie in ihr Zimmer gekommen waren.

Evas ungewöhnliche Begegnungen brachten sie soweit, daß sie sich fragte, ob sie »verrückt« sei. Obwohl Eva, als ich sie zum ersten Mal traf, bereits einem spirituellen Pfad folgte, hatte sie sich immer als »eine sehr logische Person« betrachtet, und diese Erfahrungen standen mit den von ihr akzeptierten Vorstellungen von Realität nicht in Einklang. Dennoch wollte sie die Wahrheit aufdecken, die ihren Begegnungen zugrunde lag, und zwar mit einer Bestimmtheit, die dazu paßte, wie sie sich selbst sah: als Pionierin mit der »globalen Mission«, anderen zu helfen. Bevor sie den Artikel im Wall Street Journal gelesen hatte, fühlte sich Eva in ihrer Auseinandersetzung mit ihren Begegnungen sehr allein. Am Tag vor dem Telefongespräch mit Pam Kasey schrieb sie in ihr Tagebuch: »Ich versuche, damit auf meine Art fertigzuwerden. Es ist schwer. Ich habe niemanden, mit dem ich reden kann. Niemanden, mit dem ich weinen kann, den ich um Beistand bitten kann, um Verständnis. Es ist eine schwere Last, wenn man sie allein tragen muß. Wie kann ich Sarah« – ihrer Tochter – »helfen? Sie ist doch erst sechs.« Obwohl diese Entführungserfahrungen sehr beunruhigend für sie waren, spürte Eva von Beginn unserer Arbeit an, daß sie einen bestimmten Zweck zu haben schienen und ein »Sprachrohr« waren, durch das Informationen von einer anderen, höheren Quelle übertragen werden konnten. Im Januar, Februar und März 1993 führten wir drei Rückführungen durch.

Eva wurde in Israel als ältestes von drei Kindern geboren. Ihr Vater war Bankier, legte sein Geld in Immobilien an, und seine Arbeit zwang ihn zu häufigen Reisen. Während Eva aufwuchs, lebte die Familie in England, Venezuela, Florida und New York. Sie heiratete 1980 und ließ sich 1985 in den USA nieder. Als Kind spürte Eva, daß ihre Kreativität unterdrückt wurde, da sie sich den Wünschen ihres Vaters unterordnen mußte, den sie zwar immer noch respektierte, aber als kalt beschrieb. »Er ist kein Mensch, der andere anrührt«, erzählte sie mir, als ich sie nach einem möglichen sexuellen Mißbrauch in ihrer Kindheit befragte. Eva wuchs als ein pflichtbewußter Mensch auf, mit einem starken Bedürfnis, anderen zu gefallen, wenn es sein mußte, selbst auf Kosten ihrer eigenen Freiheit und Phantasie.

David, Evas Mann, arbeitet als Elektroingenieur für einen großen Hersteller von Fotoapparaten. Ihre Ehe ist insofern eher traditionell, als die Sorge für den Haushalt und die Kinder größtenteils ihr zufällt, während David als hauptsächlicher Ernährer lange in der Firma arbeitet. Evas »persönliche Abmachung mit sich« zeigte ihren ausgeprägten Sinn für Verantwortung, denn diese beinhaltete auch, daß niemand durch den Prozeß ihrer persönlichen Entwicklung verletzt werden durfte. Sie erzählte daher ihrem Mann von ihren ungewöhnlichen Erfahrungen oder der Arbeit mit mir erst nach unserer zweiten Rückführung im Februar 1993, neun Monate nachdem sie mein Büro das erste Mal angerufen hatte. Sie sorgte sich nicht nur, daß David nicht verstehen würde, was ihr zugestoßen war, sondern daß er – erführe er davon – sich auch Gedanken darüber machen würde, was in ihrer Beziehung zu unangenehmen Spannungen führen könnte.

Eva und David haben zwei Kinder, Aaron, neun Jahre alt, und Sarah. Nach unserer ersten Rückführung im Januar 1993 sprach Eva von ihrer Sorge, daß Sarah ihre eigenen Entführungserfahrungen habe. Ungefähr drei- oder viermal im Jahr erwache sie aus

»schlechten Träumen«. So sei Sarah beispielsweise – ein oder zwei Monate vor dieser Sitzung – mitten in der Nacht aufgewacht und habe nach der Mutter geschrien. Eva ging in ihr Zimmer, und Sarah erzählte zuerst, sie habe einen schlimmen Traum gehabt, aber dann sagte sie, sie habe ein Gespenst »im Zimmer herumfliegen« sehen, das ganz weiß gewesen sei, »und es wollte mich mitnehmen«, und »ich wollte nicht mitgehen«. Eva war klar, daß Sarah »hellwach« und durch das Erlebnis »voller Energie« war, obwohl sie am nächsten Morgen nichts davon erzählte. Eva glaubte nicht, daß Aaron ähnliche Erfahrungen hatte, aber »er beschäftigt sich mit Computern und Raumschiffen«, die er auf dem Computer entwirft, und »seine Phantasie ist so lebhaft«, daß ich, »wenn er mitten in der Nacht aufwachen und mir einen Traum erzählen würde, nicht wüßte, ob es wirklich passiert ist oder nicht«.

Die erste Entführung, an die sich Eva erinnerte, geschah, als sie vier oder fünf Jahre alt war und in Israel lebte. Sie teilte ein Zimmer mit ihrer kleinen Schwester, die während Evas Erlebnis anscheinend schlief. Weitere Einzelheiten dieser Begegnung werden in der Beschreibung der ersten Rückführung zur Sprache kommen. Bevor sie mit Pam Kasey sprach, hatte Eva in ihr Tagebuch geschrieben, daß sie angefangen habe, Whitley Striebers Roman »Communion« zu lesen, aber sie habe damit aufgehört, um nicht »von irgend etwas oder irgend jemandem beeinflußt zu werden ... Dann löste irgend etwas eine Erinnerung aus«, und sie erinnerte sich daran, in der Nacht aufgewacht zu sein und »drei 'Zwerge', vielleicht einen Meter groß«, gesehen zu haben. Sie hatten dunkelbraune, faltige Haut und dreieckige Köpfe. Sie standen an ihrem Bett und berührten ihre Genitalien mit etwas, das sich »wie Finger« anfühlte, »tastend, als ob sie experimentierten«, ohne Gewalt oder sexuelle Eindringlichkeit oder Intensität. Sie kam sich hilflos vor und konnte sich nicht bewegen, und als sie zu schreien versuchte, brachte sie keinen Laut hervor, zumindest anfangs nicht.

In ihrem Tagebuch schrieb Eva: »Sie gingen durch die Öffnung (ungefähr einen halben Zentimeter groß) zwischen der Wand (Außenwand) und der Tür (als ob sie durch eine Wand laufen würden) und verschwanden in dem Moment, als meine Mutter den Raum betrat. Ich erzählte ihr, daß drei Zwerge im Raum gewesen und gerade durch die Tür hindurchgegangen seien. Sie schaute nach. Offensichtlich sah sie nichts. Sie sagte, es sei ein Traum gewesen, und ich solle wieder schlafen. Ich hatte Angst. Ich glaubte ihr nicht. Ich war sicher, daß sie wirklich existierten. Ich sah sie. Hörte sie. Spürte sie. Zum ersten Mal erinnerte ich mich letzte Nacht wieder daran. Ich weiß nicht, was es ausgelöst hat. Ich schreibe das jetzt, weil ich es spüre. In meinen Adern. Als sei es gerade erst passiert. Und ich weiß, daß es wahr ist, weil ich überall eine Gänsehaut habe.«

Ungefähr zehn Tage nach unserem ersten Treffen im Oktober 1992 schrieb Eva in ihr Tagebuch, daß sie nach Boston gefahren sei, um sich das Tonband ihrer Sitzung anzuhören, als sie sich an weitere Einzelheiten dieser Entführung zu erinnern begann. Als sie sich den Teil anhörte, der davon handelte, wie sie versuchte, nach ihrer Mutter zu schreien, geschah es. »Ich machte einen Satz auf dem Fahrersitz«, und »plötzlich blitzte ein Bild vor mir auf, als ich die Lichter auf der Autobahn sah. Ich erinnerte mich an ein Raumschiff, daß so aussah.« An dieser Stelle befand sich in ihrem Tagebuch eine Zeichnung. »Es war groß und grau, metallisch. Es schwebte in meiner Nähe. Und dann sah ich das Gesicht einer Frau mit großen Augen (rund und dunkel) und grün (wie die Augenbrauen) – hellgrün um die Augen herum und fast bis an die Ränder.« Hier folgte abermals eine Zeichnung im Tagebuch. »Dann verschwand das Bild.« Die Erinnerung war kurz, vielleicht nur sekundenlang, aber sehr lebendig, mit vielen Details, darunter der Umriß, die Form und der Aufbau des Raumschiffs.

Eva erinnerte sich an einen anderen Zwischenfall in ihrer Kindheit, als sie ungefähr sechs Jahre alt war, den sie jetzt mit ihren Entführungserfahrungen in Zusammenhang brachte. Sie hatte damals eine Lungenentzündung und wurde in die Notaufnahme eines Krankenhauses gebracht. Die hellen Lichter erschreckten sie und lösten die Erinnerung an eine Entführung aus. In ihrem Tagebucheintrag vom 22. Mai 1992 schrieb sie: »Es ist nicht wie die eine Lampe beim Zahnarzt. Es sind mehrere. Über dir. Wie kleine Projektoren. Und du bist auf dem Bett, hilflos. Und Fremde um dich herum. Berühren dich, befühlen dich, untersuchen dich, experimentieren herum. HALT. Aufhören.« Als der Krankenhausarzt ihr sagte, sie solle sich hinlegen und ihr Unterhemd ausziehen, weigerte sie sich. Ihre Mutter drängte sie ebenfalls dazu, aber sie wollte sich noch immer nicht hinlegen oder ihr Hemd ausziehen. Obwohl sie vor Angst schrie, »zwangen sie mich dazu ... Ich haßte es total.«

Unter Hypnose erinnerte sich Eva, ungefähr ein Jahr später über der Grasfläche hinter dem Wohnblock in England, in dem die Familie jetzt lebte, ein Raumschiff gesehen zu haben. »Es ist sehr niedrig, und es hat so drei ... drei feurige Dinger, die unten herauskommen. Es ist grau, und unten hat es, was man Fenster nennen könnte, und Licht kommt heraus.« Eva glaubte, daß »sie mein Gedächtnis blockiert haben, damit ich mich nicht erinnern kann ... Man erinnert sich an nichts. Sonst bringt es einem das tägliche Leben durcheinander.«

Eva glaubte, daß die Außerirdischen »einen Mechanismus besitzen, um einen zu orten«, und erzählt von einem Erlebnis, das sie hatte, als sie ungefähr neun Jahre alt war und noch in England lebte, und das sich möglicherweise auf eine Implantation bezieht. Sie machte einen Überschlag am Reck, verfehlte es, stürzte und stieß mit ihrem Kopf »sehr schwer« an. Sie sagt, sie habe gespürt, wie sich in ihrem Kopf »etwas bewegte ... etwas, mit dem sie mich aufspüren konnten ...« Ich fragte sie, ob sie spüren könne, wie es sich bewegte, und warum sie es wisse. »Ich weiß es einfach«, sagte sie. »Sie bekamen ein Signal« aufgrund dieses Unfalls, und sie kamen zurück und »korrigierten es«. Wiederum fragte ich sie, woher sie das wisse. »Ich weiß es«, sagte sie.

Zwei andere Vorfälle ereigneten sich, als Eva neunzehn Jahre alt war und in der israelischen Armee diente. Bei einem dieser Vorfälle, an den sie sich während der ersten Rückführung genauer erinnerte, kam es ihr so vor, »als hätte mir jemand eine Spritze gegeben, eine Äthermaske – ich weiß nicht, was – aufgesetzt, um mich zu betäuben«, und als sie wieder aufwachte, hörte sie ein Flüstern in ihrem Zimmer. Sie war zu diesem Zeitpunkt allein in der Wohnung ihrer Eltern, und »es waren eine Frau und zwei oder drei Männer da. Ich war wieder starr ... total starr« und »spürte etwas zwischen meinen Beinen ... Ich hatte große Angst, aber gleichzeitig versuchte ich, logisch zu bleiben und die Situation zu analysieren«. Sie »spürte, daß die Frau und ein Mann über mir standen«. Gleichzeitig hielt Eva es nicht »für etwas Außerirdisches ... Ich glaubte, es wären Einbrecher, und wartete darauf, daß sie wieder verschwinden würden«. Als sie sich wieder bewegen konnte und sich umschaute, war niemand mehr da.

Der andere Zwischenfall ereignete sich, als sie bei der Flugkontrolle Nachtschicht hatte. Zu einer frühen Stunde – etwa gegen drei Uhr morgens – legte sie ihren Kopf hin, um zu dösen, und dann »sah ich mich selbst unter der Decke schweben ... Mein Bewußtsein war da oben. Mein Körper war da unten.« Eine »Stimme sagte: 'Komm mit mir, es ist in Ordnung!' Ich wußte zu diesem Zeitpunkt, daß ich die Wahl hatte, zu leben oder zu sterben.« Obwohl ihr Herz schnell schlug und »ich wie verrückt schwitzte«, war sich Eva keiner lebensbedrohenden Krankheit bewußt. Sie sagte: »Ich wollte nicht sterben, und ich sagte: 'Nein, ich komme nicht mit.'« Eva »wußte«, daß sie hätte sterben können, aber sie verstand nicht, warum, und sie fand diesen Zwischenfall verwirrend.

Eva hatte in dem Monat, bevor sie den Artikel im Wall Street Journal las, zwei Begegnungen, die sie wahrscheinlich für seinen Inhalt sensibilisiert haben. Bei dem ersten Zwischenfall, der in ihrem Tagebucheintrag vom 14./15. April beschrieben wird, wachte sie nachts auf und sah ein »violettes Rechteck, wie eine Tür zu oder von etwas Unsichtbarem, vielleicht einer anderen Dimension«. Dann sah sie »die oberen Hälften einiger Menschen, die weiß gekleidet waren, und sie standen vor meinem Bett«. Sie blinzelte mit den Augen, weil sie dachte, »ich bilde mir das ein«. Aber »als ich die Augen wieder öffnete, waren sie immer noch da. Irgendwann verstand ich, das es wirklich war ... Es kam mir so vor, als brächten sie mich zurück nach Hause – was immer das bedeuten mag.«

Am 6. Mai – acht Tage, bevor sie den Artikel las – schrieb Eva in ihr Tagebuch: »Als ich gestern abend zu Bett ging, wünschte ich so sehr, ihnen zu begegnen. Ich bat und bettelte um ein Treffen. Ich bot mich (meinen Körper) freiwillig für eine Untersuchung an, damit sie ihre Kenntnisse über uns Erdlinge erweitern konnten. Ich war gerade dabei einzuschlafen, als ich ein seltsames Schwindelgefühl verspürte. Einen Verlust der Schwerkraft, als ob ich in einen Tornado gezogen, als ob ich irgendwo hineingesaugt würde. Ich wußte, daß ich es beenden konnte, indem ich einfach meinen Mann berührte, der neben mir im Bett lag. Aber ich wußte, daß mein Wunsch in Erfüllung gegangen war, und ich wollte nicht, daß es aufhörte. Plötzlich spürte (sah?) ich ein hellblaues Licht, das mich umgab. Es war hellblau, aber innen war ein weißes Licht. Es war ein besänftigendes Licht, aber gleichzeitig eines, von dem ich wußte, daß es mich zu größerem Wissen führen würde. Es war magnetisch. Das Gefühl, das ich dadurch bekam, ist unbeschreiblich. Worte sind einfach zu beschränkt. Als ich das Licht spürte oder sah, hörte das Schwindelgefühl oder das Drehen auf. Ich fühlte mich leer. Ich schlief nicht sehr gut. Soviel weiß ich. In dieser Nacht wachte ich zwei- bis dreimal auf und hatte Schwierigkeiten, wieder einzuschlafen. Ich war unruhig. Als ich am Morgen aufwachte, war ich sehr müde. Als ob ich die ganze Nacht unterwegs gewesen wäre. Ich hoffe, es war auch so. Und ich wünsche mir, daß ich mich eines Tages an alle diese Reisen und das, was damit zu tun hat, erinnern werde, damit ich dieses Wissen anwenden kann, um der Menschheit zu helfen.«

Am folgenden Morgen erzählte Evas Mann, der während des ganzen Zwischenfalls geschlafen zu haben schien, daß er nachts einen »großen Knall« gehört habe. Sie fühlte sich »voller Energie« und erfüllt von »Liebe und Hoffnung«. Aber zugleich hatte sie Angst und schrieb in ihr Tagebuch: »Ich spürte, daß ich wirklich verrückt geworden war. Ich konnte es David nicht erzählen. Er würde denken, ich wäre verrückt. Ich hatte solche Angst. Konnte nicht einschlafen. Wußte nicht, was ich tun sollte. Ich muß jemanden finden, der mir hilft?! Jemanden, mit dem ich sprechen kann. Im Moment bin ich mit Papier und Bleistift allein. Aber ich brauche einen Menschen, der mir zuhört. Der nicht verurteilt. Der keine Erwartungen hat. Mich nicht anklagt. Jemanden, der vielleicht Erklärungen hat.« Sie fuhr fort, indem sie zuversichtlich beteuerte, daß die Wesen uns nichts Böses wollten, daß sie hier seien, um uns zu helfen, und daß »ich sie liebe«.

In den Wochen vor meinem ersten Treffen mit Eva im Oktober 1992 hatte sie mehrere andere beeindruckende Erlebnisse, bei denen sie entweder das Gefühl hatte, daß fremde Wesen anwesend seien, oder ungewöhnliche Wesen bewußt wahrnahm, darunter »Wesen aus einer völlig anderen Dimension«. Während einer Hypnosesitzung mit einem Wünschelrutengänger aus einem anderen Bundesstaat, der auch als Heiler tätig war, fand sie sich in einer Zeit »vor hundertsechzig oder hundertachtzig Jahren« wieder und »bewegte sich von einer Dimension zur anderen«, wobei sie einen »Unterschied in den Energieschwingungen wahrnahm« und sich »auf einem anderen Planeten, einem anderen Stern, in einer anderen Galaxie – ich kenne den Namen nicht« befand. In ihrem Tagebucheintrag vom 22. September – nachdem sie von einem energetischen Heilunterricht heimgekommen war – schrieb Eva, daß sie »in zwei Dimensionen gleichzeitig lebe ... Ich bin fest überzeugt, daß ich in einer höheren Dimension gewesen bin, in der die lineare Zeit keine Bedeutung hat.«

Nach beträchtlichen Schwierigkeiten, einen Termin zu vereinbaren, traf ich Eva zum ersten Mal am 15. Oktober 1992. Bei diesem Interview lieferte sie den Großteil der obigen Informationen und äußerte den Wunsch, ihre Erfahrungen unter Hypnose näher zu erforschen. »Darum bin ich hier«, sagte sie. Aber wir hatten wiederum Probleme, einen Termin dafür zu finden, und nach einigen Terminverlegungen fand unsere erste Rückführung erst am 18. Januar 1993 statt. Doch schon in den Wochen vor der Sitzung »begannen die Dinge an die Oberfläche zu kommen«.

In ihrem Tagebucheintrag vom 6. Dezember beschrieb Eva ein beeindruckendes Erlebnis, das sich in der Nacht zuvor ereignet hatte. »Ich schlief schon fast. Aber noch nicht ganz. Ich lag auf meinem Bauch, den Kopf nach links gedreht. Meine Augen waren geschlossen. Im Augenwinkel sah ich ein graues Raumschiff.« Sie zeichnete das Raumschiff und die Symbole, die sie gesehen hatte. »Ich geriet in Panik. Ich wollte schreien. Ich konnte nicht.« Sie spürte, daß sie aus dem, was sie erlebte, ausbrechen konnte, aber »ich wurde mutig und überzeugte mich selbst, die 'Fahrt mitzumachen', wollte dabei aber versuchen, so viele Informationen wie möglich für P.C. und J.M. zu sammeln«. Danach »verlor ich das Bewußtsein«, und das »nächste, woran ich mich erinnere, ist, daß ich auf einer harten Oberfläche lag. Es waren vielleicht zwei Personen im Raum. Ich hielt meine Augen fest geschlossen, weil ich Angst hatte, sie zu öffnen.

Ich erinnere mich, daß 'sie' (?) oder ich – ich bin nicht sicher, wer – dunkelgraue Kleidungsstücke trugen, eine Art Robe, die hinten viele Knöpfe hatte. Ich lag wie ein Fötus da, den Rücken ihnen zugekehrt. Sie machten etwas mit meinem Rückgrat. Mein ganzes Rückgrat brannte und fühlte sich kalt an. Es war schrecklich! Es fühlte sich an, als ob sie mit einem sehr scharfen Instrument (einer Spritze) in meinen Körper eindrangen und es zwischen Fleisch und Haut einführten. Die stechende Empfindung hielt an. Einmal begann ich mich zu bewegen und der Situation Widerstand entgegenzusetzen, obwohl ich gleichzeitig Angst vor den Konsequenzen hatte. Dann versuchte ich – wieder mit geschlossenen Augen –, mehr Informationen zu sammeln. Die Luft war feucht. Die Oberfläche, auf der ich lag, war hart und ein bißchen glatt. Ich hatte das Gefühl, daß der Raum nicht sehr gut beleuchtet war, aber da ich die Augen geschlossen hatte, bin ich mir andererseits nicht ganz sicher.

Ich leistete weiter Widerstand und verstand dann, daß sie die Situation oder das Experiment zum Abschluß bringen wollten. Ich erinnere mich, daß ich, bevor ich wieder das Bewußtsein verlor, dieses Symbol« – das sie gezeichnet hatte – »in Rot sah. Es ist nicht das erste Mal, daß ich es sehe ... Das nächste, woran ich mich erinnere, ist, daß ich mich in meinem Bett wiederfand und meinen Ehemann schnarchen hörte. Ich lag wie ein Fötus da! Zum Schlafen drehte ich mich auf den Bauch. Wieder war ich völlig panisch, was früher nicht vorgekommen ist. Ich wollte ihn wecken und ihm erzählen, daß ich irgendwohin 'mitgenommen' worden war. Ich wußte aber, daß er mir niemals glauben würde. Er würde denken, ich sei verrückt. Ich dachte daran, vielleicht P.C. oder J.M. anzurufen. Ich wollte sie aber nicht stören. Es war Sonntagmorgen, 5.30 Uhr. Den ganzen nächsten Tag war ich zittrig. Bin es immer noch. Ich versuche, mich zu entspannen, es zu akzeptieren und ihm irgendeinen Sinn abzugewinnen.« Sie fühlte sich »einige Tage lang nervös« und versuchte, »es zu vergessen«.

Am 22. Dezember reflektierte Eva in ihrem Tagebuch, wie zögerlich sie die Einzelheiten des obigen Zwischenfalls aufgeschrieben habe, denn »das Aufschreiben würde den gesamten Zwischenfall bestätigen, und dazu war ich damals noch nicht bereit«. Sie zeigte Symptome einer Erkältung oder einer Grippe und fragte sich, ob diese »von der 'Entführung' herrührte und daher, daß ich oben 'nackt' gewesen war, oder aber von der Injektion – oder was immer es gewesen war. Daß ich unbekleidet war und eine fremde Substanz eingespritzt bekam, hat vielleicht diese Reaktion in mir hervorgerufen. Niemand in meiner Familie hatte zu dieser Zeit eine Erkältung oder Grippe.« Als wir diesen Zwischenfall sechs Wochen später diskutierten, sagte Eva, daß die Intensität der körperlichen Empfindungen, die sie dabei gehabt hatte, sie davon überzeugt habe, daß der Zwischenfall »sich wirklich ereignet hatte ... Ich spürte die Empfindungen. Ich spürte, wie weh es tat. Ich spürte den Stich. Es war kalt.«

Eva kam am 18. Januar 1993 zu ihrer ersten Hypnosesitzung. Sie war ängstlich, aber neugierig. »Ich liebe das Unbekannte«, sagte sie, als wir von ihrem festen Vorsatz sprachen, trotz der Terminschwierigkeiten, die sich während der Weihnachtsfeiertage ergeben hatten, weiterzumachen. Bevor wir die Rückführung einleiteten, besprachen wir den Zwischenfall in ihrer Kindheit, als die »Zwerge« ihr Zimmer betreten hatten, sowie die eben beschriebene neuere Episode.

In Trance sprach Eva sofort davon, auf »etwas Hartem« zu liegen, mit »etwas über mir wie Hieroglyphen«. Sie hatte Angst und hörte sich selbst schreien. Eine Gestalt in Schwarz und Grün kam aus einer Art grauem Aufzug heraus. »Es ist kalt in dem Raum ... Er sagt ihnen, sie sollen aufhören. Sie geben mir etwas, und mir kommt es so vor, als würde ich in ein weißes Licht gesaugt, und ich sehe ihn nicht mehr. Es ist morgens. Ich bin ein Kind in Israel. Ich erinnere mich an nichts, und ich höre gerade, wie mir meine Mutter sagt, ich solle aufstehen, mich anziehen und in die Schule gehen.«

Ich führte Eva zurück zu dem alptraumartigen Erlebnis selbst. Sie erinnerte sich daran, über dem Balkon ihrer Wohnung im vierten Stock ein graues, »kuppelförmiges« Raumschiff mit roten Lichtern gesehen zu haben, »als sie mich zurückbringen«. Die Unterseite des Raumschiffes schien ein kreisförmiger Ring zu sein, der sich drehte und »eine Art Licht oder Energie« ausstrahlte. »Das ist ihre Transportmethode.« Sie sah drei Wesen, die wie Zwerge wirkten – mit brauner Haut und »ganz faltig« – und olivgrüne und kastanienbraune Anzüge mit schwarzen Gürteln trugen. Ihre Köpfe waren kahl und birnenförmig mit sehr dunklen Augen, »total blau«, und mit »matschigen Nasen ... Einer war kleiner als die anderen beiden, und sie schauten mich an.« Obwohl ihre Mutter regelmäßig überprüfte, ob alle Türen richtig geschlossen waren, verschwanden sie durch einen Spalt in der Tür, als Eva nach ihrer Mutter schrie. Als Eva ihrer Mutter von den Zwergen erzählte und davon, wie diese durch die Tür gegangen waren, sagte die Mutter: »Wovon redest du eigentlich?« Die Tür sei verschlossen, und »du hast geträumt«. Eva bestand darauf, daß sie die Wesen hatte hinausgehen sehen, und ihre Mutter wiederholte: »Du hast geträumt. Schlaf wieder ein. Und das tat ich.«

Ich wollte wissen, ob sich Eva an den Beginn dieser Erfahrung erinnern konnte. Sie sagte, daß ihr Vater ihr und ihrer Schwester wahrscheinlich eine Gute-Nacht-Geschichte vorgelesen oder eine erfunden hatte, bevor er sie alleinließ. Ihr Bett hatte Gitterstäbe, damit sie nicht hinausfallen konnte. Sie wachte von »einem Summen« auf, und die Wesen, die kleiner als Menschen waren, »schienen zuerst am Gitter zu stehen«, und dann sah sie etwas wie Suchscheinwerfer im Zimmer, die von draußen hereinleuchteten. Die Wesen schienen zu wissen, »wegen wem sie da sind«, denn »es kommen mehr«. Sie fürchtete sich, hatte »sogar Angst davor, meine Mutter zu rufen«, und sie schloß ihre Augen und drehte sich wie ein Fötus zur Wand – »die beste Verteidigungsposition« –, »damit es wieder verschwindet«. Sie hörte ein Flüstern, und die Wesen stachen ihr etwas, das sich wie eine Nadel anfühlte, in den Rücken, um sie zu beruhigen. Dieses Mal – es war der erste Zwischenfall, an den sich Eva erinnern konnte – schwebte sie in horizontaler Lage auf einer Art Tragbahre aus Holz und Stoff von ihrem Bett herunter. Dann wurde sie in die Dunkelheit draußen »gesogen« und in die Unterseite »des Raumschiffs« – direkt in das Licht, das »wie ein Strahl besonderer Energie« war und von der Innenseite des Ringes an der Unterseite des Raumschiffs ausging. Eva fühlte eine Mischung aus Angst und Verwirrung, als sie ihren Balkon und das Nachbarhaus wie von außen sah.

Sobald sie im Raumschiff war, befand Eva sich in einem »Untersuchungsraum« auf einem Tisch, um sie herum »kleine Menschen und Lichter«. Es gab »eine Menge roter und grüner Knöpfe ... Man könnte es mit einem Computersystem vergleichen. Aber es war anders.« Die kleinen Leute in dem Raumschiff erinnerten sie an die Zwerge aus »Schneewittchen«. Sie schienen hellhäutiger als diejenigen zu sein, die in ihr Zimmer gekommen waren. Eines der Wesen sagte zu den anderen – nicht zu Eva direkt – mit einer Stimme, die »mehr unserer glich«, daß sie nur vorhätten, »mit mir zu experimentieren«, und daß sie ihr nichts tun wollten. Sie stand »unter Schock« und konnte sich nicht wehren, als die Wesen mit »scharfen Gegenständen« in ihre Beine, ihr Rückgrat, ihren Hals und ihre Stirn bohrten, als ob »sie versuchen würden, etwas zu verstehen«. Sie konnte ein silbernes Instrument mit einer runden Spitze sehen, das in ihre Stirn eingeführt wurde. Eine weiße oder gelbe Flüssigkeit tropfte auf ihre Nase.

Die Wesen wirkten auf Eva sowohl aufgeregt als auch amüsiert, »da sie lebhaft miteinander kommunizierten ... Vielleicht waren sie zu intensiv ... sie übertrieben es«, denn ihr Anführer kam herein, sagte etwas, und »allmählich, allmählich hörten sie auf ... Er war mit ihrem eigentlichen Vorhaben einverstanden, aber es wirkte, als ob ein Lehrer aus dem Zimmer geht, und die Kinder im Klassenzimmer fangen an, Blödsinn und ihren eigenen Kram zu machen.« Dann war die Entführung vorbei; Eva spürte, wie sie »wie auf einer Rutsche zurück in mein Bett kam«. Sobald sie im Bett lag, »standen sie am Gitter, um sicherzugehen, daß es mir gutging«. Als Eva sich »wieder bewegen konnte«, schrie sie, »und sie flohen«.

Nachdem sie sich an dieses Erlebnis erinnert hatte, kam es Eva so vor, als sei es »nicht das erste Mal« gewesen. Obwohl sie sich nicht an Einzelheiten erinnern konnte, spürte sie, daß sich etwas ereignet hatte, als sie zwei oder drei Jahre alt war. Sie war sich sicher, daß die Wesen »mich orten können«, und erinnerte sich an die oben beschriebenen Zwischenfälle, bei denen sie neun Jahre alt war und man ein Implantat »korrigiert« zu haben schien, das sich während eines Sturzes verschoben hatte. Eva glaubt, daß die Erinnerungen an die Entführungen während ihrer Kindheit von den Außerirdischen blockiert worden waren.

Ich fragte Eva direkt, welche die nächste Begegnung war, an die sie sich erinnerte. Sie antwortete: »Ich war neunzehn, diente in Israel in der Armee und schlief. Es war mitten in der Nacht, in der Wohnung meiner Eltern. Ich war allein, und ich wachte auf, weil ich ein Flüstern hörte, und ich spürte und hörte, wie jemand in mein Schlafzimmer und in unser Wohnzimmer kam, und ich dachte, es seien vielleicht Diebe oder so, deshalb rührte ich mich nicht.« Eva wußte, daß die Fenster und die Tür geschlossen waren, »und wenn die sich öffnet, quietscht sie«. Sie konnte sich nicht bewegen, als sie »drei Wesen da stehen sah ... Sie flüsterten, und einer von ihnen ging aus dem Zimmer, und der andere kam zurück, und sie berührten mich zwischen meinen Beinen, und ich verstand es nicht, weil ich nicht träumte.« Eva geriet in Panik, versuchte zu schreien, aber kein Laut kam heraus. Sie spürte etwas wie Finger in ihrer Vagina herumtasten. »Es war nicht angenehm. Es war unverständlich«, sagte Eva. Sie dachte, daß es vielleicht ihre eigenen Finger seien, aber als sie ihre Hände kontrollierte, »spürte ich, daß sie auf der Außenseite meiner Oberschenkel lagen«.

Eva weiß nicht, ob sich dieses Erlebnis in ihrer Wohnung oder anderswo ereignet hat. Sie hielt die ganze Zeit über ihre Augen geschlossen, und obwohl sehr viel Licht durch ihre geschlossenen Lider drang, dachte sie, daß es vielleicht einfach früh am Morgen war. Die Stellungen ihres Körpers fand sie verwirrend. »Als ich merkte, was geschah, lag ich auf der Seite, aber als es geschah, lag ich auf dem Rücken. Ich weiß nicht.« Als dieses Erlebnis zu Ende war, zwang Eva sich, es zu vergessen, und brachte es bis zu dem Zeitpunkt, als sie mit mir in Verbindung trat, nicht mit den Erfahrungen in ihrer Kindheit in Zusammenhang. Sie glaubt, daß sie seit ihrem achtzehnten Lebensjahr ungefähr zehn Begegnungen hatte und daß die Wesen »später viel mehr Interesse an den Menschen haben, wenn diese erwachsen sind, und nicht so viel, solange sie Kinder sind«.

An dieser Stelle der Sitzung wechselte Eva von dem direkten Bericht ihrer Erlebnisse dazu über, von den Motiven der Außerirdischen und der Bedeutung des Entführungsphänomens zu sprechen. Ihre Erzählung beruhte auf Informationen, die sie von ihnen erhalten hatte. »Ihr Ziel ist es, in Harmonie zu leben«, sagte sie, »nicht, uns irgend etwas wegzunehmen. Sie möchten uns untersuchen, um herauszufinden, wie sie mit uns in Verbindung treten können ... Es gibt verschiedene Dimensionen und Welten, die innnerhalb anderer Welten existieren«, fügte sie hinzu, »und es ist wie eine Achterbahnfahrt, wenn man von einer zur anderen gelangt. Man muß die Energie beschleunigen, und dann kommt man in eine andere Dimension, in der die Wirklichkeit eine andere ist.« In dieser Wirklichkeit, sagte Eva, »kommt man sich vor, als ob man sich gleichzeitig zusammenzieht und ausdehnt ... es ist, als ob man einerseits ein Teil von allem wird, und alles wird Teil von einem selbst«, aber »gleichzeitig zieht man sich in einem unendlich kleinen Punkt zusammen«. Das, so sagte sie, sei »absurd, denn es sind zwei einander widersprechende Vorstellungen«, aber diese Absurdität beinhaltet das »Geheimnis, wie man sich von einer Dimension in die nächste bewegen kann«.

An dieser Stelle verschob sich Evas Perspektive, und während der verbleibenden Zeit der Rückführung sprach sie aus dem Blickwinkel der außerirdischen Gemeinschaft und benutzte nur noch das Pronomen »wir«. »Es ist, als ob nicht ich spräche«, sagte sie. Die Intensität ihres Erlebnisses in diesem Reich war körperlich schwierig für sie und verursachte aufgrund der blockierten Energien Schmerzen in ihren Händen. Die Außerirdischen waren verschwunden, und sie sah den Umriß eines weißen Dreiecks. »Es ist so intensiv«, sagte sie, »sie können Schaden anrichten« im menschlichen Körper. Die Wesen kommen »aus anderen Dimensionen, jenseits der physischen«, bemerkte Eva, »und sie brauchen jemanden, der den Menschen nähersteht und der irgendwie körperlich mit ihnen in Verbindung treten kann ... Die Informationen, die sie geben können«, sagte sie, »sind von so großer Intensität, daß sie etwas benötigen, um sie erträglicher zu machen.« Die Begegnungen mit den Menschen bezweckten genau das – sie verlangsamten die Übertragung der Informationen.

Die Informationen, die die Außerirdischen brächten, sagte Eva, kämen von einer anderen Intelligenz, einem Reich jenseits der stofflichen Welt. Aber die meisten Menschen beachten sie nicht, sondern tun sie aus Angst als »verrückte« Gedanken oder einfach als »Einbildung« ab. Um für diese Informationen empfänglich zu sein, wäre es notwendig, daß die Menschen ihre Beschäftigung mit täglichen Pflichten – wie Arbeit, Kinder, Ehe – ablegten. Es sei wichtig, daß wir unser Bedürfnis nach Macht und Kontrolle überwänden und anerkennen, daß es auch woanders Leben gäbe, wenn »auch nicht in körperlicher Form«. Eines der Probleme, uns zu erreichen, sagte sie, bestehe darin, daß die Menschen an ihrem Bedürfnis nach »handfesten Beweisen« festhalten, die sie mit ihren »fünf Sinnen« wahrnehmen können – Beweise, die »wir« zu »liefern versuchen«. Dies sei schwierig, denn »wir bestehen nicht körperlich ... Wir befinden uns nicht in Raum und Zeit. Wir haben keine Form ... Wir sind alles. Man kann ICH oder einer sagen ... Es ist egal ... Wir stammen von ICH ab«, oder von dem, »was ihr mit Gott gleichsetzen würdet«. Eva selbst ist »ein Werkzeug, durch das wir diese Information mitteilen können«. Als die Rückführung endete, dankte mir Eva, »daß Sie uns Gehör verschafft haben«, und hatte Angst, die Augen zu öffnen.

Nachdem sie aus dem Hypnosezustand erwacht war, sagte Eva, daß ihr dieses Erlebnis echt zu sein schien. »Es war ich. Ich weiß, daß es ich war«, sagte sie. »Aber es war ein anderes Ich.« Sie sprach von den Schwierigkeiten, die Welt, die ihr durch die Begegnungen eröffnet worden war, in Einklang mit ihrem Familienleben zu bringen. »Ich mache dies jetzt alles allein durch«, sagte sie. Eva bemerkte, daß sie ihrem Mann gegenüber hinsichtlich der Änderungen, die sich ereignet hatten, nicht offen sei. »Er bekommt nur immer ein bißchen davon zu hören«, sagte sie. Ich lud sie ein, das, was sie durchmachte, mit meiner monatlichen Selbsthilfegruppe zu teilen, was sie dankbar annahm. Dann sprach sie über das kürzliche Erlebnis ihrer Tochter, bei dem ein »Geist« durch deren Zimmer geflogen sein sollte. Als sich die Sitzung ihrem Ende näherte, sprach Eva von der anhaltenden Taubheit in ihren Händen, fühlte sich sonst aber wohl. Sie beschrieb sich selbst als »Pionierin« und »Kriegerin«, die »Herausforderungen« liebte. Aber zur gleichen Zeit fühlte sie sich »unglücklich mit mir, weil ich nicht verstehe, was passiert«. Sie zögerte, anderen von den neuen Informationen, die sie erhalten hatte, zu erzählen, weil sie Angst hatte, daß man sie nicht verstehen würde. Ich erzählte ihr einiges darüber, welche Kämpfe ich selbst hatte ausfechten müssen, um Wege zu finden, über die Informationen zu sprechen, die ich erhalte.

Nach der Sitzung hatte Eva einen kurzen, intensiven Kopfschmerz, der bald nachließ. Dann fühlte sie sich besser. Sie hörte sich das Tonband der Sitzung an und fand, daß sie jetzt besser als vor der Sitzung in der Lage war, die Realität ihrer Erfahrungen zu akzeptieren. Sie schätzte es besonders, daß sie jemanden gefunden hatte, mit dem sie über ihre Erfahrungen sprechen konnte und der »glaubt, daß es nicht nur erfunden ist«. Sie fühlte sich voller Energie, wünschte sich aber, es besser kontrollieren zu können. Ein Tagebuch zu führen – an einem Tag fünfzehn Seiten – war für sie dabei besonders hilfreich. Eine weitere Rückführung war für den 22. Februar angesetzt, einen Monat nach der ersten, und diese sollte das Ziel haben, die Entführungserfahrungen mit ihrem Alltagsleben als Ehefrau und Mutter in Einklang zu bringen.

Vor Beginn der Rückführung sprach Eva von ihren Schwierigkeiten, mit »all dem Müll, der sich angesammelt hat«, fertigzuwerden, womit sie die Spannung zwischen ihrem »konservativen« Alltagsleben und der mit den Entführungen in Verbindung stehenden intuitiven Erweiterung ihrer Selbsterkenntnis meinte. Da sie einen Sohn und eine Tochter hatte, spürte Eva, daß sie »einen Kreis« geschlossen hatte und jetzt bereit war, sich auf ihre »globale Mission« zu konzentrieren, insbesondere auf ihre Rolle als »Vermittler zwischen der Menschheit und allen anderen – ETs, UFOs oder wie immer man sie nennen mag – höheren Intelligenzen«. Dann sprach sie von der Unterdrückung ihrer Kreativität und dem bereits beschriebenen Bedürfnis, während ihres Heranwachsens stets anderen zu gefallen. Vielleicht sei es ihre Bestimmung, eine Heilende zu sein – spekulierte sie –, um es den Menschen zu ermöglichen, den ungesunden Auswirkungen der institutionalisierten Systeme zu entkommen. Ein paar Tage vor dem Treffen hatte Eva eine Vision von einem nach unten zeigenden weißen und gelben Dreieck aus Licht – ein weitverbreitetes Symbol des weiblichen Prinzips oder des Archetyps der Großen Mutter –, und sie hatte darin Kreise gesehen, die üblicherweise Universalität, Totalität oder Ganzheit symbolisieren.

Vor Beginn der Rückführung sprach Eva über ihren Wunsch, sich besser an ihre Erfahrungen erinnern zu können, sich im Dienst ihres höheren Selbst »zu öffnen« und »den Müll loszuwerden«. Wieder beschrieb Eva ihre Schwierigkeiten, zwischen dem zu manövrieren, was wir »die Welt nennen, die für die meisten Menschen die Realität darstellt«, und den neuen Bereichen ihrer Erfahrung. »Für mich sind beide real«, sagte sie.

In den ersten Minuten der Rückführung sprach Eva ziemlich abstrakt über Dimensionen der Realität, was man wahrnehmen und worüber man reden könne, über kosmische Wahrheit und andere Themen dieser Art. Aber der Hauptteil der Sitzung beschäftigte sich mit ihrem intensiven Kampf, ihr persönliches tägliches Leben und das mit den Entführungen in Zusammenhang stehende Leben in Einklang zu bringen, sowie mit dem Problem, offen mit ihrem Mann darüber zu sprechen. Ihr erstes Bild waren schwarze Kreise, die von goldenem Licht umgeben sind, »wie Sonnenflecken« glühen und »auf die Erde zukommen«. Einige Menschen könnten dies wahrnehmen, aber für andere existiere es nicht. Sie beschreibt das Objekt als »Energie«, die »mit den fünf Sinnen nicht wahrgenommen werden kann, aber dennoch real ist«. Ein solches »Objekt kann von denjenigen wahrgenommen werden, die sich auf diese Kommunikation einstimmen können, und für alle übrigen wird es unsichtbar bleiben«. Um über den körperlichen Bereich hinaus wahrnehmen zu können, müßten die Menschen diese Kommunikation wollen, sagte sie.

Indem sie in ihren »Wir«-Modus wechselte, sprach Eva von der Schwierigkeit, Informationen über diese Dinge, die »außerhalb der linearen Zeit und des Raums« liegen, mitteilen zu können. Sie schien beinahe mit mir streiten zu wollen, als ob ich der Vertreter einer materialistischen Philosophie wäre. »Entweder nimmt man es wahr, und es existiert, oder man nimmt es nicht wahr, und deshalb existiert es nicht. Hiermit ist es genauso.« Damit meinte sie die schwarzen und goldenen Kreise. »Sie versuchen, es unter diesen bestimmten Beschränkungen wahrzunehmen, aber es liegt jenseits davon ... Es ist, als ob es existiert und gleichzeitig nicht existiert, und sie versuchen, uns dazu zu bringen zu sagen, es existiert oder es existiert nicht.« Des weiteren drehte sich unsere Auseinandersetzung um Evas Identitäten als »Ich« – ihre persönliche – und als »Wir«, ihre außerirdisch-universelle.

Das schwarzgoldene Objekt, sagte Eva, sei kompakt, und innen seien andere Energien und Farben, grün, gelb und rot. »So wie ich Ihnen das Objekt beschreibe«, sagte sie, »klingt es, als hätte es eine Innen- und eine Außenseite und Grenzflächen, aber in Wirklichkeit hat es die nicht. Deshalb ist es schwierig zu sagen, ob sie« – Eva – »innen oder außen war.« Eva sagte, diese Farben repräsentierten verschiedene Frequenzen oder »Energiestufen, aber Rot existiert nicht wirklich, genausowenig wie Gelb, Grün oder alle anderen Farben«. Wir redeten noch eine Weile auf diese Art und Weise, und Eva sprach über Informationen, die mit »kosmischer Wahrheit«, Vertrauen, Verständigung durch Farben und Vibrationen und anderem zu tun hatten.

Aber sie kehrte bald auf den Boden der Tatsachen zurück, indem sie bemerkte, daß sie an einer »alten Gewohnheit« litt, nämlich »nicht an sich selbst zu glauben«, und an der Schwierigkeit, die neuen Aspekte ihrer selbst zu akzeptieren, die sich »entfaltet« hatten. Sie habe »eine sehr strenge Doktrin in ihrem Erdenleben«, bemerkte Eva. Ich ermutigte sie, mir davon zu erzählen, und sie sagte schlicht: »Ich glaube, daß ich erstens meiner Familie, meinen Kindern und all diesen weltlichen Routinedingen gegenüber Verpflichtungen habe. Wenn ich diese erfüllt habe, glaube ich, daß ich die Freiheit habe zu tun, was ich möchte, oder alles zu zeigen, woran ich glaube, solange ich dabei niemanden – und ich unterstreiche das und schreibe es fett –, niemanden körperlich, emotional oder geistig verletze. Und wenn diese beiden Bedingungen erfüllt sind, ist alles andere in Ordnung. Das ist meine Doktrin.«

Nachdem Evas Dilemma in Umrissen genau definiert war, konnten wir es nun tiefer erforschen. Ich sagte, daß ihre Doktrin auf kosmischer Ebene nicht funktionieren könne und daß sie – wenn sie sich solch einen starren Rahmen auferlege – Schwierigkeiten haben werde, zwischen ihrer irdischen Verantwortung und ihrem höheren Selbst zu manövrieren. Sie meinte, sie könne eine »Superwoman« sein, aber ich bestand darauf, daß eine geistige Entwicklung nicht ohne Schmerzen stattfinden könne und manchmal auch andere einbeziehe, die wir lieben. Die Diskussion setzte sich eine Weile ein wenig kämpferisch und mit beträchtlichem Widerstand – mit »dynamischer Spannung«, wie sie es nannte – auf Evas Seite fort. Sie wollte diese Gegensätze nicht wahrhaben und trat mit Nachdruck für ihre »persönlichen Abmachung mit sich selbst« ein, niemandem weh zu tun, wobei sie gleichzeitig fortfuhr, die Stärke ihrer Motivation zu betonen.

Ich ermutigte Eva, sich auf das zu konzentrieren, was sie in ihrem Körper spüre. Sie sagte, es sei schwierig, wenn »man einen Körper hat und keinen Körper hat«, und daß ich sie verwirrte. Ich bat sie, mir noch einmal zu erzählen, wie ihr Mann heiße. Sie fragte mich, warum das wichtig sei, und dann bemerkte sie ein »Klopfen in meinem Kopf«, wie »jemand mit einem Hammer«, und »mein Herz schlägt schnell«. Sie stritt wieder ab, jemanden verletzen zu wollen, war verwirrt und weigerte sich, sich von abstrakteren Betrachtungen abbringen zu lassen, um sich auf ihren Körper zu konzentrieren. Aber sie gab »Herausforderungen« zu, die »im nächsten Schritt überwunden werden müßten«. Dann gestand sie ein, »daß ihr die rechte Seite weh tut ... Es ist Evas Schmerz. Ich spüre ihn jetzt. Es ist keine Verletzung, sondern ein Schmerz.« Aber sie sagte: »Sie haben ihn verursacht!« Wir kehrten zu ihrer Abmachung zurück, »niemandem weh zu tun«, und sie gab in ziemlich gestelzter Sprache zu, daß es problematisch sei, Abmachungen, die sie außerhalb der »Inkarnation« oder der »linearen Raumzeit« getroffen hatte, mit solchen auf einen Nenner zu bringen, die »innerhalb dieser Begrenzungen von Raum und Zeit« gültig sind.

Der Durchbruch in dieser Sitzung kam, als ich Eva fragte, was es ihre globale Mission »kosten würde«, nicht mit ihrem Ehemann und ihren Kindern über ihre Erfahrungen zu sprechen, und sie antwortete: »Wenn es in Dollar gerechnet würde, könnte man es nicht bezahlen.« Dann fügte sie schnell hinzu: »Wir scherzen.« Danach sprach sie von der Verletzlichkeit ihres Ehemanns, die vor allem daher kam, daß er eine berufliche Karriere anstrebte, und sagte: »Er hat kein starkes Selbstbewußtsein.« Er sei ein »großartiger Kerl«, aber er schien die dominierende »irdische Perspektive« und die »Glaubenssysteme« dieser Kultur übernommen zu haben und hat eine ganz normale Arbeit. »Hier ist seine Frau ... zumindest denkt er, sie würde ihm gehören ... wie die meisten Männer in unserer

Gesellschaft, die ihre Frau für einen Besitz halten ... und wenn dann seine Frau diese großartigen Reisen macht, diese kosmischen Reisen ... Wie wird sich das auf ihn auswirken?« Ich gab die Problematik dieser Frage zu und fragte sie, wie »beschädigend« es für sie sei, ihm nicht von ihren Erfahrungen erzählt zu haben. »Manchmal zerreißt es sie«, gab Eva zu und sprach davon, wie »elend sie« sich bei ihrer Arbeit fühle, die sie jedoch aufgrund der »finanziellen Situation« nicht aufgeben könne.

Ich ermutigte Eva, aus der »Ich«-Perspektive zu sprechen, und wollte von ihr noch einmal wissen, welche Opfer sie im Dienste ihrer inneren Abmachung bringe. Sie wehrte sich gegen das Wort »Opfer«, gab aber zu, daß »etwas nicht funktioniert«. Dann sprach sie von der Absicht, ihre Arbeit aufzugeben, wobei sie wußte, daß dies David »ängstigt«, und betonte ihren festen Entschluß, anderen zu helfen. Sie werde ihm erzählen: »Das bin ich. Das ist ein Teil von mir, und ich liebe es. Und wenn du es nicht akzeptieren kannst, heißt das, daß du mich nicht akzeptieren kannst, so wie ich bin.« Sie wolle »unbedingt« ihre Kreativität unter Beweis stellen und einen »auf Einigung beruhenden Kompromiß« mit David finden, um ihre globale Mission erfüllen zu können. Dann erzählte Eva von den tränenreichen Auseinandersetzungen, die es in der Vergangenheit gegeben habe, wenn sie versuchte, David ihre Absicht mitzuteilen, ihren eigenen Weg zu gehen.

Sie ahnte, daß die schwierigste Herausforderung darin bestehen werde, David von ihren außerirdischen Begegnungen zu erzählen. »Es ist wie mit diesen Sonnenflecken am Anfang unserer Sitzung«, sagte sie, »jenem goldenen Ring. Es gibt keine klar definierte Grenzlinie mehr.« Sie habe versucht, ihre Begegnungen in »ihrer kleinen Tasche« zu verstecken, mit »einem Schloß daran, in der sie ihr Tagebuch und ihre Tonbänder und all das Zeug« aufhebt. Aber sie bekam Anrufe von unserer Gruppe, und mit der Zeit »mache ich kein Geheimnis mehr daraus«.

David wußte zum Beispiel, daß Eva einen Psychiater besuchte. Daher sei die »Grenze« zwischen dem, was »er wissen darf und was nicht, eine Sache der Wahrnehmung«, und »diese Grenze wird kleiner werden und ganz verschwinden«. Sie hatte vor, David »kurz« von ihren Begegnungen zu erzählen. »Allzu viele Details sind nicht nötig – nur daß es sie gibt, daß es eine höhere Art der Kommunikation gibt und was der allgemeine Sinn meiner globalen Mission ist, das wird reichen.« Ich bezweifelte, daß es so einfach werden würde, und wir besprachen die Spannungen, die Eva bevorstanden. Charakteristischerweise empfand sie diese Aussichten als interessant und als Herausforderung.

Als die Rückführung beendet war, bat mich Eva, sie fünf Minuten allein zu lassen. Dann erzählte sie von einem hebräischen Kinderbuch mit dem Titel »Der Seelenvogel«, das von einem Vogel handelt, den es in jedem Menschen gibt und der viele Fächer hat, »ein Fach für den Zorn, ein Fach für das Glück, ein Fach für die Eifersucht, für die Liebe, für den Haß, und wir sind die einzigen, die einen Schlüssel für diese Fächer haben. Und wir entscheiden, welche Fächer wir jeweils benutzen wollen.« Nach kurzem Nachdenken sagte Eva: »Sollte ich vielleicht mehr Fächer öffnen?« Wir sprachen von der Wahl des richtigen Zeitpunktes, und dann kehrten ihre Gedanken zu David zurück. Im Dienst der Mission »bereite ich vielleicht jemand anderem Schmerzen«. Vielleicht sei es das, was David wolle. »Vielleicht ist es etwas, das er für sich selbst schafft, damit er als Person die nächste Stufe erreichen kann.« Sie dachte daran, ihm die ganze Wahrheit über ihre Erfahrungen zu erzählen, in der Annahme, daß er sein Bewußtsein vielleicht nur »durch eine negative Herausforderung« ändern kann. Als die Sitzung sich dem Ende näherte, diskutierten wir die besonderen Beschränkungen, die das Umfeld in seiner Firma Menschen bei der Entwicklung des Bewußtseins auferlegte.

Im Anschluß an diese Sitzung hatte Eva wiederum starke Kopfschmerzen und war ein, zwei Tage lang extrem durstig, was sie mit dem Freisetzen von Energie und ihrer Öffnung gegenüber »kosmischen Informationen« in Zusammenhang brachte. Zwei Wochen nach der Rückführung schrieb sie mir in einem Brief, wie sie sich von »den Herausforderungen des – bewußt – Unbekannten« angezogen fühlte. In Tagebuchaufzeichnungen, die mit Einträgen drei Tage nach dieser Sitzung begannen, schrieb sie von Plänen, im Sommer nach Israel zu gehen, und von Erfahrungen in früheren Leben, unter anderem von einer Entführung als fünf- oder sechsjähriger Junge im siebzehnten Jahrhundert, die nachfolgend in dem Bericht über ihre dritte Hypnosesitzung am 15. März wiedergegeben ist.

Sie beschrieb auch ihr Gefühl, daß bei den Begegnungen Raum und Zeit aufhörten zu existieren – »Vergangenheit und Zukunft ereignen sich jetzt und immer« –, ihr Verlangen nach globalem Frieden und Verständnis und spekulierte, durch das Abhören des Tonbandes der Sitzung vom 22. Februar inspiriert, über andere philosophische und spirituelle Themen wie die Entwicklung des Bewußtseins und »kosmische Wahrheiten«.

Eva beschrieb, daß die Wesen ihre »Kommunikation von einer höheren Schwingungsebene aus an die Ebene der irdischen – verbalen – Schwingungen anpassen müssen«, und bediente sich dabei ihrer kosmischen »wir/sie«-Stimmen. »Langsamer zu werden« und »auf subtileren Ebenen zu schwingen ... erfordert Training ... Wir benutzen Evas Körper mit ihrer Zustimmung jetzt die ganze Zeit über. Die irdische Eva hat ihn nicht verlassen, aber sie ist mit uns verschmolzen, wodurch ihre irdischen Kräfte sozusagen sehr verstärkt wurden.« Sie warnte vor der Beschränkung, die darin liegt, Worte zur Beschreibung derart tiefer Erfahrungen zu benutzen, besonders bei der Beschreibung des Verhältnisses der irdischen Existenzebene zu anderen Realitäten.

In ihrem Tagebuch schrieb sie, daß sie David kurz nach unserer Sitzung von ihren Erfahrungen erzählt habe. »Er zeigte kein großes Interesse. Jegliche Form von Unterstützung fehlte. Es überraschte mich nicht. Ich hatte es nicht anders erwartet. Ich bedauere es nicht. Akzeptiere es völlig. Meine Hypothese: Er leugnet es und ist verletzt.« Obwohl David andeutete, daß er Teil dieses Spieles sei, erzählte mir Eva später, daß er unsicher sei, ob seine Behauptung, beteiligt zu sein, echt sei. Er sagte, daß sie eine Wunde auf seinem Fuß hinterlassen hätten, daß sie Zwerge seien und er sie gesehen habe, aber er schien kein großes Interesse zu zeigen. »Ob er ihnen wirklich begegnet ist oder nicht, wird die Zeit zeigen ... Er sagte jedoch, sie sollten mit ihm in Verbindung treten. Er könne ihnen viele Informationen geben. Er schlug auch vor, daß ich ihnen, um die Angst loszuwerden, ein Spiel beibringen sollte, daß wir zusammen spielen könnten. Und sie könnten mir eines ihrer Spiele beibringen. Es ist interessant, daß vom folgenden Morgen an die Angst beinahe verschwunden war. Und der rote Punkt auf meiner Nase erschien zwei Tage danach. Es ist wie in einem Traum, außer daß der Vorschlag von beiden Seiten aufgenommen wurde und die Angst von selbst verschwand!«

Ebenfalls kurz nach der Sitzung im Februar träumte Eva von brennenden Häusern, die sie als Bild des »brennenden ‘Mülls’, der hinsichtlich anderer Menschen verbrannt werden mußte«, ansah. Sie schickte mir auch zwei Tagebucheintragungen aus dem vergangenen Sommer. In dem einen beschrieb sie, daß sie außerhalb des »Planeten Erde« gewesen sei und ein Raumschiff gesehen habe, das von einem goldenen Licht umgeben war. Sie konnte telepathisch mit den Wesen darin kommunizieren und erfuhr, daß sie sehr geliebt werde und bald wieder mit ihnen vereint sein werde. »Ich war alterslos und doch eine junge Seele.« In dem anderen Eintrag beschrieb sie ein vergangenes Leben als Teenager in den dreißiger Jahren dieses Jahrhunderts oder während des Zweiten Weltkriegs. Sie sah ein Baby in ihren Armen und glaubte, daß diese Erfahrung ihre Liebe zu allen Kindern erkläre. In einer Notiz vom 9. März, die einem Geschenk von Früchten und anderen Lebensmitteln im Gedenken an den jüdischen Festtag der Errettung, Purim, beilag, schrieb Eva: »Dank Ihnen und anderen lerne ich, mit den Energien produktiver umzugehen.«

Wir setzten eine dritte Rückführung auf den 15. März an. Zu Beginn der Sitzung beschrieb Eva, wie sie sich vor einer Vorlesung an Barbara Brennans Schule für Energie und Heilen ausruhen wollte, aber nicht einschlafen konnte, sich unruhig fühlte, Musik hörte, »und dann ging es los«. Sie sah sich selbst als fünf- oder sechsjährigen Jungen irgendwo in Europa in den Bergen. Sie lebte bei ihrem Vater, einem stämmigen blonden Mann, in einer Holzhütte. Sie beschrieb ihre Kleidung, einschließlich der detaillierten Muster auf ihren weißen Schürzen. »Wir hatten etwas auf dem Kopf wie eine Kappe oder so.« Als sie sich nach links wandte, sah sie eine »Untertasse, ein Raumschiff«. Einige Minuten schienen zu vergehen, und »ich ging auf dieses Raumschiff zu, und mein Vater erstarrte auf der Stelle. Ich meine, er konnte sich nicht bewegen, er konnte nicht sprechen. Er war wie Eis, wissen Sie?« Sie war also ein Junge und sah »einen dieser Zwerge herauskommen«. Als nächstes war sie in dem Raumschiff, das startete, als sie aus dem Fenster hinaus zu ihrem Vater hinunterschaute, der »auftaute« und mit Tränen in den Augen heraufsah. »Es war, als verstünde er. Es war, als hätte er immer schon gewußt«, daß »ich ihm körperlich durch die Empfängnis gegeben war«, aber daß sie in einem anderen Sinn nicht sein Kind gewesen war. »Er akzeptierte einfach, was passierte.«

»Ich erinnere mich wieder an diese Zwerge«, fuhr Eva fort, die »gleichen, an die ich mich erinnert habe, als ich vier, fünf Jahre alt war. Die Augen waren wieder sehr dunkel, aber ich spürte sehr viel Empfindung in ihnen, eine Menge Mitleid, sehr viel Liebe. Es ist, als wollten sie sagen, sie seien wegen mir zurückgekommen, so ungefähr, und dann erinnere ich mich an die Farbe von Lavendel, und das ist alles.« Irgendwie wußte sie, daß man das Jahr 1652 schrieb. Dieser Zwischenfall überzeugte Eva, daß sie »nicht von hier«, nicht »irdisch« war. »Die ETs«, sagte sie, »können zu jeder beliebigen Zeit in unsere Raum- und Zeitdimension eindringen oder sie verlassen.« Sie brachte diese Fähigkeit mit dem Erlebnis von 1652 in Zusammenhang. »Es ist, als wäre ich zur Erde gebracht worden. Ich weiß nicht, warum ich für fünf oder sechs Jahre – oder wie alt auch immer ich war – hierher gebracht worden war, und dann wurde ich in eine andere Dimension mitgenommen, die keinen Raum und keine Zeit hat, so wie wir sie kennen.« Eva ist in diesem Leben »eine Energieform, der ein Körper gegeben wurde, um eine bestimmte Mission auszuführen«, die irgendwie dem Zweck dient, eine umfassende Erfahrung mit dem »Leben auf irdische Weise« zu bekommen.

Es schloß sich eine weitere Diskussion über die Schwierigkeiten der Wahrnehmung und Kommunikation zwischen außerirdischen oder geistigen Kulturen und irdischen Lebensformen an sowie über die Wahl, die unsere Seele unter »den unendlichen Möglichkeiten« trifft, »aus denen wir wählen können« und von denen eine darin besteht, auf der Erde zu einer bestimmten Zeit und an einem bestimmten Ort verkörpert zu werden. Dann berichtete Eva, was sie David über ihre Erfahrungen mitgeteilt hatte. Mit ihm und anderen hat sie »über solche Dinge gesprochen, was ich niemals für möglich gehalten hätte«. David schien »anfangs in einem Schockzustand« gewesen zu sein, gefolgt von »heftigem Leugnen«. Er sprach ziemlich sarkastisch über »deine Freunde von der anderen Seite«, die »dieses, jenes oder etwas anderes sind«. Eva beschrieb weitere Erfahrungen im Zusammenhang mit Entführungen, darunter »verschiedene Prozeduren, Operationen – nennen Sie es, wie Sie möchten« –, um Energieblockaden zu entfernen. Sie entdeckte auf ihrer Hand, ihren Brüsten und an anderen Stellen ihres Körpers blaue und rote Flecken, die nicht verschwanden.

Eva hoffte, unter Hypnose mehr über ihre Inkarnation von 1652 erfahren zu können, aber ich warnte sie davor zu versuchen, bestimmte Erfahrungen ins Visier zu nehmen. »Tief drinnen«, spekulierte sie, »wissen wir vielleicht schon, ehe wir hierher gekommen sind, welchen Weg wir gehen werden«. Sie äußerte, daß die ETs selbst, »die wir körperlich sehen, nur eine Gestalt sind, die sie annehmen, wenn sie diese Dimension betreten ... Wo immer sie herkommen, leben sie körperlich ganz und gar nicht auf diese Weise.« Ihre Seelen könnten sich in verschiedenen Formen manifestieren. »Deshalb haben wir unterschiedliche Bilder« von den Wesen, sagte sie. »Einige Menschen sprechen von den Roten, Grauen, Braunen, mit Falten, ohne Falten, was auch immer – es ist eine Kombination ihres bioenergetischen Aufbaus und unserer Werkzeuge der Wahrnehmung ... Aber es wird einen gemeinsamen Nenner geben«, fügte sie hinzu.

Evas erstes Bild in der Rückführung zeigte sie selbst, wie sie als vier- oder fünfjähriges Mädchen mit Delphinen, die ihre Freunde waren, in einer Höhle schwamm. Eine Kraft zog sie aus dem Wasser, aber »die Delphine werden warten«. Das kleine Mädchen wird aus der »Erinnerung an die Quelle« ihres Seins herausgerissen in eine Welt des »Erwachsenwerdens und der Verantwortung«. Dieser Gedächtnisverlust sei notwendig, sagte sie, »denn wenn in der körperlichen Welt die Erinnerung an die Quelle vorhanden wäre, gäbe es keinen Ehrgeiz, Erfahrungen zu machen, und alle würden sich nur entspannt zurücklehnen«. Ich führte sie zurück zu dem Erlebnis des kleinen Mädchens in der Höhle. »Sie kommt immer wieder zurück, als Inkarnation mit einer Mission«, sagte Eva. Ziemlich abstrakt werdend, fuhr sie fort: »Die Energiezusammensetzung des kleinen Mädchens wird sich mit ihrer Erfahrung ändern.« Deren Energie werde subtiler und höher werden, »bis man von einem bestimmten Standpunkt aus sagen kann, daß es keine Energieschwingungen mehr gibt. Es ist alles eins, und der Vorgang beginnt von vorne.«

Entführte seien »Seelen, die aus ihren eigenen Zwecken und Gründen die Möglichkeit gewählt haben, körperliche Gestalt anzunehmen«. Aber durch ihre Erfahrungen »erlangen sie wieder ihre Erinnerung an die Quelle ... Der Vorgang einer Entführung ist eine Form des Wiedererlangens der Erinnerung.« Das »Entführungserlebnis selbst«, sagte Eva, »ist ein Mechanismus, um die Strukturen zu entfernen, die die Erinnerung an die Quelle verhindern ... um das körperliche Medium so zu reinigen, daß es sich besser erinnern und anderen Kenntnisse vermitteln kann«. Die »körperliche und seelische Qual« der Entführungen, sagte sie, sei Teil eines Prozesses des Ausgleichs. Sie selbst »hatte niemals richtig Angst«, und »wenn ich Angst hatte, war es mehr ein Nichtbegreifen, was vor sich ging, und keine Angst als etwas Schreckliches und Dunkles und Böses und Unbekanntes. Der Vorgang kam mir immer irgendwie vertraut vor.«

Ich fragte Eva, was sie mit »vertraut« meine. Die Entführungen »kamen mir vertraut vor. Ich fühlte mich zu Hause. Es ... es kam mir nie unbekannt vor«, sagte sie. Ich fragte sie, wie weit zurück ihre Erinnerungen an Entführungen reichten. Sie sprach von vergangenen Leben im Ersten und Zweiten Weltkrieg und in »Marokko lange davor«. Ihr »Antrieb« sei es jedesmal gewesen, »der Menschheit zu helfen, ihre Blindheit zu besiegen«. Ich fragte sie nach Marokko. Sie war im frühen dreizehnten Jahrhundert ein reicher Kaufmann namens Omrishi gewesen, der versucht hatte, die korrupten Beamten der erbbedingt herrschenden Familie, die die lokale Regierung des Dorfes stellte, zu »unterwandern«. Omrishi war aufgrund seines Reichtums und seiner reformistischen »Vorstellungen und Ideale« sehr bekannt. Er organisierte Milizgruppen, um eine größere wirtschaftliche Gleichheit für die Dorfbewohner zu erreichen, und versuchte, die lokale Regierung mit eigenen Anhängern zu infiltrieren. Ein Teil seines Planes war es, Chaos in dem Dorf zu schaffen, was es erleichtern würde, die herrschende Familie zu stürzen und ihre Anhänger in die Flucht zu schlagen, aber er wurde von einer Frau verraten, die eine seiner verschwörerischen Unterhaltungen belauschte und an die Behörden verriet.

Berittene, schwarzgekleidete Männer mit weißen Kopfbedeckungen – »die Leibwächter der herrschenden Familie« – kamen zu Omrishis Zelt, um ihn zu verhaften. Die Frauen um ihn herum weinten, und die Kinder versteckten sich, denn sie wußten, was passieren würde. Er wurde in ein weißes Steingebäude gebracht, das nach Erbrochenem und Urin stank. Omrishi sollte geköpft werden, und den Menschen wurde befohlen, sich in der Dorfmitte zu versammeln, um der Exekution zuzusehen, denn sie wollten »ihre Furcht verstärken«. Nach dieser Verhaftung wurde Omrishi aus seiner Zelle geführt, um ihm zu zeigen, wo die Hinrichtung stattfinden sollte. Am folgenden Morgen um zehn Uhr »holten sie mich, legten meinen Kopf auf das Ding – und plopp!« Es war ein Gefühl der »Befreiung, Freiheit«, des »Aufsteigens, des Wachsens, der Freude ... Es ist unbeschreiblich«, sagte sie. »Alles, was ich spüre, ist weißes Licht, goldenes Licht.« Sie sah eine Taube, die aus einem Käfig freigelassen wurde und »die mich symbolisiert ... Das ist meine Seele.«

Ich bat Eva, mehr über diese »Reise« ihrer Seele zu berichten, und ihre Gedanken kehrten zu dem kleinen Mädchen zurück, das mit den Delphinen schwamm. Dieses Bild veranschaulichte den »Weg der Seele des Kindes«, die aus verschiedenen Gründen »von Zeit zu Zeit in die körperliche Dimension« zurückkehrt. Einer davon besteht darin, »das körperliche Leben, den Körper, die Empfindungen und Wahrnehmungen, Gefühle, Emotionen, Schmerz und alles, was die körperliche Welt bietet, zu erfahren«. Außerdem können Seelen, durch ein »Verständnis aufgrund von Erfahrung« von Zeit zu Zeit in körperliche Formen »zurückkehren, um denen zu helfen, die sich noch nicht erinnern können«. Omrishi hatte zum Beispiel einen »Samen in die Herzen der Menschen« gepflanzt, und »im Laufe der irdischen Zeit wird der Same ausschlagen und zu einem Baum werden, und der Baum wird Früchte tragen«.

Ich fragte Eva nach der Rolle der Entführungen in diesem Zusammenhang. »Den Körper zu reinigen, damit er mehr Informationen aufnehmen kann«, antwortete sie und sagte über die Außerirdischen: »Sie sind immer schon hiergewesen. Es ist eine Sache der Evolution, ob wir sie wahrnehmen können. Es gab Zeiten im Evolutionsprozeß der Menschheit, in denen sie da waren, aber wir konnten sie nicht wahrnehmen. Es war nicht richtig, es war nicht die richtige Zeit, um sie wahrzunehmen.« Omrishi sah sie nicht in Raumschiffen kommen, sondern nahm sie durch eine »höhere Kommunikation« und Meditation wahr, durch die er geistigen Rat erhielt.

»Alle Menschen erhalten geistigen Rat«, sagte Eva, »aber die meisten hören nicht auf ihn.« Entführte »sind auf der Stufe, auf der sie sich reinigen können ... so daß Informationen durchdringen können ... Entführungen sind sehr wirklich – körperlich gesprochen«, sagte Eva, aber die Menschen sollten diesen Aspekt nicht zu sehr betonen. »Sie sollten die Fakten abwägen, um sie als Ganzes zu verstehen, und nicht versuchen zu beweisen, daß es sie gibt oder nicht.« Sie sollten sich konzentrieren auf »die von den Entführten mitgeteilten Informationen ... Diese Informationen sollten gesammelt und auf unserer Ebene weiterentwickelt werden, damit sie angewandt werden können. Wenn man versucht, ihre Existenz oder Nichtexistenz zu beweisen, verschwendet man nur Zeit.« (Eva sprach von meinen eigenen Extremen des Intellekts und der bedingungslosen Liebe, einer Art »kosmischer Spannung«, und gab mir den Rat, »mich zurückzuziehen« an einen abgelegenen Ort ohne andere Menschen, um diese Polaritäten ins Gleichgewicht zu bringen und »Ihre Existenz mit dem Kosmos zu verbinden«. Sie nahm ein Gefühl der Traurigkeit und Einsamkeit in mir wahr und sagte: »Sie müssen wissen, daß Sie niemals allein sind. Bitten Sie nur um die Verbindung, und Sie werden uns spüren«, womit sie »alle nichtkörperlichen Wesen, die Sie die ganze Zeit schon geleitet haben«, meinte.)

Für Eva war diese die beeindruckendste Sitzung. Zwei Monate später erzählte sie mir, daß ihre Auswirkungen »mit Worten nicht zu beschreiben sind«. Sie fühlte sich mit dem, was darin zutage gekommen war, »sehr vertraut«, als wäre sie »Schauspieler und Kinobesucher gleichzeitig«. Sie sah ihr Leben als Omrishi als Teil ihrer Pionierrolle bei der Herbeiführung eines »friedlichen Wandels« hin zu einer »Harmonie zwischen den Menschen«. Sie bezweifelte, daß Omrishi mit seiner Perspektive des dreizehnten Jahrhunderts sich des »größeren Zusammenhanges« bewußt war. Er wollte nur »etwas für seine Leute an diesem Ort tun«. Er begann einen »Austausch«, aber das größere Ziel, den Menschen Frieden und Gleichheit zu bringen, ist noch nicht erreicht.

Besprechung

Eva ist eine Pionierin mit der globalen Mission, zu heilen und Frieden zu bringen. Ihre Entführungserfahrungen, die sie ihr ganzes bisheriges Leben begleiteten, sind ein mächtiges Medium für die Weiterentwicklung ihres Bewußtseins und bringen sie in Kontakt mit den tieferen Gründen ihres Vorhabens. Sie erfährt die Entführungsbegegnungen als wichtige »Informations«-Quellen, die aus Dimensionen jenseits oder außerhalb der physikalischen Realität stammen. Sie erlebt sich selbst als »eine Energieform, die einen Körper erhalten hat, um eine bestimmte Mission zu erfüllen«. Wie die meisten Entführten hatte Eva erschreckende, ja verstörende Begegnungen mit außerirdischen Wesen. Aber ihr fester Wille, sich dem Vorgang zu öffnen, das Bedürfnis nach Kontrolle aufzugeben und sich gegenüber seiner Intensität und Bedeutung zu behaupten, ermöglichte es Eva, über die Angst und das Trauma hinaus an einen Ort größerer innerer Ausgeglichenheit und persönlicher Kraft zu gelangen. Es ist charakteristisch für sie, daß sie nach einem Entführungserlebnis, das sie sehr ermüdet hatte, in ihr Tagebuch schrieb, sie hoffe, daß sie »auf eine Reise« mitgenommen worden sei.

In Evas Beschreibungen ihrer Entführungserfahrungen kommt ein klares Bild des evolutionären Zwecks der Beziehung zwischen Außerirdischen und Menschen zum Vorschein – zumindest soweit diese unser Bewußtsein beeinflußt. Sie beschreibt wiederholt, wie sie während ihrer Entführungen Zugang zu einer anderen Dimension – oder anderen Dimensionen – der Existenz erlangt, zu einer erweiterten Realität, in der menschliche Konzepte von Raum und Zeit keine Gültigkeit haben. Dieses Reich steckt voller Paradoxe, zum Beispiel wenn man spürt, daß man sich gleichzeitig ins Unendliche ausdehnt und zu einem Punkt zusammenzieht. Obwohl Eva sich ziemlich klar ausdrücken kann, findet sie keine Worte, um die unsagbare Schönheit und Kraft dieses geistigen Reiches zu vermitteln. Entführte, sagt sie, seien Seelen, die »die Möglichkeit gewählt haben, körperliche Gestalt anzunehmen«, und die Entführungserfahrungen seien ein Werkzeug, um Erinnerungen an die Quelle des Seins wiederzuerlangen, von der wir, zumindest in unserer Kultur, zum größten Teil abgeschnitten sind.

Eva selbst scheint, wie viele Entführte, sowohl in menschlicher als auch in außerirdischer Gestalt verkörpert zu sein. Wenn sie sich während unserer Sitzungen tief in ihre Entführungserfahrungen versenkte, schlüpfte sie in die außerirdische oder »andere« Identität. Dann sprach sie als eine Art kosmisches »Wir« mit einem höheren Bewußtsein, das auf der Ebene unserer Welt als Friede und Harmonie zum Ausdruck kommt. Wichtig für diese Bewußtseinserweiterung waren das Überschreiten von Grenzen, die Überwindung der Trennung der Menschen voneinander und von den Wesen, die Außerirdischen eingeschlossen, die den geistigen Bereich bevölkern.

Eva ist sich von ihrem »anderen« Standpunkt aus der höheren oder intensiveren Energiestufen bewußt, in denen die außerirdischen Wesen existieren, sowie des komplizierten Problems, deren

Intensität zu verringern, um sich auf der Ebene der Erde manifestieren zu können. Eva spürt, daß sogar die physikalischen Formen, die bei Entführungsphänomenen auftauchen – menschenähnliche Wesen, Raumschiffe oder Körper, die Wände durchdringen –, möglicherweise Anpassungen höherer Energieformen an die Erfordernisse der Wahrnehmung des beschränkten menschlichen Bewußtseins darstellen oder eine Technik, um uns in einer Sprache anzusprechen, die wir verstehen können. Die Außerirdischen – oder die Quelle, aus der sie stammen – müssen Körperformen schaffen, damit wir sie erkennen können.

Evas Zugang zu Erfahrungen aus vergangenen Leben ist Teil der Erweiterung ihres Bewußtseins, die über eine rein körperliche oder materialistische Wahrnehmung der Realität hinausgeht. Auf diesem Gebiet stellen die außerirdischen Wesen geistige Energien oder Führer dar, die der Entwicklung des Bewußtseins und der Identität dienen. Den roten Faden ihrer persönlichen Mission kann man in den Erfahrungen aus vergangenen Leben entdecken, die sie mir erzählt hat. Sie beschäftigte sich zum Beispiel bereits als Omrishi, ein erfolgreicher marokkanischer Kaufmann im dreizehnten Jahrhundert, mit Gerechtigkeit und Gleichheit – allerdings nur auf einer lokalen Ebene –, und als kleiner Junge im siebzehnten Jahrhundert entdeckte sie, daß ihre Seele nicht ihren irdischen Eltern, sondern einem größeren Seinsbereich angehört.

Ihre persönliche Entwicklung, die sie durch ihre Begegnungen bei den Entführungen erfuhr, mit ihren häuslichen Verpflichtungen zu vereinbaren war für Eva eine beträchtliche Aufgabe und bildete einen wichtigen Gesichtspunkt unserer Arbeit. Ihr Abkommen mit sich selbst, niemals irgend jemanden zu verletzen, führte auf direktem Wege zu den unausweichlichen Spannungen, die sich zwischen ihrem geistigen Leben und der Beziehung zu ihrem Ehemann ergaben, der in die konservativen und praktischen Anforderungen der Geschäftswelt eingebettet war. Eva hatte versucht, diese Leben völlig getrennt zu halten, fand diese Fragmentierung ihrer Eigenwahrnehmung aber zunehmend unerträglich. Ein Märchenbuch aus ihrer Kindheit mit dem Titel »Der Seelenvogel«, das von Fächern für Gefühle erzählte, die jeder von uns in sich trägt, schien den Kampf um inneren Frieden darzustellen, den Eva durchmachte. Endlich konnte sie sich dazu durchringen, ihrem Ehemann David von ihren Begegnungen zu erzählen, und obwohl sie anfangs von seiner gleichgültigen Reaktion enttäuscht war, ermutigte sie die Tatsache, daß er einen praktischen Vorschlag dazu machte, wie man mit den Außerirdischen kommunizieren könnte, und sie deutete an, daß er selbst eine Art Kontakt mit ihnen gehabt haben könnte. Obwohl sie ziemlich isoliert war, als wir uns trafen, findet Eva in wachsendem Maß Wege, mit anderen Menschen über die Wahrheit und die Kraft ihrer Erfahrungen und Kenntnisse zu sprechen. Evas letzte Rückführung begann mit der Erinnerung an ein kleines Mädchen, das mit Delphinen in einer Höhle schwamm und das diese verlassen mußte, um andere, reifere Verantwortungen zu übernehmen. »Es ist dunkel, aber es ist nicht dunkel ... Wir spielen zusammen, und sie sind meine Freunde«, sagte sie. Dieses Bild, zu dem wir später während der Sitzung zurückkehrten, schien für Eva die Reise der Seele durch die Zeit darzustellen, die Zyklen von Wiedergeburt und Tod, die Inkarnation und die Wiederkehr des Geistes. Das Bild ist zeitlos eng verknüpft mit Evas Mission. Es ist eine Verkörperung ihres Traums von Frieden, Harmonie, Gleichheit und Verspieltheit, dem sie ihr Leben gewidmet hat.

Eva warnte davor, das Entführungsphänomen in allzu engen materialistischen Begriffen zu betrachten und unsere Energien darauf zu verschwenden, mit Hilfe der Naturwissenschaften Beweise für seine Wirklichkeit zu finden. Implantate beispielsweise, schrieb sie mir nach ihren ersten drei Rückführungen, würden wahrscheinlich nicht den endgültigen Beweis liefern, den Entführungsforscher suchen. Um in unserem Körper existieren zu können, müßten sie aus Substanzen bestehen, die nicht von unserem Gewebe abgestoßen werden, was heißt, daß sie Elemente enthalten müßten, die auf der Erde bekannt sind. Und – so möchte ich hinzufügen – es ist kaum wahrscheinlich, daß eine Erscheinung von solcher Intelligenz, Subtilität und einem solch hohen Niveau ihre Geheimnisse einer Forschungsmethode preisgeben würde, die von Wesen stammt, die auf einer viel niedrigeren Bewußtseinsebene funktionieren. »Ich persönlich denke zudem«, schrieb Eva, »daß wir unsere Aufmerksamkeit auf den Austausch mit unseren außerirdischen Freunden in irgendeiner Form und auf irgendeiner Stufe richten und dabei die außerirdische Weisheit in unserer Welt kennenlernen, akzeptieren und integrieren sollten. Zeit, Geld und Energie nur dafür zu verschwenden, einen Beweis für die Existenz von Außerirdischen zu erbringen, ist sinnlos.«

Der Zauberberg

Dave, ein jungenhaft wirkender, achtunddreißigjähriger Krankenpfleger in einer abgelegenen Gemeinde im südlichen Zentral-Pennsylvania, rief mich im Juni 1992 auf den Vorschlag seines koreanischen Karate-, Taekwondo- und Thai-Chi-Lehrers hin an. Dieser kannte meine Arbeit mit Entführten und dachte, daß die Erfahrungen seines Schülers mit den Phänomenen, die ich untersuchte, zusammenhängen könnten. Ich war nicht zu erreichen, als Dave das erste Mal anrief, und meine Assistentin brachte ihn mit Julia zusammen, einer Entführten, mit der ich bereits zwei Jahre gearbeitet hatte. Julia sprach mehrmals mit Dave und ermutigte ihn, mir von seinen Erfahrungen zu schreiben.

In seinem Brief, den er im Juli – kurz vor einem eindrucksvollen Entführungserlebnis, bei dem er ein Wesen sah, das ihn durch ein Fenster anstarrte – geschrieben hatte, erzählte Dave von mehreren mutmaßlichen Entführungen, die bis ins Alter von drei Jahren zurückgingen, von einer unerklärlichen, sichelförmigen Narbe, die auf seinem Körper aufgetaucht war, von mehreren Zwischenfällen, nach denen er nicht wußte, was in dieser Zeit passiert war, und von einer eindrucksvollen UFO-Sichtung, als er neunzehn Jahre alt war. Außerdem schrieb er von seinem Karatetraining und seinem Bemühen, die Thai-Chi-Erfahrungen zu kontrollieren, die er während des Trainings und danach durch die Arbeit mit seinem Lehrer, Meister Joe, gemacht hatte. Am Ende des Briefes fügte er kommentarlos hinzu: »Ich möchte hypnotisiert werden.«

Am 23. Juli unterhielt ich mich mit Dave am Telefon, und er berichtete von bewußteren Erinnerungen an seine Erfahrungen während der Entführung vor zwei Wochen, unter anderem an das Gefühl, daß ihm etwas in den Anus gesteckt worden war, an die beherrschenden und kontrollierenden Augen des Wesens im Fenster, das weiblich und ihm bekannt zu sein schien, und daran, wie er sich selbst, als der Zwischenfall vorbei war, bei seiner Frau auf ihrer Bettseite ankuschelte.

Daves Erfahrungen schließen die üblichen traumatischen Elemente ein, die bei UFO-Entführungen weitverbreitet sind. Sein Fall ist jedoch von besonderem Interesse aufgrund des engen Zusammenhangs zwischen den Entführungserfahrungen und seinem Training, seine Chi-Energie zu öffnen und zu beherrschen, die Dave definiert als die »Kraft, die das Universum durchdringt und aus der die Realität erwächst«. Als sich diese Öffnung ereignete, war David überrascht von der großen Anzahl der Ereignisse in seinem Leben, deren Bedeutungen miteinander verbunden zu sein scheinen und die ihn umgeben. Er hatte von Kindheit an ein lebhaftes, praktisches Interesse an der freien Natur, und Daves Begegnungen und Erfahrungen bei seinen Entführungen erfüllten ihn mit Ehrfurcht vor den Kräften der Natur.

Besonders große Anziehungskraft auf David hatte der Pemsit Mountain, eine Stätte nahe seinem Elternhaus, die mit indianischer Tradition und Zauber verbunden war und an der sich viele seiner Erlebnisse abgespielt hatten. Das Universum ist für Dave ein Ort geworden, der von Geheimnissen und einer fremden Intelligenz erfüllt ist. Da er für die Kraft und Realität seiner Erfahrungen – die auch zwei vergangene Leben einschließen, die wir in unserer letzten Sitzung aufdeckten – einsteht, entwickelt sich Dave in seiner Gemeinde zum Vorreiter bei der Erforschung anormaler Erfahrungen. Andere Entführte fühlen sich zu ihm hingezogen, und er denkt darüber nach, seinen Beruf zu wechseln, damit er bei ihnen Hypnose einsetzen und sie als Gruppenleiter unterstützen kann. Er hat ein starkes Interesse an der Natur und am Fotografieren und schickte meiner Frau und mir einige wunderschöne Bilder von Wildblumen, die er abgelichtet hatte. Ich traf Dave zum ersten Mal am 13. August 1992, als er nach Boston kam, um seine Erfahrungen zu erforschen.

Dave wuchs in einer kleinen, fest zusammengewachsenen Gemeinde auf, die ungefähr zwanzig Häuser längs eines Baches in der Susquehanna-Valley-Region von Pennsylvania umfaßte – »das ist die Gegend der Höhenzüge und Täler von Pennsylvania. Es gibt hier lange, parallel verlaufende Höhenzüge und Lücken in den Bergen, durch die die Flüsse fließen. Ich glaube, der Fluß war zuerst da, und dann hoben sich die Berge und ließen Lücken.« Sein Dorf lag am Fuß des Berges. Daves Freunde stammten aus der Nachbarschaft, und die Mütter »waren alle wie unsere eigene Mutter«. Er konnte weggehen, wann immer er wollte, und die anderen Häuser betreten, ohne zu klopfen. »Meine Großmutter lebte in derselben Straße und mein Onkel nebenan.« Es war »mein Clan, genau dort«.

Dave ist der älteste von vier Jungen. Seine Brüder sind drei, sechs und neun Jahre jünger. Ihr Großvater hatte ein Installations-, Heizungs- und Heizölgeschäft, und ihr Vater arbeitete dort als Heizölverkäufer. Dave und seine Mutter standen sich immer nahe. Alle seine drei Brüder scheinen gleichfalls Entführungserfahrungen zu haben – wie auch der Sohn des einen Bruders, der aber anonym bleiben möchte.

Daves Großmutter war eine eifrige Vogelkundlerin und lehrte ihn, Vögel zu unterscheiden. Schon als Kind entwickelte er eine tiefe Liebe zur Natur, und als er neun oder zehn Jahre alt war, begann er die Wälder und den Berg in der Nähe seines Elternhauses zu erforschen. Sein Vater nahm ihn zum erstenmal zum Angeln mit, als er fünf Jahre alt war, und später begann er zu jagen und Fallen zu stellen. Als Heranwachsender »verbrachte ich viel Zeit auf dem Berg oder unten am Bach«. Als er größer wurde, spürte er eine starke Verwandtschaft mit den Indianern dieser Gegend. »Bei den Indianern«, schrieb mir Dave, »hatten weiße Hirsche eine besondere spirituelle Bedeutung«, und auch zu ihnen spürt er eine starke Verbindung. »Wissen Sie, ich bin den Hirschen geistig verbunden. Es scheint, als sei der Hirsch mein Totemtier«, sagte er.

Als Dave sieben Jahre alt war, verlor er aufgrund eines »Schwertkampfes«, den er mit einem anderen Jungen in der Nachbarschaft ausfocht, sein rechtes Auge. Laut Dave kämpften die Jungen mit den Ästen eines umgestürzten Baumes. Daves Mutter rief ihnen zu, sie sollten aufhören, und Dave legte seinen Stock hin und setzte sich neben einem Baum auf den Boden. Der andere Junge nahm Daves »Schwert« und zerschlug es an dem Baum. Eines der Stücke flog in Daves Gesicht, und er trug Schnittwunden im Auge und im Gesicht davon. Blut rann aus seinem Auge, und er wurde in die Stadt zu einem Arzt gebracht und dann in das örtliche Krankenhaus.

Dave wurde operiert, wobei Äther zur Betäubung benutzt wurde. Der Arzt konnte das Auge nicht retten, und es wurde entfernt. Man hatte Dave vorher nicht gesagt, daß er möglicherweise sein Auge verlieren könnte, und er wußte es immer noch nicht, als er aufwachte und eine Klappe darüber hatte. Er erinnert sich nicht, gefragt zu haben, was tatsächlich während der Operation geschehen war, aber er erinnert sich, daß er während der folgenden Nächte »schreckliche Alpträume« hatte und laut schrie, was das Pflegepersonal dazu veranlaßte, mit ihm den Flur entlang zu laufen, während die anderen Kinder auf der Station ihn anschrien: »Halt die Klappe!« Daves Vater erzählte ihm erst mehrere Tage später, daß sein Auge herausgenommen worden war und er ein »künstliches Auge bekommen« werde. Später erzählte ihm sein Vater, daß er so aufgeregt gewesen sei, nachdem er Dave erzählt hatte, was passiert war, daß »er hinaus auf die Eingangsstufen des Krankenhauses ging und weinte ... Er erzählte mir, daß ich besser damit fertiggeworden sei als er«, sagte David. Es war typisch für seinen Vater, keine starken Gefühle zu zeigen, bis er vor zehn Jahren einen Schlaganfall erlitt. »Seit dieser Zeit hat er Schwierigkeiten, seine Gefühle unter Kontrolle zu halten, und manchmal weint er.« Dave selbst hatte nie den Verlust seines Auges bedauert, bis er viele Jahre später mit seiner Frau darüber weinen konnte.

Dave erinnert sich, damals beschlossen zu haben, daß der Verlust seines Auges ihm nichts ausmache. »Ich kann immer noch gut sehen, und es tut nicht weh«, sagte er zu sich selbst. Er war damals in der zweiten Klasse, in der es nur noch sechs andere Schüler gab. Insgesamt waren ungefähr fünfundsiebzig Kinder an der kleinen Schule, »daher wußte jeder, was passiert war, und jeder kannte mich wirklich gut. Deshalb zog mich auch keiner deswegen auf.« Aber später, auf der Aufbauschule, waren die Klassen viel größer, und er wurde »Schieler« genannt, sogar von Kindern, die wußten, daß er nur ein Auge hatte.

Als Dave siebzehn war, besuchte er ein Semester lang das Penn State College und beendete dann seine Studien an einem Gemeinde-College. Während er noch auf dem College war, begann er nebenbei ein Praktikum als Pfleger. Mit ungefähr fünfundzwanzig Jahren fühlte sich Dave bereit, zu heiraten und Kinder zu haben, »aber ich traf nicht die richtige Frau zum Heiraten, bis ich zweiunddreißig war«. Daves Frau Caroline ist das älteste von vier Kindern. Sie wollten kurz nach ihrer Hochzeit Kinder haben, aber in ihrem ersten Haus gab es nicht »genügend Platz«.

Das Paar nahm einen Kredit auf, um sich ein größeres Haus zu bauen, aber schließlich kostete es viel mehr als erwartet. Dave erlitt zudem einen Bandscheibenvorfall, während er selbst das Haus baute, woraufhin er mehrere Monate bettlägerig war und nicht arbeiten konnte. Als sie im Juni 1992 in das Haus einzogen, »waren wir beide vier Jahre älter, und zu dieser Zeit wußten wir nicht, ob wir nun Kinder haben wollten oder nicht«. Dave streitet ab, daß seine Erfahrungen mit UFOs und Entführungen sein Sexualleben gestört oder mit seiner Entscheidung zu tun gehabt hätten, keine Kinder zu wollen. Die Beziehung zwischen ihm und seiner Frau, sagt er, »ist sehr gut«.

Das erste Erlebnis, das Dave mit dem Entführungsphänomen in Verbindung brachte, ereignete sich, als er drei Jahre alt war. In seinem einführenden Brief schrieb er, er erinnere sich, daß »drei Motorräder unnatürlich schnell die Straße entlang auf mich zukamen. Während sie an mir vorbeifahren, fehlt mir anscheinend ein Stück, und dann waren sie ganz an mir vorbei und rasten über einen Fußweg neben der Straße auf das Haus eines Freundes zu. Ich ging hin, und sie waren nicht da.« Bei unserer ersten Unterhaltung im August 1992 fügte Dave hinzu, daß die »Fahrer« der Motorräder »schwarz« gewesen und »so schnell« auf ihn zugekommen seien, daß ihn Furcht gepackt habe. Er erinnerte sich auch, erstaunt gewesen zu sein, »daß die Motorräder einen schmutzigen Fußpfad mit einer solchen Geschwindigkeit entlangrasen konnten – vor allem, weil der Weg an der Steinveranda des Hauses eines Freundes endete und nicht weiterführte. Er erinnerte sich zudem, das gleiche gespürt zu haben – »eine Art Vibration, ein Kribbeln« –, was er auch in Verbindung mit späteren Entführungen gespürt hatte. Dave und ich untersuchten dieses Erlebnis detailliert bei seiner zweiten Rückführung.

Daves nächste Erinnerungen stammen aus der Zeit, als er ungefähr zwölf Jahre alt war. Wie so oft erforschte er die Wälder auf dem Berg in der Nähe seines Elternhauses. Er erinnert sich, daß er sich auf einem Weg befand, der auf eine Kreuzung mit zwei anderen Wegen zuführte, auf der der Boden moosbedeckt und von einem Baum überschattet war. »Es war ein schönes Fleckchen«, sagte Dave. »Ich betrachtete es ehrfürchtig und sagte dabei: 'Hier ist es so schön!' Ich schaute zu den Zweigen des Baumes hoch, und das ist alles, an das ich mich erinnern kann.« Was dann geschah, wußte er nicht; das nächste, woran er sich erinnerte, war, daß er »die Veranda vor unserem Haus betrat«. Während der folgenden ein, zwei Wochen kehrte Dave wiederholt in diese Gegend zurück, fand auf dem Boden aber keine der Spuren, an die er sich erinnert hatte. Im Rückblick erinnerte sich Dave, daß »der Bewußtseinszustand, in dem ich mich befand«, bevor es geschah, »irgendwie anders war«, stärker und »schärfer« als normal.

Ein ähnlicher Zwischenfall ereignete sich zur gleichen Zeit, als Dave in der Sommerhütte seines Onkels war. Er erinnerte sich daran, einen Pfad entlanggelaufen zu sein, der in der Nähe eines Sees alten Eisenbahngleisen folgte. Wieder erinnert er sich, zu den Zweigen eines Baumes hinaufgeschaut zu haben, und dann an nichts weiter. »Das nächste, was ich weiß, ist, daß ich zu der Lichtung zurücklief, auf der die Hütte stand.« Was Dave wie ein Spaziergang von wenigen Minuten vorgekommen war, stellte sich als Zeitraum von einer Dreiviertelstunde heraus, der ihm fehlte, und seine Tante, sein Onkel und seine Cousins waren »wirklich besorgt«. Seine Cousins hatten nach ihm gesucht und wollten nach seiner Rückkehr wissen, wo er gewesen war. Aber er konnte sich an nichts erinnern, was er ihnen hätte erzählen können.

Dave erinnert sich, daß er sich als Kind für »fliegende Untertassen« interessiert hat, von denen er dachte, daß sie in irgendeiner Weise mit seinem Erlebnis im Alter von drei Jahren zu tun hatten. »Mein Vater hatte etwas über Leute erzählt, die fliegende Untertassen gesehen hätten, und seitdem wollte ich mehr über sie wissen.« In der Aufbauschule gehörte Dave zu den Besten. Er war vierzehn Jahre alt, als er seinen einzigen Aufsatz als Vorbereitung für die High School schrieb – über UFOs. Aber er erinnerte sich nicht, was er geschrieben hatte. Damals erzählte er seiner ehemaligen Sonntagsschullehrerin von dem Aufsatz, und sie sagte, sie habe UFOs auf dem Berg, in dessen Nähe sie wohnte, landen und wieder starten gesehen.

Im Teenageralter passierten noch andere Dinge, die Dave seltsam vorkamen. Als er fünfzehn Jahre alt war, fanden er und sein Nachbar eine Höhle, deren Eingang ungefähr vier Meter breit war. Sie befand sich am »Ende des Berges, wo dieser in den Fluß abfällt«. Sein Freund wollte hineingehen, aber Dave hatte Angst und sagte: »Nein, nein, da gehe ich nicht rein.«

»Die Gegend ist nicht so weitläufig«, sagte Dave, aber er konnte die Höhle nie wiederfinden. Ungefähr ein Jahr später fuhr er mit seinen Freunden nachts in einem schweren Unwetter durch New

Brunswick in Kanada. Sie fuhren mit einer Geschwindigkeit von ungefähr 100 Stundenkilometern, als ein Greyhound-Bus, der vielleicht 150 Stundenkilometer fuhr, »an uns vorbeiflog«. Dave schlief auf dem Rücksitz, als er von seinen Freunden geweckt wurde, die »'Ach, du Scheiße!' oder so etwas riefen«. Sie hatten gerade gemerkt, daß »uns hundertfünfzig Kilometer fehlen ... Zuletzt waren wir hundertfünfzig Kilometer weiter hinten auf der Straße.« Keiner der Jungs wußte, wohin die Zeit verschwunden war, aber sie hörten in den Nachrichten von einem schrecklichen Busunfall, bei dem fünfundsechzig Menschen getötet worden waren.

Nachdem Dave in Penn State angefangen hatte, drei Wochen nach seinem High-School-Abschluß, fehlten sowohl ihm als auch seinem Zimmermitbewohner bald mehr als ein Tag, eine Zeit, für die sie keine Erklärung fanden. Sie gingen eines Samstags in der Nacht zu Bett, wachten auf und dachten, es sei Sonntag morgen. Aber Freunde, die auf demselben Stockwerk des Studentenwohnheims wohnten, kamen vorbei und sagten: »Oh, habt ihr Burschen Chemie ausfallen lassen?« Sie schockierten sie mit der Nachricht, daß es schon spät am Montag vormittag sei.

Als Dave neunzehn Jahre alt war, sah er ein UFO aus der Nähe, was ihn tief beeindruckte. Bei ihm waren sein junger Bruder Ralph sowie Jerry, ein enger Freund. Seine Eltern waren umgezogen, ein Stück aus dem Tal heraus, und bewohnten jetzt ein Stück Land auf der Seite eines Hügels. Es war eine sehr klare Nacht, und die Jungs lagen im Hof, »auf unsere Ellbogen gestützt«, gegenüber einem großen Acker. Dann »stieg dieses Licht über den Berg« am Horizont und »machte sofort eine Neunzig-Grad-Wendung und flog zum Fluß, dann stoppte es und flog zurück zum Tal, dann stoppte es wieder und kam auf uns zu. Es kam lange auf uns zu, und keiner von uns sagte etwas zu den anderen, und dann schaute ich zu ihnen hinüber, und die beiden beobachteten es auch.« Die Jungs meinten, es sei vielleicht ein großes Düsenflugzeug, aber sie erkannten, daß es zu nahe am Boden und zu geräuschlos flog, um ein Flugzeug zu sein.

Dann kam der Flugkörper genau rechts über ihnen zum Halten. Er hielt und schien sich zu drehen, »so daß sein Unterteil genau auf uns zeigte. Ein blau-weißes Licht kam in einem Ring aus Lichtpunkten aus der Unterseite des Flugkörpers. Sie blitzten, und es schoß weg von uns ...« An dieser Stelle machte er ein sausendes

Geräusch. »Dann hielt es an. Das blau-weiße Licht, das aus seiner rückwärtigen Seite kam, flackerte und begann dann sehr hell zu glühen ... Dann hob es ab – wie von einer Schleuder oder aus einem Katapult geschossen. Es hob einfach ab. Es begann sofort sehr schnell zu fliegen. Es wurde immer schneller und schneller, und dann flog es in einem Bogen zum Himmel. Es flog nicht in einer geraden Linie wie ein Flugzeug. Es stieg in einem immer steileren Winkel auf, und als wir es zuletzt sahen, muß es vielleicht in einem Winkel von fünfundvierzig Grad aufgestiegen sein, und trotzdem verschwand es innerhalb von zehn Sekunden aus unserem Blickfeld.«

Nachdem das UFO verschwunden war, sagte David: »'Mensch, ich möchte wissen, wo das Ding jetzt ist!' Und Jerry sagte: 'Es könnte über China sein!' Und ich sagte: 'Ja, es könnte auf dem Mond sein.'« Dann rannten die Jungen »Hals über Kopf zurück zum Haus, und wir holten unsere Brüder und unsere Eltern heraus«. Sie schrien: »Wir haben gerade etwas gesehen!« Sie rannten alle hinaus, »aber es war nichts da, was wir ihnen hätten zeigen können«. Während der Begegnung mit dem UFO hatte Dave das Gefühl, daß »vielleicht etwas zwischen mir und dem Fluggerät hin und her gesprungen war ... Ich spürte eine Art Lücke, eine Verwirrung ... Ich frage mich, ob das blaue Licht uns beeinflußt hatte. Es war ein blau-weißes Licht. Sehr intensiv.« Dave erinnert sich, ein paar Wochen später Berichte über UFO-Sichtungen in diesem Gebiet und zu der Zeit, als er das Fluggerät gesehen hatte, gelesen zu haben.

Jerry, der im allgemeinen ein ruhiger Mensch ist, konnte nur immer wiederholen: »Ah, ja.« Obwohl Jerry, der die Begegnung mit dem UFO zugibt, keine Entführungserfahrungen gemacht haben wollte, glaubte Dave, daß auch er ein Entführter sei. Ralph war ebenfalls stark von der Sichtung beeindruckt. Dave erinnerte sich, daß er sich damals sehr gewundert und gedacht hatte: »Ich glaubte nicht, daß, was immer da drinnen war, menschlich sein konnte.« Er glaubt auch, daß er in dem Fluggerät ein Gesicht sah, »das auf mich herabschaute«, und als er später das Bild eines Außerirdischen auf dem Umschlag von »Communion« sah, war er schockiert, denn »so hatte ich mir das vorgestellt, was auf mich herabgesehen hatte, als ich neunzehn war«. Besonders der große Kopf und die schwarzen, schrägen Augen stimmten mit Daves Erlebnis überein.

In seinem ersten Brief schrieb Dave, daß er »dieses Fluggerät als das eindrucksvollste Stück Technik betrachte«, das er je gesehen habe. Er begann alles zu lesen, was er über die Fremden finden konnte, und »hoffte, einen Hinweis darauf zu finden«, was in diesem Fluggerät gewesen war. Vor allem las er die Bücher von Castañeda und dachte darüber nach, wie er »persönlich Zauberkräfte erwerben« könnte. Er interessierte sich auch für tibetanischen Buddhismus und entdeckte, »daß die tibetanischen Buddhisten angeblich alles über UFOs wußten«.

Als Dave fünfundzwanzig Jahre alt war, baute er in einer abgelegenen Gegend eine kleine Holzhütte. Sie war noch nicht fertig, als er bereits einzog. Er wohnte schon seit etwa zwei Wochen darin, als er zum ersten Mal das Schlafzimmer bezog. Er hatte eine braune Papiertüte mit leeren Bierdosen vor die Eingangstür gestellt und legte sich zum Schlafen hin. Er hörte etwas, das wie ein Tier klang, das auf das Haus zutrottete, und dann hörte er einen scheppernden Lärm, als wäre es über die Bierdosen gestolpert. Dann hörte er anderen Lärm, der klang, als kicke das Tier die Bierdosen beim Wegrennen umher. Besorgt über die angerichtete Unordnung, leuchtete er mit einer Taschenlampe aus dem Fenster in die Richtung der braunen Tüte und war überrascht, als er sah, daß die Tüte noch unberührt dastand. Uns beiden fiel die gauklerische Qualität dieses Zwischenfalls auf. Dave fragte sich damals, ob »ein Geist oder so« beteiligt gewesen sei, brachte das Erlebnis aber nicht in Zusammenhang mit seinen UFO-Erfahrungen.

Nachdem Dave 1988 »Communion« gelesen hatte, hatte er bald darauf einen Traum, der für ihn die Kraft seines Chi widerspiegelte. In dem Traum hielt ein spanisch aussehender Mann eine Bulldogge an der Leine, die sich wild auf ihn stürzen wollte. Der Mann sperrte den Hund in einen Käfig, und David dachte, es sei ungefährlich, um den Käfig herumzugehen. Da legte der Mann zwei Finger seiner rechten Hand auf Davids rechte Schulter, und er wurde wie von einem tonnenschweren Gewicht zu Boden gedrückt. Dann ließ der Mann den Hund aus dem Käfig, und »ich fand mich damit ab, in diesem Traum zu sterben, der mir wie die Wirklichkeit vorkam. Ich war mir nicht bewußt, daß ich träumte.« In seinem ersten Brief schrieb Dave: »Ganz plötzlich befiel mich ein Gefühl wie Zorn, das in meiner Brust begann und bis unter meinen Nabel reichte. Dort verließ es meinen Körper in Form von Energie. Es war wie eine

Rakete. Es war unglaublich. Ich wurde mit hoher Geschwindigkeit zurückgeschleudert. Ich spürte, wie der Mann und der Hund von mir abgeschüttelt wurden, als wären sie nichts.« Dave landete auf der anderen Seite des Bettes. Er wäre auf seiner Frau gelandet, wenn diese nicht bereits zur Arbeit gegangen wäre.

In den letzten Jahren erlebten Dave, seine Nachbarn und Freunde eine Reihe von Dingen, die mit UFOs zu tun hatten, sowie »seltsame Zufälle«. Rob zum Beispiel, einer von Daves Nachbarn, wurde bei einem Autounfall im Februar 1990 getötet, neun Tage nachdem er Feuerwehrleuten geholfen hatte, einen Kaminbrand in Daves Haus zu löschen. Vor ein paar Jahren hatte Rob in den Wäldern am Ende von Daves Auffahrt eine große Lichtkugel gesehen. Er war auf sein – Daves – Haus zugelaufen, um sie näher anzusehen, und danach fehlte ihm eine Zeitspanne von fünfundvierzig Minuten. Rob hatte über dem Feld jenseits der Straße am Ende von Daves Auffahrt insgesamt sechsmal UFOs gesehen und Dave auch erzählt, daß er »ein UFO gesehen hatte, während wir den Feuerwehrmännern zuschauten, und eine seltsame Stimmung hatte ihn ergriffen, und er war losgelaufen, um ihnen zu helfen«.

Im Oktober 1990 bekam Meister Joe, Daves Karatelehrer, eine Teilzeitarbeit in der Abteilung, in der Dave arbeitete. Dave entdeckte, daß Joe Karatemeister war, den schwarzen Gürtel des siebten Grades besaß und daß er »Geheimwissen über diese Energie von seinem Meister, einem Koreaner, gelernt hatte, der in einem buddhistischen Kloster in Korea ausgebildet worden war«. Von Meister Joe erzählte man sich, daß er einen Dreieinhalbtonner über seinen Bauch fahren lassen könne, während er auf Glassplittern lag. Im Herbst und Winter 1990/91 begann Dave mit Meister Joe über Chi zu diskutieren, erzählte ihm von seinen früheren Erfahrungen und nahm in diesem Winter seinen ersten Karateunterricht.

Dave und Meister Joe arbeiteten daran, Daves Chi-Kanäle zu öffnen, was man als kribbelndes Gefühl spürt. Diese Kraft soll besonders aus einer Gegend ausstrahlen, die die Koreaner »Dungan« nennen, eine Gegend unterhalb des Bauchnabels, die mit dem Willen verknüpft ist. Laut Meister Joe »erzeugt man Kraft« in den Fingern und anderen Körperteilen und kontrolliert das Chi mit den Augen und dem Geist. »Mein ganzes Ziel beim Karate«, sagte Dave, sei es, »mein Chi kontrollieren zu lernen«. In seinem ersten Brief schrieb mir Dave, daß er während des Karateunterrichts ungefähr vier Chi-

Erfahrungen gemacht habe. Bei diesen Erlebnissen sah er sich selbst ungewöhnliche körperliche Leistungen vollbringen. Eines Morgens wachte er aus einem Traum auf und war »bereit, mein Chi von mir wegzudrücken«. Zu seinem Entsetzen stieß er dabei seine Frau aus dem Bett, ohne dabei das Gefühl gehabt zu haben, sie tatsächlich zu berühren. Diese Erfahrung brachte Dave zu dem Entschluß zu lernen, seine Chi-Energien zu kontrollieren.

Im September 1991 erlebte Dave eine eindrucksvolle Synchronizität, von der Meister Joe glaubte, daß sie mit seiner Chi-Energie zusammenhing. Bevor er mit seiner Frau zu einem Urlaub in einem Nationalpark in North-Carolina aufbrach, träumte er von einem Mädchen, das ihn an eine Ex-Verlobte erinnerte. Die Beziehung war auseinandergebrochen, als die Frau nach Massachusetts gezogen war.

Als sie im Nationalpark ankamen, traf Dave eine junge Park-Rangerin, Charlotte Hampton, mit der er sich auf seltsame Weise verbunden fühlte. Sie arbeitete in dem Buchladen des Nationalparks und war ihm gegenüber zuerst kühl, begann dann aber, mit ihm zu flirten. Er merkte, daß er durch den Augenkontakt mit ihr eine seltsam intensive energetische Verbindung aufnahm, die dazu führte, daß er teilweise das Bewußtsein verlor. Dave verglich dies mit der Art, wie ein Zauberer oder Schamane eine Person mit seinem Willen »bannt«, was einen späteren Kontakt garantiert. Es stellte sich heraus, daß es das Mädchen war, von dem er zuvor geträumt hatte, und daß sie verschiedene übersinnliche Erfahrungen hatte, die mit Daves eigener Geschichte verknüpft sind.

Dave und ich trafen uns zu seiner ersten Hypnosesitzung am 14. August 1992, dem Morgen nach unserem ersten Treffen. Julia war auch dabei. Wir beschlossen, das Entführungserlebnis der Nacht vom 8. Juli zu erforschen, das sich ereignete, als Dave gerade seinen ersten Brief an mich schrieb. Bevor wir mit der Rückführung anfingen, besprachen wir die bewußten Erinnerungen, die er mit dem Erlebnis verknüpfte.

Er verbrachte damals einen frustrierenden Abend im Haus seiner Eltern, das vierzig Kilometer entfernt lag, und schrieb den Brief an ihrem Computer. Er verließ ihr Haus um ungefähr 0.45 Uhr in der Nacht und kam ungefähr um 1.30 Uhr daheim an. Seine Frau schlief in ihrem französischen Bett und wachte nicht auf, als er ungefähr um 2.00 oder 2.30 Uhr zu Bett ging. Als er sich hingelegt hatte, hörte er ein Geräusch im Haus, »ein Knarren oder so«, und dachte: »Oh, heute nacht werden sie kommen.« Kurz nachdem er eingeschlafen war, »im Kontext eines Traumes« – ein unklarer Ausdruck, den Dave mehrfach benutzte –, fand er sich »in unserem Eßzimmer. Aber es war nicht genau wie das Eßzimmer in unserem Haus. Das Fenster war an einer anderen Wand und so weiter.« Zusammen mit ihm war eine große Frau im Zimmer, und Dave spürte, »daß sie da waren«. Das Gefühl, »das ich jetzt schon kenne, eines wie damals, als die Motorradfahrer die Straße entlanggefahren sind und so«, packte ihn. Die Schwingung »ging von unterhalb meines Nabels aus und dann durch die Brust, und es fühlte sich richtig kribblig an. Es war ein richtig kribbliges Gefühl.«

Die Frau zog ihn auf den Boden hinunter, als wollte sie sich vor den Außerirdischen verbergen. Dave spürte, daß er noch etwas Kontrolle hatte, und konnte seinen Kopf heben und durch ein Aussichtsfenster in den Wald sehen. Dann sah er ein weibliches Wesen, das ihn durch das Fenster anschaute. Er erinnerte sich daran, wie ein anderer Entführter, sein Freund Randy, zu ihm gesagt hatte: »'Es sind die Augen. Sie hypnotisieren dich mit ihren Augen.' Ich hatte nicht darüber nachgedacht, was Randy gesagt hatte, bis ich ihre Augen sah, und nichts konnte mich davon abbringen, in diese Augen schauen zu wollen. Ich war sehr neugierig und starrte sie richtig an.« Dave konnte nur »die obere rechte Ecke ihres Kopfes« sehen, der groß zu sein schien. Eine Art Maske schien die Teile des Kopfes zu bedecken, die er nicht sehen konnte. »Die Haut sah sehr weich und hellgrau aus.« Ich fragte ihn, welches Gefühl er dabei hatte, als er die Augen sah. »Ich wußte sofort, wer es war«, antwortete er. »Es war dieses weibliche Wesen, das zu mir gehört, und ich spürte, daß ich sie sehr gut kannte und daß ich sie sehr gern mochte und daß ich sie ansah.«

An dieser Stelle sagte Dave, daß er »einen Blackout habe oder das Bewußtsein verliere oder so ... Das nächste, woran ich mich erinnere, ist, daß ich in meinem Bett auf der Seite liege, ganz zusammengerollt, wie ein Fötus. Ich war ganz an meine Frau gekuschelt und zusammengerollt wie eine kleine Kugel.« Dann erkannte Dave, »daß es kein Traum war«. Caroline drehte sich um und legte ihren Arm um ihn. Er hatte das Gefühl, »daß ein Wesen genau hinter mir stehen könnte, und ich hatte Angst, mich umzudrehen und nachzuschauen. Nach ungefähr einer Minute war diese Angst vorüber, und ich setzte mich auf und sah auf den Wecker, der bei meiner Frau auf dem Nachttisch stand. Es war vier Uhr morgens.« Daves Gedanken an dieser Stelle waren verwirrend. Er »dachte, ich sei entführt worden«, aber er hatte ebenso das Gefühl, daß die große Frau im Eßzimmer »wahrscheinlich nur meine Frau gewesen ist, die mit mir im Bett lag«.

Bei der Rückführung begannen wir im Haus von Daves Eltern, mit seiner Frustration beim Schreiben des Briefes und damit, wie »ausgeflippt« er war, »durch das Tippen und Schreiben dieses Briefes und darüber, all das Zeug, das mir in den letzten Jahren passiert war, noch einmal durchleben zu müssen«. Er fühlte sich ziemlich »streitlustig wegen der ganzen Sache«, und als er im Bett lag und ein Geräusch im Haus hörte, dachte er: »Oh, sie werden heute nacht kommen.« Dann wurde er ängstlich, als er davon erzählte, wie er sich auf die rechte Seite zu seiner Frau gedreht und einzuschlafen begonnen hatte, woraufhin er sich plötzlich in einem Zimmer wiederfand, das die Größe ihres Eßzimmers hatte, in dem aber – anders als dort – ein langer Tisch stand. Licht aus irgendeiner Quelle erfüllte das Zimmer. Er beschrieb noch einmal die große Frau – diesmal in einem schwarzen Kleid – und das große Aussichtsfenster – »nur eine Glasscheibe, wohingegen sich die Fenster in unserem Eßzimmer öffnen lassen« –, hinter dem der Wald zu sehen war. Einmal mehr spürte er »ihre Gegenwart«, das »Gefühl, daß sie angekommen sind ... Es ist ein allumfassendes, sehr starkes Gefühl. Es gibt nichts, was man dagegen machen kann. Wenn sie da sind, übernehmen sie die Leitung, und man kann nicht dagegen ankämpfen. Ich erkenne, daß ich es gewohnt bin. Aus irgendeinem Grund bin ich wieder dazu bereit.«

Einmal mehr zieht ihn die Frau zu Boden, und er stützt sich auf und sieht einen Teil des Gesichts der »Besucherin«, die ihn durch das Fenster anschaut. Die Haut wirkt weich, ledrig und hellgrau. »Mein Blick richtet sich auf die Augen, und ich weiß, daß sie es ist, und ich weiß, daß sie mich anschaut.« Ihr Blick ist »einfach völlig da. Die Augen sehen groß, schwarz und irgendwie flüssig aus.« In der Sitzung folgte ein innerer Kampf, als Dave sich dem zu widersetzen schien, »was ich tun soll, von dem sie wollen, daß ich es tue«. Ich sprach von seinem Bedürfnis, die Kontrolle zu behalten, als einer Art Stärke. Er verglich den »Ärger« oder die »Gefahr«, der er sich jetzt ausgesetzt fühlte, mit den Chi-Erfahrungen und dem veränderten Bewußtseinszustand, den er manchmal während seiner Karateübungen entdeckte. Selbst wenn er zum Beispiel bei Fußstößen und anderen Übungen alles vergißt und entdeckt, daß er sich »nicht mehr länger in dieser Wirklichkeit befindet«, muß er »weitermachen, als sei nichts geschehen«, und er kann es anderen Schülern nicht erklären, denn sie würden nicht verstehen, was vor sich geht. »Es ist die extreme Fremdheit dieser Erfahrungen, an die ich mich gewöhnen muß. Ich glaube, mein Verstand möchte das nicht verlieren, was mir immer als Realität eingehämmert worden ist.«

Dieser Kampf und etwas, das er »Sturheit« nannte, begannen zwischen Dave und mir aufzutauchen. »Dieses unnormale Zeug« war »immer noch zu schwer zu akzeptieren, oder aber ein Teil von mir möchte nicht die Kontrolle über die Vorstellung von Realität aufgeben, die mir eingehämmert worden ist«. Ich führte ihn zurück zu dem Fenster, den Augen des Wesens und dazu, wie er »einen Blackout hatte«, als er in die Augen geschaut hatte, und ich bat ihn, die Augen selbst zu beschreiben. »Sie sind groß, und sie sind schwarz, und sie sind schräg, und sie sehen richtig flüssig aus«, und sie sind »an jedem Ende spitz ... Ich erkenne das Wesen. Es ist sie. Ich weiß, wer sie ist. Es ist, als ob sie mir gehört und ich ihr. Ich spüre, daß das wahr ist. Ich mag sie wirklich ... Ich spüre, daß sie etwas Besonderes sein muß, auch unter ihnen«, und »ich habe das Gefühl, daß ich für sie etwas Besonderes bin, aber daß ich den Erwartungen nicht entspreche«. Dave und ich sprachen dann über seine Hemmungen, weil er ein »falsches Auge« hatte, und den Schmerz, damit aufgezogen zu werden.

Das weibliche Wesen, das er »Velia« nennt, liebt und akzeptiert ihn bedingungslos, sagte er, selbst mit seinem einen Auge oder wenn er manchmal Marihuana rauchen würde – ganz im Gegensatz zum Beispiel zu einer Freundin, die er mit zwanzig Jahren hatte und die dazu neigte, kritisch, förmlich und besitzergreifend zu sein. Ich bat Dave wiederholt, sich zu sammeln, indem ich ihn ermutigte, tief zu atmen und sich auf den Atem zu konzentrieren. Ich versicherte ihm, daß er sich nicht schämen müsse, wenn er die Kontrolle verlieren würde. Dave kämpfte weiter mit der Blockade, die er spürte, als er dem Wesen in die Augen sah. »Ich schaue sie ein wenig an, und dann verstärken sie – oder verstärkt allein sie – die Kontrolle, und dann übernimmt sie sie völlig ... Ich möchte wissen, wohin sie mich mitnehmen werden.« Ich ermutigte ihn loszulassen. »Ich glaube, es ist mehr als einer«, sagte er. Dave weinte jetzt aus Angst und Erleichterung und sagte: »Wir sind jetzt außerhalb des Hauses. Es wimmelt von ihnen, aber ich kann sie nicht sehen. Ich weiß nicht, wo wir sind. Ich denke, wir werden zu einem Raumschiff gehen, und es steht auf der Lichtung, die ich vor fünf Jahren angelegt habe.« Dave erklärte, daß er, noch bevor er sein Haus gebaut hatte, ungefähr 50 Meter entfernt eine große Lichtung angelegt hatte, um vielleicht unbewußt ein UFO zur Landung zu bewegen.

Dave beschrieb das Raumschiff als »groß und rund. Es hat einen Durchmesser von vielleicht 18 Metern. Ich glaube, obendrauf hat es eine Kuppel.« Dave gab jetzt die Kontrolle auf und sprach davon, wie er durch das Unterteil in das Raumschiff geführt wurde. Seine Angst während der Sitzung wuchs, als er davon erzählte, wie er gezwungen wurde, sich mit dem Rücken auf einen Tisch zu legen, der sich in einem runden, grauen Raum befand, in dem es »erdig« roch. Mehrere Wesen versammelten sich, »um etwas mit mir zu machen«. Dave war jetzt wie gelähmt und konnte nur seine Augen bewegen, als er eine Art »strenge Ermunterung« wahrnahm, die ihm die Wesen telepathisch mitteilten und die von einer Mission handelte, die er erfüllen sollte.

Das weibliche Wesen war da, »um mir zu helfen«, aber »ich glaube, dieser männliche Bursche hatte das Sagen«. Die Frau teilte auf telepathischem Weg mit, daß »alles in Ordnung kommen wird«, was Davids Angst sehr verminderte. »Ich glaube, sie stecken mir etwas in den Hintern, und das macht mich wütend«, sagte Dave. »Ich spüre, wie sie meine Beine hochnehmen und spreizen.« An dieser Stelle der Sitzung spürte ich Daves Scham und männliche Verlegenheit, einer derart demütigenden Prozedur unterworfen zu werden, und ich erzählte ihm etwas über die Kräfte im Universum, über die wir keine Kontrolle haben, über die potentielle Macht, die daraus resultieren kann, daß wir anerkennen, keine Macht zu haben, und darüber, wie unangebracht konventionelle Vorstellungen von Männlicheit in diesem Zusammenhang seien. Dann erzählte er von einem biegsamen Instrument, etwa 1,20 Meter lang, mit »einem kleinen Drahtkäfig« am Ende, in dem sich ein kleines, rundes Objekt befand. Ungefähr »die Hälfte« davon wurde in seinen After gesteckt, während das weibliche Wesen ihn weiter beruhigte.

Dave sprach von einem Gefühl der Verletzung und Resignation, als die Prozedur andauerte, und von »kribbelnden« Gefühlen. »Es breitet sich in mir aus. Es geht in mehr Körperteile und ist nicht nur in meinem After«, sagte Dave. Ich ermutigte ihn, seine Wut und seinen Zorn über das zu äußern, was ihm angetan worden war. Doch das konnte er nur in beschränktem Maße. Einiges von dieser Entrüstung schien mit ähnlichen Erfahrungen im Alter von zwölf und möglicherweise drei Jahren verbunden zu sein. Nach ungefähr zwei Minuten wurde das Instrument entfernt. Dave glaubt, daß diese Prozedur eine Art »Test« war, um »festzuhalten, wie es einem körperlich geht, wie man sich behauptet, in welcher Verfassung der Körper ist und ob sie sich verschlechtert hat oder ob man gesund oder krank ist«.

Als nächstes spürte Dave, wie ein anderes, schlankes Wesen ein scharfes Objekt in die linke Seite seines Kopfes steckte, fast in der Mitte der Schläfe, was überraschenderweise nur »ein bißchen« schmerzte. Das weibliche Wesen, das »an meiner rechten Seite« stand, fuhr fort, ihm zu sagen: »'Du machst das gut. Es ist okay.' Sie schaut mich an und reagiert auf meine Reaktionen.« Er spürte ein »totales Vertrauen in dieses Wesen«. Danach wurde ein Gerät wie ein Sauger am Ende eines Schlauches über Daves Penis gestülpt. Er hatte Schwierigkeiten, darüber zu sprechen, aber er empfand es als nicht so demütigend »wie das Ding, das sie mir in den Hintern gesteckt haben ... Sie brachten mich zum Ejakulieren«, was »so angenehm war wie jede Ejakulation für einen Mann. Nur die Umstände lenkten ab, lenkten von jeglichem Vergnügen ab, das man davon hätte haben können.« Zum Schluß, glaubte Dave, »stecken sie etwas in meinen Bauch«, einen »runden Sensor«, ungefähr zwanzig Zentimeter im Durchmesser, um »etwas da drinnen zu überprüfen ... Es vibrierte ein bißchen. Es war nicht unangenehm.«

Damit sei »die körperliche Untersuchung« beendet gewesen, sagte Dave, aber »dann spricht sie eine Weile mit mir oder kommuniziert mit mir«, zum Beispiel darüber, »daß ich es gut mache«. Dieser »Austausch« geschah, während Dave auf der Tischkante saß. Er ließ die Arme hängen, und »meine Beine baumelten herab«. Die Mitteilungen handelten auch von einer Art Mission von Dave, die ungefähr so lautete: »'Wir alle haben nicht unbegrenzt Zeit auf der Erde. Wir sind nur eine begrenzte Zeit da, und wir müssen das Beste daraus machen', und das könnte erklären, warum ich seit jener Zeit dieses unglaubliche Gefühl von Sterblichkeit habe. Ich werde nicht ewig hier sein.« Das weibliche Wesen bestätigte die Tatsache, daß Meister Joe Daves geistiger Führer war, und »ich weiß, daß ich weiterhin tun muß, was Meister Joe von mir verlangt«.

Nachdem die obigen Prozeduren und Mitteilungen beendet waren, »halfen sie mir irgendwie vom Tisch und hinunter aus dem Raumschiff hinaus«. Die Wesen »lassen mich schweben oder so« und begleiteten Dave auf dem Weg zurück zu seinem Haus und durch die geschlossenen und verriegelten Türen, und er nahm »ein Glühen da hinten« wahr, wo das Raumschiff auf der Lichtung stand. Die Wesen schwebten mit ihm die Treppe hinauf, durch die Tür seines Schlafzimmers hindurch und »setzten mich« im Bett neben seiner Frau ab, die immer noch schlief. Er kroch näher zu ihr hin und »kauerte sich zusammen«, als die Wesen durch die schräge Dachwand des Schlafzimmers verschwanden. Aufgrund dessen, was ihm »gerade passiert war, wollte ich getröstet werden«, sagte Dave. »Ich wollte ganz in ihrer Nähe sein, wenn ich aufwachte.«

Nach der Rückführung besprachen wir, was Dave durchgemacht hatte. »Es war die Hölle«, gab er zu. Als ich bemerkte, daß er schwierige Passagen recht schnell umgehen wollte, fragte er scharfsinnig: »Glauben Sie, ich könnte es anders aushalten?« Er fühlte sich »ein wenig emotional angegriffen, ausgepumpt«, aber er war erstaunt, an wie vieles er sich noch erinnern konnte. »Es war nicht so, als ob ich wirklich dort gewesen wäre, aber ich erinnere mich, dort gewesen zu sein«, sagte er. Das UFO, erinnerte er sich jetzt, hatte ungefähr drei oder vier Meter über der Lichtung geschwebt, und er war nun überzeugt, daß »ich den Platz angelegt hatte, damit sie landen konnten«. Ungefähr zwei Wochen nach dieser Entführung erzählte ihm Caroline, daß sie eine Woche nach seinem Erlebnis etwas, das das Gesicht eines Außerirdischen hätte sein können, im Schlafzimmer gesehen und gedacht hatte: »Oh, da sind sie reingekommen, oder da kommen sie rein.«

Julia bot ihre Hilfe an und sprach von den kurzen Depressionen, die manchmal ihren Hypnosesitzungen folgten, sagte aber, daß diese »vorbeigehen, und Sie werden weiterkommen ... Es ist nicht alles rosig«, sagte sie, »und doch hat es mir gutgetan, mich an das Zeug zu erinnern. Es ist befreiend. Es ist wunderbar.« Sie war von der Tatsache betroffen, daß auch sie erlebt hatte, wie die Wesen mit ihr kommunizierten, während sie mit herabbaumelnden Beinen und schaukelnden Füßen auf der Tischkante saß. Es wirkte irgendwie so frivol, »nachdem sie das zuvor getan hatten«, ein »unstimmiges Detail«, das »nicht paßte«. Julia erinnerte sich auch an ein biegsames, schlauchähnliches Instrument mit einem »Käfig« am Ende. Dann plante Dave, nach Pennsylvania zurückzufahren, und erwähnte, daß er nicht gerne nach Anbruch der Dunkelheit fuhr. »Entgegenkommende Scheinwerfer tun mir in den Augen weh«, sagte er. »Ich vertrage keine hellen Lichter.«

Dave kehrte sicher zurück, und am nächsten Tag telefonierte ich mit ihm. Er sagte, daß er sich durch die Arbeit in Boston »kräftiger« fühle und mit seinem Freund Jerry und mit Caroline über seine Erfahrungen geredet habe, weshalb seine Frau ein wenig verstört sei. Er hatte seine Abwehrhaltung ein wenig abgelegt, und seine Erfahrungen erschienen ihm »realer«. Zwei Tage später unterhielt er sich mit Julia, machte einen fröhlichen Eindruck, »sah das Leben mit neuen Augen« und versuchte, mit einer »Sintflut« von Fragen seiner Freunde fertigzuwerden. Sie riet ihm, keine Einzelheiten seiner Hypnosesitzung zu verraten. Er sagte, er plane, die Lichtung hinter dem Haus zu säubern, und sie widerstand der Versuchung, ihn zu fragen, ob er das tun werde, damit die UFOs leichter landen könnten. Nach seinen Erlebnissen hatte er sich leicht deprimiert gefühlt, auch deshalb, weil er als Heiler arbeiten wollte. »Sterbende Menschen am Leben« zu erhalten, schien ihm »nicht richtig« zu sein. Er sagte, er habe keine Angst vor den Außerirdischen, und bestätigte, daß er die Lichtung hinter dem Haus aufräumte, damit sie einen schönen Landeplatz hätten.

Am 9. September schrieb Dave an Julia einen Brief, der die erste einer Reihe von Mitteilungen war, die sich über den Herbst und Winter erstreckten und die seine Entführungserfahrungen sowie anscheinend bedeutungsvolle Zufälle und andere wichtige Erfahrungen seiner Brüder und anderer Menschen in seiner Gemeinde dokumentierten. In einem langen, handgeschriebenen Brief an mich berichtete er viele Einzelheiten von Entführungserfahrungen von Kollegen und Freunden. Er schrieb: »Ich kenne mindestens fünfzehn Entführte in dieser Gegend, darunter meine drei Brüder.« Menschen, mit denen er nicht kommunizieren konnte, auf dem Sterbebett zu pflegen, fiel ihm zunehmend schwerer, und er hatte seine Arbeitsstunden reduziert. Er spürte, daß seine Arbeit im Leben sich um Chi drehte, aber es war schwer für ihn, »große Verantwortung« zu übernehmen. Er trug nun einen blauen Karate-Gürtel – »die Hälfte des Weges zum schwarzen Gürtel«. Im Oktober erzählte er mir während eines Telefongesprächs, daß seine Frau einen Außerirdischen am Fuß ihres Bettes gesehen habe.

In einem weiteren langen Brief vom Januar 1993 dokumentierte Dave weitere Einzelheiten von Synchronizitäten, die wir telefonisch diskutiert hatten. Er legte Fotos von einem seltenen, teilweise weißen Hirsch bei, der schwarze Flecken hinter den Ohren und am Schwanz hatte und den er im Dezember geschossen hatte. Er schrieb: »Wenn ich gesehen hätte, wie schön er war, hätte ich ihn nicht getötet.« Als er das Fell zu einem Präparator brachte, sagte dieser, er habe so etwas noch nie gesehen. Als Dave ein paar Tage später Charlotte Hampton anrief, sagte sie, sie habe ebenfalls in einer Herde, die »an dem Ort herumsprang, an dem sie arbeitet«, einen gescheckten Hirsch gesehen. Der gescheckte Hirsch sei als einziger nicht weggerannt, als sie sich ihnen näherte.

In diesem Brief schrieb er auch, daß er plane, Charlotte Hampton in Gettysburg zu treffen, und er glaubte, dieser Wunsch hänge mit einem vergangenen Leben zusammen und »dem Gefühl, das ich vor einigen Jahren hatte, daß ich vielleicht im Bürgerkrieg dabei war«. Er fügte hinzu, Julia habe gesagt, »daß ich, als sie mich das erste Mal persönlich in ihrem Wohnzimmer stehen sah, die Uniform der Konföderierten getragen hätte«. Zu seiner Entführung in der Nacht vom 18. auf den 19. Dezember zwischen 2.30 Uhr und 3.00 Uhr schrieb er: »Ich kam mit einem überwältigenden Gefühl des Friedens zu mir. Ich spürte, daß dies so war, weil Sie mich hypnotisiert hatten und damit das Thema für mich erledigt war.«

Anfang Februar erzählte Dave Julia, daß um ungefähr ein Uhr morgens »sechs Wesen Caroline im Schlafzimmer erschienen« seien, während er unterwegs war, um den obigen Brief an mich einzuwerfen. Sie erwachte aufrecht sitzend, die Arme eng über der Brust verschränkt, und die Wesen standen um ihr Bett herum. Julias Aufzeichnungen zufolge verschwanden vier von ihnen »durch die Wand hinter Daves Garderobe«, also in die Richtung, in der die Lichtung lag. »Zwei andere gingen hinter den Nachttisch.« Laut Dave ärgerte sich Caroline darüber und brauchte beinahe vierundzwanzig Stunden, um ihm davon zu erzählen. Dave sagte auch, er plane, Hypnoseunterricht zu nehmen, um anderen Entführten zu helfen.

Im März kam Dave für weitere Hypnosesitzungen wieder nach Boston. Er wünschte besonders, Entführungserfahrungen aus seiner Kindheit zu erforschen, die mit dem Pemsit Mountain verbunden zu sein schienen. Bei beiden Sitzungen, die am 11. und 12. März stattfanden, waren auch Julia und Kishwar Shirali anwesend, eine klinische Psychologin aus Indien, die ein tiefes Interesse an transpersonalen Phänomenen und eine beträchtliche Kenntnis der Hindu-Mythologie hat.

Zu Beginn der ersten Sitzung besprachen wir die oben dokumentierten Erfahrungen, die Dave seit seinem Besuch im August gemacht hatte, und wir sprachen von dem Gefühl der Ehrfucht und des Wunders, wenn solche synchronistischen Muster, Schemata oder Pläne sich in unserem Leben zu entfalten scheinen. Dave sprach davon, was er über das Chi und seine Beziehung zur geistigen Evolution des Menschen gelernt hatte – über die primären Energiequellen im Universum, die Rolle von Adlern bei geistigen Verwandlungen, die Fähigkeit von Babys, andere Realitäten wahrzunehmen, und die Zugänge dazu, die Träume uns ermöglichen. Er sagte, er sei dabei zu lernen, sein Chi zu öffnen und es mit seinen Händen zu kontrollieren, die er heiß werden lassen kann. Dr. Shirali sprach von ähnlichen Vorgängen, die sie vom Yoga und von der buddhistischen Meditation her kenne. Dave sagte, er habe mit Meister Joe über die Möglichkeit gesprochen, daß die außerirdischen Wesen die Fähigkeit, telepathisch zu kommunizieren, vielleicht dadurch gewonnen hätten, daß sie etwas ähnliches wie Chi einsetzen und daher möglicherweise besonders an Menschen interessiert seien, die die Regulierung oder den »Aufbau« ihrer Energie geändert haben.

Als ich Dave fragte, was er in der Rückführung tun wolle, antwortete er: »Ich möchte wissen, was es mit Pemsit Mountain auf sich hat ... offenbar hat alles mit Chi zu tun, und irgendwie spüre ich, daß das Chi vollständig mit dem Erlebnis verknüpft ist. Am meisten verfolgt mich das Bild, wie die drei Motorräder die Straße entlangkamen, als ich drei Jahre alt war.« Alle frühen Erfahrungen Daves mit »den Besuchern«, bemerkte er, hätten sich auf dem Berg ereignet, dessen spirituelle Kraft und Bedeutung für die Indianer dieser Gegend er noch einmal betonte. Viele Menschen, die in Sichtweite des Berges lebten, glaubten ebenfalls, daß es eine »UFO-Basis« sei.

Zu Beginn der Rückführung dachte Dave an Sober's Hollow, einen Ort, an dem er mit Rob – dessen Tod und Erfahrungen mit UFOs wir im August besprochen hatten – und einem anderen Freund, dessen Sohn bei einem Autounfall getötet worden war, häufig geangelt hatte. Dieser Freund ist ebenfalls ein Entführter, und Dave hatte seinen Sohn zwei Tage nach dessen Tod bei einem Entführungserlebnis gesehen – und zwar, bevor er von seinem Tod gehört hatte. Dann fing Dave an zu weinen und erinnerte sich daran, gesehen zu haben, wie Spotty, sein kleiner Beagle, von einem Lastwagen überfahren und getötet worden war, während er selbst auf der Veranda seines Elternhauses stand. Er äußerte Furcht davor, »bei ihnen zu sein ... Ich gehe von der Veranda hinunter auf die Straße. Es sind ungefähr vier Schritte. Dann um den Telefonmast herum. Da kommen die drei Motorräder über die Bergkuppe gesaust. Sie sind vielleicht hundert Meter entfernt und kommen schnell auf mich zu.«

Dave spürte wieder, wie der Kampf um Kontrolle ihm den Magen verkrampfte. Als er sich wunderte, was ihn so erschreckt hatte, verwandelten sich die – jetzt zwei – Motorräder mit drei schwarzen Fahrern »in Wesen«. Sie lassen ihn hinter einen Busch auf Schaeffers – eines Nachbarn – Rasen »schweben« und legen ihn im Gras ab. Die Wesen waren schlank und »dünn« mit großen, schwarzen Augen, die schräg standen. Er war gelähmt und voller Furcht, als eines der Wesen, eine Frau, etwas Spitzes gegen seinen Kopf drückte, während sie mit ihrer Hand »etwas in mein Haar drückte«. Die beiden anderen Männer standen über ihm und schauten zu. Er trug nur ein Hemd und glaubte, daß sie seine Shorts ausgezogen haben mußten, denn er hatte diese vorher angehabt. Eine Art telepathische Kommunikation schien seine Angst zu dämpfen. Das weibliche Wesen legte ihre Hände auch auf den unteren Teil von Daves Bauch, »um mich zu untersuchen«.

Dave weinte während der Sitzung, als er sich daran erinnerte, daß das weibliche Wesen ihm »sagte, es gehe um etwas Wichtiges«. Es waren Tränen der Erleichterung, da »ich glaube, daß ich das stets in mir eingeschlossen hatte und schon immer wissen wollte, was passiert war«. Als er ein oder zwei Jahre danach seinen Vater über dieses Erlebnis befragt hatte, hatte dieser gesagt: »Du mußt geträumt haben.« Aber »ich wußte, daß es kein Traum war«. Das weibliche Wesen erzählte ihm, daß »ich dich vermisse«, seitdem

»ich hier bin«, das heißt, seit seiner Geburt. »Ich wurde hierher geschickt, um etwas zu tun«, sagte Dave. Immer wieder spürte er Angst »in leichten Wellen«, als er weiter davon sprach, wie er und die Frau einander vermißt hatten, von ihrem »Versprechen, mich auf den Berg hinaufzuführen«, und seinem Bewußtsein, daß »es mehr mit uns auf sich hat, als wir uns hier bewußt sind«. Sie erzählte ihm auch, daß er eine »schwere Zeit mit meinen Mitmenschen haben werde, aber daß es mir dafür am Ende um so besser gehen werde«, und erklärte, daß er »auf diesem Berg wohne, weil sie einen besonderen Ort dort oben haben ... Ich würde diesen Berg lieben lernen, sagte sie«, und versicherte ihm bezüglich der Außerirdischen, daß »ich einmal alles über sie herausfinden werde«.

Dann waren sie »fertig« mit ihm und verwandelten sich wieder in Motorräder, die einen steilen Weg empor verschwanden, auf dem sie unmöglich fahren konnten und der vor dem Haus von Daves Freund endete. Er suchte sie, fand aber nichts. Das weibliche Wesen hatte Dave erzählt, daß »es uns schwerfallen werde, getrennt zu sein, aber sie hätten eine Arbeit mit der Menschheit vor, und ich könne hierbei eine wichtige Hilfe leisten, deshalb müßten wir getrennt sein«. Er weinte vor Kummer, als er dies erzählte, und ich fragte ihn, wie ihm diese Frau bekannt sein konnte, wo er doch erst drei Jahre alt gewesen war. Er sagte: »Ich glaube, ich habe sie immer schon gekannt«, was bedeutete, »vor diesem Leben oder so«.

An diesem Punkt der Sitzung standen wir vor der Entscheidung, die ich Dave überließ, ob wir »vor seinem Leben« weitermachen oder andere Erfahrungen erforschen sollten, die mit dem Berg zu tun hatten. »Ich möchte mich mit dem Berg beschäftigen«, sagte er. Das »Ende des Berges«, wo »die Felsschichten, aus denen der Berg besteht, freiliegen«, sei »eine Stelle großer Kraft«, sagte er. »Darum kommen sie dorthin ... Ich glaube, sie kommen dorthin wegen der Energie.« Dann spürte Dave eine kribbelnde Energie, die von unterhalb seines Nabels durch seinen übrigen Körper strahlte und sogar daraus hervortrat – ähnlich wie er es im Zusammenhang mit seinen Erfahrungen im Alter von drei und zwölf Jahren gespürt hatte.

Dave erinnerte sich, wie er an das Ende des Berges gegangen war, als er zwölf Jahre alt war. »Ich glaube, die Indianer kamen auch immer dorthin. Ich bin ein heutiger Indianer.« Dann »wollen alle diese Erinnerungen heraufkommen«. Er war »zurück am Ende des Berges«, über Spangler's Hollow, auf einem Pfad »über Matts

Scheune ... Ganz plötzlich lag ich unter dem Baum«, sagte Dave, als er das Kribbeln in seinem Körper spürte. Mehrere Wesen »kamen um die Biegung eines Weges geschwebt«, der normalerweise nicht da war, jetzt aber auf einem steilen Abhang an der Seite des Berges verlief. Seine Angst wurde während der Sitzung stärker, als er sich daran erinnerte, wie »schockiert und überrascht« er war, als er von den Wesen, schwebend und mit den Füßen voran, den Pfad entlanggetragen wurde. »Es sind nur fünfundsiebzig Meter von dort an, wo sie begannen mich schweben zu lassen, bis zu der Stelle, an der wir um die Biegung kommen und ich das Raumschiff sehe.« Es befand sich in einer Senke und schwebte in der Luft. »Es ist erstaunlich«, sagte er, obwohl »ich schon auf Raumschiffen gewesen bin«.

Obgleich es Tag war, schien das Raumschiff, das eine kugelrunde Form hatte, sehr hell zu leuchten, und Dave spürte »Angst und Ehrfurcht« davor, »wie mächtig sie sind«. Er erinnerte sich daran, daß seine Sonntagsschullehrerin ihm, als er vierzehn Jahre alt war, bei ihrem Gespräch über seinen UFO-Aufsatz erzählte, sie habe etwas, das wie die Sonne ausgesehen habe, mehrere Male am Ende des Berges starten und landen sehen. Dann brachten ihn die Wesen durch die Unterseite in das Raumschiff und legten ihn auf einen Tisch, der auf »einem hellen Sockel ruhte, der einfach aus dem Boden hervorkam, alles aus einem Stück«. Der Raum, in dem er sich befand, und dessen Decke waren sehr hell, und Dave sah eine Art Armaturenbrett auf der rechten Seite. Er hatte Angst und erwartete eine Art »Untersuchung«. Er sah ungefähr sechs Wesen, das ihm bekannte weibliche und mehrere kleine, sowie einen Mann, der das Sagen hatte. Das männliche Wesen sah aus wie das weibliche, nur schienen seine Augen runder zu sein.

Dann schien Dave die Angst, die Lähmung und die Hilflosigkeit erneut durchzumachen, die er damals gespürt hatte. Er glaubte, daß er dreizehn Jahre alt gewesen sei, »mitten in der Pubertät«. Der schlimmste Teil »der Prüfung«, sagte er, sei der, wenn sie »etwas in meinen Hintern stecken ... Sie haben es schon einmal getan, als ich zwölf war.« Dave war entschlossen, sich auf die Erinnerung an dieses Erlebnis zu »konzentrieren«. Während die Frau an seiner Seite war und ihn beruhigte, spreizte einer der Männer seine Beine und »steckt das Ding rein; es ist über einen halben Meter lang und sieht wie die Dinger aus, mit denen man Abflußrohre saubermacht. Es hat so ein dickes Ende mit so einem Drahtding daran.« Sie stecken es »viel weiter hinein, als man es für möglich hält. Es dient dazu, »mich zu untersuchen«, zum »Nachschauen, wie es mir geht«. Er spürte Unbehagen und Erniedrigung, aber kaum Schmerzen und kam sich »wie ein Tier im Zoo« vor. Angst und Ehrfurcht »überschatteten« jeden Zorn, den er spürte. »Man kann nichts tun«, denn ihre Macht ist »total«. Nachdem sie den Schlauch »ein wenig« hin und her geschoben hatten, wurde er wieder herausgezogen, und die Wesen deuteten an, daß sie über seinen gesunden Zustand erfreut seien.

In einem bestimmten Maße war auch Dave mit dem Ergebnis der Untersuchung zufrieden, denn er fühlte sich »mit ihnen verwandt« und fühlte, »daß ich sie kenne ... Ich bewundere ihre Macht«, sagte er, und er »spüre, daß ich genauso Teil von ihnen oder noch mehr Teil von ihnen als von den Menschen bin«. Ich fragte ihn nach dem »verwandt« und dem »mehr«, und er sagte, daß »sie, wenn man mit ihnen zusammen ist, beständiger sind als Menschen«. Er erinnerte sich daran, wie er, als er auf die Aufbauschule gewechselt hatte, wegen seines »falschen Auges« verspottet worden war; außerdem war er auch als »seltsam« angesehen worden, weil er einer der Besten und sehr schlau war. Das weibliche Wesen sagte ihm, daß er wegen seines Auges »harte Zeiten durchmachen« werde, aber daß es »mir irgendwann, später im Leben, nichts mehr ausmachen werde«. Ihm wurde auch erzählt, er habe sein Auge verloren, um zu lernen, »damit zu leben, denn ich werde lernen müssen, mit einer Menge anderer Dinge zu leben«. Dies schloß auch eine Art Training zum Kämpfer ein, wie es beispielsweise seine Arbeit mit Meister Joe war, bei dem er lernte, mit seinem Chi umzugehen. Meister Joe glaubte, wie er wiederholte, daß die Außerirdischen sich aufgrund von Daves Chi und dessen Stärke zu ihm hingezogen fühlten.

Dave fragte sich wieder, ob die Außerirdischen »uns vorher, in anderen Leben, schon gekannt haben« und ob er sie gekannt habe. Vielleicht »ist es eine jahrhundertelange Verwandtschaft«, meinte er. »Vielleicht helfen sie beim Recycling unserer Seelen oder so, wobei sie sich nicht um unser individuelles Leben kümmern, sondern um alle unsere Leben, wie sie mit der Entwicklung unserer Seele und der Entwicklung der Erde zusammenhängen.« Vielleicht sei es, da er mit »einer höheren Energie« geboren worden sei, seine Verantwortung, »diese zu benutzen«, ein Lehrer zu werden und »ein

Beispiel zu geben und den Menschen zu zeigen, daß mehr in uns steckt, als man auf den ersten Blick sieht, und daß der geistige Teil der wichtigste ist ... Wenn die Menschen erkennen würden, wie wichtig unser geistiger Teil ist, hätten wir nicht all diese Probleme, die wir haben ... Die einzige Grenze für das Chi ist unser Vorstellungsvermögen.«

Nach der Sitzung war Dr. Shirali beeindruckt von der Kraft dessen, was Dave erlebt hatte, und davon, welche Bedeutung es für die Erweiterung seiner Sichtweise besaß. Auch sie hatte während der Sitzung ein Kribbeln in ihren Händen und Füßen gespürt. Vielleicht, äußerte sie, bräuchten wir Erfahrungen mit »anderen Welten«, die uns die Wirklichkeiten anderer Dimensionen bewußt machen. Sie war beeindruckt, wie der bewußte Einsatz des Atmens während der Sitzung eine Art Leine oder Faden zwischen meinem »inneren Wesen« und dem von Dave schuf. Julia war von der Sitzung ebenfalls tief beeindruckt. »Sie haben eine Menge Dinge angesprochen, über die ich in letzter Zeit nachgedacht habe«, sagte sie zu Dave. Wieder sprach sie davon, wie sehr die Rektalsonde, die Dave beschrieben hatte, Zeichnungen ähnlich sehe, die sie vor zwei Jahren von einem ähnlichen Instrument gemacht hatte. »Die Instrumente sehen nie wirklichen Instrumenten ähnlich, die wir hier benutzen«, bemerkte sie. Sie sagte, ihre achtjährige Tochter habe ebenfalls ein kugelförmiges Raumschiff gesehen.

Wir verabredeten uns für den nächsten Morgen, um der Frage nachzugehen, die Dave am Ende der letzten Sitzung gestellt hatte, ob uns die Außerirdischen »vorher schon gekannt haben, in anderen Leben«. Julia und Dr. Shirali waren wieder anwesend, aber Pam Kasey konnte nicht teilnehmen. Bevor ich den Trancezustand herbeiführte, ermunterte ich Dave, darüber zu sprechen, daß er das weibliche Wesen bereits mit drei Jahren gekannt hatte, und über das Gefühl, sie hätten einander vermißt.

Das erste, was ihm nach einer langen Pause in den Sinn kam, war, daß er aus dem Stamm der Susquehannock war, ein Indianerjunge namens Panther-über-dem-Bach, der in der Nähe des Pemsit Mountain lebte und sich darauf vorbereitete, ein Medizinmann zu werden. Dies war zu einer Zeit, »bevor die Indianer von dem weißen Mann wußten«, sagte Dave später. Der Junge lebte am Fluß, fing Fische und trocknete Fleisch für den Winter. Adler lebten in den Bergklippen am Fluß. »Der Adler ist wirklich etwas Besonderes.

Der Berg ist ein besonderer Platz. Medizinmänner gehen dort hinauf, um Visionen zu bekommen, und machen Ausflüge.« Als er bereit war, ging auch er den Berg hinauf, um Visionen zu bekommen, und dort traf er Velia – die ihm bekannte außerirdische Frau –, die eine »Freundin und Beschützerin« war. Er war traurig, weil er sie vermißte, und auch, weil etwas sein Leben verkürzen würde. Er weinte ein bißchen, als er sich an die Territorialkriege mit den Irokesen erinnerte und an »einen großen Kampf um Hollowmans Island«. Er trug ein Hirschfell, Pfeil und Bogen und eine Kriegskeule, und er war gerade zum Krieger geworden.

Der Kampf war verwirrend, mit viel Geschrei, und er bekam einen Pfeil in die linke Seite der Brust, direkt in sein Herz hinein. »Es brannte, und dann wurde es taub. Es wurde einfach taub.« Er hustete Blut, das seinen Mund füllte, und erstickte daran. Er verlor das Bewußtsein und starb. »Das nächste, woran ich mich erinnere, ist, daß ich von meinem Körper getrennt war.« Er sah seinen Körper unter sich auf dem Rücken liegen und bemerkte, wie einer der irokesischen Krieger sich über ihn beugte, um ihm den Skalp abzuschneiden. Dann spürte er, wie er »hinaufschwebte« und »sich auflöste und sich dabei ausbreitete wie ein Nebel von Kristallen ... Es war, als wäre ich überall zur gleichen Zeit ... Ich war ganz fein verteilt. Es war voller Frieden. Ich glaube, irgendwie war Velia anwesend, nachdem ich beim Sterben meinen Körper verlassen hatte«, sagte er. Ich fragte ihn, an welcher Stelle er sie sah. Er habe sie nicht wirklich gesehen, sondern nur »ihre Gegenwart gespürt«. Nachdem er aufwärts geschwebt war, »wußte ich, daß sie da war«, antwortete er. »Ich glaube«, fügte er hinzu, »ich hatte sie schon vorher gekannt. Ich glaube, für die Indianer ist es einfacher zu sterben. Es ist eine natürlichere Sache, einfach beruhigend. Sehr ruhig. Der Tod ist ein Teil des Lebens, deshalb war er nicht schwer zu akzeptieren, es war nicht so schwer wie für uns.« Dave war ein wenig überrascht, daß er gerade dieses vergangene Leben entdeckt hatte. »Ich hätte nie, niemals gedacht, daß dies eines meiner Leben war.« Als er bei der Rückführung davon erzählte, konnte er sich zuerst nicht an den Namen des Jungen erinnern.

Ich fragte Dave, welche Verbindung er nach seinem Tod zu Velia hatte. Er antwortete: »Als ich aus meinem Körper schwebte und bevor ich mich auflöste, sagte sie mir, daß sie bei mir sein werde, auch wenn ich wiederkäme.« Erneut spürte er Trauer und sagte:

»Dann wurde ich in Virginia wiedergeboren.« Er weinte leise. Ich fragte ihn, warum er traurig sei. »Ich glaube, ich lebte dort irgendwo, und ich war wirklich glücklich«, aber »ich mußte gehen«. Ich bat ihn, dorthin zurückzukehren und mir zu erzählen, wie es von seinem »aufgelösten« Zustand aus dazu kam, daß er in Virginia wiedergeboren wurde. »Ich sammelte mich einfach irgendwie wieder und kam zurück in die Welt.« Ich wollte unbedingt von ihm wissen, wie er das getan hatte. Mußte er nicht auf irgendeine Weise einen Körper annehmen? »Ich mußte in den Schoß einer Frau gelangen«, sagte er. Der Name der Frau war Mary Peg, und sie hatte langes schwarzes Haar. »Mein Vater hieß John.« Er sah ihn als großen Mann mit sandfarbenem Haar. Sie lebten in einer kleinen Blockhütte und besaßen eine kleine Farm, die sie ernährte.

Ich fragte, warum Mary ausgewählt worden und wie er in ihren Schoß gelangt sei. »Ich drang einfach in einer Winternacht in sie ein«, sagte er, »alle schliefen, und ein kleines Feuer brannte noch im Kamin. Ich drang in ihren Schoß ein. Ich wußte, daß ich dorthin wollte. Als ich eindrang, wurde sie schwanger. Sie lag da und schlief, und ich drang in sie ein.« Ich unterbrach ihn an dieser Stelle und bemerkte, daß ein Ei befruchtet werden muß, damit eine Frau schwanger wird. Er erklärte, daß Mary und John in dieser Nacht Geschlechtsverkehr hatten, und »das Ei war befruchtet, nachdem John und sie sich geliebt hatten«, und »in dem Moment, wo das Ei befruchtet war, drang ich in sie ein«.

Ich beließ es bei dieser scheinbaren Diskrepanz, daß sie bereits schlief, als er in sie »eindrang«, und fragte Dave: »Was passierte dann?«

In Marys Schoß war es »dunkel und warm«, ihre Wehen waren kurz, und er erinnerte sich an einen »großen Druck« und daß er »mit dem Kopf zuerst« herausgekommen war. Er war ihr erstes Kind. Später gab es noch eine kleine Schwester, die aber starb. Dave weinte, als er sich an Marys Trauer erinnerte. »Ich glaube nicht, daß sie sehr lange lebte.« Die Trauer bezog sich auch auf den Bürgerkrieg und seinen eigenen Tod. »Wir lebten dort auf der Farm, und ich wuchs auf. Ich war ein großer Bursche, und ich glaube, daß ich in den Krieg ziehen mußte.« Er war klug, gut zu Pferd und diente als Späher oder Spion auf der Seite der Konföderierten. Er wurde von den Unionssoldaten gefangen und im Alter von neunzehn Jahren gehängt.

Dave meinte, daß diese Tode in vergangenen Leben vielleicht damit zu tun hatten, daß er nicht nach Vietnam hatte gehen müssen. »Einige Burschen in meinem Alter gingen nach Vietnam. Diesmal mußte ich nicht gehen. In den vergangenen Leben war ich frustriert«, da er kein Erwachsener werden konnte. »Ich wurde nicht eingezogen. Sie veranstalteten eine Lotterie, um nach dem Geburtsdatum zu bestimmen, wer wann eingezogen werden sollte. Mein Geburtstag war das 353. gezogene Datum, und sie kamen niemals so weit. Außerdem wäre ich wegen meines Auges für untauglich erklärt worden.« Dave dachte, dies sei möglicherweise der Grund dafür, daß er sich gewissermaßen nicht wie ein Erwachsener vorkam.

Ich führte ihn zurück zu seiner Beziehung mit Velia. »Sie« würden auch nicht ewig leben, sagte er, aber Velia war während dieser drei Leben bei ihm. Er sagte, daß er sie liebe. »Sie ist immer da. Sie ist wirklich beständig.« Er glaubte, daß er ihr das erste Mal begegnet sei, als er ein Indianerjunge war. Er war ungefähr vierzehn Jahre alt und saß an einem Fluß, als er sie »auf einem Pfad flußaufwärts schweben sah«. Er war überrascht, sie zu sehen, »starr vor Angst«, denn »ich wußte nicht, wer sie war«. Ich fragte, wie sie ausgesehen hätte. »Wie immer«, antwortete er. »Sie hatte graue Haut, einen großen Kopf, große, schwarze Augen, und sie sagte, daß ich nicht viel über sie wisse ... Es war, als sei sie ein Geist ... Sie untersuchte meinen Körper ... Ich hatte keine andere Wahl. Ich legte mich einfach« – später sagte er, daß sie ihn hatte »hinschweben« lassen – »auf den Boden hin ... Sie sprach ein wenig mit mir. Dann ging sie.« Nachdem er »auf dem Boden aufgewacht war«, fühlte er sich »glücklich, daß es passiert war – es war, als sei ich erwählt worden«.

Er sprach mit einem Medizinmann über die Begegnung mit diesem Wesen, und »er nannte sie Wächter«. Der Medizinmann beschrieb auch »die typischen Geschehnisse, die bei einer Begegnung und bei den Auserwählten passierten«, und erklärte, daß die Wächter »versuchen, einen mit der eigenen spirituellen Seite näher in Kontakt zu bringen«. Ich fragte, wie sie das machten. Er antwortete: »Einfach, indem sie da sind. Sie zeigen sich deinem inneren Bewußtsein durch ihre Kraft.« Ich fragte ihn, ob er sich an weitere Einzelheiten der Begegnung am Strom erinnern könne. »Velia sagte, es sei schlecht für uns, wenn wir die Verbindung zur Erde verlieren.« Es war, als wäre »die Verbindung der Erde mit unserer spirituellen Seite ... ein Teil der natürlichen Welt, ein Teil des Ganzen«.

Sie erzählte ihm – die ganze Unterhaltung fand telepathisch statt –, daß er eines Tages von den Adlern lernen würde. »Die Indianer spürten, daß die Adler spirituell wichtig waren, daß sie etwas symbolisierten, einen Teil des Großen Geistes.« Sie sagte ihm, daß sie »sich um mich kümmern und immer auf mich aufpassen werde«. Nach der Begegnung mit Velia sah Dave einen schwarzen Panther und glaubt, daß er den Namen Panther-über-dem-Bach »deshalb« bekommen hatte, weil, wie er mir später schrieb, »an dem Tag, an dem ich geboren wurde, ein Panther am Bach gesehen wurde. Als ich deshalb nach meinem Erlebnis den schwarzen Panther am Fluß sah, nahm ich es als gutes Omen. Es war eine Synchronizität in jenem Leben, wie ich sie ähnlich auch in diesem erlebe.«

Wir näherten uns dem Ende der Rückführung, und Dave war traurig, als er sich erinnerte, wie nah er als Teenager dem Berg gewesen war, und er versuchte, sich vorzustellen, wie es gewesen war, bevor der weiße Mann kam. »Daß ich über all das die ganze Zeit nachdachte, brachte mich auf diese spirituelle Suche in diesem Leben ... Ich sehnte mich nach jenen Zeiten, als überall diese großen Bäume standen und alles rein war ... Darum«, erklärte er, begann er die Bücher über Don Juan zu lesen, nachdem er mit neunzehn Jahren das UFO gesehen hatte. Er suchte das Wissen der Indianer und bewunderte, wie nahe die Indianer der Erde gewesen waren.

Ich fragte ihn, ob er mehr über Velia wisse, die in irgendeiner Form zu existieren schien, und ob sie in dem einem oder dem anderen Leben einen Körper gehabt habe. Dies war schwierig für Dave. »Ich glaube nicht, daß es das gleiche ist, als ob man tot ist ... sie hat keinen Körper, wenn du ihr folgen willst, und du hast auch keinen.« Trotzdem »lebt sie die ganze Zeit«, aber die körperliche Form »ist nicht so ein wichtiger Teil ihres Seins. Sie sind, sie sind geistiger ... Sie möchten, daß wir wissen, daß es nicht der materielle Teil unseres Körpers ist, auf den es so sehr ankommt, daß vielmehr aus ihm die Probleme der Menschen erwachsen.« Ich bat ihn, darüber mehr zu erzählen. »Wenn man Indianer und der Erde wirklich nahe ist, dann ist man wirklich geistig«, sagte er, »und man entkommt der Tatsache, daß man materieller ist und uns dies zum Schaden gereicht.«

Nach der Rückführung verband Dave die Tatsache, daß er niemals sein Zuhause hatte verlassen wollen, während seine Brüder aufgewachsen waren – obwohl auch er fühlte: »Ich sollte jetzt selbständig sein!« –, mit seinem eigenen frühen Tod in den vergangenen Leben, die wir erforscht hatten. »Ich wollte nicht von meinen jüngeren Brüdern wegziehen, weil sie Jungen waren, wissen Sie. Ich wollte sehen, wie sie aufwuchsen; ich wollte wirklich sehen, wie sie aufwuchsen.« Dies »begann wirklich für mich wichtig zu werden, als ich neunzehn war«. Zu dieser Zeit dachte er: »Sie werden bald in meinem Alter sein, und man ändert sich total zwischen vierzehn und neunzehn. Ich wollte jeden meiner Brüder diesen Wandel durchmachen sehen.«

Am Tag vor der letzten Rückführung eröffnete Dave, daß er einmal vor einigen Jahren die Vorstellung hatte, ein Spion bei der Kavallerie gewesen zu sein, der während des Bürgerkrieges gefangen worden sei. Er sagte auch, daß Mary, seine damalige Mutter auf der kleinen Farm in Virginia, heute Charlotte Hampton sei, aber »ich hatte Angst, es zu sagen«. Dies führte zu einer Diskussion des Realitätsgehalts von Erfahrungen in vergangenen Leben. Ich schlug die Möglichkeit vor, daß das Bewußtsein ein »zusammenhängendes Gewebe« sei und wir uns möglicherweise mit jedem Objekt im Kosmos identifizieren könnten – entsprechend der gerade anstehenden evolutionären Aufgabe. Dr. Shirali erzählte von dem hinduistischen Verständnis »der gesamten Göttlichkeit, die auch in einem selbst ist. Brahma ist das Ganze, und der Teil spiegelt das Ganze, und das Ganze spiegelt sich im Teil ... Es kann keine lineare Zeit geben.« Dave reagierte darauf, indem er sagte, daß zuvor nur »ein Teil« von ihm mit Velia zusammen gewesen war.

Julia, die sich an ihre eigenen Erfahrungen mit vergangenen Leben erinnert hatte, war während der Sitzung tief bewegt. Sie begann zu weinen, als ihr neue Einzelheiten dieser Erfahrungen in Erinnerung kamen, und sie entdeckte, daß sie selbst »ihre eigenen Antworten darauf fand«. Sie beobachtete, daß mehr als nur eine Person »möglicherweise das gleiche Leben teilen konnten«. Sie hatte auch ihre Zeichnungen einer Rektalsonde mitgebracht, die wie ein Bild aussah, das Dave unabhängig von ihr angefertigt hatte – mit der Ausnahme, daß ihre offen und seine geschlossen dargestellt war. »Der einzige Grund, warum ich es offen sah«, sagte sie, »war der, daß der Arzt es mir zeigte.«

Dave nannte diese Sitzung »den Wendepunkt«, der in seinen Augen eine Menge Dinge zusammenführte. Mich interessierte die mögliche Verbindung zwischen seiner Jungenhaftigkeit und den Toden als Heranwachsender in seinen Erfahrungen aus vergangenen Leben. »Ich bin jetzt neununddreißig, beinahe vierzig Jahre alt, aber ich verhalte mich nicht so«, sagte er. »Jetzt verstehe ich, warum.« Er sei ein »männlicher Junge«. Das Alter von neunzehn Jahren, sagte er am Ende des Treffens, sei »immer das schwerste«. Als zuerst er und dann seine Brüder dieses Alter erreichten, hatte er Angst gehabt, sie »würden es nicht überleben«.

Ein paar Tage nachdem er nach Pennsylvania zurückgekehrt war, sprach ich nochmals mit Dave. Seine Erfahrungen bei den Rückführungen waren tiefreichend, und er brauchte Zeit, um sie zu akzeptieren. Er fühlte sich ein wenig isoliert und ging sehr viel spazieren, wobei er versuchte, »Dinge herauszufinden«. Seine Frau, sagte er, »kann sich nicht so sehr darauf einlassen«, und Meister Joe sei ziemlich beschäftigt gewesen, obwohl er ihm aus buddhistischen Lehren die Gültigkeit von Erfahrungen aus vergangenen Leben bestätigt hat. Anfang April schrieb mir Dave einen Brief, der zeigte, daß er das Material, das bei der Rückführung aufgetaucht war, weiter verarbeitet hatte. »Es läßt alles in diesem Leben sinnvoll erscheinen«, schrieb er. »Für mich wird der Pemsit Mountain nie mehr der gleiche sein. Was am Ende des Berges ist, ist nicht länger ein solches Geheimnis.«

Dave brachte seine Verbindung mit Charlotte Hampton, die während des Bürgerkrieges seine Mutter gewesen war, und seine Erfahrung mit ihr in diesem Leben in Zusammenhang mit »der Öffnung meiner Chi-Kanäle«. Am 25. März trafen sie sich zum Abendessen in Philadelphia, und »wir kamen so gut miteinander aus, daß es unheimlich war«. Julia erzählte ihm, daß sie selbst die kleine Schwester war, die in seinem Virginia-Leben gestorben war, was ihre jetzige Verbindung erklärte. »Ihre Untersuchung hat uns in diesem Leben zusammengebracht«, schrieb er. In derselben Woche habe ein neues Mädchen im Krankenhaus erzählt, daß ihr plötzlich eines Tages auf dem Weg zur Arbeit ein Stück Zeit gefehlt habe.

Anfang Juni führten wir ein langes Telefongespräch. Dave ging es gut, und er machte Fortschritte bei seiner Arbeit mit Meister Joe. Er habe in einem Traum »seine Hände gefunden«, was, wie ihm erzählt worden war, ein wichtiger Schritt bei der Beherrschung seines Chi sei und ihm ermögliche, in seinen Träumen zu fliegen. Es kamen weitere Menschen zu Dave, um von ihm angeleitet zu werden, darunter ein ausgezeichneter siebzehnjähriger Karateschüler, den Meister Joe zu ihm geschickt und der seit seinem fünften Lebensjahr ebenfalls Entführungserfahrungen hatte. Ein paar Tage später erzählte Dave Pam, ein Mädchen habe ihm spontan erzählt, daß »die Wesen einen Ort auf diesem Berg haben«, worüber er »ausflippte«. Ein Buch über eine Frau, die eine Schamanin wurde und Entführungserfahrungen hatte, brachte ihn dazu, Schamanismus und Entführungen miteinander zu verbinden.

Ende Juni schrieb mir Dave erneut einen langen Brief voller »seltsamer Zufälle« und neuer Verbindungen zwischen Menschen, die er in seinem jetzigen Leben kennt, und solchen aus früheren Leben. Indianische Spiritualität, Schamanismus, seltsame Naturkräfte, andere Wirklickeiten, Chi, Karate, die Kontrolle seiner Träume, UFO-Entführungen und viele Synchronizitäten – dies alles sind für Dave Teile eines geheimnisvollen Puzzles, dessen Stücke er, laut Meister Joe, zusammenzusetzen lernt.

Besprechung

Daves Fall zeigt besonders gut, daß man das Entführungsphänomen nicht isoliert betrachten darf. Seine Entführungserfahrungen sind mit einer Fülle anderer natürlicher Kräfte und Energien verknüpft, mit denen er seit seiner Kindheit in Verbindung steht. Dazu gehören eine tiefe Verehrung der Natur und ihrer Geheimnisse, eine enge Verbindung zu indianischen Werten und Schamanismus, ein persönliches Gespür für die spirituelle Bedeutung bestimmter Tiere – vor allem von Adlern und Hirschen – und der feste Wille, sein Chi zu beherrschen, das er definiert als »die Kraft, die das Universum durchdringt und aus der die Realität entsteht«. Da Dave sich der Wirklichkeit dieser und anderer natürlicher Phänomene und spiritueller Lehren geöffnet hat, ist die Welt für ihn ein Ort der Wunder und der Ehrfurcht und die Erde selbst in wachsendem Maße heilig. Diese Öffnung war verknüpft mit vielen anscheinend bedeutungsvollen »Zufällen« – Synchronizitäten –, die zusammen ein Muster von Verbindungen und einen Plan ahnen lassen, der hinter dem Kosmos steht, den Dave bewohnt.

Der Pemsit Mountain, in dessen Nähe Dave aufwuchs, steht im Brennpunkt indianischer Tradition und Überlieferung. Er ist ein Ort besonderer Kräfte und steht für viele Menschen, die dort leben, mit UFOs in Zusammenhang. Eine eindrucksvolle und ziemlich spektakuläre UFO-Sichtung im Alter von neunzehn Jahren in der Nähe des Berges – deren unabhängige Zeugen auch ein Freund und einer seiner Brüder waren und die in den örtlichen Medien bestätigt wurde – stellte sich als der Wendepunkt in Daves Leben heraus. Nach diesem Erlebnis, bei dem er glaubte, die dunklen Augen eines der außerirdischen Wesen gesehen zu haben, die aus einem Raumschiff auf ihn herabschauten, beschloß er, alles, was er über das Unbekannte finden konnte, zu lesen, um zu lernen, was es damit auf sich hat. Er entdeckte sogar buddhistische Schriften aus Tibet, die die Kenntnis von UFOs zu bestätigen schienen.

Daves Entführungserfahrungen schließen auch die bekannten traumatischen Eingriffe ein, die so erniedrigend für einen Menschen sind und denen viele Entführte unterworfen waren. Dazu zählt, gegen seinen Willen aus seinem Haus gebracht zu werden, des weiteren die Entnahme von Spermaproben und Verwendung erschreckender Rektalsonden, was ihm von den Außerirdischen beruhigend als Untersuchungen erklärt wurde, als eine Art von Gesunderhaltungsprogramm. Aber als diese Traumata im Kontext seiner beschleunigten persönlichen Entwicklung erforscht waren, wurden Daves Angst und Zorn durch sein Gefühl des Wunders und der Ehrfurcht und ebenso durch seine Bereitschaft gemildert, die Kontrolle angesichts der Kraft eines Prozesses aufzugeben, den er nicht versteht. In diesem Zusammenhang wurde ihm zunehmend eine starke, liebevolle Verbindung bewußt, die er zu einem beschützenden, weiblichen Wesen hatte, das er kannte, seit er drei Jahre alt war, das er Velia nannte und – wie wir bei seiner dritten Rückführung entdeckten – möglicherweise auch schon in früheren Leben gekannt hat.

Velia scheint die Hauptrolle bei der Entwicklung von Daves Bewußtsein zu spielen. Unsere Nachforschungen brachten Informationen ans Licht, die sie ihm telepathisch mitgeteilt hatte und in denen es um unser Überleben, um das Schicksal der Erde und um unseren Verlust der emotional-spirituellen Verbindung mit der Natur ging. Durch Velia verband sich Daves Identifikation mit der indianischen Naturverehrung mit seiner jetzigen Rolle als Führer bei der Wiedereinsetzung dieser Verbindung. In dieser Beziehung ist es interessant, daß er bei unserer letzten Rückführung herausfand, daß die indianischen Medizinmänner von den außerirdischen Wesen wußten und sie zudem als »Wächter« oder Beschützer der Natur betrachteten.

Es ist beinahe müßig zu erwähnen, daß nichts davon im Rahmen des westlichen Weltbildes einen Sinn ergibt, da es hier keinen Platz für unsichtbare Naturkräfte, Intelligenzen im Kosmos, die unsere Geschicke überwachen, Wesen, die unsere Welt in körperlicher Form betreten, aber nicht aus ihr stammen, vergangene Leben oder UFOs selbst gibt. Und dennoch gibt es wenig an Daves Persönlichkeit, das uns eine Erklärung für seine Erfahrungen liefern könnte. Er ist ein praktischer und nüchterner Mensch, der Häuser baut, in seiner Gemeinde respektiert wird und seit fünfzehn Jahren denselben Beruf hat. Nichts an ihm legt eine Tendenz zu psychopathischem Verhalten, Wahnbildern oder eine Neigung zum Phantasieren nahe. Er hat – wie viele Entführte – der Anerkennung der Realität seiner Entführungserfahrungen erheblichen Widerstand entgegengesetzt. Bei seiner ersten Hypnosesitzung schreckte er vor »diesem anomalen Zeug« zurück, obwohl er bereits vor dem Treffen bewußte Erinnerungen an Begegnungen mit Außerirdischen hatte. Man könnte auch argumentieren, daß Daves Lektüre seine Erfahrungen beeinflußt haben könnte, aber der Vorgang war eher umgekehrt: Er suchte in Büchern nach Informationen, nachdem er ein Erlebnis hatte, das er nicht verstand.

In Daves Fall bleibt zum Schluß die Frage offen, die sich in vielen der in diesem Buch geschilderten Fälle stellt. Wie sollen wir das Bewußtsein selbst als Instrument zur Erlangung von Wissen betrachten? Es gibt eine Reihe von Beweisen, die seine Erfahrungen mit UFOs bestätigen – Sichtungen mit vielen Zeugen, eine unerklärliche, sichelförmige Narbe, die nach einer seiner Entführungen auftauchte, und ein Muster von Ereignissen, die zu sehr und auf zu komplizierte Weise miteinander verbunden sind, um als reiner Zufall erklärt werden zu können. Und doch hängt in Daves Fall der Beweis für die Existenz einer anderen Welt, die unsichtbar, aber voll mächtiger Einflüsse ist, zum Großteil von seinen Berichten über seine Erfahrungen ab, von der affektiven Angemessenheit und Intensität, mit der er sie erzählt, und von der Urteilsfähigkeit des Forschers im Hinblick auf seine Ehrlichkeit und die Echtheit seiner Mitteilungen. Von letzterer bin ich ziemlich überzeugt. Dave läßt uns schließlich die Wahl, die Gesamtheit seiner Erfahrungen als Produkt einer Art geistiger Verwirrung oder einer kollektiven Beeinflussung zurückzuweisen oder die Möglichkeit in Betracht zu ziehen, daß das Bewußtsein ein gültiges Erkenntnisinstrument ist und die Realitätssicht, die den empirischen Methoden der westlichen Wissenschaft zugrunde liegt, zu beschränkt ist.

Daves Erfahrungen in vergangenen Leben müssen gesondert erwähnt werden, denn sie liefern eine alternative Erklärung bestimmter Aspekte seines Lebens und seiner Persönlichkeit, die sonst ganz auf der Biographie seines jetzigen Lebens basiert. Ich konnte nichts in seinem Familienleben oder in seiner persönlichen Geschichte entdecken, was die Erklärung für ein Verbleiben in der Jugendlichkeit liefern konnte, die für einen Mann von neununddreißig Jahren ungewöhnlich erscheint. Er schien zum Beispiel keine Abhängigkeiten aufzuweisen, die uns zu verstehen helfen könnten, warum er sich weigerte, sein Zuhause zu verlassen, bevor jeder seiner Brüder das Alter von neunzehn Jahren erreicht hatte. Und dennoch liefern seine gewaltsamen Tode als Heranwachsender in zwei vergangenen Leben, die er mit starker emotionaler Überzeugung bei der dritten Rückführung noch einmal durchlebte, eine mögliche Erklärung für diese Angst und seine Furcht, vollständig erwachsen zu werden. Man könnte von einem traditionellen Standpunkt aus argumentieren, daß seine Erfahrungen in vergangenen Leben mit einer überaktiven Einbildung in Bezug auf indianisches Leben und den Bürgerkrieg zu tun hatten. Aber das Gegenteil ist ebenso möglich, nämlich daß Daves Erfahrungen in vergangenen Leben, die weiterhin sein Bewußtsein durchdringen, eine wichtige Quelle seiner Einbildung darstellen.

Daves Fall illustriert auch ausführlich eine der interessanteren Merkwürdigkeiten des Entführungsphänomens, den sogenannten Oz-Effekt, das heißt die Schaffung oder Inszenierung alternativer physikalischer Realitäten (siehe auch die Fälle von Catherine und Carlos in den Kapiteln 7 und 14) wahrscheinlich durch die Außerirdischen selbst oder durch die Intelligenz, die diese leitet. In seinen Geschichten kommen oft Zimmer vor – wie beispielsweise das Eßzimmer bei seiner ersten Rückführung –, die nicht genau den tatsächlichen Zimmern seines Hauses entsprechen, und Landschaften mit Höhlen und Pfaden, die nicht mehr da sind, wenn man später nach ihnen sucht. Dieser Oz-Effekt hat einen erschreckenden Aspekt. Er konfrontiert uns nämlich damit, wie willkürlich die physikalische Realität ist, in der wir uns befinden. Alles, was nötig ist, um sie schlagartig zu ändern, ist eine Entscheidung auf seiten einer anderen Intelligenz, die eine größere Macht als wir hat, dies zu bewirken. Wie das Entführungsphänomen uns wiederholt zu sagen scheint, haben wir wenig Kontrolle über die Wirklichkeit, die uns umgibt.

Schließlich dreht sich Daves Fall um Kraft – die unermeßliche Kraft oder Energie, die sowohl geistig als auch körperlich ist und in der Natur liegt. Durch sein Studium von Karate und Chi versucht Dave, Kontrolle über die Ausdrucksmöglichkeiten dieser Energie in ihm selbst zu erlangen. Vielleicht ist dies die zentrale Lehre in seinem Fall. In seinem Brief vom 8. April schrieb er über den Pemsit Mountain als einen »Ort großer Kraft. Darum kommen die Besucher dorthin ... Kraft«, hieß es weiter in diesem Brief, »ist ein Geheimnis, das wir nie verstehen werden. Wir können nur lernen, damit umzugehen. Vielleicht ist es das, was die Menschheit braucht – zu lernen, mit ihrer Kraft umzugehen.«

Peters Reise

Peter, ehemals Hotelmanager und nun Akupunktur-Student, war vierunddreißig Jahre alt, als ihm ein Studienkollege von einer meiner Vorlesungen über Entführungen erzählte, die ich im Cambridge Hospital gehalten hatte. »Es könnte sein, daß mir das auch passiert ist«, dachte er und rief mich an. Das war im Januar 1992, und wir trafen uns am 23. des Monats.

Peters Fall liefert uns eines der dramatischsten Beispiele dafür, wie der Charakter der Entführungserfahrungen durch die Entwicklung des Bewußtseins desjenigen, der diese Erfahrungen macht, umgewandelt werden kann. Seine Entführungen waren anfangs stark traumatisch, als sie in unseren ersten Hypnosesitzungen wachgerufen wurden. Nach und nach wurden diese Erfahrungen, während wir sie erforschten, ein zentrales Element in einer Reise, die Peter in andere Dimensionen oder Realitäten jenseits der Welt, die sich uns offenbart, geführt hat. Unter den Entführten, mit denen ich gearbeitet habe, gehört er zu jenen, die ihre duale menschlich-außerirdische Identität entdeckt haben. In seinem außerirdischen Ich wurde er sich bewußt, daß er willentlich am Programm der außerirdisch-menschlichen Mischlingszucht teilgenommen hat, und sein Fall läßt die Frage nach dem ontologischen Status dieses Prozesses aufkommen. Peter ist außerdem ein Führer unter den Entführten, der beschlossen hat, mit seinen Erfahrungen »öffentlich aufzutreten« sowie bei Konferenzen, im Fernsehen und in Radioprogrammen zu sprechen, um eine Rolle in der Gesellschaftserziehung zu spielen. Zwischen Februar 1992 und April 1993 machten wir sieben Hypnose-Rückführungen.

Auch Peter wurde von eindringlichen, verstörenden, apokalyptischen Bildern der Zerstörung der Erde geplagt, und wir untersuchten, ob diese buchstäblich als Prophezeiungen anzusehen sind oder als Metaphern oder Warnungen vor einer möglichen Zukunft.

Peters Entführungserfahrungen repräsentierten für ihn eine Art getrenntes Leben von bezwingender Macht und Bedeutung. Seine Frau Jamy war während Peters Reise eine unerschütterliche Partnerin – selbst dann noch, als er fühlte, daß er seinem entführungsbezogenen Leben unvermeidlich den Vorrang geben würde. Dies bewirkte die Art Spannungen in ihrer Ehe, die – sofern ein Partner stark an Entführungserlebnissen beteiligt ist – auch unter den besten Bedingungen vorkommen. Peter ist auch einer der wenigen Entführten in meiner Fallsammlung, die sich einer größeren Reihe psychologischer Tests unterzogen haben. Der Grund, weshalb Peter für diese Tests ausgesucht wurde, wird im Kontext der Ausführungen erklärt.

Peter wuchs in einer römisch-katholischen Familie in Allentown auf, einer Stahlhüttenstadt in Ost-Pennsylvania. Sein Vater litt an einer linksseitigen Lähmung, an Muskelschwäche und hinkte infolge Kinderlähmung, die er sich mit zwei Jahren zugezogen hatte. Dennoch war er die meiste Zeit seines Lebens fähig, als Büroleiter eines Fahrzeugersatzteilhandels zu arbeiten. Er hatte eine College-Ausbildung und studierte ein Jahr lang Medizin, bevor er die Hochschule verließ, um seine Familie zu unterstützen. Sein Vater war mittlerweile achtzig Jahre alt und lebte völlig zurückgezogen, als Peter mit mir Kontakt aufnahm. Sie schreiben sich regelmäßig. Peters Mutter, die in England geboren und aufgewachsen war, hatte zusätzlich zu ihren häuslichen Pflichten als Arbeiterin in einer Strickerei gearbeitet.

Peter erzählte dem Psychologen Dr. Steven Shapse, daß er zum Klassenclown wurde, sich mit anderen schlug, trank und Marihuana rauchte. Er hat zwei Schwestern, Linda und Corinne, die sechs und drei Jahre älter sind als er. Peter fühlt sich Linda nah, »ohne zu wissen, warum«. Linda trat in ein Kloster ein, um Nonne zu werden, als sie in der neunten Klasse war, und blieb dort während der High-School-Zeit. Linda hat ebenfalls ein UFO gesehen und glaubt, was Peter über seine Entführungen sagt, obwohl sie nicht gesagt hat, daß auch sie solche Erfahrungen gemacht habe. Corinne hat keine Erinnerungen dieser Art.

Peter besuchte eine Kombination aus öffentlicher und kirchlicher Schule und machte 1975 den Abschluß an der Allentown High School. Er erwarb den Universitätsgrad »Bachelor of Arts« an der Pennsylvania State University in der Fakultät »Industrieausbildung«, nachdem er ein sechsjähriges Programm absolviert hatte, das es ihm 1981 ermöglichte, eine Lizenz als professioneller Koch und Lehrer kulinarischer Künste zu erwerben. Von 1982 bis 1984 arbeitete er in einem neuen Hotel auf Big Island, Hawaii, wo er seine drei Jahre ältere Frau Jamy kennenlernte. Jamy praktiziert Shiatsu, eine japanische Massagetechnik, und sie arbeitet wie Peter als Heiler und Therapeut. Sie hat einen Magistergrad in beratender Psychologie. Sie haben eine enge, warme und vertrauensvolle Beziehung, in der sie schwierige Dinge offen und ehrlich besprechen können.

Das Paar hat beschlossen, keine Kinder zu bekommen, zumindest im Moment nicht. Peter schrieb das der Tatsache zu, daß Jamy als ältestes von sieben Kindern aus einer Alkoholikerfamilie stammt. »Sie hat viele ihrer Geschwister selbst aufgezogen, und ich denke nicht, daß sie das wirklich noch einmal tun will.« Peter fände es gut, Kinder zu haben, sagte er, fügte aber hinzu, daß es möglicherweise »ein Schicksal für mich gibt oder eine Vorherbestimmung in meinem Leben, die mit dieser Außerirdischen-Sache verbunden ist, etwas, das ich tun soll. Es könnte Kinder ausschließen.« Von 1986 bis 1990 waren Peter und Jamy Manager eines Zwölf-Zimmer-Hotels und Restaurants in der Nähe von St. Thomas, U.S. Virgin Islands. Im Frühling 1990 kamen Peter und Jamy nach Boston, um die New England School of Acupuncture zu besuchen, die Peter im Mai 1993 abgeschlossen hat.

In unserem ersten Interview sagte Peter, er habe immer gewußt, daß »da Schutzengel waren. Ich habe immer gewußt, daß da Wesen waren ... ich bin sehr gläubig, und ich habe immer gewußt, daß ich mit Gott sprechen kann.« Er hat auch immer gewußt, »daß da UFOs waren« und »Außerirdische ... Ich hatte eben immer so etwas im Sinn, schon von frühester Kindheit an.« Im Zusammenhang mit seinen Rückführungen spielte Peter auf Begegnungen mit außerirdischen Wesen in der Kindheit an, und bei der sechsten Rückführung sah er sich selbst als Vierjährigen mit Hybrid-Kindern spielen, was so weiterging, bis er vielleicht acht oder neun Jahre alt war. Bei unserem ersten Treffen erzählte Peter, daß er sich erinnere, wie er bewußt zu einem Lagerraum am Ende eines langen Flurs in seinem Heim ging, und er fürchtete sich vor dem, was dort auf der anderen Seite eines Fensters war. Er erinnerte sich auch daran, daß die Wesen ihn beim Spielen mit anderen Kindern beobachteten oder »einfach beobachteten, wie ich als kleines Kind war«. Am Anfang der dritten Rückführung hatte er Erinnerungen daran, daß er als kleiner Junge froh war, die außerirdischen Wesen zu sehen, daß er sich von ihnen auserwählt fühlte und daß er »geradewegs durch das Fenster« schwebte.

In der dritten Rückführung mußte Peter auch eine besonders traumatische Entführung wiedererleben, bei der gegen seinen Willen eine Spermaprobe entnommen wurde. Im Verlauf unserer Arbeit hatte er auch Erinnerungen an Besuche während der Zeit, als er auf Hawaii lebte, wo er und Jamy in einem offenen, entlegenen Teil der Insel wohnten. Peter erinnerte sich daran, »etwas vor dem Fenster« ihres Hauses gesehen zu haben. Damals »dachte ich immer, es sei eine Eule«, die »mich rief und mir sagen wollte, daß es 'Zeit' sei«, aber jetzt glaubte er, »es war keine Eule«, sondern ein außerirdisches Wesen. »Ich fühlte immer eine Art Verbindung mit dieser Eule.«

Die kraftvollste Erfahrung, die Peter bewußt aufrief, bevor wir uns trafen, ereignete sich in der Karibik im Zeitraum von 1987 bis 1988. Zu dieser Zeit, erinnerte er sich, ging er manchmal voller Angst schlafen und wurde durch eine Berührung geweckt oder durch etwas, das »mich direkt mitten auf den Rücken schlug«. Bei unserem ersten Gespräch erinnerte er sich daran, Entsetzen gespürt zu haben, Zorn und den Verlust der Kontrolle, als ein Licht den Raum füllte, und er spürte eine »Präsenz« um sein Bett herum. »Ich erinnere mich, daß mein ganzer Körper vibrierte und sich vielleicht für eine Sekunde, zwei Sekunden, drei Sekunden schüttelte.«

Bei mindestens einer Gelegenheit sah Peter kleine, verhüllte Wesen im Raum und schrie sie verärgert an. Er erinnerte sich auch bewußt, daß er unter ihrem Einfluß hinaus auf den Innenhof ging, »in Licht gebadet«, und in ein »rundes Schiff gehoben« wurde, mit »einer Kuppel auf dem Dach« und blinkenden weißen, roten und bläulichen Lichtern, die sich »darum herum drehten«, so daß es »über den Baumwipfeln außerhalb des Hauses« sichtbar war. Gleichzeitig beschrieb Peter, daß »sie diesen Laserstrahl hatten, und er ging genau hier durch«. Er zeigte auf die Mitte seiner Stirn. »Und es war so hell, daß die Augen ... wissen Sie, als ob sie schmerzen würden.« Während Peter diese Erfahrungen durchmachte, war Jamy »kaltgestellt«. Nach einer dieser Erfahrungen, erinnerte er sich, fand er zwei kleine rote Flecken, wie heilende Pickel hinter seinem Ohr, die sich von Insektenstichen dadurch unterschieden, daß sie schneller heilten und symmetrisch angeordnet waren. Peters Entsetzen während des Gesprächs wuchs an bis zu einem Punkt, an dem er sich »blockiert« fühlte, unfähig, es fortzuführen, und wir beschlossen, seine Erfahrungen auf tieferer Ebene unter Hypnose zu erforschen.

Zwei Tage nach unserem ersten Treffen erzählte Peter Pam, daß er einzig deshalb glaube, das Erlebte sei »real, weil Gefühle dabei waren«. Er hatte bemerkt, daß er sich von dem, was er uns erzählt hatte, »distanzierte« und »glauben wollte, daß es seine Einbildung ist«. Die erste Hypnosesitzung war für den 13. Februar geplant. Peter war vor dem Treffen besorgt und hatte die vorangehenden Nächte Schwierigkeiten zu schlafen, vor allem, weil Jamy gerade fort war. In einem seiner Träume sprach er »mit diesen Wesen« darüber, daß »wir eine innere Gewißheit und ein Wissen und eine Kraft haben, die über den Intellekt hinausgehen«. Er hatte »das Gefühl«, daß die Wesen Angst haben vor »der Macht, die wir besitzen können«.

Peter entschied sich, einen Vorfall in der Karibik zu erforschen, der ungefähr im Februar oder März 1988 geschah und der damit begann, daß zwei Wesen an seinem Bett erschienen. Er wurde ängstlich, »als ob ich den Sicherheitsgurt anschnallen wollte«, als seine Gedanken zu dieser Zeit zurücktrieben. Ich versicherte ihm, daß ich ihn nicht in einer Weise, die für ihn untragbar wäre, mit seiner Erfahrung allein lassen würde.

Unter Hypnose rekapitulierte Peter die Umgebung seines Hauses und das Hotel-Restaurant, in dem sie in dieser Nacht gegessen hatten, was sie zum Abendessen hatten und daß er sich, als sie nach oben zu Bett gingen, gefürchtet hatte, daß »etwas geschehen würde«. Er erinnerte sich, daß er aufwachte, als Jamy schlief, und fühlte, daß er sich zudecken wollte. Damals schlief er noch nackt. Obwohl er sich ängstlich und verwundbar fühlte, stieg Peter aus irgendeinem Grund aus dem Bett, ging zu einer Couch auf der anderen Seite des Zimmers und sah dann »diese kleine Kreatur ... es geschieht noch einmal. Es geschieht wieder und wieder. Ich gehe hinüber, und ich werde gedemütigt. Das fühle ich am stärksten«, sagte er und fügte, an das Wesen gerichtet, hinzu: »Du schaust mich an, und ich bin nackt.« Er fühlte sich zudem »außer Kontrolle, unterlegen«, kraftlos und wütend. »Ich bin gelähmt. Ich will es töten, und ich kann nichts machen.« Er hatte keinen Willen, denn »sie setzten mich außer Gefecht«.

Peter sah zwei Wesen. Das eine, »das meine Gefühle kontrolliert«, war ein wenig größer als das andere. Sein Kopf reichte bis zur Höhe von Peters Brust. Die Wesen waren dünn und trugen enganliegende Bodysuits mit Kapuzen, die aussahen, als wären sie aus Lycra oder Latex gemacht. Sein Ärger schien Peters Ohnmacht noch zu verstärken. Gezwungen von einer Macht, die ihn anscheinend anhob, legte sich Peter auf die Couch. Seine Angst wuchs jetzt an, und ich ermutigte ihn, sich auf seine Atmung zu konzentrieren und zu entspannen. »Ich weiß, sie werden mich mit diesem Licht treffen ... und danach, das wird schlimm werden ... Das Licht trifft auf meine Stirn, und da springe ich auf, und danach wird es friedlich ... Es ist der Moment, in dem ich das Bewußtsein verliere, die Erinnerung verliere, die Kontrolle verliere, in dem ich vergesse, daß ich ein Teil davon bin.«

Das kleinere Wesen hielt ein Instrument, das aussah wie »die Taschenlampen, die Polizisten haben, mit einem Kopfteil und einem Blinken«. Peter schrie jetzt und rief aus: »Nun wird es mich treffen! Es wird mich treffen!« Das größere Wesen »kennt mein Bewußtsein. Es weiß, was ich fühle. Aber es ist unbeeindruckt« und »will nicht, daß ich weiß, was es vorhat«. Dieses Wesen kontrollierte den kleineren »Handlanger ... den kleinen Scheißer, der die ganze Drecksarbeit für ihn macht«. Das kleinere Wesen hob das Licht an, »hält es hoch und strahlt mir damit in den Kopf«. Danach fror Peter, er schüttelte sich und zitterte voller Schrecken auf der Couch, weil die Kontrolle über »meine Funktionen ausgeschaltet« war. Dann erfolgte eine Veränderung – sowohl während des Vorfalls als auch in der Sitzung –, und er wurde friedlicher. »Mein Körper fühlt sich an, als ob er von meinem Nacken abgeschnitten wäre und von meinem Kopf.« Trotz seiner Nacktheit waren die Angst und das Gefühl der Erniedrigung verschwunden.

Dann »geht der kleine Kerl neben die Couch. Er macht wieder etwas mit diesem Ding, schwenkt es über und unter mir. Wie kann er es unter mich bekommen?« Das Licht hob Peter von der Couch, und er »fühlte« sich »richtig leicht«. Seine Arme wurden wie von irgendeiner Kraft hochgehalten, als Peter in Richtung Tür bewegt wurde. Er schaute zu Jamy hinüber, die noch schlief, »und ich weiß, daß sie in Sicherheit ist«, was die Wesen ihm auch bestätigten. Er konnte einen näheren Blick auf eines der Wesen werfen – »es ist so, als ob es jetzt mein Kamerad wäre; jetzt habe ich keine Angst« –, dessen Gesicht häßlich und verzerrt zu sein schien. »Ich kann nur die Hälfte seines Gesichts sehen. Es ist faltig. Es ist wie eine dieser Disney-Trickfilmfiguren ... Es hat diese große Augenbraue. Es ist wie eine wirklich große Augenbraue.« Die Haut der oberen Gesichtshälfte schien dick zu sein, mit »Beulen« und etwas »wie drei Falten, drei Furchen. Es sieht fast komisch aus.« Die Augen waren nicht groß, aber sehr dunkel, »wie blau und schwarz«, und lagen tief im Gesicht, »wie die Augen eines Tieres, wie die Augen eines Waschbären«. Die Nase war eingedrückt »und wird dann breiter«.

Als nächstes wurde Peter durch das Eßzimmer, den Küchenbereich und die Tür auf die Veranda oder das Dach geschleust, das durch ein weiches, weißes Licht beleuchtet war, das die Bäume im Hintergrund hervorhob. Als er das Haus verließ, konnte Peter sehen, daß das Licht, in das er gebadet war, einem kleinen Raumschiff entströmte. Während er und die Wesen »hinaufgeschleust« wurden, konnte Peter, als er hochschaute, nur weißes Licht sehen, aber er war sich »der Insel in der Ferne bewußt«, des Ozeans und »aller Bäume da unten«. Als er runterschaute, sah er das Zinndach seines Hauses und wunderte sich, warum er nicht ängstlich war, da er doch generell Höhenangst hatte. Nun fühlte er, daß »das ein Abenteuer ist«, und er war »wirklich froh, daß Jamy in Ordnung ist«. Er gelangte zuerst in ein kleineres Raumschiff, schwebte dann nach oben durch »ein Loch im Boden« eines größeres Raumschiffes. Dann wurde ihm die Dunkelheit bewußt, »wie das Innere eines Hauses«, und das Licht war jetzt unten. Alles war ruhig bis auf eine Art Summgeräusch. Peter sah Bänke und Uniformen oder »Anzüge wie die Dinger, die Rennläufer« tragen, »nur da herumliegen, und ich denke: Warum werden sie nicht aufgehängt? ... Ich fühle mich beinahe wie in ihr Heim eingeladen.«

Über einer umlaufenden Bank, die aus einem harten, geschmolzenen Plastik gemacht zu sein schien, befanden sich kleine Schränke oder Fächer. Peter lief wie auf einer Besichtigungstour herum und fühlte sich »geehrt ... als ob ich jemand Besonderes wäre«, als »gestatteten sie mir, mich umzuschauen ... Ich bin versucht zu sagen, daß weitere Menschen da sind, aber ich weiß es nicht.« Er schaute aus dem Fenster eines Raumes, der aussah »wie ein Kontrollraum«. Er konnte zu einer anderen Insel hinübersehen, und »es ist hübsch, denn das Mondlicht scheint auf die Bucht, und dann sind da noch die Lichter von anderen Hotels. Ich kann sie deutlich sehen.« Peter sah »ein anderes Wesen, das eine Kontrolltafel oder etwas ähnliches hatte«, und er beobachtete, daß noch weitere dieser Anzüge an einer Stange hingen. Sie flogen höher, und als er aus einem Fenster sah, wurde die Erde »so klein wie ein Stecknadelkopf«. Peter machte sich Sorgen und fühlte sich verwirrt und verloren. »Wo bin ich? Wo ist die Erde? Wie werde ich jemals nach Hause kommen?«

Peter war skeptisch gegenüber seinen Erinnerungen und begann seine Erfahrungen anzuzweifeln. Ich ermutigte ihn, »geradeheraus zu reden«. Wir würden es später ausarbeiten. Komischerweise fühlte er sich nicht mehr nackt, obwohl er keine Kleidung trug. Er lief durch eine Art »Schiebetür«, die teilweise in die Wand glitt. Peter ging zwei oder drei Stufen hinunter und fand sich in einem abgesenkten Raum wieder, in dem vielleicht hundert Männer und Frauen waren. »Ich halte sie nicht für nackt ... Ich sehe sie wie in einem fleischfarbenen Outfit, diesem fleischfarbenen, einteiligen Anzug.« Er hat das Gefühl, als ob er »auf eine Cocktailparty ginge, und man ist sich nicht sicher, auf wen man zugehen und mit wem man reden soll«. Das größere Wesen, das er anfangs getroffen hatte, kam zu Peter und sprach telepatisch mit ihm: »Dies sind alles Menschen von der Erde. Du kannst sie kennenlernen. Sie sind alle wegen dir hier« und weil sie alle »dieselben Erfahrungen wie ich haben«. Peter spürte, daß er gerne zu einem der Männer, der sich mit einer Frau unterhielt, hinübergegangen wäre, um mit ihm zu sprechen. Der Mann erkannte Peter, sagte aber: »Noch nicht. Du mußt gehen. Noch nicht.«

»Das ist der Teil, den ich nicht mag«, sagte Peter. »Ich fühle mich gerade nicht gut.« Er fragte mich, ob er zum Badezimmer gehen dürfe, und als er zurückkam, sagte er: »Ich bin wirklich verängstigt, John.« Er wandte sich nach rechts und ging in ein anderes Zimmer, wo eines der Wesen »an einigen Scheiben oder etwas ähnlichem arbeitete ... ich fühle mich, als müßte ich weinen. Ich fühle wirklich, daß ich Angst habe. Ich fühle mich wie ein kleines Kind. Ich fühle mich, als würde ich mißbraucht oder so ähnlich. Das ist nicht nett. Das ist kein Spaß.« Ich ermutigte ihn, wieder tief durchzuatmen. »Dieser Raum hat eine wirklich sterile Ausstrahlung, eine medizinische, ominöse Ausstrahlung.« Der Boden war glänzend schwarz, wie Obsidian, und da war eine Glaswand mit schwebenden Menschen – ähnlich wie in dem Film »Koma« – mit Helmen auf den Köpfen. »Ein paar Wesen« zeichneten auf, was in einem »Kontroll-Fach« oder entlang einer Wand vor sich ging. Sie wollten, daß Peter einige Stufen hinaufging, was er auch tat, und dann wurde eine »silberne Kuppel« oder ein »Helm« über seinen Kopf gestülpt, als er an einem Tisch stand.

Er wollte das nicht tun, aber Peter stieg auf den Tisch, »den bequemsten Tisch, auf dem ich jemals in meinem Leben war. Es ist, als ob er sich meinem Körper anpassen würde ... Es ist der tollste Untersuchungstisch, der je gemacht wurde.« Als eines der Wesen begann, einem anderen Kommandos zu geben, wurde der Tisch in einen Winkel von 45 Grad gekippt. »Ich hasse diesen Typ. Ich hasse es, wenn er diese Kommandos gibt, und ich weiß, daß es mir weh tun wird«, sagte Peter, fast schreiend. »Ich will Ihnen nicht erzählen, was jetzt geschieht!« Seine Beine wurden zusammengehalten und festgeschnallt, während ein weibliches Wesen ihm mitteilte, »daß es okay sein werde«, und er war sich bewußt, daß »ich nur einer von Hunderttausenden bin. Ich bin nicht allein.« Dann fühlte er etwas, »als ob meine Lebenskraft aus meinem Kopf oben herausgesaugt würde«, und »ich weiß nicht mehr, was vor sich geht ... Ich will aufhören. Ich will mich nur ausruhen.«

Mittlerweile beobachteten einige Wesen Peter. »Sie schauen, wie ich reagiere.« Dann wurde er zu einem anderen Tisch gebracht, einem »kalten, eisig metallenen«, der seinen Körper umfing. »Eine große medizinische Erfindung«, sagte er mit einer Mischung aus Ehrfurcht und Ironie. Es wurde noch mehr Maß genommen und abgecheckt, einschließlich der »Endorphine« oder »etwas im Kopf«. Dann untersuchten sie seine Leistengegend mit Instrumenten, die Peter irgendwie an ein lichtwellentechnisches Instrument eines Zahnarztes erinnerten, »genau hier, wo der Knochen hereinkommt«, indem sie »einfach durch die Haut« gingen. Obwohl das Instrument tief in seine Bauchhöhle geschoben zu sein schien, fühlte Peter komischerweise an dieser Stelle keinen Schmerz. Seine Genitalien waren »nebensächlich« und offensichtlich nicht mit einbezogen bei dieser Gelegenheit. »Ich staune über einige einfache technische Dinge, die sie haben, über die wir noch nicht nachgedacht haben«, sagte Peter ziemlich aufrichtig.

Der erniedrigendste und erschreckendste Teil folgte, als »sie meine Beine betasten« und einen Schlauch in sein Rektum einführen, um eine Stuhlprobe zu entnehmen. »Diese Typen wissen nicht, wie man Leute anfaßt ... wie man ein paar Tischmanieren lernt.« Der Schlauch wurde tiefer in sein Rektum eingeführt, und Peter fühlte, daß sie »ein Implantat« oder einen »Informationschip« in ihm hinterließen. »Warum müßt ihr mir das antun?« schrie er und fügte fast weinend hinzu: »Jetzt werde ich verfolgt, ich kann nie entkommen. So fühle ich mich. Ich stecke mein Leben lang drin. Ich fühle mich wie ein gekennzeichnetes Tier. Ich fühle mich, als ob sie etwas Großes in meinen Anus gesteckt und es erweitert hätten und dann etwas anderes durch es hindurchgesteckt und dort gelassen hätten. Es ist ganz oben in mir drin.«

So besiegt und erniedrigt, wie er sich jetzt fühlte, sagte Peter: »Am meisten ärgert mich, daß sie mir gesagt haben, daß sie das tun würden. Sie hielten es für mich hoch und zeigten es mir.« Nun fühlte er sich, »als könnte ich nicht entkommen. Ich fühle mich kontrolliert. Ich fühle mich wie einer dieser Tanzbären an einer Leine.« Er stellte sich vor, daß das »jedesmal« passieren würde und daß die Wesen dieses und andere Implantate mehrfach entfernen oder wieder einsetzen würden. Diese Entführung, dachte Peter, »war diejenige, durch die ich eingeführt wurde. Sie war es, die mich zu einem der ihren machte, einem ihrer Wesen oder einem ihrer Tiere ... Ich fühle mich jetzt wirklich allein, isoliert und ängstlich. Ich fühle mich besiegt.« Behutsam wandte ich ein, daß das alles verständliche Gefühle seien, aber ich unterschied zwischen diesen Gefühlen und einer tatsächlichen Niederlage.

Während sich die Sitzung ihrem Ende näherte, redeten wir weiter über Peters Gefühl der Erniedrigung und Vergewaltigung. Trotzdem fühlt er sich irgendwie als »williger Teilnehmer« in diesem Prozeß, »willens, diesen Leuten dabei zu helfen, eine Brücke zwischen ihrer und unserer Welt zu schlagen«. Überdies glaubt er, daß »die anderen Leute, diese anderen hundert Menschen, die in dem Raum waren, ebenfalls willige Teilnehmer sind«. Obwohl er sich auf »einem psychologischen Level« vergewaltigt und traumatisiert fühlte, »verstehe ich auf einem völlig anderen Level, daß es mir keinen Schaden zugefügt hat«. Er verglich den Prozeß mit dem einer Frau, die in den Wehen liegt. »Sie akzeptiert es, und sie macht es. Sie ist nicht wütend auf die Wehen; sie ist nicht wütend auf das

Baby. Es gibt Anfälle von Zorn. Es gibt Anfälle von Haß, Anfälle von all diesem Zeug. Aber es wird als ein Teil des Geburtsprozesses akzeptiert.«

Zu diesem Zeitpunkt war Peter nicht fähig, deutlich zu sagen, was oder wem dadurch gedient wurde. Vielleicht geschah es, um »Wesen von anderen Planeten zu akzeptieren«, um unser eigenes Bewußtsein zu wecken. »Es geht darum, ein höheres Bewußtsein zu entwickeln«, überlegte er. Vielleicht können Entführte jenseits der Gefühle von Vergewaltigung »an einen Punkt gelangen, an dem sie gute Gefühle hegen«. In einer Karte an mich, die er vier Tage nach der Sitzung schrieb, drückte Peter Dankbarkeit für »die wunderbare eröffnende Erfahrung« aus und schrieb, daß er sich »weniger verstört« fühle und »ein wenig besser« verstehe, »was diese 'Erfahrungen' für mich bedeuteten«.

Eine zweite Rückführung wurde für den 19. März geplant. Jamy begleitete Peter zu dieser Sitzung. Peter hatte eine weitere Entführungserfahrung, als er sich im Haus eines Freundes, Richard, in Connecticut aufgehalten hatte. Er hatte damals gerade einen Workshop über Energie-Heilung abgeschlossen und plante, an diesem Tag nach Boston zurückzukehren. Er selbst hielt sich zu diesem Zeitpunkt zwar im Haus auf, aber drei Kolleginnen von ihm, die ebenfalls die Nacht dort verbrachten, konnten während eines Spazierganges sehr genau ein kleines UFO über dem Haus beobachten. Eine der Frauen, die ich interviewt habe und die möglicherweise selbst eine Entführte ist, schrieb am selben Tag nieder, was sie gesehen hatte:

»Während wir spazierengingen, keine fünf Minuten vom Haus entfernt, kam ein erstaunliches Geräusch hinter uns genau von Richards Haus über dem Fluß – mein erster Gedanke galt dem Damm. Das war kein Flugzeug oder Hubschrauber und keine Maschine, die ich jemals gehört habe. Aber es war sehr kraftvoll, wurde flußabwärts stärker, startete neben uns durch und verschwand. Ich sah einen Umriß über mir nach rechts abdrehen, fast wie ein Halbmond, darunter etwas Dunkelheit und vielleicht eine orange Färbung dabei.«

In anderen Notizen schrieb diese Frau, daß sie eher an die Flügel »eines großen Vogels« als an einen Motor hatte denken müssen und wie aufgeregt sie sich bei dem Anblick gefühlt hatte. Sie war sich sicher, daß »Peter in dem Raumschiff war«, aber als Pam sie fragte, ob sie nicht daran gedacht habe, im Haus nachzusehen, antwortete sie: »Peter war nicht da. Für mich war Peter nicht da. Keiner war da.« Sie hatte weder den Drang noch die Notwendigkeit gefühlt, es zu kontrollieren! Peter war kurz zuvor aus seiner Entführung »aufgewacht« und zutiefst erschüttert, als die Frauen in das Haus kamen und ihm von ihrem Erlebnis berichteten. Erst während der Fahrt zurück nach Boston erzählte Peter den Frauen von seiner Entführungsgeschichte. Die anderen beiden Frauen waren von dem Anblick ebenso beeindruckt gewesen. Eine von ihnen war, Peter zufolge, »zu Tränen bewegt durch den ganzen Vorfall«.

Bevor wir die Rückführung begannen, überprüften wir die Details der UFO-Sichtung und die Entscheidung Peters, nicht mit den Frauen spazierenzugehen. Das Haus lag in einer schönen Gegend, und Peter hatte vorgehabt, einen Spaziergang zu machen. Er hatte nur wenig geschlafen, war ziemlich ausgelaugt durch den Workshop, »und dann entschied ich mich einfach dagegen«. Das Haus war kühl, im Kamin brannte ein Feuer, und Peter saß da, in eine Decke gehüllt. Er »betete ein wenig« und schlief schnell ein – wie er schätzte, um 22.15 Uhr, nachdem die Frauen um genau 22.10 Uhr zu ihrem Spaziergang aufgebrochen waren. Es war 23.05 Uhr, als er »aufwachte«, weil Richard, der Besitzer des Hauses, zur Tür hereinkam.

Während der vier Tage vor der Rückführung waren in Peter bewußte Erinnerungen an die Entführung aufgetaucht. Er hatte die außerirdischen Wesen neben sich gesehen, erinnerte sich an das Gefühl, »daß wir uns beeilen mußten«, und auch an Details aus dem Inneren des Raumschiffs. Er fühlte Schreckenswellen und wunderte sich, »warum das nicht weh tut«, als eines der Wesen »etwas an meinem Auge machte, und ich kann es immer noch fühlen ... Mein Auge tat tatsächlich am nächsten Tag weh«, sagte er später. »Es ist erstaunlich.« Am Tag zuvor hatte er seinem Therapeuten von der Erfahrung erzählt, und der ließ Peter sich auf den Boden legen und seine Gefühle in einer bioenergetischen Übung ausdrücken. Das brachte Details von Spielen in den Lagerräumen des Heimes zurück, wo er als Kind gewesen war, sowie »eine sehr deutliche Erinnerung an das Raumschiff über unserem Hinterhof, über dem Dach unseres Hauses, und daran, daß ich dort hinausgegangen war«.

Die folgenden zwanzig oder dreißig Minuten sprachen wir über die Spannungen, die Peters Entführungserfahrungen in seine und Jamys Ehe gebracht haben. Jamy fühlte sich von vielem ausgeschlossen, was Peter erlebte, und äußerte ihre Angst, er könne sie verlassen. Peter sprach davon, wie sein Leben mit den Entführungen »an den Grundlagen meines ganzen Glaubensgefüges gerüttelt« und so sein Leben radikal verändert habe. Jamy sprach davon, wie überflüssig sie sich fühle, »gar nichts, was ich tun kann, würde helfen«. Ich sprach darüber, wie schwierig es für Eheleute ist, die mit jemandem leben, der eine alles verzehrende Mission hat, und versuchte, Jamy bei dem, was sie durchmachte, aufzubauen. Peter sagte, daß es »einen Teil in mir gibt, der ein so normales Leben wie möglich leben und das alles unter einen Hut bringen will«, appellierte aber an Jamy, sich bewußt zu sein, wieviel Unterstützung er angesichts dessen, was er durchmachte, brauchen werde. Es gab keine klare Lösung, außer einer Verpflichtung beider Seiten, zusammenzubleiben und zu versuchen, feinfühlig mit dem umzugehen, was der andere erlebte.

Die Sitzung war vor dem Erlebnis am 15. März angesetzt worden, aber wir beschlossen, diesen Vorfall unter Hypnose näher zu erforschen, weil es Peter so sehr am Herzen lag. Zu Beginn der Rückführung überprüften wir noch detaillierter die Vorfälle der Nacht und des Morgens, bevor es zu der Entführung gekommen war – speziell seine Entscheidung, nicht spazierenzugehen. Peter hatte damals das zwingende Bedürfnis, allein zu sein, aber »ich fürchte mich zu denken, John, daß mir das mitgeteilt worden ist«, daß »sie mir irgendwie mitgeteilt haben, daß ich bleiben soll«. Als er am Feuer saß, das eine der Frauen für ihn angezündet hatte, nachdem er deutlich gemacht hatte, daß er im Haus bleiben würde, »nickte ich nur kurz ein«. Es war Peter nicht klar, ob er richtig einschlief oder nicht, aber er erinnerte sich, daß er wach war, jedoch »auf einer anderen Bewußtseinsebene – als ob ein kleiner Teil meines Gehirns zu sich käme und dies das einzig Lebendige wäre. Der Körper schläft völlig ein, und dann wird etwas im Gehirn eingeschaltet, das die Verbindung zu den Wesen herstellt.«

Dann hörte er Geräusche. »Ich kann die Vibration spüren«, sagte er. »Ich weiß, da ist ein Raumschiff hinter mir.« Nun war er gelähmt, sich jedoch weiterhin dessen bewußt, »was vor sich geht«, allerdings »ohne irgendeine Kontrolle darüber«. Mit geschlossenen

Augen fühlte Peter »eine Präsenz ... Dann schaue ich auf. Da steht ein Wesen auf der anderen Seite der Couch, und ich weiß, ich muß gehen. Ich weiß, ich muß mich beeilen.« Er stand auf. Die Tür war offen, und »da ist ein kleines Wesen vor mir. Es ist das blaue Volk. Es ist der blaue Mann. Er ist blau. Er ist sehr dunkel.« Das Raumschiff »sieht wie ein Sonnenuntergang aus«, und Peter schwebte hinauf, mit einem Wesen »an meiner Linken und dem großen an meiner Rechten«, während seine Arme auf den Seiten herabhingen. Nachdem er im Schiff war, »bewegte es sich wirklich schnell. Wir fahren gerade weg. Wir fliegen – zoom!«

Dann lief Peter eine Art Rampe hinunter und setzte sich in etwas, das wie ein Rollstuhl aussah. Zuerst hatte er Angst, aber dann entspannte er sich seltsamerweise, als ein »ausziehbarer« Arm, »wie der Arm an einem Zahnarztstuhl, auf mich zukam«, und mit dem Instrument über dem Innenwinkel seines linken Auges eindrang. »Es geht drinnen hoch. Es geht drinnen hoch. Sie haben es! Es dreht sich herum. Es dreht sich. Und jetzt kommt es heraus. Das war's. Sie sind aufgeregt. Sie sind froh. Sie haben bekommen, was sie wollten ... ich bin nur ein Stück Fleisch für sie. Ich hasse sie. Ich hasse das alles. Wie können sie das verdammt noch mal machen? Keine Rücksicht auf mich. Ich hasse das.« Er spürte, daß er auf die Wesen zornig werden wollte, »aber ich kann nicht«.

Das, was sie – wie Peter fühlte – »bekamen«, waren Informationen. »Da ist ein Ding in mir drin, das sie hineingetan haben, um zu sehen, was vor sich geht, und um das Gedächtnis anzuzapfen ... und das irgendwie alles im Gehirn aufzeichnet.« Seiner Vorstellung nach war da »ein kleiner schwarzer Chip« in seinem Hirn, vielleicht von einer vorangegangenen Entführung, und er nahm an, daß das flexible Instrument, »das Objekt«, das metallisch aussah, lang und dünn, den Chip »aufspürt«. Dann haben sie »eine bewegliche Schalttafel«, die die Information liest oder entziffert. Peter hat das Gefühl, daß die Wesen daran interessiert sind, was er in dem Workshop gelernt hat, und »sehen wollen, ob ich ein würdiger Führer bin. Sie wollen meine Reaktionen auf Situationen kennenlernen, die in meinem Gehirn aufgezeichnet sind, die in diesem Ding von ihnen aufgezeichnet sind.«

An diesem Punkt der Sitzung wechselte der Tonfall von Peters Stimme zu einem monotonen Dröhnen, und er ging dazu über, aus der Perspektive der Außerirdischen zu sprechen. »Wir«, sagte er, wollten die chemischen Reaktionen des Gehirns studieren und sehen, wie die Menschen reagieren, um zu »wissen, wann es Zeit ist, zur Stelle zu sein ... denn da wir die Impulse messen«, fuhr die Stimme fort, »werden wir wissen, in welchem Maß der Schock eintrifft; so können wir das besser kontrollieren und sind auf die Wesen«, womit er uns Menschen meinte, »eingestimmt, wenn sie diesen Schockprozeß durchlaufen, wenn sie die Enthüllung erleben und uns das erste Mal sehen.« Wieder mit seiner normalen Stimme sagte Peter, daß die Wesen mit uns arbeiten, daß sie vermessen, was in unserem Gehirn vor sich geht, um so voraussagen zu können, wie wir reagieren werden, wenn sie sich uns offenbaren.

Ich brachte Peter zurück zu seinen Empfindungen hinsichtlich der Augensonde. Er drückte wiederum Ärger aus und sagte dann, daß er sich fühle, als wäre er »für etwas vorbereitet worden ... Das geschah, seitdem ich ein kleines Kind war.« Ich befragte ihn nach seiner Führerrolle, und er sprach von einem Prozeß, der sich »überall in der Welt« ereigne, wobei das »Allgemeinwissen« über den Entführungsprozeß sich fortentwickle und er einer der Leute sei, die »dafür eintreten« würden. Ihm »behage die Möglichkeit, daß außerirdische Wesen auf diesen Planeten kommen«. Menschen »auf dem ganzen Globus« wurden entführt, sagte Peter, und diese Personen – speziell bestimmte Führer – werden helfen, den Schock abzuschwächen, der auftritt, wenn sich die außerirdischen Wesen auf der Erde offenbaren. Die Erfassung, die er beschrieb, »mißt, bis zu welchem Grad Bewußtsein verfügbar werden kann«. Erinnerungen an Entführungserfahrungen würden sich in dem Maße auftun, sagte Peter, in dem er oder andere schockiert seien, sobald sie von der Existenz der Wesen erfahren. »Sie waren aufgeregt«, weil »ich ein bestimmtes Niveau erreicht hatte«.

Peter erinnerte sich nicht an die Einzelheiten seiner Rückkehr vom Raumschiff. Er wurde auf der Terrasse außerhalb des Hauses »abgelegt«, und dann begleitete »der Große« ihn durch die Tür. Peter setzte sich wieder in den Sessel und legte die Decke über sich. »Ich sah das Wesen an, und es sah mich an. Ich saß im Sessel und schlief einfach ein, und das nächste, woran ich mich erinnere, ist, daß ich aufwache und auf meine Uhr schaue.«

Nach der Rückführung sprachen wir über das Wechseln seiner Stimme während der Sitzung. Er sagte, daß dies vier Jahre zuvor in der Karibik begonnen habe und sich wie eine Ausweitung seiner eigenen Energie anfühle, die der »außerirdischen Energie« erlaube, ihn zu durchdringen. Dies kann auftreten, sagte er, wenn er seinen »Willen aufgebe, mein Ego aufgebe«. Ebenso wie andere Entführte, die diese Fähigkeit haben – siehe zum Beispiel Eva und Jerry –, vertraut er den Informationen, die er auf diesem Weg bekommt, nicht gänzlich, aber er fühlt, daß »sie von einem höheren Bewußtsein kommen, von der geistigen Ebene«. Es trete laufend auf, sagte er. »Es ist wie eine Live-Sendung.«

Als die Sitzung dem Ende entgegenging, sprach Peter von der Möglichkeit, daß die Erkenntnis, »daß es Wesen in anderen Welten und andere Lebensformen gibt«, uns helfen könnte, unseren Umgang miteinander hier auf der Erde auf eine andere Art und Weise zu betrachten. »Eine feinfühlige Schicht« sei auf diesem Planeten entstanden, sagte Peter, die Veränderungen bezüglich unserer Denkweise darüber, wer wir sind und wie wir leben, herbeiführe. »Dadurch, daß sie es aufzeigen, lernen wir zu schätzen, was wir haben.« Seine eigene Aufgabe, sagte er, sei es, »mich diesem göttlichen Plan zu ergeben ... Ich fühle mich fast so, als ob die Außerirdischen nach mir Ausschau gehalten hätten. Sie haben einen Plan für mich«, sagte er am Schluß der Sitzung. Er fürchtete die Veränderungen, die sich ereigneten, nicht. Obgleich dieser Prozeß auf vielerlei Art auf sein Leben übergriff, fühlte Peter, daß »es mich auch irgendwie unterstützen wird«. Sein Bewußtsein »schüttelt sich«, und »an dem einem Tag ist es erschreckend, an anderen Tagen ist es fest und sicher«.

Eine dritte Rückführung war für den 2. April vereinbart, zwei Wochen später. Peter wünschte sich, mit seiner Angst vor den Wesen direkter konfrontiert zu werden, und hoffte, »fähig zu sein, mich mit ihnen zu verständigen oder mich in ihrer Gegenwart aufzuhalten, ohne so verschreckt zu sein«. Diese Sitzung sollte sich zu einer der dramatischsten entwickeln, bei denen ich Zeuge war. Für den Forscher war es die Art Erlebnis, das zwar nicht hilft, ihn aber überzeugt, daß dem Entführten etwas Aktuelles und Wichtiges passiert war, was auch immer die Quelle dieser Erfahrung war. Bevor wir mit der Rückführung anfingen, warfen wir noch einmal einen Blick auf Peters Lebenssituation. Er fühlte sich von Jamy unterstützt und hatte auch etwas Vertrauen in seine sich formende Rolle als professioneller Heiler, aber er fühlte sich immer noch ziemlich isoliert und allein »aufgrund der Erfahrungen, die ich durch all diese Rückführungen erlebe«. Obwohl Peter seine Entführungserfahrungen aus der Kindheit erforschen wollte oder diejenigen, die sich auf Hawaii ereignet hatten, beschlossen wir, sein »inneres Radar« auswählen zu lassen, wohin sein Unterbewußtsein wandern würde.

Im Trancezustand fing Peter tatsächlich mit einer Erinnerung an eine Heimsuchung auf Hawaii an, bei der er von Licht umgeben war und ihn zwei Wesen aufwärts schleusten. Aber schnell wurde diese Erinnerung durch »eine andere Vision« ersetzt. Er war nun ein Kind, vielleicht vier Jahre alt, und »froh, sie zu sehen ... ich mag es«, sagte er, als er den Flur hinuntergebracht wurde, dann war er verwirrt und erregt, »weil ich einfach durch das Fenster gehen kann«. Wieder wechselte die Szene – »so viele Erinnerungen, John« –, und er war ein älteres Kind, »vielleicht etwa acht Jahre alt, und jetzt merke ich, daß wir nicht länger spielen werden. Jetzt gibt es andere Dinge zu tun. Es gibt mehr Arbeit, die sie tun wollen, mehr Experimente. Sie wollen etwas mit mir machen. Nun wollen sie etwas in mich hineintun. Und sie beobachten mich. Jetzt bin ich ausgewählt worden. Ich muß die anderen kleinen Kinder beim Spielen anführen, und ich bin nicht sicher, was geschehen wird ... Es ist, als ob ich jetzt alt genug bin und nicht mehr spielen kann. Ich habe eine Aufgabe.«

Als nächstes erinnerte sich Peter daran, »auf dem Raumschiff zu sein. Da ist eine Glaswand, bei der all die Kinder spielen, und von der Rückseite aus beobachten sie uns. Es ist wie ein großes Spielzimmer. Und nun muß ich gehen.« Die Wesen holten ihn zu sich herüber. Er bemerkte, daß sie lange Finger hatten. »Die Finger des Großen berühren meine Augen, öffnen meine Augen und schauen in meine Augen hinein. Sie sagen mir, ich solle keine Angst haben. Sie teilen sich meinem Verstand mit.«

Dann war er entspannt und saß »wie in einem Zahnarztstuhl«, wo dieselbe Maschine, »diejenige, an die ich mich letztes Mal erinnert habe«, benutzt wurde, um seinen Naseninnenraum zu untersuchen. »Sie bohrten. Sie bewegten etwas. Sie taten etwas in meine Nase.« Dabei gestikulierte er. »Hier oben hinein. Es fühlt sich an, als wäre da etwas.« Dies erinnerte Peter daran, wie er sich geweigert hatte, in ein Krankenhaus zu gehen, als er sich damals während des ersten Semesters im College bei einem Autounfall seine Nase gebrochen hatte. »Es dämmert mir gerade, daß ich deshalb nicht gegangen bin.« Es war nicht nur der Gedanke an die beängstigende

Prozedur. »Ich denke, daß ich wußte, daß etwas in meiner Nase war und ich deshalb nicht zum Krankenhaus gehen sollte.«

Wieder erfolgte ein Erinnerungswechsel. Peter ist älter, Furcht baut sich auf, und er fühlt, daß er »etwas ausweicht. Es ist wirklich an der Oberfläche.« Er sprach von größeren Veränderungen, die, wie die Wesen ihm mitgeteilt hatten, »auf diesem Planeten« stattfinden würden. Sie hätten die Fähigkeit, in die Zukunft zu sehen, sagte er, und »wollen uns gerne helfen, dem auszuweichen, was dabei ist durchzusickern ... John, das ist zu unheimlich für mich«, sagte er, als noch mehr Bilder von Zukunftsmöglichkeiten ihn überschwemmten. Ich ermutigte Peter, tief durchzuatmen und zuzulassen, was auch immer an Informationen an die Oberfläche kommen würde, ohne jede Beurteilung oder Interpretation. Seine Angst wurde wieder größer, und ich drängte ihn, sich in sich zurückzuziehen, seinen Körper tiefer sinken zu lassen, zu entspannen und das zu benennen, was auch immer »sich selbst ausdrücken will« – einschließlich seiner Beurteilungen.

Was folgte, war eine der beunruhigendsten Episoden, denen ich während einer Rückführung je begegnet bin. Peter schrie vor Entsetzen und Zorn, als er sich an eine Episode erinnerte, bei der er sich – im Alter von ungefähr neunzehn Jahren – auf einem Tisch befand und »einfach nur dalag«, als ein Becher über seinen Penis gestülpt, eine Ejakulation erzwungen und ihm Sperma abgenommen wurde. »Sie haben die Kontrolle über meine Genitalien, über mich«, sagte er. »Sie machen mich leer. Ich entspanne mich. Sie sind einfach froh. Sie haben bekommen, was sie wollten!« rief er verbittert aus. Ich fragte, ob das öfter vorgekommen sei. »Sie tun das die ganze Zeit«, sagte er. »Immer, wenn sie kommen, nehmen sie es sich. Sie nehmen mein Sperma. Sie nehmen meinen Samen. Dann lassen sie mich einfach gehen.« Ich fragte, ob es nicht dieselben Wesen seien, die mit ihm gespielt hätten, als er noch ein Junge war. »Das ist anders«, sagte er. »Sie sorgen sich nicht so sehr ... sie wollen nicht mich. Sie wollen nur meinen Samen. Sie wollen meine Substanz.« Peter erinnerte sich, jetzt weinend und schreiend, wie kalt der Raum gewesen war, und an die völlige Hilflosigkeit, die er gefühlt hatte. »Ich will gegen sie kämpfen«, sagte er, aber »ich kann nichts tun. Ich kann es nicht bekämpfen.« Um seine Gefühle der Demütigung und Scham zu verringern, versicherte ich ihm, daß es in der Tat keine Möglichkeit gibt, das zu bekämpfen.

»Alle Zellen in meinem Körper vibrieren«, sagte Peter. »Alles bewegt sich. Alles vibriert.« Ich fragte ihn, wo er jetzt sei. »Ich liege flach. Es ist, als ob ich scheintot wäre. Ich hänge. Ich reise.« Sein Geist hatte ihn offensichtlich zum Anfang der Entführung oder zu einer früheren derselben Periode zurückgebracht. Er sprach von dem Schrecken, aufgehoben zu werden, war gelähmt und von dem Licht umgeben. »Ich bin aufgehängt! Sie haben mich!« schrie er, schwer atmend, und jetzt erinnerte er sich »klarer«, daß er gegen seinen Willen in das Raumschiff mitgenommen worden war und nur seinen Kopf bewegen konnte, während er intensive Vibrationen und ein Schütteln »in meiner Haut« fühlte. Wenn er frei gewesen wäre, sagte Peter, hätte er die Wesen geschlagen. Er konzentrierte sich auf »dieses kleine Wesen zu meiner Linken ... Ich würde ihm den Kopf abreißen, das würde ich ihm antun. Ich würde es töten. Ich würde mit jedem Teil meines Wesens kämpfen!« rief er wütend aus.

Peter schrie weiter und machte seinem Zorn Luft, als er davon sprach, daß er in einen Raum mit einem »Operationstisch mit allen Lichtern darauf« gebracht wurde, von wo aus er einen anderen Raum sehen konnte, »durch das Glas zu meiner Rechten, und da sind Leute drin aufgehängt. Sie sind auf Tischen, und sie haben wieder diese Dinger auf ihren Köpfen, diese Metallschüsseln auf ihren Köpfen ... Und jetzt bin ich einfach aufgehängt.« Nun ruhiger und tiefer atmend, erzählte Peter davon, auf einem Tisch zu sein und einer Prozedur unterzogen zu werden, ähnlich der, die er in der ersten Rückführung beschrieben hat. Unter seinen Hoden wurde links ein Einschnitt gemacht, »sie suchen in dem Loch herum«, und von innen wurde Samen mit einem Instrument wie einer großen Nadel oder einem Schlauch entnommen. Eines der Wesen stand über Peter und sagte ihm, daß »sie es nicht noch einmal auf diese Weise tun müßten, wenn ich mich entspanne«. Aber auch wenn sie seinen Samen nie wieder durch diese chirurgieartige Methode entnahmen, so »nahmen sie meinen Samen auf andere Weise« – beispielsweise mit der Saugbecher-Methode – sicherlich »noch viele Male« während Peters Jugend.

Nachdem die Prozedur vorbei war, »danken sie mir. Jetzt liege ich einfach nur auf dem Tisch, ich ruhe mich aus ... sie wissen, daß es schmerzhaft war«, aber sie sagen Peter, daß es »okay ist« und »daß sie mit mir arbeiten wollen, damit ich nicht so außer Fassung bin«. Er wurde jetzt müde und gähnte leicht, als er sich an eine Prozedur erinnerte, in der unter seinem Arm »herumgewühlt« wurde und »ich erwischt werde oder so ... sie machen ein Menge weiterer Untersuchungen«, wobei auch »etwas meine Luftröhre hinuntergeht«, aber »ich denke, das war genug, John. Ich würde es für heute gerne beenden.«

Der Rest der Sitzung war einer Diskussion über den Einfluß dieser Erfahrungen auf Peters Bewußtsein gewidmet. Er erklärte, daß er einen großen Teil des Schreckens darauf bezieht, daß »mein Bewußtsein erweitert wurde« bis zu »dem Punkt, an dem ich die Wesen und auch das, was da vor sich ging, akzeptieren konnte«. Der Schrecken, sagte er, sei nötig, um »meine Realität auszudehnen«. Ich fand das verwirrend, denn es hatte für mich den Anschein, daß er während seiner Erfahrungen die Realität der Wesen akzeptiert hatte. Peter antwortete, daß »der Weg, auf dem wir alle« – Entführte und vielleicht noch andere Personen – »sind, unser Bewußtsein dazu bringen soll, uns an unsere Erfahrungen bewußt, ohne diese tiefe Hypnose, erinnern zu können«.

Er versuchte noch einmal, es mir zu erklären. »Der Schrecken«, erläuterte er, »hat mehr damit zu tun, daß ich ein Erlebnis habe, das über meinen akzeptierten Begriff von Realität hinausgeht, als mit den physischen oder diagnostischen Experimenten, die sie auch an mir durchführen.« Er meinte, daß Entführte dazu neigten, »an dem Punkt des Schreckens, der jenseits unserer Vorstellung der Realität liegt«, ins Grübeln zu kommen. Der physische Aspekt des Erlebnisses, fuhr Peter fort, sei für die Bewußtseinsänderungen, die es mit sich bringt, maßgeblich. »Man muß es physisch erlebt haben, bevor man es psychisch akzeptieren kann«, sagte er. »Man bewahrt die Erfahrungen in seinem Körper. Man hat die physische Empfindung der Erlebnisse, während diese gerade passieren, und dann wird sie zu einem Teil der Realität. Einfach die Realität zu akzeptieren, reicht nicht aus ... sie brauchen uns, um unsere akzeptierte Realität zu erweitern, damit sie fähig sind, mit uns zu kommunizieren, damit sie fähig sind, hierher zu kommen. Es ist eine Bewußtseinsentwicklung.«

Des Teufels Advokaten spielend, meinte ich, daß sie vielleicht sein Sperma wollten, um es mitzunehmen und auf ihrem Planeten damit anzugeben, und daß es nur eine »geistige Einbildung« sei zu denken, daß sie um die Entwicklung unseres Bewußtseins besorgt seien. Dagegen protestierte Peter heftig. »Das ist keine Frage, ich weiß, daß sie mir helfen, indem sie meine Realität erweitern, und sie möchten, daß ich das tue, damit sie mit mir kommunizieren können ... Sie sind darauf angewiesen, daß sich mein Bewußtsein erweitert, sie sind darauf angewiesen, daß mein Verstand wach ist.«

»Zu welchem Zweck?« fragte ich.

»Damit sie mit unserem Planeten interaktiv kommunizieren können. Damit sie mit unserer Lebenskraft interaktiv kommunizieren können.«

»Mit welchem Ziel?«

»Damit sie unsere Arten davor behüten auszusterben«, sagte er. Unsere und ihre Interessen schienen zusammenzutreffen, als Peter von dem »rechtmäßigen Interesse« der Wesen an unserem Planeten sprach, und von ihrem Widerwillen, »als ob eine ältere Person, die ein Kind sieht, das gerade dabei ist, schlimme Fehler zu machen, zuläßt, daß es sich weh tut. Wir rasen auf eine Art Sintflut zu, und sie möchten uns helfen. Aber bevor die Entführten sich dessen bewußt werden und es akzeptieren und damit leben können, können sie es nicht tun.« Meine letzte Frage zielte auf die Intentionsquelle der Wesen – war es ihre eigene, oder gab es »eine Art geistige Macht, die hinter allem steht«? Peters Gefühl war es, daß »sie durch eine größere Kraft handeln«, aber er wußte nicht, welche das sein könnte. Er hat »das Gefühl«, daß »es wirkliche, physische Wesen sind, die eine Erkenntnis von Zeit und Raum erlangt haben. Sie können sehen, was vor sich geht. Sie können sehen, welche Möglichkeiten es gibt, und sie sind hier, um uns zu helfen, es ist fast so, als ob ... als ob sie uns lenken, um uns davor zu bewahren, daß wir uns weh tun!«

Als die Sitzung zu Ende ging, wiederholte Peter, daß der physische Aspekt des Erlebnisses im Zentrum stehe, um unsere Empfindung der Realität zu erweitern. »Die körperliche Erinnerung macht es real«, sagte er. »Da gehen zwei separate Dinge vor sich.« Die Samenentnahme ist getrennt von der Ausdehnung des Bewußtseins, das die erschreckenden physischen Erfahrungen mit sich bringen, obwohl beide Zwecke »verflochten sind«. Da Menschen einen Körper haben, meinte Pam, ist dieser »unsere Art zu lernen«. Peter stimmte dem »absolut« zu. Die Wesen sind wie »Gottes Engel in einer sehr umfassenden Art«, wie »Boten, oder Er wird durch sie wirksam, genauso wie Er durch Sie und mich und Pam wirksam wird ... reines Bewußtsein der Gestalt auf spiritueller Ebene bringt nicht die Erfahrung der physischen Ebene«, beobachtete Peter. »Also mußte es Körperlichkeit annehmen, um all die Erfahrungen der Körperlichkeit zu machen. Es ist so, als ob das Bewußtsein sagen würde: 'Nun, was möchte ich heute lernen?' Und es wählt die Erde als den Ort aus, wo es körperliche Dinge lernen kann.«

Eine vierte Rückführung wurde für den 14. Mai geplant, sechs Wochen später. Die letzte Sitzung hatte Peter geholfen, mit seinen Erlebnissen klarzukommen, aber sie bewirkte auch, daß er sich noch mehr allein und isolierter fühlte. Dennoch hatte ihn »der Gang durch die Tiefen dieser wirklichen Pein zu einer Stelle« gebracht, »wo ich froh bin, daß ich lebe«. Er hatte nun akzeptiert, daß »dies real und nicht länger eine Einbildung ist« und »daß ich kein Verrückter bin«. Er fühlte sich mehr als »Ganzes«, und die Erlebnisse waren eine Art »Gabe«, wie er es ausdrückte. »Es hat mir ein Stück meiner selbst gegeben.« Indem er die Einmaligkeit dessen anerkannte, was er durchgemacht hatte, konnte Peter seine Isolation und Einsamkeit tolerieren. Zuvor, sagte er, habe er sich »isoliert« gefühlt. »Ich fühlte mich von den anderen Menschen getrennt. Diese Arbeit hat das wirklich klargemacht.« Nun, sagte er, »fühle ich mich vereinzelt in meiner Existenz, aber ich fühle mich nicht einsam. Ich fühle mich allein ... ich fühle mich zwar mit dem Ganzen verbunden, aber trotzdem immer noch allein.«

In diesem Zusammenhang waren die Entführungen selbst nicht länger »so schlimm«, so »schrecklich und traumatisch und gemein und grausam und all das«. Ich bat Peter, mehr über die Art der Verbindung zu sagen, die er gefunden hatte. »Ich fühle mich, als sei ich ein Teil eines Kontinuums«, sagte er. »Ich bin Teil einer Kette. Ich bin wie eine Perle auf einer Perlenkette oder so. Ich bin eine der Perlen, aber schon jetzt bin ich mit dem ganzen Prozeß verbunden. Ich kann mit meinem Alleinsein glücklich sein ... es war mir immer wirklich wichtig, verbunden zu sein. Jetzt weiß ich, daß ich verbunden bin. Irgendwie weiß ich es einfach. Es ist einfach tief drinnen ... diese Arbeit hat irgendwie meine gesamte Entwicklung beschleunigt.« Noch einmal stimmten wir darin überein, daß Peters »innerer Radar« ihn dortin führen sollte, wohin er während der Rückführung gehen mußte.

Kaum in Trance, hatte Peter wieder Angst. Er war auf Hawaii, bevor er mit Jamy zusammenlebte, und vier Wesen standen um sein Bett. Sein Zimmernachbar war in einem anderen Schlafzimmer. Er begann zu weinen, und ihn überkamen wieder Angst und Wut, denn »sie werden es wieder tun. Sie werden es wieder tun! Ich bin es so verdammt leid, es wieder zu tun.« Er erinnerte sich daran, daß er die Wahl hatte, sich an das Erlebnis zu erinnern oder nicht, »aber sie werden mich auf jeden Fall kriegen«. Es schien so, als wären sie nach einer »langen Zeitspanne« zurückgekommen und wollten sehen, »wie ich gewachsen bin und wer ich jetzt bin ... als wollten sie sehen, wie sich das Experiment auswirkt«. Wiederum war er in dem Raumschiff, in dem die Experimente an vielen anderen Menschen ausgeführt wurden.

Jetzt bemerkte Peter, nach Luft schnappend, da sei »dieser Sprung, den ich zu machen hatte«. Die Wesen »wollen mich als den, der ich bin«, sagte er. »Sie wollen mich wegen dem, was ich repräsentiere, was in mir drinnen ist.« Seine Hand auf dem Herzen, sagte er: »Es ist hier, es ist hier, und sie wollen mich wegen dem hier ... es fühlt sich an, als ob sie nach etwas hier drinnen greifen. Es ist in mir. Es ist, als wollten sie meine Liebe ... Sie wollen, daß ich sie mag. Sie wollen, daß ich mich um sie sorge.« Ich beobachtete diese Angst und diesen Haß. Keuchend sagte er jetzt: »Ich muß das überwinden.« Der Prozeß sei über die Experimente hinausgegangen, sagte Peter. »Sie wollen, daß ich sie verstehe. Sie wollen, daß ich verstehe, worauf sie hinauswollen. Ich fange an zu schwingen.« Ich ermutigte ihn, die Schwingungen aufkommen zu lassen. »Sie wollen, daß ich verstehe«, sagte er, »daß es hier Verständnis gibt, Wahrheit. Dafür gibt es eine Bedeutung.«

Trotz dieser positiven Behauptungen wurde das Erlebnis wieder quälend für Peter. »Ich will, daß das aufhört!« schrie er, als die Angst und die Stärke der Schwingung seines Körpers anstiegen. Markerschütternde Schreie ausstoßend, sagte er: »Ich will es nicht verlieren. Ich will einfach weggehen. Ich will nicht in die Tiefe gehen.« Ich versuchte, ihn dazu zu bringen, daß er sich wohl und sicher fühlte, und ließ ihn sich wieder auf seine Atmung konzentrieren. Dann sprach er davon, daß er ein friedliches Gefühl hatte, als er von den kleinen Wesen aus seinem Haus auf Hawaii in ein »großes Raumschiff« gebracht wurde. Als sie abhoben, versicherte ihm eines der männlichen Wesen, das »immer bei ihnen war – er ist der, der für mich sorgt« –, daß es ihm gut ergehen werde. »Ich vertraue ihm«, sagte Peter.

Es war für Peter wichtig, mir zu übermitteln, daß die Wesen trotz seiner eigenen Qual »nicht hier waren, um jemandem weh zu tun«. Sie sind schon lange Zeit hier, erklärte er, und sie »kennen uns wirklich gut ... sie haben diese Weisheit, die sie uns mitteilen wollen. Sie können sehen, was uns in Kürze zustoßen wird, und sie beobachten uns nun.« Als er diese Dinge sagte, »flitzte« sein Geist zu den ägyptischen Pyramiden und den »Marsgesichtern«. Aber wieder wurde Peter von Furcht und Zorn überwältigt, als er in den Raum mit dem schwarzen Boden mitgenommen und gezwungen wurde, sich auf einen Tisch zu legen. Ein Wesen mit vier »klauenartigen«, langen und knochigen Fingern legte seine Hand auf Peters Brust, während es ihm in die Augen starrte. »Diese Augen. Diese Augen.« Wieder wurde ein Schlauch neben seinen Hoden eingeführt, mit demselben Ergebnis, obwohl er jetzt ruhiger war und »gelernt« hatte, »daß ich keine Angst haben muß«. Dann ging er aus dem Experimentierraum heraus in einen Raum mit ungefähr zwanzig Leuten, viele von ihnen Frauen und Kinder.

Was er nun erlebte, schien die Rückkehr von seiner Entführung in der Karibik zu sein, von der er in seiner ersten Rückführung berichtet hatte. Er ging durch eine Tür eines größeren Raumschiffs in ein kleineres, das hinuntersank. Dann öffnete sich der Boden des kleinen Raumschiffs, und Peter schwebte auf die Veranda seines Hauses hinab. Er beobachtete sich selbst, wie er das Haus betrat und sich drinnen auf die Couch legte. All das, sagte er, »hat aus einem bestimmten Grund mit meiner Übelkeit zu tun. Es hat mit mir zu tun. Sie wollen mich. Sie wollen mein Herz. Sie wollen das, was mich lebendig macht ... sie arbeiten mit einem während seines ganzen Lebens. Sie mögen offene Leute«, egal welchen Alters, sagte er, auch alte Leute. »Sie wollen herausfinden, wie sie uns dazu bringen können, ihnen gegenüber offen zu sein.« Sie versuchen »herauszufinden, was eine Person offener und weniger ängstlich macht als andere, und sie sorgen sich wirklich um uns«. Die Wesen fürchteten uns, sagte Peter, weil »sie nicht den – wie ich es nenne – 'Killerinstinkt' wie wir haben und die Fähigkeit, zu kämpfen und andere umzubringen. Davor haben sie Angst ... Das ist das erschreckendste für sie, unsere Fähigkeit, zu hassen ... es ist so fremd für sie wie meine Wut, die ich auf sie habe, weil sie diese Experimente machen. Sie können es nicht verstehen. Sie haben Angst vor uns.«

Peter bemerkte, daß »es unser Empfinden dessen ist, was geschieht. Keiner von uns ist wirklich verletzt worden.« Einige Entführte sagten, »sie haben Narben und psychische Schäden, und ich möchte sagen: 'Siehst du nicht, daß du verwirrt bist?' ... Die Wesen, mit denen ich gearbeitet habe, sind hier, um herauszufinden, wie sie mit uns kommunizieren und eine gemeinsame Grundlage und Offenheit finden können.« Diejenigen, mit denen er sich verbunden fühlt, beginnen mit Kindern und »füttern sie, arbeiten mit ihnen und studieren sie, um herauszufinden, wie sie sich verhalten und was an ihnen ist, das sie offen macht, liebevoll und mitfühlend; und das sind die Eigenschaften, die die Wesen wollen.«

Eine Menge älterer Leute, fuhr er fort, hätten als kleine Kinder Entführungen erlebt »und erinnern sich nur nicht mehr daran«. Dann kommen die Wesen zurück und studieren dieselben Leute, wenn diese älter sind, um die gemeinsamen Eigenschaften der Offenheit herauszufinden und das, was sie erwachsen machen kann. »Sie versuchen, einen Weg zu unserem Inneren zu finden. Sie sind sich unseres Zorns und unseres Hasses bewußt und unserer Fähigkeit, sie zu verletzen.« Sie haben sich »davon fortentwickelt« zu wissen, »wie man kämpft ... Es ist beinahe so, als wären sie derart offen, daß sie wissen, daß wir sie noch leichter verletzen können ... Sie wollen unsere Liebe und das, was es bedeutet, daß wir lieben und uns umeinander sorgen und so viel Mitleid haben. Außerdem sind sie erschrocken vor unserem Zorn und unserer Fähigkeit, zu hassen und zu töten, und dem allem, und sie versuchen, beides voneinander zu trennen.« Sie versuchten, »genetisch die besseren menschlichen Eigenschaften« zu nehmen »und sie von den niedrigeren menschlichen Eigenschaften zu trennen und sie irgendwie unserer Rasse – ich will es so ausdrücken – wiedereinzuverleiben ... das Ganze mit dem Sperma und der Reproduktion ... Sie versuchen wirklich zu helfen, daß wir uns zu den höheren Eigenschaften der Menschlichkeit hin entwickeln.« Sie könnten sich jetzt nicht offener auf der Erde zeigen, denn wir könnten »uns entschließen, sie anzugreifen«. Wenn wir »aus einer militärischen oder zornigen Haltung heraus reagieren« würden, »dann wäre alles verloren. Also sind sie sehr vorsichtig. Sie können nicht hierher kommen.«

Ich fragte Peter, wie unsere liebenden oder offenen Eigenschaften den Wesen dienlich sein könnten. »Sie sind ebenfalls menschlich«, meinte er, und in ihrer eigenen Evolution seien sie »dem Weg der fast rationalen Intellektualisierung gefolgt« und hätten »viele ihrer Emotionen verloren, und diese wollen sie wiedererlangen. Und es erstreckt sich über unseren ganzen Planeten und durch unsere Rasse ... Sie sind humanoid«, sagte Peter. »Wir haben uns von derselben Stelle aus entwickelt«, aber »wir sind bei unseren Emotionen geblieben, und unsere Emotionen haben den Planeten regiert ... Wie wir als Rasse reagieren, kommt von unseren Emotionen.« In ihrer Evolution haben sie »sich entschieden, durch den Intellekt oder aus ihrer Mentalität heraus zu reagieren ... Sie sind gewillt, ihr intellektuelles Wachstum mit uns zu teilen, wenn wir unsere Emotionen mit ihnen teilen können.« Aber gleichzeitig haben sie Angst vor dem destruktiven Bereich unserer Emotionen. »Es könnte beinahe eine schöne Verbindung sein«, bemerkte Peter.

Meine letzte Frage an Peter in dieser Sitzung hatte mit der Art zu tun, den Wesen in die Augen zu schauen. Der intensive Blick in die Augen, sagte Peter, kommt von »der Sehnsucht nach der Verbindung«. Wenn das Wesen »mich ansieht ... gibt es ein Sehnen, daß es sich mit mir und mit uns verbinden muß, und es ist einfach wie ... Ich wollte, Sie könnten uns verstehen. Ich wollte, Sie könnten fühlen, was wir fühlen.« Ich fragte, was die Wesen von uns ersehnten. »Es ist wie eine verlorene Bruderschaft. Es ist wie eine verlorene Freundschaft, und wir verstehen es einfach nicht.« Sie sehnen sich nach der Liebe, dem Mitleid und der Freude, »die ganzen Heilungen, die sie auf dem Planeten sehen, all die Güte, die sie hier sehen ... diese Fähigkeit, Menschen mit Menschen zu verbinden, von der sie so wenig haben.« Ich fragte, ob er das in ihren Augen sehen könne. »In den Augen ist eine Kälte«, antwortete Peter. »Dort ist eine Kälte und pure Leere, aber hinter den Augen ist ... ich möchte fast sagen, da ist ein anderes Auge hinter dem Auge. Und das andere Auge hinter dem Auge ist ... ich möchte sagen, es ist traurig und sehnsüchtig, und es will mich trösten, aber zugleich wünscht es sich meine Hilfe. Es will Verbindung mit mir. Es möchte sich wirklich mit mir verbinden. Es ist fast so, als wenn man ein Kind ansieht.« Er schluchzte. »Es ist so, als wäre man nur ein wenig älter und ein wenig weiser, und wir könnten eine Beziehung oder so etwas haben.«

Ich befragte Peter nach der Traurigkeit, die er zu fühlen schien, und nach seinem Schluchzen. Er sagte, daß »die Traurigkeit daher kommt, daß ich schwach bin und gelähmt, und ich es nicht tun kann. Ich habe so viel Angst, daß ich ihnen nicht geben kann, wonach sie sich wirklich sehnen, und mein Schluchzen ist, als hätte ich meine Lieben nicht beschützen können ... fast wie Mutter und Sohn. Es ist wie eine Mutter, die nicht lieben kann, die nicht wirklich eine Verbindung eingehen kann.« Wir näherten uns dem Ende der Sitzung. »Es ist jetzt über die Erlebnisse hinausgegangen«, sagte Peter.

Ich bemerkte, daß sich bei vielen Entführten »der Widerstand vergrößert, wenn sie diese Augen sehen«. Er antwortete, daß »es da eine wirkliche Sehnsucht in ihren Augen gibt. Wie eine Liebe, die nicht weiß, wie sie sich ausdrücken soll. Sie haben dieses enorme Mitgefühl für uns in ihren Augen ... Wenn man zuerst in ihre Augen sieht«, wiederholte Peter, »wirkt es mechanisch und kalt und unmenschlich. Es ist kalt und unbeteiligt, aber wenn man es anstarrt, wenn man es betrachtet und sobald ich mir selbst erlaube, die Augen zu betrachten, kann ich tiefer in die Augen sehen. Es ist genauso, als wenn man einen Menschen betrachtet. Man sieht das Auge, aber wenn man den Augenkontakt aufrechterhält, sieht man die Person, und darauf kommt es an ... auf der anderen Seite des Augapfels ist das Wesen, die Kreatur«, schloß er. In diesem Sinne, bemerkte ich, seien die Wesen »noch nicht von uns gefunden worden«. Er betonte wieder ihre Freundlichkeit, unsere Bruderschaft und ihre Menschlichkeit. »Ich habe einfach das Gefühl, daß sie nur ein wenig verschoben sind.« Sie »suchen sich eine andere Vorgehensweise aus ... sie haben Emotionen«, betonte Peter, aber »nicht so hochentwickelt wie unsere, oder aber sie hatten sie und haben sie verloren, und nun sind unsere Emotionen das, was wir anzubieten haben ... Sie unterscheiden sich nicht wirklich von uns.«

Ich hatte im Mai, noch vor dieser letzten Rückführung, die Entscheidung getroffen, einen Kollegen aus der klinischen Psychologie zu bitten, Peter einer Reihe psychometrischer Tests zu unterziehen. Psychologische Tests sind zeitaufwendig und teuer, und es lohnt sich nicht, alle oder auch viele der Erfahrenen, mit denen ich arbeite, zu testen. Ich beschloß, Dr. Steven Shapse vom Harvard McLean Hospital zu bitten, Peter zu testen, weil ich dachte, daß die Resultate wissenschaftlichen Wert haben könnten. Zu diesem Zeitpunkt kannte ich Peter gut genug, um den Eindruck zu haben, daß es keine offenkundige oder unterschwellige Psychopathologie gab, die seine Erlebnisse erklärten oder zumindest erhellten. Einige seiner entführungsbezogenen Erfahrungen und die unterschiedlichen Stellungnahmen, die er dazu abgeben mußte, streßten ihn offensichtlich. Aber Peter war dennoch eine gut funktionierende, stabile und liebenswerte Persönlichkeit, die ein ausgezeichnetes Verhältnis zu anderen Menschen hatte.

Ich dachte, wenn dieser Eindruck von einem qualifizierten klinischen Psychologen bestätigt würde, könnte es dazu beitragen, das Vorurteil abzubauen, daß die Berichte von Entführten das Produkt einer Art psychischer Störung seien. Denn selbst wenn einige Entführte bedeutende Psychopathologien aufwiesen, würde die Tatsache, daß dies auf ein paar – oder auch nur auf einen – nicht zutraf, einen Weg aufzeigen, um eine psychiatrische Erklärung dieses Phänomens auszuschließen. Zu der Zeit, als ich Dr. Shapse bat, Peter zu testen, bezweifelte ich, daß der Test zu einer psychiatrischen Erklärung führen würde – wie bei all den anderen Fällen, die ich bis zu dieser Zeit bearbeitet hatte.

Im Mai und Anfang Juni traf Dr. Shapse Peter zweimal und unterzog ihn – außer seiner klinischen Befragung – dem Wechsler Adult Intelligence Scale-Revised (WAIS-R), einem standardisierten Intelligenztest, dem Bender Visual Motor Gestalt Test (BVMG), der das Gehirn auf organische Fehlfunktionen prüft, dem Thematic Apperception Test (TAT), dem Minnesota Multiphasic Personality Inventory-2 (MMPI-2) und dem Rorschach Inkblot Test (RIBT), allesamt projektive Tests, die die Beschaffenheit psychologischer Funktionen und Strukturen aufdecken.

Dr. Shapse fand heraus, daß Peter »sehr gut funktionierte, wachsam, konzentriert, intelligent, beredt und ohne erkennbare Ängstlichkeit war«. Es gab keine organisch-neurologische Fehlfunktion. »Es wurde festgestellt, daß der situationsbedingte Druck groß war und daß seine Erfahrung dieses Drucks hart war.« Peter drückte während des TAT Traurigkeit aus und schien »böse Mächte zu bekämpfen«. Dr. Shapse schloß: »Am bedeutsamsten ist, daß keine Psychopathologie vorhanden ist. Keine Psychose oder größere Neigung zu Störungen ist diagnostizierbar ... signifikant war ein mäßiger Level sexueller Beschäftigung. Sein Einzelprofil weist darauf hin, daß er sexuell mißbraucht worden sein kann ... man hat das Gefühl, daß unterschwellige psychologische Themen im Moment nicht in funktionsstörender Weise Einfluß nehmen.« Es wurde keine psychiatrische Diagnose erstellt. Die »psychosozialen Streßfaktoren« wurden als mäßig bezeichnet: »Erinnerungen an unübliche und beunruhigende Erlebnisse.« Als ich Dr. Shapse privat befragte, was von diesen Ergebnissen für die Entführungsgeschichte relevant sein könne, antwortete er: »Ich sehe nichts, was dafür von Bedeutung wäre.« Die Andeutung sexuellen Mißbrauchs ist interessant, wenn man die traumatischen Prozeduren beleuchtet, die Peter von den Außerirdischen auferlegt wurden. In Peters Geschichte weist nichts auf sexuellen Mißbrauch durch Menschen hin.

Im Juni 1992 begann Peter, eine Führungsrolle in der Entführtengemeinschaft einzunehmen, indem er öffentlich über seine Erlebnisse sprach und im Fernsehen auftrat. Am 15. Juni nahm er an einer Entführtendiskussion während der Entführungs-Studien-Konferenz am MIT teil, die von dem MIT-Physiker David Pritchard und mir organisiert worden war. In seinem fünf- bis zehnminütigen Vortrag sprach Peter von den Details seiner traumatischen Erlebnisse, darüber, was er in den Rückführungen gelernt habe und wie er »von gewaltig großem Ärger und Verstimmung zum Verständnis gelangt war«. Er sprach, wie wir es vorher getan hatten, von dem großen Interesse der Wesen an unseren »Fähigkeiten, zu fühlen, Emotionen zu haben, Mitleid zu fühlen und Sorge um andere, und an unserer inneren Geistigkeit«, den »Eigenschaften, die uns zu Menschen machen und die alle Rassen auf diesem Planeten durchdringen«. Die praktisch ausschließliche Konzentration auf die traumatischen Dimensionen der Untersuchungen und Behandlungen während der Entführungen, sagte er, beruhe auf unserer Unfähigkeit, »diese Erlebnisse in unser bewußtes Verständnis der wahrgenommenen Realität zu integrieren, denn wir haben es nicht für möglich gehalten«. Er teilte dem Publikum von etwa achtzig Fachbesuchern mit, daß er meine, die Außerirdischen hätten nicht vor, uns zu verletzen, und daß es ihre Absicht sei, »uns dorthin zu bringen, daß wir bewußt aufeinander einwirken können und es für uns nicht so beängstigend ist«.

Am 15. August wurde Peter bei einer Unterhaltung mit mir in meinem Haus von dem Produzenten David Cherniack für einen kanadischen Fernsehsender gefilmt, der eine einstündige Sendung über das Entführungphänomen machte, die unter dem Titel »Sky Magic« innerhalb der Reihe »Man Alive« gesendet werden sollte. In unserer Diskussion sprach Peter über die »tierisch-instinktive« Art und Weise, mit der er auf seine Erlebnisse reagiert hatte, als er zu einem Punkt geführt worden war, an dem man so »angespannt ist, daß einem das Gehirn explodiert«, über die Veränderung der Art der Entführungen, über die Erinnerungen daran während der Rückführungen, über die Zertrümmerung seiner Vorstellung dessen, was möglich sei, darüber, wie »haarsträubend« er es empfand, »wegen Fragen nach Realität und Konsens fast verrückt zu werden«; und wir entdeckten andere Gebiete, die wir bei unseren Sitzungen übergangen hatten. Sehr dramatisch wurde eine Zeitspanne von zehn Minuten, als ein Tonband mit dem traumatischsten Teil der Sitzung vom 2. April abgespielt wurde und die Kamera sich auf die Angst, die Tränen und das Beben in Peters Gesicht konzentrierte, während er den Horror dieser Momente nachvollzog. Die Sendung wurde in Kanada im Oktober ausgestrahlt und bekam gute Kritiken. In den Vereinigten Staaten wurde sie nicht gezeigt.

In den nächsten paar Monaten führte ich mit Peters Erlaubnis diesen Teil des Videos mehrmals vor – auch in der Psychiatrischen Abteilung des Harvards Brigham and Women's Hospital, damit die Zuhörer die emotionale Kraft des Entführungsphänomens erleben konnten. Ich hörte damit auf, als ich bemerkte, daß viele Leute, darunter selbst Entführte, das Video als zu beunruhigend empfanden und manchmal eher eine erneute Abwehr aufbauten, als dem Erlebnis gegenüber offener zu werden. Als ich es bei einem Dinner bei den »Skeptischen Forschern« von Neuengland im November zeigte, fühlten sich einige der Teilnehmer so gequält, daß sie dem Bildschirm den Rücken zuwenden mußten und anschließend seltsame Erklärungen für das Entführungsphänomen ausheckten.

Am 2. Dezember sprachen Peter und ich an der Harvard Divinity School vor einem Publikum von ungefähr 250 Leuten über »Das Phänomen der Entführung durch Außerirdische«. Ich gab einen Überblick über das Phänomen und zeigte den Videoausschnitt. Dann sprach Peter etwa zehn oder fünfzehn Minuten lang über seine Erfahrungen. Schließlich folgte eine einstündige Diskussion mit den Zuhörern. Bei der Vorbereitung dieses Vertrages hatten wir ein paar Tage vorher telefoniert. Peter sprach bei dieser Gelegenheit davon, wie er sich in seinem extremen Schrecken und der Hilflosigkeit während der Erfahrungen – fremdbestimmt und ohne eine Wahl – zwar »vor Gott nackt«, aber zugleich schon mit etwas Größerem verbunden gefühlt hatte.

In seinem Vortrag selbst sagte er, daß seine »Reise« ihn befähigt habe, seinen »Platz im Universum« zu entdecken. Er habe sich von Gott verlassen und zu »nicht mehr als einer Spermaprobe« herabgesetzt gefühlt. Doch nach seinen Rückführungen habe er »das Gefühl von gewaltigem Ausdehnungsvermögen« bekommen. In seiner völligen Einsamkeit habe er seine Einheit mit Gott und Geist entdeckt. »Die Entführungserfahrung«, sagte er, »erlaubte es mir, dieses Alleinsein zu empfinden, mich sogar mit dieser einen einzelnen Quelle gänzlich verbunden zu fühlen.« Er sprach über die »Ähnlichkeit« der Völker auf der Erde »mit Gott« und sagte, daß sie einer gemeinsamen Menschheit angehörten und »sich alle anstrengten, um die Geheimnisse des geistigen Universums und unsere Verbindung dorthin zu verstehen«.

Weiterhin, fuhr er fort, »begann ich von der zellularsten Ebene aus zu wissen, daß wir im Universum nicht allein sind, daß Gott viele Kreaturen nach seinem Abbild geschaffen hat. Die außerirdischen Wesen »sind uns selbst nicht so unähnlich. Sie mühen sich ebenfalls ab. Sie stellen ebenfalls die Existenz in Frage. Sie sind ebenfalls wißbegierig. Sie ernähren sich selbst. Sie erzeugen, und sie vergehen. Sie wollen so, wie sie sind, akzeptiert werden ... Gott schuf viel mehr im Universum, als wir uns jemals vorstellen können«, fuhr er fort. »So wie Tausende habe ich die Erfahrung gemacht, Gottes Schöpfung in anderer Form gesehen zu haben. So wie sie weiß ich in meinem tiefsten Innern, daß die Wesen in vielerlei Hinsicht wie wir sind.« Durch seine Entführungen, schloß Peter, habe er entdeckt, »daß ich einem Schöpfungsprozeß angeschlossen bin, der weitaus größer als alles ist, was ich mir je hatte vorstellen müssen, egal, in welcher meiner früheren Vorstellungen einer Geistigkeit«.

Zwischen Mai und November 1992, so erzählte uns Peter später, hatte er ein Gefühl des Friedens erlangt, war relativ zufrieden mit seinen Entführungserfahrungen, in sich beständig, und er hatte mit seiner Familie und seinen Freunden »alle Einzelheiten ausgearbeitet«. Aber zehn Tage nach der Präsentation in der Divinity School schrieb mir Peter, daß er sich seit Ende November »an noch mehr erinnere« und »tiefer gehen« wolle. Er bat mich deshalb um weitere Rückführungen. Er schrieb, daß er seine Akupunktur-Prüfungen bestanden habe. Unsere fünfte Hypnosesitzung wurde für den 14. Januar 1993 angesetzt.

Zu Beginn des Treffens sagte er, daß er eine Zeitlang damit »gerungen« habe, aber daß er sich bereit fühle, »sich an etwas Größeres zu erinnern, etwas Breiteres«. Während wir besprachen, worauf sich unsere Arbeit dieses Tages konzentrieren sollte, erinnerte sich Peter an eine Zeit auf Hawaii, in der »drei Leute« – die er identifizierte als »einfach heilige Typen, wissen Sie, Zeugen Jehovas, die etwas verkauften oder so« – zu ihm nach Hause kamen. »Ich kann immer noch das Gesicht dieser Frau sehen«, sagte er, »sie schaute mich einfach so an, als wisse sie etwas über mich.«

Peter verband diese Erinnerung vage mit einem Entführungserlebnis, das sich Ende August auf der Insel Nantucket ereignete. Er hatte seinen Freund Craig besucht. Nachts hörte Peter ein Geräusch, das ihn erschreckte. Er sah Lichter und hatte Visionen von einem Wesen, das durch den Raum zu Graigs Bett schwebte, und als es zurück zu Peter kam, sagte es: »'Okay, es ist Zeit zu gehen.' Und wir gingen weg, und wir kamen zurück.« Am Morgen sagte Craig, daß er ebenfalls hell klingende Geräusche gehört hatte, die er als die Laute von Grillen abtat, aber er habe Angst gehabt, aus dem Bett aufzustehen und zur Toilette zu gehen. Bevor wir mit der Rückführung begannen, schauten wir auf das zurück, was sich in Peters Leben zugetragen hatte, vor allem auf Jamys Fortschritt als Therapeutin und ihre Gedanken daran, Kinder zu haben. Peter selbst empfand ein größeres Vertrauen, daß »sich auf einer bestimmten Ebene jemand um mich kümmert«, und »die Straße ist für mich freigemacht worden, damit ich meine Arbeit tun kann«.

Wir einigten uns wieder darauf, uns bei der Hypnose nicht auf irgendeine Episode festzulegen. Peters erste Erinnerung handelte davon, daß er nachts aus der Eigentumswohnung schaute, in der er auf Hawaii lebte, auf »dieses riesige Raumschiff, das über dem Golfplatz schwebt«. Gleichzeitig gingen drei Leute, »wie drei Jesus-Freaks oder so etwas«, durch die Tür seines Wohnzimmers. »Ich denke, daß sie mit mir über Gott und über Religion reden und mich bekehren wollen oder so ... Sie sind es!« rief Peter aus. »Es gibt eine Verbindung zwischen ihnen und dem Raumschiff. Es ist wie ihre menschliche Gestalt. Sie sind wiedergekommen. Sie sind wiedergekommen. Ich kann nicht gegen sie kämpfen. Ich kann nicht gegen sie kämpfen.«

Seine Aufmerksamkeit wechselte erneut nach Nantucket. Er sieht ein Wesen zu Craigs Bett schweben und bekommt Angst um ihn, aber »dann ist es Zeit zu gehen ... Mir ist immer kalt, wenn das passiert«, sagte Peter. Es kam auch ein Nebel in das Zimmer, und obwohl »es mich abkühlt, beruhigt« es »mich« auch. Zwei Wesen sind wegen ihm gekommen, aber es ist »jetzt feiner«. Viele der »Formalitäten liegen jetzt hinter uns«, und es ist »nicht nötig, Angst zu haben«. Dies ist »wie ein Training«, eine »Einführung der Akzeptanz dessen, was wirklich wahr ist«. Trotzdem saß Peter zitternd vor Angst auf dem Bett. Als ob sich sein »Geist« oben in der Ecke des Zimmers befunden hätte, konnte er auf seinen Körper auf dem Bett hinunterschauen. Die Wesen warteten auf ihn, und »sie drängen mich nicht«. Es wird ihm zugesichert, daß Craigs in Sicherheit sei.

Peters Angst wurde nun stärker, als er sich erinnerte, daß ihm die Wahl gelassen wurde, ob er die Wesen begleiten wollte, »durch diese Wand zu gehen, durch diese Decke zum zweiten Stock zu gehen«, oder nicht. Diese Wahl schien metaphorische Macht in der Sitzung anzunehmen, einschließlich der »Freiheit, in die nächste Ebene zu gehen. Es ist die nächste Ebene, mit ihnen zu gehen.« Er sprach von einem »großen Gewebe« von Verbindungen, einem »Bewußtsein des Ganzen ... ich bin sie, und sie sind ich, und da ist das Raumschiff!« Seine Gedanken kehrten zurück zu der Frau, die auf Hawaii vor seiner Tür stand und »mich weiterhin ansieht ... Ich war nicht bereit, Gott oder Jesus oder so etwas zu akzeptieren ... Mich beängstigt, daß sie eine menschliche Gestalt angenommen hatten, als sie zu mir kamen. Sie kamen direkt durch meine Tür... Es ängstigt mich, daß jeder, auf den ich auf der Straße zugehe, ein verdammter Außerirdischer oder so sein könnte.«

Peters Aufmerksamkeit kehrte nach Nantucket zurück, wo er sich wiegend auf dem Bett kauerte, die Knie an der Brust. Die Wahl, jetzt »aufzustehen« und durch die winklige Wand oder das gepflasterte Dach des Hauses »zu tauchen«, stand für das Hindurchgehen zu »'einer anderen Dimension' ... Es ist nicht dasselbe, als ob man physisch durch eine Wand geht. Es ist, als ob man in ein Energiefeld eintritt ... Sie trugen mich diesmal nicht durch diese Wand. Ich ging durch sie hindurch. Ich schaue runter, ich kann sehen, daß ich nach oben ging, ich nahm einen Schritt, zwei Schritte, drei Schritte, und ich ging in das Feld hinein. Eins, zwei, drei«, flüsterte er.

»Was ist mit dem vierten Schritt?« fragte ich. »Gab es einen vierten Schritt?«

Es ist schwer zu vermitteln, was als nächstes in der Sitzung geschah. Diesen »vierten Schritt« zu machen, nahm große symbolische Macht an. Bedeutung und Handlung, Vergangenheit und Gegenwart, physisches Geschehen und Metaphern schienen in dieser Entscheidung verdichtet, die unvermittelt kam, um ihn bewußt vor die Wahl zu stellen. Als er auf der Bettkante saß, begegnete Peter »dem Terror des Annehmens, des Annehmens von Verantwortung«. Auf dem Spiel stand ein Schritt »in die Evolution, das Tier zurücklassend«. Er fühlte, daß er, wenn er durch die Wand gehen würde, »Zeit und Raum überschreiten« könnte. Er wollte »einen Kriegsschrei ausstoßen« und »losstürmen«, um »mit ihnen zu gehen«. Aber der Kampf dauerte noch viele Minuten an. »Niemand kann mir helfen«, sagte er. »Es ist nicht einmal mehr Terror. Es ist eine Entscheidung«, aber er hatte Angst, daß, »wenn ich diesen Schritt mache, nichts da ist«. Anders als in vorherigen Entführungen werden die Wesen »nichts tun ... Da ist nichts anderes als dieser eine Moment für mich.« Ich führte Peter weiter an den Rand dessen, was sich in der Ferne als einsame Entscheidung auftat, aber ich konnte kaum mehr tun, als bei ihm zu sein.

Der vierte Schritt nahm die Bedeutung eines Glaubenssprungs an. Was, wenn er ihn tun würde und »nichts da ist«, fragte er wieder und wieder. »Was, wenn da auf der anderen Seite der Wand nichts ist?« Das bedeutete für Peter »Versagen«, daß »all das umsonst ist, all das, was da vor mir passierte, ist umsonst ... Was, wenn ich es nicht tun kann? Was, wenn ich steckenbleibe? Was, wenn ich nur den halben Weg gehe? Was, wenn ich nicht gehen kann? Wie kann ich Ihnen vertrauen? Wie kann ich darauf vertrauen, daß ich da hindurchgehen kann? Was, wenn da nichts ist?« Peter fuhr damit fort, diese und ähnliche Fragen zu wiederholen, und ich konnte ihn nur dazu ermutigen, noch tiefer in seinen Zweifel und seine Angst einzusteigen. Er schrie und stöhnte, und sein Körper begann zu zittern, während er sich dem näherte, was immer mehr zu einem akuten Moment einer existentiellen Entscheidung wurde. Der Moment hellte ein wenig auf, als er witzelte: »Ich habe Höhenangst. Was, wenn ich falle?«

Schließlich sagte er: »Ich trieb geradewegs durch diese Wand.« Aber in diesem Moment fehlte es ihm an Überzeugung, und sein Bewußtsein kehrte zurück zu dem Bett. »Okay, ich werde aufstehen!« sagte er. »Ich gehe, ich gehe! Ich renne nicht einmal.« Er stieß einen lauten, zischenden Ton aus, als der Vorgang seinen Höhepunkt erreichte. Peters Zweifel hielten an. »Jetzt springe ich vor und zurück«, sagte er, als er immer wieder zum Schlafzimmer zurückkam, um zu überprüfen, ob er wirklich durch diese Wand ging. »Bin ich durch die Wand gegangen?« fragte er. Ich brach darüber in Gelächter aus. »Es geschah in dem Bruchteil einer Sekunde«, sagte er. Schließlich fühlte er sich »vollständig überzeugt und sicher, daß ich hindurchging«, wie »Peter Pan«, und er sah unten die Pinienbäume.

Er befand sich jetzt draußen und sah nach unten. »Ich erkenne, daß ich schwebe, und ich sehe den Boden. Ich sehe die Seite des Hauses ... Ich sehe das Raumschiff über uns«, sagte er, »und ich gehe meinen Weg darauf zu«, und »als nächstes bin ich in dem Raumschiff ... Alle Babys sind dort, alle Babys sind dort.« Er stand in einem Raum, der schwarz war, »wie schwarzer Marmor oder so etwas«. Entlang einer sich krümmenden Wand eines Korridors, der aussah wie die äußere Peripherie des Schiffes, befanden sich kleine Lichter, etwa in Hüfthöhe. Er ging in einen Raum, wo er drei Stühle und einen Tisch sah und »einen weiteren Stuhl am Ende, für mich ... Bilder über Bilder« kamen, aber Peters Bewußtsein trieb weiter, während er scheinbar verhindern wollte, was als nächstes geschah.

Er sah drei Wesen. Eines, direkt vor ihm, hatte eine »wirklich große Stirn« und wirkte älter als die anderen beiden. Das eine zur linken war eine weibliche Außerirdische. Das dritte Wesen war ebenfalls ein Außerirdischer. Dies waren die drei, die ihn auf Hawaii besucht hatten. Peter sei »da, um etwas über die Zukunft zu lernen«, sagte das Wesen. Seine große Stirn war knotig, mit einer Art Schlitz in der Mitte. Peter sagte, daß »er derselbe ist, der die ganzen Operationen überwacht ... ich spüre, daß er der smartere ist, ich meine, er ist bestimmt der Boß.« Das weibliche Wesen mußte sein Lehrer gewesen sein. »Sie wird mein Wächter sein oder so etwas. Sie wird mich beobachten. Sie ist ... da ist etwas, das ausgeschieden werden wird. O mein Gott.«

»Was ist?« fragte ich.

»Wir sind dabei ... dabei zu bumsen.« Angst, nicht Verlangen erfüllte Peter in diesem Moment. »Ich werde mit ihr schlafen«, sagte er. »Ich verstehe, daß es bei allem darum ging«, bei allem, was ihm hauptsächlich von dem Alten mitgeteilt wurde, den Peter auch »Mr. Alleswisser« und »Blasenkopf« nannte.

»Ich wollte das nicht wissen«, sagte er, »irgendwie blies es mich einfach weg.«

Peter war geschockt, als ihm mitgeteilt wurde, daß die Babys, die er beim Betreten des Raumschiffs erblickt hatte, seine außerirdischen oder Mischlingsbabys waren, und daß er »mit Außerirdischen geschlafen hatte ... Jedenfalls hat mein Sperma das getan.« Peters Angst wuchs erneut, als er die Konsequenzen dessen begriff, was er da entdeckt hatte. Er wurde sich bewußt, daß er wiederholt mit einer außerirdischen Frau Liebe gemacht hatte. »Es fühlt sich an, als ob sie meine wirkliche Frau wäre – auf einem seelischen Niveau, möchte ich sagen. Sie ist die Person, mit der ich wirklich verbunden bin, und sie ist es, mit der ich dort zusammensein werde oder so.« Diese Information wurde Peter von dem »Blasenkopf« und der außerirdischen Frau übermittelt, und er fühlte mit großer Sicherheit, daß sie die Wahrheit sagten. Aber als er davon sprach, erlebte Peter, daß sein »Bewußtsein von meinem physischen Körper getrennt ist ... als wäre ich oben und würde auf mich herabschauen, wie ich an dem Tisch sitze«.

Dies alles wurde für Peter »zuviel«. Er sagte, »es geht nicht einmal darum, Liebe zu machen, oder um Sex, sondern um den Zeugungsakt. O Gott, John. Ich ahne, daß diese Frau auch ein Mensch ist und daß sie ihre Eizellen genommen haben und meinen Samen und sie zusammengebracht haben und sie da oben züchten.« Während Peter über das, was er da gesagt hatte, nachdachte, sagte er: »Ich glaube nicht, daß ich mit Worten ausdrücken kann, wie geschockt und wie bestürzt ich über das bin, was ich eben gesehen habe ... der erschreckendste Gedanke für mich ist, daß sie eine Außerirdische sein kann und ich sie als Mensch ansehe und daß ich mit einer Außerirdischen Liebe mache.« Ich fragte Peter, was so »schrecklich« an der Vorstellung sei, mit einer Außerirdischen zu schlafen. »Sie wollen, daß ich sie so mag, wie ein Mensch etwas mögen oder lieben würde«, antwortete er, »wie ich gern mit meiner Frau Liebe machen würde ... es geht um mein Gefühl der Bindung zu ihr und meine Liebe zu ihr als einer Außerirdischen. Was ist mit meinem Leben auf der Erde, John? Was ist mit meiner Frau?«

Peter sprach außerdem von einem gewissen körperlichen Ekel. »Ich kann nicht darüber hinwegkommen, daß es diese schrecklich häßlichen Kreaturen sind, mit denen ich Liebe mache – diese Kreaturen, vor denen ich erschaudere, mit dieser schleimigen Haut, wie kalte Haut ... Ich glaube es verdammt noch mal nicht, daß ich mit einer Außerirdischen Liebe mache.« Peter sprach weiter von seiner Sorge darüber, von der Erde und seiner »irdischen Familie« getrennt zu werden und seine Verbindung »zu allen, die ich hier liebe«, zu verlieren. Er wurde verwirrt, als er überlegte, »wie viele Kinder« er haben mußte, wenn man berücksichtigte, wie viele Spermaproben sie ihm entnommen hatten.

Ungeachtet seiner Qualen angesichts all dessen sah Peter diesen Prozeß als ein Projekt an, dem er zugestimmt hatte. »Der erste Schritt«, sagte er, »ist einfach die Zeugung von Kindern, von befruchteten Eizellen, von Säuglingen. Der zweite Schritt ist die Paarung der Eltern« mit jeweils einem irdischen und einem außerirdischen Elternteil. Ein Band »ist zwischen diesen beiden geschaffen worden, damit sie auf diese Weise die Kinder sowohl der Erde als auch der Außerirdischen erziehen können«. Wir sprachen noch ausführlicher über seinen Schock bei dem Gedanken, »Vater von Außerirdischen« zu sein, obwohl er erkannte, daß die Hybrid-Kinder »eine Mutter und einen Vater« brauchen ... »Angesichts der Erwartung der Zerstörung der Erde, so wie wir sie kennen«, sagte er, seien dieses die Kinder, die den Planeten »wiederbevölkern« werden. Sie sind wie »Mohnsamen ... Schoten«, die »überall auf der Erde verstreut werden«.

Angesichts der Seltsamkeit dieser Information fragte ich Peter nach dem Grad der Überzeugung, den er dabei hatte. »Hundertprozentige Wahrheit«, sagte er. »Es geht darum zu lernen. Es geht um die Zukunft, das waren die Gefühle. Es war nicht nur Kenntnis, sondern es war real, es war Gefühl.« Wir betrachteten noch einmal die veranstaltete Zusammenkunft mit den drei Außerirdischen auf den drei Stühlen – dem alten, weisen Anführer, der menschlich-außerirdischen Frau und dem »original Außerirdischen« rechts. Es ist so, als würden sie seine Verpflichtung zu dem erneuern, was er als »eine arrangierte Hochzeit« mit dem weiblichen Wesen erlebte. »Es fühlt sich an, als ob zwei Leute sich für einen Zweck verbinden, der größer ist als sie selbst«, sagte er. »Wenn ich es nicht tue, wird meine Rasse aussterben ... es ist darüber hinausgegangen, mein Sperma zu nehmen. Nun geht es darum, willst du Urheber sein? Willst du ein bewußter Teilnehmer sein bei dieser Fortpflanzung?« Diese Entscheidung könnte vielleicht »vor zehn Leben« gefällt worden sein, meinte er.

Peter war davon überzeugt, daß seine außerirdisch-menschliche Partnerin die Frau war, die in sein Haus auf Hawaii gekommen war. Sie war ziemlich unscheinbar, mit kastanienbraunem Haar, »nicht heimelig, einfach auf eine gewisse Art neutral in ihrer Erscheinung. Nicht gut aussehend. Nicht schlecht aussehend. Ich erinnere mich im Grunde nicht besonders gut an ihre Figur.« Das führte zu einer Diskussion über seine Probleme, »in zwei parallelen Welten« zu leben. In gewisser Hinsicht birgt seine Existenz in der anderen Welt eine starke Kraft für Peter. »Ich gehe mit mehr Tiefe in meine Realität dort«, sagte er. »Meine größte Furcht im Moment ist es, heimzugehen und mit Jamy zu reden: 'Nun, wie war deine Rückführung heute?' – 'Na ja, ich habe meine außerirdische Frau und unsere gemeinsamen Kinder gesehen.'«

Als sich die Sitzung dem Ende neigte, sprach Peter über die Leistungsfähigkeit seines Lebenswerks und die komplexen Verantwortlichkeiten, die er übernommen hatte. Den vierten Schritt zu machen, »durchzuhalten«, veranschaulichte eine Vertiefung seiner Verpflichtung dem Züchtungsprojekt gegenüber, besonders in seiner Rolle als Vater, die eine Liebesbeziehung mit dem weiblichen Wesen miteinschloß, »weil der Prozeß des Elternwerdens etwas ist, das von zwei Leuten ausgeht«. Es hat damit zu tun, »was energetisch von den Eltern kommt, von den Gefühlen, von der Verbindung zwischen Elternteilen, zwischen Ehemann und Ehefrau oder zwischen Gefährten, das dann auf das Kind übertragen wird«. Peter betonte die Wichtigkeit des Prozesses, für die Hybrid-Kinder Eltern zu werden, nachdem die Wesen die »Embryos aufgezogen haben« – in den Raumschiffen oder wo auch immer sie aufwachsen.

Das war eine gewaltige Sitzung gewesen, und an ihrem Ende überprüfte ich noch einmal, was alles zutage getreten war, und stellte Fragen über die eigentlichen und metaphorischen Aspekte all dessen, was Peter durchgemacht hatte. Er hatte das Gefühl, daß sein Kampf vor allem mit einem evolutionären Schritt zu tun hatte und daß »das Akzeptieren und die Entscheidung, die bewußte Entscheidung, durch die Wand zu gehen«, seine Verpflichtung zu diesem Schritt verdeutlichte.

Ein paar Tage nach dieser Rückführung erzählte Peter Pam, daß er mit Jamy das durchgegangen war, was wir in der Sitzung entdeckt hatten, und sie war »bestens fertiggeworden« damit und unterstützte ihn. Er fühlte sich entspannt, vertrauensvoll und »stark genug«, um »tiefer einzusteigen«. Die Rückführungen, sagte er, hätten den Effekt gehabt, sein »Ego auf ein normales Format« zu verkleinern. Dann konnte er anstelle von Schrecken und Ärger »Raum« für die Verbindung mit den Außerirdischen und dem »Züchtungsprogramm« finden.

Eine sechste Rückführung war für den 11. Februar vorgesehen, vier Wochen später. Honey Black Kay, eine Therapeutin, die etwas über das Entführungsphänomen lernen wollte, war während der Sitzung anwesend. Am Anfang wiederholte Peter für Mrs. Kay, was bei der letzten Sitzung herausgekommen war, und sprach von Jamys Verständnis für seine Entwicklung. Es war für ihn schwierig gewesen, »seine Tiefe« zu akzeptieren, während er zur selben Zeit eine gewisse »Absurdität« dessen bemerkte, was er entdeckt hatte. »Ich bin von der Rolle eines Opfers übergegangen zu der eines Mittäters«, sagte er und sprach darüber, wie wichtig es sei, daß er seine während der Rückführung am 14. Januar gespürte Furcht überwand, durch die Wand in Nantucket zu gehen. Er ging in diese Sitzung mit einer Mischung aus Eifer und Besorgnis darüber, was er entdecken könnte.

Im Trancezustand kehrte Peter zunächst dorthin zurück, wo er »damals, als sie gewöhnlich meinen Samen nahmen«, auf einem Tisch lag, dann dorthin, wo die drei Außerirdisch-Menschlichen ihn auf Hawaii besucht hatten, und zurück zu dem Erlebnis in Nantucket im August, das wir in der letzten Rückführung erforscht hatten. Noch einmal erlebte er die Emotionen, die sich auf seine Entscheidung, »durch die Wand zu gehen«, und darauf, was das für ihn bedeutet habe, bezogen. Noch einmal spürte er die Schwingungen in seinem Körper, als er am Ende seines Bettes saß, und die Aufgabe der Kontrolle, die der Gang durch die Wand repräsentiert hatte. Zusätzlich zu dem Fortpflanzungsprogramm hatte er mit der Entdeckung, daß er sozusagen ein »Teil-Außerirdischer« war, auch einen gewissen »Verlust meiner Identität« erfahren. In der Sitzung jetzt fühlte er, daß »ich anfange, auf diesem zellularen Niveau zu schwingen«.

Peter stieß einen langen, lauten Schrei aus, gefolgt von schnellem, flachem Atmen, als er sich noch einmal auf einem Tisch sah, neben dem seine weibliche außerirdisch-menschliche Partnerin stand, die ihm etwas sagte wie: »Du wirst es später verstehen.« Und: »Dieser Teil ist nicht so wichtig.« Er spürte, daß sich sein Geist jetzt öffnete, und erfuhr die »Entscheidungsfreiheit, zu jeder Erinnerung zu gehen, zu der ich will«. Noch einmal erlebte Peter, wie er den Korridor zu dem Raum mit den drei Wesen hinunterging. Sie erzählten ihm, daß »ich einverstanden war, das zu tun, seit ich ein kleines Kind war, und ich entschied mich, hierher zu kommen, und dann erst kamen sie zu mir, und ich entschied mich, mit den Babys zu spielen, den anderen Wesen, den Außerirdischen«. Die anderen Außerirdischen »beobachteten mich, wie ich mich mit ihnen befaßte, und weil ich überhaupt keine Angst zeigte, keine Probleme, als ich mit ihnen spielte, fragten sie mich, ob ich das fortsetzen wollte«. Er sagte, daß er als vierjähriges Kind einverstanden war, seine Spiele mit den Hybrid-Kindern fortzusetzen, was er als »mehr ein Befassen mit mir« beschrieb, »wobei ich einfach bei ihnen sitze und es eine Unterhaltung gibt«.

Ich bat Peter, die Hybrid-Kinder zu beschreiben. »Sie hatten große Köpfe und etwas wie Haarsträhnen, und ihre Köpfe sind größer als die Körper«, sagte er. »Sie haben Haut, die ein wenig unserer Haut ähnelt. Sie ist ein wenig rauher – fleischiger. Sie ist nicht wie Babyspeck. Sie ist wie Altersfett, und die Arme sind richtig zerbrechlich, aber sie haben dicke Bäuche. Sie sind niedlich. Sie sehen aus wie kleine Babys.«

Als die drei Wesen Peter auf Hawaii besuchten, fragten sie ihn wieder, »ob ich fortfahren wollte«. Obwohl er zu dieser Zeit nicht »dazu bereit war, sich zu erinnern, war da immer die Entscheidung, vorwärts zu gehen, die ich getroffen hatte«. Eine neue Entscheidung scheint sich nun anzubahnen, »etwas anderes«, sagte Peter, als er sich daran erinnerte, einen Gang hinunter geführt worden zu sein, wo »sie mir etwas zeigen werden«. Während er den Gang hinunterging, wurden ihm auf beiden Seiten Bilder gezeigt. Er sah nukleare Explosionen, Teile von Europa und den Vereinigten Staaten zerstört, »viele Leute verbrannt, viele Leute beunruhigt ... die menschliche Rasse ändert« ihre »Form« und ihr »Gewebe«. Peter und die Frau und die tausend Babys, die sie gemeinsam gezeugt hatten, waren »ein Teil dieser Änderung«, ein Teil der »Wiederbevölkerung der Erde«. Ich fragte Peter, warum diese Repopulation nötig sei. »Wegen der Zerstörung der Erde, wegen dem, was passiert und was passieren wird.«

Ich bat Peter, mehr darüber zu sagen. Er sagte, daß da »eine Schlacht im Gange sei«, bei der es darum ging, wer die »Kontrolle über die Erde« bekommen werde. Beteiligt daran seien »Wesen aus dem gesamten Universum«, nicht nur »die Wesen, denen ich angeschlossen bin«. Das »ging schon so« seit etwa zweitausend Jahren, sagte er, aber nun kam »alles zum Höhepunkt«. Es gehe dabei nicht um dasselbe wie »gut und schlecht«, erklärte Peter, sondern eher um »unterschiedliche Möglichkeiten, vorwärts zu gehen«. Der »gesamte Reproduktionsprozeß«, in dem er mitwirkte, spielte »eine wesentliche Rolle« in dieser Entfaltung. Peter sprach von Prophezeiungen, der »Offenbarung« und von Leuten, die wie in biblischer Verzückung »entrückt« würden. Aber für ihn hatte das »nichts mit Religion zu tun«, denn da waren »Raumschiffe vor Ort, damit das geschehen konnte«. Er habe in »diese schwarze Leere« der Zukunft geschaut und die Erde unter sich gesehen, »mit Leuten, die nach oben gingen ... Es ist nicht so sehr ein Sehen als vielmehr ein Wissen.« Zur gleichen Zeit fühlte er den »Verlust von jedem, den ich je gekannt habe, und von jeder Verbindung zur Erde, die ich je hatte«.

Peter protestierte gegen das Wort »Verzückung« und bevorzugte es, »von den Wesen« zu sprechen, die »helfen, damit wir die nächste Stufe der Evolution erreichen ... Sie machen reinen Tisch. Es ist ein neues Jahrtausend der Erde«, welches »eine ganz andere Welt unterstützt«. Er hatte erlebt, daß es ein »Handeln gab« mit »größeren Mächten, die tatsächlich über die Zukunft des Planeten verhandelten, seit »fast zweitausend Jahren«. Als er auf dem Bett lag, sah Peter nackte menschliche Wesen vor sich, die bei »lebendigem Leib dastanden oder aufgehängt waren«. Er begann seine Wahrnehmungen mit Worten wie »unheimlich« und »bizarr« zu kommentieren, und ich bat ihn darum, zu diesem Zeitpunkt Urteile und Kommentare wegzulassen und nur seine »reinen« Erlebnisse zu berichten. Dann – er dachte, es könne das Jahr 2010 sein – sah er wieder »Leute hochkommen« während einer Zeit, in der auf der Erde »eine ganze Menge Mist passiert«, und die Raumschiffe machen Ausflüge »zurück nach unten«.

Peters Rolle bei alldem bestand darin, mit der außerirdisch-menschlichen Frau, mit der er verbunden war, »die Babys zu machen«, um den ganzen Prozeß »ins Bewußtsein« zu bringen, und mit der Frau daran zu arbeiten, »die Kinder zu versorgen«. Er werde ein Führer »eines neuen, einzigartigen Stammes« werden, einer »neuen Rasse von Menschen«. Obwohl Peter sagte, daß er den Wiederbevölkerungsplan akzeptiert habe, empfand er das alles als ziemlich beunruhigend, besonders »die Vernichtung der Bevölkerung der Erde«, die »in einem Augenblick« passieren wird. Obwohl nichts getan werden könne, um das alles zu verhindern, sagte Peter, könne dieser evolutionäre Prozeß andererseits »eine zweite Chance« für die Menschheit schaffen. Der hybride Stamm werde wie »Legionen von Leuten« herunterkommen, um in verschiedene Abschnitte der Erde gebracht zu werden, im Grunde eine fortschrittlich »verpflanzte Bevölkerung« mit einem Wissen »von einer anderen Welt« und darauf vorbereitet, ein »neues Leben zu beginnen ... Ein ganzes System« werde verpflanzt werden.

Ich fragte ihn nach dem Schicksal von uns »ursprünglichen« Menschen. Viele Menschen würden übrigbleiben, sagte er, aber Seuchen, Pest und »all das Zeug« würden die »Infrastruktur der Zivilisation des Menschen, wie sie heute ist«, zerstören. Die ganze Gesellschaft werde zerbröckeln. Ich überlegte, was ich oder wir mit dieser schmerzlichen Information anfangen sollten. Peter antwortete, daß es »kein Zufall« sei, daß ich in der Anti-Atomkraft-Bewegung tätig gewesen sei, was zeige, daß vorbeugende Anstrengungen möglich seien. Aber er sagte, daß wir die Zukunft »am Horizont« sähen, die Situation sei hoffnungslos, und er fühle sich, »als ob man das Schiff sinken sieht, und man selbst ist im Rettungsboot«.

Peter fühlte sich aufgrund all dessen schwermütig, fand sich jedoch gleichzeitig damit ab. Trotz des bestimmten Charakters seiner Vision, die sich für ihn vollkommen real anfühlte, sagte er, daß »es bis zu einem bestimmten Maß Verhandlungen über die Zukunft gibt, über alle diese unterschiedlichen Möglichkeiten für die Erde ... Wenn es Bewußtsein im Universum gibt, dann haben wir ein Interesse an dem, wo wir gerade sind«, bemerkte er vage, und »falls die Welt das Ende erleidet, das wir kennen, und ein anderes menschliches Bewußtsein die Erde bewohnt, dann haben wir einen Fortschritt gemacht«. Und letztlich, bemerkte er, stammten die »außerirdisch-menschlichen Wesen auf einer bestimmten Ebene auch von unserer eigenen Gattung ab«.

Die Rückführung endete hier. Mrs. Kay sprach eine gewisse mächtige Energie an, die sie die gesamte Zeit über in ihrer Wirbelsäule verspürt hatte. Peter, der unsere gedrückte Stimmung bemerkte, sagte: »Ich fühle mich, als hätte ich die Party von allen Leuten kaputt gemacht.« Er wiederholte trotzdem, wie mächtig seine Gefühle gewesen seien und wie real seine »Geschichte« ihm vorgekommen sei. Der Rest unserer Diskussion befaßte sich mit dem Realitätsstatus von Peters Prophezeiung. Er wehrte sich etwas gegen den Begriff der »wahrscheinlichen Realitäten« und zweifelte an unserer Macht, eine andere Zukunft auszuwählen. Denn in dieser Rückführung hatte er das starke Gefühl bekommen, daß »wir nicht das einzige Bewußtsein darstellen, das etwas in Bezug auf unsere Zukunft zu sagen hat«. Durch Übergabe der Kontrolle »an die höheren Mächte«, sagte Peter, fühle er sich »viel freier« und »behaglicher«.

Bei einem Telefongespräch mit Pam drei Wochen nach seiner Rückführung sagte Peter, daß er danach eine Zeitlang beunruhigt war, besonders weil er sich mit seiner Information darüber, daß es mit der »Erde zu Ende« ging, so isoliert fühlte. Niemand möchte etwas darüber wissen, sagte er, aber er erfuhr den evolutionären Prozeß, den er in der Rückführung gesehen hatte – mit den Außerirdischen und den Hybrid-Wesen, die zur Erde herunterkommen –, als »sehr real«. Zusätzlich fühlte er intensive, heilkräftige, neue Energien, die er mit seiner Verbindung mit den Außerirdischen in Zusammenhang brachte, und bemerkte, daß er fähig war, anderen Leuten zu helfen, indem er ihnen diese Energie zusandte. Er fragte Pam, ob wir einen weiteren Termin abmachen könnten.

Wir trafen uns am 22. April zu unserer siebten Sitzung. Peter begann damit, daß er von einer Sitzung mit seinem Therapeuten erzählte, bei der er in embryonaler Haltung auf dem Boden gelegen, ein Kissen umarmt, geweint und gewippt und sich selbst als ein außerirdisches Wesen oder Bewußtsein erlebt hatte, das in einen menschlichen Körper gefahren war. Er fragte sich: »Wer bin ich?« Und er fühlte, daß »ich mich selbst bis zu einem gewissen Grad verliere ... Ich bin eine individuelle Seele, die gerade in diese Lebenszeit« gekommen und in »Peters Körper« gefahren ist. In anderen Lebenszeiten, vergangenen und zukünftigen, sei er »etwas anderes«, aber »ich war immer Peter. Ich bin immer diese Seele ... Meine Seele ist eigentlich außerirdisch ... Ich bin nicht sicher, was das eigentlich bedeutet«, sagte er, ob er »von ihnen erschaffen« worden sei »oder ob sie in diesen Körper kommen«. Wenn das der Fall wäre, »dann frage ich mich, wer ich bin. Bin ich nur ein Fahrzeug, das sie benutzen? Bin ich gerade jetzt nur eine Maschine? Wieviel von dem hier ist mein freier Wille? Es verleiht allem ganz andere Formen.«

Peter beschrieb dann in jeder Einzelheit die Wandlung, die er gegenüber Pam angesprochen hatte und die die Entwicklung seiner heilenden Energien betraf. Das geschah in einer Klasse an der Barbara Brennan School, als der Lehrer, weil er im Feld seiner Ausstrahlung saß, die Seite seines Kopfes berührte, und Peter fühlte, wie »etwas in meinem Kopf einfach explodierte«. Er erlebte intensive, vibrierende Veränderungen in seinem Körper, die der Lehrer und andere in der Klasse als mächtiges Pulsieren in seinem Energiefeld wahrnahmen. Nach seiner Rückkehr nach Boston stellte Peter dann fest, daß sein ganzer Körper zwei Nächte lang »vibrierte und zitterte«. Eines Nachts wachte er plötzlich auf und hörte eine Anweisung: »'Du sollst für die Leute Energie einer bestimmten Schwingung übertragen.' Das soll ich tun.« Peter hatte diesbezüglich allerdings gemischte Gefühle. Obwohl er bis zu einem bestimmten Grad seine erweiterte, heilende Energie akzeptiert und bereits einigen Erfolg bei ihrer Anwendung hatte, empfand er doch nicht »den Wunsch, aufzustehen und zu sagen: 'Ich übertrage die Energie von Außerirdischen'.«

Peter plante, durch diese Sitzung »ein größeres Wissen zu erhalten«. Er war »auf physischer Ebene« mit dem Entführungsphänomen zurechtgekommen. Nun wünschte er sich, »auf mehr seelischer Ebene« zu arbeiten. Obwohl er fühlte, daß er »an der Grenze eines tieferen Verständnisses« angelangt war, hatte Peter auch »Angst herauszufinden, was er lernen würde«.

Seine ersten Bilder während der Rückführung zeigten außerirdische Wesen – Kinder – in seinem Zimmer, und er fühlte sich wie ein Baby oder Fötus, was er als störend empfand. Als nächstes fühlte er, daß sein eigener Körper »genauso war, als ob er sich in einem außerirdischen Körper befinden würde. Mein Kopf fühlt sich groß an. Mein Hals ist wirklich dünn. Mein Körper ist dünn. Ich habe eine ausgesprochen schlanke Taille. Alles ist lang und dünn, und ich fühle mich, als stünde ich da und redete mit den anderen Außerirdischen.« Er war »einer von ihnen«, und die Unterhaltung trug sich zu, bevor er zur Welt kam. Aber die »zukünftige Vergangenheit« war »dieselbe«, und er »sah gleichzeitig in die Vergangenheit und in die Zukunft«. Peter wußte, daß er seinen Körper transzendieren, »Informationen empfangen und mit ihnen arbeiten« konnte. »Ich bin sie ... als ob ich aus einem bestimmten Grund hierher auf die Erde gekommen wäre«, sagte er.

Die Unterhaltung führte er mit seiner außerirdischen Gefährtin, die er seit »Ewigkeiten« kannte. Sie verabschiedeten sich, denn das war »das letzte Mal, daß wir uns in dieser Gestalt sehen ... ich will sie nicht verlassen. Ich will nicht gehen. Jetzt fange ich an, Angst zu haben. Es ist alles neu.« Aber er mußte weggehen, denn er hatte sich »entschieden, das zu tun, um ihr zu helfen, um uns allen zu helfen«. Das Hilfsprojekt bestand darin, seine außerirdische weibliche Partnerin »mit meinem Sperma als Mensch, als ein Mann, als eine irdische Person« zu schwängern. Dann lag er »auf dem Tisch, und sie nehmen mein Sperma. Aber jetzt steht sie da. Sie schaut in meine Augen, und sie beruhigt mich.« Da ist außerdem »etwas, das sie ändern wollen – meine Molekularstruktur oder so«, sagte Peter.

An diesem Punkt der Sitzung fühlte er, wie sich Angst in ihm ansammelte, und er schrie und stöhnte laut, als er mit seiner »Bereitwilligkeit« kämpfte »hinzusehen«, was auch immer als nächstes kommen würde. Ein kaltes Gefühl überkam ihn, und er erlebte eine »zarte Schwingung« in seinem Körper. Bilder von erheblichen Veränderungen der Erde, die vor dem Jahr 2002 stattfinden sollten, kamen auf, als er auf einem Tisch lag, mit »zwei Außerirdischen an der rechten Seite, die mit mir sprachen«, während andere Wesen »mit anderen Leuten in Europa und Afrika und im Osten arbeiten. Aber«, fügte Peter zweideutig hinzu, »wir sind die Außerirdischen, die hierher gekommen sind. Wir sind diejenigen, die hierher gekommen sind.« Dann fühlte er, daß er »unten im Ozean« war, als sich große Veränderungen in der kontinentalen Scholle vollzogen und eine hohe Flutwelle einen großen Teil der Ostküste versenkte und der Golf von Mexiko den Süden überschwemmte.

Ich stellte Peter Fragen über die Quelle seiner Informationen, in welchem Ausmaß er diese erhielt und welche Rolle er in dem Prozeß spiele. Er sagte, daß die Informationen von den außerirdischen Wesen gekommen seien, daß seine Aufgabe darin bestehe, die »energetische Struktur« oder die Schwingungen von Leuten zu verändern, mit denen er arbeite, und daß er sich als Außerirdischer in Menschengestalt mit seiner außerirdisch-menschlichen Partnerin paaren solle, um eine Hybrid-Rasse zu produzieren. Er erklärte: »Wenn ich auf die sogenannten Schiffe zurückgeholt werde und die Samen oder die Eier von uns entfernt werden – uns, das ist der menschliche physische Körper –, dann können sie verwendet und mit unserem reproduktiven System vermischt werden.«

Ich erwähnte, daß – nach dem, was wir gelernt hatten – die Hybrid-Wesen recht lustlos waren, oder es fehle ihnen an Lebensfreude, und daß ich mich fragte, wie sie in einem Wiederbevölkerungsprozeß funktionieren würden. Er sagte, daß das in der Tat eine falsche Empfindung sei, die auf einer menschlichen Perspektive und den Grenzen basierte, die für uns akzeptabel seien. »Sie sind nur für unsere Begriffe leblos ... sie sind in Wirklichkeit wir, die Außerirdischen, und wir sind nicht leblos. Wir sind nur in euren Augen leblos ... wir sind gestaltlos. Wir sind nicht wie ihr. Ich betrachte das als Mensch und Außerirdischer zugleich. Es ist für euch wichtig, uns so zu sehen, wie wir wirklich sind, in einer Gestalt, die ihr als leblos bezeichnen würdet, weil sie nicht menschlich ist.« Ich sei nicht fähig, ihren »Geist« oder ihr »Wesen« zu sehen, sagte er. Irgendwie war ich damit nicht zufrieden und fragte, weshalb wir das nicht könnten. Peters Antwort verwirrte mich. Er wies mich auf meine Voreingenommenheit gegenüber dem hin, was ich mir unter Leben vorstelle, nämlich »die Verkörperung der Seele, Gottes. Ihr seht jedoch nur verschiedene Arten von Menschen, das ist alles.«

Ich erwähnte, wie »nahrungsbedürftig« die Hybrid-Wesen zu sein schienen. Welche »bessere Methode« könne es geben, fragte Peter, wobei er jetzt wieder als Außerirdischer sprach, Menschen dazu zu bringen, »uns zu akzeptieren, als uns ihnen in unserer bedürftigsten Form zu zeigen ... die Güte in ihren Herzen« sei das »gemeinsame Motiv aller Menschen. Der Kummer erzeugt die Erinnerung, daß sie auch zu uns gehören und daß sie sozusagen mit ihrer Spezies zu tun haben.« Menschliche Entführte, erklärte Peter, haben eine außerirdische Identität, damit – wenn sie auf die außerirdischen Kinder treffen, die sie geschaffen haben – »ein Konflikt zwischen der Erinnerung an die Verbindung mit ihrer Herkunftsspezies und ihrer menschlichen Bindung an dieses Baby besteht, dieses Kind, diesen Nachfolger«. Ich bemerkte, wie verheerend das für die Entführten sei, und er stimmte zu, daß es »in euren Augen grausam« sei. Er fühle sich ebenfalls »zweigeteilt«, und sein »menschlicher Teil stößt gerade den außerirdischen Teil ab, denjenigen Teil, der weiß, denjenigen Teil, der so viele Informationen für uns hat«.

Linien wurden gezogen, Speichen oder Tunnel, durch die Leute hindurch in die Zukunft gehen könnten. Es wird einen »Zeitsprung« geben, und es wird sein wie »ein Schleier, durch den die Leute gehen werden ... die Spezies Mensch wird erhalten werden«, sagte Peter, aber in anderer Form. »Die Erde wird einen Ort der Begegnung mit anderen Wesen darstellen«, einschließlich der Hybrid-Kinder, »die jetzt geschaffen werden«. Wenn die Menschen, die ein »Teil dieses Plans« sind, sich durch Zeit und »durch den Bewußtseinswechsel« weiterentwickeln, »wird es keinen Ärger oder Haß oder Verstimmung geben« unter Entführten, denen »ihre Kinder gezeigt werden ... Was Sie als grausam empfinden, ist nur der menschliche Geist, der zu verstehen versucht.« Ich war nicht völlig davon überzeugt, aber es schien an der Zeit zu sein fortzufahren.

Peter kehrte zu dem Thema menschlicher Weiterentwicklung zurück und »erschrak« abermals, als er eine Art Erlösungsszenarium entwickelte. »Nicht alle von uns können im neuen Sein vorwärtsgehen«, sagte er. Es werde eine Art »Filtern der Personen geben, die nicht in den nächsten Aufenthaltsort passen«. Der Wechsel werde recht schön sein, denn das Bewußtsein werde sich »einer viel feineren und höheren Schwingung« öffnen. Seine Angst bezog sich darauf, das zu verlassen, »was ich kenne«, aber »der erhabenere Teil von mir weiß, daß all diese Wesen, all diese Menschen, die sterben, wirklich transzendieren«. Der »nächste Schritt« sei »der Prozeß, diese Leute bereitzumachen, durch den Schleier zu gehen, sobald es an der Zeit ist«. Er sah drei Formen, die zwischen allen Gruppen ohne Schleier wirkten: Menschen, so wie wir jetzt sind, eine Mischung aus Menschen und Außerirdischen und die Außerirdischen selbst.

Peters Vision war eine Art »Goldenes Zeitalter des Lernens und der Offenheit und Möglichkeiten«. Peter selbst erinnerte sich daran, daß tief drinnen »sozusagen meine Seele der Außerirdische ist« und daß er in seiner körperlichen Form die Aufgabe habe, seine reproduktiven Systeme zu nutzen, um eine vermittelnde Spezies zu schaffen und »irgendwie die Schwingungen anderer Menschen zu ändern, die hier sind, wenn die Veränderungen geschehen«. Leute seines Alters seien die »erste Generation« in diesem Prozeß. Die Hybrid-Kinder »sind die zweite Generation ... Der erschreckendste Teil«, sagte Peter, war »der radikale Wechsel in meinem wachen Bewußtsein«, der einschloß, »wirklich die Arbeit anzunehmen« und die »bewußte Erkenntnis, wer ich bin, zumindest in dieser Inkarnation«. Er spürte die »Unermeßlichkeit« all dessen und fühlte, daß diese Informationen auch mich in einer fundamentalen Weise veränderten, indem sie mich »über dieses einfache klinische Paradigma des 'Was lernen wir daraus?' hinaus« nachdenken ließen. Er dachte, wir könnten auf »derselben Seite« stehen »... Sie sind einer von uns«, sagte er. »Sie sind einer von ihnen.«

Peter fand, daß diese Sitzung besonders schwierig gewesen war, und zog sich danach für einige Tage ziemlich zurück. Er fand es besonders beunruhigend, daß er das lebhafte Gefühl hatte, selbst ein Außerirdischer zu sein, was ihm »verrückt« erschien, und er fragte sich, ob auch andere Entführte sich selbst in dieser Art wahrnähmen. Pam tauschte mit ihm einige Informationen über andere aus, mit denen wir gearbeitet und die ähnliche Erfahrungen mit dualen Identitäten hatten. Er bat darum, mich zu treffen, um zu versuchen, Informationen, die sich in der letzten Rückführung eröffnet hatten, miteinzubeziehen.

Wir trafen uns am 19. Mai, und Peter teilte mir die »Ozeane des Zweifels, der Verzweiflung und der Fragen« mit, durch die er nach der letzten Sitzung gegangen war. Wir fragten uns gemeinsam, auf welcher Realitätsbasis wir das, was er berichtet hatte, betrachten sollten. Er sagte, daß er mich als eine Art »Hebamme« ansähe und daß er nach jeder Rückführung an einem Punkt der Entschlossenheit angekommen sei, der »Verwandlung«. Er war mehr denn je davon überzeugt, daß »es da draußen eine Macht gibt, größer als ich oder größer als wir, und daß sie eine Art Kontrolle über mein Schicksal und über das Schicksal des Planeten haben ... Die westliche Meinung, die sozioökonomische Struktur, in der ich aufgewachsen bin, ist für mich nicht mehr gültig. Ich bin ein anderer Mann, als ich vor meinen Rückführungen war.« Nun »verläßt« er »sich auf das Universum ... in der Erwartung einer größeren Berufung, in der Erwartung, daß sich etwas ändert«.

»Ich bin mit den Wesen verbunden«, sagte er, »und ich habe ein Gefühl, daß sie mit Gott verbunden sind, was immer dieser Gott ist ... Als Vermittler tun sie dieselben Dinge, die wir tun würden, wenn wir zu irgendeiner Spezies kämen, die kurz vor dem Aussterben stünde«. Wir würden versuchen, »ihnen zu helfen, ohne direkte Intervention«. Die Wesen »handelten mit Gott«, meinte er, um die »besten Eigenschaften der Menschheit« hervorzubringen. Gleichzeitig schienen sie »fähig zu sein, Zeit und Raum zu überwinden und die mögliche zukünftige Entwicklung des Planeten zu sehen«, während sie »die Mythologie der UFOs« benutzten, um uns »klarzumachen, daß wir Teil von etwas Größerem sind«. Peter fühlte sich dazu gedrängt, in sich zu gehen, und er plante, wie er sagte, eine zehntägige Visionssuche – ein Campingurlaub allein in Montana Ende Juli –, um die Fragen, die sich ihm in diesem Frühjahr gestellt hatten, tiefer zu erforschen.

Die restliche Zeit der Sitzung war den praktischen Folgerungen der Veränderungen gewidmet, die aufgetreten waren. Er fühlte sich weiterhin isoliert und mit seinen Erlebnissen allein gelassen. Obwohl sein umwandelnder Prozeß eine gewisse Unerbittlichkeit an sich hatte, fürchtete er, seine Beziehung zu Jamy zu verlieren und die »schöne, sichere Rolle in der Gesellschaft«, die er als ein »gebildeter junger Mann« und als ein »halbprofessioneller« Akupunkteur hatte. Er suchte immer noch die Unterstützung seines Vaters und seiner Schwester, hatte aber keine Antwort von ihnen erhalten, nachdem er Videobänder seiner Reden hingeschickt hatte und sie ihn im Fernsehen gefühlvoll von seinen Erlebnissen hatten sprechen sehen. Er und ich, sagte Peter, »und andere Leute in dieser Gruppe«, womit er die Erfahrenen und Untersuchenden meinte, »werden von der Sicherheit unserer normalen Welt in etwas anderes gezerrt, und das ist es, was verunsichert«. Trotzdem, so sagte er, sei er verpflichtet, weiter an seiner Aufgabe zu arbeiten, »einen subtilen Wechsel der Schwingungen in unserem Energiefeld« hervorzubringen.

Besprechung

Peters Fall führt uns an die Grenzen des Geheimnisses des Bewußtseins, zur Evolution der menschlichen Identität und womöglich zum eigentlichen Zweck des Entführungsphänomens. Seine Rückführungen scheinen einen Fortschritt zu beinhalten, indem eher »standardartige« traumatische Belästigungen zu komplexen spirituellen Erlebnissen geworden sind, die die Öffnung oder Erweiterung seines Bewußtseins und seiner Visionen von Möglichkeiten der menschlichen Zukunft einschlossen. Erinnerungen an rein physische Ereignisse – insbesondere an einseitig aggressive Aktionen der außerirdischen Wesen – werden größtenteils durch Unterhaltungen zwischen Peter und den Wesen ersetzt, die Teile eines komplexen gegenseitigen Lernvorgangs zu sein scheinen.

Interessanterweise scheint jede Rückführung die folgenden befruchtet zu haben, obwohl die selektiven Prozesse bei der Arbeit auf Peters Seite und der Untersuchende selbst hierfür verantwortlich gewesen sein könnten. Wie es vermutlich bei dieser Art von Arbeit immer der Fall ist, hängen die Richtungen der Fortschritte in solchen Fällen von dem gegenseitigen Öffnen und Lernen sowohl des Entführten als auch des Untersuchenden ab. Dabei handelt es sich um kein lineares Phänomen wie bei dem »Führen« eines Zeugen oder Klienten. Es ist ein vielfältiges, teilweise unbewußtes interaktives oder intersubjektives Hervortreten, kreativ in seiner Entfaltung und untadelig in der Einschränkung seiner Objektivität.

Es gibt ein seltsames Problem bei der Vorstellung, daß die Rückführungen eine Art Fortschritt reflektieren. Denn die meisten Entführungen – die Untersuchung des Nantucket-Erlebnisses vom August 1992 in der fünften Rückführung ist dabei eine klare Ausnahme – geschahen, bevor Peter und ich uns erstmals trafen. Wenn es also eine Entwicklung des Bewußtseins gibt, die in den Sitzungen offensichtlich wurde, dann bedeutet das:

1. Peter nimmt Erlebnisse, die bereits vorgekommen sind, unterschiedlich wahr.
2. Seine Psyche bringt ihm die Entführungselemente ins Bewußtsein, die dem aktuellen Stand seiner Entwicklung dienen.
3. Ein fremdartigerer Gedanke: Erst sein verändertes Bewußtsein verändert die eigentliche Natur der vergangenen Erlebnisse. Da wir nicht wissen, in welcher Realität diese Erlebnisse zuerst geschehen sind, ist es schwer, sich für eine dieser Möglichkeiten zu entscheiden.

Es gibt ein Zeitproblem bei der Wiedergabe dieser Sitzungen, das erwähnt werden sollte. Peter und ich haben vermutlich über Erlebnisse gesprochen, die sich in der Vergangenheit abgespielt haben. Er erlebt diese Erfahrungen – wie die meisten Entführten – in diesem Moment jedoch so lebensnah wieder, daß er fast die ganze Zeit über in der Gegenwartsform spricht. Daß ich bei meinen Anmerkungen zu den Erzählungen strikt an der Vergangenheitsform festhalte, könnte stellenweise etwas unsauber klingen. Vielleicht hätte eine Wiedergabe in der Gegenwartsform Peters Berichte, seine »Live«-Kommunikation und die Tatsache, daß es sich bei der Entführung sowohl um ein reales wie auch um ein psychisches Ereignis handelt – obwohl auch diese Trennung nicht strikt eingehalten werden kann –, besser dargestellt als mein rigoroses Festhalten an der Vergangenheitsform.

Die erste Rückführung konzentrierte sich auf eine Erfahrung 1988 in der Karibik, in der Peter und offensichtlich viele andere Menschen, die er in dem Raumschiff sah, demütigenden analen Sondierungen und dem Einsetzen einer Art Implantat unterzogen wurden, von dem er glaubte, daß es sich um ein Überwachungsgerät handelte. Schon in dieser ersten Sitzung hatte Peter das Gefühl, daß er in irgendeiner Weise ein bereitwilliger Teilnehmer bei diesem Prozeß war – wie traumatisch diese Erfahrungen auch gewesen sein mögen. Die zweite Rückführung und die Vorfälle, die die Sichtung in Connecticut mit sich brachten, waren für Peters Weltbild besonders schockierend, da es in diesem Fall unabhängige Zeugen seines UFO-Entführungserlebnisses gab. Das scheinbare Sondieren seines Gehirns – obgleich emotional traumatisch – stand mit Peters Führungsrolle in Verbindung. Es war ein Test seiner Fähigkeit, ein Vermittler zwischen der Erde und den außerirdischen Gefilden zu sein, falls sich die Wesen einmal entscheiden sollten, sich direkter zu offenbaren.

Bei der dritten Rückführung – die eine dramatische und höchst verunsichernde Erinnerung an die erzwungene Abnahme einer Spermaprobe einschloß – wurde die Beziehung zwischen körperlicher Erfahrung und Bewußtseinsentwicklung erforscht. Peter mußte körperlich und unter dem Eindruck all des begleitenden Schreckens die schiere Tatsache dessen erfahren, was ihm widerfahren war. Erst danach war er fähig, die Existenz der Außerirdischen einzugestehen und zu akzeptieren, was er bei weiteren Unterredungen mit ihnen lernen würde. In der vierten Rückführung begannen wir damit, das gegenseitige Verlangen nach Verbindung zwischen den Außerirdischen und uns zu erforschen – eine Beziehung unerwiderter Liebe, die am stärksten bei den Blickkontakten zu fühlen war. Der hybride Zeugungsprozeß diente anscheinend dazu, aus unseren destruktiven menschlichen Neigungen Eigenschaften der Liebe und der Sorge füreinander herauszufiltern. Durch uns würden die Außerirdischen eine für sie verlorene Emotionalität wiederentdecken – die Fähigkeit, Liebe in einer mehr körperlichen Form zu empfinden. Und wir würden durch sie eine größere Realität erfahren und unser irdisches Bewußtsein öffnen. Nach dieser vierten Rückführung im Juni 1992 wurde Peter eine

Führungspersönlichkeit unter den Entführten, indem er offen und öffentlich über die Tatsachen seiner Erfahrungen und ihrer Bedeutung für sein persönliches und geistiges Wachstum sprach.

Die fünfte Rückführung war die komplexeste. Peters Durchdringen der schrägen Wände des Hauses in Nantucket wurde zu einem machtvollen metaphorischen Ausdruck eines Bewußtseinsübergangs, einer Art Glaubenssprung in eine andere Dimension der Realität. Nachdem er einmal den schicksalhaften »vierten Schritt« über die Abgrenzung gemacht hatte, öffnete er sich noch vollständiger seiner selbst erwählten Mitarbeit in dem außerirdisch-menschlichen Züchtungsprogramm. Er entdeckte mit einem gewissen Schock und sogar Horror – »Was ist mit meinem Leben auf der Erde, John? Was ist mit meiner Frau?« –, daß er eine außerirdische, weibliche Gefährtin hatte, mit der er bereitwillig daran gearbeitet hat, hybride Nachkommen zu dem Zweck zu produzieren, unseren Planeten nach »der Zerstörung der Erde, wie wir sie kennen,« wiederzubevölkern.

In der sechsten Rückführung entdeckte Peter, daß er »zum Teil Außerirdischer« ist, und er begann die schwierige Arbeit, seine menschliche und außerirdische Identität miteinander in Einklang zu bringen. Die Sitzung beinhaltete im Prinzip den Appell, sich uns gegenüber zu öffnen und uns Informationen über die kommende apokalyptische Zerstörung der Erde zu gewähren sowie über die kosmische »Verhandlung«, die über die Zukunft unseres Planeten stattfand, sowie über die von Peter bereitwillig angenommene Rolle, eine Rasse von Hybrid-Wesen zu schaffen, die die nächste Stufe menschlicher beziehungsweise menschlich-außerirdischer Entwicklung darstellen.

In der siebten Rückführung im April 1993 erlebte Peter den Zusammenbruch von Vergangenheit, Gegenwart und Zukunft und spürte, daß sein Bewußtsein seinen Körper verlassen konnte. Wir erforschten des weiteren die Mischung von menschlichen, außerirdischen und Hybrid-Wesen, die sich nach den kommenden Veränderungen auf der Erde manifestieren würden. Jenseits der Zerstörung hatte Peter eine Vision von einer Art neuem Jahrtausend, einem zukünftigen »Goldenen Zeitalter« der Offenheit und des Lernens. Zusätzlich zu seiner Rolle bei der Fortpflanzung erhielt Peter das Geschenk einer besonderen Energie aus einer außerirdischen Quelle, die er als Heiler anderen übermitteln konnte, um deren biologische Schwingungen zu verändern und sie zu befähigen, sich »durch den Schleier« in eine andere Zukunft zu bewegen.

Peters Fall scheint gewisse Fragen darüber zu beantworten, was der eigentliche Zweck des Entführungsphänomens ist, während er natürlich zugleich andere Fragen aufwirft. Er scheint uns zu erklären, daß das außerirdisch-menschliche Wirken dem Zweck der Evolution dient, sowohl im biologischen als auch im geistigen Sinne. Eine neue Züchtung oder ein neuer »Stamm« wird geschaffen, eine Hybridform zwischen der oder den außerirdischen Rassen und den Menschen. Peter scheint – ebenso wie andere Männer und Frauen mit einer außerirdisch-menschlichen Identität – eine wichtige Rolle bei der Erschaffung dieses Stammes oder dieser Stämme zu spielen, indem er mit einem außerirdischen oder hybriden Partner schläft, um Nachkommen zu erzeugen, die fähig sind, in einer Art post-apokalyptischer Zukunft zu überleben. Gleichzeitig erleben Peter und andere einen Prozeß der Bewußtseinserweiterung oder -übertragung, der sie befähigen soll, sich aus einer rein irdischen Existenz herauszubewegen und zu »kosmischen Kindern« zu werden. Peter spielt auch eine Rolle als Lehrer, um das Bewußtsein anderer Menschen zu verändern, die an diesem Entwicklungsprozeß beteiligt sind. All dies scheint recht zielgerichtet und Teil eines höheren Zweckes zu sein, der offensichtlich darin besteht, daß Menschen und Außerirdische an der – sowohl traumatischen als auch erfreulichen – Aufgabe arbeiten, ihre Eigenschaften und Identitäten miteinander zu verschmelzen.

Das alles wirft natürlich grundlegende ontologische Fragen auf – zum Beispiel die, in welcher Realitätsebene dieses Züchtungsprogramm und Peters duale menschlich-außerirdische Identität situiert sind. Obwohl dieser Prozeß für ihn und viele andere sehr real ist, wissen wir nicht, »wo« oder »wann« irgend etwas davon auftaucht oder geschehen wird. Wir wissen nicht einmal, ob sich diese Worte bewahrheiten werden. Es ist so, als ob Wesen, die halb körperlich sind und aus einer anderen Dimension stammen, die Aufgabe übernommen hätten – oder von einer anderen, »höheren« Intelligenz dazu verpflichtet worden wären –, bis zu einem Grade körperlich zu werden, in dem sie biologisch mit Menschen kombiniert werden können. Wir haben jedoch keine Kenntnisse darüber, was dieser komplexe Prozeß, der sich zum Nutzen der Biologie und Geistigkeit abspielt, wirklich alles beinhaltet. Wenn es sich um eine »genetische« – in dem Sinne, wie wir dieses Wort kennen – Angelegenheit handelt, haben wir keinerlei Informationen darüber, welche genetischen Veränderungen von den Außerirdischen vorgenommen werden, die es unseren Spezies erlauben, miteinander zu verschmelzen.

Aus einer rein westlichen, wisssenschaftlich-philosophischen Perspektive heraus müßte all dies als Unsinn verworfen werden. Dennoch sind diese Erfahrungen für Peter – dessen psychologische Gesundheit meiner Beurteilung und den formellen Tests zufolge, denen er sich unterzogen hat, gefestigt zu sein scheint – so sehr real, so reichhaltig und folgerichtig strukturiert und von so vielen bestärkenden physischen Informationen begleitet, daß ein Verwerfen all dessen in meinen Augen der Entscheidung gleichkäme, die Last erkenntnistheoretischer Verantwortung den Skeptikern zu überlassen.

Dasselbe Problem stellt sich bezüglich des Charakters und der Definition von Peters apokalyptischen Visionen. Handelt es sich dabei um wahre Bilder dessen, was in einer Endzeitperiode auf uns zukommen wird? Oder werden diese prophetischen Bilder in menschliche Gehirne projiziert – denn viele Entführte haben sie erlebt –, um das zu repräsentieren, was auf unserem Planeten in einem biospirituellen Sinn in Form einer Ökokatastrophe bereits geschieht, deren Einfluß offensichtlich in einem kosmischen Ausmaß zu spüren ist? Anders ausgedrückt, stellen diese Bilder – die Erfahrene wie Peter so sehr ansprechen, daß sie den Verlust sämtlichen Zusammenhalts auf der Erde voraussagen und darüber sogar deprimiert sind – lediglich mögliche Formen der Zukunft dar, die auf einer Art Hochrechnung unseres gegenwärtigen Kurses basieren? Wird uns hier von einer höheren Intelligenz, deren Interventionsmethoden sehr subtil sind, eine Wahlmöglichkeit angeboten? Lädt man uns ein, einen Wechsel zu vollziehen, indem wir uns auf sozusagen verkörperlichte Vermittler einlassen, die es uns ermöglichen, uns selbst zu erkennen, während sie damit zugleich unser Wesen verändern?

Am 26. August vollzogen Peter und ich eine achte Rückführung, die eine Art Postskriptum zu diesem Fall darstellt. Während der Sitzung erforschten wir ein Entführungserlebnis, das sich einige Wochen zuvor am Ende seiner Visionssuche in Montana zugetragen hat. Er erinnerte sich an eine tief emotionale und sexuell erregende Vereinigung mit seiner außerirdischen Partnerin, die eine Art ansprechender Hybridform angenommen hatte. Dies war nicht länger nur ein pragmatischer Austausch, ein Zusammenbringen von Sperma und Eizellen, um eine neue Spezies zu schaffen. Es war eine freudige – in gewisser Hinsicht unbeholfene – Vereinigung zwischen einem voll körperlichen Menschen und einem anderen Wesen, das offensichtlich mit der Intensität sexueller Liebe keine Erfahrung hatte. Als das Erlebnis vorbei war und Peter aus dem Trancezustand, in dem er es erlebt hatte, heraustrat, fühlte er Ekel und Brechreiz.

Dies gibt uns zu verstehen, daß es sich bei der außerirdisch-menschlichen Beziehung um etwas weitaus Komplexeres und Umfassenderes als ein Programm zur Zeugung von Hybrid-Wesen handelt. Vielmehr erweckt es den Eindruck eines schwierigen, immer noch anhaltenden Versuchs einer Intelligenz, von der wir sehr wenig wissen, eine Verschmelzung zweier Spezies zu erreichen, die anscheinend beide etwas benötigen und nach etwas verlangen, das jeweils der andere anzubieten hat. Es ist ein Experiment, das – soweit wir es feststellen können – so großartig, frustrierend und fordernd wie nichts anderes ist, das sein Schöpfer jemals unternommen hat. Denn es beinhaltet nichts Geringeres, als zwei Spezies zusammenzubringen, die bislang vorrangig in unterschiedlichen existentiellen Dimensionen beheimatet waren. Um die Sache noch komplizierter zu gestalten, gibt es in Peters Berichten und denen anderer Entführter Hinweise darauf, daß wir und die außerirdischen Wesen demselben primären Ursprung entstammen. Unser tiefes Verlangen, zueinander zu finden, erwächst somit womöglich aus der Sehnsucht, eine verlorene Bruderschaft zu erneuern (siehe den Bericht über die vierte Rückführung), um auf diese Weise der kosmischen »Heimat« wieder näherzukommen, in der wir beide, der Erfahrung von Peter und anderen Entführten zufolge, einst entstanden sind.

Lichtwesen

Carlos* ist ein fünfundfünfzigjähriger Mann, verheiratet und Vater von drei erwachsenen Kindern – zwei Söhnen und einer Tochter. Carlos übt seine Kreativität fast täglich aus, indem er sich mit Zeichnen, Malen, Schauspielerei sowie dem Schreiben von Gedichten, wissenschaftlichen Abhandlungen und einem Roman befaßt; er beschäftigt sich außerdem mit Theaterproduktionen und der Regie bei Aufführungen von Stücken. Er ist ein Kunstprofessor, der sehr beliebte Vorlesungen an einem kleinen College im Süden hält und aufgrund der großen Nachfrage interessierter Studenten regelmäßig zusätzliche Kurse anbieten muß. Er hat sich durch freiwilliges Engagement im Staatsgefängnis und durch seine Arbeit mit behinderten Kindern sowie mit psychisch kranken und alten Menschen in seinem Bezirk und Bundesstaat sehr verdient gemacht; er hat auch daran gearbeitet, regionale Umweltthemen ins Bewußtsein der Verantwortlichen zu rücken.

Carlos schrieb mir im Juli 1992 – aufgrund der Empfehlung von zwei Männern, die an dem Allagash-Bericht (vgl. Fowler 1993) beteiligt waren – über eine verlorene Zeitspanne am Ostersonntag 1990. »Sechs (oder mehr) Nachmittagsstunden fehlen mir während einer Wanderung über einen Berghang« auf der Inneren-Hebriden-Insel Iona in der Meerenge zwischen Irland und Schottland.

Carlos hatte seine Entführungserfahrungen bereits früher in verschiedenen Hypnosesitzungen, die insgesamt siebzehn Stunden in Anspruch nahmen, zusammen mit einem Psychiater erforscht, der in der Nähe seines Wohnortes tätig war und der hier Dr. James Ward genannt werden soll. Er verbrachte im August einige Tage mit mir, in deren Verlauf wir mehrere Stunden lang miteinander sprachen, und ich leitete zwei – insgesamt sechs Stunden dauern-

* *Dieses Kapitel entstand in enger Zusammenarbeit mit Edward Carlos. Er ist Co-Autor dieses Kapitels*

de – hypnotische Untersuchungen. Selbst wenn ich bei unserer Erörterung seines Erlebnisses den Begriff »Entführung« verwende, ist Carlos sich sicher, daß es sich um eine »Begegnung« gehandelt hat, und er bezeichnet sich selbst nicht als Opfer oder Entführten, sondern als »Begegnenden«. Er sagt, daß er in gewisser Hinsicht ein Teilnehmer, also kein bloßer Empfänger, sondern zugleich auch ein Sender des Bildprozesses und des Ereignisses gewesen sei. Carlos glaubt darüber hinaus, daß diese Definitionsschwierigkeiten einer Wahrnehmungsdifferenz entspringen, da ein Forscher und Hypnotherapeut mit Betroffenen im ufologischen Umfeld anders spricht, als ein Künstler und Begegnender das Phänomen von innen her wahrnimmt.

Carlos' Fall berührt einige der Geheimnisse des Entführungsphänomens. Während seine Erlebnisse verschiedene Aspekte des Phänomens erhellen, werfen sie neue tiefgründige Fragen auf. Wie bei so vielen Entführungen sind die sachlichen Verknüpfungen auch hier vielsagend und verlockend – UFO-Sichtungen, verbrannte Erde am Landeplatz, ungeklärte Schnitte und Narben, die nach Entführungen auftauchten, und vor allem dramatische Fotografien eines Lichtstrahls, der von den Wolken bis zur Wasseroberfläche in einer Bucht von Iona reicht. Aber die Beweiskraft ist abhängig von den unter Hypnose berichteten Erlebnissen eines hochintelligenten, einfühlsamen und ehrlichen Mannes, der offensichtlich nicht unter Geisteskrankheiten oder Denk- und Wahrnehmungsstörungen leidet; eines Mannes, der nach besten Kräften versucht, die Ereignisse, die ihm widerfahren sind, zu verstehen.

Über die Informationen, die Carlos' Fall liefert, kann man zweierlei Auffassung sein, wobei diese Interpretationen sich zunächst zu widersprechen scheinen: Er erlaubt uns entweder, Einsicht in Techniken zu gewinnen, die wir uns lediglich vorstellen können, die eine fortgeschrittene Intelligenz jedoch beherrscht; oder wir öffnen uns anderen Realitäten gegenüber, Sphären des Seins, die nicht Teil unseres anerkannten Universums sind. Aber bei genauerer Prüfung wird sich zeigen, daß dieser Unterschied nur gering ist. Denn Fortschritte in der Technologie und die Erweiterung unserer Vorstellungen der Realität sind untrennbar miteinander verbunden. Was die Untersuchung des Entführungsphänomens einzigartig macht und sich auch in diesem Fall deutlich zeigt, ist die Notwendigkeit einer Erweiterung des menschlichen Bewußtseins, um uns zu Einsichten jenseits unserer derzeitigen technischen Fähigkeiten und Realitätswahrnehmung zu befähigen.

Unter Hypnose hat Carlos – er bevorzugt es, nur beim Nachnamen genannt zu werden – sich an viele Begegnungserlebnisse erinnert, bis hin zum Alter von dreieinhalb Jahren. Es ist etwas schwierig, die verschiedenen Erinnerungen an bestimmte Begegnungszeiten und -orte im Laufe seines Lebens auseinanderzuhalten, die während der Hypnosesitzungen von Februar 1992 an aufgedeckt wurden. Als Künstler hat Carlos ein ausgeprägtes Sehvermögen. Das hat ihn dazu befähigt, besonders sensibel auf das Licht und die energieumformenden Kräfte zu reagieren, die in seinem Fall – und vielleicht beim UFO-Begegnungsphänomenen überhaupt – von zentraler Bedeutung sind. Carlos hatte schon mehrere sogenannte »visionäre« Erlebnisse, derer er sich in den fast dreißig Stunden Hypnose bewußter geworden ist und die er jetzt mit all seinen Begegnungen zu verbinden beginnt.

Im November 1970 wurde Carlos von einem anglikanischen Priester, der seine Heimatstadt besuchte und eine Kunstausstellung von ihm über St. Michael und die gefallenen Engel sah, eingeladen, in der Kirche St. Michael and All Saints in Tollcross, Edinburgh, eine Arbeit auszustellen, die sich ebenfalls auf den Erzengel beziehen sollte. Nach einer Woche in Schottland arrangierte der Priester eine gemeinsame Reise zur Insel Iona. Obwohl Carlos nicht genau wußte, wo Iona lag oder ob er schon jemals zuvor von diesem Ort gehört hatte, fühlte er, daß er schon immer hatte dorthin gehen wollen. Er hatte Vorstellungen über die klösterliche Geschichte der Insel – Vorstellungen, zu denen er sich hingezogen fühlte. Sie reisten mit dem Zug, und auf dem Weg dorthin, während er vom Zugfenster aus Landschaftsskizzen in Wasserfarben malte, empfand Carlos eine gefühlsmäßige Bindung zu dem Land, das an ihm vorbeizog. Er fing an zu weinen, weil er sich fühlte, als ob »ich zum ersten Mal im Leben nach Hause fahre«. Obwohl er römisch-katholisch erzogen worden war, kannte niemand in seiner Familie Iona, und Carlos hatte zuvor kein historisches Interesse daran gezeigt. Dennoch war er tief bewegt und aufgeregt, sowohl auf dem Weg zur Insel als auch bei der Ankunft der Fähre, die ihn von der Nachbarinsel Mull aus nach Iona brachte.

Bevor er Edinburgh verlassen hatte, hatte ihn eine ältere Frau, eine etablierte britische Autorin, die mehrere Bücher über Iona und verschiedene historische schottische Sagen geschrieben hat, in ihre Wohnung eingeladen, um die bevorstehende Reise mit ihm zu besprechen. Sie hatte Carlos gesagt, daß er, auf der Insel angekommen, zum Strand der Robbenbucht gehen und Hymnen singen solle, um mit den Robben zu kommunizieren. Diese sollten, so erzählten die örtlichen Legenden, die Seelen verstorbener Mönche, die bei den Wikinger-Überfällen getötet worden waren, in sich tragen. Weil die Robben, wenn sie mit ihren großen Augen und den langen Haaren aus dem Wasser kamen, so sehr an Frauen erinnerten, hatten die Mönche geglaubt, daß die Angehörigen der schottischen Königsfamilie und auch sie selbst, wenn sie auf der Insel begraben wurden, als Nixen wiederkehren würden.

An seinem ersten Morgen auf Iona durchwanderte Carlos die eine Meile breite Insel von dem Ort Iona aus zu der genannten Bucht und sang »einfach aus Spaß an der Freude« gregorianische Gesänge sowohl in griechischer als auch in lateinischer Sprache. Zu seiner Überraschung näherte sich eine Robbe dem Ufer und begleitete ihn schätzungsweise eine halbe Meile lang, während er den Strand entlang lief, und sie folgte ihm immer noch, als er zurückkehrte. Von der Zutraulichkeit dieser Robbe und dem offensichtlichen Wahrheitsgehalt der Legende berührt, gab Carlos zu: »Es war eine sehr schöne neue Erfahrung.«

Am nächsten Abend besuchte er eine wöchentlich stattfindende traditionelle Tanzveranstaltung in der kleinen Schulturnhalle des Örtchens Iona. Die Musik begann gegen Mitternacht. Nach etwa zwei Stunden ununterbrochenen Tanzens mit Frauen, die die Insel besuchten und in einer Abtei in der Nähe der Gemeinde untergebracht waren, fühlte er sich frei und offen, »eigentlich ganz wunderbar«. Übermütig, voll Energie und Vitalität rannte er mit gewölbter Brust und ausgestreckten Armen – »wie ein Kreuz« – durch die dunklen, engen Straßen und durch den schweren, dichten und kalten Regen bis zum Ende des Steges, wo er auf der Insel angekommen war. Obwohl die Nacht pechschwarz und »triefend naß« war, sah Carlos vor sich über dem Meer eine pinkfarbene Dunstblase mit einem Durchmesser von etwa acht oder zehn Metern, die von »innen heraus leuchtete«. Der leuchtende Nebel vor ihm, aus dem seine Vision herauswachsen sollte, schien sich zu verformen. Er schien leicht zu blinken, wurde immer größer, bedeckte bald das Wasser und den Nachthimmel und umhüllte auch ihn. Carlos sagte, daß er während der Tanzveranstaltung keinerlei Rauschmittel genommen habe und die Blase so wirklich gewesen sei, daß kein anderer, der sie gesehen hätte, ihre Realität in Frage gestellt hätte. Binnen »einer Sekunde« war er in der Blase, und die Szene wechselte.

Er war nun kein vierunddreißigjähriger Mann mehr, sondern ein zwölf Jahre alter Waisenjunge an einem Strand am Ende der Insel hinter der Abtei, irgendwo weit weg von dem Steg. Bei ihm befand sich ein enger Freund, der ihm als St. Michael, als Adam in der Paradiesgeschichte und als gefallener Engel Modell gestanden hatte. Dieser Freund war im »wirklichen Leben« zwölf Jahre jünger als er, aber in dieser anderen Realität, die Carlos eine »Vision« nennt, war auch er ein Waisenjunge, und sie beide waren im gleichen Alter. Die Vision spielte im sechsten Jahrhundert, der Zeit des irischen Missionars St. Columban, der geschichtlich mit Iona verbunden ist. In der Vision kamen zwei Mönche der Gemeinde und diese beiden jugendlichen Waisen vor, die von den Mönchen erzogen wurden. Carlos erkannte in einem der Mönche einen anderen jungen Mann wieder, der ihm zu Hause für Zeichnungen von Dionysos und Christus Modell gestanden hatte. Den zweiten Mönch kannte er zu diesem Zeitpunkt noch nicht.

In der Vision, die Carlos real erschien, setzte von einem großen hölzernen Wikinger-Schiff aus ein kleineres Boot zum Strand über – einem kleinen quadratischen Strand, der von zwei großen Steinstrukturen oder »Toren« umrandet wurde. In der Tat hatten die Wikinger Iona in der Geschichte der Gemeinde mehrfach ausgeraubt. Der Mönch, den Carlos kannte, fiel plötzlich tot zu Boden. Fast unmittelbar darauf stürzte der andere Waisenjunge, der in Carlos' Schoß fiel, »und ich bemerkte, daß er tot war«. Alles geschah sehr schnell, und Carlos ist nicht klar, wie die beiden getötet wurden – ob sie zum Beispiel mit Pfeilen erschossen wurden. Der überlebende Mönch rannte dann auf Carlos zu, der von der Düne, auf der er gesessen hatte, aufsprang. Der Mönch nahm ihn bei der Hand und rief ihm zu, daß er ihm den Strand entlang folgen solle. Sie rannten, bis sie hinter den Dünen neben einem großen Steinvorsprung zu Boden fielen. Dieser Vorsprung gehörte zu einer von zwei riesigen Felsformationen, die eine Art natürlichen Durchgang zum Strand bildeten. Während des Sturzes breitete der Mönch seinen Umhang schützend über Carlos aus, der nicht genau wußte, ob sein Begleiter noch lebte. Die Wikinger rannten an ihnen vorbei, weil sie »dachten, wir seien tot«, und weg vom Strand in die Felder. Die Vision endete mit einem Blackout, und Carlos fand sich triefend naß auf dem Steg stehend wieder. Danach kehrte er zu dem kleinen Hotel zurück, in dem er und der Priester wohnten.

Bevor sie am nächsten Morgen die Insel verließen, um nach Edinburgh zurückzufahren, fühlte sich Carlos gezwungen, noch einmal zur Robbenbucht zu gehen, wo er abermals Lieder sang, »um zu sehen, ob die Robbe wiederkommen würde«. Der Morgen war bewölkt und stürmisch, und es hatte die ganze Nacht lang bis in den Tag hinein geregnet. Carlos »kletterte hinaus auf eine trügerisch glatte Halbinsel aus Geröll und Felsen, um von hier aus die dunklen Wasser überblicken zu können, die in hoch aufsteigenden Wogen zu kochen schienen. Mit dem Sturm um mich herum sang ich die gregorianischen Gesänge 'Dies Irae' und 'Asperges Me'. Da erhob sich ein riesiger weißer Seelöwe mit großen weißen Stoßzähnen aus den schwarzen Fluten und erschreckte mich fast zu Tode. Ich verstand das nicht. Das alles war zu viel!«

Carlos kehrte nach Edinburgh zurück und stellte sein Projekt »Michaels Triumph« fertig. Dazu bemalte er eine Reihe lichtdurchlässiger Wandbehänge aus Chiffon und Seide, die das Licht auf der Insel einfingen und eine Passage aus dem Buch der Apokalypse darstellten. In die Wandbehänge integriert waren einige nackte Männer, die die gefallenen Engel darstellten und die hinter der zentralen Figur, dem Erzengel Michael, gezeigt wurden. Fast zwanzig Jahre lang stellten die Kirchenautoritäten den großen Wandbehang – acht Meter breit und etwa drei Meter tief, jede Bahn mit einer Höhe von über zwei Metern – jeden Herbst für zwei Monate aus, vom St.-Michaels-Tag bis Allerheiligen, da während dieser Zeit eine alljährliche Wallfahrt anderer Pfarrgemeinden aus Schottland zu dieser Kirche stattfand.

Zwei Monate nachdem Carlos in seine Heimatstadt zurückgekehrt war, tauchte der junge Mönch, der ihm in der Vision das Leben gerettet hatte, als Studienanfänger auf dem College-Gelände auf und kam in sein Büro, um sich für Kunstkurse bei ihm einzuschreiben. Carlos reagierte mit Erstaunen und Ungläubigkeit. Die beiden fühlten sofort, daß sie sich kannten, und es entstand eine Freundschaft. Die Erkenntnis, daß er in seiner Vision irgendwie fähig gewesen war, in die Zukunft zu sehen, berührte Carlos zutiefst und bestärkte ihn in seinem Beschluß, eines Tages nach Iona zurückzukehren.

Carlos ist spanischer, schottischer, irischer, deutscher und deutsch-jüdischer Herkunft. Sein Nachname stammt noch aus der Zeit der spanischen Armada und deren Untergang, der sich möglicherweise bei den irisch-schottischen Hebriden vor der Insel Mull neben Iona ereignete. Er wuchs in einem kleinen Dorf in West-Pennsylvania in einer katholischen Familie auf. Seine Eltern waren in der Zeit der Depression junge Erwachsene gewesen; sie waren tüchtige Arbeiter, die sich ihren leidenschaftlichen katholischen Glauben bewahrt hatten. Beide Elternteile, die auf einer Farm aufgewachsen waren, hatten Wert auf eine gute Schulausbildung gelegt und waren in der Lage, eine High School zu besuchen, wie dies in einer Kleinstadt und im ländlichen Leben des frühen zwanzigsten Jahrhunderts üblich war. Carlos' Schwester, die zehn Jahre älter als er und wie ihre Eltern eine gläubige Katholikin ist, heiratete, als er noch ein Kind war. Sie und ihr Ehemann haben vier Kinder, und sie ist in der kleinen Stadt geblieben, in der sie und Carlos geboren wurden. Als Carlos sechzehn Jahre alt war, starb sein Vater, der erst Kleinstadtunternehmer und schließlich Arbeiter bei der Eisenbahn war, während der Arbeit an einem Herzinfarkt. Er hatte lange Zeit Zigaretten geraucht. Carlos wurde im Laufe seines Lebens ständig mit dem Tod konfrontiert, und dieses Ereignis beeindruckte ihn stark. Als erstes hatte er mit seiner Mutter und seiner Schwester zum Leichenschauhaus des Untersuchungsrichters gehen müssen, um die Leiche seines Vaters zu identifizieren, was ein traumatisches Erlebnis für ihn war. »Ich war vorher noch nie in einem Leichenschauhaus gewesen. Als ich sah, wie mein Vater auf einer Platte auf dem Tisch lag, und hörte, wie meine Mutter schrie, weinte und ihn sogar küßte, brach ich einfach auf den Boden zusammen und weinte.« Seine Mutter führte ihren »Gemischtwaren- und Lebensmittelladen« bis zu ihrem Ruhestand weiter. Dann half sie bei der Vorbereitung von Mahlzeiten für den Auslieferungsservice seiner einzigen Schwester.

Carlos wurde von seiner Familie darin bestärkt, eine Ausbildung in Kunsterziehung anzustreben, und er erwarb drei Diplome und das Äquivalent zu einem vierten, einschließlich eines MFA-Abschlusses mit dem Schwerpunkt auf Malerei und Bildhauerei, dazu das Äquivalent eines zweiten MA-Abschlusses in Kunsttherapie, und er erhielt den Doktortitel in Vergleichender Kunstwissenschaft. Die Entwicklung seiner natürlichen künstlerischen Fähigkeiten schreibt er dem Einfluß seiner Schwester und deren Ermutigung zu. Carlos heiratete im Alter von sechsundzwanzig Jahren, nachdem er seinen Doktor gemacht hatte. Er und seine Frau, eine Mathematiklehrerin, zogen in eine Universitätsgemeinde auf einem Berggipfel im Süden, wo sie ihre drei Kinder aufzogen. Obwohl er ständig unterrichtete, arbeitete Carlos eifrig weiter an seinen eigenen kreativen Werken.

Sein gesamtes Leben lang litt Carlos aufgrund verschiedener Allergien an Atembeschwerden. Als er ein Jahr alt war und eine Lungenentzündung hatte, setzte eine Krankenschwester seine Eltern davon in Kenntnis, daß er klinisch tot sei. Seine Eltern, die außer sich waren, brachten ihn eilig in ein Krankenhaus, wo ein schwacher Puls festgestellt werden konnte und man ihn in ein Sauerstoffzelt legte. In einer Hypnosesitzung mit Dr. Ward erinnerte sich Carlos an das Gefühl, daß »das Kind, das ich war, starb« und »die Lichtgestalt«, die er zuvor gewesen war, »den Körper des toten Babys übernahm ... Der Eintritt in den Körper war sehr schmerzhaft«, sagte Carlos. Er spürte einen intensiven »Widerstand dagegen, einen Körper anzunehmen ... Ich liebe es, einen Körper zu haben, aber ich wollte nicht (zur Welt) kommen. Ein Körper ist so vielen Problemen ausgesetzt. Ein Körper reagiert auf alles. Er ist wie eine Qualle am Strand; jede Stimulation, jede ankommende Mikrobe. Die zellulare Struktur schaltet und ändert sich ständig. Aufzuwachsen war schwer. Altern ist schwer. All die Prozesse, durch die ein Körper gehen muß. Und er ist niemals ruhig, niemals wirklich friedvoll.«

Unter Hypnose beschrieb Carlos das Gefühl, wieder in seinen kindlichen, etwa ein Jahr alten Körper einzutreten. »Es fühlte sich an, als ob ich hineingleiten würde, so wie man Socken, Schuhe und Hosen anzieht. Ich bin in die Finger hineingestoßen und in die Zehen hineingestoßen und in die Muskeln hineingestoßen. Es war schmerzhaft, und es tat weh. Ich mochte das Gefühl nicht. Ich dachte, es sei unsauber. Ich dachte, es sei ekelerregend. Ich dachte, es sei störend. Es war ein fettes, schmieriges kleines Baby, das überhaupt nichts tun konnte. Es hatte keine wirkliche Präsenz. Es war solch eine andere Dimension. Es war solch ein Abstieg.«

In einer Hypnosesitzung mit Dr. Ward rief sich Carlos das Gefühl ins Gedächtnis zurück, daß er sich trotz der Schmerzen, die damit verbunden waren, einen ungefähr ein Jahr alten Körper zu bekommen, irgendwie »freiwillig gemeldet habe, um auf die physische Erde zu kommen ... Ich wollte den Körper annehmen«, sagte er. Als ich ihn fragte, warum er »zugestimmt« habe, sprach er von seiner Verantwortung als Lehrer und Künstler. Er sei über das Versagen menschlicher Wesen, »mit ihren Möglichkeiten gut umzugehen«, tief besorgt, und unsere räuberische Zerstörung des »Erdengartens« habe ihn zeit seines Lebens beunruhigt. Mit Hilfe der Kunst lehrte er »'die Ästhetik der Transzendenz' ... Durch geisteswissenschaftliche Prozesse helfe ich Menschen, einfühlsamer zu werden, damit sie die Dinge, die nicht von ihnen selbst stammen, besser verstehen und sich besser mit ihnen identifizieren können, anstatt sie zu zerstören.«

Das erste Begegnungserlebnis, an das Carlos sich erinnern konnte, hatte er im späten Sommer oder frühen Herbst 1940, als er dreieinhalb Jahre alt war, im Zusammenhang mit dem Erscheinen einer Aurora borealis, eines Nordlichts. Solche Ereignisse waren in Pennsylvania ziemlich ungewöhnlich, und Carlos erinnerte sich an die apokalyptischen Reaktionen einiger Nachbarn. Das Erlebnis war auch für Carlos furchtbar und hat ihn sein ganzes Leben lang verfolgt. Er sagte, daß das Schauspiel der farbigen Lichter am Himmel die Art beeinflusse, in der er als Erwachsener male.

Als Kind wurde Carlos bei diesem Ereignis so neugierig, daß er nicht zu Bett gehen wollte. »Ich war wütend, weil meine Eltern mich schließlich zu Bett geschickt haben. Ich dachte, daß es das bedeutendste Erlebnis meines ganzen jungen Lebens sei, und mir wurde gesagt, ich solle meinen Pyjama anziehen und schlafen gehen. Aber mein Vater arbeitete bei der Eisenbahn und stand morgens um vier Uhr dreißig auf, um bis sechs Uhr bei der Arbeit zu sein. Ich bin allerdings nicht sofort ins Bett gegangen. Statt dessen ging ich zum Fenster und schaute hinaus. Dann schrie ich meinen Eltern zu: 'Mummy, Daddy, ich sehe einen Engel!' Mein Vater schrie zurück: 'Das ist schön! Und jetzt geh ins Bett!'« Carlos als Kind hatte die Einstellung seiner Eltern zu »dem wichtigsten Tag meines ganzen Lebens« nicht verstehen können. Das Engelsbildnis war »ein gelbes Licht oder ein gelber Dunst«, der sich auf ihn zu bewegte, und er brachte ihn mit der blondhaarigen, geschlechtslosen Engelsstatue in Verbindung, die er unter dem Weihnachtsbaum der Familie gesehen und die ihn fasziniert hatte. Damals hatte er mit der Engelsstatue wie mit einem Flugzeug gespielt und sie um den Baumstamm fliegen und auf den Zweigen oder auf dem Dach der Krippe landen lassen. Der Engel war in seiner Erinnerung das wichtigste Bild dieser Jahreszeit.

Unter Hypnose erinnerte sich Carlos, daß »aus der amorphen gelben Engelsgestalt eine der dünnen, kleinen Kreaturen mit den großen Augen« auftauchte, eine Art außerirdisches Wesen, das er in einigen hypnotischen Rückführungen gesehen hatte. »Es war eine kleine Kreatur wie ich, etwa meine Größe. Sie war dünn und hatte für ihren Körper einen großen Kopf und sehr große Augen. Die Augen waren mandelförmig, wie bei Katzen.« Die Augen waren »manchmal strahlend blau, als würden sie von innen heraus leuchten«. Die Kreatur war »kahl, keine Haare, keine charakteristischen Merkmale am Körper. Über die Hände war ich mir nicht sicher. Ich glaube nicht, daß es Hände wie meine Hände waren, obwohl ich die Kreatur mehrmals gesehen habe.« Statt Finger schien sie Klauen oder Zangen zu haben. »Ich bin mir nicht sicher, ob da zwei, drei oder vier Glieder waren, aber wahrscheinlich zwei.« Später glaubte Carlos, daß er die »Hände« der unterschiedlichen Kreaturen verwechselt haben könnte, die seiner Ansicht nach in vier Rassen oder Spezies unterteilt werden konnten. Er erklärt sich das so, daß die Hände, auf die er sich bezog, wahrscheinlich diejenigen von größeren, roboterhaften Kreaturen gewesen seien, die sich tatsächlich in Gestalt und Form voneinander unterschieden, je nach der ausgeführten Funktion. Er glaubt, daß seine Verwirrung über das Erscheinungsbild der Hände durch die funktionellen Unterschiede bei mindestens drei der Arten noch vergrößert worden sei. Er spürt, daß die unterschiedlichen Spezies artverwandt sind und einander ergänzen.

Dann erinnerte sich Carlos, wie er sich als Kind »wie ein Spiegelbild der kleinen Kreatur in die Luft« erhob, durch das Fenster nach draußen bewegte und mit diesem Wesen »flog. Es hat mich über alle Berge rings um meine Heimat mitgenommen, und das Fliegen war wundervoll. Für mich war es ein Riesenspaß. Ich drehte mich einmal sogar auf meinen Rücken und kehrte dann wieder in die normale Lage zurück.« Er flog neben der Kreatur her und schien von der Energie des Lichts, in das sie eingetaucht waren, gehalten und angetrieben zu werden. »Ich nahm Entfernungen wahr. Ich nahm Bewegungen wahr und Farben als tiefen Dunst am Himmel. Ich nahm entfernte Sterne wahr. Da waren Lichter, jenseits der Sterne und Planeten, weit dahinter.« Manchmal, so glaubt er, hat er diese Erinnerung an den Flug mit Erinnerungen daran vermischt, daß er hochgehoben und durch einen Lichttunnel hindurch in das Innere eines Fahrzeuges transportiert wurde. Das Fliegen stellt ein wiederkehrendes Motiv in einigen seiner lebhafteren Träume dar. Als er seine »Rundreise durch die ländliche Nachbarschaft« unternahm, hatte Carlos das Gefühl, daß er das schon einmal getan hatte, »bevor ich ein kleines Kind war, als ein Vor-Geschöpf«, womit er die Zeit meinte, bevor er in seine menschliche Hülle geschlüpft war. Es war ein »Ehrfurcht einflößendes Erlebnis« – ein Begriff, den Carlos regelmäßig in unserer Diskussion benutzt hat –, »zurück zum Licht« zu gehen. Carlos fällt es schwer, die Qualität dieses Erlebnisses der Metamorphose und transsubstantiellen körperlich-materiellen Veränderungen in Form und Energie zu beschreiben – ein Erlebnis, das er auch während anderer Begegnungen hatte. Er fühlte, daß er sich in einem schmerzhaften Prozeß der »Umwandlung von materieller Energie in Lichtenergie« buchstäblich »auflöst« oder sich »zellular zerlegt«, das heißt, er verwandelt sich in den Himmel oder das Licht selbst, das »alles durchdringt«. Das Wesen begleitete seine Rückkehr zum »Ort der Lichtenergie. Es brachte mich dorthin zurück, woher ich gekommen war – ehe ich in meinen Körper gegangen war, ehe ich zu einem Körper geworden war. Es brachte mich zu dem, was Licht ist, zu einem Ort der Lichtenergie.« Das Wesen selbst, so sagte er, »ist nur eine Form des Lichts, die aus dem Licht hervorgeht«.

Selbst wenn der Ort dieses Licht-Erlebnisses in einem gewissen Sinn geographischer Natur war, fand es doch »außerhalb des Raumes« statt. »Es gab keinen Raum und keine Zeit.« Ich fragte ihn, wo sich sein Bewußtsein während des Erlebnisses befunden habe. »Ich war Bewußtsein. Das Erlebnis war Bewußtsein, ein reines Seelenerlebnis. Seele ist die Endlosigkeit davon«, sagte er. »Die Essenz des Erlebnisses besteht aus einer Energie, die eine Vorform darstellt.« Carlos versuchte auch, die »Schönheit« der Bewegung zu erklären. Er sprach noch immer von dem Erlebnis, das er im Alter von dreieinhalb Jahren hatte, aber ich nahm an, daß er Verbindungen zu späteren Entführungen mit eingebracht hatte. Carlos war felsenfest davon überzeugt, daß das Ereignis sich so zugetragen hatte, wie er es beschrieben hatte, und daß das, was in der Hypnosesitzung herauskam, keine Vermischung unterschiedlicher Erlebnisse war. Er sagte auch, daß andere, spätere Erlebnisse diese Bilder des Lichts in der ersten Hypnosesitzung bestätigt hätten. »Diese Umwandlung geschah in meiner zweiten Hypnosesitzung. Die Rückkehr zur Lichtenergie-Form mit dreieinhalb Jahren war später Teil einer erneuten Belehrung, die mir half, die ursprüngliche Absicht, eine menschliche Form anzunehmen, wieder zu akzeptieren. Das Erlebnis mit dem Licht wiederholte sich in mindestens drei Hypnosesitzungen.«

Carlos stellte folgendes fest: »Man ist mitten in der Energie des Universums. Man ist diese Bewegung aus Licht und Energie, aber man ist sich deren 'Raumlosigkeit' bewußt. Mit dem Wort 'Raumlosigkeit' komme ich einer Objektivität so nahe, wie ich kann ... Ich glaube, ich habe versucht, dieses Gefühl oder Ereignis zu malen, ohne zu wissen, daß ich es malte. Es ist so, als würde man unter Wasser schwimmen. Man kann Formen sehen, man kann Entfernungen sehen, und man kann Licht sehen. Aber man kann seinen Körper nicht sehen. Der Körper besteht ohnehin aus Wasser, und wenn man dann über die körperlichen Grenzen hinaus wahrnehmen kann, dann erklärt das, wie es war.« Das Erlebnis war »freudig, eines der atemberaubendsten Erlebnisse, die ich in meinem Leben je hatte. Ich glaube, ich habe dieses Licht mein ganzes Leben lang gemalt. Ich meine, buchstäblich.« Carlos hat kürzlich große Kunstwerke – Ölgemälde und Zeichnungen in Mischtechniken – von Himmel, Wolken und Fernsichten geschaffen. Diese Gemälde und Zeichnungen gipfelten in einer Ausstellung namens Lichtsenkung, die das erste Mal im November 1992 gezeigt wurde. Das erste Ausstellungsstück ist ein Foto von einer Lichtsenkung, das bei seiner zweiten Reise nach Iona aufgenommen wurde – während eines Zeitraumes, in dem er sein Bewußtsein verloren hatte.

Als er fünf Jahre alt war, hatte Carlos abermals eine Lungenentzündung mit hohem Fieber und drohendem Koma, die sein Leben gefährdete. Weil sein Arzt dachte, daß die Infektionen mit Allergien zusammenhängen könnten – und möglicherweise auch daraus resultierten, daß er ständig Zigarettenrauch ausgesetzt war –, brachten ihn seine Eltern zu Untersuchungen quer durch den Staat nach Philadelphia. Während seines Krankenhausaufenthaltes bekam Carlos »über zweihundert, vielleicht bis zu vierhundert Stiche in meine Haut«, da er auf mögliche Allergieauslöser getestet wurde. Während der Tests bekam er Masern, woraufhin man ihn in Quarantäne steckte und seinen Eltern nicht erlaubte, ihn zu besuchen. Das war eine traumatische Zeit für ihn.

Unter Hypnose mit Dr. Ward erinnerte sich Carlos daran, während dieser Krankheit wiederum von drei oder vier kleinen Wesen mit großen Augen besucht worden zu sein, die wie dasjenige ausgesehen hatten, das bei ihm zu Hause gewesen war, als er drei Jahre alt war. Dazu war ein Erlebnis gekommen, das ihn womöglich aus seinem Körper herausgeführt hatte. Er kehrte abermals an einen Ort des Lichts, der Energie oder Kraft zurück, von dem aus er auf seinen Körper hinabblicken konnte.

Carlos führt seine Genesung von der Lungenentzündung auf dieses Erlebnis zurück, bei dem von dem außerirdischen Wesen eine heilende Lichtenergie in seinen Körper hineingestrahlt worden sei. Er beschreibt den Prozeß, »als ob etwas wie Laserstrahlen in meinen Körper kam. Sie kamen durch meine Fußsohlen und Hände und möglicherweise durch die Seiten des unteren Brustkorbes in meinen Körper hinein, durchstrahlten ihn völlig und breiteten sich aus. Während das Licht heller wurde, wechselte es die Farben, um sich dem ganzen inneren Körper anzupassen und ihn dabei zu heilen.« Als das Fieber »den gelben inneren Kern« aufbrach, »der mit einer orangefarbenen Masse umgeben war, schien diese von einer trüben pink-hellviolett-roten Farbenreihe umgeben zu sein, und das heilende Licht wurde durch frische blaue und grüne Streifen an der inneren Oberfläche der Haut begrenzt. Der grüne und blaue Rand war die Bruchkante, sozusagen die Kühlung. Dann reagierte mein Körper nach dieser langen, langen Krankheit wieder.« Zu diesem Zeitpunkt »brachten mich« die Wesen schließlich »zurück. Ich ging in den Körper hinein.«

Während der Hypnosesitzung erinnerte sich Carlos an sein intensives Widerstreben dagegen, in seinen Körper »zurückzugehen. Ich weinte und schluchzte, weil ich nicht in dieses Leben, in dieses Bewußtsein zurückkehren wollte. Aber die Wesen brachten mich zurück.« Carlos erinnert sich, daß er immer noch weinte und schrie, als er aus der Sitzung kam, während der er beträchtliche Atembeschwerden, Juckreiz und Schwankungen der Körpertemperatur verspürt hatte. »Ich weinte, und dann war ich wütend. Ich war vollkommen durcheinander.« Als er Dr. Wards Büro verließ und auf der anderen Seite des Gebäudes durch den Flur zum Badezimmer ging, fühlte sich Carlos so kampfeslustig und wild, daß er befürchtete, jemanden umbringen zu können, »wie ein Löwe. Ich fühlte mich schamanisch.« Mit seinen schulterlangen Haaren sieht Carlos tatsächlich ziemlich löwenähnlich aus.

Carlos erinnert sich an keine weiteren Entführungserfahrungen aus seiner Kindheit oder Jugend. Aber von den Jahren an, die er als Student an einem staatlichen Lehrer-College im westlichen Pennsylvania verbrachte, bis zur Gegenwart hatte er eine Menge solcher Erlebnisse. Als Student sah er während eines Familientreffens »ein riesiges – groß wie ein Baseballfeld –, rundes, fliegendes Fahrzeug, geformt wie eine Untertasse, die umgekehrt auf einer anderen Untertasse lag, jedoch mit einem stumpfen, metallähnlichen Band in der Mitte, das möglicherweise Fenster enthielt. Abgesehen von diesem Fensterband, war es sehr reflektierend und glänzend silber. Die meisten meiner Verwandten und ich waren draußen im Garten, während sich meine Mutter, Großmutter und Tanten in der Küche befanden. Das Raumschiff blieb mindestens zwanzig Minuten lang an einer Stelle stehen, ohne sich zu bewegen, lange genug, daß jeder es sehen konnte, lange genug, daß ich ins Haus gehen und meine Mutter auf die Veranda hinauszerren konnte. Dann hob das Schiff ab und war innerhalb weniger Sekunden außer Sichtweite.«

Ein Jahr später sah er eines Nachts, eine Meile von seinem Haus entfernt, einen großen Feuerball, »größer als mein Auto, aber nicht so groß wie das Raumschiff. Er flog parallel zu meinem Auto, jedoch über dem Feld und einige Fuß hoch in der Luft. Dann schoß er zurück durch den Wald, und als er verschwand, zersplitterte er in vier kleinere Lichter, die in alle vier Himmelsrichtungen davonspritzten.« Zuerst dachte Carlos an einen Meteor, aber der Feuerball hatte sich nicht wie ein solcher verhalten, und Carlos geriet dadurch ins Grübeln. Er kann sich nicht erinnern, angehalten zu haben, aber er kam um zwei Stunden verspätet zu Hause an, und schemenhaft erinnerte er sich an einige Details eines Entführungerlebnisses.

Seine beunruhigendsten Entführungserinnerungen – die bisweilen durch Übelkeit und andere physische Symptome gekennzeichnet waren – sind solche, in die seine Kinder verwickelt waren. Er und seine Frau haben zwei Söhne, die nun achtundzwanzig und sechsundzwanzig Jahre alt sind, und eine vierundzwanzig Jahre alte Tochter, die vor kurzem geheiratet hat. Carlos weinte, während er sich an das Trauma erinnerte, unfähig gewesen zu sein, sie in ihrer Jugend zu beschützen. »Ich bin gelähmt, und sie nehmen die Jungen aus meinen Armen«, klagte er, während er versuchte, sein Schluchzen zu beherrschen. Er sagte, er habe seine Tochter als kleines Mädchen auf einem Raumschiff gesehen, »wie sie sich streckte, um einige der Instrumente zu berühren, und ich wollte nicht, daß sie das tut. Ich hatte solche Angst, daß sie sie berühren würde!«

Carlos vermutet, daß seine gesundheitlichen Probleme, inklusive seiner Allergien und Atembeschwerden, mit Sonden und Implantaten von Entführungen zu tun haben. Er hatte aufgrund von Atemschwierigkeiten zwei Operationen an der Nasenscheidewand, bekam oft Infektionen der Nasennebenhöhlen und Atemwege und nahm ständig rezeptfreie Medikamente, um seine Nasenwege freizuhalten. Als Carlos in den Vierzigern war, wurde ein Tumor hinter seinem rechten Auge entfernt. Damals hatte er ihn dem Asbest an seinem Arbeitsplatz in der Schule zugeschrieben, jetzt allerdings vermutet er, daß der Tumor etwas mit den Sonden und Implantaten während seiner Entführungen zu tun hatte. Er glaubt, daß die Augenoperation seine Sehschärfe eingeschränkt und ihn dazu gezwungen habe, eine Brille zu tragen. Er hinterfragt zudem die Ursache eines später aufgetauchten massigen, harten Gewächses auf seiner Stirn über der Stelle, wo sich der innere Tumor befunden hatte. Vor einigen Jahren war ein Mal oder Geschwür an seinem Unterleib als bösartig diagnostiziert worden. Nach einer Operation ging der Krebs zwar zurück, aber Carlos führt das auf die Transmutation von Lichtenergien zurück, denen er sich während der Gartenarbeit und des täglichen Malens mit Wasserfarben bei Sonnenuntergang ausgesetzt hatte.

Carlos glaubt, daß seine Identifikation mit den anderen Spezies in seinen Entführungserlebnissen ihm auch geholfen habe, ein ökologisches Bewußtsein zu entwickeln. Der Aufenthalt im Freien hatte ihn schon in seiner Kindheit stark geprägt. »Ich spielte viel in der freien Natur. Ich wuchs in den Wäldern auf und spielte Tarzangeschichten nach.« Zudem hatte er schon immer eine intensive Beziehung zu Tieren. In seiner Jugend auf dem Land hatte es stets Haustiere wie Hunde und Katzen gegeben. Und während seiner Jahre an der Junior High School und der High School hatte er zwei Pferde besessen und Stunden damit verbracht, in den Hügeln von

Pennsylvania zu reiten. »Ich glaube, ich kann wirklich gut mit Tieren umgehen. Ich fühle, daß wir miteinander in Verbindung stehen.« Auch heute, in seinem Leben als Erwachsener, ist er ständig von Hunden und Katzen umgeben, die ihn auf seinen täglichen Spaziergängen an Seen, durch offene Felder und den Wald nahe seines Hauses begleiten. Er kämpft für die Rechte der Tiere und hat viel Zeit dafür aufgewandt, das Bewußtsein für Umweltthemen zu sensibilisieren.

In seinen Hypnosesitzungen mit Dr. Ward entdeckte Carlos einige Erinnerungen an die Iona-Episode, die zwei wichtige Begegnungen enthält, und in längeren Unterredungen und zwei Rückführungen mit mir hat er sich an weitere Details erinnert. Aus einigen Gründen ist es schwer, eine zusammenhängende, zeitlich korrekte Schilderung dieser Begegnung zu erhalten. Carlos tendiert dahin, bei zeitlich unterschiedlichen Zusammenhängen nicht linear zu denken. Ein Zusammenbruch von Raum-Zeit-Abfolgen oder -strukturen ist bei dem Erleben von Begegnungen und der Erinnerung daran zwar üblich, tritt in seinem Fall jedoch besonders stark in Erscheinung. Bei einem Erlebnis, das so reich an Bildern, Empfindungen und Gefühlen ist wie die Iona-Begegnung, ist es praktisch unmöglich, eine präzise Reihenfolge der Ereignisse zu rekonstruieren. Wo solch eine Anordnung der Erzählungen möglich erschien, bin ich dabei geblieben. Ansonsten sind die grundsätzlichen Inhalte dieses Erlebnisses, das ungefähr sechs Stunden dauerte, so zusammengesetzt, wie es mir logisch oder passend erschien, zeitlich aber nicht notwendigerweise korrekt sein muß. Ich werde mit den Ereignissen beginnen, an die Carlos sich bewußt erinnert hat.

Als Carlos im April 1990, zwanzig Jahre nach seinem ersten Besuch, nach Iona zurückkehrte, hatte er berufliche Gründe für diese Reise. Es ging um Nachforschungen nach christlichen Kirchenliedern und Gedichten von St. Columban und die mögliche Beziehung ihrer Bildersprache zu Druiden-Gedichten, in denen die Erde und das Weibliche in der Natur verehrt werden. Außerdem war es sein persönlicher Wunsch, »die visionären Erlebnisse zu untermauern«. Carlos dachte, daß es sowohl seine damalige Vision als auch sein Gefühl der Rückkehr bestätigen würde, wenn er Überreste des steinernen Tores finden könnte, das auf Landkarten der Insel nicht verzeichnet war – oder wenn er eine bestimmte Höhle finden könnte, die ein Jahr nach seinem ersten Besuch in Iona in einer hypnotischen Rückführung zum Vorschein gekommen war. Damals hatte er sich erinnert, daß er sich zusammen mit dem jungen Mönch in jener schwarzen, nebligen Nacht tief in einer kleinen Höhle verkrochen hatte. Carlos plante, höchstens zwei Tage in Iona zu verbringen. Doch über die Osterfeiertage hatte er auf Mull mit seinem Auto Probleme, die ihn zwangen, seinen Aufenthalt auf Iona auf etwa zehn Tage zu verlängern. Und so ereignete sich die Begegnung, die das Kernstück dieses Falles bildet.

Am ersten Tag auf der Insel kletterte Carlos auf die Felsen, die er in der Vision gesehen hatte. Er fühlte, daß er intuitiv wußte, wo sich die Höhle befand, obwohl er sie bei seiner ersten Reise nicht gesehen hatte. Es herrschte Flut. Er sah Spalten in den Felsen, konnte die Höhle aber nicht finden. Er dachte, daß er sich »das nur eingebildet« hätte, aber »es beunruhigte mich fürchterlich«. Er machte ein paar Fotos und ging. Ein oder zwei Abende später kam er bei Ebbe zurück – »ich hatte nie an die Gezeiten gedacht« – und ging um eine Klippe in einer der Felsformationen herum. Sie war dem großen Stein am Strand am nächsten, neben dem er hingefallen war, »und da war die Höhle«. Er ging hinein und befand sich in der Höhle, die er in seiner Rückführung gesehen hatte. Das beeindruckte ihn über alle Maßen. Er »fühlte« sich »großartig«, denn das bedeutete, »daß meine visionären Erlebnisse echt waren, daß sie sich erfüllten und daß ich es mit Wahrheit zu tun hatte«.

Am 15. April, dem Ostersonntag – Carlos war jetzt seit drei oder vier Tagen auf Iona –, brach er zu einer Exkursion über die bergige Insel zur St.-Columban-Bucht auf, um grüne Kieselsteine zu sammeln, die er seinen Kindern mitbringen wollte. Für den Weg, der an der Bucht mit den Robben vorbeiführte, kalkulierte er einen Drei-Stunden-Marsch ein. Carlos startete am Mittag, um vor der Dunkelheit zurück zu sein, und wanderte über die Ebenen zu einem Berggipfel im mittleren Westteil der Insel. Er erreichte ein Plateau am oberen Ende der Insel und entfernte sich vielleicht dreißig bis vierzig Schritte weit vom Weg, um zu urinieren. Als er sich wieder dem Weg zuwandte, fühlte er sich auf eine seltsame Art und Weise verwirrt und betäubt, sogar schwindelig, und er hatte Probleme zu gehen. Alles sah jetzt anders aus, und er erkannte seine Umgebung nicht wieder, obwohl er sich noch immer auf der Insel befand. Zuerst konnte er den Weg nicht finden, und als er ihn dann gefunden zu haben glaubte, wußte er nicht mehr, an welcher Wegstelle er sich befand. Kurz darauf bemerkte er, daß er in die falsche Richtung lief – hinunter anstatt hinauf. Als er sich umdrehte, um seinen Aufstieg auf den Berg fortzusetzen, merkte er, daß ungefähr zwei oder drei Stunden – »Uhren funktionieren nicht, wenn ich sie an mir trage, also trage ich keine« – vergangen waren. Es war zu spät, um die Reise zur St.-Columban-Bucht zu beenden und vor Anbruch der Dunkelheit zurückzukehren. Mit dem Entschluß, den Ausflug am nächsten Tag nachzuholen, machte er sich auf den Rückweg, immer noch etwas unsicher auf den Beinen, weil er sich weiterhin wie in Trance befand. Bald erreichte er den Maercher, eine Art Feld, das den Strand der Robbenbucht überragte.

Von diesem Feld aus sah er vor sich über der Bucht eine große, lange und pfirsichfarbene Lichtsäule, die von der Wasseroberfläche bis zur dichten Wolkendecke aufragte. Sie erschien ihm »übernatürlich, erschreckend, unheimlich und ungeheuerlich«. Dort, wo sie das Wasser berührte, erzeugte die Säule einen riesigen pfirsichfarbenen Kreis, von dem pfirsichfarbener Dunst aufstieg. Carlos sah innerhalb und außerhalb des Kreises Tausende von Funken, »die überall über das Wasser sprangen, wie bei Wunderkerzen«. Später, unter Hypnose, beschrieb er den Strahl als »Lichtfall«, als einen »Tunnel«, der unter einem Raumschiff hing. Er besann sich auf seine Kamera, die mitsamt Teleobjektiv an seinem Hals hing, und machte eine Aufnahme. Das Objektiv hatte er auf das Wasser gerichtet, während er rückwärts ging, um möglichst viel von der Säule, den Wolken und dem Kreis auf der Wasseroberfläche auf das Bild zu bekommen. Carlos beschrieb das Ganze als »das unglaublichste Naturereignis, das ich je gesehen habe«.

Ich habe mir seine Fotografie angesehen, auf der auch kleinere Lichtsäulen zu erkennen sind, die von der Hauptsäule seitlich zum Wasser hinabreichen und die Carlos bis dahin noch gar nicht wahrgenommen hatte. Das Bild wurde mit einem Diafilm aufgenommen. Nachdem ein Abzug gemacht worden war, brachte ihn Carlos zu zwei Kollegen in der Abteilung für Physik an seiner heimatlichen Universität. Sie vermuteten zuerst, daß der Strahl ein Sonnenstrahl sei, aber aufgrund seiner Form, des breiten Bogens, des Dunstes und der Funken in und über dem Wasser schlossen sie das bald darauf aus. Carlos rechnete außerdem aus, daß sich die Sonne zu jenem Zeitpunkt nordwestlich der Säule befunden haben mußte. Er lehrt selbst Fotografie und glaubt nicht, daß es ein Sonnenstrahl war. Er bezeichnet es auch nicht als »Strahl« oder »Lichtsäule«, sondern vielmehr als einen »Lichtfall«. Der ältere seiner beiden Physikerkollegen zog Erkundigungen über Iona ein und berichtete Carlos begeistert, daß auch St. Columban ein solches Licht gesehen habe.

Nachdem er das Bild gemacht hatte, fiel ein Licht auf Carlos und hüllte ihn ein. Er war sich nicht sicher, ob es sich um dasselbe Licht handelte, das er gesehen hatte, oder um ein anderes, das auf ihn gerichtet war, aber die Farbe war dasselbe Pfirsichpink. Er fiel rücklings auf den Boden und wurde »ohnmächtig«. Als er »aufwachte«, war es bereits dunkel, und er saß »etwa dreißig oder mehr Meter entfernt und völlig verwirrt« am Strand. Den Lichtstrahl konnte er nicht mehr sehen, jedoch eine Wolke, »die glühte und pulsierte, in einem orangefarbenen Licht«. Die Sonne war bereits untergegangen. Er machte ein zweites Bild – auf dem kleine, kurze Lichtstrahlen zu sehen sind, die aus der Wolke kommen. Dann machte er sich im Dunkeln auf den Rückweg zum Ort. Er nahm noch ein weiteres Bild auf, aber der Lichtschein war schwächer, und die Strahlen waren verschwunden. Bemerkenswerterweise hatte Carlos unmittelbar danach keine Erinnerung an diese Ereignisse. Er ging über den Berg zur St.-Columban-Bucht und »holte meine grünen Kieselsteine«. In der Tat hatte er keine Erinnerung an die Lichtsäule, bis er sich vier Monate später zum ersten Mal die Dias von der Reise anschaute.

Die eigentliche Begegnung – wie sie unter Hypnose ins Gedächtnis zurückgerufen wurde – begann mit einer Bewußtseinsveränderung, nachdem Carlos uriniert hatte. Er erlebte, wie er in einem laserähnlichen Lichttunnel zu einem Raumschiff und in dieses hinein gehoben wurde. Im Raumschiff sah er sich einer »süßen kleinen Kreatur« gegenüber, die ihn durch Teile des Schiffes führte. Zu Beginn der Begegnung schien die Kreatur ihn durch Ausstrecken eines Armes von einem Raum zum anderen mitzuziehen. Ihm begegneten verschiedene Typen außerirdischer Wesen. Es gab »kleine, weiße Kreaturen« wie diejenige, die ihn durch das Schiff begleitete. »Sie eilen umher wie Drohnen, sind sehr beschäftigt und achten nicht auf mich«, während er im Innern der Anlage war. Sie übten unterschiedliche Funktionen aus. Ihre Köpfe waren rund, weiß und haarlos »wie bei einem glatzköpfigen Menschen«. Er empfand ihre Augen eher als »hell und tief leuchtend blau« denn als schwarz, wie es von anderen Betroffenen meist berichtet wird. Wie auch immer, Carlos erklärte, daß die Farbe wechsle und dies keine Frage der Wahrnehmung sei. »Die Farbe hat mit Verständigung und Kontrolle zu tun.«

Er berichtete, daß die großen Augen manchmal – vor allem nachts oder im Freien – aussähen, als befänden sie sich unter Schutzbrillen, die ein Teil der Augenstruktur sein könnten. »Ich bin etwas verwirrt darüber, ob das, was ich beschreibe, tatsächlich 'Fleisch' ist, oder ob es sich um eine Schutzbrille oder den Teil eines Helmes handelt.« Ein enganliegender Helm tauchte auch in einer späteren Hypnosesitzung auf. Ich bat ihn, die Augen zu beschreiben. »Es ist, als schaue man durch eine dicke Brille, aber ich kann die Substanz erkennen, ihr dickes Fleisch. Ihre Augäpfel oder Linsen sind transparent. Deshalb erscheinen sie einem in der Dunkelheit als schwarz.« Hinter der »Schutzbrille« sah Carlos eine vertikale, schlitzförmige Pupille, die er als katzenartig bezeichnete, und eine ziemlich weite, runde Iris »mit sich bewegendem Braun und Rot«, die sich »nicht unähnlich unserem Augapfel« verenge und erweitere. Die Farbwechsel schienen »sich durch den gesamten Kreis der Iris zu ziehen«.

Die Kreaturen sahen in seinen Augen nicht alle gleich aus, und einige dieser Art schienen geschlechtslos zu sein. Bei Begegnungen, bei denen er untersucht wurde, fand Carlos heraus, daß häufig ein größeres, »wahrscheinlich weibliches« Wesen auftauchte, das einige der Programme zu kontrollieren schien. Als er in einer der Sitzungen Angst bekam, beruhigte sie ihn sogar. Er beschrieb sie als grau, sagte aber, daß sich die Farbe des Dunstes um sie herum oft ändere. »Sie ist immer von einem Nebel umgeben ... rosa, hellviolett, pink oder orange strahlend ... Sie ist dünn, ähnlich wie die kleinen Wesen, nur ist sie größer und wirkt daher wie verlängert; sie hat die gleichen Augen, und es gibt kaum eine Nase und kaum einen Mund.«

Carlos beschrieb in dem Raumschiff Räume unterschiedlicher Größe, die gewölbte Decken hatten und durch Gänge miteinander verbunden waren. Einen Raum nannte er »einen Kuppelsaal. Der Raum ist sehr groß.« Ein anderer hatte »eine untere Hälfte und eine obere Hälfte« mit vielen elektrisch aussehenden Linien an der Decke, die wie die Adern eines Gehirns aussahen. Zwischen den beiden Hälften befanden sich Fenster- oder Bildschirmflächen, die den gesamten Raum umgaben. Man konnte auf einen Balkon hinausgehen und hinaussehen. Diese Flächen funktionierten »wie ein Doppelspiegel; sie waren zugleich Projektionsflächen oder Bildschirme. Es scheint, als ob diese Fenster-Bildschirme aus einer Mischung aus Metall, Kristall und Glas bestünden.« Wenn er das künstlerisch wiedergeben sollte, sagte Carlos, dann würde er ein Wolkengebilde oder eine Landschaft auf hintereinander hängenden Plastiktafeln darstellen. Er hatte schon zuvor, nach seiner Arbeit in Edinburgh, Werke mit Acryl auf Chiffon geschaffen. Mit ähnlichen Materialien verband er seine Wahrnehmung dieser Bildschirme, die zugleich als Fenster fungierten. Dann fuhr er damit fort, den Raum zu beschreiben: »Bei diesen Fenstern gibt es eine Balkonebene mit einem Geländer. Von dort aus ragen die schrägen Oberflächen irgendwelcher Maschinen bis zum darunterliegenden Stockwerk. Unten am Boden gibt es gelb-beige-farbene Tische mit Instrumenten und Schalttafeln. Kleine Kreaturen bewegen sich geschäftig im unteren Bereich umher, oder sie sitzen an den Reglern unterhalb der schrägen Wände.« Carlos erinnerte sich, auf den Balkon gegangen zu sein und aus dem waagerecht angebrachten Fenster nach unten gesehen zu haben.

Während dieses Erlebnisses in Iona verspürte Carlos – wie auch bei anderen Entführungen – intensive körperliche Schmerzen, Angst und Übelkeit. Am meisten störten ihn große, roboterartige Kreaturen mit großen, schwarzen Augen, die reptilien- und insektenähnliche Gesichtszüge und insektenähnliche Körpermerkmale zu haben schienen. »Ich habe kein Problem damit, den Kleinen zu begegnen, die so niedlich sind, oder den Größeren, aber die Häßlichen ängstigen mich, sie stoßen mich ab«, sagte er. Die Roboter mit den Reptiliengesichtern und Insektenkörpern würden von dem weiblichen Wesen »hervorgebracht«, um bestimmte Funktionen auszuführen. »Sie ist so etwas wie ein Doktor, Philosoph und Psychologe. Dies ist eine Untersuchung, aber es ist mehr als nur ein körperlicher Eingriff«, sagte er.

Die Apparaturen »gehen einem verdammt auf die Nerven«, sagte er, fügte aber hinzu: »Es ist nicht das Schneiden. Das verursacht nicht den Schmerz. Es ist deine eigene Angst, weil du nicht weißt, was passiert. Denn obwohl es schon einmal passiert ist – und das fühlst du –, vergißt du die vorherigen Male in gewisser Hinsicht, selbst wenn die Erinnerung während deines Kontaktes mit ihnen wieder wach ist, und du siehst diese roboterhaften Maschinen auf dich zukommen, die so unheimlich sind und seltsam aussehen.« Der Brechreiz komme, sagte Carlos, wenn die Angst zu intensiv werde, besonders vor der Reptilien-Maschine. »Ich sehe es so, daß es diese Kreatur ist, die mir angst macht, und mir wird übel, und der Brechreiz kommt von der Angst. Er kommt nicht von dem, was sie tun ... Das roboterhafte Monstrum hat, genauso wie das weibliche Wesen, einen pink- oder rosafarbenen Dunst um sich herum. Ich habe Angst vor ihm, es ist scheußlich. Es hat einen insektenartigen Körper mit reptilienhaften Gesichtszügen. Es kommt direkt auf mich zu ... Ich schaue weg. Es ist eine harte, dunkle, furchterregende Maschine. Wir haben diesen Eindruck, weil wir ihre Oberfläche als Fleisch ansehen, das aus einer Mischung aus Leder und Metall zu bestehen scheint. Der Roboter ist ein funktioneller Mechanismus, vielleicht eine biomechanische Kreatur; er ist ihr mentales Werk. Sie können es formen, und dann können wir es wahrnehmen.«

Die in unserer ersten Hypnosesitzung undeutlich auftauchende Wahrnehmung dieser Kreatur ekelte Carlos an, was – wie er zugab – seinen Zugang zu dem Ereignis blockierte. Als er jedoch aus der hypnotischen Trance erwacht war, erklärte er, daß er mich in erster Linie deshalb aufgesucht hatte, um sich diesen Ängsten in einer Hypnosesitzung zu stellen. Es war ihm wichtig, seiner Furcht vor diesen roboterhaften Kreaturen entgegenzutreten. Gegenüber den anderen Arten verspürte er keinerlei Furcht. Übelkeit und Angst, so sagte er, stammten aus seiner allerersten hypnotischen Rückführung, während der er überhaupt nicht hatte sprechen können. In unserer zweiten Hypnosesitzung war er fähig, diesen Wahrnehmungen im Detail gegenüberzutreten und diesen Teil des Erlebnisses zu durchmessen.

Ungeachtet der Qualen, die mit dieser Begegnung verbunden waren, empfand Carlos die Iona-Begegnung zugleich als reinigend, bereichernd und sogar ekstatisch – ein Widerspruch, der mit den Erfahrungen anderer Entführter übereinstimmt und von Forschern oft beschrieben worden ist.

Dieser Aspekt seiner Erfahrung tritt in seinem Bericht über die Ereignisse, die seine Vision des pfirsichfarbenen Lichts begleiteten, am deutlichsten zutage. Nachdem Carlos das erste Bild von der

Lichtsäule gemacht hatte, ging er – während er durch das Kameraobjektiv sah – rückwärts, um noch mehr auf das Bild zu bekommen, das die Wolken über der Bucht miteinbeziehen sollte. Dann traf ihn das Licht, vielleicht ein Strahl, und er fühlte ein »Kribbeln« im Körper und fiel hin. Er fiel rückwärts in etwas, das ihm anfänglich wie ein leuchtender Blitz vorkam. »Ich hob die Hände, um meine Augen vor dem Licht zu schützen ... Ich war von diesem riesigen Kreis aus pfirsichpinkfarbenem Dunst umgeben, der mich umtanzte und sich bewegte, und dann wurde ich hochgehoben und hinauf in das Raumschiff gebracht. Ich glaube, ich könnte nackt gewesen sein, aber ich bin mir nicht sicher. Zu einem anderen Zeitpunkt war ich dann nackt. Ich weiß nicht, wie es dazu gekommen ist.« Er hatte Schwierigkeiten, seine Erinnerungen an verschiedene Begegnungen auseinanderzuhalten; er wußte nur, daß er bei einer Untersuchung, die irgendwann während des Begegnungsphänomens stattgefunden hatte, nackt gewesen war.

Als er inmitten dieses Lichtstrahls emporstieg, sah er »in den Wolken das untere Ende des Raumschiffes« und »ging wieder durch den Boden hinein«. Danach, im Innern des Schiffes, sah er eine Gruppe »der kleinen, weißen Kreaturen«, vielleicht zwischen fünf und neun Wesen. Sie standen in einem »weißen, glänzenden, leuchtenden Nebel ... Ich wußte, daß sie versuchten, mir etwas beizubringen. Als letztes sah ich ihre Augen, diese blauen Augen, und dann verschwanden sie vollständig in dem Nebel oder Dunst. Sie durchliefen einen vollständigen Farbwechsel, bevor sie sich komplett in Licht auflösten, und das war wunderschön.« Die Erwähnung des Nebels brachte mich zu der Überlegung, ob er zu diesem Zeitpunkt tatsächlich in dem Raumschiff gewesen war. »Ich war dort drin«, sagte Carlos. »Der Nebel befand sich innerhalb des Fahrzeugs.« Später sagte Carlos, daß er es so empfinde, als ob seine einfühlsame Wahrnehmung ein Teil der Botschaft sei; in seiner gesamten Laufbahn als Kunstlehrer hatte er stets betont, daß es in der kreativen Kunst wesentlich sei, sich mit der Subjektivität des »Objektes« zu identifizieren.

Am Anfang unserer zweiten Hypnosesitzung sagte Carlos, daß es ihn stark berühre, die Licht-Erfahrung erneut zu durchleben, da er deren umwandelnden Charakter erkannt habe. Anfangs nahm ich fälschlicherweise an, daß er damit den Lichtstrahl meinte, der ihn erfaßt hatte, als er »zurück nach oben geschossen« worden war.

Später, als er versuchte, diese Erlebnisse zu erklären, versicherte Carlos, daß es einen Unterschied zwischen dem Lichterlebnis gab, in dem »eine Art körperlicher, zellularer, molekularer Wechsel in meinem Körper stattgefunden hat«, als er in das Raumschiff aufgenommen worden war, und »diesem ekstatischen Erlebnis, das umwandelnd zu sein schien, auch körperlich, aber mit einem tieferen Sinn und in einer geistigen Dimension. Der ekstatische Aspekt dieses Erlebnisses war in geistiger Hinsicht erregend.« Carlos beschrieb »schöne« kribbelige Gefühle, die in einen vollen Orgasmus mündeten, bei dem sein Körper in einen nahezu eine halbe Minute andauernden, zuckenden Krampf fiel, wobei er keuchte, stöhnte, schrie, schnaufte und sogar knurrte, ehe dieser Prozeß unterbrochen wurde. Die Intensität seiner Reaktion ließ die Couch erbeben. Nach diesem Erlebnis befand sich Carlos »in Dunkelheit«, aber er konnte »das Licht sehen«. Er wehrte sich dagegen, sich aus dieser Sinneswahrnehmung zu lösen, aber sein Bewußtsein kehrte unter meinem Einfluß bereits zurück. Während wir miteinander sprachen, spürte er noch eine Weile kribbelige Sinneseindrücke, und er beschrieb ein »lebendiges« Gefühl oder vitalen Frieden. »Das ist Leben!« versicherte er.

Man kann Carlos' Ansicht durchaus teilen, daß bei jedem Entführungserlebnis Informationen übertragen werden, zum einen von den Außerirdischen – oder was immer sie sein mögen – zu dem Entführten, dann von dem Entführten zu derjenigen Person, die dazu ausgewählt ist, die Information zu berichten – in diesem Fall meine Person –, und schließlich von diesem Berichterstatter zu seinen Lesern oder Zuhörern. In jedem einzelnen Fall selektiert und interpretiert der Berichterstatter die verschiedenen Daten und betont einige Teile der Information mehr als andere, was auch seinerseits eine Art der Interpretation darstellt. Im Fall von Carlos scheint die zentrale Bedeutung seiner Geschichte darin zu bestehen, daß Informationen über Biotechnologie die Verwandlung oder Metamorphose eines materiellen Körpers in Energieformen beeinflussen. Das ist unter Umständen von größter Bedeutung, um zu verstehen, wie Menschen auf ihrem Weg zu den Raumschiffen durch Wände oder Fenster oder ihre Körper durch den Raum geführt werden. Für mich am bemerkenswertesten ist das Ausmaß, in dem Carlos »gezeigt« wurde – oder er auf andere Art eingeweiht wurde –, wie dieser Prozeß funktioniert. Warum ihm diese Information gegeben wurde, bleibt rätselhaft. Zunächst scheint es passend zu sein, daß er Künstler und daher für Lichtphänomene stark empfänglich ist. Aber das sagt uns nicht sehr viel. Die Begegnung vom 15. April 1990 auf Iona war besonders reich an Informationen, die diese Prozesse betreffen. Und Carlos wies darauf hin, daß es sich lohnen würde, unsere Untersuchungen an dieser Stelle weiterzuverfolgen.

Es gibt zwei Details bei der Iona-Begegnung, die in dieser Hinsicht bemerkenswert sind. Das erste ereignete sich am Anfang des zweiten Teils der Entführung, als Carlos vom Lichtstahl erfaßt und hinauf in das Raumschiff geführt wird. Das zweite besteht aus der kristallenen Instrumentierung in dem Raumschiff. Carlos sagte, daß diese kristallene Maschinerie in einigen Sitzungen mit Dr. Ward zur Sprache gekommen sei. Sie scheint etwas mit fernübertragenen oder projizierten Bildern holographischer Natur zu tun zu haben, in denen mehrere persönliche Lebensabschnitte dargestellt werden.

Carlos beschrieb »Lichtfunken«, die »kleine wesentliche Kerne aus Lebensenergie« der Lichtsenkung seien. Als ihn der Lichtstrahl erfaßt hatte – was er mit sexueller Energie verbindet; beim Wiedererleben während einer Hypnosesitzung erlebte er einmal einen ekstatischen Orgasmus –, schien sein Körper sich »in Schichten« zu zerlegen und »in dem Nebel auszudehnen und zusammenzuziehen«. Er fühlte ein vibrierendes, kribbeliges Gefühl in seinem Körper und dann das Gefühl, daß »mein Körper sich in seine Transparenz auflöst oder darin verschwimmt ... Der Körper löst sich einfach auf und erhebt sich. Dann bin ich durchsichtig. Ich habe ein Gefühl für die innere, durchsichtige Schale des Körpers, die kein Teil seiner physischen Struktur, aber dennoch damit verbunden ist. Sie ist der Umriß und das Gefüge und die Form der Körperlichkeit. Die molekulare Struktur, die zellulare Struktur des Körpers geht einfach in das Licht über ... Es ist die Umwandlung von einem Stadium des Seins in ein anderes Stadium des Seins, aber du trägst den Kern einer übriggebliebenen Form in dir ... sie ist wie ein Geistbild. Das Bild ist die Erinnerung an den Körper, und es ist klar, und es ist da, und es hat Form, und es schießt (bewegt sich mit einer bestimmten Intensität, Richtung und Stärke). Ich schieße, ich gehe hoch. Ohne zu zögern.« Ich fragte, wo er dann hingehe. »Ich gehe in das Licht, und das Licht ist ein geschmolzener Kern, vulkanisch, flüssiges Feuer, aber es ist Licht, und es ist weiß, und meine Transparenz ist daran anpaßbar, und es gibt meinem Aufschießen eine silberne Klarheit.« Das Licht sei »wie eine durchlässige Membran, durch die du hindurchgehst, aber es ist kein fester Gegenstand. Während der Erfahrung des Energiewechsels ist der Körper empfänglich. Ich weiß es nicht, aber es ist ungefähr so, wie ich mir einen weiblichen Orgasmus vorstelle.«

Als er hinaufstieg, das Fahrzeug betrat und vollständig in das Licht im Innern des Raumschiffes hineinging, wurde es orange, gelb und weiß, eine Art »Farbspektrum«. Danach war er in dem Raumfahrzeug in einem »Rundbau« und betrat die Balkonebene. Er glaubte, daß er diesmal wahrscheinlich allein hinaufgestiegen war, aber als er in dem Fahrzeug war, sah er zehn oder zwölf der kleinen, weißen Kreaturen. Carlos fand sich dann in dem großen, instrumentengefüllten und bereits beschriebenen Raum wieder, mit vielen beschäftigten Kreaturen um sich herum. Seine Anwesenheit wurde von keinem von ihnen bemerkt, insofern hatte er ein Gefühl der Anonymität, und es gab ihn betreffend keine Erwartungen. Dennoch wurde er von einer der Kreaturen über eine Rampe zu einer tieferen Ebene hinabgeführt, wo es so etwas wie einen schwarzen, marmorähnlichen Plattformsockel gab sowie einen engen, gangartigen Flur um eine zentrale, kreisförmige Plattform herum, auf der sich kristallene Strukturen befanden. Der Boden ähnelte einer aus dichter Materie zusammengesetzten »Tanzfläche«. Diese war nicht fest, aber Carlos konnte darauf stehen und fühlte, daß er über freiem Raum stand. Der Boden in diesem runden Etagenflur befand sich im Innern des Raumes, aber um das Äußere der Plattform herum. Auf dieser unteren Etage sah er auch kleine »Schreibtische« mit Knöpfen – wie bei Computern – auf den äußeren Seiten des großen, hohen Raumes. Kleine Kreaturen saßen davor und waren mit der Technik beschäftigt. Über ihnen war ein höherer Balkonbereich mit Fenstern zu sehen. Dieser Balkon hatte einen eigenen Gehweg, ein Geländer und öffnete sich zum Inneren hin. Der Gehweg oder die Balkonrampe umrandete den gesamten Kreis und hatte äußere Fenster.

Carlos befand sich auf einem Tisch, der ebenfalls »ein Block aus Kristall« war, in oder auf dem er lag. Wie er erklärte, war das von der Art der Untersuchung abhängig, die jeweils an ihm ausgeführt wurde. Die bereits beschriebene weibliche Kreatur war »wie ein geistiger Arzt« anwesend und brachte die roboterähnlichen Wesen mit den Reptiliengesichtern und Insektenkörpern hervor, die wiederum »eine Operation« ausführen mußten. Diese war sehr schmerzhaft und wurde mit einem Instrument durchgeführt, das Carlos wie folgt beschrieb: »Was immer diese Kristalle sind, mehr metall- als glasähnlich, es ist Licht dabei. Ich kann es sehen. Es ist wie eine viereckige Kristallröhre mit abgeschnittenen Seiten, wodurch jede Röhre an den Enden achtseitig erscheint, aber es ist in der Mitte groß und an den Seiten klein, als ob es ausgebohrt wäre. Und das Ende ist wie eine Stufenpyramide geformt. Es schießt Laserlicht in den Körper, aber dieses fühlt sich wie eine Nadel an, denn es schmerzt. Es ähnelt einer Nadel.«

Carlos definierte einige Unterschiede in seinen scheinbar überlappenden Erklärungen von Erinnerungen, die in seinen Hypnosesitzungen aufgetaucht waren. »Die folgende Situation, so wie sie beschrieben ist, stammt aus einer anderen Zeit als das Iona-Elebnis in meinem späteren Leben; ich glaube, sie stammt aus der Zeit, in der ich ein fünf Jahre altes Kind war und eine Lungenentzündung hatte. In den vorangegangenen Abschnitten, in denen die 'skizzenhaften Details' erwähnt werden, habe ich, wie ich glaube, vermutlich verwandte Erinnerungen beschrieben, insbesondere bei der Begegnung, die ich als junger Mann hatte und bei der ich den Feuerball sah. Die Hypnose scheint mehr als eine Erinnerung gleichzeitig zu provozieren, aber einige der Transformationsprozesse unterscheiden sich, da sie offenbar unterschiedliche Zwecke und Absichten erfüllen. Es gibt feine Unterschiede, die von der Funktion der Metamorphose oder der Untersuchung abhängen, die, wie ich inzwischen glaube, auch metamorph ist, das heißt, daß funktionale Veränderungen bewirkt werden. Wer glaubt, daß es sich dabei einfach um eine Untersuchung handelt, liefert eine zu einfache Interpretation des Ereignisses, eine oberflächliche Erklärung. Der kristallene 'Tisch' wurde während Untersuchungen benutzt, mindestens einmal, aber vermutlich jedesmal, wenn es eine Untersuchung gab. Es ist möglich, daß andere 'Begegnende' an einen Tisch denken und sich sogar an einen solchen erinnern, weil er mehr zu unseren regulären Lebenserfahrungen paßt. Sobald dieses bestimmte Symbol auftaucht, schließen wir daraus, daß es sich eben um einen Tisch handeln muß ... Die große, kristallene Struktur befindet sich in der Mitte des unteren Rundbau-Bereiches und hat eine andere Funktion; sie unterscheidet sich in der Bedienung und ihrer Funktion von den kleineren Instrumenten, die bei den Untersuchungen benutzt werden. Die größere, kristallene Struktur spielt normalerweise bei einer 'belehrenden' Situation eine Rolle. Diese Belehrung ist jedoch grundsätzlich metamorph und wird in keiner Weise verbal übermittelt oder ausführlich erklärt.«

Carlos betrachtet die grammatikalische Zeitform als wertvolles Detail bei der Beschreibung des Hypnoseschlafs und drängt den Leser oder Forscher dazu, genau darauf zu achten, wie Erinnerung und Wahrnehmung sich gegenseitig beeinflussen. Manchmal muß er das Erlebnis beschreiben, das er gerade in der unmittelbaren Vergangenheit der hypnotischen Rückführung erlebt, aber seine Ausdrucksweise wechselt – je nachdem, ob er die Erfahrung durchlebt oder beschreibt. Die reflektierende Bedeutung der Zeitform ist ihm wichtig. Er glaubt, daß der hypnotische Prozeß – selbst wenn er die Erinnerung klärt und dabei hilft, sie hervorzubringen – dennoch die Forschungs-'Übersetzungen' verwirrt, und zwar aufgrund der – manchmal – zu scharfen strukturellen Grenzen verbaler Äußerungen.

Carlos fuhr mit seiner Erklärung fort und bezog auch die eingeklammerten Details mit ein, um das verbale Stenogramm von Beschreibungen im Hypnoseschlaf aufzuklären oder zu vervollständigen: »Ich ging durch diesen Körper und nahm ein Erlebnis (auseinander), das jenes Licht betraf, das dem nicht unähnlich war, das mich von dem Fieber geheilt hat. Zuerst ist das Licht in dem Körper. Das Licht ist ein goldener Kern, der aus den Gelb- und Orangetönen herausragt ... der zentrale Kern befindet sich im Innern einer Aura. (Das passiert) im Innern des Körpers. Er (der Lichtmechanismus) geht weiter (er dringt in das Innere des Körpers ein und durchdringt ihn – Muskeln, Gewebe, Organe, Blut, Nerven und so weiter) bis zur Haut; wenn sich die Haut auflöst, dann ist das eine atomare zellulare Auflösung, und dann sind da die grünen und blauen, präzisen Ränder (an der Haut und Oberhaut), und es (die Lichterscheinung, der heilende Lichtmechanismus) kann Fleisch formen und das Fleisch nehmen (es verändern).« Dieser Prozeß ist mit einem Juckreiz verbunden. Carlos neigte dazu, während seiner hypnotischen Rückführung seinen Körper zu reiben und zu kratzen. Dann fühlte er »Druck, eine Straffung. Der Körper wird sehr straff, aber zur gleichen Zeit füllt er sich mit Fleisch. Es ist, als würde man aufgepumpt ... Ich kann es ganz schwach spüren, aber es kommt mir vor, als würde es stärker. Das Licht breitet sich aus, es füllt sich mit Fleisch aus. Das weiße, geschmolzene Licht befindet sich im Zentrum, wo das gelbe war (und hat sich ausgebreitet und ist nun geworden). Ich sehe das Licht (ausstreuen oder ordnen) im Innern als Gelb, dann vergrößert es sich von außen und wird im Zentrum (das heißt, es war vorher dort, oder es kam von dort) weiß und am äußeren Rand des weißen Nebels gelb, während es sich vergrößert, und dann ist dein Körper auseinander gebrochen, und du bist plötzlich frei, und du kannst überall hingehen. Zu diesem Zeitpunkt bestehe ich aus goldenem Licht. Ich sah das Goldene anfangs außerhalb meines Körpers. Ich ... für mich war es innen. Es ist das Gegenteil dessen, was wir normalerweise tun. Das bin nicht ich hier draußen, der das Innere untersucht, sondern ich sehe mein (eigenes) Inneres (das heißt das Innere des Körpers) von dieser durchsichtigen Schale (das heißt Körperform oder -struktur als transparenten Rand der Körperform), die zum Zeitpunkt des Durchbruchs verschwand ... Ich sah die kristallklare Form von mir. Es ist das Geist-Ebenbild, das ich bereits früher (in der Hypnosesitzung) angesprochen habe, aber es ist durchsichtig.«

Carlos fühlte irgendwie, daß dieser Prozeß der Umwandlung seines Körpers in Licht mit »dem Prozeß der (einer) Veränderung (ein Veränderungsverfahren) und des Versteckens (oder Unsichtbarmachens) des Raumfahrzeuges« in Zusammenhang steht. Er hatte den Prozeß, »wenn ich mich in Licht verwandle«, bereits als »einen unglaublichen Schmerz« beschrieben, »als mein Körper sich veränderte, und es fühlt sich an, als ob der Körper anschwillt und geschwollen und so hart wird, daß er zerbricht; der Prozeß machte mir angst ... Mein Körper fühlte sich an, als blähe er sich auf. Dann zerplatzt die Schwellung, und dann bist du Licht.«

Nachdem er zu Licht geworden war, war das Erlebnis »freudig und wonnig«. Über die Zeit, bevor er wieder körperlich wurde und sich in sich selbst vereinigte, berichtete er: »Als Licht tanzte ich, zunächst alleine und dann mit den Kreaturen, die auf ähnliche Weise umgewandelt waren, in diesem großen runden Bereich. Es war einfach erfreulich, und ich war sehr glücklich. Es fühlte sich wunderbar an, dieses Licht zu sein und sich zu bewegen, zu tanzen und zu teilen ... diese Freude der Inkarnation mit den Kreaturen, meinen Begleitern, zu teilen.« Das war einerseits schön, aber Carlos glaubte auch, daß es zugleich einen Aspekt im Lernprozeß darstellte, der aufzeigt, daß die Aktivität im übertragenen Sinne eine Erfahrung darstellt. Carlos deutete an, daß dieser Mechanismus der einfühlenden Identifizierung mit anderen seiner kreativen Fähigkeit und der anderer innewohnt, so daß seine künstlerische Betätigung den Erfahrungsprozeß in Bilder umsetzt.

In jenem Augenblick erlebte Carlos, daß er selbst goldenes Licht war, und brachte die Energie, die die Umwandlung erzeugte, mit dem »hohlen, schwarzen, offenen Durchgangsflur in Verbindung, der die Kristallstrukturen auf der Plattform in der Mitte des Rundbaus umgibt. Der Boden ist offen und hohl; die Schwärze kommt aus dessen Tiefe; irgendwie; es ist ein Ort der Bewegungen aus dem Inneren heraus, eine Energie oder Bewegung kommt dorthin herauf, wo ich 'stehe' oder schwebe, und es ist wie Luft, aber es ist kein kalter Luftstrom oder so ... es ist so, als würde es mich ionisieren. Es ist wie eine elektrische Vorrichtung, die das Äußere meines Körpers bedeckt, und in der Hitze im Innern der erzeugenden Kristallstruktur in dem kreisförmigen Flur befindet sich der Kern des Lichts. Uff, ich habe es endlich herausgebracht!« Damit meinte er, daß er es endlich geschafft hatte, den Vorgang zu beschreiben, obgleich er glaubte, es ungeschickt ausgedrückt zu haben.

Nachdem er die obige Abschrift gelesen hatte, machte Carlos folgende Bemerkung: »Ich glaube, daß menschliche Wesen es vermeiden, 'Stoffe' wie Kunst oder 'Erlebnisse' zu akzeptieren, die eine tiefere Bedeutung haben; und diejenigen, die diese Möglichkeiten begreifen, zeigen die Tendenz, sich in einer interpretativen Behandlung zu verlieren, anstatt auf die Tiefen zu hören ... Es ist schwer, die Erlebnisse mit Worten zu beschreiben; sie können besser bildlich dargestellt werden.« Er sagte auch, daß ihm durch seinen Wahrnehmungs-, Erinnerungs- und Vorstellungsprozeß so viele Bilder in den Sinn gekommen seien, daß sich oft nur ein Wort oder ein kurzer Ausdruck auf die eigentliche Handlung beziehe. Beim Versuch, sich dann auf seinen Bericht zu konzentrieren, habe er gleichzeitig versucht, diese Bilder festzuhalten. »Manchmal gibt es einfach keine Worte für das Erlebnis ... In Hypnose zu sprechen ist so ähnlich wie mitten in der Nacht in ein Traumtagebuch zu schreiben, wenn ein Traum einen dazu veranlaßt, nur für einen Augenblick lang aufzuwachen. Man wacht auf und hat die restlichen, aber illusorischen Vorstellungen im Gedächtnis, also notiert man schnell ein oder zwei Worte in der Hoffnung, daß das ausreicht, um einen morgens zu befähigen, mehr von der Erinnerung in das wache Gedächtnis zurückzubringen.«

Während unserer zweiten Hypnosesitzung hatte Carlos Gefühle von analen Untersuchungen, die möglicherweise nicht bei dieser Entführung vorgekommen waren, sondern bei anderen Begegnungen. »Sie erklären, daß mein Inneres in Ordnung sei, und sie arbeiten an mir, das heißt, sie untersuchen mich hinsichtlich meiner Organe, meiner Muskeln und so weiter ... Wenn etwas nicht in Ordnung ist, dann kann der Prozeß heilend sein (manchmal, aber nicht immer).« Er erlebte Sondierungen; strahlendes Licht, das in sein Herz, seine Rippen und andere Teile seines Körpers »geschaut« und »mein körperliches Wohlergehen untersucht hat«; und es hatte ihn »überprüft, um sicherzustellen, daß ich die Konstitution habe, um weiterzumachen. Sie machen eine Lichtabtastung. Sie wird wieder mit dem rosa-pinkfarbenen Licht durchgeführt ... unterschiedliche Farben haben unterschiedliche Aufgaben.« Das Instrument selbst schien sich in Licht umzuwandeln. »Das Licht trat in meinen Körper ein«, fuhr Carlos fort. »Sehen Sie, sie gehen hinein, und es ist wie ein Instrument, aber es löst sich auf, wie ich mich aufgelöst habe, und darin ist es ein Teil dieses Prozesses, der Metamorphose; sie können die Veränderung durch ihre laserähnlichen Instrumente hervorrufen ... In meinem Herzen. Ich fühle eine extreme Hitze; ich glaube, sie heilt etwas. Sie reinigt die Arterien oder so etwas.«

Manchmal, sagte Carlos, könnten sie »durch meine Fußsohlen eintreten«. Ein anderes Mal fand die Untersuchung in Körperöffnungen statt. Die anale Untersuchung zum Beispiel erzeugte ein »juckendes« Gefühl, das sich während der Instrumentation im gesamten Körper ausbreitete. Der Juckreiz schien mit der Aufnahme der Lichtenergie zu tun zu haben. Carlos wies auf folgendes hin: »Es ist Lichtmaterie, aber sie kann eine festere Form annehmen, als wir sie kennen. Und sie tut, was erforderlich ist, um meine Entwicklung zu erkennen. Das geschieht durch Instrumente, die gänzlich anders als unsere sind, die wir aber als Nadeln ansehen ... nun, es ist nicht schmerzhaft, außer wenn wir Angst haben. Im körperlichem Sinne ist es fast erotisch.« Dabei bezog er sich auf den gesamten Vorgang, nicht nur auf die analen Empfindungen. »Wenn sie hier drin sind (im After), fühle ich, wie sich die Strahlung vom Inneren meines Afters aus kreisförmig ausbreitet, und sie geht die Beine hinunter, die Füße hinunter, durch den Brustkorb nach oben ... es ist, als ob das ganze hintere Ende, der Steiß, heiß ist und herausgezogen wird oder durch das Hitzegefühl erweitert ist, das man im ganzen Körper spüren kann. Es juckt; es juckt auf der Hautoberfläche auf dem Körper, denn es wird herausgedrückt, ähnlich dem Gefühl, wenn ich durch die Haut hindurchbreche. Die Strahlung stammt von der Rektalsonde, aber die Energie fühle ich überall. Ich meine, es hat diese orgastische Art, so wie das Atmen orgastisch und erotisch sein kann, aber es ist nicht dieser große, der kosmische Orgasmus, wenn ich mich als Lichtausdehnung und Energie zeige. Wissen Sie, es juckt, und da ist Energie, und es ist erotisch, weil es Körper ist.«

Carlos deutete an, daß es nach solchen Sondierungen und anderen Untersuchungen manchmal körperliche Erscheinungen oder Gesundheitssymptome geben könne, die nach der Entführung bemerkt werden, doch diese seien von den Wesen nicht beabsichtigt. In seinen Augen ist es eine Ironie, daß die Heilung, deren Vorgang und Instrumentation andere symptomatische Störungen auf dem Körper hinterlassen – wie Narben, Warzen, Quetschungen, Beulen oder Hautausschläge.

Trotz der damit verbundenen Qual gab sich Carlos diesem Vorgang preis. »Wenn die Wesen abtasten und stoßen müssen und (mich) ejakulieren (lassen), um die Prozesse eines Körpers während seiner Metamorphose auf dieses irdische, physikalische Niveau zu verstehen, dann weiß ich das, und ich bin ein williges Subjekt.« Er war davon überzeugt, daß »ich mit Energie gefüllt werde, wenn mein Körper den Untersuchungstechniken des Lichtes übergeben wird; ich werde wieder mit Energie gefüllt ... Das ist nicht einfach eine Heilung. Wenn mein leiblicher Körper sich verändert, das heißt, wenn er zellulare Veränderungen erfährt, dann versteht man die daraus resultierenden körperlichen Gefühle. Dann ereignet sich die Heilung, die sich in mir zu dem Zweck vollzieht, mich zu erhalten, und sie ermöglicht die Belehrung, die gegeben werden soll.«

Im veränderten Zustand der Hypnose schien Carlos fähig zu sein, den Vorgang der Umwandlung der Wesen in Licht wahrzunehmen. »Ihre Körper verändern sich von den kleinen, weißen Wesen in Licht. Aber wenn sie Licht werden, dann werden sie zuerst Lichtkerne, wie geschmolzenes Licht. Die Erscheinung (des Lichtkerns) weist auf Festigkeit hin. Sie verändern ihre Farbe, und ein Nebel wird um den (inneren Kern, der im Zentrum steht) projiziert (in der unmittelbaren Umgebung um diesen Kern ist der Nebel dichter als in seiner äußeren Umgebung). Die Augen kommen als letztes an die Reihe (für jemanden, der dabei zusieht, wie sich diese Wesen in Licht auflösen), und dann verschwinden sie einfach irgendwie darin oder werden davon aufgenommen.« Er berichtete, daß sie – wie er selbst und alle anderen Menschen, die seiner Meinung nach von einer Lichtenergiequelle stammen – »Lichtwesen sind«, aber »biologisch sind sie anders als wir ... Wir sind oder existieren durch unser Fleisch, und sie sind oder existieren durch das, woraus auch immer sie bestehen.«

Es gibt Zeiten, in denen Carlos davon überzeugt ist, selbst außerirdischer Herkunft zu sein, sowohl wegen der Isolation als auch wegen des Gefühls, entfremdet zu sein – »weil ich mehr als eine Bewußtseinsebene habe« und weil er als anders wahrgenommen würde, als »eine Kreuzung«. Diese Wesen und er seien »Mittelsmänner zwischen der Wissensquelle des Lebens im Universum« und den Lebewesen auf der Erde. Seine und ihre Transmutationen seien irgendwie miteinander verbunden. Während der Begegnung und sogar getrennt von ihnen könne er spüren, daß er sich in dem Kopf oder »Helm« vielleicht des reptilienartigen Wesens oder anderer Außerirdischer befinde. »Es kommt mir so vor, als ob ich durch seinen 'Helm' schaue (oder, falls der Helm eine reptilienartige Kopfstruktur ist, durch seinen biotischen Schädel) ... Es ist nicht wirklich ein Helm.« Er bestand darauf, dieses Wort für etwas zu benutzen, das »sie anlegen«. Carlos fügte hinzu, daß es seiner Meinung nach in dem Kopf der bio-roboterartigen Wesen und in den Helmen, die von den anderen getragen werden, eine vergleichbare Struktur gibt. Er glaubt, daß die Funktionen der beiden ähnlich sind.

In seiner ersten Hypnosesitzung mit Dr. Ward war er der Auffassung, sie könnten Masken oder Schirme tragen, die nicht nur ihr Sehvermögen steigern, sondern auch für die Helme als Mechanismus wichtig sind, und die als Uniform angesehen werden können. »Der Helm, den sie tragen, hilft ihnen, verschiedene Dinge sehen zu können – wie das Fortschreiten einer Krankheit, Formen oder Erscheinungsbilder von Sauerstoffverbindungen, die Anhäufung chemischer Zersetzung, Temperaturen, Strahlungsausbreitung, innere Organe und so weiter.« Als er die Gelegenheit bekam, den

Helm anzuziehen oder ihn wenigstens zu untersuchen, »schaute ich hindurch, und ich sah mit roboterhaften oder außerirdischen Eigenschaften. Ich fühle, daß das, was ich sehe, aufgenommen wird. Wenn man von innen nach außen schaut, stehen die Augen der Helmmaske hervor.« Der Helm hatte »die gleiche Form (wie die Köpfe der Außerirdischen, und das Hervorragen der Augen gleicht ihren eigenen Gesichtsstrukturen), deshalb erschrecken wir, wenn wir sie betrachten, denn sie sehen unheimlich aus ... Wir können doppelte Augen sehen, dunkle Augen, wenn sie ihre Helme tragen und wir sie von außen beobachten, obwohl wir uns nicht bewußt sind, daß sie welche tragen. Die richtigen Augen der Wesen und die reflektierenden Helm- oder Masken-'Augen' sind gleichzeitig sichtbar, und das kann verwirrend sein.«

Carlos spürt, daß er vom Innern des Roboter-»Kopfes« aus Temperaturen und andere biologische Vorgänge sehen konnte. »Es ist dem nicht unähnlich, was wir mit unseren Computern und elektrischen Geräten machen. Wenn ich ein solches Wesen bin« oder »mich in der Untersuchungs-'Struktur' befinde (es ist keine Uniform und kein Kostüm), studiere ich auch.«

»Was studieren Sie?« fragte ich.

»Menschen«, antwortete er. »Wissen Sie, ich habe fünfzig Jahre lang gewartet, um das zu sagen ... Was unsere kleinen Fernseh-Computer-Maschinen hier auf der Erde tun, ist dem ähnlich, was in diesen Helmen passiert. An der inneren Stirnseite gibt es Mechanismen. Wenn es an der unteren Stirnseite über den Augen herausragt, dann sind darin Mechanismen – es sind die Hilfsmittel, um das zu verändern, was die verschiedenen Arten des Sehens aktiviert. Es ist so, als würde man in eine Maschinerie hineinschauen, die eine menschliche Form hat ... es ist so, als würde man in die Struktur eines Mikrochips in einem Computer oder anderen elektrischen Geräten hineinschauen. Und da gibt es viele Mikrochip-Verbindungen auf beiden Seiten der Stirn. Im Innern ist der Helm voll davon. Ich bin mir nicht sicher, wie sie funktionieren, aber wenn ich in ihnen bin ...« Er zögerte und fügte dann hinzu: »Ich werde Ihnen das nicht sagen, ich glaube nicht ... jetzt. Aber ich kann die Hitze des Menschen sehen. Ich kann bei Nacht sehen. Ich kann die Form sehen, und ich kann im Innern derer, die untersucht werden, sehen, was ich will. Ich kann sie in Licht verwandeln ... ich meine nicht, sie in Licht verwandeln, sondern ich kann Licht in sie hineinbringen und umherschauen, um bei der Heilung zu helfen oder diese zu ermöglichen.« Letzteres bedeutet, daß der Mechanismus den Träger befähigt, ein solches Licht auszustrahlen. Aus diesen Aussagen schließe ich, daß Carlos wie die Außerirdischen mit ihren großen Augen in gewisser Hinsicht ein Untersuchender oder Analysierender wurde.

»Auf der Erde«, sagte er unter Hypnose, »gibt es Zeiten, zu denen Zeitblöcke und normales Bewußtsein verschwinden, und ich bin (ich werde) eine Weile lang ein Wesen, dessen ich mir aber grundsätzlich unbewußt bin (was vielleicht den Lernvorgang vergrößern sollte).« Carlos deutet später an, daß es sich dabei um ein Hilfsmittel handeln könnte, um sich mit einer anderen Lebensform zu identifizieren und um vielleicht eine letztendliche Anerkennung ihres Zustandes und ihrer Existenz herbeizuführen. »Die Informationen und visionären Aspekte verwandeln sich in zugängliche Bilder.« Durch Hypnose könnten wir diese verlorenen, kurzen Zeitbilder aufrufen. Vielleicht, deutet Carlos an, bezog sich das auf »eine Zeit vor meinem Leben, als ich den Zustand einer Kreatur durchlief. Ich nahm mir Zeit, um zu überlegen, ob ich menschlich erscheinen wollte, und dann meldete ich mich freiwillig, um auf diese Erde zu kommen.« Diese Kapazität, eine außerirdische Perspektive zu erreichen, ein Akt – wenn nicht gar die eigentliche Form – der Identifikation, ist wichtig für Carlos' Kunst und seine Befähigung als Heiler. Er kann von einem außerirdischen, vorteilhaften Punkt aus »aus dem Fenster schauen (wie von dem Balkon auf dem Raumschiff) und das Land darunter betrachten ... Von dort kommt das Größte! Mein größtes Werk ...«

An dieser Stelle hielt Carlos in seiner Erzählung nachdenklich inne. Dann verwies er auf eine Sammlung von dreizehn großen Zeichnungen in Mischtechniken mit Berggipfel-Ansichten und auf einen weiteren Satz größerer Ölgemälde, die er für eine große, panoramaartige Arbeit – vier Sätze mit je dreizehn Arbeiten – erstellt hat und an denen er immer noch arbeitet. Er plant, dafür ein Gebäude zu entwerfen und zu bauen, das ein Ort der Meditation, des Gebetes und des Umweltbewußtseins werden soll. Er hat gleichzeitig an sieben Sätzen von jeweils dreizehn Zeichnungen gearbeitet, die mit dem Thema »Eros und das Meer« und seiner Meinung nach auch mit seinen Iona-Erlebnissen zu tun haben. Carlos stellte seinen ersten Satz dieser Werke im November 1992 in der Cloud Meditation Chapel aus und machte daraus eine Wanderausstellung, die seitdem in verschiedenen Galerien gezeigt wurde. Die Ausstellung heißt »Lichtfall – Der mystische Gang« und stellt die Iona-Fotografien im Eingangsbereich zur Schau. Die Zahl Dreizehn, so erklärte er, deutet in der Numerologie und in der Mythologie auf Weisheit hin – Weisheit ist diejenige Eigenschaft, die man mit der Göttin Sophia verbindet. Carlos weist darauf hin, daß angesichts der menschlichen Neigung, die natürliche Umwelt durch Gier in menschliche Normen zu pressen, Weisheit in der heutigen Welt mehr denn je benötigt werde. Sein Interesse gilt der angewandten Weisheit in Bezug auf die Erde, auf andere Spezies und auf das ökologische Universum, in das die Erde und deren Bewohner eingebunden sind. Für Carlos bedeutet die Zahl Dreizehn auch ein Öffnen. Für ihn ist sie eine irrationale Zahl, die zu den Irrationalitäten (nicht zu den Nichtrationalitäten) des kreativen Geistes gehört, und ein Mittel, um an der Empfängnis teilzuhaben, anders als bei einer verschlossenen oder formalen Zahl wie etwa der Zwölf. Er glaubt an eine astronomische Bedeutung, wie sie diese Zahl auch im religiösen Kontext hat. Und er erinnert an die Anzahl der Apostel oder Jünger, die zwölf plus eins betrug.

Nach der Aufzählung dieser Verbindungen zwischen seinem Erlebnis mit Außerirdischen und seiner Kunst fuhr Carlos fort: »... Ich lief im Innern des Schiffes umher und betrachtete die Aussicht von dort oben. Als Künstler dachte ich, mein Einblick in die – oder meine Inspiration von der – Erde als Form oder Abbildung des Bewußtseins komme von den Gebirgsansichten, vom Bergsteigen. Ich habe eine absolute Fernsicht im 360-Grad-Winkel, während ich umhergehe und mich von Fenster zu Fenster bewege. Ich weiß, daß solche Anblicke für meine menschlichen Gegenstücke ein geistiges Hoch sind; jede Einstellung oder jeder Moment der Anhäufung solcher Aussichten ist ein Moment der Inspiration. Der geistige Inhalt nimmt sichtbare Formen an, und jeder fühlt sich wohl, wenn er den Sonnenuntergang oder Sonnenaufgang sieht; man wird durch die natürliche Welt belebt. Es kann heilend sein. Normalerweise, weil wir so sehr mit unseren Aktivitäten beschäftigt sind, nehmen wir uns einfach nicht die Zeit, uns mit dem Erleben der Natur so zu beschäftigen, wie wir es könnten. Wir bestätigen die phänomenalen Schönheiten wie Wolken, den Sonnenaufgang, das Wild auf dem Feld oder Fische im Wasser. Aber wir setzen unsere Kraft oft dafür ein, sie zu ändern oder zu zerstören. Aber die Veränderung in der Natur ist jeden Morgen und jeden Abend eine energetische Kraft. So wurde ich von Krebs geheilt. O Gott, alles kommt zusammen. Es ist erstaunlich, dieses Zusammenspiel, verstehen Sie?« Ich fragte nach dem Krebs. »Na ja, ich malte jeden Abend Bilder mit Wasserfarben, Bilder vom wechselnden, sich ändernden Licht, vom Tageslicht durch den Sonnenuntergang in die Dunkelheit, und das Licht durchtränkte mich und zeichnete meinen physischen Körper ab. Das Malen entspannte mich, und der Krebs verschwand. Mit den Pflanzen und dem Dung im Garten zu arbeiten half ebenfalls in ähnlicher Weise.«

Ob er nun im Helm einer Kreatur auf dem Raumschiff in Iona ist oder die Erde aus der Perspektive eines Wesens vom Himmel aus wahrnimmt, Carlos sieht jedesmal große Schönheit. »Ich sehe die Inseln aufsteigen. Ich sehe die Nebel aufsteigen, und ich sehe die Sonne dort drüben untergehen. Ich sehe, wie sich Wolken formen. Dies ist ein Paradies.« Er fuhr fort: »Ich sehe mich selbst wie ein kleines Wesen (und mit dessen Fähigkeiten), aber ich beobachte ... Die Erde ist ein Garten, und diese Wesen sind in unserem Sinn Gärtner ... Ich bin ein Lehrer, und das ist die Leistung von Kommunikation und dieses Vorgangs überhaupt. Kunst ist sehr real, funktionierend und geistig – und die Erde braucht jetzt wirklich die Bedeutung der Kunst.«

Besprechung

Weder Carlos noch ich können die Dimensionen seiner Erzählung, die metaphorisch und mythisch sind, von denjenigen sauber trennen, die in oder von unserer oder irgendeiner wirklichen physischen Welt sind. Sein Fall fleht nahezu um die Tilgung dieser Unterscheidung, die so bequem war, wenn nicht sogar wesentlich für das westliche Realitätsempfinden. Vielleicht reicht es aus, eine Interpretation seiner Erfahrungen damit zu beginnen, daß man sagt, sie seien für ihn von mächtiger Realität, und die Frage der Sphäre oder des Universums, in die oder das sie gehören, als vielleicht unbeantwortbar stehenläßt. Wer oder was diese außerirdischen Wesen – oder, wie Carlos sie lieber nennt, »Kreaturen« oder »Lichtwesen« – sind, bleibt unbekannt. Zur gleichen Zeit liegt das enge Verhältnis zwischen ihnen und Carlos im Kern der Transformationen. »Ich bin ein Priester, Künstler und Lehrer«, sagte Carlos unter Hypnose, während er seine Entwicklung den außerirdischen Begegnungen zuschrieb. »Sie sind Lehrer«, fuhr er fort, aber das Verhältnis sei auf eine gewisse Art auch umgekehrt, denn »sie sind auch sehr interessiert daran, von uns zu lernen«. Der Schamane, sagte er, »benutzt Techniken, um die Psyche zu ändern, er spielt mit dem emotionalen Diskurs zwischen Lehrer und Gemeinde, zwischen Schamane und Student, zwischen der Person, die reist, und der Person, die hier bleibt oder hier ihr Leben lebt. Ich lehre mit Gefühl und Erfahrung.« Er glaubt, daß Lehren und das Ergebnis des Vorgangs eine allmähliche Transformation des Geistes herbeiführen. »Lehren ist, wie auch wahrhaftige Kunst zu erstellen, eine geistige Aktivität.«

Als Lehrer der Kunst und des Theaters versucht Carlos, seinen Studenten ein mächtiges überweltliches, ästhetisches Erlebnis zu vermitteln, das sie der Wildheit oder Wildnis und dem Wunder der Natur und der Schöpfung öffnet. Er benutzt seine Malerei und Schriftstellerei zur Vertiefung des Umweltbewußtseins. Er wurde auch politisch als Beschützer der Erde aktiv und half sehr bald nach seiner Rückkehr aus Iona, eine Grüne Partei in Tennessee zu gründen, indem er am Parteiprogramm mitarbeitete. Er möchte in seiner Botschaft »die Vollkommenheit der Existenz der Erde« übermitteln. Wieder und wieder verbindet er die Entwicklung seines Erden-Bewußtseins mit seinem Verhältnis zu den Kreaturen. »Ihre Funktion ist es zu beschützen.« Und »sie verfolgen meine Veränderungen«. Er versucht bei allen, denen er begegnet, das Gefühl, von der Erde getrennt zu sein, zu überwinden und eine Würdigung ihrer Zerbrechlichkeit zu erwirken. Das Begegnungserlebnis »füllt meine Kunst mit ... mit Bildhaftigkeit und gibt der Landschaft der geistigen Wahrnehmung der Erde Bedeutung«.

Was außerdem in Carlos' Fall eine zentrale Rolle spielt – insbesondere bei seinen verschiedenartigen Transmutationen und Metamorphosen – ist das Licht in all seinen energetischen Erscheinungen und Manifestationen. Noch einmal, Licht ist für Carlos real und auch metaphorisch, »eine passende Metapher«, so schrieb er mir nach unserer Sitzung vom August 1992, »sowohl für die schöpferische Energie als auch für den Geist«. Für ihn ist Licht untrennbar vom Geist und auf einer kosmischen Ebene tief mit

Sexualität verbunden. »Mein kosmischer Orgasmus während der Hypnose«, so schrieb er, »war physisch und auf ekstatische Weise auch geistig – es war Licht, das mit meiner Menschlichkeit kämpfte, es war die engelhafte Dimension mit all ihrer eingebildeten Dämonenhaftigkeit, die mit meiner Menschlichkeit kämpfte.«

Carlos ist sich des Verhältnisses seiner Begegnungserlebnisse zu den verschiedenen Dimensionen seiner persönlichen Umwandlung und seines geistigen Wachstums ungewöhnlich stark bewußt. Es lohnt sich, diese Vorgänge im Detail zu untersuchen.

Das traumatische Erlebnis dieser Begegnung, die Hilflosigkeit, die Sondierungen und die Schmerzen öffnen ihn gegenüber seiner »Lichtwesenhaftigkeit« und tragen dazu bei, ihn »der Welt der Seele gegenüber zu öffnen ... Die Seele ist die Welt. Die Seele bin ich«, sagt er. Der Schmerz und das Trauma scheinen zeitweise untrennbar mit der Bewußtseinserweiterung verbunden zu sein, die Carlos bei seinen Entführungen erfahren hat – insbesondere bei der Erfahrung seiner Unfähigkeit, seine Kinder zu beschützen. Er bestätigt auch, daß er, wenn er nachts aufwacht und nicht mehr einschlafen kann, sein Bett und seine Frau verläßt, um zu versuchen, sie vor der möglichen Störung ihres Schlafes und ihres Wohlbefindens zu bewahren. Wie stets sind Angst und ein Beschützergefühl nur einige von vielen Gefühlen, die Entführungen hervorrufen. Eine der mächtigsten Erfahrungen von Carlos ist ein Gefühl von Ehrfurcht. Gegen Ende seiner ersten Hypnosesitzung mit mir sagte er: »Ehrfurcht ist Furcht. Ehrfurcht ist Geheimnis. Ehrfurcht ist Ekstase. Wenn ich das Wort 'Ehrfurcht' benutze, dann meine ich damit den wesentlichen Teil in einer größeren (Welt, Universum, Bewegung, Energie), ... in der alle Energiekräfte wie Spannung und Druck und Bewegung und Energie und elektrische Komponenten und atomare Moleküle und das alles existieren. Das ist Ehrfurcht ... Wir haben die geistige Fähigkeit der Ehrfurcht, aber wir befassen uns nicht damit.« Einen Monat später schrieb er mir, er fühle, »daß ein Raubtier stets ein Teil der Furcht ist, aber für mich gibt es da auch eine Faszination, die die räuberische Natur untergräbt. Die Faszination ist eine Ehrfurcht, die tief hinter der geheimnisvollen und vielleicht unheilvollen Präsenz gefühlt werden kann.«

Die Nähe zum Tod scheint für Carlos ein vertrauter Bestandteil seines Lebens zu sein, und Themen wie Tod und Wiedergeburt stehen mit seinen außerirdischen Erfahrungen in Verbindung. Das begann bereits im Kindesalter und in der frühesten Kindheit, als er im Alter von einem Jahr in einem neuen Körper »wiedergeboren« und mit fünf Jahren durch die heilenden Kräfte des außerirdischen Wesens vor dem Tod gerettet wurde. »Unsere künstlerischen Werke« – seine eigenen eingeschlossen – »sind voller Tod«, schrieb er. »Mein eigenes Leben ist voller Tod. Mein Leben war es, den Tod wieder und wieder und wieder zu bezeugen.« Carlos' angedeutete Verbindung mit einer kosmischen Quelle, die er, wie viele andere Entführte auch, als »Heimat« bezeichnet, erweckt in ihm den Wunsch zu sterben. »Ich bete fast jeden Tag darum«, sagte er, »und das habe ich getan, solange ich denken kann.« Er liebt seine Körperlichkeit, dennoch ist die Erfahrung, einen Körper zu haben, für Carlos mit Schmerz und Verlust verbunden – den Verlust eines geliebten Freundes, der ermordet wurde, eingeschlossen. Er fürchtet, daß »es mir nicht erlaubt sein wird zu sterben« und daß er einfach »immer älter und älter werde ... Die menschliche Erfahrung ist Verlust, aber es gibt nichts Materielles zu verlieren, weil alles überall ist. Aber, sehen Sie, der persönliche Verlust ist zu schwer; ich habe in diesem Leben so viele geliebte Menschen durch den Tod verloren ...«

Die ausführlichen Untersuchungen durch die Wesen, die Carlos – wie so viele andere Entführte – mitgemacht hatte, dienten mehr als nur der Erforschung. Er hat das Gefühl, daß sie die »energetische Struktur« seines Körpers veränderten. »Es ist eine Operation, aber die Operation ist gleichzeitig eine Prüfung dessen, was ich als menschliches Wesen mit einer Muskel-Fleisch-Knochen-Struktur bin. Sie wissen, daß es hier eine Komponente gibt, die einen gesamten Organismus bildet. Der gesamte Organismus ist ein Behälter, ähnlich einer Sinnes-Erscheinungsform ... es ist so, als wären wir eine Maschine, was wir natürlich nicht sind. Wir bestehen aus einer biorealen Substanz, die Sinnes-Erscheinungsformen hat und uns Wahrnehmung und eine Erinnerung ermöglicht, die in uns eingespeichert ist. Eine der Funktionen, die mir zugeteilt sind, besteht darin, überprüft und manchmal geheilt zu werden, und ich bin mit meinem Umfeld, das alle Wesen miteinbezieht, verbunden.« Carlos fühlt, daß die Dinge, die ihm angetan werden, den Sinn haben, die Stabilität und Integrität seines Körpers zu erhalten. Sie sind »eine Erneuerung«, um ihn zu befähigen, Lehrer zu sein, während er bei diesem Vorgang zu einer Art außerirdisch-menschlichem Hybrid-Wesen wird.

Carlos' Berichte unter Hypnose sind für mich – als Forscher und Hypnotherapeut – nicht immer kohärent, wenn er diese komplexen Vorgänge beschreibt. Wie bereits gezeigt, schreibt er das einer Überschwemmung mit Bildern und Gedanken zu, die fast gleichzeitig auf ihn einströmen. Sobald er anfängt, einen Gedanken zu beschreiben, wird er »von einem anderen eingefangen«. Er hat oft gerade ein Wort oder einen Satz ausgesprochen, um dann ein weiteres Wort oder einen weiteren Satz anzufügen, der sich auf einen ganz anderen Gedanken oder ein ganz anderes Bild bezieht. Und er sucht vielleicht nach bestimmten Worten, um etwas zu beschreiben, aber sie erscheinen ihm dann als nicht ausdrucksstark genug. »Es ist, als würde man in Kurzschrift schreiben, wobei man ein Wort als Verbindung und Symbol benutzt, als Merkstelle, auf die man sich später beziehen kann.«

Ich hörte zum Beispiel auf einem Band aus einer Sitzung folgendes: »Ich werde untersucht, und die Untersuchung ... und die Heilungen ... stoßen und sondieren von der Entdeckung meiner Veränderungen in dem molekularen Körper. Metamorphosen ... Diffusion ... ist der Vorgang, den ich mental und physisch erleben muß ... in dem Fleisch ... eines physischen Wesens, für die Richtungen, die wir einschlagen, um hindurchzugehen ... die Vorgänge ... wie natürlich ... und uns nicht in einen unnatürlichen Vorgang auflösen, der zu rational oder zu nichtrational oder zu irrational ist ...«

Für Carlos verweist die irrationale Komponente der Psyche auf den kreativen Prozeß und die geistige Größe eines Menschen. Rationalität und Nichtrationalität sind Begriffe, die – gemeinsam verwendet – einen dualistischen oder polaren Mechanismus in wörtlicher Rede andeuten. Er verkürzt seinen Kommentar durch Klammern, um seiner Rede mehr Inhalt zu verleihen. »Wenn ich auseinandergeschnitten (das heißt aufgeschnitten, als ob ein Schnitt während einer Untersuchung gemacht wird) oder sondiert werde oder mir etwas hineingesteckt worden ist«, sagt Carlos, »ist es (manchmal) eine Intensivierung der Heilungsprozesse in mir. Aber er (mein Körper) muß untersucht werden auf der Basis jeder Stufe meines Daseins (das heißt meiner Körperlichkeit mit ihrer Entfaltung und Entwicklung) und Hierseins (das heißt, die Veränderungen durch Erlebnisse anzudeuten), um den Prozeß voranzubringen, um seine Bedeutung von Vollständigkeit und Wechsel aufrechtzuerhalten ... weil die Metamorphose ein andauernder

Wechsel ist, und in diesem Reich wird es nie einen Stillstand geben. Immer, wenn es einen Kontakt gibt, findet eine Veränderung statt.«

Carlos fühlt, daß seine Offenheit eine Methode ist, um zu lehren und zu kommunizieren, und daß seine »Offenheit sowohl ein Beispiel (als Verständigungsmittel) als auch (im Prozeß der Verständigung) dabei ist ... wie (der Prozeß der) ... Osmose. Und als weiteren Zweck des Kontakts zu den Kreaturen dränge und sondiere und lehre und ändere (auch) ich fortwährend jeden, mit dem ich Kontakt habe (oder bekomme) ... (durch gemeinsame Erlebnisse, Kunstbearbeitungen et cetera) genauso wie ich von jeder Person in jeder Situation beeinflußt werde.« In seiner Kunst »praktiziert« und »verstärkt er die Metamorphose«, denn er glaubt, daß seine »Kunst sowohl eine Möglichkeit des Erforschens als auch des Teilens ist, eine äußere Form, die sich durch den kreativen Prozeß und dadurch, wie er durch« ihn »wirkt«, offenbart.

In ihrem Kernpunkt haben Carlos' Begegnungen eine tiefgründige geistige Öffnung hervorgebracht, da sie ihn mit einem göttlichen Licht oder einer Energie in Kontakt gebracht haben, die er »Heimat« nennt und die die Quelle seiner persönlichen Heilung und Umwandlungskräfte ist. Wenn er in unseren Sitzungen diesem Licht nahekam, wurde er vom Gefühl der Ehrfurcht und dem Verlangen überwältigt, mit dem Energie-Licht-Wesen zu verschmelzen. Raum und Zeit lösten sich auf, und er erlebte sich als reine Energie und Licht oder als Bewußtsein in der Endlosigkeit der Ewigkeit, »ein reines Seelenerlebnis ... Ich gehe zurück zu dem Ursprung, denn ich bin nicht nur ein Mensch. Ich muß zu dem Ursprung zurückkehren, um fortzufahren.«

Wie so viele Entführte hat Carlos ein plötzliches ökologisches Bewußtsein entwickelt. Er ist tief verbunden mit der Erde und ihrem Schicksal. Die Frage, ob dies ein unbeabsichtigtes Nebenprodukt eines Prozesses, den er genausowenig wie wir ergründen kann, oder ein wesentlicher Teil des Phänomens der Außerirdischen ist, kann natürlich nicht beantwortet werden. Carlos glaubt ganz klar, daß die Außerirdischen, wie unangenehm oder sogar brutal ihre Methoden auch sein mögen, versuchen, unser zerstörerisches Verhalten zu stoppen. »Sie sind Artensammler. Es ist nicht nur die menschliche Spezies, tierische Spezies. Ich fühle eine Grausamkeit im (Gebrauch ihrer Maschinen, ihrer Roboter), sie wissen genausogut, daß unsere Grausamkeit, unsere Willkür (das heißt der

Ausdruck unseres Willens) und unsere Grenzen selbstzerstörerisch und dadurch allen Arten von Dingen gegenüber zerstörerisch sind.« Die Erde und das System, mit dem sie verbunden ist, laufen Gefahr »zusammenzubrechen«. Die Außerirdischen »sind wie winzige Drohnen mit einer gewaltigen Komplexität, die »im Dienste des Überlebens stehen«. Sie sind »Gärtner der Erde«, sagt er, »die mit aller Kraft versuchen, uns anzuleiten, damit wir eine Fülle vorfinden und uns nicht im menschlichen Zerstörungstrieb verfangen«. Sie möchten, daß wir »eine vollkommene Umwelt, einen vollkommenen Garten Erde finden«.

Der Fall von Carlos öffnet uns unergründliche Geheimnisse. Dennoch gibt es Hinweise und Verhaltensmuster, die wir möglicherweise zu verstehen beginnen. Seine Erfahrungen scheinen an das Schicksal der Erde gebunden zu sein und an die Zerstörung der kosmischen Struktur, die durch die Zerstörung ihrer Lebensformen erzeugt wird. Während unserer ersten Hypnosesitzung sagte er: »Wenn wir explodieren, dann wird dieser Paradiesgarten, sogar mit seiner zerstörerischen Natur, dieser seltsame, schöne kleine Ball im Universum ... wenn er dahingeht, bedeutet es für alles einen Verlust, denn ein Zweck des Daseins besteht darin, die Einheit der Dinge zu verstehen.« Die Erde, so empfindet er es, ist für das Universum ein »wesentlicher« Bestandteil dieser Einheit. »Ich weiß nicht, ob es noch weitere wie sie gibt.« Er fühlt, daß wir einer »apokalyptischen letzten Stunde« gegenüberstehen, und dieser muß »begegnet werden, die Herausforderung muß angenommen werden ... Wir, die wir diese geistige Apokalypse erleben, erstellen ein Paradigma der Einweihung«, schrieb er mir. »Wir werden eingeweiht, und auch wir selbst weihen ein.«

Zu den »Lektionen«, die er bei seinen Entführungserlebnissen gelernt hat, gehört auch das Bedürfnis menschlicher Wesen, ihr Einfühlungsvermögen zu erweitern, um sich mit allem mehr identifizieren zu können. »Wenn menschliche Wesen einfühlsamer wären und lernen würden, sich mit dem zu identifizieren, was nicht von ihnen selbst stammt, dann wären sie weniger räuberisch und destruktiv.« Damit sich das ereignen kann, könnte es für uns notwendig sein, ein Gefühl dafür zu entwickeln, wo wir in der Ordnung des Universums stehen. Die Breite und Tiefe von Carlos' Perspektive resultiert ebenso aus seinen Verbindungen mit Außerirdischen wie auch seine Fähigkeit, durch außerirdische Augen zu sehen. »Das letzte Bild während meiner Hypnosen mit Ihnen«, schrieb er, »an das ich mich sofort erinnerte, während wir uns anschließend unterhielten, zeigte mich als kleine, weiße Kreatur mit meinen eigenen großen, leuchtend blauen Augen, auf dem Balkon stehend, der das Innere des Raumschiffs umgibt. Ich schaute aus dem Fenster, während ich um den runden Raum ging, und ich sah in allen Richtungen dieses schöne Paradies.«

Interessanterweise verglich Carlos seine Erlebnisse in Todesnähe, die er ebenfalls hatte, mit dem Phänomen der Entführung durch Außerirdische, dem er weitaus mehr umwandelnde Kraft zuschreibt. Durch die Begegnungen mit Außerirdischen bekomme man einen »Zugriff auf die Seligkeit, und das Erlebnis in Todesnähe ist ... ein vorübergehender Aufenthaltsort dazwischen. Es ist ein Aufenthaltsort der Seele, um sich zu sammeln.« Physische und emotionale Heilung, worum die Außerirdischen sich persönlich sorgten, seien ein wichtiger Teil dieser Umwandlung. »Man wird krank, und dann wird man geheilt. Mit jeder Heilung wird das emotionale Wachstum im Reich des Menschen verankert, und ich kann hingehen und dies benutzen, wenn ich andere unterrichte.«

Arthur

Arthur rief mich im Januar 1993 auf Empfehlung einer Frau hin an, mit der er über eine dramatische UFO-Sichtung gesprochen hatte, die er im Alter von neun Jahren erlebt hatte und bei der auch andere Mitglieder seiner Familie Zeugen waren. Diese Frau war mit meiner Arbeit über Entführungen vertraut, und Arthur war begierig, das Ereignis weiter zu untersuchen. Arthur war achtunddreißig Jahre alt, als er mich anrief. Er war ein sehr erfolgreicher junger Geschäftsmann mit wunderschönen Häusern an beiden Küsten der Vereinigten Staaten, der sich der Demokratisierung des Kapitalismus, der Schaffung einer erträglichen Umwelt und der Sorge für die Zukunft der Erde tief verpflichtet hatte. Er und andere Mitglieder seiner Familie schreiben sein bemerkenswert ausgeprägtes Bewußtsein für Soziales und Ökologie und sein Verantwortungsgefühl den tiefgreifenden und bleibenden Auswirkungen seines Erlebnisses zu, das er mit neun Jahren hatte.

Ich habe mich entschieden, seinen Fall, dessen Untersuchung gerade erst begonnen hat, an den Schluß dieser Reihe zu stellen, weil ich glaube, daß er unter den möglichen Varianten der vor uns liegenden menschlichen Zukunft ein positives Beispiel bietet. Zum großen Teil sind es unsere kollektiven Verhaltensweisen, die sich in Institutionen manifestieren und die Ökologie der Erde sehr stark beeinflussen. Unter diesen Institutionen, profitorientierten Wirtschaftsunternehmen, deren Einfluß jeden Winkel der Erde erreicht, befinden sich wahrscheinlich die mächtigsten Verursacher globaler Zerstörung, die die Menschheit je hervorgebracht hat. Andererseits können sorgfältig verwaltete Unternehmen mit einem aufgeklärten Bewußtsein in Bezug auf ihr Verhältnis zur Umwelt dabei helfen, die Verwüstung zu stoppen, und zu einem der wichtigsten Instrumente werden, die uns zur Verfügung stehen, um die Gesundheit des Planeten wieder herzustellen und zu bewahren.

Wenn, wie Arthur glaubt, seine außerirdischen Begegnungen die Entwicklung seines Sinnes für persönliche und gemeinschaftliche Verantwortung gefördert haben, dann können er und andere uns vieles darüber lehren, welche Absicht hinter dem Entführungsphänomen steht. Unser Kontakt zu Arthur, der aus beruflichen Gründen oft verreist, war auf ein einführendes Interview, eine Hypnosesitzung und einige Telefongespräche beschränkt. Einige Tage nach der Rückführung konnte er eine Versammlung einer Selbsthilfegruppe besuchen.

Arthur ist das fünfte von sechs Kindern einer bekannten konservativen, römisch-katholischen Familie von der Ostküste, aus der viele erfolgreiche Richter, Anwälte und Geschäftsleute stammen. Sein Vater war ein erfolgreicher Anwalt und seine Mutter eine richtige Großgrundbesitzerin. Er hat eine sehr weitverzweigte Familie, die er als recht traditionsbewußt und deren Mitglieder er als »einander besonders nahestehend« beschreibt. Er und seine Geschwister wuchsen als »verwöhnte, reiche Kinder« auf, und es gab Dienstmädchen und Diener, die die meisten seiner Grundbedürfnisse befriedigten. Er vermutet, daß einige seiner Werte von denen stammen könnten, die im Haushalt arbeiteten und »die einfach wirklich gute Leute waren«. Arthur verbrachte die meiste Zeit seines Lebens auf einem großen ländlichen Anwesen, das seiner Familie seit über hundert Jahren gehört. Der Vorfall ereignete sich, als er neun Jahre alt war, in der Nähe des Anwesens. Er erinnerte sich an keine traumatischen Vorfälle irgendwelcher Art in der ländlichen Umgebung, in der er seine Kindheit verbracht hat.

Arthur wuchs mit einer leidenschaftlichen Liebe zur Natur auf. Er verbrachte viel Zeit im Wald und damit, in den Gewässern auf dem Grundstück der Familie und in der Umgebung zu angeln. Soweit er zurückdenken konnte, hatte er immer schon eine besondere Beziehung zu Tieren. Im Gegensatz zu seinem Großvater und Urgroßvater, die Tiere erschossen und präparierten, redete Arthur wie ein zeitgenössischer Franz von Assissi mit Tieren – Stachelschweine, Stinktiere, Waldmurmeltiere, Kaninchen und Vögel eingeschlossen. Um uns das anschaulich zu machen, erzählte er uns eine Geschichte, die sich auf der Farm seiner Ex-Frau zugetragen hatte. Sie hatte viele Kaninchen auf der Farm, und sie brachten ihnen bei, zutraulich zu werden, indem sie sich »mit dem Kinn auf den Boden« legten. Wenn man ihnen in dieser Höhe begegnet, haben Kaninchen keine Angst vor Menschen. Dann waren Arthur und seine Frau »unglaublich leise«, und die Kaninchen wurden neugierig, kamen näher und »ließen sich ihre Köpfe kraulen«.

Kaninchen, sagte Arthur, haben Muskeln hinter ihren Ohren, die sie nicht zum Reinigen oder Massieren erreichen können, die aber ermüden. »Wenn man also einen Finger hinter das Ohr legt und einen anderen nach außen, und man macht so, ...« – dabei demonstrierte er in der Luft die Kraulbewegung – »... dann werden sie bald so zutraulich, daß sie ihr Kinn auf den Boden legen, und sie geraten in einen Zustand der Verzückung, um es einmal so auszudrücken.« In dieser »Euphorie«, sagte Arthur, lecken die Kaninchen einem die Nase, und wenn man sie weiter »verzückt«, dann wird ihr Kopf »völlig verzückt, und dadurch entsteht diese Bindung«.

Arthur erzählte diese Geschichte in der ersten halben Stunde unseres Zusammentreffens als eine Art Analogie, um uns zu illustrieren, wie man mit außerirdischen Wesen kommuniziert. »Man kommuniziert mit diesen Wesen auf telephatische Art und Weise, aber der einzige Weg, auf dem man diese Telepathie erreichen kann, besteht darin, die Angst zu eliminieren. Diese Angst blockiert sie. Man kann nicht mit ihnen kommunizieren, ehe man seine Angst losgeworden ist« sowie andere »negative Gefühle ... Wenn man etwas Negatives fühlt, ob Angst oder Wut oder Zerstörungswut oder etwas ähnliches, dann kommunizieren sie nicht ... Sie möchten einfach, daß man ohne Angst mit ihnen kommuniziert, und das ist einer der Gründe, warum sie Schwierigkeiten mit Menschen haben.«

Die Wesen, so glaubt Arthur, versuchten, »diese Art der Euphorie« zu erzeugen. Vielleicht »macht es das Licht«, aber auf die eine oder andere Weise »können sie das erzeugen«. Sie »sprechen eine andere Sprache«, aber »wenn man mit Angst reagiert, negativ, dann können sie es einfach nicht. Wenn man jedoch ohne Angst reagiert, dann kann man mit ihnen kommunizieren, und die Kommunikation ist an sich schon unglaublich inspirierend. Ich weiß nicht, wie ich es beschreiben soll, aber ich weiß – und meine Familie glaubt es zumindest –, daß es mein Leben dahingehend beeinflußt hat, wie ich die Gesellschaft und meine Verpflichtungen gegenüber verschiedenen Angelegenheiten behandle.« Er könne auch Fische »verzücken«, sagte er. »Ich weiß, wie man eine Forelle vom Ufer aus verzücken kann.« Kaninchen und andere Tiere denken auf ihre

Weise »genauso tief, wie wir es tun«, sagte er. »Wissen Sie, es ist auf eine besondere Weise wunderschön, weil es so voller Vertrauen ist, und es gibt ein gewaltiges Ausmaß an Liebe und Vertrauen und Zuneigung. Es ist einfach grundlegend. Darin liegt eine Lebensenergie.« Während seiner Kindheit war Arthur, wie viele andere Entführte, anfällig für Hals- und Nasennebenhöhlenentzündungen. Er las auch viel und erinnerte sich, daß er sich im dritten, vierten und fünften Schuljahr mit seinen Lehrern sogar »auf Debatten über Religion und solche Dinge« einließ.

Arthur hat viele erfolgreiche Unternehmen gegründet, deren Gesamtwert er auf mehrere zehn Millionen Dollar schätzt. Jedes davon, sagt er, hat bestimmte Werke der Menschenliebe unterstützt. Zum Beispiel steckten er und seine Ex-Frau den Großteil des Gewinns aus einer Schnellimbiß-Kette, die sie für fünfzehn Millionen Dollar verkauft hatten, in den Kauf eines Grundstücks für einen Wanderpark und investierten den Rest ihres Geldes in eine Umweltorganisation und ähnliche Programme. Im Moment arbeitet er mit mehreren hundert US-Unternehmen und erteilt ihnen die Lizenz, außergewöhnliche Technologien zu benutzen, unter der Voraussetzung, daß sie ihre Gewinnanteile besonderen Stiftungen abtreten.

»Jeder kann eine Firma gründen und Millionen Dollar verdienen«, sagte Arthur. »Die Herausforderung besteht darin herauszufinden, wie man es für ein höheres Ziel einsetzen kann, um andere Menschen zu beeinflussen, indem diese Firma und deren Produkte Vorbilder sind.« Die Ergebnisse seien dann viel lohnender. »Die Leute werden durch mehr als nur durch Geld motiviert«, sagte er. Seine Ex-Frau läßt Umweltbotschaften auf die Verpackungen etlicher ihrer Produkte drucken, und sie erhalten Tausende anerkennender Briefe von Verbrauchern. Sie versucht, jedem handgeschriebene Antworten zu schicken. Das sei die Mühe wert, und zugleich »ist es eigennützig«, sagte er, »weil man mehr rausbekommt, als man hineinsteckt.«

Ein Artikel in einer Zeitung aus Neuengland vom März 1993 beschrieb in allen Einzelheiten die kreativen geschäftlichen Aktivitäten von Arthur und seiner Ex-Frau. Der Artikel berichtete von ideenreichen Recyclingmethoden, darunter ein Recyclingprogramm unter Beteiligung von Obdachlosen und die Entwicklung einer wiederverschließbaren Lebensmitteltasche, die Arthur erfunden hatte.

Der Artikel beinhaltete ein Zitat von Arthurs Schwiegermutter, die ihn als »unermüdlich« und als »die Sorte Persönlichkeit« bezeichnet, »die du aufsuchst und anflehst, dein Geld zu nehmen und es sich in die Tasche zu stecken«. Bei unserem letzten Kontakt mit ihm im August 1993 – er rief an, um sich »anzumelden« und um zu fragen, wann die nächste Versammlung der Selbsthilfegruppe stattfinden werde – sagte Arthur zu Pam, daß er die Technik seiner wiederverschließbaren Tasche für mehrere führende Lebensmittel-Ketten freigegeben habe. Er sagte, daß er »viele Projekte« habe, »die gut aussehen«, zum Beispiel Nachbarschaftsgärten, ein Projekt für einen »demokratischeren Kapitalismus« und »eine Selbstfindungsgruppe für Frauen«, die er aus dem Gewinn finanziert, den er mit dem Verkauf der neuen Verpackungstechnologie gemacht hat.

Arthur glaubt, daß Obdachlosigkeit und Umweltzerstörung ernste Themen sind. Um zu verstehen, was es bedeutet, obdachlos zu sein, lebte er eine Zeitlang als Obdachloser auf der Straße. Das Ozonloch und unser außer Kontrolle geratenes Bevölkerungswachstum sind für ihn zwei »primäre« Bedrohungen für die Ökologie der Erde. Aus seiner eigenen Tasche hat Arthur bei der Finanzierung bestimmter Teile der Gesetzgebung geholfen, die auf konstruktive Weise die Umwelt »weltweit« beeinflussen könnten. Er nimmt sich auch »enorm viel Zeit, um mit Politikern, nach denen ich nicht verrückt bin«, über diese Themen »zu verhandeln«. Er hat unermüdlich daran gearbeitet, Rechtsbestimmungen und Standards über Mensch und Umwelt in wichtige internationale Handelsverträge und Vereinbarungen einzubringen.

Vor einem Jahr, sagte Arthur, habe er noch wenig über die Bundesregierung oder das Welthandelssystem gewußt, »aber das wurde wichtig, und ich habe unglaublich viel Zeit und Geld darauf verwandt, einfach alles zu beeinflussen, von Kongreßwahlen bis hin zu Gruppen, die normalerweise streitsüchtig oder bestenfalls feindselig sind, wie die Gewerkschaften und den Nationalen Verband der Fabrikanten, um sie an einen Tisch zu bringen. Ich kenne sie nicht einmal. Sie sind mir total fremd. Und ich weiß nicht einmal, warum. Ich weiß, daß sie einen Sinn haben, und ich weiß, daß es nötig ist, diese Sache zu tun. Aber das ist so, als ob ... na ja, es ist genau wie das, was ich tue.«

Arthur sagte, daß er immer noch »total verliebt« in seine Ex-Frau Alice sei und sie »meine beste Freundin« bleibe. Sie trennten sich ohne Streit, weil sie auf einer Farm leben wollte, und »ich kann einfach nicht auf einer Farm leben ... Ich denke, jemanden zu lieben bedeutet, alles zu tun, was man kann, um ihm zu helfen, sein Potential zu nutzen und so glücklich und gesund wie möglich zu sein, und wenn derjenige dann glücklicher und gesünder ist, wird das einfach mehr Gegenliebe erzeugen.« Eine seiner früheren Freundinnen und Alice, sagte er, stünden sich sehr nah und sorgten sich um die Gefühle des anderen. »Das ist irgendwie die Art der meisten Menschen, die mir im Leben nahestehen, Männer wie Frauen und auch richtige Freunde.«

Von der Zeit an, als Arthur ein kleiner Junge war, bis in die Teenagerzeit hinein hatte er manchmal Zeitlücken und kam zu spät nach Hause. Er kannte die Tausende von Morgen Land des Familiengrundbesitzes sehr gut. Dennoch fand er manchmal heraus, daß es später war, als es hätte sein dürfen, und entdeckte, daß er in eine andere Richtung gegangen war, als er angenommen hatte. Bei einer Gelegenheit, als er vielleicht sechs oder sieben Jahre alt war, sah er etwas durch die Bäume, was er erst für die Lichter des Herrschaftshauses hielt. Aber er erkannte, daß er eine Viertelmeile davon entfernt war, und die Lichter waren »zwei weiße Lichter, wie Frontscheinwerfer, aber sie standen weiter auseinander, und sie waren scheinbar halb auf einem Baum oder mitten im Baum«. Er war verwirrt – »irgendwie habe ich mich ganz herumgedreht« –, und »es war viel später, denn es war dunkel«. In seinen frühen Teenagerjahren hatte er mindestens zwei Erlebnisse mit verlorener Zeit, erinnerte er sich. Bei einer Gelegenheit folgte er der Fährte eines Rehs in den Wald, und am Ende »fand ich mich auf dem Weg zurück dorthin, wo ich gerade hergekommen war«. Als er sich daran erinnerte, die außerirdischen Wesen während der Episode, als er neun Jahre alt war, gesehen zu haben, erschienen sie ihm wie »alte Spielkameraden«.

Das zentrale UFO-bezogene Erlebnis in Arthurs Leben geschah im Sommer 1967, als er neun Jahre alt war. Wir erforschten diese Episode bis ins Detail unter Hypnose, doch Arthur erinnerte sich bereits während unseres ersten Treffens bewußt an vieles. Er, seine Mutter, seine ältere Schwester und ein oder vielleicht zwei seiner Brüder waren auf dem Rückweg zu dem Familienbesitz, nachdem sie in einer nahen Stadt einen Film gesehen hatten. Der Film mußte eine Komödie gewesen sein, »denn meine Eltern nahmen uns niemals zu etwas anderem als zu Komödien mit«. Seine Mutter fuhr, Arthur und seine Schwester saßen auf dem Rücksitz, und sein jüngerer und vielleicht noch ein älterer Bruder befanden sich auf dem Vordersitz. Als sie über eine dunkle Landstraße fuhren, sagte seine Mutter: »Dieses Flugzeug fliegt furchtbar tief.« Dann sagte sie mit besorgter Stimme: »Das ist kein Flugzeug.« Und sie veranlaßte alle, sich im Auto zu ducken. »Ich sah ihre Hand, wie sie kam und uns herunterdrückte ... Wir waren mit Süßigkeiten eingedeckt«, sagte er und dachte: »Das könnte, zumindest für mich, ziemlich aufregend werden.«

Arthur und seine Schwester waren im Fußraum vor dem Rücksitz, und er sah ein Objekt ungefähr »dreißig bis fünfzig Meter« über dem Auto. »Es hatte viele verschiedene Lichter, aber ich vermag nicht zu sagen, welche Farbe irgendein bestimmtes Licht hatte, es waren einfach verschiedene bunte Lichter.« Das Licht »fiel in das Fenster meiner Mutter und in mein Fenster«, und Arthur fand es seltsam, daß das Licht auf die Erde fiel, aber anscheinend keine Schatten warf. »Der ganze Himmel war erleuchtet«, aber Arthur wußte, daß das Objekt, das er gesehen hatte, »die Lichtquelle war ... Es war das unglaublichste Licht. Wie pures Weiß, wenn es so etwas gibt. Völlig rein, und es war überall.« In diesem Licht hatte er das Gefühl, »zu schwimmen und im Wasser zu sein, so als wäre das Wasser Phosphor«. Er sah verschiedene Lichter auf dem Objekt, »wie Weihnachtsbaumlichter, aber es gab keine Glühbirnen«. Er erinnerte sich vor allem daran, Rot, Weiß und eine »pinkviolette« Farbe gesehen zu haben.

Arthurs Mutter und der jüngere Bruder hatten große Angst, während seine Schwester verwirrt und er selbst aufgeregt war. »Da war absolut keine Angst. Tatsächlich war es das genaue Gegenteil. Es war totale Euphorie, nur so kann man das beschreiben, besser als der beste Sex oder das Beste von was auch immer, besser, als für eine Woche zum Fischen zu fliegen.« Sein Gefühl war schwer zu beschreiben, »ein fast reines Wohlbehagen«. Die Perspektive, aus der Arthur, wie er sich erinnerte, seine Familie gesehen hatte, kam ihm seltsam vor, als ob das Auto ein Cabriolet gewesen wäre und er auf sie hätte herunterschauen können. Seine Mutter mußte zur Seite gefahren sein, denn das Fahrzeug hielt am Straßenrand.

Als er in den Fußraum kroch, dachte Arthur bei sich: »Das ist echt cool.« Dann erlebte er eine Art Gedankenübertragung, die von dem Objekt ausging. Diese Gedanken »wurden angeboten – das ist die beste Art, es zu beschreiben«. Ihm wurde gesagt: »'Du wirst mehr erhalten ... Die Art und Weise, mehr zu erhalten, ist die, furchtlos und empfänglich zu sein.' Es waren Millionen unterschiedlicher Dinge auf einmal. Es ist zu schwierig zu beschreiben ... Da gab es fast ein Gefühl der Traurigkeit, daß es nicht erlernt werden konnte, aber auch ein Gefühl der Freude, daß es gelehrt wurde.« Je empfänglicher er sein konnte und je weniger Angst er haben würde, »desto größer war das Verständnis, und um so tiefer fühlte es sich an«. Er konnte sich nicht erinnern, die Wesen damals gesehen zu haben, aber er stellte sie sich als »kleine verspielte Engel vor«, als Lichtwesen mit »Gesichtern, aber ohne wirklich ausgeprägte Gesichtszüge«.

In diesem Moment begann Arthur, sich zum ersten Mal in dieser Sitzung leicht beängstigt zu fühlen, »nur ein komisches Gefühl im Magen«. Sein Bewußtsein schien sich etwas zu spalten, und er fühlte sich, »als sei ich nicht hier, während ich dies mitteile, und als würde es irgendwo anders stattfinden«. Trotzdem war es für Arthur »keine bedrohliche Form der Angst. Es ist irgendwie ehrfurchteinflößend. Ich kann es nicht begreifen ... Groß ist ein dummes Wort, aber es ist so groß ... Die Themen«, von denen er fühlte, daß die Wesen sie »zu übermitteln versuchten«, waren »irgendwie so neu und groß und einfach unglaublich schön, aber auch sehr massiv und anders als das, woran ich gewöhnt war. Mein Verständnis ist etwa so klein, und sie kippen irgendwie eine Menge Wasser aus, und es strömt über die Ränder, also fühlt man sich wie ... o Mann, wissen Sie, was ich meine?«

Arthur fühlte, daß seine Beklemmung und die leichte Bewußtseinsspaltung, die er gerade erlebt hatte, dazu dienten, »die Geschwindigkeit zu verlangsamen«, mit der die Information auf ihn einströmte. »Sie wissen, daß sie uns überwältigen können«, sagte er, »und die Beklemmung ist die Blockierung oder das, was dazwischen steht ... Wenn sie uns wegfegen oder uns zu Tode erschrecken, dann können sie nicht kommunizieren.«

Arthur war sich nicht sicher, wie lange das Auto angehalten hatte. Es dauerte etwa zwanzig Minuten, um vom Kino nach der Vorstellung, die schätzungsweise um 20.30 oder 21.00 Uhr zu Ende gewesen war, zum Herrschaftshaus zu fahren. Seine Großmutter hatte auf sie gewartet und wäre wahrscheinlich böse gewesen, wenn sie mehr als zwei Stunden zu spät gekommen wären, daher nahm er an, daß der Vorfall nicht länger als eine oder eineinhalb Stunden gedauert haben konnte. »Normalerweise hätten wir noch irgendwo angehalten, um ein Eis zu essen.« Arthur wußte nicht mehr, wie die Fahrt nach Hause fortgesetzt worden war. Niemand im Auto sagte etwas, und seine Mutter erzählte ihrer Mutter oder ihrem Mann niemals von diesem Ereignis. Das fand er ungewöhnlich, denn »in unserer Familie reden wir sogar darüber, wenn sich jemand Schuhe in der falschen Schuhgröße gekauft hat, und deshalb ist das in unserer Familie sehr ungewöhnlich, denn wir reden sonst über alles«.

Es schien, daß fünfundzwanzig Jahre lang niemand von denen, die an diesem Abend dabei gewesen waren, über den Vorfall gesprochen hatte – bis zu einem großen Familientreffen im Sommer 1989, bei dem sich Hunderte von Mitgliedern aus den unterschiedlichen Zweigen von Arthurs Familie versammelten, um das hundertjährige Bestehen des Familienbesitzes zu feiern. Während dieses Abends kam seine Schwester Karen zu ihm und fragte, ob er sich an irgend etwas von »diesem Abend, an dem wir vom Kino nach Hause gefahren sind«, erinnern könne. Zuerst konnte er sich an überhaupt nichts erinnern, und sie fragte dann: »Kann Mama sich an irgend etwas erinnern?« Er konnte das ebenfalls nicht beantworten, also »beschrieb« Karen »aus ihrer Perspektive das, was an diesem Abend geschehen war ... Sie erzählte mir ein bißchen davon, und das wirkte wie ein Auslöser, als würde es Stücke in mir freilegen, und dann setzten meine Stücke weitere Stücke in ihr frei.« Übereinstimmend mit Arthur erzählte Karen, daß »ein unglaubliches Licht das Auto erfüllte« und ihre Mutter sehr erschrocken war. Andere Details paßten zu dem oben erwähnten Bericht von Arthur. Karen, so sagte er, »erinnert sich an Engel. Sie hat es mit Engeln.«

Vier Wochen nach unserem ersten Treffen mit Arthur telefonierte Pam mit Karen. Ihr Bericht ähnelte seinem, abgesehen davon, daß sie sich erinnert, ein »bläulich-weißes« Licht gesehen zu haben. Ebenso wie Arthur berichtete sie, daß dieses Licht so hell gewesen sei, daß man das Innere des Autos »so klar wie am Tag« sehen konnte. Karen reagierte mit Verblüffung, und sie schließt die Möglichkeit einer Entführung durch Außerirdische nicht aus, aber sie kann sich selbst an keine weiteren Einzelheiten erinnern. Anders als Arthur hielt sie es nicht für bemerkenswert, daß ihre Mutter nicht über den Vorfall sprach. Wenn sie »etwas nicht versteht, dann spricht sie einfach nicht darüber«. Karen schreibt das Vergessen des Ereignisses eher der Nachlässigkeit als der Furcht zu.

Nachdem ihm die Erinnerungen an dieses Ereignis wieder bewußt geworden waren, wollte Arthur seine Mutter und seine Brüder fragen, woran sie sich erinnern konnten. Bei einem Abendessen im Frühling 1990, bei dem seine beiden ältesten Brüder, deren Frauen, Karen, seine Freundin, seine Mutter und sein jüngerer Bruder anwesend waren, fragte Arthur seine Mutter nach dem Ereignis im Jahre 1964. Sie sagte, sie habe ein zigarrenförmiges Fahrzeug »wie ein Luftschiff« mit »vielen verschiedenen Lichtern« gesehen, das sich mit derselben Geschwindigkeit wie das Auto bewegt hatte. Sie war »zu Tode erschrocken«, was allerdings »typisch für meine Mutter ist«. Sie erinnerte sich, an die Seite gefahren zu sein und versucht zu haben, die Kinder unter die Sitze zu bekommen. Die Erinnerung von Arthurs jüngerem Bruder ähnelte der seiner Mutter. Er war auch sehr erschrocken gewesen, erinnerte sich an das Licht und daran, vor seinen Sitz »hinuntergestopft worden zu sein«. Die beiden anderen Brüder konnten sich an den Vorfall nicht erinnern und waren vielleicht überhaupt nicht dabei gewesen.

Arthur hatte Donna, die Freundin, die bei dem Abendessen der Familie anwesend war, kurz nach dem Familientreffen im Sommer kennengelernt. Sie erzählte ihm von einem Vorfall aus ihrer Kindheit, bei dem sie einen »Engel« an ihrem Fensterbrett gesehen hatte, und sagte, daß sie weiterhin mit Engeln kommuniziere. Sie habe ihr ganzes Leben davon geträumt, jemanden wie ihn zu treffen. Danach erzählte er ihr von seinen Erlebnissen, und sie ermutigte ihn, diese näher zu untersuchen und Kontakt mit mir aufzunehmen. Donna glaubt auch, daß Arthurs Verwicklungen »in all diese verschiedenen Projekte und so« etwas mit den UFO-Erlebnissen zu tun haben. Donna »und meine Schwester waren die beiden Leute, die sagen, daß ich derjenige sei, der das herausfinden müsse, denn sie glauben, daß es mein Leben am meisten beeinflußt hat. Und, verstehen Sie, ich würde gerne wissen, ob ich ohne das alles heute ein anderer Mensch wäre.« Arthur hat das Gefühl – verbunden mit den Informationen, die er mit neun Jahren während seines UFO-Erlebnisses empfing –, daß es »etwas gibt, das ich übermitteln muß«, aber »ich weiß nicht, wie die Botschaft lautet ... Das Erlebnis mit neun Jahren ist der Auslöser für etwas anderes oder der Schlüssel dazu ... etwas, das für andere Menschen wichtig ist. Und es ist einfach und elementar, und es ist wie in mir drin, aber ich weiß nicht, wie ich es übermitteln soll.«

Die Rückführung war für den 25. März geplant, damit sie in Arthurs Reisepläne paßte. Nach unserer letzten Versammlung hatte Arthur mit Ted gesprochen, demjenigen Bruder, der bei dem Abendessen im Frühling 1990 nicht dabei gewesen war. Obwohl sich Ted nicht erinnern konnte, ob er während des Vorfalls von 1964 im Auto gewesen war, war er »hundertprozentig davon überzeugt, daß es da etwas Bedeutsames gegeben hat«. Ted neigte dazu anzunehmen, daß er dort war, »einfach weil er ein so traditionell konservativer Republikaner ist und normalerweise nicht an UFOs oder so etwas glauben würde, aber er ist absolut davon überzeugt, daß sie existieren«.

Arthur erzählte eine seltsame Geschichte über Fotos, die sein Urgroßvater – einer der ersten Fotografen in diesem Land – von »Elfen und kleinen Leuten« aufgenommen hatte. Diese hätten »spitzere« Kinne als Menschen gehabt und sich in einer Felsformation befunden. Arthur meinte, daß es möglicherweise kleine Tonfiguren waren, die sein Urgroßvater, der ein kreativer Erfinder war, dorthin gestellt und dann fotografiert hatte. Aber weniger klar ist die Quelle der Inspiration für diese Handlung. Vielleicht, meinte Arthur, habe seine eigene Vorstellungskraft eine gewisse Art von Verbindung mit den kleinen Leuten auf den Fotos seines Großvaters hergestellt. Jedesmal hinterließen die Fotos bei ihm den Eindruck, daß auch »ich kleine Leute getroffen habe«. Ted sei ebenfalls »so richtig überzeugt, daß diese Leute existieren. Für ihn ist es genauso schwer, darauf einzugehen, als wolle man Richard Nixon dazu bringen.« Bevor wir mit der Rückführung anfingen, wiederholte Arthur seine Überzeugung, daß »es eine Botschaft gibt, die zu erhalten ich erwarte«.

Am Beginn der Hypnosesitzung legte ich die Szenerie fest, indem ich Arthurs Aufmerksamkeit auf die Nacht des Vorfalls zurücklenkte, als er neun Jahre alt war, und ich forderte ihn auf, alle Gefühle, Bilder oder körperlichen Wahrnehmungen zu beschreiben, die auftauchten. Der Film, so erinnerte er sich jetzt, hieß »Die Maus, die brüllte«. In dem Streifen spielte Peter Sellers mit, »und ich glaube, wir haben einen Haufen Mist gegessen wie Popcorn und so ein Zeug«. Er erinnerte sich auch wieder daran, wer in dem Auto war und welche Kleidung seine Mutter trug. Sie sagte so etwas wie: »Da fliegt ein Flugzeug furchtbar tief.« Aber mit »einer nervösen Stimme« sagte sie bald darauf: »Das ist kein Flugzeug.« Das große Fahrzeug hatte Lichter, die »sich fast wie ein T kreuzten, aber am Ende verteilten sie sich«. Arthur sah »rot und grün und gelb«. Seine Mutter legte die Hand hinter den Sitz und sagte ihren Kindern, daß sie »sich auf den Boden ducken sollen«, aber »ich erinnere mich, daß ich dachte, daß es cool war, worum auch immer es sich handelte«. Das Fahrzeug tauchte links hinter dem Auto »aus dem Nichts« auf und »plumpste einfach herunter, genau über uns«. Es befand sich vielleicht fünfzehn oder dreißig Meter über ihnen und schien »den ganzen Himmel« auszufüllen.

Im bewußten Zustand hatte sich Arthur an keine Details eines tatsächlichen Fahrzeugs erinnern können, aber jetzt erinnerte er sich an etwas wie Rippen, eine Luke und Nähte, und das Fahrzeug schien aus einem sehr glänzenden, hellen Metall zu bestehen – wie ein hocherhitztes Metall. Es schien, als ob »das Ding selbst entzündet und die Quelle war« und zusätzlich kleine Lichtpunkte hatte. Wieder sagte Arthur, daß dies »das coolste Ding, das ich je gesehen habe«, war. »Ich war bereit hinzugehen«, sagte er. »Ich wäre bestimmt nicht hinter dem Sitz geblieben.« Das Licht des Fahrzeugs durchflutete das Auto und die Luft ringsherum, und es schien, als ob »sich das Auto im Wasser befinden würde«. Das Licht war überall, und es gab keine Schatten.

Arthur konnte seine Mutter, seinen Bruder und seine Schwester sehen, die »wie zusammengekauert« vor ihren Sitzen hockten. Er sah zwar seinen jüngeren Bruder Peter am Boden vor den Vordersitzen, aber keinen weiteren Jungen im Auto, was ihn daran zweifeln ließ, ob sich noch irgend jemand im Wagen befand. Als nächstes erinnerte er sich, daß das Auto neben der Straße auf dem Boden stand, aber er konnte sich immer noch nicht an den Moment erinnern, in dem seine Mutter an die Seite gefahren war. Er konnte dann nichts außer dem Licht sehen und hatte das Gefühl, daß das Auto unterhalb von ihm sei und er »hochgehoben« würde. Ich spürte in Arthur eine Anspannung und daß sein kritischer Verstand schwerer zu arbeiten begann. Ich ermutigte ihn, so nahe wie möglich bei seinen Wahrnehmungen und unbearbeiteten Bildern zu bleiben, ohne zu urteilen oder zu versuchen, die Dinge zu verstehen. Es gab einen Moment in der Sitzung, den ich nicht genau festlegen kann und in dem er praktisch zu Tränen gerührt schien, als er bemerkte, daß sich das Auto nicht mehr auf der Straße und er sich in ungewohnter Umgebung befand.

Arthur empfand »viele unterschiedliche Gefühle«, darunter auch »Angst«, aber »etwas sagte mir die ganze Zeit über, daß ich keine Angst haben solle«. So »unglaublich« es ihm auch erschien, Arthur hatte das Gefühl, daß das Auto selbst hochgehoben wurde, »und ich konnte mit niemandem reden«, denn sie waren sicher im Auto »zusammengekauert«, und er wußte: »Sie konnten mich nicht hören.« Damals und jetzt fühlte er »einfach nur Verwirrung ... Es war, als wenn alle Zellen in meinem Körper sich nach oben bewegten, aber mein Körper selbst blieb, wo er war, und er war davon getrennt.« Dieses Gefühl, nicht »einmal mehr Teil meines Körpers« zu sein, schien die Quelle von Arthurs Angst zu bilden. Er konnte seine Mutter und seinen Bruder im Auto sehen, aber seine Schwester nicht mehr. Von seiner Perspektive aus gesehen, befand er sich »über dem Auto«, als ob er durch dessen Dach herabschaute. Immer noch verwirrt, glaubte er, daß er »durch das Dach« des Autos ging, aber »ich kann mich nicht erinnern, wie ich da hindurch gekommen bin«.

Dann erreichte ihn eine »Botschaft, daß sie sich sorgten« und »daß sie mir nicht weh tun wollen ... Sie wissen, daß ich Angst habe«, und diese Übermittlung »hilft wirklich«, ihn zu beruhigen. Dann – die Quelle der Übermittlung ist zu diesem Zeitpunkt unklar – »versuchen sie mir zu sagen, daß da ein Faden ist, wie ein Spinnenfaden, und daß er zwischen uns ist, aber er kann leicht zerreißen... ‘Hab keine Angst, sonst wird sie den Faden zerreißen’«, wurde ihm gesagt. Ich fragte, ob das ein wirklicher physischer Faden oder eine Metapher für eine Art der Verbindung sei. Arthur konnte tatsächlich ein »Licht wie einen Faden« sehen, »einen Spinnenfaden, der erleuchtet ist« im Himmel, von Schwarz umgeben. Dann sah er mehr als sechs »kleine erleuchtete Wesen, zusammengedrängt«, die ihm sagten, daß er keine Angst zu haben brauche und den Faden nicht durch seine Angst zerstören solle.

Ich bat Arthur, die Wesen zu beschreiben. Sie sahen »wie Embryos« aus, sagte er, »einfach kleine sanfte Dinger«. Sie waren »leuchtend« und halb durchsichtig, mit großen Köpfen und kleinen

Körpern, »kleinen, dünnen Armen und kleinen Fingern. Vielleicht mit weniger als fünf Fingern.« Zusätzlich sah er »kleine Beine«, glatte Gesichter mit »kleinem Mund, kleinen Nasen« und »keine Haare ... Wie Babys, wie Embryos«, sagte er wieder. Die Augen seien ganz schwarz und runder als die unsrigen. Die Wesen schienen »einander so nahe zu sein, daß sie sich berührten«, bemerkte Arthur. »Sie sind getrennt«, aber »ihre Arme berühren sich ständig ... Es sieht aus wie ein Haufen Kaninchen. Sie schmiegen sich aneinander wie Kaninchen.«

Ich fragte Arthur, was ihn in der Luft hielt, und er sagte, daß es »der Faden« sei, dessen Durchmesser er auf etwa einen halben Zentimeter schätzte, »wie eine Drachenschnur vielleicht ... Sie verbindet mich, aber ich weiß nicht, wie sie an mir befestigt ist.« Die Wesen schienen »ziemlich lustig auszusehen«, dennoch »einfach niedlich« in »der Art, wie sie sich benehmen ... Sie sind wie Kaninchen. Sie möchten niemandem weh tun. Kaninchen möchten niemandem weh tun. Sie möchten spielen.« Obwohl »ich es hätte zerstören können, wenn ich gewollt hätte«, zogen die Wesen Arthur an dem Faden aufwärts und hoben ihn »in den Raum« wie an »einem Seil oder etwas ähnlichem«. Der Faden war wie ein Bogen oder »ein halber Bogen«. Er stieg daran empor, machte eine Kurve, und dahinter war es dunkel. »Ich hätte nicht hoch gehen können, denn es war zu steil, und ich ging auch nicht. Ich bewegte mich an einer Angelschnur nach oben.«

Arthur fand sich »im Weltraum« wieder. »Ich konnte Sterne sehen, und da war dieses richtig glattgeschliffene Ding.« Es war seine erste ausdrückliche Äußerung, daß er zu dem Fahrzeug hingezogen wurde. »Es sah aus wie eine runde Kante, als ob man eine flache Schüssel nehmen und sie verkehrt herum hinlegen würde, eine besonders flache Schüssel.« Es hatte das Aussehen von blankem rostfreien Stahl. Der Faden oder die Schnur schien in Licht gebadet zu sein, das überall war, und als die Wesen ihm sagten, daß er »keine Angst haben« solle, ging Arthur »einfach« daran entlang, »aufrecht stehend, wie von einer unsichtbaren Kraft gezogen«. Die Schnur schien in das Fahrzeug hineinzureichen, »wie eine Telefonleitung oder so etwas ähnliches«. Arthur konnte jetzt die Wesen im Innern des Fahrzeugs sehen, was mich verwirrte, weil er sie zu sehen schien, während er noch an dem Faden emporstieg. »Sie waren nie unten drunter«, sagte er. »Ich konnte sie durch die

Schnur sehen«, aber sie waren »in einer Lichtblase, und die ist wahrscheinlich in dem Ding aus Stahl«. Das mochte seiner Ansicht nach einen Sinn ergeben, stellte mich allerdings vor andere Probleme, aber ich entschied mich, sie jetzt nicht zu beachten.

Arthur konnte sich nicht genau erinnern, wie er in das Raumschiff gelangte. »Da war keine Tür oder so etwas.« Einmal im Innern, fand er sich in einem großen Raum mit einem gewellten, unregelmäßigen Boden wieder, der von einem Ring aus pinkfarbenen Lichtern umgeben war. Die Wesen plapperten fröhlich und waren froh, daß er keine Angst hatte. »Sie sind wie alte Spielkameraden, wissen Sie ... Ihr Hauptanliegen ist es, daß sie niemandem weh tun wollen.« Ich war ein wenig schockiert, als er sagte, daß der Raum so groß wie Bostons Fenway-Park – »auf den Kopf gestellt« – sei. Die Wesen »plapperten« weiter, indem sie sich ohne Stimmen oder Geräusche verständigten. Sie kicherten und berührten einander, und sie schienen spielen zu wollen. Sie berührten Arthurs Gesicht »sehr sanft. Es ist, als ob man ein Kaninchen berührte ... Sie berührten, soweit ich mich erinnern kann, meine Schultern und mein Gesicht mit den Händen«, wie aus »Neugierde«, und sie liefen überall herum. Da gab es auch Gedankenspiele, »wie dieses, daß sie lustige Dinge in deine Gedanken werfen, und du wirfst lustige Dinge zurück«. Ich bat ihn um ein Beispiel. »Na ja, als ob sie Farbklumpen nach dir werfen«, sagte Arthur, »sowie einfach sehr angenehme Gefühle, einfach eine Million verschiedener angenehmer Gefühle ... Es ist die Art, wie man mit Kaninchen kommuniziert«, wiederholte er.

All diese Spielerei und Bemühungen, daß Arthur entspannt und unerschrocken blieb, schienen die Vorbereitung für »etwas Ernstes« gewesen zu sein, das nun folgen sollte. Sie wollten, daß er über ein »Feld des Lebens« draußen auf dem Land Bescheid wußte, das er vergessen hatte und wo es grün war, und »es gibt Blätter und Blumen und Gras und Vögel und Fische und alles«. Aber da kommt ein »großer Klumpen Dunkelheit, der darauf fallen wird. Sie wollen, daß ich erfahre, wie es sich anfühlt.« Dieser Klumpen ist wie »eine massive Wasserflut, und sie wird über den gesamten Planeten hinweggehen und einfach alles töten.« Ich fragte ihn, warum sie ihn das wissen lassen wollten. »Ich denke, weil sie helfen wollen«, sagte er. »Sie wollen nicht, daß es passiert – es ist so widersprüchlich.« Ich schlug vor, daß er sich selbst erlauben solle, noch tiefer auf den

Widerspruch einzugehen. »Sie erkennen, daß wir nicht schlau sind. Wir sind ein wenig dumm«, sagte er. Die Zerstörung könne vermieden werden, aber der einzige Weg, auf dem sie »etwas dazu tun« könnten, sei der Weg »einer Verständigung«. Gleichzeitig »haben sie Angst, uns angst zu machen«, denn »wenn sie uns angst machen, dann sind wir ineffektiv«.

Der Klumpen, sagte Arthur, sei wie ein großer »Wasserballon«, schwarz und groß, der den gesamten Planeten bedecken und ersticken werde. Ich fragte, wie sich ihm dieser Gedanke »mitteile«. »Sie wollen mir etwas Ernstes mitteilen«, sagte er, »und sie sagen es dadurch, daß man es fühlt.« Als er den Klumpen sah, fühlte er die Angst und das Ersticken und die Empfindung, daß »alles sterben wird«. Am Ende dessen, was wie eine Inszenierung oder Demonstration erschien, entfernten die Wesen den Klumpen, nachdem sie mitgeteilt hatten, wie ernst das Problem sei. Ich fragte Arthur, wie solch eine beunruhigende Botschaft ihn als neun Jahre alten Jungen beeinflußt habe. Er antwortete ziemlich indirekt, daß es »die schönste Sache zwischen Leuten ist, sich so verständigen zu können, wie man es mit diesen kleinen Kerlen kann«. Der Klumpen wurde durch unser Versäumnis verursacht, das Leben voranzubringen, uns von der Angst loszusagen und uns miteinander und mit der Natur zu verständigen. Das Bild hatte ihn ängstlich und traurig gemacht, vor allem, weil die Wesen »einen so viel Leben fühlen lassen, und sie zeigen einem, was es nicht ist«.

Arthur kehrte zu dem Faden zurück, der ihn zu dem Raumschiff gebracht hatte und der für ihn jetzt zu einer Metapher der Verständigung und liebevollen Verbindung wurde, »so wie wir es mit Kaninchen tun ... Einige Leute müssen darüber hinauswachsen, was sie glauben, tun zu können«, sagte er. Das einzige, was die »Lebensenergie« töten könne, sei Furcht, und der Klumpen war eine Folge der Furcht. Ich bat ihn, mehr über Furcht zu sagen. »Sie blockiert alles«, sagte er. Wenn wir Angst haben, könnten wir uns nicht miteinander, mit den Wesen oder mit Tieren verständigen. »Wir können nicht einmal Leben in uns hereinlassen.« Ich war mir über die Quelle der Furcht und darüber, was wir dagegen unternehmen sollten, nicht im klaren. Um den »Klumpen zu stoppen«, sagte Arthur, sei es nötig, »irgendwann einfach kleine Ängste herauszufordern. Das wird schließlich mehr werden«, und »die Leute werden stärker werden«. Er schlug vor, das Risiko der Einfühlsamkeit auf sich zu nehmen, zu grüßen und »nett zu jedem« zu sein wie zum Beispiel zu einem »Zollbeamten oder zu dem Kellner«. Er behauptete, »die Belohnung« sei »viel besser als die Angst und das Risiko ... Wir sind dabei, eine Schlacht zu verlieren, aber wir können es noch ändern«, sagte er.

Ich hatte das Gefühl, daß wir so weit wie möglich in diese Richtung gegangen waren, und fragte Arthur, ob die Wesen ihm im Raumschiff irgendwelche weiteren Informationen gegeben hätten. Er erinnerte sich dann an einen anderen kleinen Raum und andere, »dunklere Leute«, die wie »Zwerge« oder »kleine Affen« mit Roben und Hauben aussahen. Diese Wesen waren »geschäftig« und »nicht wirklich verspielt«. Sie befühlten seinen Nacken und die Kopfpartie hinter einem seiner Ohren und drückten ein »weiches Gummi, ein kaltes Gummiding«, in »meinen Nacken hinein«. Einige dieser Wesen waren hinter ihm, und er sah »ein paar von ihnen an meiner rechten Seite, weiter weg«. Diese Wesen schienen »ambivalenter« gewesen zu sein, sagte Arthur, »komplizierter ... Sie tun etwas. Sie bewegen sich hin und her, und sie haben Mimik. Aber sie bewegen sich recht weich, und sie sind ernsthafter ... Sie sind nicht wie die Kaninchen«, bei denen es verspielter war, und »man kann es in sich aufnehmen«. Auch sie übermittelten ihm das Gefühl, daß Menschen destruktiv handeln und sie kein Vertrauen in unsere Intelligenz haben.

Die Verständigung der dunkleren Wesen war »intensiver ... Es ist, als ob eine Billion, eine Trillion, eine unendliche Menge von Dingen vor sich geht, wenn sie auf dein Gehirn treffen. Es ist wie eine unglaubliche Überladung, als könnte man nicht alles gleichzeitig erfahren.« Die Nachricht war dennoch eindeutig: »Hört auf, mit dem Leben, mit dem Planeten Mist zu bauen ... Ihr Typen seid totale Idioten.« Ich fragte, wie ihm das übertragen worden sei. Geschah es durch das Instrument in seinem Nacken? Es komme »hinter meinem rechten Ohr« herein, »und es schmerzt, aber es tut nicht weh wie ein stechender Schmerz. Es schmerzt wie etwas Stumpfes, als ob jemand das Ende eines Baseballschlägers oder den Griff eines Baseballschlägers auf die Rückseite meines Ohres drücken würde – nein, nicht meines Ohres, sondern meines Kopfes.« Es sei wie ein »richtig großer Ansturm von Informationen«.

Ich fragte Arthur, wie diese Information, falls sie zu ihm durchgedrungen war, ihn als Neunjährigen beeinflußt hatte. Seine Reaktion spiegelte seine Mühe wider, den Ansturm in sich aufzunehmen. »Es war da, ich weiß, aber es, ich kann, ich weiß, was Sie meinen ... Na ja. Ich glaube, ich tat es. Ich kann es bestimmt. Es ging von spielerisch und schön dazu über ... wie ... ich weiß nicht ... wie, daß man ernst sein muß. Du mußt es sein, das ist wichtig. Das ist ernst. Aber das Gefühl ist wie ein Schock.« Ich bat ihn, mehr über das Gefühl dieses Schocks zu sagen. Es »tut nicht weh«, sagte er, »einfach dein ganzes Gehirn, jede Zelle leuchtet auf, oder du erkennst, daß du in diesem endlosen Plasma oder diesen unglaublichen Lichtpartikeln bist. Es ist nicht wie ein Blitzpfeil; es sieht zwar aus wie einer, aber es ist ein Gefühl, das übertragen wird.«

»Was für ein Gefühl?« fragte ich.

Wie »eine Achterbahn, bei der man sich auf dem Scheitelpunkt befindet, und sie werfen einen hinunter, und man fällt im freien Fall. Wissen Sie, es ist wie ... o Mann ... Das ist definitiv kein Herumspielen.«

»Sie wollen sichergehen, daß Sie es verstehen«, bemerkte ich.

»Ja«, sagte er, »es ist, als würden sie einen am Kragen packen und einfach mit einem sprechen, während sie einen ein bißchen ohrfeigen, ohne einem dabei weh zu tun ... nur um einem zu sagen, daß man das tun muß, und man muß mit allen anderen reden. Man muß es anderen Leuten verständlich machen. Man muß die Lehrer belehren.«

Das war das Ende der »Lektion«. Außer an den Druck des Instrumentes in seinem Nacken erinnerte er sich an keine weiteren aufdringlichen Vorgänge. Er verglich die dunklen Leute mit den helleren. Die dunkleren hätten »mehr Intelligenz und Informationen«, und die »kleinen Leute« seien »einfach sanfter«. Aber die dunklen »respektieren die kleinen Leute«, die sogar »in gewisser Weise höher« waren. »Sie wurden mehr verehrt ...«

Ich fragte Arthur, ob er die Gesichter der dunkleren Wesen beschreiben könne. »Wie tiefe Furchen, Brauen, Augen, aber dunkle Augen, tiefliegende Augen, irgendwie alt«, sagte er. Sie trugen Hauben und dunkle Roben und waren »untersetzt«. Die Übermittlungen der dunklen Wesen, so fügte er hinzu, waren »einfach zu überwältigend« und erforderten »eine lange Zeit, bis wir sortiert haben«, was sie übertragen hatten. Deshalb benötigten sie die kleinen Leute, um »kleine Dinge Stück für Stück zu übermitteln«.

Wir kamen zum Ende der Sitzung, und ich fragte Arthur, ob er sich an irgend etwas von seiner Rückkehr erinnere. Das konnte er nicht; er konnte sich nur daran erinnern, daß seine Mutter immer noch »zusammengekauert« auf dem Vordersitz saß, als er zurück zum Auto kam. »Sie war wie gefroren.« Sein Bruder und seine Schwester befanden sich jetzt ebenfalls dort. Arthur kann sich nicht erinnern, daß seine Mutter das Auto gestartet hatte, aber »ich erinnere mich, daß wir nicht redeten. Wir redeten nicht, was für meine Familie wirklich sonderbar war. Wir sind ziemlich geschwätzig. Niemand von uns redete auf dem ganzen Weg nach Hause.« Er konnte sich zu dieser Zeit nicht daran erinnern, was ihm passiert war. Sie sind wahrscheinlich eine oder eineinhalb Stunden zu spät nach Hause gekommen.

Arthur erinnerte sich dann, daß er während des vergangenen Sommers auf dem Familienbesitz ein Erlebnis hatte. Ohne zu wissen, warum, hatte er seinen gesamten Zeitplan so arrangiert, daß er zwei Monate dort verbringen konnte. »Ich mußte dorthin gehen, um noch einen weiteren Ansturm zu erleben.« An einem Tag, während er angelte, kam in der Tat »ein weiterer Ansturm«, und er glaubte, daß er bis zu fünf Stunden verloren haben könnte. Er schlief in dieser Nacht in einem »abgelegenen Zimmer« des Herrenhauses, und seine Träume, an die er sich jedoch nicht erinnern konnte, überzeugten ihn, daß er ein weiteres mächtiges Erlebnis hatte, aber wir mußten die Erforschung auf einen anderen Zeitpunkt verschieben. Zurückblickend auf das, was wir in der Sitzung gesehen hatten, sagte Arthur, der Einfluß seines Kindheitserlebnisses habe in ihm das Gefühl hinterlassen, daß er »ein Teil eines Puzzles« sei und alles tun müsse, was in seiner Macht stand, »um es aufzuhalten ...«

Arthur bat darum, anderen Leuten vorgestellt zu werden, die ebenfalls Teile dieses Puzzles sind, »um zu sehen, ob wir, ob der Faden« eine »Synergie« herstellen könne. Wenn »einige von uns zusammenkommen, dann ist das, als wären wir hundert«, sagte er. Er wollte zu der Selbsthilfegruppe kommen, die sich vier Tage später treffen sollte. Arthur sprach des weiteren von dem Problem der Dosierung. Von der Art und Weise, in der diese Wesen kommunizieren, »können wir nur eine beschränkte Menge aufnehmen«. Wenn »wir an die Grenze der Angst kommen, können wir nicht alles aufnehmen«. Ich fragte Arthur, was er von dem hielt, was er heute entdeckt hatte. »Es ist total verwirrend«, sagte er. »Ich glaube es intuitiv«, sagte er, aber »intellektuell glaube ich es nicht«.

Während der Rückführung habe er mit »der Versuchung« gekämpft, »in Angst zu verfallen ... Die Angst ist niemals weg. Sie ist immer da«, sagte er, und sich auf meine Anwesenheit beziehend, fügte er hinzu: »Es ist, als wäre da jemand, der einem während einer Operation die Hand hält ... Man muß« die Angst »überwinden« und »darf sich nicht von ihr erfassen lassen«.

Der »Klumpen«, erinnerte er sich, »sollte mich fühlen lassen«, wie »überwältigend es sein kann, es sein wird, wenn wir es nicht tun – einfach, wie wichtig es ist«. Die Aufgabe sei es nun, »diese Anstürme allen anderen zu übermitteln«.

Pam telefonierte am 31. März mit Arthur, zwei Tage nachdem er die Selbsthilfegruppe besucht hatte. Er war betroffen darüber, wieviel Beklemmung es in der Gruppe gab und wie wenig von dem Einfühlungsvermögen der Außerirdischen, das er empfunden hat, ausgedrückt wurde. Er schrieb das teilweise der glücklichen und sicheren Kindheit zu, die er gehabt hatte. Arthur hatte wegen des Ergebnisses der Rückführung ein gutes Gefühl und berichtete sogar einigen seiner Freunde davon, aber er erzählte seiner Schwester keine Details, damit sie nicht »angesteckt« würde. Er bemerkte, daß ihre Lebensphilosophie der seinen ähnlich sei, und fragte sich, ob das daher rühre, daß sie ebenfalls ein Entführungserlebnis hatte. Seit der Rückführung war er von der Botschaft, die er von den außerirdischen Wesen empfangen hatte, überzeugter als je zuvor und entschlossener denn je, alles zu tun, was in seiner Macht stand, um zu helfen.

Besprechung

Handelsunternehmen gehören zu den mächtigsten Institutionen, wenn es darum geht, Dinge zu produzieren, die von Menschen erfunden worden sind. Der Einfluß solcher Organisationen ist auf dem ganzen Planeten zu spüren, weil er praktisch jeden Aspekt des Lebens beeinflußt. Diese Organisationen können Werkzeuge der fortwährenden ökologischen Zerstörung sein oder aber eine mächtige Quelle des Nutzens für menschliche Wesen und das Leben auf der Erde. Arthur ist ein Geschäftsmann mit außergewöhnlicher Weitsicht. Sein Leben wurde zu einem Vorbild für verantwortungsvolles geschäftliches Handeln (vgl. Everett, Mack und Oresick

1993). Wenn er allein arbeitet – oder in Partnerschaft mit anderen – investiert er seine Zeit, seine Energie und seine finanziellen Mittel dafür, die Umwelt der Erde zu erhalten. Seine Aktivitäten erstrecken sich von lokalem Recycling bis hin zu politischen Anstrengungen auf nationaler und internationaler Ebene mit dem Ziel sicherzustellen, daß die Umwelt der Erde geschützt und erhalten wird.

Bemerkenswert scheint hierbei zu sein, daß Arthur und die Mitglieder seiner Familie offenbar glauben, daß seine sozialen und umweltbezogenen Interessen und Einsichten mit seinem Erlebnis der UFO-Entführung in seiner Kindheit in Verbindung stehen. Er fragte sich, »ob ich ohne dieses Erlebnis ein anderer Mensch geworden wäre«. Zweifellos stimmten die Informationen, die ihm während der Entführung so gebieterisch übermittelt wurden – an einige hat er sich bewußt erinnert und während der Hypnosesitzung weitere enthüllt –, vollkommen überein mit dem ungewöhnlichen Leben, das er führt.

Was die Außerirdischen ihm übermittelt haben, waren Informationen über die Gefahr, die die Ökologie der Erde bedroht, über den Bedarf an offener, liebevoller Verständigung und über die Notwendigkeit, uns der Angst zu entledigen, um diese Angelegenheiten äußerst effektiv angehen zu können. Diese Botschaft wurde so mächtig empfangen, daß sie jede Zelle in Arthurs Körper zu erreichen schien. Ein dunkler »Klumpen«, der das Leben auf der Erde erstickte, wurde ihm als Bild des möglichen Schicksals der Erde gezeigt. »Hört damit auf, mit dem Leben, mit diesem Planeten Unfug zu treiben«, wurde ihm gesagt. »Tu, was du kannst, um die Zerstörung zu stoppen, und treibe das Leben auf der Erde voran.« Zusätzlich sei es seine Mission, ein Lehrer zu sein und »Lehrer zu belehren«, um die Informationen zu übermitteln, die während seines Entführungserlebnisses mit neun Jahren und vielleicht während anderer Erfahrungen buchstäblich in seine Seele »geschmettert« wurden. Und nach ihnen hat er zweifellos sein Leben ausgerichtet.

Starke Metaphern begleiten Arthurs Fall. Der Faden, der ihn in einem Bogen vom Auto in das Raumschiff brachte, ist auch ein Symbol der liebevollen Verbindung zwischen Lebewesen. Arthur stellte wiederholt eine Analogie zwischen der Art, wie er sich mit Tieren verständigen kann – zum Beispiel mit seinen »verzückten«

Kaninchen –, und der offenen, liebevollen Art her, die nötig ist, um die Beziehung mit den außerirdischen Wesen herstellen zu können. Tatsächlich vergleicht er sogar die »kleinen Leute«, denen er seit seiner Kindheit begegnet ist, mit Kaninchen. Die Art, wie Arthur sein ganzes Leben lang fähig war, sich mit den Seelen von wilden Tieren und Haustieren zu verbinden, scheint eng mit seiner Furchtlosigkeit zusammenzuhängen – verglichen mit dem Widerstreben anderer Mitglieder seiner Familie, die während des Vorfalls von 1964 ebenfalls anwesend waren, die Präsenz und Botschaft der außerirdischen Wesen anzunehmen.

Arthurs Fall enthält weitere interessante Aspekte. Seine Erlebnisse im Alter von neun Jahren waren mit zwei in ihrer Art unterschiedlichen Wesen verbunden: helle, ein wenig durchsichtige, »kleine Leute«, die verspielt, liebevoll und insgesamt freundlich waren; und dunklere, ernstere Wesen, die ein wenig wie die grauhaarigen Familienältesten waren. Diese beiden Arten schienen wie gute und böse Polizisten zusammenzuarbeiten, indem die kleinen Leute Arthur halfen, seine Angst zu überwinden und ein freudiges, offenes Bewußtsein zu entwickeln, während die dunkleren Wesen die mächtige, beunruhigende Botschaft übermittelten. Diese Trennung scheint man auch in anderen Fällen zu finden. Bezeichnenderweise werden Kinder durch offenbartes Licht und eine verspielte und liebenswerte Verbindung mit freundlichen Wesen auf spätere, ernsthaftere oder sogar bedrohliche Übermittlungen und Projekte vorbereitet, die von strengeren, entschlosseneren Wesen weitergegeben werden.

Arthurs Fall ist auch vom Gesichtspunkt der geistigen Gesundheit her interessant. Seine Kindheit schien einzigartig sicher und frei von seelischen Erschütterungen und gestörten Verhältnissen gewesen zu sein. In seiner Vergangenheit oder seinem gegenwärtigen Geisteszustand gibt es absolut keine Störungen. Tatsächlich scheint er bemerkenswert stabil und ausgeglichen zu sein, dabei gleichzeitig höchst kreativ und innovativ. Es könnte sogar sein, daß es Arthurs Gefühl der inneren Sicherheit war – eine Art abenteuerlicher Einstellung zum Leben, die bereits bei seiner furchtlosen Aufregung auffiel, als sich das UFO über das Auto senkte (»Das war echt cool!«) –, das ihn besonders für diese Aufgabe qualifizierte, die er von den außerirdischen Wesen übertragen bekam.

Schließlich wirft Arthurs Geschichte, wie viele andere Entführungsfälle auch, rätselhafte Fragen nach dem Verhältnis von

Gedanken und physischer Welt, nach Ursache und Wirkung und nach der Veränderung von Erinnerung auf. Die Metaphern, die sich durch seinen Fall ziehen, haben einen fast organischen Aspekt. Der dunkle Klumpen, den er von den Wesen gezeigt bekam, und der Faden oder die Schnur, die ihn zum UFO brachte, scheinen in einer Grauzone zwischen Gedanken und physischer Welt zu existieren. Wie Wellen und Partikel in der Quantenmechanik scheinen sie in einer Hinsicht Gedanken und in einer anderen etwas Reales und physisch echt zu sein. Sie sind nicht einfach das eine oder das andere, Gedanken versus etwas Physischem, sondern beide sind vielmehr von ihrem Zusammenhang abhängig. Der Klumpen scheint »realer« als eine Metapher und etwas zu sein, das die Erde wirklich zerstören kann, aber er ist auch ein Bild oder ein Symbol, das von den Wesen in Arthurs Gedanken erzeugt wurde, um eine bestimmte Wirkung zu erzielen. Der Faden bringt Arthur physisch zum Raumschiff, aber er ist auch ein mächtiges Symbol für ein Verhältnis und eine Verbindung.

Sogar die Verbindung zwischen den Kaninchen auf Alices Farm und der Wahrnehmung der Lichtwesen als »Kaninchen« – sowie das Verhältnis zwischen dem »Verzücken« eines Kaninchens und der Art, sich einem Außerirdischen zu öffnen – scheint eine organische Verknüpfung zu sein, enger oder wirklicher als bloße Analogien. Dies könnte uns zu einer Verbindung zwischen der Gedankenwelt und der physischen Welt bringen, zwei Domänen, die in der westlichen Weltanschauung bisher auf radikale Weise voneinander getrennt gehalten wurden. Aber in Arthurs Fall scheinen Gedanken und die physische Realität untrennbar zu sein, als ob eines das andere beflügeln könnte, und zwar in einer sich fortpflanzenden Art und Weise, die wir nicht verstehen. Vielleicht stellt das Bewußtsein selbst eine Art kreativer Quelle dar, eine Basis des Seins, die letzten Endes sowohl die Gedanken als auch die physische Welt erzeugt.

Ich frage mich auch, was in Arthurs Entführungserlebnis Ursache und was Wirkung ist. Hatte er das Erlebnis, weil seine Psyche solchen Realitäten gegenüber offen war, oder brachten die Entführungsbegegnungen selbst den flexiblen und visionären Zustand seines Gemütes zustande, indem sie vielleicht bis in seine Kindheit und möglicherweise auch noch weiter zurückreichen (in Arthurs Fall liegen keine Erinnerungen außerhalb dieses Lebens vor)? Es wäre möglich, daß gerade diese Unterscheidung von Ursache und Wirkung zu linear und für solche Vorfälle nicht geeignet ist. Angemessener wäre eine Denkweise, die Arthur und seine Erlebnisse als miteinander verknüpft ansieht, und zwar in einer Weise, die man nur ganzheitlich betrachten kann.

Schließlich wirft Arthurs Fall Fragen nach dem Vergessen und Auslösen von Erinnerungen auf – ähnlich wie wir es bereits bei Eds Erfahrung erlebt haben (siehe Kapitel 3). Warum erinnerte sich weder Arthur selbst noch sonst irgend jemand, der während des Vorfalls von 1964 anwesend war, daran, oder warum sprach später niemand darüber? Und welche Kräfte brachten seine Schwester fünfundzwanzig Jahre später dazu, das Thema anzuschneiden und so Arthurs Erinnerung und die Reihe der Ereignisse auszulösen, die uns zusammengebracht haben? In welchem Maße ruhen die Mächte des Vergessens und der Erinnerung in Arthurs Psyche? Oder werden sie von außen durch die Außerirdischen auferlegt – oder durch irgendeine Quelle, die deren Aktivitäten bestimmt? Und trifft diese Zweiteilung – wie die eben besprochene Unterscheidung von Ursache und Wirkung – überhaupt zu? Dies sind nur einige der Fragen und Geheimnisse, zu denen uns Fälle wie der von Arthur zu führen scheinen.

Entführung durch Außerirdische und menschliche Entwicklung

In Tibet wird die Geschichte eines alten Frosches erzählt, der sein Leben lang in einem naßkalten Brunnen hauste. Eines Tages stattete ihm ein Frosch vom Meer einen Besuch ab.
»Woher kommst du?« fragte der Frosch im Brunnen.
»Vom großen Ozean«, antwortete der andere.
»Wie groß ist dein Ozean?«
»Er ist gigantisch.«
»Du meinst, ungefähr ein Viertel der Größe meines Brunnens hier?«
»Größer.«
»Größer? Du meinst, halb so groß?«
»Nein, noch größer.«
»Ist er ... so groß wie dieser Brunnen?«
»Es gibt nichts, was ihm gleichkäme.«
»Das ist unmöglich! Das muß ich mit eigenen Augen sehen.«
Zusammen gingen sie fort. Als der Frosch vom Brunnen den Ozean sah, war es solch ein Schock für ihn, daß sein Kopf einfach in Stücke zerbarst.

Sogyal Rinpoche:
»Das Tibetanische Buch vom Leben und Sterben«

Wenn wir zurückblicken, scheint es im Leben einen Zusammenhang zu geben und sogar einen Fortschritt, dessen wir uns kaum bewußt waren, als diese Ereignisse sich offenbarten. Als ich auf das UFO-Entführungsphänomen erstmals aufmerksam wurde, war meine Neugierde geweckt, und ich hatte das Gefühl, daß etwas Ungewöhnliches mit mir geschah. Aber ich hatte keine Vorstellung von dem Ausmaß, in dem meine Entdeckungen mein

Bewußtsein für gewaltige Geheimnisse und Unberechenbares öffnen würden. Und ich hatte nicht vorausgesehen, wie grundlegend die Weltanschauung, in der ich aufgewachsen bin, herausgefordert werden würde.

Jeder der dreizehn Menschen, deren Fälle in diesem Buch beschrieben sind – tatsächlich sogar jeder der sechsundsiebzig Entführten, mit denen ich gearbeitet habe –, erzählt eine einmalige Geschichte. Die individuellen Unterschiede sind wahrscheinlich abhängig von den Persönlichkeiten derjenigen, welche die Erfahrungen gesammelt haben, und von den unterschiedlichen Umständen während ihrer Entführungen. Was ich jedoch von Anfang meiner Studien an als außergewöhnlich ansah, das waren die leicht erkennbaren Muster, die auftauchen, sobald die Fallschilderungen sorgfältig untersucht werden.

Man könnte folgern, daß mein eigener Verstand diesen Zusammenhang hergestellt hat und daß ich die Daten in Übereinstimmung mit einer Struktur geformt und interpretiert habe, die ich bereits im Sinn hatte. Als Reaktion auf diese Kritik kann ich nur erklären, daß das Entführungsphänomen für mich am Anfang genauso unglaubwürdig wie für jeden anderen Skeptiker war und daß ich versucht habe, keine neuen Glaubensanschauungen oder Überzeugungen an die Stelle derjenigen zu setzen, die so radikal in Frage gestellt werden. Einer der Gründe, warum ich mich entschloß, so viele Fälle so detailliert einzubeziehen, ist mein Wunsch, einen buntgemusterten Teppich zu weben, damit der Leser die Möglichkeit hat, sich sein eigenes Urteil über das Entführungsphänomen zu bilden. Ich kann nicht sagen, daß die ausgesuchten Fälle »typisch« seien, weil ich nicht weiß, was ein typischer Fall wäre, oder nicht einmal, ob es so etwas wie einen typischen Fall überhaupt gibt. Ich glaube jedoch, daß die Fälle, die ich erörtert habe, den Umfang der Phänomene veranschaulichen, die Entführungserfahrungen charakterisieren.

Es gibt bei den UFO-Entführungen Aspekte, die den physikalischen Gesetzen des Universums, wie wir sie bisher kannten, nicht gehorchen. Einige der Phänomene könnten irgendwann in der Zukunft durch große Fortschritte in der Physik verstanden werden. Aber andere, wie etwa die Fähigkeit, die Entführte wie Paul entdecken, ihr Bewußtsein durch Raum und Zeit zu bewegen, erfordern ein anderes ontologisches Paradigma. Ich erwarte nicht, daß das Material, das in diesem Buch vorgestellt wird, viel Einfluß auf die Meinung derer haben wird, die glauben, daß die Gesetze der Physik, wie sie durch das westliche wissenschaftliche Weltbild definiert werden, die vollständige Definition der Realität darstellen. Ich hoffe jedoch, daß die Daten, die hier vorgelegt wurden, genügend Kraft und Dichte besitzen, um diejenigen, die offen dafür sind, ihre Ansicht über mögliche Realitäten zu erweitern, zu der Überlegung zu befähigen, daß die Welt Kräfte und Intelligenzen enthalten könnte, von denen wir bisher kaum zu träumen wagten.

Wege der Foschung – Methodologie

In der Physik, der Psychologie und anderen Bereichen sind die Daten, die wir erlangen, eine Folge des Weges, den wir eingeschlagen haben, um Informationen zu erhalten. In meinem eigenen Wissensgebiet, der Tiefenpsychologie, gründeten die Entdeckungen von Freud und dessen Anhängern über den Inhalt und die Struktur des menschlichen Unterbewußtseins in drei Erkenntnismethoden: die Analyse von Träumen – die in der rationalistischen Neuropsychologie seiner Zeit ziemlich überschaubar war –, die Anwendung von Hypnose in der medizinischen Psychologie und die Methode der freien Assoziation. Damals wie heute verlangt die Entwicklung neuer Wege der Forschung jedoch etwas mehr als nur die Anwendung verschiedener Techniken oder Werkzeuge. Vielmehr kann eine erweiterte Erkenntnislehre, besonders in der Psychologie, eine Anerkennung – oder eine Wiederanerkennung – vernachlässigter Aspekte erfordern.

Obwohl durch die Psychoanalyse große Fortschritte in unserem Wissen über menschliche Erfahrungen und über die Tiefe und Struktur der Psyche erzielt wurden, ist sie ein Instrument der dualistischen Aufteilung zwischen Subjekt und Objekt geblieben, welche die westliche empirische Wissenschaft – die Psychologie eingeschlossen – charakterisiert. Der Patient oder Klient wird im allgemeinen als jemand angesehen, der ein Problem hat, das in keiner Verbindung zu seinem Therapeuten oder dem Forscher steht; dem Patienten muß entweder geholfen oder er muß untersucht werden. In der Tat verzichtete bereits Freud auf die Hypnose als Methode, mit seinen Patienten zu arbeiten – zum Teil aufgrund der subjektiven Beeinflussung, die sich dabei in den therapheutischen Prozeß einzuschleichen scheint (vgl. Mack 1993).

In alternativen Therapien und Verfahren zur Erforschung des menschlichen Bewußtseins scheint ein Teil des Sondierungsprozesses aus einem erweiterten Gebrauch der Psyche zu bestehen. In solch alternativen therapeutischen Behandlungen sind die Gefühle und die innere Einstellung des Helfenden – genauso wie sein gesunder Menschenverstand und sein überwachendes Geschick – wichtige Bestandteile der Therapie oder Forschungmethode. Diese erweiterte Einbindung der eigenen Person ist von dem Einfühlungsvermögen abhängig und letztlich wechselseitig subjektiv. Innerhalb dieses Rahmens unterstützen sich auf natürliche Weise Hypnose, schamanistische Reisen, Meditation, Atemtechnik nach der Grof-Methode, visionäre Aufgaben und andere Dinge, die im Westen als »nicht-normale« Bewußtseinszustände bezeichnet werden. Sie öffnen die Psyche für die tieferen Bereiche, die sich jenseits des rationalen oder wachen Bewußtseins befinden. Letztlich ist natürlich der rationale Verstand wichtig, um die Informationen zu verstehen und zu integrieren, die durch den erweiterten Einsatz des Bewußtseins als Forschungswerkzeug zutage getreten sind. Doch dabei müssen wir uns selbst – als Forscher oder Leser – diesem erweiterten Weg der Erkenntnis gegenüber öffnen, was auch immer der Patient oder die Person über seine oder ihre Erfahrungen berichten mag.

Aufgrund dessen ist es vielleicht verständlich, warum ich über das UFO-Entführungsphänomen »gestolpert« und dann mehr oder minder vorbereitet darangegangen bin, die Sache zu erforschen, wobei ich mich auf meine Erfahrungen mit der holotropischen Atemtechnik nach Grof (siehe erstes Kapitel) gestützt habe, die bei der Erforschung von unbewußten menschlichen Erfahrungen das gesamte Selbst – Geist, Körper und Seele – einbezieht. Die Forschungsmethode, die ich während meiner Arbeit mit Entführten entwickelt habe, ist im Prinzip eine Kombination von Altem und Neuem. Um das Unterbewußte zu erforschen, habe ich ergänzend zu den üblichen Sondierungsgesprächen Hypnose angewandt – die Freuds ursprünglicher »nicht-normaler« Zustand war – und diese durch den Einsatz bewußten Atmens modifiziert, um den Prozeß zu bündeln und zu verstärken. Ich selbst bin in meine Arbeit mit Entführten vollständig einbezogen und erfahre und durchlebe die

Welt, die sie aus ihrem Unterbewußtsein abrufen. Meine gesamte Psyche oder mein gesamtes Wesen ist daran beteiligt; natürlich ist mein rationales oder beobachtendes Selbst dennoch stets vorhanden und prägt, begrenzt und beschützt diesen Prozeß.

Die empirischen Methoden, mit denen die westlichen Wissenschaften ihre Erkenntnisse gewinnen, basieren in erster Linie auf den physischen Sinnen und dem rationalen Intellekt. Gefühle und Intuition spielen bei ihnen kaum eine Rolle, und zum Teil sind diese Methoden entwickelt worden, um die Subjektivität, Beeinflußbarkeit oder gar die bloße Zurkenntnisnahme von menschlichen Emotionen zu umgehen. Der Preis, den wir für diesen engstirnigen Weg der Erlangung von Wissen zu entrichten haben, könnte darin bestehen, daß wir heutzutage lediglich etwas über die physische Welt lernen und nur einen eingeschränkten Gebrauch von unseren Möglichkeiten machen. Um etwas über die Welten »hinter dem Schleier« – wie Entführte es ausdrücken – zu erfahren, benötigen wir möglicherweise eine andere Art von Bewußtsein. Das bedeutet, daß das Sammeln von Informationen über Entführungen zu einem großen Teil einen »co-kreativen« Prozeß darstellt – erst wenn man das Phänomen akzeptiert, erlangt man Verständnis dafür, und die Erfahrenen bringen etwas hervor, das sie mit meiner Unterstützung in ihrem Innern entdecken. Diese co-kreative Beziehung bedeutet jedoch nicht, wie meine Kritiker manchmal behaupten, daß ich den Erfahrenen meine eigenen Ansichten über das Phänomen aufdränge oder daß ich alles, was Entführte sagen, Wort für Wort glaube.

Möglichst viele meiner Fragen während einer Sitzung beziehen sich auf das, was gerade gesagt worden ist, oder resultieren aus meiner Intuition hinsichtlich des Weges, den die eigentliche Erfahrung der Entführten einschlägt. Die Grundlage dafür sind wiederum meine Erfahrungen in der Therapie, nicht nur mit Entführten, sondern mit Hunderten von Patienten. Ich vermeide dirigierende Fragen, die eine Richtung vorgeben, und außerdem sind Entführte meiner Erfahrung nach ohnehin nur sehr schwer zu dirigieren. Sie alle scheinen zu fühlen, was Sheila ausgesprochen hat: »Ich weiß, was ich gesehen habe.« Doch zugleich ist es unvermeidlich, daß ein co-kreativer, intuitiver Prozeß wie dieser auch Informationen liefern kann, die sich in gewisser Weise daraus ergeben, daß sich das Bewußtsein der beiden – oder mehrerer – Personen in dem Raum miteinander vermischt oder zusammenfließt. Es mag dabei irgend etwas hervorgebracht werden, das zuvor nicht in exakt der gleichen Form vorhanden war. Anders ausgedrückt: Bei den Informationen, die in den Sitzungen gesammelt werden, handelt es sich nicht einfach nur um »Tagesordnungspunkte«, an die man sich zurückerinnert und die wie ein Nierenstein aus dem Bewußtsein des Erfahrenen hervorgeholt werden. Statt dessen kann es sich dabei um eine entwickelte oder in der Entwicklung befindliche Wahrnehmung handeln, die durch die Verbindung des Erfahrenen mit dem Forscher noch bereichert wird.

Von einer westlichen Perspektive aus mag dies als »Verfälschung« gelten; von einem zwischenmenschlichen Standpunkt aus stellt es sich jedoch so dar, daß der Erfahrene und ich an einer Evolution des Bewußtseins teilgenommen haben. Angesichts eines Phänomens wie den UFO-Entführungen, die sich zwar in unserer physischen Welt manifestieren, aber womöglich aus ganz anderen Realitäten stammen, scheint die Frage unangemessen zu sein, ob eine Hypnose – oder irgendein anderer nicht-normaler Zustand, der uns helfen kann, Realitäten außerhalb oder jenseits der physischen Welt zu eröffnen – genau das wiedergibt, was im wörtlichen Sinne oder tatsächlich »geschehen« ist (siehe erstes Kapitel). Eine weitaus nützlichere Frage scheint es mir zu sein, ob diese Untersuchungsmethode uns in die Lage versetzt, übereinstimmende Informationen zu sammeln, die von emotionaler Überzeugung getragen werden und unser Wissen über solche Phänomene erweitern, die für das Leben der Erfahrenen und unsere gesamte Kultur bedeutsam sind.

Grundlegende Erkenntnisse – Eine Zusammenfassung dessen, was uns diese und andere Entführungsfälle sagen

Die Erfahrungen der Menschen, über deren Fälle in diesem Buch berichtet wird – und die Erlebnisse vieler anderer Entführter –, können in drei Kategorien unterteilt werden: erstens physische beziehungsweise physisch geartete Ereignisse, zweitens das Empfangen von Informationen und drittens geistige oder umwandelnde Phänomene.

Physische oder physisch geartete Ereignisse

Ich will noch einmal betonen, daß wir den Ursprung der UFOs und außerirdischen Wesen nicht kennen. Wir wissen nicht, ob sie zum Beispiel aus dem physischen Universum, wie moderne Astrophysiker es beschrieben haben, stammen oder nicht. Aber sie zeigen sich in der physischen Welt und bringen in diesem Bereich erklärbare Ergebnisse zustande. Die große Mehrzahl der Entführten hat lebhafte und mächtig bedeutungsvolle UFO-Sichtungen zu bestimmten Zeiten in ihrem Leben erlebt, obwohl sie möglicherweise während eines bestimmten Entführungserlebnisses nicht einmal das Äußere eines Raumschiffes gesehen haben. In praktisch jedem Fall gibt es eine oder mehrere konkrete physische Erkenntnisse, die das Entführungsphänomen begleiten oder ihm folgen – wie etwa UFO-Sichtungen in der Gemeinde, verbrannte Erde an Landestellen oder unabhängige Bestätigungen dafür, daß der Aufenthaltsort der Entführten zur Zeit des Ereignisses unbekannt war. Unerklärte oder fehlende Gedächtnisinhalte, eine Vielfalt geringfügiger körperlicher Verletzungen, ungewöhnliches Nasenbluten oder die Entdeckung kleiner Objekte in den Körpern von Erfahrenen können ebenfalls häufig festgestellt werden.

Oft sind diese Erkenntnisse subtil und schwer durch die Methoden der auf Empirie begründeten Wissenschaft zu beweisen. Solche Begleitumstände müssen deshalb als Bestätigung dessen angesehen werden, was die Entführten berichtet haben. Die bloße Zusammensetzung und Anzahl dieser begleitenden physischen Erkenntnisse machen sie zu wichtig, als daß man sie verwerfen könnte. Dennoch stammt der größte Teil der Daten nicht von den physischen Erkenntnissen, sondern aus den Berichten der Erfahrenen. Obwohl sich deren Aussagen in einiger Hinsicht voneinander unterscheiden, sind sie doch so übereinstimmend, daß sie den konventionellen psychiatrischen Erklärungen trotzen.

Entführte können buchstäblich ihr Leben lang Begegnungen mit außerirdischen Wesen und UFOs haben, obwohl in bestimmten Fällen – wie bei Ed und Arthur – ein einziges Entführungsereignis von besonderer Bedeutung war. Die Entführungserlebnisse beginnen mit einem Umschalten im Bewußtsein des Entführten, das durch ein Summen oder ein anderes Geräusch signalisiert werden kann, durch das Erscheinen von Licht, für das keine übliche Quelle gefunden werden kann, durch das Gefühl der Anwesenheit oder sogar das Sehen von einem oder mehreren außerirdischen Wesen (wie im zweiten Kapitel beschrieben) oder durch ein starkes Gefühl von Vibration im Körper (wie etwa in Sheilas »elektrisierenden Träumen«). Solche Bewußtseinsveränderungen mögen zwar schwach sein, aber Entführte sind sich stets sicher, daß sie nicht träumen oder sich lediglich etwas einbilden. Sie erfahren vielmehr, daß sie in eine andere Realität bewegt werden, die insgesamt dennoch real ist. Das ist zwar eine wach erlebte Realität, aber eben doch eine andere. Wie ein Entführter mir diese Umschaltung beschrieben hat, ist sie ungefähr so, als würden die außerirdischen Wesen einen Schirm durchstoßen, indem sie dem Erlebenden eine neue Realität aufdecken.

Danach wird der Erlebende von einer Kraft – oft auch von einem Lichtstrahl oder einer anderen Energie – in den Wirkungskreis der außerirdischen Wesen gebracht, aus dem Haus hinaus oder fort von einem anderen Ort, an dem er sich gerade aufhält, falls nötig auch durch Wände, Türen oder geschlossene Fenster. Erfahrene sehen dann vielleicht ihr Zuhause und die Erde unter sich verschwinden, während sie in ein Raumschiff gebracht werden, das im allgemeinen als metallisch und untertassen- oder zigarrenförmig beschrieben wird und sich als Quelle des Lichtes herausstellt, das sie anfangs gesehen haben. Befinden sie sich erst einmal in dem Fahrzeug, sehen die Entführten unterschiedlich viele außerirdische Wesen – wie im zweiten Kapitel dargestellt –, die sich in einer ziemlich geschäftigen Art und Weise darauf vorbereiten, verschiedene Prozeduren durchzuführen. Die Atmosphäre im Inneren des

Fahrzeugs ist generell recht kalt, emotional und physisch. Es gibt computerähnliche Konsolen entlang der Wände, manchmal tritt auch ein muffiger Geruch auf. Die Wände sind meistens weiß und gewölbt, jedoch werden bisweilen auch schwarze Fußböden beschrieben.

Die Prozeduren haben einen medizinischen oder untersuchungsähnlichen Charakter, aber die benutzten Instrumente ähneln nicht denen, die wir kennen. Anstarren und Gedankenlesen und andere telepathische Wege der Kommunikation unterschiedlicher Art durch die Außerirdischen treten oft in der Anfangsphase auf. Entführte neigen dazu zu glauben, daß ihre Gedanken den Außerirdischen gegenüber vollständig offengelegt werden. Danach gibt es verschiedene Prozeduren, die unter der Kontrolle eines etwas größeren und älter erscheinenden Außerirdischen stehen, den die Entführten den Doktor oder Anführer nennen. Diese Figur wird von den Erfahrenen möglicherweise abgelehnt, sie ist ihnen jedoch von Entführungen bekannt, die bis in die Kindheit zurückgehen, und sie fühlen möglicherweise eine starke Verbundenheit oder sogar intensive Liebe zu ihr, die, wie sie manchmal spüren, auch erwidert wird.

Die Prozeduren beinhalten die Entnahme kleiner Gewebeproben, Sondierungen im Kopf (was sich üblicherweise so anfühlt, als würden Informationen vom Gehirn abgezogen, der Wesenszustand des Erfahrenen überwacht und Implantate eingesetzt oder entfernt) und das Einführen oder Anwenden von sonderbaren Instrumenten in oder an anderen Teilen des Körpers, einschließlich des Unterleibs, des Afters und der Fortpflanzungsorgane. Samenproben werden den Männern gewaltsam entnommen, und Frauen erleben die Entnahme von Eizellen; befruchtete Eier, die genetisch verändert sein können, werden eingesetzt, und später wird ein Schwangerschaftsabbruch vorgenommen. In nachfolgenden Entführungen werden Erfahrenen hybride Nachkommen gezeigt, und sie werden sogar gebeten, sie zu halten oder zu füttern. Als Kinder können sie darum gebeten worden sein, mit diesen sonderbaren Kreaturen zu spielen, die für unsere Maßstäbe teilnahmslos zu sein scheinen. All das ist für die Erfahrenen ziemlich erschreckend, obwohl die Verstörung durch eine Form von betäubender Energie gemildert wird, die die Außerirdischen mit ihren Händen oder stabähnlichen Instrumenten verabreichen. Auch andere sexuelle oder reproduktive Aktivitäten können durch die Außerirdischen zustandegebracht werden, die, wie es später erläutert wird, besonders an den sexuellen und emotionalen Aspekten unseres Lebens interessiert sind.

Wenn die Erlebnisse bewußt oder unter Hypnose vergegenwärtigt werden, durchlaufen die Entführten ein emotionales Wiedererleben von großer Intensität und Stärke. Sonst sehr beherrschte Persönlichkeiten können sich krümmen, schwitzen und aus Angst und Wut schreien oder mit entsprechender Traurigkeit weinen, wenn sie sich an ihre Entführungserlebnisse erinnern. Diese emotionalen Äußerungen erscheinen jemandem, der nicht mit dem Entführungsphänomen vertraut ist und der es zum ersten Mal erlebt, insgesamt als sehr übereinstimmend. Von mir fordert das Zusammensein mit Entführten, die solche Erlebnisse hatten, ein größtmögliches Maß an Auffassungsvermögen und Anteilnahme. Bisher habe ich noch in keinem einzigen Fall eine alternative Erklärung für das Trauma der Entführungserlebnisse bemerkt, von denen meine Patienten in solch überwältigenden und lebhaften Details berichtet haben.

Das Empfangen von Informationen

Die Übertragung von Informationen von den außerirdischen Wesen zu den Erfahrenen scheint ein grundlegender Aspekt des Entführungsphänomens zu sein. Tatsächlich birgt es für manche Entführte – Arthur und zu einem gewissen Teil auch Paul und Eva eingeschlossen – relativ geringe seelische Erschütterungen; die Erlebnisse scheinen in ihrer Art hauptsächlich informations- oder transformationsbezogen zu sein. Die Informationen werden im Laufe von Entführungen anscheinend auf zwei Arten übermittelt – durch eine direkte Gedankenübertragung oder durch die Darstellung von Phänomenen oder Ereignissen auf fernsehähnlichen Bildschirmen. Catherine beispielsweise wurde ein vollständiger Konferenzraum gezeigt, um mit ihr über den Zustand der irdischen Lebenssysteme zu kommunizieren.

Die Informationen, die Entführte empfangen, befassen sich vorrangig mit dem Schicksal der Erde infolge der menschlichen Zerstörungswut. Ihnen werden Szenen von unserem irdischen Planeten gezeigt, der durch einen Atomkrieg oder durch Umweltverschmutzung und giftige Wolken vernichtet wird. Sara und Arthur wurden zum Beispiel große schwarze Wolken oder »Klumpen« gezeigt, die das Lebenssystem der Erde erstickt haben und vermutlich eine Auswirkung einer Umweltkatastrophe sind. Einer Reihe von Entführten wurden apokalyptische Bilder von der Erde gezeigt, die buchstäblich aufgerissen oder aufgebrochen wird, gefolgt von ausführlichen Szenen, in denen einige Leute sterben, andere hingegen irgendwie auf der Erde überleben und wiederum andere zu irgendeinem anderen Ort gebracht werden, an dem das menschliche Leben in einer neuen Form weitergehen wird.

Selbst wenn diese Visionen von Außenstehenden als metaphorisch angesehen werden können, werden sie von den Entführten selbst mit Überzeugung als wirklich und wahr erlebt. Die Visionen rufen große Traurigkeit hervor. In Eds Fall wurden durch die menschliche Torheit und Zerstörungswut sogar die geistigen Wesen selbst gequält. Scott ist ein typisches Beispiel für einen Erfahrenen, der von den Außerirdischen Informationen über eine bereits erfolgte Zerstörung ihres Planeten oder ihrer Umwelt empfangen hat und nun versucht, eine Wiederholung zu verhindern.

Obwohl die außerirdischen Wesen zu intervenieren scheinen, um unser Bewußtsein dahingehend zu verändern, daß unsere Aggression reduziert wird, scheinen sie doch durch das Ausmaß unserer anscheinend gedankenlosen oder grundlosen Zerstörungswut wirklich verwirrt zu sein. Wie sie Paul übermittelt haben, verstehen sie nicht, warum wir ein Reich von so überragender Schönheit zerstören, und sie scheinen sonderbar entschlossen, uns davon abzuhalten. Wie Sara es gesagt hat, bedeutet »Umwelt« viel mehr als »Natur« oder unsere »physische Ökologie«. Sie bezieht sich auf den gesamten Kontext des eigentlichen Lebens. Es ist – mit ihren Worten – »der kreative, lebensbejahende« Ort der bedingungslosen Liebe. »Du bist die Umwelt«, sagte sie. Die Außerirdischen scheinen sich um unsere »Umwelt« in diesem allumfassenden Sinn wirklich zu sorgen.

Umwandelnde und geistige Phänomene

Die Außerirdischen scheinen fähig zu sein, ihre Gestalt zu verändern, und sie können den Entführten gelegentlich in Form verschiedener Tierarten oder – wie in Peters Fall – sogar als normale menschliche Wesen erscheinen. Ihre Fähigkeit, Formen zu verändern, umfaßt auch ihre Fahrzeuge und die Umgebung, die sie den Entführten präsentieren: eine Reihe von Motorrädern (Dave), ein Wald und Konferenzraum (Catherine), Bilder von Jesus in weißen Gewändern (Jerry) oder eine aufragende, kathedrale Struktur mit bunten Fenstern (Sheila). Eine junge Frau, über die in diesem Buch nichts geschrieben steht, erinnerte sich, mit sieben Jahren ein etwa fünf Meter großes Känguruh gesehen zu haben, das sich schließlich als ein kleines Raumschiff erwies. Ich hörte kürzlich von einem Fall, bei dem eine Anzahl Kinder mit einem kleinen Fahrzeug in den Himmel transportiert wurde, das für sie anfangs wie eine Bude beim Karneval aussah, in der als Menschen verkleidete Außerirdische sie fragten, ob sie auf eine Reise gehen wollten.

Andere Erlebnisse beziehen sich auf die Erweiterung des Bewußtseins und dessen Trennung vom Körper in der Gegenwart, wie etwa bei Pauls Fähigkeit, in die Zeit eines Unfalls eines Raumfahrzeuges zu »reisen«, der sich vor seiner Geburt abspielte, oder sogar in das Zeitalter, als die Dinosaurier noch auf der Erde lebten. Die Häufigkeit, mit der während der Hypnose-Rückführungen Erlebnisse aus vergangenen Leben in Erinnerung gerufen werden, weist auch auf die These der erweiterten Identität hin – was bedeutet, daß der menschliche Geist oder die Seele in gewissem Sinne nicht an diese Lebenszeit gebunden ist, sondern sich über Hunderte oder, wie in Catherines Fall, sogar über Tausende von Jahren erstrecken kann. Die Erinnerung an vergangene Leben wird besonders mächtig, wenn sie es dem Erlebenden – wie in Joes und Daves Fällen – ermöglicht, eine Kontinuität des persönlichen Wachstums über mehr als nur eine Lebenszeit zu sehen.

Viele der Entführten, über die in diesem Buch berichtet wird, haben sich in einer doppelten Identität – als Mensch wie als außerirdisches Wesen – erfahren. Als Außerirdische sehen sie die Welt aus der Perspektive eines Außerirdischen und verbreiten – wie in Joes Fall – die außerirdische Seite der Fortpflanzungsunternehmungen. Peter wurde andererseits damit behelligt, Erinnerungen seiner Paarung als menschliches Wesen mit einer weiblichen Außerirdischen zu entdecken. Das außerirdische Ich wird manchmal als die verlorene oder verlassene Seele des menschlichen Ichs wahrgenommen, die früher einmal mit einer gemeinsamen Quelle verbunden war. Die empfundene Trennung bringt dann die Aufgabe mit sich, das abgeteilte außerirdische Ich oder die Seele zu integrieren und wieder ein Ganzes zu werden.

Viele Entführungserlebnisse sind zweifellos geistiger Natur, was üblicherweise eine Art mächtiger Begegnung mit einem göttlichen Licht oder ein Eintauchen darin einschließt. Dieses Phänomen war in Carlos' Fall überwältigend und ist auch in vielen anderen Fällen zu finden, die ich studiert habe. Die außerirdischen Wesen können trotz ihrer zudringlichen Aktivitäten auch als Vermittler angesehen werden, die Gott oder der Quelle des Seins näher sind als wir. Manchmal, wie in Carlos' Fall, können sie sogar als Engel oder Analogie zu Gott gesehen werden. Viele Entführte, mit denen ich gearbeitet habe, erleben an einem bestimmten Punkt, wie sie sich der kosmischen Quelle des Seins öffnen, die sie oft ihre Heimat nennen und von der sie sich während des Vorgangs, als menschliche Wesen verkörpert zu werden, brutal abgeschnitten fühlten. Sie können leidenschaftlich weinen, wenn sie während unserer Sitzungen eine Öffnung oder Rückkehr in die Heimat erleben. Sie können es – wie in Saras Fall – ziemlich bereuen, in körperlicher Form auf der Erde verbleiben zu müssen, selbst wenn sie erkennen, daß sie hier eine Art Mission zu erfüllen haben, um eine Änderung im menschlichen Bewußtsein herbeizuführen.

Mit dieser Öffnung zur himmlischen Quelle ist bei manchen Entführten die Erfahrung der großen Zyklen von Geburt, Leben und Tod verbunden, die sich über lange Zeitspannen erstrecken. Das kann besonders dann sichtbar werden, wenn Erfahrungen aus früheren Leben wiedererlebt werden und es dem Entführten erlaubt wird, sich an die eigentlichen Erlebnisse von Tod und Wiedergeburt zu erinnern. Ein damit verbundenes Phänomen, das ich später noch detailliert beschreiben werde, kann als Verkörperlichung einer Urform oder Metapher bezeichnet werden. Röhren, Durchgänge, Fäden und ähnliches können buchstäblich gesehen, physisch durchschritten oder passiert werden. Aber sie repräsentieren gleichzeitig symbolisch wichtige Übergänge von einem Wesenszustand zu einem anderen.

Der Einfluß von Entführungserfahrungen

Die meisten der Individuen, die in diesem Buch vorgestellt werden, haben das mehrdimensionale Trauma ertragen, das mit den Entführungen einhergeht – die Hilflosigkeit, während an ihren Körpern erschreckende zudringliche Handlungen vorgenommen werden, genauso wie die Trennung von Familie und Freunden, die unvermeidliche Erschütterung ihrer Weltanschauungen und besonders die Erkenntnis, daß diese Erlebnisse ihnen oder ihren Kindern zu jeder Zeit wieder passieren können. »Wir werden unser andauerndes, unnachgiebiges Andere-Welt-Melodram nicht mehr los«, schrieb Jerry, deren drei Kinder anscheinend auch von Außerirdischen aufgesucht worden sind.

Dennoch ist das Entführungsphänomen nicht einfach nur traumatisch. Betroffene können mit Ängsten, Alpträumen und anderen Folgeerscheinungen zurückgelassen werden, die offenbar mit ihren Entführungsbegegnungen zusammenhängen und die – zusätzlich zu kleinen körperlichen Verletzungen – unter anderem aus Nasennebenhöhlenbeschwerden, Kopfschmerzen, Symptomen von Magengeschwüren, milden Erkrankungen des vegetativen Nervensystems oder psychosexuellen Störungen bestehen. Gleichzeitig gibt es in der Sammlung meiner Fälle jedoch Beweise dafür, daß die Begegnungen mit Außerirdischen Heilungsprozesse herbeiführten – Heilungen von Lungenentzündungen und Leukämie bis hin zu Gliederlähmungen, die durch eine Kinderlähmung verursacht worden waren. Darüber hinaus scheinen viele Entführte selbst heilende Kräfte zu gewinnen. Obwohl Betroffene die Entführungserlebnisse weiterhin verabscheuen und sich vor deren Wiederkehr fürchten können, erlangt gleichzeitig jeder in der einen oder anderen Weise das Gefühl, daß er oder sie an einem Leben schaffenden oder Leben verändernden Prozeß teilnimmt, der von großer Wichtigkeit und großem Wert ist.

Zusätzlich scheinen viele Entführte – die Fälle, die in diesem Buch behandelt werden, eingeschlossen – ein profundes persönliches Wachstum und eine Transformation zu erfahren. Dafür sind offenbar die Erlebnisse verantwortlich, die mit dem Schicksal der Erde und dem Fortbestand der Menschen und anderer Lebensformen zu tun haben. Praktisch alle Entführten, mit denen ich eng zusammengearbeitet habe, haben sich zu der Verpflichtung bekannt, sich selbst oder ihr Verhältnis zur Erde zu ändern, um rücksichtsvoller oder in größerer Harmonie mit den anderen Geschöpfen zu leben. Jeder von ihnen scheint zu dem Schluß zu kommen, sein Verhältnis zu anderen Menschen zu ändern, Liebe offener zu zeigen und aggressive Impulse zu überwinden. Einige Entführte wie Eva, Peter, Carlos und Arthur möchten ihre wachsenden Perspektiven nutzen, um andere zu beeinflussen, und sind zu Lehrern einer neuen Art des Lebens geworden. Des weiteren scheinen Entführte, besonders wenn sie einmal mit ihren Begegnungen konfrontiert worden sind und diese integriert haben, besonders intuitiv zu sein; sie zeigen manchmal starke psychische Fähigkeiten wie Hellsichtigkeit oder das Wahrnehmen von Dingen über eine größere Entfernung hinweg. Um diese Fähigkeiten zu dokumentieren, bedarf es weiterer Forschungen.

Praktisch jeder Entführungsforscher muß sich an einem gewissen Punkt der Frage stellen, ob diese Ausdrücke persönlichen Wachstums eine Folge der Traumata oder ein eigentlicher Aspekt des Phänomens selbst sind. Schließlich könnte man argumentieren, daß Opfer von Kriegen, Vergewaltigungen, Mißhandlungen und anderen Traumata womöglich deshalb emotional und spirituell wachsen können, weil sie durch ihre Erlebnisse neue und tiefere Ressourcen in sich selbst entdecken.

Mein eigener Eindruck, den ich aus dem gewonnen habe, was Entführte mir gesagt haben, ist der, daß Bewußtseinserweiterung und persönliche Wandlung einen grundlegenden Aspekt des Entführungsphänomens darstellen. Zu diesem Schluß bin ich aufgrund des Ausmaßes der Informationen gekommen, die in einem Fall nach dem anderen von den außerirdischen Wesen zu den Erfahrenen übertragen wurden und die grundsätzlich von der Notwendigkeit einer Änderung des menschlichen Bewußtseins und unseres Verhältnisses zur Erde und zueinander handeln. Sogar die Hilflosigkeit und der Verlust oder die Übergabe der Kontrolle, die den Entführten zumindest anfänglich durch die Außerirdischen aufgezwungen wurden – einer der traumatischsten Aspekte der Erlebnisse –, scheinen gewissermaßen dafür »geschaffen« zu sein, eine Art Tod des Egos herbeizuführen, durch den offenbar erst die Voraussetzungen für ein spirituelles Wachstum und die Erweiterung des Bewußtseins geschaffen werden. Aber mein Hauptaugenmerk auf ein solches Wachstum könnte eine Neigung von mir reflektieren. Die Leute, die sich entschieden haben, zu mir zu kommen, könnten von meinem Interesse an diesen Aspekten der menschlichen Psychologie wissen und sich bewußt sein, daß ich meine Arbeit mit Entführten als einen co-kreativen Prozeß ansehe. In einigen Fällen – zum Beispiel bei Arthur – gingen die Verpflichtungen zur Unterstützung der Umwelt und die menschlichen Wandlungen jedoch dem Kontakt mit mir voraus.

Es müssen noch einige Worte über die Belastungen gesagt werden, die die Erlebnisse der Entführten für Ehepartner und andere Verwandte mit sich bringen. Solche Erlebnisse können ihr Leben bestimmen, und wie Peter und Jerry benötigen Entführte möglicherweise eine ganze Menge Unterstützung von ihren Ehepartnern und anderen Personen, die vielleicht das Gefühl haben, daß ihren eigenen Bedürfnissen keine Rechnung mehr getragen wird, wenn der Erfahrene voll und ganz von dem in Anspruch genommen wird, was ihm zugestoßen ist. Sofern diejenigen, die einem Erfahrenen nahestehen, nicht selbst Erfahrene sind, können sie die gesamte Situation möglicherweise nur schwer glauben, weil ihr Gefühl für Realität angegriffen wird. Sie mögen den Wunsch verspüren, die ganze Sache abzuleugnen, selbst wenn es einen klaren Beweis gibt, daß mit ihren Lieben etwas Wichtiges passiert.

Es ist ebenfalls möglich, daß sich Eltern, die unter Umständen selbst Entführte sind, von ihren eigenen Kindern entfremden, weil sie nicht ertragen können, was mit ihren Sprößlingen geschieht. Manchmal wird den Eltern sogar ein noch größerer Schmerz bereitet; ich habe mit mehreren Fällen zu tun gehabt, in denen das Kind erfährt, daß ein außerirdisches Wesen sein »wirkliches« Elternteil ist. In einigen Beispielen – wie in Evas Fall – kann eine Belastung in der ehelichen Beziehung entstehen, wenn der Entführte fühlt, daß er seinem Partner in gewisser Weise über den Kopf wächst und dieser vielleicht unfähig oder nicht willens ist, ihm in das beschriebene, erweiterte Reich zu folgen. Es sind größere Anstrengungen nötig, um Familienmitglieder von Entführten zu unterstützen, damit sie die neuen Erlebnisse verstehen und daran teilhaben können.

Einige Folgerungen aus dem Entführungsphänomen

Als die Intensität ihres Entführungserlebnisses nachließ, sagte Sheila: »Es macht in dieser Welt, wie ich sie kenne, einfach keinen Sinn.« Die Konfrontation mit dieser Tatsache stellt Sheila, wie jeden von uns, vor eine Wahl. Wir können weiterhin versuchen, das Phänomen in die Welt und Realität, wie wir sie bislang gekannt haben, einzupassen, indem wir es in eine Art Prokrustesbett der Realitätsübereinstimmung zwängen. Oder wir können anerkennen, daß die Welt anders sein könnte, als wir sie kennen. Dann sind wir frei, um zu sehen, wohin unser Denken uns führt.

Ich kann diejenigen nicht entmutigen, die versuchen, konventionelle Erklärungen für das Entführungsphänomen heranzuziehen. Ich möchte nur betonen, daß ich als Kliniker unzählige Stunden mit dem Versuch verbracht habe, alternative Erklärungen zu finden, die mir den großen Wechsel in meiner Weltanschauung erspart hätten. Aber wie ich es im zweiten Kapitel dieses Buches beschrieben und in den Fallerzählungen klarzustellen versucht habe, gibt es keine vertraute Theorie oder Erklärung, die den grundsätzlichen Merkmalen des Entführungsphänomens auch nur nahekommt. Kurz gesagt, es ist, was es ist, obwohl die letztendliche Quelle dieser Erlebnisse ein Geheimnis bleibt.

Klinische Folgerungen

Einige der Personen, die in diesem Buch beschrieben werden, sind von Psychologen, Psychiatern und anderen Physiologen, die nicht mit dem UFO-Entführungsphänomen vertraut waren, untersucht worden. Scott wurde während eines großen Teils seiner Kindheit und Jugend medizinischen Epilepsietests unterzogen, ihm wurden über mehrere Jahre hinweg antiepileptische Medikamente verabreicht, und er wurde zur Auswertung und Behandlung seiner seltsamen, entführungsbezogenen Symptome sogar ins Krankenhaus eingewiesen. Sheila wurde in der Psychotherapie viele Jahre lang vergeblich von Profis behandelt, die der Realität von außerirdischen Entführungen und UFOs skeptisch gegenüberstanden. Das verursachte einen erheblichen und meiner Meinung nach unnötigen Druck auf sie. Paul verbrachte in der Psychotherapie Jahre mit einem Psychologen, der die Realität seiner Entführungserlebnisse nicht akzeptieren konnte. Jerry und ihr erster Ehemann gingen zu verschiedenen Beratern, die ihnen für ihre entführungsbezogenen Konflikte nutzlose, konventionelle Interpretationen der Intimität und Sexualität anboten. Profis im Bereich der geistigen Gesundheit, die Entführte behandeln, sehen sich also vor verschiedene spezifische Herausforderungen gestellt.

Es kann natürlich sehr wertvoll sein, wenn man herauszufinden versucht, ob zusätzlich andere Umstände vorliegen, die die entführungsbezogenen Symptome erklären. Ich habe kürzlich mit einer jungen Frau gearbeitet, die damit kämpfte, sowohl mit außerirdischen Entführungen als auch mit Erlebnissen des sexuellen Mißbrauchs klarzukommen. Eine behutsame Befragung hat jedoch gezeigt, daß die einen Erfahrungen die anderen nicht erklärten und daß diese Frau sehr wohl fähig ist – sofern ihr die Möglichkeit dazu gegeben wird –, die unterschiedlichen Auswirkungen jeweils auseinanderzuhalten. Auswertungen von möglichen Entführungsfällen sollten von Physiologen und anderen Klinikern begleitet werden, die mit der Realität des Phänomens vertraut oder zumindest offen dafür sind, selbst wenn sie nicht daran »glauben«. Es gibt mittlerweile genügend verfügbare Informationen – wenn vielleicht auch nicht in Fachmagazinen, so doch in Büchern, bekannten Zeitschriften und anderen Medien –, um mit Bestimmtheit zu sagen, daß mit vielen Menschen etwas geschieht, das konventionellen Erklärungen vollkommen widerspricht. »Für eine ignorante Haltung« gibt es, wie Sheila sagte, keinerlei Entschuldigung.

Das Entführungsphänomen wirft auch interessante Fragen über die Natur der Erinnerung und die Kontrolle des Bewußtseins auf. Wie ich im ersten Kapitel erläutert habe, wird das Überhandnehmen oder die Anzahl der Vorfälle von UFO-Entführungen fast bedeutungslos angesichts der Tatsache, daß lange Zeit vergessene Entführungserinnerungen durch ein Ereignis ausgelöst werden können – beispielsweise Eds Spaziergang entlang der Küste von Maine oder Arthurs Unterhaltung mit seiner Schwester bei einem Familientreffen –, dessen Timing unvorhersagbar ist. Was sind das für Kräfte, die die Erinnerung über Jahre hinweg – in diesen beiden Fällen länger als fünfundzwanzig Jahre – aus dem Bewußtsein heraushalten? Ed erinnerte sich, daß ihm gesagt worden war, er werde sich wieder daran erinnern, »wenn du es wissen mußt«. Manchmal erscheint diese fehlende Erinnerung die Entführten vor einer Belastung zu schützen, mit der sie nicht umgehen können, was insbesondere bei Kindern der Fall ist. Aber wir verstehen kaum etwas davon, wie diese unterdrückende Kraft arbeitet oder warum ein veränderter Bewußtseinszustand, der in einer sorgenden, beschützenden Umgebung leichter erreicht wird, für das Zurückgewinnen von Entführungserinnerungen so bedeutsam ist.

Diese seltsamen Erinnerungswechsel scheinen nur ein Teil eines größeren Phänomens zu sein. Die Außerirdischen oder von ihnen benutzte Werkzeuge sind offenbar imstande, die Gedanken und Wahrnehmungen von Entführten zu kontrollieren. Es ist üblich, daß Ehepartner und andere, die im Zimmer sind, wenn der Entführte mitgenommen wird, »ausgeschaltet« zu sein scheinen, das heißt, daß sie während der Entführung in einer Art Bewußtlosigkeit zurückbleiben. Das kann für den Entführten, der in seiner hilflosen Bedrängnis um Beistand ruft, sehr schwer zu akzeptieren sein. Mit diesem Unterschied des Bewußtseins kann es zusammenhängen, daß UFOs von Zeugen unterschiedlich wahrgenommen werden. Es gibt bekannte Vorfälle, bei denen einige Menschen unter bestimmten Voraussetzungen ein UFO gar nicht gesehen haben, während es für andere recht deutlich zu erkennen war (vgl. Crawford 1993). Das näher zu erforschen könnte uns neue Tore der Wahrnehmung öffnen.

Das Phänomen der Entführungen durch Außerirdische scheint uns etwas über die erlösende und verändernde Funktion von Gefühlen in unserem Leben lehren zu wollen. Die Formen von Terror, Wut, Kummer und manchmal auch Freude, die während meiner Sitzungen mit Entführten ausgedrückt wurden, gehören zu den stärksten, die ich je erlebt habe. Sowohl für mich und andere, die die Sitzungen besucht haben, als auch für die Entführten selbst ist es vor allem die Intensität der wiederaufgedeckten Gefühle, die dem Phänomen eine unabweisbare Glaubwürdigkeit verleiht. Mit diesen Menschen ist etwas geschehen, und jeder, der diese Sitzungen mitmacht, bestätigt das – ob unser objektiver Intellekt nun die Quelle dessen, was geschehen ist, erkennen kann oder nicht.

Überdies hat dieses intensive Gefühl – vor allem, wenn es sich durch körperliche Bewegungen und lautstarke Äußerungen zeigt und entlädt – eine übertragende Kraft, und das gilt um so mehr, wenn der Helfende während der mächtigsten Vergegenwärtigung mit dem Erlebenden zusammensein kann. Ganz buchstäblich schütteln die körperlichen Zuckungen das Erlebnis in neue Bereiche der physischen Wahrnehmung. Wenn das passiert, wird eine Ausdehnung des Bewußtseins oder eine Erweiterung des Wissens möglich. Peter zum Beispiel hatte den Eindruck, daß ihm erst die reale Intensität seines körperlichen Erlebnisses während der Rückerinnerung erlaubte – oder ihn vielleicht dazu zwang –, die Wirklichkeit der außerirdischen Wesen anzuerkennen, was ein grundlegender Schritt auf seiner geistigen Reise war. Es ist möglich, daß das Erleben oder die Überwindung des Schreckens einen wesentlichen Aspekt beim Durchbrechen der psychologischen Grenzmauern darstellt, die unsere Wahrnehmung der Realität einschränken. Als Catherine feststellte, daß sie fähig war, den Terror und die Wut in ihrem Inneren auszuleben – und diese den außerirdischen Wesen gegenüber auszudrücken –, wurde eine wechselseitigere, bedeutungsvollere und kreativere Beziehung mit ihnen möglich. Tatsächlich scheint das Phänomen der Entführungen den direkt Betroffenen und denjenigen, die mit ihnen arbeiten, tiefere Bereiche menschlicher Gefühle zu eröffnen, unabhängig davon, ob das ein spezifischer »Zweck« des Phänomens ist.

Das Entführungsphänomen scheint auch neue Perspektiven angesichts der menschlichen Zerstörungswut anzubieten. Die Außerirdischen sind – wie es zum Beispiel die Fälle von Peter und Paul zeigen – offenbar wirklich verwirrt über das Ausmaß unserer Aggressivität untereinander und besonders über unsere scheinbare Bereitschaft, das Leben auf diesem Planeten zu zerstören. Als Paul vom Standpunkt eines außerirdischen Wesens aus sprach, formulierte er es so: »Wir verstehen nicht, warum ihr die Zerstörung wählt.« Tatsächlich zeigt das Ausmaß dieser Zerstörungswut, das uns von den Außerirdischen vor Augen gehalten wird, die Unzulänglichkeit unserer biologischen und psychologischen Theorien von Aggression sowie die Notwendigkeit einer Neubetrachtung dieses Aspektes in unserem individuellen und kollektiven Leben. »Ein Organismus, der solch einen Grad der Zerstörung erreicht, sollte zurückblättern und mehr über sich selbst lernen«, sagte Paul. Als jemand, der lange Zeit die psychologischen Folgen einer nuklearen Bedrohung studiert hat, kann ich dem nur voll und ganz zustimmen.

Folgerungen für Physik, Technik und Biologie

Die ersten Berichte über UFOs haben eine Menge neuer Fragen aufgeworfen, dennoch ist die zeitgenössische Wissenschaft mit dem Thema bislang so umgegangen, daß sie den ganzen Sachverhalt ignoriert und leugnet. Wie sind die Raumschiffe hierher gekommen? Was für Antriebssysteme besitzen sie? Wie haben sie Licht und Hitze von außerordentlicher Intensität über riesige Entfernungen übertragen? Und wie haben sie auf eine Art beschleunigt und ihre Flugrichtung geändert, die den Gesetzen der Schwerkraft widerspricht? Das sind Fragen, die innerhalb der Parameter der modernen Physik nur schwerlich zu beantworten sind. Das Entführungsphänomen hat den alten technischen Rätseln weitere hinzugefügt. Wie zum Beispiel bringen die Außerirdischen Menschen durch Wände? Carlos beschrieb ein Gefühl, als ob seine Zellen, während er von einem Lichtstrahl transportiert wurde, vibrierten, sich auflösten und eine geistähnliche Form zurückließen. Doch davon, wie dieser umwandelnde Prozeß funktioniert, haben wir praktisch keinerlei Kenntnis.

Durch welchen Mechanismus werden Schnitte und andere Verletzungen so schnell geheilt? Ein Mann erzählte mir von einem mehrere Millimeter tiefen Schnitt, der sich nach einer Entführung an seinem Bein befand. Dennoch verschwand dieser Schnitt praktisch innerhalb von vierundzwanzig Stunden. Wie werden die Entführten überwacht, damit sie gefunden werden können, wann und wo immer die Wesen es wollen? Sind hier Implantate mit im Spiel? Es gibt die Meinung, daß die Außerirdischen den menschlichen Wesen in der Beherrschung verschiedener Technologien um viele tausend Jahre voraus seien. Vielleicht ist das so. Diese Fragen, die sich bei jedem dieser Ereignisse stellen, können innerhalb des Gerüstes der modernen Wissenschaft nicht beantwortet werden. Diesbezüglich ist oft bemerkt worden, daß interdisziplinäre Studien notwendig sind, die sowohl Physik als auch vergleichende Religion und Spiritualität einschließen, um der Frage nachzugehen, wie die interdimensionalen überbrückenden Eigenschaften des Entführungsphänomens funktionieren könnten.

Philosophische Folgerungen

Wenn ich sage, daß das UFO-Entführungsphänomen eine Änderung unserer Weltanschauung erfordert, dann kann das zweierlei bedeuten. Auf der einen Seite scheint die Handlungsweise der Außerirdischen und der UFOs – wie voranstehend beschrieben – den anerkannten physikalischen Gesetzen und biologischen Regeln zu widersprechen. Das erfordert von uns, daß wir zumindest unser Wissen über die materielle Welt erweitern müssen, bevor wir verstehen können, wie UFOs funktionieren. Aber diese Probleme liegen mehr oder weniger in der Domäne der Wissenschaft, wie sie sich über Jahrhunderte entwickelt hat. Schließlich würden die Fähigkeiten heutiger Raumschiffe und elektronischer Kommunikationssysteme einem Menschen aus dem Mittelalter allesamt als magisch erscheinen. Dennoch sind sie Ergebnisse von Wissenschaft und Technik westlicher Herkunft. Doch das Entführungsphänomen wirft grundsätzlichere Fragen auf, die außerhalb des ontologischen Rahmens der modernen Wissenschaft zu liegen scheinen und anscheinend nicht durch deren Methoden beantwortet werden können. Das dringlichste dieser Probleme ist die Definition, in welcher Realität Entführungen auftreten.

Einige der Entführten haben mit mir über ihr Gefühl gesprochen, daß wenigstens einige Erlebnisse nicht in der physischen Raum-Zeit-Dimension des Universums auftreten, so wie wir dieses begreifen. Sie berichten von Außerirdischen, die aus einer anderen Dimension zu uns durchbrechen – durch einen »Spalt« oder »Riß« in etwas wie einer Grenzmauer – und unsere Welt von »jenseits des Schleiers« aus betreten. Entführte, von denen einige zu wenig Bildung besitzen, um von sich aus solche Abstraktionen und seltsamen Nicht-Örtlichkeiten zu beschreiben, sprechen von einem Zusammenbruch von Raum und Zeit, zu dem es während ihrer Erlebnisse kommt. Sie erleben die Außerirdischen und auch die Entführungen selbst in einer anderen Realität, obwohl ihnen diese sehr wirklich oder sogar noch wirklicher als die vertraute physische Welt erscheint.

Sara, die meiner Meinung nach eine der gebildetsten Persönlichkeiten ist, sprach vielleicht für viele Erfahrene, als sie eine ihrer Entführungen folgendermaßen beschrieb: »Eine dimensionale Vermischung ... Man kann es eigentlich nicht mit der Sprache und den

Ausdrücken dieser Dimension beschreiben, weil es nicht wirklich hier passiert ist. Es ist halb hier und halb irgendwo anders geschehen.« Catherine sprach in einer Rückführung im Januar 1993 – einige Wochen nach der letzten, über die ich in ihrem Kapitel berichtet habe – von einem »Ort« zwischen den Zeiten der Verkörperung auf der Erde. An diesem »Ort« seien Körper nicht fest, sondern erschienen nur in einer Art Energieumriß. »Das war vor langer, langer, langer, langer Zeit«, erklärte sie. »Das war, bevor irgendeiner von uns hier gelebt hat. Dieser Ort befindet sich in einem ganz anderen Universum. Er befindet sich nicht in unserer irdischen Raum-Zeit-Dimension.«

Eine junge weibliche Entführte, die ich Anne nennen möchte, versuchte, mir während einer Rückführung ihr Gefühl zu beschreiben, daß sich während ihrer Entführung verschiedene Zeitrahmen miteinander verbunden hätten. Anne fühlte sich, als agiere sie gleichzeitig in verschiedenen Zeiten. »Alle Zeiten können an einem Ort zusammenkommen«, sagte sie. »Das ist wirklich. Es ist nicht philosophisch. Ich kann wirklich in einen anderen Zeitrahmen hineingehen und mich in andere Zeitrahmen hineinziehen lassen.«

Wenn in diesem Zusammenhang vertraute Wörter wie »passieren«, »auftreten« oder »real« gebraucht werden, sind diese anders – vielleicht weniger wörtlich – zu verstehen, als wir es gewohnt sind. Wenn ein Ereignis in einer anderen Dimension aufgetreten zu sein scheint, wie es zum Beispiel bei Catherine und Anne beschrieben wird, und wir davon im Prinzip nur durch das beeindruckende Wiedererleben einer Erfahrung Kenntnis erlangen – mit dem Bewußtsein als verfügbarem Werkzeug der Erkenntnis –, wie entscheiden wir dann, was »real« oder »wahr« ist?

Das Wort »Traum«, oder die Vorstellung, die man darüber hat, liefert ein gutes Beispiel dafür, wie man einen vertrauten Ausdruck genauer betrachten oder sogar neu definieren muß. Wenn die Entführten ihre Erlebnisse als »Träume« bezeichnen, was sie oft tun, kann eine genaue Fragestellung zutage bringen, daß es sich nur um eine Beschönigung handelt, die etwas verdecken soll, von dem sie wissen, daß es nicht sein kann – nämlich ein Ereignis, das in einer anderen Dimension auftrat und aus dem es kein Erwachen gab. Bei mehreren Gelegenheiten habe ich im Gesicht eines Entführten einen Ausdruck von Qual oder sogar Tränen gesehen, wenn er erkannt hat, daß ein Erlebnis, bei dem er sich entschieden hatte, es einfach nur als Traum anzusehen, in einem »wachen« – noch so ein Wort, daß vielleicht neu definiert werden muß – oder in einem bewußten Zustand aufgetreten ist, was auch immer der Unterschied sein mag. Das Problem wird noch durch die Tatsache kompliziert, daß Träume einen wichtigen Weg darstellen, über den wir normalerweise Erlebnisse während der Nacht verarbeiten und integrieren. Es ist deshalb nicht verwunderlich, daß Entführungen, weil sie von sich aus mächtige und verwirrende Erlebnisse sind, regelmäßig richtige Alpträume und Träume hervorrufen, die in modifizierter Form das Entführungserlebnis wiedererschaffen – mitunter sogar in derselben Nacht, in der die Entführung aufgetreten ist.

Es bedarf wiederum einer sorgfältigen Befragung, um herauszufinden, wovon berichtet wird – von einer Entführung, die verzerrterweise als Traum beschrieben wird, von einem Traum, der auf einem Entführungserlebnis beruht, oder ob es sich tatsächlich einfach nur um einen Traum handelt, der UFO-bezogenes Material beinhaltet, aber nicht notwendigerweise ein Entführungserlebnis widerspiegelt. Das zweite Szenario kann von dem ersten dadurch unterschieden werden, daß es einen Moment des Aufwachens gibt – des Bemerkens, daß es sich um einen Traum gehandelt hat –; oder es können Erlebniselemente vorhanden sein, die in dem vertrauten Entführungs-Szenario nicht auftreten. Schließlich wissen wir, daß sich das Ereignis in der wirklichen Entführung unerbittlich bis zum Ende fortsetzt und daß die Person unfähig ist, es zu beenden oder sich selbst zu zwingen »aufzuwachen«. Normale Träume, die UFO-Elemente beinhalten, können von solchen Träumen, die auf Entführungen zurückgehen, dadurch unterschieden werden, daß sie weniger lebhaft oder intensiv sind und der Träumer nicht wie bei entführungsbezogenen Träumen das Gefühl hat, daß hinter den Traumbedeutungen ein tatsächliches Erlebnis verborgen ist.

Man muß auf die heutige Zeit Rücksicht nehmen, in der es wenige Erkenntnisse über die Sphäre gibt, aus der die außerirdischen Wesen stammen – vielleicht gibt es noch nicht einmal eine Sprache oder Konzepte, um sie zu beschreiben. Man muß aber auch anerkennen, daß etwas vor sich geht, das nicht von der Hand gewiesen werden kann. Wenn man sich darauf einläßt, findet man sich plötzlich in einem Universum wieder, das sich von dem, was man mir zum Beispiel in der Schule und zu Hause beigebracht hat, gewaltig unterscheidet. Dieses Universum, das von der westlichen

Wissenschaft so erfolgreich analysiert und katalogisiert worden ist, besteht aus Materie und Energie, die vielleicht vorzüglich zusammengesetzt sind, aber es fehlt – soweit wir das sagen können – an Intelligenz oder Intelligenzen, die mit diesen Methoden entdeckt werden können.

In dieser Weltanschauung haben Gott, die verschiedenen Geistwesen, Götter und andere mythische Wesen, die von den Völkern auf der gesamten Erde einschließlich unserer eigenen Kultur als insgesamt real erfahren werden, keine objektive Realität. Sie sind der Gegenstand von Psychologie und Psychopathologie, Anthropologie, religiösen Studien und Science Fiction; sie werden als Projektionen betrachtet, die in unserer Wahrnehmung und Vorstellung entstehen. Wenn wir diese Wesen überhaupt real werden lassen, dann geschieht dies in Metaphern und Symbolen, so wie diese von Dichtern gebraucht werden. Um anzuerkennen, daß das Universum – oder die Universen – andere Wesen beherbergt, die in der Lage sind, in unsere Welt einzudringen und uns so mächtig zu beeinflussen, wie die außerirdischen Wesen es anscheinend tun können, wäre eine Erweiterung unserer Realitätsvorstellung erforderlich, die die westliche wissenschaftliche und philosophische Ideologie allzusehr untergräbt, die von dem Philosophen Michael Zimmerman als »naturalistischer Humanismus« bezeichnet worden ist.

Die außerirdischen Wesen, die offensichtlich vom Himmel in seltsamen Raumfahrzeugen zu uns kommen, stellen für solch eine naturalistische oder objektivistische Ideologie eine besonders verwirrende Herausforderung dar. Denn sie scheinen über Möglichkeiten beider Welten – sowohl der geistigen als auch der materiellen – zu verfügen. Das erreichen sie dadurch, daß sie scheinbar mühelos die Trennung zwischen diesen Bereichen überbrücken, die mehr und mehr geheiligt und verfestigt worden ist, nachdem Wissenschaft und Religion seit dem 17. Jahrhundert getrennte Wege gehen (vgl. Toulmin 1990). Auf der einen Seite scheinen diese Wesen von den Entführten gesehen werden zu können, die fühlen, wie ihre Körper bewegt werden, und kleine Verletzungen vorfinden, die ihnen zugefügt worden sind. Auf der anderen Seite scheinen die Wesen wie Vermittler zwischen Gott und dem Teufel von einer körperlosen Quelle zu stammen, und sie sind fähig, dem Bewußtsein des Entführten Bereiche des Seins zu eröffnen, die in der physischen Welt, wie wir sie kennen, nicht existieren. Bevor ich dieses Buch zum Abschluß bringe, werde ich noch darüber spekulieren, warum die Barriere zwischen den geistigen und materiellen Welten sich im Westen so verhärtet hat. Denn es ist diese falsche Zweiteilung, die unsere Konfrontation mit Wesen, die diesen Abgrund nicht akzeptieren, so schockierend macht.

Spirituelle Folgerungen

Ich werde oft gefragt, wie Erlebnisse, die so traumatisch sind und zeitweise sogar grausam erscheinen, spirituell umwandelnd sein können. Für mich gibt es da keine Unvereinbarkeit, außer man reserviert Spiritualität für Bereiche des Erhabenen, die frei von Schmerz und Anstrengung sind. Manchmal wird unser nützlichstes spirituelles Wissen und Wachstum von rauhen Lehrmeistern vermittelt, die wenig Respekt vor unseren Eitelkeiten, psychologischen Verteidigungen oder althergebrachten Ansichten haben. Die Lektionen im Zen-Buddhismus sind für ihre Methoden der Schockbehandlung berüchtigt. Man kann sogar soweit gehen zu folgern, daß ein ernsthaftes geistiges Wachstum unvermeidbar verstörend wirkt, da die Grenzen des Bewußtseins aufgebrochen werden und wir uns neuen Sphären der Existenz öffnen.

Die Außerirdischen, über die Entführte sprechen, scheinen für viele von ihnen aus einer anderen Sphäre zu kommen, die als der Quelle des Seins oder der anfänglichen Schöpfung näher empfunden wird. Die Wesen, so schlicht ihre Erscheinung auch sein mag, wurden als Vermittler oder Gottgesandte beschrieben, in Carlos' Fall sogar einmal als Engel. Die Erkenntnis, daß sie existieren, ist nach dem anfänglichen ontologischen Schock manchmal – siehe beispielsweise die Fälle von Peter und Catherine – der erste Schritt der Bewußtseinsöffnung zu einem Universum, das nicht mehr einfach nur materiell ist. Entführte begrüßen es, daß das Universum mit Intelligenzen erfüllt und selbst intelligent ist. Sie haben ein Gefühl von Ehrfurcht vor einem geheimnisvollen Kosmos, der geheiligt und beseelt wird. Das Gefühl der Trennung von der gesamten sonstigen Schöpfung bricht zusammen, und die Erfahrung der Einheit wird ein grundlegender Aspekt der Bewußtseinsentwicklung der Entführten – so wie Joe es in Bezug auf seine eigene Entwicklung und die seines kleinen Sohnes erklärte. Er fühlte, daß die Wahl, vor der er stand, eine – wie er es ausdrückte – zwischen Einheit und Wahnsinn sei. Die Außerirdischen selbst können als ein abgetrennter Teil der Seele des Entführten oder seiner selbst angesehen werden; ihre Wiederbelebung erfordert das Einbeziehen dieser getrennten Dimension.

Viele Entführte, mit denen ich gearbeitet habe, darunter auch einige, über die in diesem Buch nicht berichtet wird, erfahren eine Art Ekstase, die – wie in Carlos' Fall – orgastische Ausmaße annehmen kann. Das beruht darauf, daß sie sich selbst durch ihre Erlebnisse – oder deren Wiedererleben – einer göttlichen Quelle oder dem schöpferischen Zentrum des Seins im Kosmos gegenüber geöffnet fühlen. Diese Quelle ist für die Entführten unbeschreiblich leuchtend, und es ist möglich, daß sie weinen, wenn sie sich wieder in der Gegenwart befinden, weil die Trennung davon unbeschreiblich schmerzlich ist. Wenn sie sich der Quelle noch einmal öffnen, kann es sein, daß sie dieses Erlebnis als »Heimkehr« bezeichnen und abermals dagegen protestieren, daß sie als Mensch einen Zweck zu erfüllen haben.

Wenn ihnen ihre Erfahrungen voll zu Bewußtsein gebracht werden, scheinen Entführte immer mehr ein Gefühl der Einheit mit allen Wesen und der gesamten Schöpfung zu empfinden. Dies wird oft durch eine besondere Liebe zur Natur und eine tiefe Verbundenheit mit Tieren und deren Seelen ausgedrückt. Manchmal gibt es eine starke Identifikation mit einer Tierart. Rotwild zum Beispiel sind für Dave »Totem«-Kreaturen, Carlos fühlt eine besondere Zuneigung zu Löwen, und Arthur hat eine bemerkenswerte Fähigkeit, mit verschiedenen Tierarten in Verbindung zu treten. Wie wir gesehen haben, können die Außerirdischen selbst den Entführten zu unterschiedlichen Zeiten in der Gestalt von Tieren erscheinen. Diese Verbindung, die sie mit den Seelen der Tiere haben und die in eine Art schamanistische Dimension hineinreicht, bleibt noch zu erforschen.

Schließlich bekommen viele, wenn nicht gar die meisten der Entführten, mit denen ich intensiv gearbeitet habe, das Gefühl, daß ihr vergrößertes geistiges Bewußtsein für eine Art Belehrung oder für einen höheren Zweck eingesetzt werden muß. Selbst wenn sie traurig sind und hinsichtlich der Ökologie dieses Planeten und des Schicksals der irdischen Lebensformen keine Hoffnung haben, fühlen sie, daß es bei ihren Erfahrungen letztendlich darum geht,

Leben zu bewahren, und daß sie angesichts dieses Endes etwas tun müssen. Ed, Joe, Jerry, Eva, Peter, Sara, Arthur und andere fühlen gleichermaßen, daß sie eine besondere Mission zu erfüllen haben, oder sie empfinden die Verantwortung, eine andere Art des Bewußtseins hinsichtlich der Stellung des Menschen auf der Erde zu lehren. Einige Entführte – wie Peter, Ed und Eva – haben sogar ihre Berufe gewechselt oder versuchen, die Richtung ihrer Arbeit zu verändern, um den neuen Zweck ihres Lebens erfüllen zu können. Peter stellt sich ein zukünftiges »Goldenes Zeitalter« des Lernens und der Möglichkeiten vor, und er hofft, daß er dabei hilft, es einzuleiten.

Folgerungen für die Identität des Menschen

Jeder Entführte erfährt in gewissem Sinne eine Erweiterung seines Gefühls für sich selbst, seiner Identität in der Welt. Paul fragte sich, wie wir dazu gekommen seien, die »Schale« unseres Wesens mit seinem »Ganzen« zu verwechseln; und Eva erkannte in ihrer Erinnerung an die »Seelenvogel«-Geschichte ihrer Kindheit, daß es Teile ihres Ichs gab, die sie öffnete und verschmolz, um sich von der Zersplitterung hin zur Ganzheit zu entwickeln. Die Veränderung, die Entführte erleben, ist so grundlegend, daß sie sich nicht länger von anderen Wesen getrennt fühlen wollen. Sie überwinden ihre Identifikation mit einer engen sozialen Rolle und erlangen ein Gefühl der Einheit mit der gesamten Schöpfung, eine Art universelle Verbundenheit.

Diese Öffnung zu einer erweiterten Identität scheint ein direktes Ergebnis der Entführungserlebnisse zu sein, wenn nicht sogar ein zentraler Aspekt des gesamten Prozesses. Der Wechsel scheint ein Resultat zweier verknüpfter Elemente zu sein. Die Entführungserlebnisse selbst erschüttern die Illusion unserer Kontrolle und demonstrieren machtvoll, daß wir hilflos Mächten und Wesen gegenüberstehen, deren Absicht wir nicht begreifen. Jeder Entführte entdeckt, daß er nichts anderes als ein intelligentes Wesen in einem Universum ist, das von unterschiedlichen anderen Geschöpfen bevölkert wird, die eigentlich nicht existieren »dürften«. Sie erkennen, daß die Menschen nicht die Herren der Erde, sondern Kinder des Kosmos sind, die ihren Weg finden müssen, in Harmonie mit allen Arten von Kreaturen auf der Erde und sonstwo zu leben. Das ist eine erschreckende Lektion in Demut, die die Psyche einer weiteren Wahrnehmung des Universums öffnet – eingeschlossen die Wesen und Geschöpfe, die es bewohnen.

Wie ich des weiteren bemerkt habe, öffnen sich Entführte einer göttlichen Quelle gegenüber, die ihr Wesen erfüllt und ihnen ein Gefühl der Verbundenheit mit einem universalen Bewußtsein gibt, von dem sie stammen und zu dem sie wieder zurückkehren werden. Vergangene Lebenserfahrungen, die das Gefühl für sich sowohl in körperlicher als auch in körperloser Form erweitern, schaffen eine weitere Ausdehnung der Empfindung, was es bedeutet, ein Mensch zu sein. Und diese Prozesse werden durch das eigenartige Gefühl verstärkt, das viele Entführte während der Rückführungen erlangen, nämlich daß sie eine duale menschlich-außerirdische Identität besitzen. Denn das außerirdische Ich wird als eine Art fehlendes Glied empfunden, als eine Seelenverbindung zu der universellen Quelle oder dem Bewußtsein, der anima mundi, von der sie abgeschnitten waren.

Politische, Ökonomische und Religiöse Folgerungen

Die westliche wissenschaftlich-materialistische Weltanschauung war in ihrer Erforschung der physikalischen Welt enorm erfolgreich, indem sie viele ihrer Geheimnisse enthüllte und dieses Wissen im Dienst menschlicher Zwecke nutzbar machte. Wir haben die Härte des Winters überwunden, das Leiden durch Fortschritte in der Medizin vermindert und gelernt, mit denen, die weit entfernt sind, elektronisch zu kommunizieren. Gleichzeitig haben wir unsere Erkenntnis dazu benutzt, Waffen der Zerstörung zu schaffen, die nun leicht das Leben, wie wir es kennen, vernichten können. Unsere Nutzung der Technologie, um der Erde Ressourcen zu entreißen, bringt die Biosphäre an den Rand des Zusammenbruchs. Wir sind eine Gattung außerhalb der Harmonie mit der Natur, die umherwütet, während sie ihren Wünschen auf Kosten anderer Lebewesen und der Erde, die uns das Leben gegeben hat, nachjagt.

Die Aufgabe, diesen Trend umzukehren, ist von großer Bedeutung. Selbst wenn wir die Gefahr erkennen, die wir geschaffen haben, sind die althergebrachten Interessen doch gewaltig, die der Entdeckung eines Gleichgewichts in unserer Beziehung mit der Natur im Wege stehen. Gewaltige korporative, wissenschaftliche, erziehende und militärische Institutionen geben viele Milliarden Dollar für materielle Güter aus und erhalten so, als wären sie gedankenlos, einen Zustand aufrecht, der schwer umzukehren ist. Für die internationale Geschäftswelt scheint die Welt zeitweise nicht mehr als ein gigantischer Markt zu sein, der unter den cleversten Unternehmern aufgeteilt werden muß.

Und es gibt alteingesessene, psychospirituelle Interessen, die sich dem Wechsel widersetzen und vielleicht sogar machtvoller als die materiellen sind. Diese Interessen spiegeln sich in der Vorstellung wider, daß die physikalischen Gesetze, wie wir sie kennen, alles beschreiben, was es gibt, und daß sich andere Wesen, sollten sie im Kosmos existieren, mehr oder weniger so wie wir verhalten würden. Das von der US-Regierung gegründete SETI-Programm (Search for Extraterrestrial Intelligence = Suche nach außerirdischer Intelligenz), das auf der Annahme beruht, daß außerirdische Intelligenzen durch das Aussenden von Radiowellen in das Universum gefunden werden könnten, illustriert dieses Vorurteil. Die Möglichkeit, daß fortschrittliche Intelligenzen sich möglicherweise nicht dazu entschließen, mit uns mittels einer derart eingeschränkten technologischen Apparatur zu kommunizieren, sondern sich vielleicht um eine vollständigere Öffnung unseres Bewußtseins bemühen, scheint seinen Erfindern nicht in den Sinn gekommen zu sein. Der Philosoph Terence McKenna hat hierzu angemerkt: »Erwartungsvoll nach einem Radiosignal einer außerirdischen Quelle zu suchen ist wahrscheinlich eine genauso kulturgebundene Vermutung, wie die Galaxis nach einem guten italienischen Restaurant zu durchsuchen« (McKenna 1991).

Es ist mir insgesamt nicht klar, warum wir derart an unsere Weltanschauungen gebunden sind. Vielleicht gibt ein verständliches wissenschaftliches Paradigma ebenso wie eine Ideologie ein Gefühl von Herrschaft und Macht. Das Geheimnis und das Gefühl des Nichtwissens stehen dem Bedürfnis gegenüber, die Kontrolle zu behalten, und scheinen zeitweise einen solchen Schrecken zu verursachen, daß wir befürchten, auseinanderzuplatzen wie der Frosch in der tibetanischen Geschichte, als er mit einem Universum konfrontiert wurde, das zu groß war, um für ihn faßbar zu sein. Das könnte erklären, warum die intellektuelle und politische Elite in unserer Kultur äußerst emsig damit beschäftigt ist, die materialistische Ansicht der Realität zu verewigen. Das UFO-Entführungsphänomen, das den Kern des westlichen Paradigmas angreift und uns enthüllt, daß wir ohne jede Kontrolle sind, wird von denjenigen bereitwilliger akzeptiert, die sich auf einem niedrigeren Niveau befinden als die kulturell Verbildeten oder intellektuell Fortschrittlichsten unter uns. Es sind zu einem großen Teil die wissenschaftlichen und regierenden Eliten sowie die tonangebenden Medien, die kontrollieren und bestimmen, daß das, was wir glauben sollen, real ist, denn diese Monolithen sind die grundsätzlichen Nutznießer der vorherrschenden Ideologie.

Diese »Politik der Ontologie« (vgl. Mack 1992) ist zugleich der erste Kampfplatz, auf dem die Realität und Wichtigkeit des UFO-Entführungsphänomens standhalten muß. Bevor seine Bedeutung für unser individuelles und kollektives Leben realisiert werden kann, muß es ernst genommen und aus den effekthaschenden Zeitungen in die große Masse der Gesellschaft befördert werden, damit die verfälschenden Medien ihr hochmütiges Verhalten aufgeben. Für unsere eigene und andere Regierungen in der Welt bildet das Entführungsphänomen ein besonderes Problem. Denn es ist vor allem die Aufgabe der Regierung, ihr Volk zu schützen, und es schafft ungewöhnliche Probleme für die Amtsträger zu wissen, daß fremde Wesen in radarresistenten Fahrzeugen anscheinend den Gesetzen der Schwerkraft, des Raumes und der Zeit trotzen, unsere Heime stürmen und unsere Leute entführen können. Dies könnte erklären, warum die Politik der Regierung bezüglich der UFOs von Anfang an so verwirrend war, eine Art zurechtgestutztes Gemisch aus Ablehnung und Vorwand, das lediglich Verschwörungstheorien schürt.

Es gibt weitere politische Folgerungen aus dem Entführungsphänomen. Letzten Endes ist die lokale, nationale und internationale Politik ein Machtspiel. Wir streben nach Macht, um einen Wirkungskreis zu beherrschen, zu kontrollieren oder zu beeinflussen. Aber das Entführungsphänomen mit seiner Demonstration, daß eine Kontrolle unmöglich, ja sogar absurd ist, und seiner Fähigkeit, unsere weitere Identität im Universum aufzudecken, lädt uns dazu ein, die Bedeutung unserer »Macht« in einem tieferen geistigen Sinne zu verstehen. Der Konflikt zwischen Rassen und Völkern, der letztendlich daher rührt, daß wir uns selbst ausschließlich durch beschränkte regionale Begriffe definieren, ist die Quelle ungeheuren Leides und stellt eine Bedrohung des menschlichen Überlebens dar. Die mehr globale – oder sogar kosmische – Identität, die durch das UFO-Entführungsphänomen impliziert wird, könnte uns von unseren endlosen Bemühungen um Besitz und Herrschaft zumindest ablenken. Bestenfalls könnte sie uns zu möglichen unendlichen kosmischen Abenteuern außerhalb unserer Körper hinziehen. Aber all das hängt davon ab, daß das Phänomen und seine Auswirkungen ernst genommen werden.

Die ökonomischen Schlußfolgerungen aus dem Entführungsphänomen können von den politischen nicht getrennt werden. Der Verlust unseres Sinnes für das Heilige und die Abwertung einer Intelligenz und eines Bewußtseins in der Natur, das über uns selbst hinausgeht, hat es den Stärkeren unter uns erlaubt, die Bodenschätze der Erde ohne Rücksicht auf zukünftige Generationen auszubeuten. Wie die Berichte ökonomischer »Anzeiger« endlos verkünden, trägt sich unser hemmungsloses Wachstum selbst zu Grabe, indem es seinen unvermeidlichen Zusammenbruch ignoriert, der nicht mehr weit entfernt sein kann, wenn das Wachstum der menschlichen Bevölkerung weiterhin unkontrolliert bleibt und die Plünderung der Erde nicht gestoppt wird. Und falls der Wachstumsdrang – beschönigend auch »Markteinfluß« genannt – nicht kontrolliert wird, können sich Ungerechtigkeiten in der Verteilung von Nahrung und anderen Gütern vertiefen, wodurch das potentielle Chaos und ein grenzenloser Krieg gefördert werden. Das UFO-Entführungsphänomen spricht dieses Thema nicht direkt an. Es wird und kann uns nicht retten. Aber es scheint, wie ich in Kürze noch ausführen werde, mit der Natur der menschlichen Gier, den Wurzeln unserer Zerstörungswut und den zukünftigen Konsequenzen unseres gemeinsamen Verhaltens verbunden zu sein. Die Entführten und andere, die ihnen zuhören, begreifen diese Begegnungen in ihrer vollen Tragweite.

Das UFO-Entführungsphänomen stellt einige organisierte Religionen vor besondere Probleme. Schon immer im Laufe der Geschichte haben Gruppen von Menschen – angesichts der Macht der Geister »da draußen« und der daraus resultierenden Gefahren – sich selbst die Aufgabe gestellt, uns durch die »endgültigen Inhalte« (Zock 1990) des Lebens zu führen. Religiöse Führer weisen uns in das Wesen Gottes ein und stellen für uns fest, welche Geistwesen oder anderen Geschöpfe im Kosmos existieren können. Die katholische Kirche des Mittelalters zum Beispiel unterdrückte in ihrem Eifer, eine bestimmte Art des Monotheismus einzuführen, der auf der Dreieinigkeit basierte, unbarmherzig den naturverehrenden Polytheismus eines großen Teils Europas.

Da bleibt, insbesondere in der jüdisch-christlichen Tradition, nur wenig Raum für eine Vielfalt kleiner, aber mächtiger, niedlicher Wesen, die eine seltsame Mischung von Trauma und Erhabenheit ohne offenkundigen Hinweis auf irgendeine etablierte religiöse Hierarchie oder Lehre vertreten. Es ist eine Sache zu erkennen, daß sich ein »Geist« im Universum befindet und »wir nicht allein sind«. Es ist etwas ganz anderes, daß dieser »Geist« sich in solch seltsamer und bedrohlicher Form zeigt, die zum Teil durch unsere eigene Vorstellung hervorgebracht wird. Dies würde im besten Fall als verwirrend und schwer einzuordnen erscheinen. Schlimmstenfalls müßten diese dunkeläugigen Wesen nach der polarisierenden Vorstellung des christlichen Dualismus die Spielgefährten des Teufels (vgl. Downing 1990) sein. Östliche religiöse Traditionen wie der tibetanische Buddhismus, die stets eine große Zahl von Geistwesen im Kosmos anerkannt haben, scheinen weniger Probleme damit zu haben, die Wirklichkeit des UFO-Entführungsphänomens zu akzeptieren, als die mehr dualistischen Monotheismen, die dem kräftigen Widerstand entgegensetzen.

Worum geht es hier?

Es läßt sich kaum ignorieren, daß sich das UFO-Entführungsphänomen im Zusammenhang mit einer planetarischen Krise größeren Ausmaßes ereignet. Menschliche Macht und Gier, die durch Technologien, welche die Umwelt verwüsten, unbesiegbar erscheinen, bringen die Biosysteme des Planeten an den Rand des Kollapses. Positive Anstrengungen, diesen Prozeß aufzuhalten, sind überall erkennbar, aber der alles zerstörende Trend hält an. Entführungen scheinen primär mit zwei erwähnten Projekten verbunden zu sein: das menschliche Bewußtsein zu ändern, um die Zerstörung des Lebens auf der Erde abzuwenden, sowie zwei Spezies zwecks Schaffung einer neuen Entwicklungsform zu vereinigen.

Veränderung des Bewußtsein hinsichtlich der Ökologie der Erde

Nichts hat mich bei meiner Arbeit an UFO-Entführungen mehr überrascht als die Entdeckung, daß das, was auf der Erde geschieht, im Kosmos nicht unbeachtet bleibt. Daß die Erde selbst und ihre potentielle Zerstörung eine Auswirkung über sich selbst oder ihre eigene Umwelt hinaus haben könnten, lag völlig außerhalb der Weltanschauung, mit der ich aufgewachsen war. Aber dieser Eindruck entstand durch die Informationen, die Entführte erhalten, daß die Erde einen Wert oder eine Wichtigkeit in einem größeren, in einer Wechselbeziehung stehenden kosmischen System hat, das die Wechselbeziehungen auf der Erde widerspiegelt. Das außerirdische Entführungsphänomen stellt daher eine Art korrigierender Initiative dar.

Anne, die Entführte, die ich bereits erwähnt habe und deren Fall nicht in diesem Buch enthalten ist, lernte aus ihren Erfahrungen, daß »sich das ganze Universum selbst berichtigt, denn wenn ein Teil des Universums eine Rückkopplungsmaschinerie sein kann, muß sich das Ganze selbst korrigieren«. Sie verglich das Universum mit einem Wandteppich. »Es ist alles verbunden. Wenn du einen Teil des Wandteppichs nimmst und ein Loch hineinmachst oder ihn zerreißt, zerstörst du auch die Teile daneben. Wenn du einen Faden herausziehst, stoßen die Fäden, die ihm am nächsten sind, aufeinander und verknäueln sich so, daß du es korrigieren mußt ... Wenn man in einem Teil des Universums etwas durcheinanderbringt, werden dadurch auch die nächstliegenden Teile angestoßen, und der Teil, der fähig ist, sich zu bewegen oder ausgleichend zu wirken, wird das auch tun.«

Praktisch jeder Entführte erhält Informationen über die Zerstörung des Ökosystems der Erde und fühlt sich gezwungen, etwas dagegen zu tun. Aber wie wir in den hier vorgestellten Fällen gesehen haben, wird das nicht nur verstandesmäßig – wie durch Lektüre – übermittelt. Entführte erfahren mächtige Visionen ausgedehnter Zerstörungen mit dem Zusammenbruch von Infrastrukturen der Regierung und der Wirtschaft und der totalen Verschmutzung und Verwüstung des Planeten. Dieses Wissen fühlen sie tief in ihrem Innern, und ich war sehr bewegt, wenn sie auf der Couch schluchzten und so intensive Herzschmerzen empfanden, daß sie kaum darüber sprechen konnten. Es ist die Art Wissen, das in Handlung übertragen werden muß. Der Autor und Futurologe Jean Huston merkte beim Kongreß des Weltparlaments der Religionen in Chicago 1993 an, daß alle Mythen mit einer Form des Verrats beginnen. Vielleicht läßt der menschliche Verrat an der Erde einen neuen Mythos der Beziehung zwischen den Spezies und der Schöpfung aufkommen.

Das »Programm« der Mischlingswesen

Die Pionierarbeit von Budd Hopkins und David Jacobs hat – was in meinen Fällen reichlich bekräftigt wird – gezeigt, daß das Entführungsphänomen auf eine zentrale Weise in ein Züchtungsprogramm eingebunden ist, das in die Erschaffung von außerirdisch-menschlichen Mischlingsnachkommen mündet. Wenn man die Erfahrungen verschiedener Entführter vergleicht, scheint es so zu sein, daß während der Entführungen unter Zwang Sperma von Männern und Eizellen von Frauen nicht nur entnommen, sondern anschließend auch zusammengebracht und verändert werden. Dieser Prozeß wird von Entführten und Untersuchenden als »genetisch« bezeichnet, aber wir haben kein wirkliches Indiz dafür. Die veränderte Eizelle wird während einer darauffolgenden Entführung in den Uterus zurückgepflanzt und nach ein paar Wochen Schwangerschaft dann möglichweise wieder entfernt. Danach werden die Mischlingsföten in Tanks oder Zylinder »inkubiert« – wie es aus Catherines Beschreibungen hervorgeht –, bis sie alt genug sind, um in einem bestimmten Raum in den Raumschiffen zu leben. Von Zeit zu Zeit werden die Mütter und Väter geholt, um die Mischlingsnachkommen zu sehen, und ermutigt, sie zu halten und zu liebkosen, was einen der beunruhigendsten Aspekte des ganzen Prozesses darstellt. Denn die Entführten fühlen sich bei der Aussicht, eine tiefe Bindung mit einem seltsamen Sprößling einzugehen, den sie nur selten und nach Belieben der außerirdischen Wesen sehen können, innerlich zerrissen.

Trotz ihrer Bedenken aufgrund der aufgezwungenen und traumatischen Natur dieses Prozesses gelangen praktisch alle Entführten, mit denen ich gearbeitet habe, dorthin, ihre Teilnahme an diesem Programm zu akzeptieren. Manchmal wird gesagt, daß dies eine Art gehorsamer »Identifikation mit dem Aggressor« darstelle. Ich glaube, das ist eine zu einfache Erklärung der Haltung der Entführten dem Prozeß der Rassenvermischung gegenüber. Sowohl Männer als auch Frauen kommen dahin, trotz ihres Ärgers zu fühlen, daß sie an einem Prozeß teilhaben – und sich sogar entschieden haben, daran teilzuhaben –, der Leben erzeugt und Leben gibt. Außerdem wurde die Hybridisierung den meisten Entführten gleichzeitig mit einer Erleuchtung offenbart, die ihnen von den Außerirdischen gewährt wurde und die ihnen schockhaft das Versagen des menschlichen Experiments in seiner gegenwärtigen Form nahebrachte. Entführungserfahrene kommen zu einem Punkt, an dem sie deutlich fühlen, daß der Tod der Menschen und zahlloser anderer Spezies in großem Maß auftreten wird, falls wir unseren gegenwärtigen Kurs beibehalten, und daß eine neue Lebensform entwickelt werden muß, wenn die menschliche biologische und geistige Substanz erhalten werden soll. Sie fragen generell nicht danach, warum die Aufrechterhaltung des menschlichen Lebens eine so seltsame Form haben muß.

Ich habe Entführte wiederholt gebeten, mir zu erklären, warum diese Mischlingswesen – wenn sie die Spezies darstellen, die unseren Planeten nach dem prophezeiten Umweltholocaust wiederbevölkern wird – in den Raumschiffen als so gleichgültig und schwach erscheinen, kaum in der Lage, die menschliche oder irgendeine andere Rasse fortzuführen. Nur Peter hatte eine Antwort darauf, indem er sagte, daß ihm die Hybriden nicht als gleichgültig erschienen, sondern eine eigene Vitalität besäßen. Jerry hat in einer kürzlichen Entführung recht schöne, engelähnliche junge erwachsene Hybriden mit porzellanartiger Haut gesehen, deren Aufgabe darin bestand, ihr auf einem Bildschirm die unvermeidliche Zukunft der Erde zu zeigen, falls der gegenwärtige Kurs nicht geändert werden würde. Für mich bildet die zukünftige Rolle, auf welche die Hybrid-Nachkommen vorbereitet werden, einen der verwirrendsten Aspekte des gesamten Entführungsphänomens.

Jene Forscher, die das UFO-Entführungsphänomen von einer ablehnenden Perspektive aus wahrnehmen, neigen dazu, seine Bedeutung einseitig zu interpretieren. Die Außerirdischen benutzten uns, so lautet die Auffassung, für ihre eigenen Zwecke, um ihre genetischen Vorräte nach einer Art Holocaust auf ihrem eigenen

Planeten auf unsere Kosten aufzustocken. Und wenn sie uns das Gefühl geben, daß dieser gesamte Prozeß wertvoll ist, sei das lediglich die Folge einer Täuschung. Ich würde nicht sagen, daß die Außerirdischen niemals auf Täuschungen zurückgreifen, um ihre Ziele zu verschleiern, aber das oben genannte Argument ist in meiner Sicht eine zu enge oder lineare Auslegung.

Mein eigener Eindruck ist, daß wir Zeugen von etwas weitaus Komplexerem sind, nämlich eines unangenehmen Zusammenfügens zweier Spezies, das von einer Intelligenz bewirkt wird, die wir nicht ergründen können, und das für beide Seiten sowohl nützlich als auch mit Schwierigkeiten verbunden ist. Ich begründe diese Ansicht mit den Aussagen, die die Entführten selbst gemacht haben.

Als erstes werden sich im Zuge unserer Arbeit viele Entführte – zum Beispiel Scott und Peter – darüber bewußt, daß die außerirdisch-menschliche Vereinigung den wechselseitigen Bedürfnissen beider Spezies dient, indem sie bei beiden Identitätsaspekte vervollständigt, die fehlen oder im Laufe der Entwicklung verlorengegangen waren. Grob gesagt, sind die Körper der Außerirdischen weniger dicht und sie selbst der kreativen Kraft im Universum näher, von der die menschlichen Wesen abgeschnitten worden sind. Durch ihre Wechselwirkung mit den Entführten bringen sie diese – und möglicherweise uns alle – unseren spirituellen kosmischen Wurzeln näher, bringen uns zu dem himmlischen Licht oder der »Heimat« zurück, zu einem »Ort« (oder einem tatsächlichen Wesenszustand), an dem Geheimnisse, Neid, Gier und Zerstörungswut keinen Platz haben. Auf der anderen Seite sehnen sich die Außerirdischen danach, die starke Emotionalität zu erfahren, die mit unserer vollständigen Verkörperung einhergeht. Sie sind fasziniert von unserer Sinnlichkeit, unserer Wärme, unserer Erotik und der tiefen elterlichen Zuneigung, und sie scheinen auf offenherzige Liebe zu reagieren. Sie handeln manchmal wie liebeshungrige Kinder. Sie erfreuen sich daran, Menschen bei allen Arten von Liebeshandlungen zuzuschauen, die sie möglicherweise sogar selbst inszenieren, um dann dabeizustehen, zuzusehen und sich zu unterhalten, während die Entführten diese Handlungen ausführen.

Als zweites entwickelt sich die Beziehung zwischen Menschen und Außerirdischen zu einem mächtigen Bund. Trotz ihres Grolls und ihrer Terrorisierung können die Entführten den außerirdischen

Wesen gegenüber tiefe Liebe verspüren – vor allem zu der Führungsfigur –, die ihrer Erfahrung nach erwidert wird, trotz der kalten und geschäftsmäßigen Art, in der die Entführungen selbst durchgeführt werden. Die Außerirdischen können dadurch als echte Familie wahrgenommen werden, welche die Erlebenden vor Verwüstung, Krankheit und Verlust beschützt hat. Der Anführer kann als eine vertraute, liebende und weise Figur angesehen werden, die den Erlebenden seit der Kindheit bekannt ist, und ihm kann schließlich auch vergeben werden, daß sich die anfängliche Verspieltheit zu einer ernsteren oder grimmigeren Absicht verändert, die in den Entführungen auftritt, sobald die Pubertät erreicht ist und der Prozeß beginnt, durch den die Hybrid-Wesen dann erzeugt werden.

Anne beschreibt einen amüsanten Vorfall, der sich am Ende einer ihrer Entführungen ereignet hat und bei dem ein außerirdisches Wesen ungewollt seine Zuneigung zu ihr zu verraten schien. Sie war zu ihrem Bett nach Hause zurückgebracht worden und schlief wahrscheinlich. Aber als sie erwachte, sah sie eines der Wesen, wie es »mich mit einem liebevollen Blick ansah ... wie es einfach in mein Gesicht und auf meine Gesichtszüge blickte ... wie es in meine Augen blickte und sie mit soviel Gefühl, mit solcher Liebe ansah ... Als er bemerkte, daß ich wach war«, sagte sie, »drehte er durch ... Seine Augen zerknitterten, sie wurden schmaler. Ich glaube, sein Mund öffnete sich, blieb aber stumm; er machte eigentlich keinen Lärm, als er schrie.« Sie sah in seinem Gesicht »eine Andeutung von feiner, langer Knochenstruktur«. Als sie in seine Augen sah, war da ein Ausdruck wie: »O mein Gott, du bist wach, und ich sitze tief in der Scheiße!« Und »dann ging er – wusch! – durch das Fenster ... horizontal schwebend und der Länge nach ... Ich glaube, er war so etwas wie ein Arzt in der Ausbildung ... es war ihm nicht erlaubt, persönliche Gefühle zu zeigen ... ein Außerirdischer bekommt sicherlich Ärger, wenn er jemanden aufweckt, denn sie wollen nicht, daß wir wissen, daß sie hier sind.«

Die Verbindung, die menschliche Wesen erfahren, wenn sie in die Augen von Außerirdischen schauen, scheint ein zentrales Merkmal der Anerkennung der Existenz dieser Wesen und des Aufbaus der Verbindung zu ihnen zu sein. Entführte haben mir wiederholt ein liebendes, vollkommen versenkendes Gefühl beschrieben, das sie empfinden, wenn sie in diese großen, schwarzen, allwissenden Augen schauen. Dieser Kontakt ist »fünfzigmal mächtiger« als irgendeine Verbindung von Menschen untereinander, hat einmal eine Frau zu mir gesagt. Für Peter und andere Männer dient der Blickkontakt dazu, eine verlorene »Bruderschaft« wiederherzustellen, die unterbrochen wurde, als wir beide – Menschen und Außerirdische – von einer gemeinsamen, ursprünglichen Quelle getrennt wurden. Das Erlebnis ist eine tiefe, vollkommene und sogar glückselige Verschmelzung. Einige Entführte haben eine tatsächliche sexuelle Verbindung oder Partnerschaft zwischen Außerirdischen und Menschen erlebt – zum Beispiel Joe in seiner außerirdischen Identität und Peter als Mensch – und sich auf mächtige Art und Weise mit einem außerirdischen Partner verbunden, um mit ihm hybride Nachkommen zu zeugen.

Es muß betont werden, daß wir nicht wissen, ob irgendwelche der oben genannten Phänomene wirklich auf einer rein materiellen Ebene der Realität existieren, trotz der scheinbar physischen Manifestationen, wie wahrgenommene Schwangerschaften und hybride Babys. Die Außerirdischen betonen den entwicklungsmäßigen Aspekt des artenverbindenden Prozesses, der die Wiederbevölkerung der Erde nach einem vollkommenen Zusammenbruch der Umwelt zum Ziel hat. Aber all das kann in einer geheimnisvollen Weise eine Art Bewußtseinsspiel sein, in einer Weise körperlich, gleichzeitig jedoch von unseren physischen Körpern getrennt. Es könnte alles »erzieherisch« sein, eine Art geheimnisvolles Drama, das von einer transzendenten Intelligenz aufgeführt wird, um unser Wesen auf ein höheres Niveau zu heben. Oder die Fusion von außerirdischen und menschlichen Gattungen könnte tatsächlich real sein – das wirklich unangenehme Ergebnis der ungeheuren Schwierigkeit, eine dicht verkörperte Rasse wie die unsere mit fast vergeistigten Wesen wie den Außerirdischen zusammenzubringen.

Eine weitere Intelligenz in Aktion – Warum scheint das so bedeutsam zu sein?

Am Ende einer ihrer Rückführungen sagte Anne: »Etwas ist an uns interessiert, über das wir aber nichts wissen wollen. Das ist es, was geschieht. Es ist nicht nur ein schöner, kleiner Traum, bei dem du dich fühlen kannst, als wärest du wichtig. Das ist eine wirkliche

Verantwortung, und Dinge, von denen du nicht willst, daß sie passieren, werden trotzdem geschehen.« Dennoch ist es in unserer Kultur schwer – zumindest für diejenigen, die für uns festlegen, was wir als real anzuerkennen haben –, die tatsächliche Existenz dieser anderen Intelligenz, dieses »Etwas«, das »an uns interessiert ist«, zu akzeptieren. Warum muß das so sein, wo doch jede Kultur seit Anbeginn der Geschichte und in nahezu der gesamtem Welt, sogar heute noch, die Existenz von anderen Intelligenzen im Universum anerkannt hat?

Ich habe bereits einige der Gründe erörtert, warum die Realität des Entführungsphänomens für unsere Kultur so schwer zu akzeptieren ist – man denke beispielsweise an die materiellen und philosophischen althergebrachten Interessen, die mit dem westlichen Weltbild zusammenhängen. Aber ich glaube, daß es in unserer Kultur einen Kernglauben gibt, der durch das Entführungsphänomen verletzt wird. Dabei handelt es sich um die totale Trennung der physischen Welt und der Geistwelt. Wir haben diesen Abgrund ausgehoben, indem wir der Religion die spirituelle (subjektive) Welt und der Wissenschaft die materielle (objektive) Domäne zugeteilt haben. Wir wissen einfach nicht, was wir mit einem Phänomen anfangen sollen, das diese heilige Barriere überschreitet. Es erschüttert die Fundamente unserer Glaubensstruktur. Unser Verstand findet keinen Platz, dem er so etwas zuordnen könnte.

Der Dalai Lama hat einmal darauf hingewiesen, daß die Verwüstung der Ökologie dieser Erde nicht nur den Wohnraum von Pflanzen und Tieren zerstört, sondern auch die Bereiche, in denen die Geister wohnen. Vielleicht hatten sie dadurch keine andere Wahl, als sich in unserer Welt zu zeigen und uns in der einzigen »Sprache« zu erscheinen, die uns geblieben ist – der Sprache der physischen Welt. Im Zusammenhang mit der Krise des Planeten hatten sie keine andere Wahl, als einen Weg zu suchen, wie schwer er auch sein mochte, um zu uns zu kommen. Vielleicht ist unser Bewußtsein so verkümmert, daß wir einfach unfähig sind, von uns aus der Geisterwelt gegenüber offen zu sein. Kann es sein, daß es uns aufgrund des Bruchs unserer sorgfältig aufgebauten psychologischen Grenzen, des dramatischen Wiederöffnens zu einer Welt hin, von der wir uns distanziert haben, und dieser schockierenden Wiederbelebung der Gefühle, mit denen wir die Geisterwelt kennenlernen, so schwerfällt, an das Entführungsphänomen zu glauben? Vielleicht haben wir selbst die spirituellen Umstände geschaffen, die das notwendig gemacht haben.

Weitere Folgerungen für das menschliche Bewußtsein

Mit der Öffnung des Bewußtseins zu neuen Sphären des Seins begegnen Entführte Mustern und einer Gestaltung des Lebens, die ihnen ein tiefes Gefühl der Verbundenheit im Universum vermittelt. Für Dave zeigte sich das in Form von bedeutungsvollen Übereinstimmungen – ähnlich dem, was Jung Synchronizität nennt –, die er überall entdeckte, wohin er auch ging – inbesondere nachdem er gelernt hatte, mit seinen Entführungserlebnissen zurechtzukommen. Gedanken und Ideen können während einer Entführung organischer mit der physischen Welt verbunden erscheinen, als es normalerweise im täglichen Leben der Fall zu sein scheint. Metaphern werden greifbar und dinglich. Peters »vierter Schritt« durch die Wand eines Hauses in Nantucket während seiner Entführung im August 1992 war sowohl eine tatsächliche physische Handlung als auch ein Symbol in Bezug auf seine Entscheidung, seinen Aufstieg von einer Ebene der Realität zu einer anderen zu akzeptieren. Für Arthur wurde der erleuchtete Faden oder das erleuchtete Seil, das wahrscheinlich die Energiequelle war, die ihn im Alter von neun Jahren zum Raumschiff getragen hat, zu einem recht konkreten Symbol für die Verbindungen, die ihn während seines Lebens mit anderen vereinten.

Ein einundvierzig Jahre alter Geschäftsführer eines Unternehmens für Gesundheitspflege erzählte mir von großen Röhren, durch die er bei einer seiner Entführungen hindurchgegangen war, hinein »in die nächste Ebene, wo dieses Licht war ... Es war wie eine Geburt, denn es befand sich eine Flüssigkeit« in den Röhren. Durch diese Röhren zu gehen, war sowohl ein buchstäblicher Akt als auch im metaphorischen Sinn eine »Wiedergeburt« – ein Durchgang »durch den Schleier hinüber auf die andere Seite«. Catherine sprach im Zusammenhang mit einer Entführung, die sich nach denjenigen ereignet hat, die ich in meinem Kapitel über sie beschrieben habe, von einer Röhre oder einem Tunnel, durch den sie und andere von einer geistigen Ebene außerhalb von Raum und Zeit zurück in den verkörperten physischen Zustand auf der Erde wechselten.

Entführungserlebnisse öffnen das Bewußtsein von Entführten auch in Hinsicht auf die Zyklen von Geburt und Tod, die an die tibetanischen Übergangsrealitäten oder das Bardos (vgl. Sogyal Rinpoche 1992) erinnern. Das wird durch die Erlebnisse von früheren Leben äußerst deutlich illustriert, die mehr und mehr in unseren Sitzungen aufgetaucht sind, weil ich den Wunsch bekam, ihnen zuzuhören. Diese Berichte deuten an, daß das individuelle Bewußtsein unabhängig vom Körper seine eigene Entwicklung haben kann. In unseren Sitzungen erzählten Entführte wie Dave, Joe, Catherine und Eva mit viel Gefühl von Perioden der Verkörperung, die von Toden gefolgt waren, die sie recht klar wiedererlebten. Sie sprachen von einer Rückkehr zu einer – oder einer Auflösung in eine – Art hauptsächliches oder universelles kreatives Bewußtsein oder eine Quelle und berichteten dann von einer späteren Wiedergeburt durch die Gebärmutter einer Frau in einer neuen irdischen Verkörperung.

Der Übergang beim körperlichen Tod scheint, wie Joe es wiedergibt, das Gefühl zu beinhalten, buchstäblich leichter und dünner zu sein. »Es ist gut, wieder zurück zu sein«, sagte er. »Dies ist viel realer.« Eva berichtete von »Aufstieg, Erweiterung und Freude«. Sie ging »in ein weißes, goldenes Licht hinein« und sah eine Taube, die aus einem Käfig freigelassen wurde. »Das ist meine Seele«, sagte sie. In bestimmten Fällen scheinen die außerirdischen Wesen, die scheinbar in dieser fließenden Dimension wohnen oder dort hingehören – obwohl sie sich zeitweise bis zu einem gewissen Grad auf der Erde verkörpern –, länger als nur für diese eine Lebenszeit mit den Entführten zusammengewesen zu sein. Wie ich in den Fällen von Dave und Joe verhältnismäßig detailliert berichtet habe, ist es möglich, eine Entwicklung oder Evolution des Bewußtseins über einen längeren Zeitraum hinweg zu verfolgen, wenn man die verschiedenen Leben betrachtet, die sie im Laufe der Zeit durchlebt haben.

Dabei ist es nicht nötig, als gegeben vorauszusetzen, daß eine Identität aus einem früheren Leben in derselben Art und Weise zu dem einzelnen Entführten gehört, wie unsere Körper nur uns gehören, während wir in ihnen wohnen. Wie der Biologe Rupert Sheldrake angemerkt hat, ist es durchaus möglich, daß es eine Art ewiges gemeinsames Gedächtnis gibt, auf das wir alle zurückgreifen können. Jemand könnte, so deutet er an, »sich in bestimmte

Personen der Vergangenheit hineinversetzen, die jetzt tot sind, und durch die morphogenetischen Felder Erinnerungen von vergangenen Leben in sich aufnehmen.« Das beweise jedoch nicht, »daß man die Person war«. Diese Idee stimmt mit der Beobachtung überein, daß die Psyche oder Erinnerung der Entführten scheinbar dazu fähig ist umherzureisen – vor allem während der Öffnung des Bewußtseins, die während unserer Sitzungen auftritt –, wohin die evolutionäre Bedingung des Momentes sie auch immer, örtlich oder zeitlich, bringen mag.

Der Paradigmenwechsel

Es muß nicht betont werden, daß in der modernen Weltanschauung, die uns von der westlichen Wissenschaft gebracht worden ist, nichts von alledem sehr viel Sinn ergibt. Deren »vorherrschende Meinung« besteht darin, daß – mit den Worten des Philosophen Richard Tarnas gesagt – »jede Bedeutung, die die menschliche Seele im Universum wahrnimmt, eigentlich nicht wirklich im Universum existiert, sondern von der menschlichen Seele dort hineinprojiziert worden ist«. Für Tarnas stellt »diese vollkommene Entleerung des Universums, diese absolute Privilegierung des Menschen« die vielleicht »ultimative anthropozentrische Projektion, die subtilste und doch gewaltigste Form der menschlichen Selbsterhöhung« dar und repräsentiert eine intellektuelle »Hybris von kosmischen Ausmaßen«.

Die Erlebnisse, die von den Entführten wiedergegeben wurden, mit denen ich in den vergangenen vier Jahren gearbeitet habe, bieten meiner Meinung nach eine Fülle von Beweismaterial, das dafür spricht, daß der Kosmos bei weitem nicht leer von Bedeutung und Intelligenz ist. Statt dessen ist er, um Tarnas abermals zu zitieren, »von einer Art allumfassender Intelligenz durchdrungen«, einer Intelligenz »von nur mit Mühe erfaßbarer Macht, Komplexität und ästhetischer Feinheit, mit der die menschliche Intelligenz jedoch verwandt ist und an der sie teilhaben kann«. Ich werde dabei vor allem an Carlos erinnert. Andere Phänomene – einschließlich der gründlich dokumentierten Erfahrungen bei Todesnähe und der außerordentlich komplizierten und symbolhaften Kornkreise, die auf der ganzen Welt erscheinen – bieten weitere Hinweise. Wir müssen uns nur selbst erlauben, deren tieferen Sinn zu erkennen, nämlich daß sie unterschiedliche Ausdrucksformen von Intelligenz in einem Universum sind, das sich uns zuwendet.

Wenn ich jetzt zum Ende komme, muß ich mich fragen, wie die Bewußtseinsveränderung, die Veränderung unseres Paradigmas, herbeizuführen ist, die uns durch die Erlebnisse der Entführten nahegelegt wird. Es scheint so, als ob das, was dazu benötigt wird, eine Art Tod des kulturellen Egos wäre, noch zerrüttender – ein Wort, das viele Entführte benutzen, wenn sie die Tatsächlichkeit ihrer Erlebnisse erkennen – als die Revolution durch Kopernikus, die zeigte, daß sich die Erde und damit auch die Menschheit nicht im Zentrum des Universums befanden. UFO-Entführungen und verwandte Phänomene sagen zunächst einmal aus, daß Menschen nicht die herausragenden intelligenten Wesen in einem Kosmos sind, der mehr oder weniger frei von bewußtem Leben ist. Und die Erlebnisse von Entführten zeigen darüber hinaus, daß wir an einem Kosmos teilhaben, der intelligente Wesen beinhaltet, die in bestimmter Hinsicht wesentlich weiter entwickelt als wir und imstande sind, uns in einen hilflosen Zustand zu versetzen – und das aus Gründen, die wir gerade erst zu erforschen begonnen haben.

Die Entführten kommen mir wie Pioniere auf einer heldenhaften Reise vor. Denn während sie ihren Ego-zerstörenden Terror erleben und uns erlauben, etwas über ihre Erlebnisse zu erfahren, öffnet sich ihr Bewußtsein für unbekannte Dimensionen des Universums und der menschlichen Psyche, die mehr und mehr miteinander verflochten zu sein scheinen. Meine eigene Arbeit mit den Betroffenen hat sie vielleicht dazu befähigt, ihre Erlebnisse anzuerkennen und die Wichtigkeit der Gaben zu verstehen, die sie anzubieten haben.

Ich werde oft gefragt, warum – falls UFOs und Entführungen real sind – die Raumschiffe nicht in offensichtlicherer Form erscheinen. »Warum landen sie nicht auf dem Rasen des Weißen Hauses?« ist die vorherrschende, abgedrosche Redensart. Die am weitesten verbreitete Antwort auf diese Frage, gegeben von Menschen, die das Phänomen ernst nehmen, lautet, daß die Außerirdischen sich nicht trauen, sich direkter zu zeigen. Regierungsoberhäupter würden in Panik ausbrechen, sie möglicherweise angreifen und sicherlich nicht wissen, wie sie verhindern sollten, daß sie alle anderen erschrecken.

Ich glaube, daß es noch eine bessere Antwort gibt, die mehr mit den Informationen übereinstimmt, die in diesem Buch enthalten sind. Die Intelligenz, die hier zu arbeiten scheint, geht einfach anders vor. Sie ist subtiler, und ihre Methode besteht darin, uns einzuladen, uns zu erinnern, unsere Kultur von unten nach oben sowie von oben nach unten zu durchströmen und unser Bewußtsein in einer Weise zu öffnen, die eine Schlußfolgerung vermeidet, damit es sich von den Einschränkungen befreien kann, die wir üblicherweise brauchen. Die Intelligenz bietet genügend Beweise an, daß etwas grundlegend Wichtiges im Gange ist, aber sie bietet nicht die Art von Beweis, die eine ausschließlich auf Erfahrung begründete, rationale Art des Wissens befriedigen würde. Sie überläßt es uns, die Realität des Phänomens zu erfassen, einen Schritt dorthin zu tun und zu würdigen, daß wir in einem Universum leben, das anders als das ist, an das zu glauben man uns gelehrt hat.

Es gibt unter Erforschern des Entführungsphänomens ausführliche Debatten darüber, ob die beobachtete Intelligenz in Anbetracht der rauhen und oft terrorisierenden Methoden der Außerirdischen böse sein könnte oder uns Schaden zufügen möchte. Wenn man dieser Frage nachgeht, betritt man offensichtlich Bereiche der Interpretation, die über die zur Verfügung stehenden Beweise hinausgehen. Wir haben nur ein skizzenhaftes Wissen darüber, was es zum Beispiel mit dem Hybrid-»Programm«, das scheinbar das Zentrum der Entführungsphänomene bildet, wirklich auf sich hat. Dennoch ist mein Gesamteindruck der, daß der Entführungsprozeß nicht böse ist und daß die arbeitenden Intelligenzen uns keinen Schaden zufügen wollen. Ich habe vielmehr das Gefühl – ich möchte sagen, den Glauben –, daß es bei dem Entführungsphänomen im Kern um die Erhaltung des Lebens auf der Erde geht, in einer Zeit, in der das Leben auf unserem Planeten grundlegend bedroht ist.

UFO-Entführungen haben, so glaube ich, etwas mit der Evolution des Bewußtseins zu tun. Sie scheinen einen epochalen Wechsel anzukündigen, ein Hineintauchen in einen Kosmos, den wir in einer weniger zerstörerischen Weise bewohnen könnten. Das Phänomen öffnet das Bewußtsein der Entführten – und dadurch möglicherweise die Einstellung von uns allen – für ausgedehnte und geheimnisvolle Bereiche des Lebens, an dem wir uns fruchtbarer und freudiger beteiligen könnten. Einige vermuten, daß die außerirdischen Wesen Zeitreisen beherrschten und aus der Zukunft zu uns gekommen seien. Manchmal teilen uns die Wesen sogar mit, daß dies der Fall sein könnte. Wir wissen es nicht. Es scheint aber klar zu sein, daß es bei dem Entführungsphänomen um unsere allernächste Zukunft geht. Es bietet uns – durchaus im wörtlichen Sinne – Visionen über alternative Formen der Zukunft an, aber es überläßt uns die Wahl.

Literaturnachweis

Barron, J. 1991. Mysterious Fireballs Across the Sky Leaves a Trail of Questions. In: New York Times, 7.3.1991: A20

Basterfield, K. Im Druck. Abductions and Paranormal Phenomena. In: Proceedings of the 1992 Abduction Study Conference at MIT

Basterfield, K. / Bartholomew, R.E. 1988. Abductions: The Fantasy-Prone Hypothesis. In: Internatinal UFO Reporter 13(3): S. 9-11

Bloecher, T. / Clamar, A. / Hopkins, B. 1985. Summary Report on the Psychological Testing of Nine Individuals Reporting UFO Abduction Experiences. In: Final Report on the Psychological Testing of UFO »Abductees«. Mt. Rainier, Maryland: Fund for UFO Research

Bullard, T.E. 1987. UFO Abductions: The Measure of a Mystery. 2 Bde. Mt. Rainier, Maryland: Fund for UFO Research

Carpenter, J. 1993. Multiple Participant Abductions. Vortrag anläßlich der »Seattle UFO Research Conference« am 17./18.7.1993

Chandler, D. 1991. Stargazers Thrill to See Meteor Dart Across Sky. In: Boston Globe, 7.3.1991

Chiang, H. 1993. UFO Sightings and Research in Modern China. In: MUFON 1993 International UFO Symposium Proceedings. Hrsg. v. W. Andrus jr. und I. Scott, S. 41-58. Seguin, Texas: Mutual UFO Network

Clark, J. 1990. UFOs in the 1980s. Detroit, Michigan: Apogee Books

Clark, J. 1991. Airships: Teile I, II. In: International UFO Reporter 16(1): S. 4-23; 16(2): S. 20-21, 23, 24

Clark, J. / Coleman, L. 1975. The Unidentified: Notes Toward Solving the UFO Mystery. New York: Warner Books

Crawford, F. 1993. Controversial Correlations and the Question of Consciousness. Vortrag auf der »Ozark UFO Conference«, Eureka

Springs, Arkansas, 2.-4.4.1993
Dalai Lama. 1992. Gespräche auf dem »Dharamsala-Treffen«, 15.-17.4.1992, in Dharamsala, Indien
Dean, G. Im Druck. Comparisons of Abduction Accounts with Ritual Maltreatment. In: Proceedings of the 1992 Abduction Study Conference at MIT.
Downing, B.H., Ph.D. 1990. E.T. Contact: The Religious Dimension. In: MUFON 1990 International UFO Symposium Proceedings. Hrsg. v. W. Andrus jr., S. 45-60. Seguin, Texas: Mutual UFO Network
Druffel, A. 1991. »Missing Fetus« Case Solved. In: MUFON UFO Journal 283: S. 8-12
Druffel, A. Im Druck. Resistance Techniques Against UFO Abduction. In: Proceedings of the 1992 Abduction Study Conference at MIT.
Druffel, A. / Rogo, D.S. 1980. The Tujunga Canyon Contacts. Englewood Cliffs, New Jersey: Prentice Hall
Eliade, M. 1957. Myths, Dreams and Mysteries. New York: Harper and Row
Eliade, M. 1965. Mephistopheles and the Androgyne. New York: Sheed and Ward
Erikson, E.H. 1969. Gandhi's Truth. New York: W.W. Norton and Company
Everett, M. / Mack, J.E. / Oresick, R. 1993. Toward Greening in the Executive Suite. In: Environmental Strategies for Industry: International Perspectives on Research Needs and Policy. Hrsg. v. K. Fischer und J. Schot. S. 63-78. Washington, D.C.: Island Press
Fowler, R.E. 1993. The Allagash Abductions: Undeniable Evidence of Alien Intervention. Tigard, Oregon: Wildflower Press
Fowler, R.E. 1979. The Andreasson Affair. Englewood Cliffs, New Jersey: Prentice Hall
Frankel, F.E. 1993. Adult Reconstruction of Childhood Events in the Multiple Personality Literature. In: American Journal of Psychiatry 15(6): S. 954-958
Fuller, J.G. 1966. The Interrupted Journey. New York: Dial Press
Ganaway, G.K. 1989. Historical Versus Narrative Truth: Clarifying the Role of Exogenous Trauma in the Etiology of MPD and Its Variants. In: Dissociation II(4): S. 205-220

Goodenough, W.H. 1986. Sky World and This World: The Place of Kachaw in Micronesian Cosmology. In: American Anthropologist 88(3): S. 551-568
Grof, S. 1985. Beyond the Brain: Birth, Death, and Transcendence in Psychotherapy. Albany: State University of New York Press
Grof, S. 1988. Adventures in Self-Discovery. Albany: State University of New York Press
Grof, S. 1992. The Holotropic Mind: The Three Levels of Human Consciousness and How They Shape Our Lives. San Francisco: HarperCollins
Haisell, D. 1978. The Missing Seven Hours. Markham, Ontario: PaperJacks
Herman, J. 1992. Trauma and Recovery. New York: Basic Books
Hind, C. 1993. Abductions in Africa: Worldwide Similarities. In: MUFON 1993 International UFO Symposium Proceedings. Hrsg. v. W. Andrus jr. und I. Scott, S. 16-25. Seguin, Texas: Mutual UFO Network
Hopkins, B. 1981. Missing Time: A Documented Study of UFO Abductions. New York: Richard Marek Publishers
Hopkins, B. 1987. Intruders: The Incredible Visitations at Copley Woods. New York: Random House
Hopkins, B. 1990. A Special Report for Members of IF: The Ongoing Problem of Deception in UFO Abduction Cases. New York: Intruders Foundation
Hopkins, B. 1992. The Linda Cortile Abduction Case. Teile I, II. In: MUFON UFO Journal 293 (September): S. 12-16; 296 (Dezember): S. 5-9
Hopkins, B. Im Druck. A Doubly Witnessed Abduction. In: Proceedings of the 1992 Abduction Study Conference at MIT
Hopkins, B. / Jacobs, D. / Westrum, R. 1991. Unusual Personal Experiences: An Analysis of the Data from Three National Surveys. Las Vegas, Nevada: Bigelow Holding Corporation
Howe, L.M. 1989. An Alien Harvest: Further Evidence Linking Animal Mutilations and Human Abductions to Alien Life Forms. Littleton, Colorado: Linda Moulton Howe Productions
Jacobs, D. 1992. Secret Life: Firsthand Accounts of UFO Abductions. New York: Simon and Schuster
Jacobson, E. Im Druck. Dissociative Phenomena as a Context for Research and Psychotherapy of Abduction Experiences. In: Pro-

ceedings of the 1992 Abduction Study Conference at MIT
Kuhn, T. 1962. The Structure of Scientific Revolutions. 2. Auflage. Chicago: University of Chicago Press
Laibow, R.L. 1989. Dual Victims: The Abused and the Abducted. In: International UFO Reporter 14(3): S. 4-9
Lorenzen, C. / Lorenzen, J. 1976. Encounters with UFO Occupants. New York: Berkley Medallion Books
Lorenzen, C. / Lorenzen, J. 1977. Abducted!: Confrontations with Beings from Outer Space. New York: Berkley Medallion Books
Mack, J.E. 1992. Helping Abductees. In: International UFO Reporter 17(4): S. 10-15, 20
Mack, J.E. 1992. The Politics of Ontology. In: Center Review, Bd. 6, Nr. 2. Eine Publikation des »Center for Psychology and Social Change«
Mack, J.E. 1993. Nonordinary States of Consciousness and the Accessing of Feelings. In: Human Feelings: Explorations in Affect Development and Meaning. Hrsg. v. Ablon, S.L. / Brown, D. / Khantzian, E.J. / Mack, J.E. S. 357-371. Hillsdale, New Jersey: The Analytic Press
Mack, J.E. Im Druck. Why the Abduction Phenomenon Cannot be Explained Psychiatrically. In: Proceedings of the 1992 Abduction Study Conference at MIT
Martin, J.J. 1993. The Astounding UFO Experience in Puerto Rico. Vortrag anläßlich des »MUFON 1993 International UFO Symposium« vom 2.-4.7. 1993 in Richmond, Virginia
McKenna, T. 1991. The Archaic Revival. San Francisco: HarperCollins
Meadows, D.H. / Meadows, D.L. / Randers, J. 1992. Beyond the Limits: Confronting Global Collapse, Envisioning a Sustainable Future. Post Mills, Vermont: Chelsea Green Publishing Company
Miller, J. Im Druck. Medical Procedural Differences: Alien vs. Human. In: Proceedings of the 1992 Abduction Study Conference at MIT
Miller, J. / Neal, R. Im Druck. Lack of Proof for Missing Fetus Syndrome. In: Proceedings of the 1992 Abduction Study Conference at MIT
Moura, G. Im Druck. The Abduction Phenomenon in Brazil. In: Proceedings of the 1992 Abduction Study Conference at MIT

Neal, R. 1992. Medical Explanations, Not »Alien«. Teil II. UFO 7(1): S. 16-20
Noyes, R. 1990. »Abduction, the Terror that Comes.« In: The UFO Report. Hrsg. v. Good, T., S. 80-101. London: Sidgwick and Jackson
Parnell, J.O. 1986. Personality Characteristics on the MMPI, 16PF and ACL of Persons Who Claim UFO Experiences. Ph.D.-Dissertation, University of Wyoming, University Microfilms International, order no. DA 8623104
Parnell, J.O. / Sprinkle, R.L. 1990. Personality Characteristics of Persons Who Claim UFO Experiences. In: Journal of UFO Studies 2: S. 45-58
Pazzaglini, M. 1992. Vortrag anläßlich des »Dharamsala-Treffens« vom 15.-17.4.1992 in Dharamsala, Indien
Pritchard, D.E. 1992. Physical Analysis of Purported Alien Artifacts. In: Experienced Anomalous Trauma: Physical, Psychological and Cultural Dimension. Hrsg. v. Laibow, R.L. / Sollad, B.N. und Wilson, J.P. New York: Brunner/Mazel
Ring, K. 1992. The Omega Project: Near Death Experiences, UFO Encounters, and Mind at Large. New York: William Morrow and Company
Ring, K. / Rosing, C.J. 1990. The Omega Project: A Psychological Survey of Persons Reporting Abductions and Other UFO Encounters. In: Journal of UFO Studies 2: S. 59-98
Rodeghier, M. / Goodpaster, J. / Blatterbauer, S. 1991. Psychosocial Characteristics of Abductees: Results from the CUFOS Abduction Project. In: Journal of UFO Studies 3: S. 59-90
Rogo, D.S., Hrsg. 1980. UFO Abductions: True Cases of Alien Kidnappings. New York: Signet
Rojcewicz, P. 1991. Fairies, UFOs and Problems of Knowledge. In: The Good People: New Fairylore Essays. Hrsg. v. Navaez, P. S. 479-514. New York: Garland Publishing
Rojcewicz, P. 1992. Vortrag anläßlich des »Dharamsala-Treffens« vom 15.-17.4.1992 in Dharamsala, Indien
Sheldrake, R. 1992. Morphic Resonance and Collective Memory. Vortrag anläßlich der »International Transpersonal Association Conference«, Prag, im Juni
Slater, E. 1985. Conclusions on Nine Psychologicals. In: Final Report on the Psychological Testing of UFO »Abductees«. Mt.

Rainier, Maryland: Fund for UFO Research
Sogyal Rinpoche. 1992. The Tibetan Book of Living and Dying. San Francisco: HarperCollins
Spanos, N.P. / Cross, P.A. / Dickson, K. und DuBreuil, S.C. 1993. Close Encounters: An Examination of UFO Experiences. In: Journal of Abnormal Psychology 102(4): S.624-632
Spiegel, D. / Cardena, E. 1991. Disintegrated Experience: The Dissociative Disorders Revisited. In: Journal of Abnormal Psychology 100(3): S. 366-378
Stone-Carmen, J. In Druck. A Descriptive Study of People Reporting Abduction by Unidentified Flying Objects (UFOs). In: Proceedings of the 1992 Abduction Study Conference at MIT
Story, R.D., Hrsg. 1980. Encyclopedia of UFOs. Garden City, New York: Doubleday Books
Tarnas, R. Cosmos and Psyche: Intimations of a New World View. (Publikation bei Random House in Vorbereitung)
Tormé, T. 1993. Fire in the Sky. Paramount Pictures
Toulmin, S.E. 1990. Cosmopolis: The Hidden Agenda of Modernity. Chicago: University of Chicago Press
Vallee, J. 1969. Passport to Magonia. Chicago: Henry Regnery Company
Vallee, J. 1988. Dimensions: A Casebook of Alien Contact. New York: Ballantine Books
Walsh, R. / Vaughan, F. Hrsg. 1993. Paths Beyond Ego: The Transpersonal Vision. Los Angeles: Jermey P. Tarcher / Perigee Books
Walton, T. 1978. The Walton Experience. New York: Berkley Books
Wright, L. 1993. Remembering Satan. Teile I, II. In: The New Yorker, 17. Mai 1993: S. 60-81; 24. Mai 1993: S. 54-76
Zimmerman, M. 1993. Why Establishment Elites Resist the Very Idea of UFOs and Reported Alien Abductions. Vortrag anläßlich der »Gulf Breeze UFO Conference«, Gulf Breeze, Florida, 22.-24.10.1993
Zock, H. 1990. A Psychology of Ultimate Concern. Amsterdam-Atlanta, Georgia: Rodopi

Register

Namensregister

Sachregister

Das Programm zur Erforschung außergewöhnlicher Erfahrung

(The Program for Extraordinary Experience Research, PEER)

Das Programm zur Erforschung außergewöhnlicher Erfahrung, PEER, wird von einer nichtkommerziell arbeitenden Forschungs- und Erziehungsgruppe durchgeführt, die sich dem tieferen Verständnis von Begegnungen mit intelligenten nichtmenschlichen Wesen widmet. Dieses Phänomen wird gewöhnlich »Entführung durch Außerirdische« genannt. PEER wurde 1993 unter der Schirmherrschaft des »Center for Psychology and Social Change« von Dr. John E. Mack als Projekt ins Leben gerufen.

PEER arbeitet mit betroffenen Entführten (»Erfahrenen«) und der therapeutischen Einrichtungen, um das Verständnis dieser Erfahrungen zu fördern und ein Netzwerk zu entwickeln, das die Betroffenen unterstützt und informiert, um die Konsequenzen dieses Phänomens zu erforschen und einer breiten Öffentlichkeit Informationen zukommen zu lassen. PEER ist an einer weltweiten Untersuchung und Dokumentation interessiert. Uns ist sehr daran gelegen, von einzelnen Menschen angesprochen zu werden, die bereit sind, uns ihre Erfahrungen mitzuteilen, oder die sich über unser Programm informieren wollen. Sämtliche uns zugesandten Informationen werden streng vertraulich behandelt. Schicken Sie uns bitte keine Originaldokumente zu oder Unterlagen, die Sie zurückgeschickt haben wollen.

Wenn Sie uns schreiben möchten, fügen Sie das folgende Formblatt (oder eine Kopie davon) Ihrem Brief an nachfolgende Adresse bei:

PEER
P.O. Box 382427
Cambridge, MA 02238
USA

....

Name ____
Adresse ____
____
____
Telefon ____

Kreuzen Sie bitte die Sie interessierenden Punkte an.
Ich möchte:
- ☐ Ihnen Informationen über meine Erfahrungen zukommen lassen, die Sie möglicherweise in Ihrem Buch verwerten können. (Bitte senden Sie mir nicht mehr als zwei Seiten.)
- ☐ dabei mithelfen, anderen Betroffenen im Rahmen einer Therapie zu helfen.
- ☐ mich über länderübergreifende Erfahrungen hinsichtlich dieses Phänomens informieren.
- ☐ diesem Programm eine Spende zukommen lassen.

Andere Interessensbereiche
____
____

Kreuzen Sie, sofern Sie interessiert sind, unten die betreffende Rubrik an, falls Sie wünschen, daß Ihr Name und Ihre Adresse im Einzelfall zur Verfügung gestellt werden, damit

- ☐ PEER oder
- ☐ andere Einzelpersonen oder Gruppen, die sich ebenfalls mit diesem Phänomen befassen,

sich mit Ihnen in Verbindung setzen können.